L'ABONDANCE
DANS LA
SIMPLICITÉ

Note sur l'auteure :

Sarah Ban Breathnach célèbre dans son œuvre les joies tranquilles, les plaisirs simples, les révélations du quotidien. Elle est l'auteure de plusieurs études sur la décoration et le style victoriens, et la rédactrice d'une chronique parue dans plusieurs grands journaux américains. Elle anime aussi des ateliers d'Abondance dans la simplicité, afin d'aider les femmes à redéfinir leurs priorités de vie.

Sarah Ban Breathnach est la fondatrice de l'organisation caritative Simple Abundance, visant à établir des liens entre les causes charitables et le public, et développer la conscience que « faire le bien » et « mener une bonne vie » sont une seule et même chose. Elle vit à Takoma Park au Maryland, avec son époux Edward F. Sharp, leur fille Katie, ainsi que quatre chats excentriques.

Toute demande d'information peut être acheminée à l'adresse suivante :

SIMPLE ABUNDANCE
P. O. Box 5870
Takoma Park, Maryland 20913-5870
U.S.A.

ou via Internet, à : http://www.simpleabundance.com

Sarah Ban Breathnach

L'Abondance
dans la
SIMPLICITÉ

La gratitude au fil des jours

Traduit de l'anglais par
Françoise Forest

Données de catalogage avant publication (Canada)

Ban Breathnach, Sarah

L'abondance dans la simplicité: la gratitude au fil des jours

   Traduction de: Simple abundance.

   Comprend des réf. bibliogr.

   ISBN 2-89466-032-4

   1. Femmes – Vie religieuse. 2. Femmes – Morale pratique. 3. Simplicité. 4. Vie spirituelle. 5. Méditations. I. Titre.

BL625.7.B3514 1999   158.1'2   C99-940897-6

Conception graphique
de la page couverture: Diane Luger

Illustration de la couverture: Margaret Chodos-Irvine

Graphisme: Carl Lemyre

Infographie: René Jacob, 15ᵉ Avenue

Titre original: *Simple Abundance: A Daybook of Comfort and Joy*
       Warner Books, Inc., New York

Copyright © 1995 Sarah Ban Breathnach

Copyright © 1999 Éditions du Roseau, Montréal
      pour la traduction française

Tous droits de traduction, de reproduction
et d'adaptation réservés pour tous pays.

ISBN 2-89466-032-4

Dépôt légal: Bibliothèque nationale du Québec, 1999
      Bibliothèque nationale du Canada, 1999

Distribution: Diffusion Raffin
      7870, rue Fleuricourt
      St-Léonard (Québec)
      H1R 2L3

À Chris Tomasino,
à qui je témoigne mon amour
et ma gratitude.

À Katie,
qui est, toujours,
la Vibration profonde.

L'une a remué le ciel pour ce livre,
et l'autre, la terre.

Ses yeux, ses oreilles, étaient des diapasons, des lentilles,
qui percevaient la moindre réfraction, le moindre écho d'une pensée
ou d'un sentiment. [...] Elle entendait une vibration profonde,
une sorte d'écho composite, de tout ce que l'écrivain disait, et ne disait pas.

WILLA CATHER

... à une époque dépourvue de vérité et de certitude,
remplie d'angoisse et de désespoir,
aucune femme ne devrait être gênée d'essayer de rendre au monde,
par son travail,
une portion du cœur qu'il a perdu.

LOUISE BOGAN

REMERCIEMENTS

Désir satisfait, douceur pour l'âme.

LES PROVERBES, 13, 19

P endant tout le temps que j'ai mis à réaliser le rêve de l'écriture de ce livre, j'ai été entourée d'un cercle de parents, d'amis, de collègues et de « mains invisibles » qui m'ont aidée et ont pris soin de *L'Abondance dans la simplicité* comme si cette œuvre avait été leur propre création. Je tiens à exprimer toute ma reconnaissance pour l'amour, le soutien, le temps, l'énergie créatrice, l'émotion, les conseils, l'inspiration et la foi qui m'ont été généreusement prodigués durant cette période de grâce.

Du fond du cœur, je remercie Dieu de m'avoir confié l'écriture de *L'Abondance dans la simplicité* et je rends grâce pour les innombrables contributions qui m'ont permis de le mener à terme. Parmi les nombreuses faveurs dont j'ai été comblée, il y a la rencontre de Liv Blumer, de chez Warner Books. Sa générosité, sa prévenance, sa passion, son intelligence, son esprit et sa cordialité ont fait de notre collaboration une expérience des plus heureuses. L'enthousiasme de Liv pour ce projet et son respect pour mon travail m'ont profondément touchée. Sa grâce exquise se lit à chaque page de ce livre. Un merci spécial à Caryn Karmatz, qui a magnifiquement agencé certaines parties du livre et qui a toujours répondu à mes demandes et apaisé mes inquiétudes avec un empressement et une bienveillance fort appréciés. Dès le début, j'ai senti l'amour de Liv et de Caryn pour *L'Abondance dans la simplicité*, corroborant les propos du philosophe victorien John Ruskin au sujet de l'harmonie que nous atteignons « quand l'amour et le savoir-faire travaillent à l'unisson ».

Toute ma reconnaissance à mes autres collaboratrices dévouées de chez Warner : Harvey-Jane Kowal, directrice de l'édition, Anna

Forgione, directrice de la production, et Ann Schwartz, responsable de la révision. Un merci particulier à Ann Armstrong Craig, correctrice extraordinaire, qui m'a permis d'entretenir l'illusion que je maîtrise la langue anglaise. Je rends également hommage à toute l'équipe artistique de Warner, dirigée par Diane Luger, en collaboration avec Thom Whatley, grâce à laquelle mon rêve est devenu un livre magnifique. Je remercie Margaret Chodos-Irvine pour l'illustration de la couverture, qui m'émeut chaque fois que je la regarde. Je remercie enfin les nombreuses personnes créatives qui ont travaillé pour moi dans les coulisses, en particulier Emi Battaglia, directrice de la publicité, et son équipe compétente ; Julie Saltman, Hannah Simon et toutes les personnes préposées aux droits subsidiaires, Patrick Jennings, du service des ventes et les représentants qui ont déployé tous leurs efforts et leur enthousiasme pour mener à bien la diffusion à grande échelle de *L'Abondance dans la simplicité*.

Je tiens aussi à remercier les personnes suivantes pour leur aide précieuse : Dona Cooper, pour les remue-méninges qui nous ont permis de toujours garder le cap sur le « nord vrai » ; Dawne et Tom Winter, pour les moments de détente et les repas empreints des grâces de la simplicité auxquels ils m'ont invitée avec ma famille ; Barbara Mathias, pour ses encouragements quasi quotidiens, son empathie et sa contribution au contenu de ce livre ; Zoe Kosmidou, pour sa précieuse collaboration à la traduction d'*Ithaque*, qui m'a permis de faire ma propre version de ce beau poème ; Frances Bernstein, pour sa traduction de l'hymne à Vesta ; Jeri Metz, pour le partage de ses connaissances en herboristerie ; Carolyn Starks, pour m'avoir remonté le moral pendant que je « concoctais » *L'Abondance dans la simplicité* ; Linda Frey, pour m'avoir aidée à garder mon équilibre mental pendant l'écriture de ce livre ; Annie, pour tout ; Maureen Crean, ma merveilleuse sœur, pour avoir ri et pleuré avec moi aux bons endroits quand je lui lisais au fur et à mesure mon manuscrit, et pour m'avoir poussée à dépasser ma zone de sécurité ; Pat et Sean Crean, mes frères extraordinaires, pour ne m'avoir jamais permis de douter de ma capacité de mener à terme ce projet exigeant.

Un merci tout spécial à Jack Voelker, directeur des Études spécialisées au *Chautauqua Institution*, à Chautauqua, dans l'État de New York, pour m'avoir donné l'occasion d'enseigner l'abondance dans la simplicité dans le cadre d'ateliers, ainsi qu'aux femmes qui ont participé à ces ateliers et m'ont encouragée à les poursuivre.

L'amour et le soutien de mon époux, Ed Sharp, m'ont donné le temps, l'espace et la liberté d'écrire. Il a magnanimement entretenu le feu pendant deux ans, tout en vaquant à ses propres occupations professionnelles, en lisant les procès-verbaux du conseil municipal et en voiturant les enfants pendant que j'étais accaparée par l'écriture de *L'Abondance dans la simplicité*. Merci, mon amour. Il fait bon être de retour.

Mon père et ma mère, Dru et Pat Crean, ne sont malheureusement pas là pour lire ce livre que j'étais destinée à écrire. Puisse *L'Abondance dans la simplicité* leur rendre un hommage affectueux. Et oui, maman, « shopping » prend bien deux « p ».

Mais c'est à celles à qui j'ai dédicacé ce livre que je suis le plus redevable. À Chris Tomasino, mon agente et amie. Sans elle, ce livre n'aurait jamais vu le jour. Sa foi inconditionnelle en moi et sa profonde conviction que les femmes avaient besoin de lire ce que j'avais besoin d'écrire ont rendu possible l'écriture de *L'Abondance dans la simplicité*. Chris a été la première personne à lire mes ébauches d'un mois à l'autre ; sa vision du livre m'a soutenue et m'a permis d'aller plus loin. Son soutien indéfectible m'a donné le courage de prendre le risque d'écouter ma voix intérieure, après deux décennies d'écriture. J'ai pu m'envoler dans ces pages parce que je savais que Chris tenait toujours le filet.

Ma fille Katie avait huit ans quand j'ai conçu ce rêve, et en a eu treize quand il est devenu réalité. Pendant plus de quatre ans – le tiers de sa vie –, elle a accepté l'omniprésence du « Livre » dans son quotidien avec beaucoup d'humour, de patience et de considération. Elle m'a aidée en accomplissant diverses tâches, des plus ordinaires aux plus élevées, de la recherche de citations aux suggestions éditoriales judicieuses ; elle a toujours gardé confiance, même quand la mienne flanchait. L'écriture de *L'Abondance dans la simplicité* a exigé de nombreux sacrifices de la part de ma famille, tout particulièrement de Katie. Seuls le ciel et moi savons l'ampleur et la profondeur de sa contribution.

Je considère que ce livre, *L'Abondance dans la simplicité*, est autant l'œuvre de Chris et de Katie que la mienne. Puissent-elles lire tout mon amour et ma profonde gratitude entre ses lignes.

PRÉFACE

Souvent, les gens essaient de vivre leur vie à l'envers :
ils essaient d'avoir plus de choses, ou plus d'argent,
afin de faire davantage ce qu'ils veulent pour être plus heureux.
La façon dont cela marche vraiment, c'est le contraire.
*D'abord, vous devez **être** ce que vous êtes vraiment,*
*ensuite **faire** ce qu'il vous faut faire, afin d'**avoir** ce que vous voulez.*

I l y a plusieurs années, après avoir écrit deux ouvrages célébrant la vie domestique du XIXe siècle, je m'apprêtais à en écrire un autre sur les accessoires décoratifs de l'époque victorienne. Mais la seule perspective de scruter pendant un an les jabots et les fioritures remplissait mon cœur d'effroi. Ce que je voulais vraiment écrire, c'était un livre qui me montrerait la façon de réconcilier mes aspirations les plus profondes à la spiritualité, à l'authenticité et à la créativité avec mes engagements souvent accablants et conflictuels envers mon époux et ma fille, ma mère malade, mes tâches domestiques, mon travail dans le grand monde, mes frères et sœurs, mes amis et ma communauté. Je savais bien que je n'étais pas la seule femme à vivre sa vie à toute vapeur comme s'il s'agissait d'un marathon ou d'un voyage astral. Je savais bien que je n'étais pas la seule femme exténuée, déprimée, claquée. Mais je savais aussi que je n'étais certainement pas celle qui possédait les réponses. En fait, je ne connaissais même pas les questions.

Je désirais tant de choses – argent, succès, reconnaissance, créativité et expression authentique –, mais n'avais pas la moindre idée de ce dont j'avais réellement besoin. Parfois, mes désirs étaient si ardents et si voraces que je ne pouvais en venir à bout qu'en les niant. J'étais une perfectionniste invétérée, droguée de travail et de soucis. Je n'arrivais pas à me rappeler la dernière fois où j'avais été bonne envers moi-même. L'avais-je jamais été ? Plus souvent que je n'aimerais l'admettre, j'étais irritable et envieuse ; je ne cessais de me comparer aux autres, ce qui me plongeait fatalement dans le ressentiment à cause de ce qui semblait manquer à ma vie, même si je ne pouvais pas dire ce que c'était. Ce profond sentiment d'insatisfaction me mettait dans un état permanent de culpabilité parce que je vis avec un homme merveilleux et notre enfant, une fille intelligente, charmante, spirituelle et belle, que j'adore. J'étais une femme comblée. J'avais le sentiment que je n'avais pas le droit d'en demander davantage.

L'argent était pour moi un énorme problème, une question très émotive qui conditionnait mon bonheur parce que je lui donnais ce pouvoir. Il était le seul critère auquel je me référais pour évaluer mon succès et juger de ma valeur. S'il n'y avait pas de chèque attaché à mes réalisations, celles-ci n'existaient même pas. Frustrée et incapable de m'expliquer pourquoi certaines femmes semblaient mener une vie beaucoup plus satisfaisante – même si, de l'extérieur, elles paraissaient avoir presque tout en commun avec moi –, je naviguais entre le sentiment de gaspiller ma vie et celui de la sacrifier sur l'autel de mes ambitions personnelles.

J'avais désespérément besoin de m'engager sur la voie de l'abondance dans la simplicité.

Mais avant de pouvoir écrire ce livre, il me fallait faire l'inventaire de ce qui allait et de ce qui n'allait pas dans ma vie. Pour la première fois peut-être, je devais faire preuve d'une honnêteté impitoyable, tant à l'intérieur qu'à l'extérieur. Pendant cette période de profonde introspection, six principes spirituels, pratiques et créatifs sont devenus les catalyseurs de la définition d'une vie bien à moi : la gratitude, la simplicité, l'ordre, l'harmonie, la beauté et la joie. Un bon matin, j'ai réalisé que, presque imperceptiblement, j'étais devenue une femme heureuse, que je vivais plus de moments de contentement que de détresse. Ma confiance retrouvée, j'ai eu l'idée d'écrire un livre où j'élaborerais un art de vivre proposant de ralentir la cadence, et ce à l'intention des femmes qui, comme moi, aspirent à être guidées par leur propre lumière.

Le livre que vous tenez entre vos mains est complètement différent de celui que j'ai entrepris ou que mon éditeur attendait. Au fil de l'écriture, qui a duré deux ans, ce recueil, *L'Abondance dans la simplicité*, a vécu une profonde métamorphose, tout comme moi d'ailleurs. Chaque matin, à ma table de travail, la spiritualité, l'authenticité et la créativité convergeaient vers une quête intérieure d'intégrité. Je m'étais mise à écrire un livre sur la nécessité pour chacune de mettre de l'ordre dans sa vie et me suis retrouvée plongée dans une recherche du Moi et de l'Esprit, dans un extraordinaire safari spirituel. J'en suis la première étonnée.

À mesure que *L'Abondance dans la simplicité* s'éloignait de la simple élaboration d'un mode de vie décent pour s'attacher plutôt à la quête d'un état de grâce permanent, je reconnaissais de moins en moins la femme que j'avais été. *L'Abondance dans la simplicité* m'a permis de vivre des *épiphanies* quotidiennes, de voir le sacré dans l'événement banal, le mystique dans le mondain, de participer pleinement au sacrement de l'instant présent. J'ai fait une découverte inattendue, mais passionnante : *tout* peut devenir une occasion de réflexion, de révélation et de fusion : mes cheveux ternes, mes sautes d'humeur, mes problèmes de transport, les échéances impitoyables, un compte bancaire à sec, un plancher sale, les courses, l'épuisement, la maladie, une garde-robe dégarnie, des visiteurs qui arrivent à l'improviste et même les dix kilos à perdre. *L'Abondance dans la simplicité* m'a appris à faire des miracles avec rien, à transmuer le vil métal en or. *L'Abondance dans la simplicité* m'a amenée à comprendre qu'une vie authentique est la plus personnelle des pratiques spirituelles. Ma vie quotidienne est devenue ma prière.

L'écriture de *L'Abondance dans la simplicité* m'a fait comprendre que si j'étais si malheureuse, frustrée, amère, irritée et envieuse, c'était parce que je ne vivais pas la vraie vie pour laquelle j'avais été créée : une vie authentique. J'essaie maintenant de le faire.

Tout au moins vois-je maintenant mes limites. Bien plus, je me mets à les fixer moi-même. Pour une femme à l'orée de l'an 2000, ce n'est pas rien. Je n'ai pas un million en banque, mais j'ai pris conscience qu'abondance et pénurie sont des univers parallèles ; que chaque jour, je peux choisir celui que je veux habiter. Je comprends maintenant que mon temps n'est pas toujours monnayable. M'assurer un espace paisible où je peux créer et mener une vie authentique m'est devenu aussi essentiel que respirer. Je sais tout cela parce qu'au cœur de l'aventure de l'abondance dans la simplicité, il y a cette prise de conscience passionnante et stupéfiante, cette prise de conscience qui a profondément changé la perception que j'ai de moi-même et de mon train-train quotidien : *Le moi authentique est l'Esprit manifesté.*

Ce livre se déroule comme une excursion à travers l'année, qui débute le premier janvier. Mais s'il vous arrive en avril, n'allez pas penser que vous ne pouvez pas l'utiliser. Je vous suggère toutefois de revenir en arrière pour lire le contenu du mois de janvier, où j'explique les six principes de l'abondance dans la simplicité et la façon dont ils fonctionnent. Le mois de février est consacré à dégager notre moi authentique. Ensuite, chaque mois approfondit la recherche de l'authenticité dans différents aspects de la vie quotidienne : les arts domestiques, le travail, la beauté, la mode et les activités personnelles qui nous rendent heureuses.

La lecture d'un livre peut changer une vie. Son écriture aussi. Puisse *L'Abondance dans la simplicité*, par ses douces leçons de gratitude et de joie, vous aider à mener la vie pour laquelle vous êtes née.

SARAH BAN BREATHNACH, MAI 1995

JANVIER

Et maintenant, accueillons la nouvelle année,
remplie de choses qui n'ont jamais été.

RAINER MARIA RILKE

J anvier, mois des nouveaux départs et des tendres souvenirs,
nous fait signe. Laissons l'hiver déployer ses charmes : le froid,
l'air vif, l'écharpe de laine, les longues soirées et les soupers
savoureux, les conversations animées ou les joies du tête-à-tête
avec soi-même. Dehors, la température baisse et la neige tombe
doucement. La nature tout entière s'apaise. À nous de suivre son
exemple. Rapprochons-nous de l'âtre. Ce mois nous est donné
pour rêver, pour penser à l'année qui s'annonce et au voyage
intérieur à entreprendre.

1er JANVIER

Une année de transformation, d'émerveillement et de découverte

Il y a des années qui posent des questions et d'autres qui y répondent.

ZORA NEALE HURSTON

J our de l'an. Nouveau départ. Un autre chapitre de ma vie à écrire. De nouvelles questions à poser, à accueillir, à aimer. Des réponses à découvrir, puis à intégrer tout au long de cette année de transformation, d'émerveillement et de découverte de soi.

Aujourd'hui, réservez-vous un moment de tranquillité pour rêver, plume à la main. Seuls les rêves donnent naissance au changement. En réfléchissant aux années écoulées, pouvez-vous formuler vos espoirs pour l'avenir ? Peu à peu, à mesure que vous prendrez votre bonheur en main, vous apprendrez à prêter l'oreille aux douces aspirations de votre cœur. Cette année, au lieu de prendre des résolutions, notez vos rêves les plus chers. Ces aspirations secrètes que vous avez mises de côté en attendant que les conditions s'y prêtent. Confiance, l'heure a maintenant sonné. Posez vos questions. La voie de l'abondance dans la simplicité vous donnera l'assurance que les réponses viendront et que vous trouverez la façon – au jour le jour – de les intégrer à votre vie.

Faites confiance et plongez. Entreprenez cette nouvelle année en faisant un acte de foi. Croyez en vous-même. Croyez à la Source d'amour – au Semeur de rêves –, qui n'attend que votre demande pour vous aider à réaliser vos rêves.

2 JANVIER

Aimer les questions

Vous n'avez qu'une vie à vivre.
Mais si vous la menez bien, il n'en faut pas plus.

JOE E. LEWIS

Combien de fois par le passé avez-vous tourné le dos à toutes les interrogations de votre cœur parce que vous aviez peur de poser des questions? Mais si on vous disait que dans un an, à partir d'aujourd'hui, vous pourriez vivre la vie la plus créative, la plus joyeuse et la plus satisfaisante que vous pouvez imaginer, comment verriez-vous cette vie? Quels changements effectueriez-vous? Comment et par où commenceriez-vous? Vous voyez pourquoi les *questions* sont si importantes?

«Faites preuve de patience à l'égard des interrogations de votre cœur et essayez d'aimer les questions mêmes», nous conseille le poète Rainer Maria Rilke. «Ne cherchez pas à trouver maintenant les réponses qui ne peuvent pas vous être données parce que vous seriez incapable de les vivre, ajoute-t-il; l'important, c'est de tout vivre. Vivez les questions maintenant...»

Les réponses viendront, mais seulement lorsque vous saurez quelles questions valent la peine d'être posées. Attendez. Vivez vos questions, puis posez-les. Préparez-vous à vivre les changements que les réponses entraîneront inévitablement. Cela peut prendre du temps, mais le temps est le généreux cadeau du nouvel an: trois cent soixante-cinq matins lumineux et autant de soirées parsemées d'étoiles; cinquante-deux semaines remplies de promesses; douze mois de transformation et de merveilleuses possibilités et quatre splendides saisons. Une année entière pour savourer l'abondance dans la simplicité.

3 JANVIER

L'abondance dans la simplicité :
un voyage intérieur

Abondant : qui abonde, est en grande quantité ; réfère aux grâces,
aux faveurs dispensées en abondance par la bonté divine.

Simplicité : qualité de ce qui n'est pas chargé d'éléments superflus,
de ce qui va à l'essentiel ;
caractère de ce qui est simple à comprendre, à utiliser.

Abondance dans la simplicité : cheminement intérieur ; initiation
spirituelle et pratique à une vie créative ; tapisserie de plaisirs.

Aujourd'hui, je vous invite à *prendre conscience* que vous possédez déjà toute la sagesse intérieure, toute la force et la créativité qu'il vous faut pour réaliser vos rêves. Cette prise de conscience est ardue pour la plupart d'entre nous parce que nous avons enfoui la source de notre pouvoir personnel illimité si loin, sous la pile de factures, le transport à organiser, les échéances, les voyages d'affaires et la lessive, que nous avons du mal à y accéder dans notre quotidien. Quand nous ne pouvons entrer en contact avec nos ressources intérieures, nous en venons à la conclusion boiteuse que le bonheur et la satisfaction proviennent uniquement des événements extérieurs. C'est que ces derniers entraînent habituellement certains changements. Nous avons donc appris à nous en remettre aux circonstances extérieures pour avancer ou pour reculer dans la course effrénée de notre vie. Mais nous n'avons plus à le faire. Nous pouvons apprendre à devenir les catalyseurs de notre transformation.

Au cœur de l'abondance dans la simplicité, il y a une véritable prise de conscience, un éveil qui résonne au plus profond de notre âme : nous avons déjà tout ce dont nous avons besoin pour trouver le vrai bonheur. Pour arriver à cette prise de conscience, nous devons entreprendre un voyage intérieur qui nous fait vivre une transformation émotionnelle, psychologique et spirituelle. La profonde mutation qui s'opère alors dans notre réalité nous met en prise sur l'énergie universelle créatrice. Une telle métamorphose peut se produire lorsque nous invitons l'Esprit à ouvrir les yeux de notre conscience à la richesse qui est déjà là, en nous.

Six principes nous guideront dans notre voyage intérieur tout au long de cette année. Ils constituent les six fils qui, lorsqu'ils s'entrelacent, créent une tapisserie de félicité qui nous imprègne de paix intérieure, de bien-être, de joie et d'un sentiment de sécurité. Il y a d'abord la *gratitude*. Quand nous faisons un inventaire mental et spirituel de tout ce que nous possédons, nous réalisons que nous sommes très riches. La gratitude ouvre la voic à la *simplicité* – au désir de faire le ménage, de nous désencombrer et de faire l'inventaire de ce dont nous avons réellement besoin pour mener une belle vie. La simplicité s'accompagne de l'*ordre*, tant intérieur qu'extérieur. Instaurer de l'ordre dans notre vie entraîne l'*harmonie*. L'harmonie nous procure la paix intérieure dont nous avons besoin pour apprécier la *beauté* qui nous entoure quotidiennement; cette beauté, elle, nous ouvre à la *joie*. Dans toute tapisserie réussie, il est difficile de voir où tel point se termine et où tel autre commence. Ainsi en est-il de l'abondance dans la simplicité.

Prenons notre aiguille et faisons le premier point sur le canevas de notre vie. Demandons à l'Esprit d'ouvrir les yeux de notre conscience intérieure. Restons à l'écoute et attendons avec confiance, convaincues que, dans la chaîne et la trame de notre vie quotidienne telle qu'elle se déroule aujourd'hui même, se trouvent les fils d'or d'un lendemain empreint des grâces de la simplicité.

4 JANVIER

La vie n'est pas une répétition générale

Lorsque vous jouez [...], vous sortez de vous-même,
vous devenez plus grand, plus puissant et plus beau.
Pendant un instant, vous êtes un héros. C'est le pouvoir.
C'est la gloire sur terre et vous y avez accès tous les soirs.

AGNES DE MILLE

Vous avez sans doute déjà entendu l'expression « La vie n'est pas une répétition générale ». Malheureusement, plusieurs d'entre nous agissons inconsciemment comme si c'était le cas. Comme la comédienne qui répète ses répliques machinalement afin de conserver toute son énergie créatrice pour la première, nous nous retenons. Peut-être faites-vous partie de celles qui ne sortent leur belle vaisselle que pour la visite ; comme moi, peut-être mettez-vous rarement vos beaux vêtements lorsque vous êtes seule à la maison. Si nous n'avons pas d'auditoire, à quoi bon nous faire belles ?

Voilà une bonne question à nous poser en ce début d'année, alors que nous évaluons la qualité de notre vie quotidienne. Cela nous demande un petit effort de mettre une belle nappe et des chandelles, mais cela augmente le plaisir du repas. Quand nous prenons quelques minutes pour nous coiffer et nous faire un léger maquillage, non seulement *nous nous sentons* mieux, mais *nous agissons* différemment. Toute actrice connaît le pouvoir magique des accessoires et des costumes pour créer une ambiance particulière tant sur la scène que dans la vie réelle.

Sans jouer notre vie comme s'il s'agissait d'une pièce de théâtre, bon nombre d'entre nous gagnerions à puiser plus souvent dans les réserves de pouvoir, d'excitation et de gloire du quotidien pour bien jouer notre rôle d'héroïnes de notre vie.

5 JANVIER

La femme au plus profond de vous-même

De nos jours, bon nombre de femmes éprouvent une tristesse qu'elles n'arrivent pas à définir. Bien que nous accomplissions une bonne partie de ce que nous nous proposons de faire, nous avons le sentiment qu'il manque quelque chose à notre vie, et nous en cherchons en vain les causes à l'extérieur de nous. Souvent, le problème, c'est que nous sommes coupées de notre moi authentique.

EMILY HANCOCK

V ous est-il déjà arrivé, en vous lavant le visage, de ne pas reconnaître la femme que vous reflète le miroir? Qui est cette personne? demandez-vous. Pas de réponse. Cette tête vous dit vaguement quelque chose, mais n'a pas beaucoup de ressemblance avec la femme que vous vous attendiez à y trouver. Les psychologues appellent cela le «déplacement du moi»; ce phénomène se produit habituellement durant les périodes de grande tension, c'est-à-dire quotidiennement pour bon nombre d'entre nous.

Qu'est-ce qui ne va pas? D'où vient cette tristesse que nous n'arrivons pas à expliquer? Voilà une question qui mérite d'être méditée avec bienveillance. Peut-être que la raison fondamentale de notre mélancolie, c'est que nous nous ennuyons de la femme que nous sommes au plus profond de nous. Notre moi authentique nous manque. Mais la bonne nouvelle, c'est que même si nous avons ignoré ses aspirations pendant des décennies («Porte du rouge... Fais-toi couper les cheveux... Inscris-toi aux Beaux-arts... Apprends le tango...»), notre moi profond ne nous a pas abandonnées. Il a attendu patiemment que nous le reconnaissions et reprenions contact avec lui. Cette année, détournez-vous du monde et mettez-vous à l'écoute. Rentrez en vous-même et écoutez votre cœur qui vous chuchote à l'oreille. Votre être intérieur a allumé ses lanternes d'amour pour éclairer votre sentier vers la plénitude. Le voyage que vous êtes destinée à vivre a enfin commencé.

6 JANVIER

Mourir de soif au beau milieu d'une source

La soif de bonheur ne s'éteint jamais dans le cœur [d'une femme].

JEAN-JACQUES ROUSSEAU

La première fois que j'ai entendu la magnifique interprétation de la chanson country *Standing Knee-Deep in a River (Dying of Thirst)*, de Kathy Mattea, j'étais en route pour l'école de ma fille où je devais prendre un groupe d'enfants. Soudain, j'ai dû me garer quelques instants parce que je pleurais tellement que je ne voyais plus la route devant moi. Jusqu'à ce moment, j'avais eu une journée occupée, mais bonne. Je n'avais pas conscience d'être triste ou déprimée. Pourquoi donc ces larmes ?

En écoutant Kathy chanter à propos de ses amis qu'elle n'avait pas appréciés à leur juste valeur, de ses anciens amants et de tous ces inconnus qui n'attendent qu'un signe pour prendre contact avec nous – alors que nous détournons le regard –, un déclic s'est fait au plus profond de moi. Il y avait tellement de choses et de personnes que je tenais pour acquises. Je ne voulais plus continuer à vivre inconsciemment.

Prendre conscience du fait que nous avons tout ce qu'il nous faut pour être heureuses, mais ne sommes simplement pas assez éveillées pour l'apprécier, peut s'avérer rafraîchissant comme une limonade par une chaude journée d'été. Ou bien cette révélation nous saisira comme de l'eau froide lancée au visage. Combien sommes-nous à être assoiffées de bonheur alors que nous sommes au beau milieu d'une source intarissable ? Mais ne nous y trompons pas. L'Univers saura attirer notre attention d'une façon ou d'une autre, avec une petite gorgée ou de grandes éclaboussures. Faisons dès aujourd'hui le choix de cesser cette quête infernale de la « belle vie » que nous pensons que les autres mènent, et voyons plutôt les bonnes choses qui sont déjà là dans notre vie. Nous pourrons ensuite offrir à l'Univers le cadeau de notre cœur reconnaissant.

7 JANVIER

Aimez-vous la vie que vous menez ?

Si nous pouvions vraiment reconnaître nos moments de bonheur, nous
saurions peut-être ce qu'il nous faut dans la vie.

JOANNA FIELD

Ê tes-vous heureuse en ce moment même ? Le savez-vous
seulement ? La plupart d'entre nous savons ce qui rend nos
parents, notre conjoint et nos enfants heureux. Mais quand il s'agit
de mettre le doigt précisément sur les petites choses qui illuminent
notre visage d'un sourire et notre cœur de félicité, nous sommes
souvent à court d'idées.

En 1926, une jeune femme britannique du nom de Joanna
Field se mit à prendre conscience qu'elle ne menait pas la vie pour
laquelle elle était née, qu'elle ne savait même pas ce qui la rendait
vraiment heureuse. Pour remédier à cette situation, elle se mit à
écrire un journal intime dans le but de trouver exactement ce qui
lui procurait un sentiment de bien-être. Ce journal, intitulé *A Life
of One's Own*, fut publié en 1934. Il fut écrit, nous confie son
auteure, dans l'esprit d'un détective qui fouille les moindres détails
du train-train quotidien pour trouver des indices de ce qui manquait dans sa vie.

Ce qui nous manque souvent dans notre quotidien, c'est de
sentir véritablement que nous aimons la vie que nous menons. Il
est difficile de vivre des moments de bonheur si nous ignorons ce
que nous aimons vraiment. Nous devons apprendre à savourer les
instants où nous nous sentons particulièrement bien. Essayez une
nouvelle recette de biscuits, par exemple. Prenez le temps de faire
un beau bouquet de fleurs pour en apprécier les couleurs, les parfums et la beauté. Dégustez une tasse de thé au soleil, près d'une
fenêtre. Arrêtez-vous quelques minutes pour caresser votre chat
qui ronronne. Il y a une profusion de plaisirs simples qui ne
demandent qu'à être goûtés. De petits plaisirs souvent sous-
estimés.

Joanna Field découvrit qu'elle prenait grand plaisir à porter des souliers rouges, à bien manger, à éclater de rire, à lire des ouvrages écrits en français, à entretenir une correspondance, à flâner au beau milieu d'une foule lors d'une foire et à saisir « les nouvelles idées dès leur apparition ».

Que chacune d'entre nous saisisse une nouvelle idée cette année. Prenons conscience de ce qui nous rend réellement heureuses. Réfléchissons à nos préférences personnelles et apprenons à reconnaître, puis à accueillir, les moments de bonheur qui nous sont propres.

8 JANVIER

Un devoir négligé

Il n'est pas de devoir aussi négligé que le bonheur. En étant heureux, nous nous mettons à semer plein de cadeaux anonymes dans le monde.

ROBERT LOUIS STEVENSON

Vous croyez peut-être que vous serez heureuse quand vous aurez une plus grande cuisine, un nouvel emploi ou le compagnon idéal pour partager votre vie. Mais pourquoi ne pas vous mettre tout de suite à faire du bonheur une habitude ? Chaque matin, à notre réveil, un merveilleux cadeau nous est offert – un autre jour de vie. Profitons-en pleinement car personne ne peut le faire à notre place. « Le bonheur n'est pas un bien à convoiter ou à conserver jalousement, écrit Daphné du Maurier dans *Rebecca*. C'est un mode de pensée, un état d'esprit. »

Adoptons une nouvelle attitude à l'égard du bonheur. Cessons de penser que ce sont les circonstances extérieures qui nous rendront heureuses.

Agrandir notre cuisine, décrocher l'emploi de nos rêves ou trouver l'âme sœur peut accroître notre bonheur, du moins pour un certain temps, j'en conviens. Mais c'est au plus profond de nous que sont semées les graines de la félicité. La joie que le monde ne saurait nous ravir s'épanouit seulement dans le jardin secret de notre âme. En prenant soin de notre jardin intérieur et en arrachant les mauvaises herbes que constituent les attentes de conditions extérieures, nous pouvons entretenir notre bonheur véritable comme si nous prenions soin d'un être vivant merveilleux. Ne l'oublions pas, le bonheur est une émotion *vivante*.

Notre bonheur n'est pas un bien superflu ni un luxe. La poursuite du bonheur est un droit inaliénable garanti par la Constitution. Mais nous devons être disposées à le poursuivre. En fin de compte, nous pouvons seulement atteindre le vrai bonheur si nous nous sommes engagées à en faire une priorité personnelle de tous les instants. C'est sans doute là un comportement nouveau et un peu intimidant pour certaines d'entre nous. Ne nous brusquons pas. La fleur s'épanouira tout naturellement. Il se peut qu'aujourd'hui, l'habitude du bonheur nous soit étrangère. Mais comme tout nouveau comportement, le bonheur s'apprend.

9 JANVIER

De quoi ai-je vraiment besoin ?

Dans la chaîne des événements de ma vie, rien n'a été accidentel.
Tout est survenu selon une nécessité intérieure.

HANNAH SENESH

Avez-vous tout ce dont vous avez besoin en ce moment ? Vos désirs sont-ils satisfaits ? Rares sommes-nous à avoir tout ce que nous désirons et, parfois, nos désirs semblent carrément dévorants.

Nos sens deviennent embrouillés et surexcités par tous les médias qui glorifient la beauté physique et les objets de luxe. Il est facile de perdre de vue ce dont nous avons vraiment besoin pour mener une vie authentique. La plupart d'entre nous convoitons des choses que nous n'avons pas. Mais pensez-vous réellement que la réponse se trouve dans un magazine de luxe ou au cinéma?

Si nous voulons mener une vie heureuse, créative et satisfaisante, il est essentiel de faire la distinction entre nos désirs et nos besoins. Malheureusement, bon nombre d'entre nous oublions cette distinction et nous demandons ensuite pourquoi nous nous sentons si limitées.

Réconciliez-vous avec la constatation que vous ne pouvez pas avoir tout ce que vous désirez. Pourquoi? Parce qu'il importe davantage que vous obteniez tout ce dont vous avez *besoin*. Tels des nourrissons, nous sommes comblées quand nos besoins fondamentaux sont satisfaits.

Courage. Demandez-vous: de quoi ai-je vraiment besoin pour être heureuse? Les réponses à cette question fondamentale sont très personnelles et différeront de l'une à l'autre. Remettez-vous-en à la sagesse bienveillante de votre cœur. Ce n'est qu'une fois que vous aurez identifié vos besoins intérieurs que vous pourrez harnacher les énergies créatives nécessaires à leur manifestation dans votre vie. «Quand quelqu'un éprouve un grand besoin, il trouve inévitablement sa satisfaction, nous rappelle Gertrude Stein. [...] Ce dont vous avez besoin, vous l'attirerez comme un amoureux.»

10 JANVIER

Tant que ce n'est pas gravé sur la pierre

Ce n'est que lorsque nous saurons et comprendrons vraiment que nos jours sur terre sont comptés – et que nous n'avons aucun moyen de savoir quand notre vie prendra fin – que nous commencerons à vivre pleinement chaque jour comme s'il était le seul que nous ayons à vivre.

ELISABETH KÜBLER-ROSS

La visite des vieux cimetières peut s'avérer très éclairante. Ils sont si calmes et silencieux. Si tranquilles. Un vieux cimetière nous rappelle que, tant que notre nom n'est pas gravé sur la pierre, il est toujours possible de satisfaire nos aspirations profondes si nous savons ce qui nous rend heureux.

Dans la pièce de Thornton Wilder intitulée *Our Town*, il y a une scène poignante qui se déroule dans un cimetière. Des fantômes réconfortent la jeune héroïne Emily, qui vient de mourir en couches. Regrettant encore la vie qu'elle vient de quitter, celle-ci formule le désir de revivre un jour ordinaire, un jour « sans importance » de sa vie. Lorsque son souhait se réalise, elle prend conscience à quel point elle a tenu la vie pour acquise.

À un moment donné, son expérience lui devient insupportable. « Je ne réalisais pas, avoue-t-elle tristement, tout ce qui se passe et qu'on ne remarque jamais. [...] Adieu, le monde. Adieu, Grover's Corners. [...] Maman et papa. Adieu, les horloges qui font tic-tac [...] et les tournesols de maman. Et les repas, et le café. Et les robes fraîchement repassées, les bains chauds [...] le sommeil et les réveils. Oh, terre, personne ne réalise à quel point tu es merveilleuse ! »

C'est la saison de l'Épiphanie, où le renouveau et la manifestation de la lumière sont célébrés dans les liturgies catholique, épiscopale et orthodoxe. Dans ce voyage que nous avons entrepris, nous partons à la recherche de nos « épiphanies quotidiennes » – ces moments de révélation, ces occasions de célébrer le sacré dans les petits faits et gestes du quotidien – et nous prenons conscience, comme l'Emily de Wilder finit par le faire, que nous ne pouvons plus nous permettre de gaspiller un seul jour, même « sans importance », en négligeant de regarder toutes ses merveilles. Nous devons apprendre à découvrir, puis à apprécier, les moments de pure joie qui s'offrent quotidiennement à chacune d'entre nous.

11 JANVIER

Récession ou dépression ?

Aucun pessimiste n'a jamais découvert les secrets des étoiles, abordé des terres inexplorées ni ouvert de nouveaux horizons à l'esprit humain.

HELEN KELLER

« C'est une récession quand votre voisin perd son emploi, dit Harry Truman, et une dépression lorsque vous perdez le vôtre. » Comme les crises économiques bouleversent de plus en plus de ménages, nous commençons à remettre sérieusement en question l'étalon financier que nous utilisions pour mesurer notre valeur personnelle et par conséquent notre degré de bonheur.

Peut-être la récession vous a-t-elle personnellement affectée, vous et vos proches. Il serait probablement difficile de trouver une seule personne qu'elle n'ait touchée, du moins indirectement. Des millions de femmes doivent réduire leurs critères d'une belle vie, redéfinir leurs valeurs, réviser leurs priorités et relever le défi de faire de nécessité vertu. Mais il est facile de se laisser aller à la dépression émotive en temps de dépression économique. Il est facile de se mettre à envisager l'avenir avec pessimisme quand le présent est si sombre.

Il est grand temps de laisser nos pensées limitatives derrière nous. Il est temps de partir à la découverte des secrets des étoiles, des terres inexplorées et de nouveaux horizons vers lesquels nos esprits peuvent s'élancer. Mais auparavant, nous devons faire des changements. Et les changements durables ne s'opèrent pas du jour au lendemain. Ils se font à petits pas : un jour, une heure, une minute, un battement de cœur à la fois. Et le changement que je vous invite à faire avec moi est fondamental. Prenez une grande respiration. Nous allons apprendre à devenir optimistes.

Soyez confiante. Comme toute habitude, l'optimisme s'apprend. Commencez dès aujourd'hui par un petit exercice. Souriez à chaque personne que vous rencontrerez. Attendez-vous à ce qu'il vous arrive de belles choses, quelles que soient les difficultés que vous avez rencontrées hier. Prenez conscience que vous n'êtes plus prisonnière de votre passé ; il ne continue de vous faire mal que si vous vous y accrochez. Laissez votre passé derrière vous. Un univers d'abondance dans la simplicité s'ouvre devant vous.

12 JANVIER

Il n'y a pas de pénurie

Quand l'argent coule à flots, nous sommes dans un monde d'hommes.
Lorsqu'il se fait rare, nous sommes dans un monde de femmes.
Quand tout le reste semble avoir échoué, l'instinct de la femme entre en
jeu. Elle décroche le poste. C'est là une des raisons pour lesquelles,
en dépit de tout ce qui arrive, le monde continue de tourner.

LADIES' HOME JOURNAL, octobre 1932

Quand votre santé ou celle d'un être cher vous inquiète, votre attention se concentre comme un rayon laser. Tout à coup, toutes les dimensions de la vie deviennent claires et vous prenez conscience de ce qui est important : la vie est importante ; chaque jour est un cadeau. Vous demandez alors qu'on vous donne une autre chance pour repartir du bon pied. La plupart du temps, on vous l'accorde et vous en êtes très reconnaissante.

Mais les soucis d'argent vous narguent. Ils vous ravissent votre joie de vivre parce qu'ils vous poursuivent toute la journée comme une ombre menaçante. La nuit, ils rôdent autour de votre lit pour vous enlever le sommeil. Quand vous vous inquiétez à propos de l'argent, vous redoutez les jours et vous vous faites du mauvais sang la nuit. Sans réfléchir, vous gaspillez chaque heure précieuse qui vous est donnée. Vous cessez de vivre ; vous ne faites qu'exister.

Si vous vous tourmentez à propos de l'argent en ce moment, prenez courage. Vous pouvez changer votre mode de vie et passer d'un sentiment de pénurie et de privation à un sentiment d'abondance et de satisfaction. L'argent monte et descend comme la marée. Ce qui doit demeurer constant, c'est notre conscience que l'abondance est un droit acquis à la naissance. Comme l'a dit un jour la chanteuse de *gospel* Mahalia Jackson : « C'est facile d'être indépendante quand vous avez de l'argent. Mais l'être quand vous n'avez pas un rond, c'est là le test du Seigneur. »

C'est ce que j'ai appris et ce que je veux partager avec la chercheuse en vous. Plus nous simplifions notre vie, plus elle s'enrichit.

Il n'y a pas de pénurie, si ce n'est dans notre esprit.

13 JANVIER

La gratitude ou l'éveil du cœur

Les yeux de mes yeux sont ouverts.

E. E. CUMMINGS

Vous est-il déjà arrivé de prendre un livre et d'être frappée par une phrase comme si elle avait été écrite juste pour vous ? Ou d'avoir une révélation en écoutant une chanson ? Parfois, il y a un ange qui nous chuchote à l'oreille.

Un matin bien ordinaire, j'ai pris conscience que j'étais émotivement et physiquement épuisée à force de vouloir toutes sortes de choses que je n'avais pas les moyens de me procurer. Je me suis sentie prise dans un cercle vicieux. Plus je me focalisais sur le manque et sur ce que je ne pouvais pas me procurer, plus je déprimais. Plus je déprimais, plus je me focalisais sur le manque. Mon âme m'a glissé à l'oreille que ce à quoi j'aspirais vraiment, ce n'était pas la sécurité financière, mais la *sérénité* financière. Ce matin-là, j'étais tranquille, assez du moins pour entendre ce qu'elle me disait. C'est à ce moment que j'ai saisi les aspirations profondes de mon cœur. Ce dont j'avais vraiment envie, c'était d'une paix intérieure que le monde ne pourrait pas me ravir. J'ai demandé de l'aide et me suis engagée à suivre l'Esprit, où qu'il me conduise. Pour la première fois de ma vie, j'abandonnais mes plans quinquennaux et devenais une chercheuse, une pèlerine, une passagère.

Lorsque j'ai abandonné mon désir de sécurité pour rechercher plutôt la sérénité, je me suis mise à voir ma vie d'un autre œil. Je me suis aperçue que j'avais une foule de raisons d'être reconnaissante. Ma richesse m'a sauté aux yeux et je me suis prise à regretter d'avoir tenu pour acquise l'abondance qui faisait déjà partie de ma vie. Comment pouvais-je espérer recevoir davantage de l'Univers alors que je n'appréciais pas ce que j'avais déjà ?

Je me suis mise sur-le-champ à faire l'inventaire de mes biens : ma santé, un mari merveilleux, une fille charmante et heureuse, leur santé, notre maison (petite, mais confortable) et trois précieux animaux qui me comblaient de joie et de leur fidèle compagnie. Il y avait toujours plein de bonnes choses sur la table et du vin dans l'armoire. Nous avions le bonheur d'avoir plusieurs amis merveilleux qui nous aimaient profondément et partageaient nos joies et nos peines.

Ma liste s'allongeait. J'aimais mon travail ; mes ouvrages étaient diffusés et recevaient un bon accueil. Plusieurs lectrices me faisaient savoir que mon premier livre avait enrichi leur vie. Je crois profondément que ce que nous donnons au monde nous sera rendu ; peut-être pas tout d'un coup ni de la façon dont nous nous y attendons, mais si nous donnons ce que nous avons de mieux, cela nous sera rendu. Le moment était venu de vivre en accord avec mes croyances.

Lorsque je me suis mise à scruter le grand livre de ma vie, je me suis rendu compte que j'étais une femme très riche. Ce que je vivais, ce n'était que des difficultés de trésorerie temporaires. Je prenais enfin conscience que ma valeur personnelle ne pouvait pas être établie à partir du seul solde de mon compte bancaire. La vôtre non plus.

La façon dont se fait cette prise de conscience importe peu. Ce qui est important, c'est qu'elle se produise. Mon cœur s'est mis à déborder de gratitude. Je me suis mise à remercier pour tout : les marguerites dans un petit pot sur le rebord de la fenêtre de cuisine, le doux parfum des cheveux de ma fille, la première gorgée de thé le matin, le rôti de porc garni de pommes et de canneberges au souper du dimanche, le « Je t'aime » que j'entends avant de m'endormir. Tous les jours se sont mis à m'offrir des moments de joie et de bien-être véritables. Mais ne le faisaient-ils pas auparavant ? La différence, c'est que maintenant, je remarquais et appréciais ces présents quotidiens. Le pouvoir de la reconnaissance m'a renversée.

Tout ce que je vous demande aujourd'hui, c'est d'ouvrir « les yeux de vos yeux » et de regarder votre vie d'un autre œil. Vos besoins essentiels sont-ils satisfaits ? Avez-vous un toit ? De quoi manger ? Des vêtements à porter ? Avez-vous des revenus réguliers ? Avez-vous des rêves ? Jouissez-vous d'une bonne santé ?

Pouvez-vous marcher, parler, voir la beauté qui vous entoure, écouter de la musique qui émeut votre âme ou vous donne le goût de danser ? Avez-vous des proches et des amis que vous aimez et qui vous aiment ?

Puis arrêtez-vous un moment pour remercier. Laissez votre cœur s'ouvrir au pouvoir transformateur de la gratitude. Disposez-vous à échanger votre besoin de sécurité émotive et financière contre la sérénité. « Les importantes décisions de notre vie ne se prennent pas au son de la trompette, nous rappelle Agnes de Mille. Le destin se révèle dans le silence. »

14 JANVIER

Le journal de gratitude

La gratitude nous dévoile l'abondance de la vie. Grâce à elle, ce que nous avons devient suffisant et même plus. Le rejet se change en acceptation, le chaos en ordre et la confusion en clarté. Elle sait faire une fête d'un simple repas, un chez-soi d'une maison, un ami d'un étranger. La gratitude donne un sens à notre passé, apaise notre présent et nous donne une vision pour l'avenir.

MELODY BEATTIE

Je vous proposerai plusieurs outils au moment d'entreprendre vos explorations intérieures. Tous vous aideront à être plus heureuse et plus satisfaite, et alimenteront votre créativité. Le premier outil que je veux vous présenter est susceptible de changer votre vie d'une façon extraordinaire ; il s'agit de ce que j'appelle le journal de gratitude. Chaque soir avant de me mettre au lit, je consigne dans un beau carnet cinq choses survenues au cours de la journée pour lesquelles je peux remercier. Certains jours, ma liste comporte des choses étonnantes, mais la plupart du temps, j'y énumère de petits plaisirs tout simples tels que : « Le chat s'est perdu au cours d'un violent orage ; je l'ai trouvé tout grelottant, mais indemne. J'ai écouté du Puccini en faisant du ménage et me suis rappelée à quel point j'aime l'opéra. »

Il y aussi des jours – les plus difficiles – où il m'arrive de penser que je n'ai pas cinq raisons de remercier. J'en reviens alors aux choses de base : ma santé, mon mari et ma fille, leur santé, mes animaux, mon foyer, mes amis, le lit douillet dans lequel je m'apprête à plonger et le fait que ce jour-là achève. C'est bien. La vie ne roule pas toujours comme sur des roulettes ni à notre goût. Mais le fait de reconnaître quotidiennement ce qui *fonctionne* dans notre vie peut nous aider non seulement à survivre, mais à surmonter nos difficultés.

Le journal de gratitude est le premier pas à faire sur le chemin de l'abondance dans la simplicité ; sinon, vous n'y arriverez tout simplement pas. Tous les autres principes capables de transformer votre vie – la simplicité, l'ordre, l'harmonie, la beauté et la joie – ne pourront pas s'épanouir sans la reconnaissance. Si vous voulez entreprendre cette aventure avec moi, *le journal de gratitude n'est pas facultatif.*

Pourquoi ? Tout simplement parce que si vous remerciez consciemment chaque jour pour l'abondance qui est déjà là dans votre vie, vous ne serez plus la même personne d'ici deux mois. Et vous aurez mis en application une ancienne loi spirituelle : plus vous avez et remerciez pour ce que vous avez, plus on vous donnera.

Je vous ai déjà dit que la voie de l'abondance dans la simplicité est un processus de transformation. Nous allons consacrer deux mois à chaque principe et travaillerons à l'incorporer dans la trame de notre vie quotidienne.

Commençons aujourd'hui par la reconnaissance. Procurez-vous le carnet le plus joli et le plus invitant que vous pouvez pour en faire votre journal de gratitude. Faites une sortie spéciale pour le dénicher. Attardez-vous à la texture ou au dessin de la couverture, à l'apparence et au grain du papier. Préférez-vous des pages lignées ou non ? Peut-être en trouverez-vous un muni d'un fermoir. Une des leçons les plus précieuses que m'a enseignées l'abondance dans la simplicité, c'est que dans les plus petits détails se révèle la saveur de la vie.

Au fil des mois, à mesure que vous noterez dans votre journal les raisons que vous avez d'exprimer votre reconnaissance, une profonde transformation s'opérera dans votre vie. Vous ne tarderez pas à découvrir, à votre grande joie, à quel point le contentement et l'espoir sont devenus partie intégrante de votre vie. En mettant l'accent sur l'abondance plutôt que sur le manque, vous acquerrez une nouvelle attitude pour l'avenir. Le sentiment de satisfaction est l'œuvre de la gratitude, qui transforme vos rêves en réalité.

Selon un vieux proverbe français, « la reconnaissance est la mémoire du cœur ». Entreprenez cette journée avec l'intention d'explorer et d'intégrer ce principe de vie constructif dans votre quotidien et, à votre grand émerveillement, le miracle que vous attendez depuis longtemps se produira.

15 JANVIER

La simplicité et ses présents

Voici un présent pour être simple,
voici un présent pour être libre,
voici un présent pour être
là où nous devons être.
Et lorsque nous sommes
à la bonne place,
nous découvrons une vallée
d'amour et de joie.

HYMNE SHAKER DU XIXᵉ SIÈCLE

Y a-t-il une seule femme de nos jours qui n'aspire pas à une vie plus simple ? Mais de quoi avons-nous envie ? De tout laisser tomber et de nous en aller à la campagne pour y ouvrir un gîte champêtre ? Ou ne serait-ce pas de quelque chose de plus fondamental, comme du simple plaisir de nous concentrer sur une seule tâche à la fois?

Une fois que nous avons fait l'inventaire de notre vie et invité la gratitude à y entreprendre son travail de transformation, la prochaine étape se fait tout naturellement. Dès que nous nous rendons compte de tout ce que nous avons, nous éprouvons l'ardent besoin de jeter du lest, de retourner à l'essentiel, d'évaluer ce qui est absolument nécessaire à notre bonheur. Est-il plus important pour vous de faire des heures supplémentaires pour pouvoir acheter de nouveaux meubles pour votre salle à manger, ou d'assister aux parties de la ligue des Atomes? Peut-être pourriez-vous décaper votre table et vos chaises actuelles et les agrémenter de jolis coussins de couleurs vives. Ces choix relèvent du processus de simplification de votre vie. Accueillez-les, car ils font partie intégrante de la démarche que vous avez entreprise.

Bien des gens croient que vivre simplement demande de vivre dans la disette. Bien au contraire, la véritable simplicité vue comme un choix de vie conscient illumine notre vie de l'intérieur. Elle est enjouée et généreuse, capable de libérer nos esprits démoralisés de l'esclavage et du fardeau de l'extravagance et de l'excès. La véritable simplicité élève le moment ordinaire, notre vie morne et même les objets inanimés – comme en témoignera quiconque a déjà observé un meuble *shaker* de facture exquise – du trivial au transcendant.

Moins peut signifier *plus* pour ceux qui s'engagent sur le sentier de l'abondance dans la simplicité. Aujourd'hui, réfléchissez aux attraits de la simplicité. Visualisez un bouquet de belles jonquilles placées artistiquement dans un pot à lait blanc sur une tablette de pin, un rayon de soleil brillant à travers une fenêtre bien propre, l'éclat de beaux parquets de bois vernis, la flamme ondoyante et la senteur de chandelles de cire d'abeille. Ayez confiance que grâce au baume de la simplicité, votre âme épuisée saura trouver l'endroit où vous devez être. Chaque jour nous comble de présents lorsque nous consentons à chercher dans notre cœur la place qui nous convient.

16 JANVIER

L'ordre : source de satisfaction

L'ordre est la forme sur laquelle repose la beauté.

PEARL BUCK

J'ai le sentiment depuis longtemps que, dans une vie heureuse et vécue pleinement, des liens invisibles, mais inexorables, relient l'accomplissement des tâches domestiques et la spiritualité ; l'un est un fil d'or et l'autre un fil d'argent qui, en s'entrelaçant, créent une heureuse tapisserie de félicité. Les *shakers*, une communauté religieuse qui s'est épanouie en Amérique au milieu du XIXe siècle, récitaient chaque matin une prière pour demander la grâce d'exprimer leur amour de Dieu dans leurs besognes quotidiennes, dans des tâches aussi simples et banales que faire un lit. Dans un livre de dévotion classique, *La Pratique de la présence de Dieu*, un carme du XVIIe siècle du nom de frère Laurent notait qu'il sentait souvent la présence de Dieu au milieu des casseroles et des pommes de terre, dans sa cuisine, au moment où il préparait un repas pour ses confrères.

Chaque fois que je me sens submergée par les circonstances extérieures – soucis à propos de ma situation financière ou de l'état de santé d'un proche, angoisse suscitée par des démarches professionnelles qui n'aboutissent pas –, je me tourne instinctivement vers des rituels domestiques pour retrouver mon équilibre. Lorsque nous mettons de l'ordre dans notre maison, nous sommes assurées d'une récompense émotive et psychologique immédiate. Même si nous n'arrivons pas toujours à contrôler les circonstances extérieures de notre vie, nous pouvons apprendre à puiser dans nos ressources intérieures pour y trouver un sentiment de confort qui nous nourrit et nous soutient. J'ai même remarqué qu'il y a un lien direct entre le désordre de ma maison et mes états dépressifs et j'ai le sentiment que je ne suis pas la seule personne dans cette situation. « Ce ne sont pas les tragédies qui nous tuent, note Dorothy Parker, c'est le fouillis. »

Si vous vous sentez constamment aller à la dérive sans savoir pourquoi, attardez-vous à prendre conscience du rôle que l'ordre – ou son absence – joue dans votre vie. Personne ne peut avoir des idées claires en vivant constamment dans le désordre, le fouillis et la confusion, quel qu'en soit le responsable. Mettez-vous à percevoir l'ordre non pas comme la camisole de force des « il faut » (faire le lit, laver la vaisselle, sortir les ordures), mais comme la base sur laquelle repose la vie merveilleuse que vous êtes en train de vous créer. Ce peut être dans des gestes aussi simples que remettre un objet à sa place, ranger un vêtement aussitôt enlevé ou montrer à ceux qui vivent sous votre toit qu'ils doivent faire de même pour le bien de tous.

Il y a un Ordre divin inhérent à l'univers. Nous avons accès à cette puissante source d'énergie créatrice lorsque nous consentons à cultiver le sens de l'ordre dans la conduite de nos affaires quotidiennes. Invitons l'Ordre divin à faire partie intégrante de notre vie et la sérénité imprégnera nos jours.

17 JANVIER

L'harmonie : chef d'orchestre de notre vie

Les notes, je ne les joue pas mieux que bien des pianistes.
Mais les pauses entre les notes…ah, c'est là où réside l'art.

ARTUR SCHNABEL

Un nocturne de Chopin sonnera différemment s'il est interprété par un débutant ou par un virtuose, car ce dernier a passé sa vie à améliorer son jeu et à apprendre à faire des pauses de façon à transmettre son émotion aux notes.

Ainsi en est-il du concerto de notre vie. Il nous faut apprendre, jouer et rejouer chaque note pour atteindre l'harmonie. Mais par-dessus tout, il nous faut maîtriser l'art de faire des pauses.

L'harmonie est le rythme intérieur agréable que nous ressentons quand la mélodie de notre vie sonne bien – lorsque nous arrivons à trouver le bon accord, à trouver un équilibre entre les attentes de notre famille et nos responsabilités extérieures d'une part, et nos aspirations intérieures à la croissance spirituelle et à l'expression personnelle de l'autre. C'est là un des défis les plus difficiles que doivent surmonter les femmes, car il leur demande chaque jour de faire des choix. Pourtant, nous sommes souvent trop fatiguées pour décider quoi que ce soit, à part ce que nous mangerons pour souper! Peut-être cela explique-t-il pourquoi il nous arrive souvent de n'entendre qu'une cacophonie de demandes discordantes, venant étouffer les symphonies que notre âme aspire à composer. D'habitude, lorsque les occupations de la vie quotidienne grugent toute notre énergie, la première chose que nous éliminons est ce dont nous avons le plus besoin: des moments de tranquillité et de réflexion. Du temps pour rêver, pour réfléchir, pour regarder ce qui va et ce qui ne va pas de façon à pouvoir effectuer des changements pour le mieux.

Sur le chemin de l'abondance dans la simplicité, nous apprenons comment faire des pauses. À mesure que la gratitude, la simplicité et l'ordre prennent place dans notre vie, l'harmonie émerge. Nous nous mettons à trouver un équilibre entre les exigences et les plaisirs, les moments de solitude et le besoin de compagnie, le travail et les loisirs, l'activité et le repos, la femme intérieure et le personnage extérieur.

Aujourd'hui, essayez simplement de ralentir. Abordez ce jour comme un adagio – une pièce musicale jouée avec lenteur et grâce. Écoutez une musique qui calme et élève votre esprit et prenez le temps d'observer comment toutes les notes s'unissent harmonieusement pour donner à la partition toute son expression.

Ainsi en sera-t-il de votre univers. Avec l'harmonie comme guide, l'espace de votre quotidien ne tardera pas à résonner comme une joyeuse rhapsodie.

18 JANVIER

La beauté : ouvrir les yeux aux merveilles qui nous entourent

Vous conviendrez sûrement avec moi que la beauté est, au fond, notre seule raison de vivre.

AGATHA CHRISTIE

Aussi doux que soit le chemin de l'abondance dans la simplicité, ses leçons sont puissantes. Tout d'abord, il nous apprend à être reconnaissantes quelles que soient les circonstances. En éprouvant de la gratitude pour notre vie telle qu'elle se présente, nous découvrons la façon de la changer en mieux. En intégrant la simplicité, nous apprenons que tout en ayant moins, nous avons vraiment plus. Cette liberté nous incite à mettre de l'ordre dans nos affaires et à cultiver l'harmonie dans notre monde intérieur. En vivant à notre propre rythme, en apprenant à reconnaître nos limites et en appréciant les progrès réalisés, nous incorporons ses leçons dans la toile de nos moments quotidiens jusqu'à ce qu'elles deviennent partie intégrante de nous-mêmes.

Puis un beau jour, nous nous sentons revivre et nous nous mettons à aspirer à plus de beauté dans notre quête personnelle. Nous réalisons au plus profond de nous-mêmes que notre occupation la plus noble est de nous créer une vie pleine de beauté. « C'était comme si j'avais travaillé pendant des années sur le mauvais côté de la tapisserie, à en apprendre les contours et les dessins, mais passant toujours à côté de sa couleur et de son éclat », confiait la journaliste Anna Louise Strong en 1935. Nous pouvons comprendre ces sentiments lorsque nous entendons l'appel de la vie nous invitant à jouir de sa couleur, de son éclat et de sa beauté.

Aujourd'hui, cherchez des façons de voir votre univers d'un autre œil. Laissez vos yeux contempler les merveilles qui vous entourent. Allez faire un tour à une galerie d'art à l'heure du lunch et méditez sur une belle toile ou dans la verdure de votre cour après le travail, pour saisir cet « angle de lumière » qui captivait tant Emily Dickinson. Regardez attentivement les visages aimés, apportez un soin particulier à mettre la table, prenez plaisir à la préparation et à la présentation du repas. Allumez des bougies, versez le vin ou l'eau minérale dans vos plus belles coupes et célébrez cette nouvelle prise de conscience. C'est dans les petits détails que la beauté se révèle et s'entretient.

Dehors, la longue nuit d'hiver tombe, mais au-dedans, nous avons trouvé notre Lumière.

19 JANVIER

La joie : apprendre les leçons de la vie avec un cœur léger

Je n'arrive pas à croire que l'univers insondable tourne autour d'un axe de souffrance ; quelque part, l'étrange beauté du monde doit sûrement reposer sur la pure joie.

LOUISE BOGAN

La voie de l'abondance dans la simplicité nous mène à des territoires inconnus. Chaque jour, nous constatons à quel point la pratique de la gratitude travaille le sol de notre âme et nous voyons les graines de la simplicité et de l'ordre s'enraciner profondément dans la terre de notre vie quotidienne. À mesure que nous avançons, l'harmonie nous insuffle le courage tranquille de créer une vie authentique pour nous-mêmes et pour ceux que nous aimons. Avec de la patience, la beauté s'épanouit et notre cœur connaît non seulement le bonheur, qui est souvent éphémère, mais une joie qui, telle une source rafraîchissante, se renouvelle constamment. Nous avons trouvé notre véritable place dans le monde. « Avec un regard apaisé par la puissance de l'harmonie et le profond pouvoir de la joie, écrivait William Wordsworth, nous percevons, de l'intérieur, la vie des choses. »

Percevoir, de l'intérieur, la vie des choses, voilà ce qui nous engage en ce moment dans un processus de transformation. Du plus profond de nous surgit le désir de laisser tomber la bataille comme moyen de saisir les leçons de la vie, pour enfin adopter le chemin de la joie.

Apprendre à vivre dans le moment présent fait partie de la stratégie de la joie. Mais cela exige un profond revirement dans notre réalité. Nous créons souvent les drames dans notre esprit ; nous nous attendons au pire et voyons nos prédictions se réaliser. Inconsciemment, nous devenons les auteurs de nos propres malheurs. Nous nous démenons d'un jour à l'autre, d'une crise à l'autre, secouées et malmenées par les circonstances, sans nous rendre compte que nous avons toujours le choix.

Mais si vous mettiez un terme aux drames et appreniez à faire confiance au cours de la vie et à la bonté de l'Esprit ? Si, dans chaque situation, vous vous mettiez à vous attendre au mieux plutôt qu'au pire ? Ne pourriez-vous pas imaginer des fins heureuses aux nouveaux chapitres de votre vie ? Pour plusieurs d'entre nous, il s'agit là d'un changement de direction si radical qu'il ne semble pas possible. Pourtant, il l'est. Mettez votre incrédulité de côté et faites un acte de foi. Après tout, qu'avez-vous à perdre sinon la misère et le manque ?

Commencez dès aujourd'hui. Affirmez d'une voix forte à l'univers que vous voulez apprendre les leçons de la vie par la joie plutôt que par les luttes acharnées. Peut-être vous prendra-t-il au mot. Qui plus est, vous découvrirez à votre étonnement et à votre émerveillement que ces grâces attendaient patiemment depuis le début que vous en fassiez la demande.

20 JANVIER

Des hectares de diamants

Vos diamants ne sont pas dans de lointaines montagnes
ni au fond des mers ; ils sont dans votre propre cour,
mais vous devez creuser pour les y trouver.

RUSSELL H. CONWELL

P eu d'exposés destinés à motiver les gens ont influencé ou
inspiré plus de personnes que la célèbre conférence intitulée
Des hectares de diamants. Russell H. Conwell, ancien journaliste et
ministre, prononça son discours plus de six mille fois entre 1877
et 1925. Quand il fut publié, l'exposé devint immédiatement un
best-seller et un classique de la littérature d'inspiration.

L'histoire présentée par Conwell dans ce discours exerça un
attrait énorme. Elle racontait la vie d'un fermier persan du nom de
Ali Hafed, qui vendit sa ferme et quitta sa famille pour parcourir
le monde à la recherche de la richesse. Il chercha partout les diamants tant convoités, mais en vain. Finalement, seul, sans abri,
miséreux et en proie au désespoir, il mit fin à ses jours. Sa quête
de la richesse avait eu raison de lui. Entre-temps, l'homme qui
avait acheté sa terre était reconnaissant pour chaque brin d'herbe
qui lui appartenait maintenant et prodiguait à sa ferme amour et
travail acharné. Le soir, entouré des siens, il mangeait les fruits de
son labeur et était un homme heureux. Puis un beau jour, il fit une
découverte remarquable. Dans l'arrière-cour abandonnée par Ali
Hafed se trouvait une mine de diamant : il y avait là un hectare de
diamants ! Le petit fermier était devenu riche comme il ne l'aurait
jamais souhaité dans ses rêves les plus fous.

Conwell se servait de cette parabole pour illustrer un message
extraordinaire : en chacun de nous se trouvent une source d'abondance et des semences aux possibilités infinies. En chacun de nous
se trouve un rêve intime qui attend d'être découvert et réalisé. Si
nous chérissons notre rêve, puis investissons en nous-mêmes

amour, énergie créatrice, persévérance et enthousiasme, nous atteindrons un succès véritable.

Où est votre hectare de diamants ? Si vous aviez quelque chose à faire dans le monde, qu'est-ce que ce serait ? Oui, cette chose à laquelle vous pensez en ce moment même et que vous croyez impossible. Aimeriez-vous démarrer votre entreprise, prendre soin de vos enfants, dessiner une robe, écrire un scénario ?

Nous avons toutes un hectare de diamants qui attend d'être découvert, aimé et mis à profit. Nous pouvons toutes commencer quelque part. Laissez courir votre imagination, car elle connaît le plan de votre âme pour atteindre le succès. Sur le chemin de l'abondance dans la simplicité, vous découvrirez que votre chance de trouver le succès personnel, le bonheur véritable et la sérénité financière se trouve juste là, dans votre cour.

21 JANVIER

Se débarrasser des illusions limitatives

J'aime la vie. J'ai parfois été éperdument, désespérément, profondément malheureuse, accablée de chagrin, mais malgré tout cela, je demeure convaincue que le seul fait d'être en vie est une chose extraordinaire.

AGATHA CHRISTIE

P our certaines d'entre nous, l'idée qu'une puissance extérieure puisse nous aider à réaliser nos rêves est vraiment menaçante, particulièrement si nous avons l'habitude d'avoir le contrôle sur les événements, ou plutôt d'entretenir l'illusion de l'avoir.

Encore plus nombreuses sommes-nous à être prisonnières d'une autre idée erronée selon laquelle une puissance insensible et capricieuse préside à notre destinée. Traumatisées par certaines blessures profondes que la vie nous a infligées, nous refusons de croire qu'une force créatrice bienveillante et généreuse nous soutient dans nos actions. Nous avons peur de croire que l'Esprit qui a créé l'univers puisse nous aider à remplir une formule de demande de bourse, à obtenir une promotion, à retourner aux études, à démarrer notre entreprise ou à trouver un emploi. Comme l'image renvoyée par un miroir déformant, ce que nous voyons n'est pas la réalité. Nous aimons entretenir l'idée que les événements extérieurs détiennent le pouvoir ultime de nous empêcher de réaliser nos rêves.

Et nous nous demandons pourquoi nous sommes si malheureuses !

Débarrassez-vous de vos illusions limitatives qui vous empêchent de vous rendre compte que le seul fait de vivre est une chose extraordinaire. Laissez tomber vos doutes. Ouvrez-vous à l'Univers qui aime et soutient même les sceptiques. Dès aujourd'hui, accueillez l'idée d'un Esprit qui vous accompagne, guide chacun de vos pas et connaît la route.

22 JANVIER

La prospérité de la vie

Les femmes doivent être des pionnières dans ce mouvement vers l'intérieur pour y trouver leur force. En un sens, elles l'ont toujours été.

ANNE MORROW LINDBERGH

L'époque que nous traversons est tout un défi. Mais nous ne sommes pas la première génération de femmes à connaître des jours difficiles. Il est réconfortant de constater que d'autres avant nous ont tenu le coup et s'en sont bien tirées. Pendant les jours sombres de la Crise, un éditorial du *Ladies' Home Journal* paru au mois d'octobre 1932 rappelait aux lectrices que « Le retour de jours meilleurs n'est pas qu'une question d'argent. Il est une prospérité de la vie qui est tout aussi importante que la prospérité du porte-monnaie. [...] Il ne suffit pas de tirer le meilleur parti des choses telles qu'elles sont, soulignait l'éditorialiste. La résignation est un cul-de-sac. Nous devons en quelque sorte construire un nouveau pays. Nous devons faire revivre les idéaux des fondateurs. Nous devons apprendre les nouvelles valeurs de l'argent. Il est temps de faire œuvre de pionnières, de créer une nouvelle sécurité pour nos foyers et nos familles. [...] Nous étions spécialistes de la consommation, nous devenons maintenant spécialistes de la vie ».

Je me rappelle le moment précis où j'ai trouvé cette citation. J'étais en train de travailler mon hectare de diamants : assise par terre dans un magasin d'antiquités, je scrutais de vieux journaux féminins pour y trouver des trucs sur la façon de vivre une belle vie de nos jours. J'étais sur le chemin de l'abondance dans la simplicité depuis un an déjà et me sentais comme une pionnière. En fait, je devais me sentir exactement comme cette femme qui avait jadis quitté Boston avec sa famille et ses biens à la recherche de la Terre Promise. Trois mille kilomètres durant, j'avais nourri le rêve d'une vie meilleure tout en endurant les attaques des Indiens, les épidémies, les famines, les sécheresses, les tempêtes, les tornades, les serpents et le bœuf salé. J'étais alors parvenue au Nebraska ; il me restait encore près de deux mille kilomètres à faire, mais j'étais rendue trop loin pour rebrousser chemin. Comme cette pionnière, j'étais découragée. Lorsque j'ai déniché cette revue, j'y ai immédiatement vu un message adressé à mon âme. « Continue. Ne lâche pas. Tu es sur le bon chemin et tu n'es pas seule. » À partir de ce moment, je n'ai jamais regardé en arrière. J'ai appris de première main que la voie de l'abondance dans la simplicité a le pouvoir de transformer notre vie.

Êtes-vous prête à devenir une pionnière ? Si oui, il est temps de consacrer à votre voyage intérieur toute votre énergie créatrice. Considérez-moi comme votre éclaireuse personnelle. Ces dernières années, j'ai pris les devants et débroussaillé la route. Je m'en tiendrai à cela pour commencer. Le sentier monte en spirale et il est long – il nous prendra toute l'année à parcourir –, mais réconfortant et stimulant. Il peut aussi être parcouru un jour à la fois. N'ayez crainte. Nous ne sommes pas seules. À l'instar des pionniers, nous apprendrons à être guidées par notre propre lumière, et celle des étoiles. Car c'est tout ce dont nous avons besoin. Nul obstacle ne résiste au vrai courage et à l'étonnante Grâce.

23 JANVIER

Accepter la vie telle qu'elle se présente

Tout ce que nous acceptons réellement dans notre vie change.

KATHERINE MANSFIELD

Accepter et bénir les circonstances est un puissant outil de transformation. En fait, ce mélange est un élixir spirituel qui fait merveille dans notre vie.

Qu'est-ce qu'accepter? C'est s'abandonner à ce qui est: circonstances, sentiments, problèmes, situation financière, travail, santé, relations avec les autres, retard dans la réalisation de nos rêves. Avant de pouvoir changer quoi que ce soit dans notre vie, nous devons reconnaître que c'est ainsi que les choses doivent se passer *en ce moment*. Pour moi, l'acceptation est ce que j'appelle un long soupir de l'âme. Ce sont les yeux clos en prière, peut-être même les larmes silencieuses. C'est le «C'est bien; c'est Toi qui mènes, moi je suis». C'est le «Tout finira bien». Cela fait simplement partie du voyage.

Au cours des dernières années, j'ai découvert qu'une bonne partie de ma difficulté à être heureuse en dépit des circonstances extérieures venait du fait que je refusais obstinément ce qui se passait effectivement dans ma vie. Mais j'ai aussi appris que lorsque je m'abandonne à une situation telle qu'elle se présente, quand je cesse de résister et décide d'accepter, mon âme s'apaise et je deviens soudain capable d'accueillir toute la bonté et l'abondance qui s'offrent à moi, car l'acceptation entraîne soulagement et détente. C'est comme si la pression de la lutte pouvait alors s'échapper de l'autocuiseur de la vie.

Qu'arrive-t-il quand nous acceptons ce qui nous arrive ? D'abord, nous nous détendons. Ensuite, notre vibration, notre mode énergétique et notre rythme cardiaque changent. Cela nous permet encore une fois d'aller puiser à la source intarissable d'énergie positive de l'Univers. De plus, l'acceptation éclaire la réalité de sorte qu'il nous devient plus facile de voir la prochaine étape.

Quelle que soit votre situation à l'heure actuelle, acceptez-la. Selon Natalie Goldberg, « Notre tâche consiste à dire un oui solennel à chaque aspect de notre vie tel qu'il s'offre à nous ». Regardez autour de vous et voyez comment les choses se présentent. Voici ma cuisine exiguë et son plancher sale, voici mon poids, voici le solde de mon compte bancaire, voici le lieu où je travaille présentement. Voici ce qui se passe dans ma vie en ce moment. C'est bien ainsi. C'est ma réalité actuelle.

Aujourd'hui, cessez de vous battre. Laissez s'engager le processus de transformation qui guérit. Vous êtes prête à poursuivre votre route.

24 JANVIER

Bénir les circonstances de notre vie

Bénissez une chose et elle vous bénira. Maudissez-la et elle vous maudira. [...] Si vous bénissez une situation, elle ne peut plus vous blesser ; même si elle peut vous déranger pendant un certain temps, elle s'estompera peu à peu, si vous la bénissez en toute sincérité.

EMMET FOX

Une fois que nous avons accepté notre situation présente, quelle qu'elle soit, nous devons apprendre à la bénir.

Vraiment? Bénir nos souffrances?

En vous serrant les dents si nécessaire. En général, nous ne savons pas pourquoi les choses nous arrivent et nous ne le saurons pas tant que nous n'aurons pas fait assez de chemin pour pouvoir regarder en arrière. Néanmoins, bénir ce qui nous contrarie est la forme d'abandon spirituel qui peut améliorer les situations les plus difficiles. Bénir ce qui nous arrive nous apprend également à faire confiance. Mes leçons les plus faciles et les plus joyeuses, c'est en bénissant que je les ai apprises. Si vous en avez plus qu'assez d'apprendre les leçons de la vie en souffrant et en vous battant, bénissez vos épreuves et vous verrez que c'est là la meilleure stratégie.

Une puissante série de bénédictions écrites au cours des années 40 par Stella Terrill Mann, ministre de l'Église Unie, nous invite à accueillir chaque nouveau matin par cette prière: «Béni soit ce matin pour moi et les miens». Le midi, dites: «Béni soit ce jour pour moi et les miens». Le soir, demandez: «Bénie soit cette nuit pour moi et les miens». En vous mettant au travail à la maison ou au bureau, faites cette affirmation: «Mon travail est une prière pour mon plus grand bien et celui des miens». Ces vœux attireront de nombreuses faveurs dans votre vie, comme elles l'ont fait dans la mienne.

Puis commencez à faire un inventaire des faveurs dont vous êtes comblée. Pourriez-vous en trouver une centaine? Il y a tellement de bonnes choses qui nous arrivent, mais que nous ne remarquons même pas, à cause du rythme effréné de la vie quotidienne. Le fait de les écrire attire notre attention sur l'abondance qui est déjà à notre portée et en fait quelque chose de bien réel.

25 JANVIER

Travailler avec les moyens du bord

Si votre vie quotidienne vous semble pauvre,
ne l'accusez pas ; ne vous en prenez qu'à vous-même ;
admettez que vous n'êtes pas assez poète
pour faire surgir sa richesse ;
car pour le créateur, il n'est point de pauvreté,
point de lieu pauvre et banal.

RAINER MARIA RILKE

Qui d'entre nous n'a pas entretenu jusqu'à présent en son for intérieur l'idée que nous devons attendre que les choses se calment un peu pour nous organiser ? Demain, nous partirons à la découverte des vrais plaisirs. Demain, nous prendrons mieux soin de nous-mêmes. Demain, nous profiterons mieux de la vie. Demain, quand le calme sera revenu. Je peux vous affirmer ceci en connaissance de cause : la vie ne s'apaise jamais assez longtemps pour que cela vaille la peine d'attendre à demain pour vivre la vie que nous méritons. La vie est mouvement perpétuel, avec son lot de changements et d'événements imprévus. Il y aura toujours quelque chose qui tentera d'attirer votre attention : un coup de téléphone, votre enfant, un fax, l'auto qui tombe en panne, le chèque qui n'arrive pas. Reconnaissez avec moi que dans la vraie vie, nous sommes toujours sur le bord du dysfonctionnement.

Que faire alors ? Nous pouvons cesser d'attendre les conditions idéales et nous mettre à travailler avec les moyens du bord pour nous créer une vie la plus satisfaisante possible. Nous pouvons accepter, bénir, remercier et nous y mettre. Dès aujourd'hui, nous pouvons faire surgir la richesse de notre vie quotidienne. Dès aujourd'hui, nous pouvons passer du manque à l'abondance. Notre tendance à tout remettre au lendemain nous a déjà fait rater trop de précieuses occasions. Invitez une amie à dîner, mettez-vous à lire ou même à écrire un roman, mettez de l'ordre dans vos papiers, essayez une nouvelle recette, souriez à tous ceux que vous rencontrez, prenez le temps de vous asseoir et de rêvasser devant un feu, remettez-vous à la broderie, exprimez votre reconnaissance d'être en vie, semez la joie autour de vous. Pensez à quelque chose qui vous procurerait un vrai plaisir aujourd'hui et passez à l'action. Merveilleux! Les premiers pas sont toujours les plus difficiles à faire. Comme nous le rappelle la célèbre tragédienne française Sarah Bernhardt: «La vie engendre la vie. L'énergie engendre l'énergie. [...] C'est en se dépensant qu'on devient riche».

26 JANVIER

Les outils de base de l'abondance dans la simplicité

Allez-y en douceur.

George Herbert

«Il n'est pas de compagnon plus agréable que la solitude», me rappelle Thoreau au moment où je monte à ma chambre avec une bonne tisane. La maison a repris son calme après le tourbillon d'un matin de semaine. Les chats me suivent dans l'escalier et se précipitent pour se faire un nid dans les couvertures en pagaille. On dirait que tout le monde ici sait qu'un rituel rassurant se prépare, un cérémonial raffiné pour un jour ordinaire.

Même s'il est encore trop tôt pour recevoir des appels téléphoniques, je mets le répondeur en marche pour ne pas être dérangée. La prochaine heure sera consacrée à un voyage intérieur: à travailler à mon album de trouvailles, à écrire mes pensées, à prier, à jouer avec mon collage de trésors, à me livrer à la méditation du miroir doré, à planifier ma journée puis à m'asseoir en silence et à me mettre à l'écoute.

Voilà les principaux outils qui m'ont aidée à progresser sur le chemin de l'authenticité. Utilisez-les ensemble comme moi, ou commencez à vous servir de celui qui a le plus piqué votre curiosité. Voyez si vous ne pourriez pas vous offrir une heure quotidienne d'exploration intérieure. Vous devez faire halte assez longtemps pour laisser votre cœur méditer sur vos trésors. Ou peut-être pour laisser votre imagination s'élancer vers ces espaces d'où viennent les rêves. Si vous trouvez qu'une heure entière est un luxe que vous ne pouvez vous permettre au début – ce n'en est pas un, mais nous irons doucement –, répartissez-la. Prenez une demi-heure le matin et une autre le soir, avant de vous mettre au lit.

La plupart du temps, quand mon exploration quotidienne se termine, il me semble qu'aucun changement sensible ne s'est produit dans ma vie. J'ai tout simplement vécu une heure de solitude. En apparence, pas de nouvelles visions, inspirations ou orientations. Mais parfois, j'arrive à mieux voir le tableau d'ensemble. Il en sera de même pour vous.

Je sais au moins ceci : si vous allez assez en profondeur et assez souvent, cela vous apportera nécessairement quelque chose. Souvent, l'inspiration que je souhaite ou la vision dont j'ai besoin viendront plus tard au cours de la journée, en route vers le travail ou lors de la préparation du souper. Que j'aie eu des révélations durant mon exploration matinale ou non, chaque jour apportera son lot de cadeaux.

27 JANVIER

Le dialogue quotidien

Je vais écrire jusqu'à trouver le bien-être.

NANCY MAIR

Comme mon métier m'amène à écrire toute la journée et que j'y consacre beaucoup d'énergie, je me suis vigoureusement opposée à l'idée d'écrire mon journal pendant la plus grande partie de ma vie adulte. Je trouvais l'entreprise trop exigeante et n'avais vraiment pas le temps de m'y mettre. Mais quand je me suis engagée sur le chemin de l'abondance dans la simplicité, j'ai pris conscience de toutes les conversations que je ne cessais d'entretenir avec moi-même. Rarement mon esprit était-il au repos. Je m'entendais me demander : « La chatte a un drôle de comportement, est-elle malade ? S'il y a une tempête de neige à Cleveland jeudi, comment rentrerai-je à la maison ? Le recevrai-je jamais, ce chèque ? Nous avons besoin de nouvelles housses pour le salon ; les vieilles commencent à être défraîchies ». Et ainsi de suite. J'ai constaté que mon esprit s'accaparait d'une pensée comme un bull-terrier d'un os et ne la lâchait pas tant que je n'étais pas épuisée ou que celle-ci n'avait pas perdu son intérêt.

Un jour, voulant désespérément faire taire ce babillage intérieur, j'ai saisi un cahier spirale et me suis mise à entretenir une conversation avec moi-même sur la page. Toutes mes inquiétudes ont jailli en un torrent de conscience. Je me suis davantage attardée à éliminer les vétilles mentales qui siphonnaient mon énergie créatrice et me rendaient folle, qu'à noter les événements de ma vie. Cela m'a permis de lâcher prise et de me remettre à mes activités. « Bougonnez et oubliez ça », nous conseille Jessamyn West. Elle a raison. Ce rituel est devenu très thérapeutique et m'aide à me centrer.

Je note mon dialogue quotidien depuis plusieurs années. Même s'il m'arrive parfois de sauter quelques jours, je suis toujours contente de discuter de ma vie avec ma conscience, car cet outil intérieur fonctionne vraiment. Il me clarifie les idées et apaise mon esprit agité. Il vous procurera les mêmes bienfaits. Ce qui est intéressant, c'est qu'après un certain temps, les pages se mettent à mener leur propre existence. J'ai donné à ce rituel le nom de dialogue quotidien parce qu'il s'agit vraiment d'une conversation avec quelqu'un de beaucoup plus sage et équilibré que vous : votre moi authentique.

Écrivez votre dialogue intérieur pendant vingt et un jours à titre d'expérience. Selon les psychologues, c'est le temps requis pour faire d'un nouveau comportement une habitude. Ce n'est pas tant le moment où vous le faites ni la quantité de mots qui comptent, que la répétition. Le rythme rassurant de rituels nourriciers apaise notre âme tendue. Parfois, lorsque je dois résoudre des questions particulièrement épineuses, j'écris deux pages le matin et y reviens le soir pour voir s'il ne se présenterait pas une réponse. C'est souvent le cas. Même dans l'attente de cette réponse, il s'opère au moins un soulagement et une détente.

Lorsque vous vous mettrez à écrire votre dialogue intérieur, vous serez probablement étonnée de l'importance que prennent les lamentations au début. C'est normal. En fait, il s'agit d'une réaction très saine. Vous ne pouvez gémir sur une situation pendant des mois et ne rien entreprendre pour la résoudre. Vous vous lasserez d'entendre vos propres récriminations et ressentirez le besoin de passer à autre chose.

Autre suggestion : n'utilisez pas un journal trop beau pour y inscrire vos dialogues intérieurs. Ce serait trop intimidant ; vous voudriez qu'il soit parfait et profond, et là n'est pas le but. Prenez un cahier spirale ou des feuilles détachées. Contentez-vous de jeter sur papier tout ce qui plane à l'horizon de votre cerveau et vous donne des maux de tête.

« Avec un crayon et du papier, je pourrais refaire le monde », confie Alison Lurie. Écrire un dialogue quotidien est un bon moyen de refaire le vôtre dans votre quête d'authenticité.

28 JANVIER

L'album de trouvailles

Ce que nous aimons se dévoile à nous ; point n'est besoin de lire ni d'analyser ni d'étudier. Si vous aimez vraiment quelque chose, sa connaissance s'infiltre en vous, avec des détails plus réels que tout ce que peut fournir une carte.

JESSAMYN WEST

P our aimer la vie que vous menez, il vous faut d'abord savoir ce que vous aimez vraiment. «Savoir ce que vous préférez plutôt que d'acquiescer à tout ce que le monde vous dit d'aimer, c'est garder votre âme en vie», nous rappelle Robert Louis Stevenson. Garder notre âme en vie et entretenir notre créativité est précisément ce à quoi nous nous intéressons aujourd'hui.

Une des façons les plus agréables de partir à la découverte de vos goûts personnels est d'entreprendre un album de trouvailles. Ce sera votre journal de bord au cours de votre exploration de terres inconnues : votre univers intérieur. Nous entrerons en contact avec notre moi authentique et nourrirons notre imagination en rassemblant de belles images qui parlent à notre âme. Vous ignoriez votre attrait pour les couleurs inondées de soleil ? Pourquoi alors ne cessent-elles d'apparaître dans vos coupures ? Vous croyiez avoir un faible pour le style country américain, mais c'est le chintz fleuri qui revient régulièrement dans votre album. N'est-ce pas intéressant ? Une image vaut mille mots, dit-on. Méditer sur une image par jour peut mettre votre imagination en mouvement et vous révéler une foule de choses.

Aujourd'hui, procurez-vous un cahier dans un magasin de matériel pour artistes, une paire de ciseaux bien affilés, de la colle et vos magazines préférés. Mettez tout cela dans un panier que vous garderez près de votre lit. Le soir, avant de vous mettre au lit, au moment où votre esprit est détendu et réceptif, feuilletez vos revues. Quand vous voyez une image qui vous attire, découpez-la et collez-la dans votre album. N'essayez pas de disposer vos images d'une façon particulière. Laissez vos collages s'organiser d'eux-mêmes. Ils ne tarderont pas à vous fournir des pistes sur les aspirations de votre cœur. Pour ma part, j'ajoute des citations, des dessins, des cartes de vœux et de belles cartes postales dans mon album, réalisant sur papier ce que le poète W. H. Auden appelle «une carte de ma planète».

29 JANVIER

Votre carte de trésors

Car là où est ton trésor, là aussi sera ton cœur.

MATTHIEU, 6, 21

Aucun boucanier qui se respecte ne partirait à la recherche d'un trésor caché sans sa carte. Pourquoi le feriez-vous? Une carte de trésors personnels, c'est un collage de la vie idéale à laquelle vous aspirez, que vous utilisez comme un outil visuel vous permettant de focaliser votre énergie créatrice dans la direction où vous souhaitez aller.

Tout d'abord, il vous faut visualiser la vie de vos rêves. Prenez un moment pour faire silence et rentrer en vous-même. Fermez les yeux pour mieux voir votre vie et ceux qui vivent avec vous. Comment est votre maison de rêve? Où se situe-t-elle? Avez-vous des enfants? Combien? Quelle sorte de jardin avez-vous? Y a-t-il un pavillon dedans? Une piscine? Avez-vous des animaux? Comment est votre automobile? Quel emploi exercez-vous? Publiez-vous votre propre revue, dirigez-vous un long métrage ou élevez-vous des chevaux pur-sang? Voyez maintenant si vous ne trouveriez pas des images correspondant à vos rêves. Découpez-les et faites un collage sur un carton. Si vous ne trouvez rien qui illustre votre idéal, puisez dans vos ressources créatrices et faites un dessin. Quand vous aurez terminé, prenez une photo de vous que vous aimez tout particulièrement. Assurez-vous d'y arborer une mine radieuse. Placez cette photo au centre de votre carte de trésors.

Lorsque vous fabriquez cette carte, mettez-vous dans un état d'esprit joyeux et léger, dans la peau d'un enfant de sept ans. Il ne s'agit pas d'un exercice intellectuel sur l'existentialisme, mais d'une carte de souhaits que vous adressez à l'Univers. Nos désirs les plus profonds sont des murmures de notre moi authentique. Nous devons apprendre à les respecter et à les écouter. « Posez l'oreille sur votre âme et écoutez attentivement », nous conseille la poète Anne Sexton.

Rappelez-vous surtout que vous n'avez à mettre personne au courant de votre carte de trésors personnels. Nos vœux pour l'avenir, nos espoirs, nos rêves et nos aspirations constituent nos plus précieux trésors. Gardez les vôtres dans le sanctuaire de votre cœur. Placez votre carte de trésors à l'endos de votre album de trouvailles et regardez-la souvent. Ce faisant, remerciez pour la vie merveilleuse que vous menez. Le plus grand secret d'une vie heureuse et satisfaisante, c'est de prendre conscience que tout se crée dans notre esprit avant de se manifester extérieurement. Nous devons croire une chose pour la voir. Nous devons d'abord savoir ce que nous cherchons pour que l'endroit où cet objet se trouve soit marqué d'une croix.

30 JANVIER

La méditation sur le miroir doré

C'est presque toujours la peur d'être soi-même
qui nous amène à un miroir.

Antonio Porchia

Je pratique depuis plusieurs années une méditation à laquelle j'ai donné le nom de méditation sur le miroir doré. Je me représente en esprit un grand miroir de la grandeur d'une pièce, muni d'un cadre sculpté en or à vingt-quatre carats. C'est mon miroir de matérialisation, dans lequel je me représente les rêves que je veux réaliser.

Laissez-moi ici vous faire part d'une étonnante coïncidence qui, selon l'expression d'un dicton français, pourrait illustrer « la façon de Dieu de rester anonyme ». Je faisais cette méditation du miroir depuis environ un an quand je fus invitée à faire un voyage d'affaires, tous frais payés, à Dublin, une de mes villes préférées. J'allais loger au *Shelbourne*, l'un des plus vieux, des plus beaux et des plus chers hôtels de Dublin, où je n'étais jamais allée. À mon arrivée, je me rendis au salon de l'hôtel, où la manifestation physique de ma méditation quotidienne me sauta aux yeux: un magnifique miroir muni d'un cadre plaqué or, occupant tout un mur de la pièce. J'éclatai de rire lorsque je m'y vis, émerveillée de la façon dont l'Univers me montrait que tout ce que nous visualisons en esprit peut se manifester sur le plan physique.

Aujourd'hui, prenez quelques minutes pour faire silence et rentrer en vous-même. Fermez les yeux. Imaginez un magnifique et énorme miroir au cadre doré entouré de lumière blanche scintillante. Cette lumière est l'Amour, elle vous entoure, vous imprègne, vous enveloppe et vous protège pendant que vous vous regardez dans le miroir. Voyez-y le reflet d'une femme extraordinaire. Elle est belle et radieuse; elle a une aura forte et vibrante. Ses yeux sont pétillants et elle vous sourit affectueusement. Connaissez-vous cette femme? Il vous semble la connaître depuis toujours. Et c'est vrai. Consacrez-lui un moment. Que fait-elle? Comment le fait-elle? Rendez-lui visite aussi souvent que vous en avez envie. Elle est toujours prête à vous aider dans votre voyage d'exploration de vous-même.

Il y a des jours où nous craignons toutes le regard sévère que nous renvoie la glace, mais vous ne devriez jamais hésiter à rencontrer la femme du miroir doré. Elle est le plus pur reflet de votre âme, l'incarnation de la femme accomplie qui habite en vous et vous envoie de l'amour pour éclairer votre route.

31 JANVIER

Saisir les petites douceurs de la vie

D'année en année, notre monde tourbillonnant devient de plus en plus complexe et déroutant ; c'est pourquoi il nous faut de plus en plus chercher la paix et le bien-être dans les petits plaisirs de la vie.

WOMAN'S HOME COMPANION, décembre 1935

E n devenant les gardiennes de notre bonheur, sur le chemin de l'abondance dans la simplicité, une de nos plus belles récompenses est de commencer à trouver la paix et le bien-être dans les plaisirs simples de la vie. Les petites choses viennent à revêtir une grande importance. Les petites douceurs nourrissent notre corps et notre âme par le truchement de nos sens. Elles nous apprennent à vivre dans le moment présent. Quand nous apprenons à voir le sublime dans l'ordinaire, la vie trouve son harmonie.

Nous avons toutes des jours marqués par de grandes joies et célébrations : l'arrivée d'un enfant, la promotion qui arrive enfin, la signature d'un contrat longtemps attendue. Mais la vie n'est pas qu'une partie de plaisir. La plupart de nos journées sont parsemées d'un tas de tâches ingrates : les draps à changer, les courses à faire, les ordures à sortir. Pour empêcher que notre quotidien devienne trop fastidieux, nous devons apprendre à savourer l'art des petites choses et à découvrir les douceurs qui nous apportent paix et contentement. En 1949, le dramaturge britannique J. B. Priestly a rassemblé ces bons moments dans un recueil intitulé *Delight*. Parmi ses plaisirs, on trouve ceux-ci : être réveillé le matin par l'odeur d'un bon café, se mêlant à celle des œufs et du bacon, lire un roman policier captivant au lit, cesser toute activité au beau milieu de la journée, bouquiner et prendre plaisir à la compagnie des jeunes enfants plutôt que de simplement les endurer.

Voici une journée d'hiver qui commence. Pourquoi ne pas concocter une bonne soupe maison pour le souper ? Je me livre à ce délice une fois par semaine au cours de l'hiver ; peler, hacher et râper des légumes sont des activités très apaisantes. Regardez vraiment la couleur des légumes – l'orange des carottes, le vert éclatant du céleri, le blanc nacré de l'oignon. Vous avez une magnifique nature morte devant les yeux. Ne vous précipitez pas ; goûtez le zen de la cuisine. Les effluves d'une bonne soupe maison ne sont-elles pas délicieuses ? Elles vous font apprécier d'être en vie ou du moins de dîner à la maison.

Vous voyez comment il nous faut apprendre à saisir l'essence de la vie, comment savourer chaque instant ? « Les gens ont autant besoin de joie que de vêtements. Certains en ont encore plus besoin », écrivait Margaret Collier Graham en 1906. Dès aujourd'hui, faites une priorité de la découverte de ces petites douceurs qui vous procurent un sentiment de bien-être.

Petites douceurs de janvier

❖ Maintenant que vous vous engagez sur le chemin de l'abondance dans la simplicité, notez sur papier les aspirations de votre cœur.

❖ Apprêtez pour le dîner du Jour de l'an un petit festin différent : des pois de pigeon, composés de doliques à œil noir (pour la chance), de riz (pour la santé), de feuilles de laitue roulées (pour la prospérité), de jambon et de pain de maïs (pour le goût !). Après avoir fait mijoter les doliques à œil noir, de l'oignon, du piment de Cayenne, du jambon et une feuille de laurier dans une quantité d'eau suffisante pour couvrir les ingrédients, jusqu'à ce que les pois se soient attendris, ajoutez le riz, couvrez et laissez mijoter encore une quinzaine de minutes ou jusqu'à ce que le riz soit à point. Servez sur de la laitue et garnissez de quelques morceaux de tomate. Nappez d'une vinaigrette et accompagnez de pain de maïs frais.

❖ Mettez de l'ordre dans vos papiers et organisez votre table de travail pour prendre un nouveau départ à l'orée de cette nouvelle année. Éliminez le plus de choses possible. Suspendez vos nouveaux calendriers. Faites de votre coin de travail un endroit où il fait bon vous retrouver.

❖ Allez faire un tour dans une bonne papeterie ou librairie et procurez-vous un beau livre vierge pour en faire votre journal de gratitude. Peut-être serez-vous aussi tentée de jeter un coup d'œil sur les plumes et encres de diverses couleurs.

❖ Allez fureter dans un magasin de matériel d'artiste. Explorez-y les mille et une façons de vous exprimer : les belles couleurs, les papiers, les toiles, l'argile. Cela vous attire ? Profitez-en pour vous procurer quelques cahiers pour l'album que vous vous apprêtez à entreprendre. Le format que je préfère est le 21,5 x 28 cm (8,5 x 11 po).

❖ Installez des cadres aimantés en acrylique sur le réfrigérateur pour y faire des collages de gratitude. Mettez-y des photos des êtres qui vous sont chers et que vous remerciez d'être là – vos proches, vos amis, vos animaux de compagnie. Insérez-y aussi de petits objets qui vous aideront à vous rappeler les faveurs pour lesquelles vous voulez rendre grâce, telle cette facture du garage qui s'est avérée moins salée que prévu. S'il y a une chose que vous souhaitez tout particulièrement, représentez-la ici et remerciez à l'avance pour son obtention.

❖ Prévoyez de petites douceurs hivernales. Faites des réserves de cacao, de guimauves miniatures et de bon chocolat (en prévision d'un dessert nappé de chocolat). Gardez-vous de la crème à fouetter au frigo. Lors d'une tempête de neige qui entraînera la fermeture des écoles, restez à la maison avec les enfants. Prélassez-vous en pyjama. Si vous avez un foyer, faites-y un feu toute la journée. Avec les enfants, faites un bonhomme de neige, allez faire de la luge puis prenez un bon bol de soupe aux tomates et des sandwichs au fromage grillés. Faites une sieste. Livrez-vous aux délices de ce congé imprévu.

❖ Allez faire un tour dans une brocante. Si vous n'en connaissez pas, mettez-vous à la recherche. Toute femme devrait avoir un bon marché aux puces dans son répertoire.

❖ Faites un bon pain d'épice moelleux pour la collation des enfants ou comme dessert. Vous trouverez de merveilleuses recettes de pain d'épice dans le livre de Laurie Colwin *More Home Cooking : A Writer Returns to the Kitchen*.

❖ Rendez-vous à la bibliothèque municipale pour y lire des revues auxquelles vous n'êtes pas abonnée. Je le fais une fois par mois. C'est agréable et peu coûteux.

❖ Forcez des plantes printanières – jonquilles miniatures, perce-neige, jacinthes, tulipes – pour égayer votre esprit et votre foyer de couleurs et de parfums, au beau milieu de l'hiver. Visitez une serre du voisinage et procurez-vous des bulbes produits à cette fin.

❖ Feuilletez des catalogues de jardinage. Découpez-y vos fleurs préférées et réalisez votre jardin de rêve sur papier. Comblez votre désir d'avoir un pavillon recouvert de roses dans un collage que vous insérerez dans votre album de trouvailles. Imaginez que vous vous faites un jardin secret pour y passer des moments de solitude. Comment est-il ? Quels accessoires et meubles vous attirent ? Ajoutez-les à votre collage. Laissez vos rêves se réaliser d'abord sur papier.

❖ Postez votre commande de semences pour pouvoir partir vos semis le mois prochain.

FÉVRIER

*Du thé de Chine, le parfum des jacinthes, un feu de bois
et des pots de violettes – voilà l'image que je me fais
d'un agréable après-midi de février.*

CONSTANCE SPRY

F évrier nous arrive avec son froid, son humidité et sa grisaille,
ne dévoilant ses présents qu'aux plus perspicaces. Douce est
notre route. La gratitude est le fil que nous ajoutons à la trame de
notre vie quotidienne ce mois-ci. Nous remercions pour l'abondance des grâces de la simplicité et demandons une faveur supplémentaire : un cœur reconnaissant.

1er FÉVRIER

L'excursion créative : le cadeau du temps

Je me célèbre et me chante
Je fainéante et invite mon âme...

WALT WHITMAN

Maintenant que vous avez rencontré votre moi intérieur, n'aimeriez-vous pas le connaître davantage ? Vous pouvez le faire en l'invitant à des randonnées créatives.

L'excursion créative est un rendez-vous en tête à tête avec vous-même destiné à approfondir votre relation avec votre véritable moi. Au début de toute relation intime, le plus beau cadeau à offrir à l'autre est la qualité de la présence que vous lui réservez. Ainsi en est-il pour votre moi profond. Vous l'avez probablement ignoré depuis des décennies ; il est grand temps de faire amende honorable.

Comment vous y prendre ? En vous fêtant, en vous trouvant des passe-temps qui allègent votre cœur et enchantent votre esprit. Allez au cinéma voir un de ces films que vous aimez tant, avant d'aller travailler offrez-vous un petit-déjeuner à ce nouveau café qui vous tente, arpentez les allées de ce fabuleux marché italien, allez fouiner dans un marché aux puces ou une librairie de livres d'occasion, allez faire un tour dans un magasin de matériel d'artiste et explorez toutes les façons merveilleuses qui vous permettraient de vous exprimer. Quand vous faites une de ces randonnées créatives, votre moi authentique vous révèle ses prodigieux mystères. Cela se fait spontanément quand vous vous mettez à faire de la croissance personnelle une pratique sacrée.

Maintenant que je vous ai encouragée dans cette voie, permettez-moi une mise en garde : cela n'est pas aussi facile que cela peut sembler. En fait, ces randonnées en tête à tête avec moi-même ont été pour moi la partie la plus difficile de ma démarche vers l'abondance dans la simplicité. C'est que je n'avais pas l'habitude de m'amuser toute seule. Cela m'apparaissait frivole et narcissique. Préparez-vous à une forte résistance émotionnelle. Vous vous trouverez une foule d'excuses : vous êtes fauchée, trop occupée, il n'y a personne pour s'occuper des enfants, peut-être la semaine prochaine quand vous serez moins éreintée... N'abandonnez pas. Ce type de sortie demande du temps, pas de l'argent. Aucune d'entre nous n'est trop affairée pour trouver deux heures par semaine. Si tel est le cas, nous avons sérieusement besoin de réviser nos priorités. Faites venir une gardienne, demandez à votre époux de s'occuper des enfants ou prenez un moment pendant qu'ils sont à l'école, profitez de votre heure de lunch. Une fois que nous avons compris que nourrir notre imagination et cultiver la relation avec notre moi intime sont des investissements que nous ne pouvons plus remettre à demain, nous trouvons des solutions. Dès cette semaine, prenez rendez-vous avec vous-même pour une sortie créative hebdomadaire. Soyez assurée qu'il en découlera une multitude de signes et de choses merveilleuses.

2 FÉVRIER

Savoir ce que nous aimons

*Aimer quelque chose est peut-être l'unique point de départ
pour vous approprier votre vie.*

ALICE KOLLER

S avoir ce que nous aimons, cela devrait être simple. Mais ce l'est rarement. Après nous être laissé pendant des décennies influencer par les autres – les médias, les magazines, notre mère, nos amis –, nous allons nous retrouver en manque. À partir d'aujourd'hui, la seule opinion qui compte est la vôtre.

Cette semaine, faites une expérience. Organisez-vous pour aller fureter dans une boutique de meubles et de décoration intérieure. Un endroit où vous n'avez jamais mis les pieds, pour voir les choses d'un nouvel œil. Qu'est-ce qui vous surprend, vous attire, vous excite ? Notez tout cela dans un petit carnet que vous pouvez garder dans votre sac à main. Est-ce la forme d'une théière, les couleurs d'un tapis mural, la texture d'un splendide bouquet de fleurs séchées ? Vous saurez ce que vous aimez au premier coup d'œil. Ce qui vous fait dire spontanément : « C'est magnifique ! » Faites confiance à votre premier élan, montrez-vous sensible au coup de foudre, notez les indices. Toutes ces impressions vous seront utiles plus tard.

La semaine suivante, lors d'une autre sortie créative, allez faire un tour (pas pour acheter) dans une boutique de vêtements où vous n'êtes jamais allée. Vous savez, ce magasin qui pique votre curiosité mais où vous n'avez jamais osé mettre les pieds parce que les prix y sont trop élevés. Les collections printanières devraient être arrivées. Voyez les nouveautés, ce qui vous accroche. Le cœur ne vous fait qu'un tour à la vue d'un blazer jaune paille ? Alors pourquoi toujours porter du noir ? Vous vous exclamez devant une petite jupe de crêpe fleuri, mais vous portez des jeans toute la semaine parce que c'est plus pratique. Peut-être, peut-être seulement, le fait de se sentir en beauté va-t-il compenser le côté pratique. Prêtez l'oreille à vos aspirations profondes.

Rappelez-vous que c'est l'année pour vous poser des questions, dont la plus importante est : Qu'est-ce que j'aime vraiment ? Soyez patiente. Vous n'allez pas refaire votre vie, votre maison ou votre garde-robe en une semaine. Confiance, votre vraie vie s'épanouira tout naturellement et avec grâce.

3 FÉVRIER

À la découverte de votre moi authentique

*S'aimer soi-même est le début d'une histoire d'amour
qui durera toute la vie.*

Oscar Wilde

U ne des surprises qui vous attend quand vous entreverrez la
femme authentique en vous est de découvrir à quel point
cette personne est positive et optimiste. Elle sourit constamment,
se montre toujours calme et rassurante. Elle respire la confiance en
soi. Qui est cette femme ? vous demanderez-vous. Y a-t-il la moindre ressemblance entre elle et vous ?

Oui et non. Elle est votre vrai moi, la personne que vous êtes
à l'intérieur. Si vous ne vous comportez pas toujours comme elle,
c'est tout simplement parce que vous n'avez pas encore accédé à
ce niveau d'existence. Moi non plus d'ailleurs. Selon Marianne
Williamson, nous y arrivons quand « nous embrassons la Déesse en
nous ». « Lorsqu'une femme tombe amoureuse des merveilleuses
possibilités qui sont en elle », pouvons-nous lire dans *La Gloire
d'une femme*, « les forces qui pourraient restreindre ces possibilités
ont de moins en moins d'emprise sur elle ».

Mais il nous arrive de percevoir quelques lueurs sur ce niveau
d'existence supérieur, dans ces moments où nous nous sentons en
pleine possession de nos moyens, quand nous nous levons fraîches
et disposes après douze heures de sommeil, quand nous nous en
tirons avec brio lors d'une rencontre d'affaires, quand nous rentrons
dans nos vêtements de l'année précédente, quand nous organisons
une grosse fête et que tout le monde s'amuse ferme. En ces
instants de grâce, nous avons tendance à penser que le monde va
bien autour de nous. Tout est devenu clair. Ce dont nous ne nous
rendons pas compte, c'est que c'est *nous* qui allons bien. Nous
coulons avec la vie et nous nous sentons bien. Nous sommes *en*

harmonie avec nous-mêmes et avec le monde, dans cet état particulier où l'authenticité et la réalité se fondent dans le grand Tout.

Mais comment aller puiser plus souvent à cette source d'énergie spirituelle ? Comment avoir plus souvent accès au grand courant de la vie ? Comment apprendre à vivre à fond ?

Méditer peut nous aider. Ainsi que faire une longue marche, prendre un bain moussant, nous laver les cheveux avant qu'ils n'en aient besoin, sourire à tous ceux que nous rencontrons, nous traiter avec bienveillance, contempler un lever ou un coucher de soleil, flatter un animal, jouer avec un enfant, planifier une petite douceur quotidienne, avoir le cœur reconnaissant.

Mais surtout accueillir le changement. Le recevoir à bras ouverts. « Regardez. Attendez », nous conseille Marianne Williamson. « Le temps viendra et remplira ses promesses. Mais durant cette attente, nous devons rester éveillées. Nous devons penser et croître. Nous réjouir et rêver, mais nous agenouiller et prier. Il y a de la sainteté dans l'air aujourd'hui ; nous donnons naissance à des déesses. Elles sont ce que nous sommes, car elles sont nous : amies, thérapeutes, artistes, femmes d'affaires, enscignantes, guérisseuses, mères. Filles, éclatez de rire. Nous avons une nouvelle vocation. »

4 FÉVRIER

Le moi authentique est l'âme manifestée

Mon devoir n'est pas de me refaire,
mais de tirer le meilleur parti de ce que Dieu a fait.

ROBERT BROWNING

Tirer le meilleur parti de soi-même n'est pas une mince tâche. C'est un travail agréable, c'est la raison de notre présence sur terre, mais cela exige de la patience et de la persévérance. Pour bon nombre d'entre nous, cela demande aussi de prier, car il nous est beaucoup plus aisé d'apprendre à vivre en accord avec notre moi profond lorsque nous demandons à une Puissance supérieure d'illuminer notre route. La cinéaste et écrivaine Julia Cameron appelle cela « se brancher sur le courant spirituel » qui transcende nos limitations.

Cela s'est avéré très juste pour moi. Avant, je me bornais habituellement à demander d'être branchée sur le « courant spirituel » quand je me présentais en public : quand je donnais des ateliers et des conférences ou quand j'avais des rencontres d'affaires. Un jour, j'ai compris que cela équivalait à n'ouvrir la lumière que quelques heures par mois dans une maison pourvue d'électricité. Et je me demandais pourquoi je me heurtais si souvent à des obstacles ! Je me suis donc mise à demander que la Lumière éclaire tout mon quotidien : comme mère, épouse, écrivaine et amie. Dès que j'en faisais la demande, la lumière s'allumait. Sinon, je restais dans l'obscurité. Point n'est besoin d'être maître électricien pour comprendre cela : il faut que quelqu'un allume la lumière. Pour être branché sur le courant spirituel, il suffit de le demander. Quand il y a de la lumière, tout devient clair. Ce que nous voyons en regardant au plus profond de nous-mêmes, c'est que *le moi authentique est l'âme manifestée.*

Ne tentez pas de vous refaire. Essayez simplement de tirer le meilleur parti de ce que Dieu a créé. L'art sacré qui consiste à prendre soin de notre âme et de celle de nos proches est du domaine de l'abondance dans la simplicité. Commençons dès aujourd'hui en allumant la Lumière.

5 FÉVRIER

Faire taire la clameur du monde extérieur

Ce que je veux dire par vivre sa vie, c'est vivre dans le monde,
non pas sous son emprise.

WILLIAM HAZLITT

Il y a plus de deux cents ans, le poète William Wordsworth se plaignait déjà que « le monde nous en demande trop [...] que nous gaspillons nos énergies à gagner et à dépenser ». Nombreuses sont les femmes d'aujourd'hui qui seraient d'accord avec lui. Nous nous retrouvons régulièrement épuisées à « gagner » notre vie et à jongler avec les exigences du foyer et de la vie professionnelle. Et s'il y a crise aujourd'hui, c'est que nous payons maintenant pour les dépenses d'hier.

Malgré les difficultés et la morosité qui nous assaillent constamment, il existe une façon de racheter notre vie et de reprendre notre avenir en main : elle consiste à tourner le dos au monde et à reconnaître ce qui nous rend vraiment heureuses. Cela différera d'une personne à l'autre. Mais une fois que nous aurons acquis cette connaissance intérieure, nous serons en mesure de changer le monde extérieur. « Vous pouvez vous retrouver à la fin de votre vie à en savoir davantage sur les autres que sur vous-même », nous rappelle le pilote et écrivain Beryl Markham. Nous ne pouvons continuer ainsi.

Aujourd'hui, tournez délibérément le dos au monde. Cessez de lire les journaux et d'écouter les nouvelles pendant une semaine – plus longtemps si vous le pouvez. Boycottez les magazines de luxe qui vous font miroiter les beaux vêtements coûteux à porter pour réussir dans le monde. Sevrez-vous de l'opinion des autres – quelque talentueux, créatifs et célèbres soient-ils – et poursuivez votre voyage intérieur. Préparez-vous au choc que vous aurez en vous rendant compte que vos goûts et vos opinions ne viennent pas vraiment de vous. Mettez-vous à l'écoute de votre moi authentique qui vous chuchote le chemin à prendre et ne manque jamais de vous indiquer le prochain pas à franchir dans votre périple personnel. Cela peut prendre diverses formes, comme vous faire trouver, lors du rangement de votre table de travail, un dépliant d'information sur des cours d'aquarelle offerts dans le cadre de l'enseignement pour adultes.

Ce n'est que lorsque vous aurez fait taire la clameur du monde extérieur que vous pourrez entendre les vibrations plus profondes.

Écoutez attentivement.

C'est l'Esprit qui joue votre chanson.

6 FÉVRIER

Refaire son monde

J'ai créé mon monde et il est de loin meilleur que celui que je vois à l'extérieur.

LOUISE NEVELSON

Plusieurs mythes de la création affirment qu'il n'a fallu que six jours pour créer le monde. Il nous faudra un peu plus de temps pour refaire le nôtre. Mais nous pouvons commencer comme l'Esprit l'a fait, en demandant que *la Lumière soit* et vienne illuminer notre voyage de découverte de nous-mêmes.

Selon la tradition quaker, cette Lumière se trouve en chacun de nous. Les quakers, ou membres de la Société Religieuse des Amis, sont un parfait exemple d'individus qui réussissent à atteindre le délicat équilibre consistant à vivre dans le monde sans lui appartenir. Refusant de faire des distinctions entre le sacré et le profane dans leur quotidien, ils croient que toutes les expériences de la vie sont spirituelles de nature, que ce soit préparer un repas ou participer à une manifestation politique. L'écrivain britannique George Gorman fait observer que « l'essence de la spiritualité quaker est la certitude que tout ce que nous faisons a un sens religieux. Il ne s'agit pas de nous couper de la vie, mais d'y entrer profondément et pleinement ».

La simplicité est le fil qui relie la vie, le foyer et l'habillement des quakers. Leur service religieux hebdomadaire, ou Réunion, consiste en une méditation silencieuse. Rythme, vénération et réflexion sont leurs sceaux. Ces pierres de touche peuvent nous aider nous aussi dans nos efforts pour refaçonner notre monde.

La première étape consiste à imprimer un sens du rythme à notre vie. Dans quelle mesure le rythme fait-il partie de votre vie ? Il n'y a pas que les enfants qui aient besoin d'heures régulières pour dormir, manger et se reposer. Les mères aussi. Pensez aux cycles rassurants de la nature – au flux et au reflux de la marée, au cycle des saisons, aux phases de la lune, à l'alternance immuable du jour et de la nuit. Le rythme doit également être la pierre angulaire de notre vie. Nous menons toutes une vie occupée, plus frénétique et éreintante pour certaines que pour d'autres. Il nous faut apprendre à fixer des limites et à dire non.

Aujourd'hui, prenez le temps de réfléchir paisiblement au rôle que joue le rythme dans votre quotidien. Votre cœur saura vous dire ce qui fonctionne et ce qui ne va pas. Redonner un rythme à la conduite de votre vie vous procurera un sentiment de bien-être qui vous nourrira et vous soutiendra quand vous ne pourrez vous décharger de vos responsabilités dans le monde.

7 FÉVRIER

Être artiste, c'est poser des gestes créateurs

Vivre, c'est ne pas être sûr, ne pas savoir ce qui arrivera après
ni comment [...] L'artiste ne sait jamais complètement.
Nous devinons. Nous nous trompons peut-être,
mais nous ne cessons de sauter dans l'inconnu.

AGNES DE MILLE

Nous nous sentons pour la plupart plus en sécurité quand nous ne prenons aucun risque. Nous portons notre petit collier de perles plutôt que ces perles de verre peintes à la main qui nous ont attirées au Salon des métiers d'art, et que nous avons laissées passer. Ce sont pourtant ces mêmes perles rouges et mauves, au cou d'une femme croisée dans la rue qui nous ont fait dire tout bas : « Elles sont magnifiques ! Comment a-t-elle su qu'elles lui iraient si bien ? »

Elle ne le savait probablement pas, mais a tout simplement plongé et suivi son instinct. Elle s'est fiée à son sens esthétique. Le collier lui a soufflé : « Essaie-moi ! » Et elle l'a écouté. Elle a mordu dans la vie – par un geste simple, bien sûr, mais signifiant – en prenant un risque.

Nous avons tous les jours des occasions d'accueillir l'inconnu. Ce peut être en servant du *focaccia* pour souper plutôt que le traditionnel pain à l'ail. Ou de choisir une paire de bas à motifs floraux qui donnent envie de danser, au lieu des sempiternels bas unis que l'on achète machinalement. Ou encore de troquer le bandeau contre une coupe de cheveux à la mode d'un chic fou.

La psychologue Susan Jeffers suggère de « prendre un risque chaque jour – un petit ou un plus audacieux – qui vous donne la sensation d'avoir fait un bon coup ». Aujourd'hui, prenez un risque susceptible de changer votre vie : mettez-vous à vous considérer comme une artiste et à voir votre vie comme une œuvre évolutive. Une œuvre en cours n'est jamais parfaite ; il est toujours possible d'apporter des changements à un premier jet, d'ajouter une couleur à une toile, d'élaguer un film lors du montage. L'art évolue toujours. La vie aussi. L'art n'est pas stagnant. La vie non plus. La belle vie, la vie authentique que vous êtes en train de créer pour vous et vos proches est votre chef-d'œuvre. « Comme vous différez de tous les êtres créés depuis le début des temps, rappelle Brenda Ueland, vous êtes incomparable. »

Retenez bien cette pensée.

8 FÉVRIER

Vous êtes une artiste

Il y a en vous un artiste que vous ignorez. [...] Dites oui tout de suite si vous le savez, si vous le saviez avant même la création de l'univers.

JALAI UD-DIN RUMI

La plupart d'entre nous n'oserions jamais nous considérer comme des artistes, mais nous le sommes. Nous nous imaginons que les artistes écrivent des romans, peignent des tableaux, montent des ballets, jouent à Broadway, font de la poterie, tournent des longs métrages, s'habillent en noir, boivent de l'absinthe et se mettent du khôl sur les paupières.

Pourtant, chacune de nous est une artiste. Être artiste, c'est être tout simplement doué d'une bonne écoute et aller puiser dans l'énergie créatrice de l'Univers pour produire quelque chose de nouveau. Cet objet faisait partie des possibilités de l'Esprit avant que l'artiste n'en fasse un livre, une peinture, un ballet ou un film.

Ainsi en va-t-il lorsque nous nous créons une vie authentique. Avec chaque choix que vous faites quotidiennement, vous créez une œuvre d'art unique. Quelque chose que vous seule pouvez faire, quelque chose de magnifique et d'éphémère. C'est pour laisser votre empreinte unique et ineffaçable sur votre univers personnel que vous êtes venue au monde. C'est là votre œuvre originale.

Aujourd'hui, admettez que vous êtes en train de créer une œuvre d'art en choisissant, dans de petites et de grandes choses, entre la sécurité et le risque. Y a-t-il quelque chose de nouveau et de différent que vous aimeriez faire ? Pourquoi ne commanderiez-vous pas un cappuccino si vous ne l'avez jamais fait ? Pourquoi ne pas essayer un nouveau parfum, acheter cette petite bouteille de vinaigre balsamique pour aromatiser un melon, écouter de la musique *country* qui vous changera de la musique classique que vous écoutez toujours quand vous rentrez à la maison ?

Chaque fois que vous tentez une expérience, vous devenez réceptive à l'inspiration. Chaque fois que vous essayez quelque chose de différent, vous signifiez à l'Univers que vous êtes à l'écoute. Fiez-vous à votre instinct. Prenez vos aspirations pour des bénédictions. Respectez vos élans créateurs. Si vous acceptez de faire confiance et de sauter dans l'inconnu, vous découvrirez que vos choix sont authentiques si vous l'êtes. Bien plus, vous constaterez que votre vie est ce qu'elle doit être : un joyeux chant d'action de grâces.

9 FÉVRIER

Une nouvelle toile chaque jour

Une autre chose bien réelle ! Je ne suis pas encore mort ! Je peux encore faire surgir un morceau de mon âme et l'immortaliser sur une toile.

KERI HULME

Avant d'entreprendre une nouvelle œuvre, une artiste peintre doit effectuer des travaux préliminaires. Elle devra probablement faire des esquisses de la scène à saisir, faire ses mélanges pour obtenir les couleurs désirées, enduire la toile d'un fixatif pour que la peinture adhère bien. Tout cela prend du temps. Bien sûr, nous ne voyons pas ces préparatifs quand nous regardons le tableau achevé. Nous n'avons que la vision d'ensemble. À ce sujet, l'artiste Helen Frankenthaler note : « Un tableau qui est beau ou qui atteint son but semble avoir été fait d'un jet. Je n'aime pas voir la trace d'un coup de pinceau ou des gouttes de peinture ».

Les étapes préliminaires sont nécessaires dans tout art. Elles le sont aussi dans la vie, si nous voulons vivre d'une manière authentique. Chaque jour, nous avons une nouvelle toile à préparer pour y exprimer notre vision. Apaiser notre esprit en méditant, prendre le temps de rêver et de nous exprimer par le truchement de notre dialogue quotidien et de notre album de trouvailles, prendre conscience de nos goûts véritables, ralentir le pas et nous appliquer à faire une chose à la fois – voilà les travaux préliminaires à effectuer si nous voulons trouver le bien-être.

Nous n'aurons pas fait ces préparatifs en vain. Car lorsque nous nous abandonnons au courant de la vie et savourons chaque moment, les coups de pinceau ne paraissent pas. Aujourd'hui, ne vous pressez pas dans l'exécution des exercices préparatoires qui vous permettront d'immortaliser un morceau de votre âme sur la toile de la vie.

10 FÉVRIER

Créer un mode de vie authentique pour soi-même et ses proches

Il se passe quelque chose de drôle dans la vie ; si vous n'acceptez rien d'autre que le meilleur, vous l'obtenez très souvent.

SOMERSET MAUGHAM

I l est beaucoup plus facile de vivre une vie belle et agréable quand l'argent ne pose pas de problème. Quand nous vivons dans l'aisance, nous n'avons pas à assimiler les leçons qu'apporte l'obligation de remettre à plus tard la satisfaction de nos désirs. Mais le fait d'avoir de l'argent n'est pas le garant d'une vie authentique. Pas plus que le fait d'être entourée de belles choses ne garantit le bonheur. Quand vous avez un gros chagrin, il n'est pas plus réconfortant de pleurer dans un coussin de soie damassée.

Quand je me suis lancée dans l'aventure de l'abondance dans la simplicité et me suis sevrée des distractions extérieures pendant plusieurs mois en décidant de ne plus lire de journaux ni de revues, de ne plus écouter les nouvelles et surtout de ne plus courir les magasins – sauf pour acheter de la nourriture et les vêtements dont ma fille avait absolument besoin –, je me suis retrouvée en état de manque. Parfois, j'avais mal partout, je tremblais et j'étais même prise de vertige. Quand cela m'arrivait, mon moi intérieur rassurait mon moi conscient – qui ne prisait pas tellement mon nouveau programme – en lui expliquant que c'était mon être tout entier qui subissait un profond bouleversement intérieur. J'apprenais à faire la différence entre mes besoins et mes désirs, et je devais maîtriser cette puissante leçon pour pouvoir avancer. Je devais apprendre ce dont je pouvais me passer. Tout ce dont j'avais besoin, je pouvais m'organiser pour l'avoir, mais je devais d'abord apprendre à me connaître.

Quand vous savez ce dont vous pouvez vous passer, vous pouvez demander tout ce qu'il y a de mieux à la vie, car vous possédez alors le précieux atout du discernement. Vous acquérez une patience qui vous permet d'attendre avec grâce et gratitude ce qu'il y a de mieux, avec la certitude que cela viendra. Vous êtes en mesure de créer une vie authentique pour vous et vos proches parce que vous pouvez maintenant faire des choix conscients. « Longtemps après, elle allait se souvenir de ce moment où sa vie avait pris une autre direction », écrit Evelyn Anthony dans *The Avenue of the Dead*. « Ce n'était pas prédestiné ; elle avait le choix. Ou il semblait qu'elle l'avait. Accepter ou refuser. Emprunter ce chemin vers l'avenir, ou cet autre. » Se détourner du monde pour aller à la rencontre de son bonheur est la voie de l'authenticité.

11 FÉVRIER

Apprendre à devenir son propre guide

La grâce nous frappe quand nous sommes en proie à une grande
souffrance et à l'agitation. [...] Il arrive qu'en de telles circonstances,
un flot de lumière perce nos ténèbres ; c'est comme si une voix nous disait :
« Tu es accepté. »

PAUL JOHANNES TILLICH

Quand nous apprenons à nous brancher sur « l'électricité spirituelle » dont parle Julia Cameron dans son merveilleux livre intitulé *Libérez votre créativité,* que pouvons-nous nous attendre à trouver ? Une énergie et une inspiration accrues, d'étonnantes et merveilleuses coïncidences et la capacité d'atteindre ses objectifs avec grâce ? Oui, certes. C'est du moins ce que j'ai vécu.

Mais il y a une chose à laquelle vous ne vous attendez peut-être pas – une chose qui risque de vous jeter à terre –, c'est l'insatisfaction que vous pouvez ressentir quand la Lumière fait défaut, quand vous vous retrouvez dans le noir et laissée à vos propres moyens parce que vous avez oublié d'allumer le courant. J'ai appris que c'est seulement en demandant que je peux activer l'électricité spirituelle. Elle est toujours à ma portée, mais il me faut sans cesse en faire la demande.

L'insatisfaction que vous ressentez quand il n'y a pas de courant se manifeste de différentes façons. Soudain, vous n'aimez plus l'aménagement de votre maison. Les erreurs que vous avez commises par le passé dans ce domaine se mettent à vous hanter. Vos vêtements ne vous conviennent plus. Vous en avez assez des mêmes repas. Vous n'en pouvez plus d'ouvrir la penderie et d'avoir à vous détourner la tête pour ne pas voir. Pire encore, cet espoir exubérant et même vertigineux que vous avez éprouvé en vous mettant à introduire la gratitude dans votre vie cède le pas au mécontentement et à la nervosité. Vous commencez à penser que l'abondance dans la simplicité peut convenir à certaines femmes,

84

mais pas à vous. Tenez bon. Comme le souligne l'historienne anglaise Dame Cicely Veronica Wedgwood: «L'insatisfaction et le désordre [...] sont des signes d'énergie et d'espoir, non de désespoir».

Tout cela fait partie de l'aventure de l'abondance dans la simplicité. J'appelle cela le divin inconfort. C'est le grain de sable qui deviendra la perle dans l'huître. C'est une nouvelle occasion créatrice qui nous est donnée d'entrer en contact avec nous-mêmes, de reprendre enfin notre vie et notre destin en main, d'apprendre à muer le vil métal en or, de prendre conscience, avec un cœur reconnaissant, que nous pouvons devenir notre propre guide si nous nous branchons sur le Courant.

Faites-en la demande. Aujourd'hui.

12 FÉVRIER

Il était une fois une fille qui se faisait confiance

Faites-vous confiance et vous saurez comment vivre.

GOETHE

Aujourd'hui, essayez de dénicher une photo de vous vers l'âge de dix ans. Assurez-vous que vous y affichez un sourire. Mettez-la dans un joli cadre et installez-la sur votre table de toilette, votre secrétaire, ou placez-la dans votre album de trouvailles et regardez-la régulièrement. Envoyez de l'amour à cette jeune fille. Revenez en arrière en imagination. Revoyez-vous à l'âge de dix ans: à la maison, à l'école et au jeu. Où demeuriez-vous? Pouvez-vous voir votre maison ou votre logement, la rue où vous habitiez? Parcourez les pièces de la maison de votre enfance. Comment était votre chambre? Quels amis aviez-vous? Aviez-vous une amie intime? Qui était-elle? À quoi jouiez-vous? Quelle était votre couleur préférée dans la boîte de Prismacolor ? Jouiez-vous d'un instrument de musique ? Quelle était votre poupée préférée ? Vous rappelez-vous l'odeur de la pâte à modeler ? Quels étaient vos aliments préférés ? Quelle matière préfériez-vous en cinquième année ? Vous en souvenez-vous ? Essayez de vous rappeler la fille que vous étiez à dix ans dans votre cahier de dialogues quotidiens.

Prenez plaisir à faire cet exercice car cette période a probablement été la dernière où vous faisiez confiance à votre instinct, où vous ne vous en remettiez pas à l'opinion de votre mère, de votre sœur ou de vos amies, parce que vous en aviez une bien à vous.

Observer ma fillette de dix ans dans le salon d'essayage d'un grand magasin est pour moi une révélation. « Non, ça ne me ressemble pas », me dit-elle souvent quand je lui apporte des vêtements à essayer. Avec une assurance que je lui envie, elle va se chercher une veste de tapisserie et un chapeau de feutre noir à larges bords. « Ça, ça me ressemble ! » s'exclamera-t-elle toute heureuse. Je me souviens qu'il fut une époque où je me fiais à mon instinct. Vous aussi, j'en suis sûre. À ce moment, vous ne changiez pas d'idée deux ou trois fois. Vous pouvez retrouver cette confiance en vous.

Essayez d'entrer en contact avec la fillette que vous avez été. Elle est grande maintenant. Elle est votre moi authentique, et elle est prête à vous rappeler à quel point vous êtes belle, accomplie et extraordinaire.

13 FÉVRIER

Vous êtes unique au monde

Une pensée qui donne à réfléchir : et si, en ce moment même,
je faisais honneur à toutes mes possibilités ?

JANE WAGNER

Respirez à fond et détendez-vous. Voici une nouvelle rassurante : vous n'avez pas encore réalisé toutes vos potentialités car, si tel était le cas, vous n'auriez pas été attirée vers ce livre. Vous déployez encore des efforts, vous rêvez encore, vous nourrissez encore des désirs et vous faites encore des choses. Moi non plus, je n'ai pas encore réalisé toutes mes possibilités ; si je l'avais fait, je ne serais pas en train d'écrire ce livre. Nous sommes toutes deux engagées dans une aventure grisante, mais parfois un peu angoissante. Une des étapes les plus importantes à franchir dans la vie est le moment où nous nous approprions enfin notre vision unique des choses et prenons conscience de sa valeur. « J'avais passé ma vie à croire en la force et la compétence des autres, jamais en les miennes, confiait l'écrivaine Joan Mills. J'ai découvert avec éblouissement que j'avais *moi aussi* bel et bien des capacités. C'était comme trouver une fortune dans la doublure d'un vieux manteau. »

Aujourd'hui, ou dès que vous le pourrez, gâtez-vous un peu et offrez-vous un de mes remontants préférés. Allez retirer vingt-cinq dollars en billets de cinq dollars à la banque et enfouissez-les dans les poches de vos manteaux et de vos vestes. Puis oubliez-les. La prochaine fois que vous mettrez un manteau et y trouverez cinq dollars, vous éclaterez de rire et vous vous rappellerez que chaque jour où vous aimez, honorez et respectez votre point de vue unique, vous vous approchez de la fortune.

Encore une chose. Montrez-vous plus généreuse envers vous-même. Commencez par un cadeau de cinq dollars. Achetez-vous une belle fleur pour mettre sur votre secrétaire, payez-vous une pâtisserie française, procurez-vous une bouteille de shampoing parfumé à l'amande. Faites quelque chose qui sort de l'ordinaire et que vous ne feriez pas normalement ; cela vous remontera le moral. « Aimez-vous d'abord, et tout s'arrangera, conseille Lucille Ball. Il faut vraiment s'aimer pour accomplir quoi que ce soit en ce monde. »

14 FÉVRIER

Nos rêves enfouis

Là où il y a beaucoup d'amour, il se produit toujours des miracles.

WILLA CATHER

Cela prend beaucoup d'amour et de courage pour déterrer nos rêves enfouis. C'est aujourd'hui la fête de l'amour, l'occasion idéale pour rentrer en vous et jeter un regard bienveillant et compréhensif sur le déroulement de votre vie à ce jour.

Vous rappelez-vous l'époque où nous étions tout feu tout flamme et voulions réinventer le monde ? Maintenant, nous avons toutes notre part de cendres mêlées au souvenir de quelques belles étincelles pour témoigner de nos efforts. Avec les années, nous avons enfoui plusieurs rêves précieux sous des couches de suie et de décombres. Sous des couches de naïveté, de bonnes intentions, d'abandons, d'amères défaites, de détours, de déceptions, de rejets, de choix désastreux, de manque de synchronisme, d'efforts vains, d'erreurs stupides, de circonstances imprévues, de caprices du destin et d'occasions ratées. Il n'est guère étonnant que nous ayons besoin de courage pour revenir sur nos pas. Mais « le courage est le prix que nous fait payer la Vie pour nous accorder la paix », nous rappelle la pilote Amelia Earhart.

Une femme d'une grande sagesse m'a un jour donné un bon conseil : Ne vous dites pas : « Si je pouvais je serais ou si j'étais je pourrais »; *soyez tout simplement*. Bien que j'aie appris que les rêves ont autant besoin d'être réalisés que d'être tout court, j'ai aussi appris qu'ils commencent toujours par être en premier.

C'est aujourd'hui une occasion d'*être*. Soyez avec ceux que vous aimez, soyez bonne envers vous-même. Apaisez-vous et faites sortir au grand jour le rêve que vous avez enfoui il y a longtemps. La braise luit encore dans votre âme. Contemplez-la, ranimez-la dans le brasier du cœur. « Le rêve courait toujours devant, écrivait Anaïs Nin. Le rattraper, vivre un moment en union avec lui, c'était cela le miracle. »

15 FÉVRIER

À la rencontre de l'exploratrice intérieure

Il n'y a qu'un voyage. C'est le voyage au-dedans de soi.

RAINER MARIA RILKE

« J'avais une envie folle de franchir la porte du jardin, prendre la route et partir pour l'inconnu », écrivait Alexandra David-Neel en 1923, se remémorant son audacieux périple dans l'Himālaya à la recherche de vérité spirituelle et d'intrépides aventures. Ex-comédienne, cette exploratrice d'origine parisienne avait revêtu le froc du pèlerin pour se rendre au cœur du Tibet – dans la ville sacrée de Lhassa où aucune femme occidentale n'avait encore mis les pieds.

Au volant de ma voiture bondée d'écoliers, je me demande comment une femme d'aujourd'hui peut satisfaire une telle soif d'aventures. Comment concilier mon rêve de visiter le temple de la reine d'Égypte Hatchepsout, près de Thèbes, et le transport des camarades de classe de ma fille à la pratique de foot ?

Si vous avez vous aussi l'envie de vous envoler vers d'autres cieux, pourquoi ne pas faire comme moi pour entretenir la flamme de l'aventure ?... Partez à la rencontre de votre exploratrice intérieure. Vers où met-elle le cap ? Si vous pouviez aller n'importe où dans le monde, tous frais payés, une gardienne d'enfants à votre disposition, où iriez-vous ? Pourquoi ? Avec qui partiriez-vous ? Pour combien de temps ? Qu'y feriez-vous ?

Oui, c'est un rêve de luxe, et il s'agit de s'amuser. Pour vous inspirer dans cette visualisation d'envergure, allez faire un tour dans une librairie et scrutez le rayon voyages. Laissez errer vos doigts. Renseignez-vous sur les exploits d'exploratrices célèbres et confiez-les à votre subconscient.

Puis faites une excursion créative dans une agence de voyages et ramassez de belles brochures pour votre album de trouvailles. Quand on vous posera des questions, demeurez vague à propos de la date de votre départ. Personne n'a besoin de savoir que vous voyagez en imagination dans votre fauteuil et que l'exploration est pour vous une métaphore personnelle à développer au cours d'une longue soirée d'hiver.

Pourquoi cet exercice? Parce que, comme le fait observer judicieusement Alice Walker, nous apprenons jour après jour que « le pays qui nous est le plus étranger se trouve à l'intérieur de nous ». Nous sommes notre propre continent obscur, nos terres sauvages. De nombreuses merveilles nous attendent sur le chemin de l'authenticité.

16 FÉVRIER

Au terme de notre exploration

Nous ne cesserons pas d'explorer
et au terme de notre exploration,
nous arriverons à notre point de départ
et y connaîtrons l'endroit pour la première fois.

T. S. ELIOT

Lorsque nous vivons d'une manière authentique, nous découvrons pour la première fois notre vraie place dans le monde. Mais cette connaissance de soi ne s'acquiert pas facilement. Il faut de la ténacité et de l'audace pour explorer nos recoins intérieurs les plus sombres. Qui sait ce que nous y trouverons? « Cela ne sert à rien de chercher à ignorer la menace d'un dragon quand on vit à ses côtés », fait remarquer l'écrivain J. R. R. Tolkien.

Nos dragons sont nos peurs: nos angoisses diurnes, nos frayeurs nocturnes. La peur de l'inconnu. La peur d'échouer. La peur d'entreprendre quelque chose et de ne pas le terminer. Et encore et encore. Ou la vraie peur, celle qui nous donne froid dans le dos : la crainte de réussir, de devenir nous-mêmes et de faire face aux changements que *cela* entraînera inévitablement. Peut-être ne sommes-nous pas heureuses de notre vie actuelle, mais nous y sommes au moins en terrain connu.

Nous ne connaissons pas notre destination et cela nous panique. Nos vieux rêves ressuscitent, de nouveaux désirs nous sollicitent. Plutôt que d'y voir clair, nous sommes désorientées. En pareil moment, il est réconfortant d'entendre T. S. Eliot nous dire que nous n'avons vraiment rien à craindre de la conscience de soi, car au bout de notre exploration personnelle, nous nous retrouverons à notre point de départ. Nous saurons alors au plus profond de notre cœur, qu'en fin de compte, c'est bien là notre patrie.

Nous, les femmes, avons toujours su comment nous y prendre avec les dragons qui se cachent sous le lit ou dans le placard. Nous allumons la lumière et rassurons les petites âmes tourmentées avec tout notre amour. Il nous faut abattre de la même manière les dragons qui se logent dans notre esprit.

Aujourd'hui, si l'avenir vous fait peur et vous plonge dans l'insécurité, saisissez l'épée à double tranchant de l'Amour et de la Lumière. Gardez toujours à l'esprit qu'il n'y a pas d'aventures dignes de ce nom sans dragons. Mais comme dans les plus beaux contes, à la fin de vos pérégrinations, vous vivrez heureuse le reste de vos jours.

17 FÉVRIER

Un safari du moi et de l'Esprit

Les forêts ont été créées pour le chasseur de rêves ;
les ruisseaux, pour le pêcheur de chants ;
au chasseur qui chasse sans fusil
appartiennent les ruisseaux et les bois.

SAM WALTER FOSS

Au cours de l'été 1893, une Anglaise du nom de Mary Kingsley partit pour les régions les plus sauvages et les plus dangereuses du Congo français à la recherche d'elle-même. Ses parents venaient tous deux de mourir; à l'âge de 31 ans, Mary Kingsley se retrouvait soudain « non seulement abattue de chagrin, mais sans but dans la vie ». Ses aventures en Afrique occidentale allaient métamorphoser sa vie. Plusieurs années plus tard, la communauté scientifique victorienne applaudissait ses écrits et ses découvertes naturalistes, dont ses recherches sur des espèces inconnues de poissons et d'animaux.

Mary Kingsley était partie à la chasse d'un rêve: la connaissance d'elle-même et de sa place dans le monde. Vous aussi êtes de la race des chasseurs de rêve. Bien que vous n'affrontiez pas les dangers quotidiens auxquels elle a fait face – animaux sauvages, lances menaçantes et maladies mortelles –, vous avez entrepris une aventure aussi excitante que celles qui animent les grands explorateurs. Découvrir la source du Nil ou remonter le cours de l'Amazone correspondent sur le plan physique à la démarche intérieure que vous poursuivez aujourd'hui: un safari du moi et de l'Esprit.

En Afrique, partir en *safari* – mot swahili signifiant *voyage* – consiste à quitter le confort et la sécurité de la civilisation pour s'aventurer dans les contrées sauvages. Chaque fois que vous vous mettez à l'écoute de la femme au-dedans de vous – de votre moi authentique –, c'est ce que vous faites. N'oubliez jamais que vous devez « quitter la cité de votre confort pour vous aventurer dans les terres sauvages de votre intuition », comme le suggère Alan Alda à votre exploratrice intérieure. « Vous découvrirez quelque chose de merveilleux, poursuit-il: vous-même. »

18 FÉVRIER

La vie en safari

Le cœur est un chasseur solitaire qui fait la chasse
sur une montagne solitaire.

FIONA MACLEOD

L'hiver est la saison sèche en Afrique, le temps des safaris. Il y a beaucoup de leçons à tirer des saisons sèches de la vie ainsi que de la vie en safari.

« Le soir, assis près du feu de camp devant les tentes, vous pouviez vous attendre à ce que Dieu vous envoie toutes sortes de choses », écrivait Beryl Markham à propos des safaris qu'elle a vécus. « Quand vous vous assoyiez et parliez avec les autres, vous étiez seul, et ils étaient seuls. [...] Personne d'autre que vous n'entend ce que vous dites, et ce que vous pensez n'importe qu'à vous. Le monde est là et vous êtes ici, et ce sont là les seuls pôles, les seules réalités. Vous parlez, mais qui écoute ? Vous écoutez, mais qui parle ? »

Un safari du moi et de l'Esprit comporte des épisodes solitaires. Mais nous savons que nous ne sommes jamais seuls. Il est réconfortant de savoir que la solitude est nécessaire à celui qui veut rencontrer le mystère, qui est une composante essentielle du safari. Chaque jour passé dans la brousse nous amène à lutter pour la vie et à nous rendre compte à quel point le simple fait de voir le soleil se coucher et se lever le lendemain est merveilleux. Chaque journée en safari est pleinement vécue parce que rien d'autre n'est sûr. Si seulement nous pouvions appliquer cette leçon dans notre vie quotidienne.

Aujourd'hui, assise à la chaleur du feu qui brûle en votre cœur, vous pouvez vous attendre à voir survenir une foule de choses. Quand vous plongez dans le mystère de votre jungle intérieure, il y a quelqu'un qui vous écoute, qui vous parle et vous encourage à faire le prochain pas.

Attendez-vous à voir votre espoir se ranimer. Attendez-vous à voir vos prières exaucées d'extraordinaires façons. Les saisons sèches de la vie ne durent pas. Les bienfaisantes pluies printanières reviendront.

19 FÉVRIER

Un rendez-vous avec l'archéologue intérieure

Nous ne pouvons pas allumer à volonté
le feu qui habite notre cœur.
L'Esprit a soufflé et s'est calmé,
notre âme vit dans le mystère.

MATTHEW ARNOLD

Comme l'exploratrice en nous à la recherche d'aventure et d'inconnu, notre archéologue intérieure sait comment déterrer les vestiges du passé profondément enfouis dans le sol fertile de notre subconscient. L'archéologue « lit » les objets comme le détective lit les indices. Si nous voulons réveiller l'archéologue intérieure, c'est que nous nous proposons de déterrer notre moi véritable.

« Ce que nous nous rappelons, comment et pourquoi nous nous rappelons constitue la carte éminemment personnelle de notre individualité », note l'écrivaine Christina Baldwin. Aujourd'hui, acceptez de vous rappeler. Préparez-vous à une fouille délicate, mais authentique, qui vous aidera à pénétrer le mystère où loge votre âme.

Que vous en ayez conscience ou non, vous avez vécu plusieurs vies et chacune a laissé une marque indélébile sur votre âme. Je ne parle pas de réincarnation, mais plutôt des divers épisodes de notre vie : l'enfance, l'adolescence, les années d'études supérieures ou le début de la vie professionnelle, le mariage, la maternité, parfois des années comme parent unique ou des années de veuvage, et le reste. À chaque étape de notre vie, nous vivons de grandes joies et de grandes peines. Mais ce qui nous intéresse davantage ici, c'est que nous acquérons des goûts personnels. Chaque expérience de vie laisse une couche de souvenirs que je compare aux sédiments : des choses que nous avons aimées et des moments de bonheur qui, lorsque nous les faisons remonter à la surface, nous révèlent des lueurs de notre vrai moi.

Certaines hésitent à se remémorer leur passé parce qu'elles craignent de déterrer des souvenirs douloureux. Mais tout comme chaque maladie nous apporte un cadeau si nous cherchons bien, tout souvenir pénible a un présent de réconciliation à nous offrir. Il n'y a rien à craindre. Le passé ne demande qu'à nous revenir en mémoire.

20 FÉVRIER

Des fouilles intérieures

Parfois, pour pouvoir avancer, il faut remonter dans le temps, vraiment loin – afin de comprendre tous les événements qui nous ont faits.

PAULE MARSHALL

La mise au jour d'une mosaïque est l'une des découvertes les plus excitantes d'une fouille archéologique. Une mosaïque est l'assemblage de milliers de petites pièces multicolores qui se combinent pour former un dessin ou un motif décoratif. Les mosaïques primitives nous livrent des témoignages sacrés de civilisations anciennes – de la façon dont ces gens vivaient et de ce qui avait de l'importance à leurs yeux –, fournissant ainsi à l'archéologue de précieux indices sur le passé.

Dans notre fouille personnelle, nous allons nous aussi chercher une mosaïque : ces choses qui nous ont procuré des moments de bonheur et de bien-être par le passé. En remontant dans le temps, gardez toujours à l'esprit que la mémoire est volage. Elle doit être courtisée pour succomber à nos charmes. Parfois, elle fait montre d'une générosité surprenante et nous fait revivre des moments avec une clarté étonnante. Mais la plupart du temps, nos souvenirs viendront par bribes, telles les petites pièces d'une mosaïque. Quand cela se produit, nous devons nous armer de patience pour dégager les sédiments du passé.

Aujourd'hui, préparez-vous soigneusement à vos fouilles personnelles. Laissez votre archéologue intérieure recueillir des objets susceptibles de séduire votre mémoire : de vieilles photos, des lettres, des notes. Réservez-vous des moments de solitude pour remonter tranquillement dans le temps. Prenez un verre de vin ou une tasse de thé. Écoutez vos vieux airs préférés : Elvis, les Beatles, les Bee Gees... Amusez-vous à regarder vos photos, à parcourir votre album du secondaire, vos vieilles lettres d'amour. Replacez-vous dans le contexte de vos dix ans, vos seize ans, vos vingt et un ans, vingt-cinq ans, trente-cinq ans, quarante ans et ainsi de suite. Observez les souvenirs qui remontent à la surface quand vous reprenez contact avec la fillette ou la femme de jadis. Ne vous attardez qu'aux moments heureux. Ce que vous cherchez, c'est votre façon à vous de prendre plaisir à la vie, vos goûts personnels. Ce sont là les pièces de votre mosaïque.

« L'ordre d'importance des événements de notre vie diffère de l'ordre chronologique dans lequel ils se sont produits », nous confie l'écrivaine Eudora Welty. Grâce à votre patience et à votre paisible observation, ces événements vous fourniront « un fil continu de révélations ».

21 FÉVRIER

Mise au jour du moi authentique :
première partie

Être soi-même est peut-être toujours un goût acquis.

PATRICIA HAMPL

Dans des fouilles archéologiques, le dégagement des objets enfouis n'est pas une tâche prestigieuse. Il exige un travail soigné et s'effectue souvent dans des conditions pénibles. Il faudra enlever avec précaution des tonnes de terre pour réussir à trouver les trésors du passé. Si grande que soit l'impatience de toute l'équipe, on ne peut précipiter ce travail. Mais les plaisirs de la découverte n'existeraient pas sans les nombreuses heures consacrées aux fouilles minutieuses.

Nous devons fouiller patiemment avec notre plume pour mettre notre véritable moi au jour. « Les réponses viendront à condition de continuer à chercher », affirme Joan Baez. Et que cherchons-nous ? Des tessons de notre mode d'être authentique.

Il y a des siècles que les femmes expriment dans leurs choix leur créativité innée : dans leur apparence, la façon dont elles décorent leur foyer, leurs loisirs, leur travail et la satisfaction de leurs passions. Plus nous nous connaissons et connaissons nos goûts personnels, plus il est facile de faire des choix. Le choix créatif est au cœur de l'authenticité.

Faire des choix, c'est trouver notre liberté, la liberté de nous ouvrir à l'inconnu parce qu'il parle le langage de notre âme et que nous sommes à l'écoute. Aujourd'hui, prenez le temps de réfléchir aux choix que vous avez faits tout au cours de votre vie. Ont-ils été de bons choix pour vous ? Faites-vous vos choix avec votre cœur, votre tête ou vos tripes ? Êtes-vous satisfaite de votre mode de décision ou souhaiteriez-vous tenter une nouvelle approche ? Y a-t-il des choix que vous n'avez pas faits par le passé et que, avec du recul, vous voudriez avoir faits ?

Peut-être entendez-vous encore l'appel d'un vieux rêve non réalisé. Si tel est le cas, cessez de vous dire qu'il est trop tard. Rassurez-vous car, comme l'affirme Faith Baldwin, « le temps est une couturière experte en retouches ». Le fait que nous ayons retardé la réalisation de nos aspirations ne signifie pas que nous les avons rejetées. Peut-être êtes-vous maintenant assez sage pour faire des retouches à vos rêves et les rendre ainsi réalisables. Peut-être êtes-vous maintenant assez sage pour faire d'autres choix.

Fouillez avec votre stylo. Entretenez-vous avec votre moi authentique. Demandez-lui de vous parler des choix que vous avez faits ou mis de côté. Écoutez ses conseils avisés.

22 FÉVRIER

Mise au jour du moi authentique : deuxième partie

Ma mémoire se situe certainement dans mes mains. Je peux me rappeler les choses seulement si je tiens un crayon, si j'écris et joue avec lui. J'ignore pourquoi il en est ainsi, mais je crois que notre main se concentre pour nous.

DAME REBECCA WEST

Ce matin, nous retournons au site de notre âme pour poursuivre nos fouilles. Peut-être vous demandez-vous pourquoi nous consacrons autant de temps à cette tâche. Peut-être hésitez-vous à scruter votre passé à la loupe et retracer des pistes pour trouver votre bien-être aujourd'hui. Mais cela vaut le coup, je vous assure ; en vous donnant une connaissance intime de vous-même, ce travail vous ouvrira d'autres possibilités. Amusez-vous avec votre stylo et, dans votre cahier de dialogues quotidiens, retournez à la maison de votre enfance.

Vous vous souvenez comment elle était aménagée ? Revoyez les pièces de cette maison en pensée. Votre chambre était-elle rangée ? Gardiez-vous votre porte fermée ? Quel était votre coin préféré dans la maison ? Votre mère était-elle bonne cuisinière ? Avez-vous gardé certaines de ses recettes ?

Comment vous réconfortait votre mère quand vous étiez malade ? Quand vous a-t-elle apporté une bonne soupe au lit pour la dernière fois ?

Où passiez-vous vos vacances ? Alliez-vous chez vos grands-parents ? Vous rappelez-vous ces derniers ? Vous reste-t-il des impressions sensorielles des vacances de votre enfance ?

Passons maintenant à votre adolescence. Y avait-il des compagnes de classe que vous admiriez tout particulièrement ? Que vous regardiez avec envie ? Pourquoi ? Avez-vous eu un bal pour clôturer vos études ? Comment était votre robe ? Et vos cheveux ? Qui vous a initiée aux rituels féminins des soins de beauté ? Avez-vous été impressionnée par le style d'une femme de votre entourage ?

Poursuivons notre survol pour nous rendre au premier logement que vous avez aménagé. Où était-ce ? Comment était-il meublé ? Ces premiers choix en matière de décoration intérieure vous ont-ils suivie ? Reflètent-ils ce que vous êtes devenue ou êtes-vous passée à autre chose ? Avez-vous des objets que vous avez hérités de votre famille ? Vous conviennent-ils vraiment ?

Revenez doucement de ce voyage dans le temps. Vous venez de déterrer des morceaux à placer dans votre mosaïque intérieure. « Les petites choses peuvent être de grandes révélations quand nous les rencontrons pour la première fois », fait remarquer la grande ballerine Margot Fonteyn. Nous avons tendance à croire que ce sont les grands événements qui marquent notre vie, alors que ce sont vraiment les petits instants qui résonnent dans notre mémoire. Aujourd'hui, penchez-vous tendrement sur vos beaux souvenirs.

23 FÉVRIER

Imprimer sa marque

Dieu est dans les détails.

LUDWIG MIES VAN DER ROHE

Pour imprimer votre marque dans la vie, vous devez exprimer «votre style personnel inimitable», selon l'expression de mon merveilleux Irlandais de père. Le faites-vous? Aujourd'hui, continuez à élargir votre vision du possible pour pouvoir répondre à cette question. Amusez-vous à imaginer les scénarios suivants.

Vous déménagez dans une maison complètement vide et partez de zéro. L'argent n'entre pas en ligne de compte. Écrivez vingt choses que vous aimeriez voir dans votre maison de rêve, des éléments architecturaux aux meubles que vous devez «absolument» avoir. Ce peut être un banc sous la fenêtre du corridor, à l'étage, ou un fauteuil club anglais et une ottomane devant le foyer. Donnez libre cours à votre imagination et à votre instinct créateur. Y a-t-il là des choses qui viennent de votre passé? Vous rappelez-vous la première fois que vous les avez vues? Y a-t-il longtemps que vous en rêvez? Y a-t-il des objets qui faisaient partie de la maison de votre enfance?

Ensuite, imaginez que votre garde-robe et vos tiroirs sont vides et que vous devez les remplir. Quelles sont les dix premières choses que vous y mettriez ou ne voudriez pas y voir? Vous pouvez garder des choses que vous possédez déjà ou en acheter de nouvelles. À quoi accordez-vous la priorité, le confort ou le statut professionnel?

Vos armoires de cuisine sont dégarnies. Vous devez complètement renouveler votre vaisselle, vos plats, votre verrerie et le linge de maison dont vous vous servez tous les jours ou pour les grandes occasions. Par où commencez-vous? Que préférez-vous pour votre usage quotidien? Dans quelle sorte de verre aimez-vous boire? Vous arrive-t-il de penser à ces choses? Préférez-vous la céramique ou la fine porcelaine pour votre boisson du matin ? Tous ces détails expriment vos goûts personnels et font partie de vous.

« La savonnette déposée près de la baignoire, les fleurs qui poussent dans le jardin et le livre qui traîne sur la table de chevet sont tous de puissants symboles d'une vie en marche. [...] Vous regardez ces détails et un monde s'ouvre à vous », note l'écrivaine et décoratrice d'intérieurs Charlotte Moss dans son livre *A Passion for Detail*. Par les choix que vous faites, vous vous recréez chaque jour. En prêtant attention aux détails – à tous ces petits gestes authentiques –, vous pratiquez le plus personnel des arts, vous imprimez votre marque dans la vie.

24 FÉVRIER

Maintenant que j'ai votre attention

Un jour, vous ferez un voyage.
Le plus long de votre vie.
C'est le voyage qui vous mènera à la découverte de vous-même.

KATHERINE SHARP

Il y a maintenant près de deux mois que vous réfléchissez au voyage à entreprendre pour trouver votre moi authentique. Peut-être laissez-vous déjà la gratitude travailler le sol de votre cœur et le préparer à recevoir les semences des grâces de la simplicité : découvrir le sacré dans l'ordinaire, prendre conscience que vous avez déjà tout ce dont vous avez besoin, faire des choix créateurs et savourer chaque instant de la vie. Peut-être réservez-vous maintenant des moments au dialogue quotidien qui vous révèle une foule de choses sur votre véritable moi, aux doux plaisirs de l'album de trouvailles ou à la méditation du miroir doré qui vous apprend à mieux connaître la femme qui se cache en vous.

Peut-être aussi n'avez-vous rien fait de tout cela...

Si vous vous demandez pourquoi j'entrevois cette possibilité, c'est que j'ai passé par là moi aussi. Je sais ce qu'il en est. Je sais comment les jours, les semaines, les mois et même les années peuvent nous échapper. Je sais ce que c'est de faire passer les besoins des autres avant les siens, au point qu'il devient impossible de trouver une petite demi-heure pour soi. Je sais à quel point il est facile de trouver toutes sortes de bonnes excuses pour expliquer que nous ne pouvons entreprendre une nouvelle activité même si nous en avons désespérément envie. Avec quelle facilité le mot « demain » nous échappe sans que nous ne nous en rendions compte. Vous vous y mettrez demain. Je sais tout cela.

Mais ce que je sais surtout, c'est que lire à propos d'un voyage n'est pas du tout la même chose que de le faire.

Maintenant que j'ai votre attention, laissez-moi vous parler du reste de l'année. Chaque jour à partir d'aujourd'hui, nous allons nous servir des faits et gestes quotidiens pour célébrer. Eh oui ! Pour célébrer. Sur la voie de l'abondance dans la simplicité, j'ai appris beaucoup de choses. Une des principales, c'est que les plus petits détails du quotidien jouent un rôle important dans notre vie, qu'aucune expérience n'est là seulement pour l'exercice, et que tout peut nous inspirer si nous savons accueillir les bonnes choses de la vie.

Combien de fois par le passé avons-nous choisi de ne pas améliorer notre vie en nous *abstenant* de faire un choix ? Aujourd'hui, prenez une décision. Choisissez de poursuivre votre route sur la voie de l'abondance dans la simplicité, ou refermez ce livre. Si vous décidez de le mettre de côté, mes meilleurs vœux vous accompagnent. Que la paix et l'abondance soient votre lot. Et passez ce livre à une amie.

Si vous décidez de me suivre, vous savez ce que vous devez faire *aujourd'hui même*. Posez un regard neuf sur votre vie. Remerciez. Acceptez ce qui vous arrive. Remerciez. Faites l'inventaire des faveurs dont vous êtes comblée. Remerciez. Présentez-vous à la méditation quotidienne. Donnez aux outils de base que je vous ai présentés la chance de faire leur travail. Ils peuvent vous aider à trouver votre chemin. Mais surtout, faites-vous confiance ainsi qu'au changement divin. « On ne peut découvrir de nouvelles terres sans consentir à perdre la rive de vue pendant longtemps », nous prévient André Gide.

Levez l'ancre et prenez la mer. Lancez-vous. Sentez le vent qui souffle dans votre dos. Fixez votre regard sur l'horizon.

Ou restez sur la berge.

Mais choisissez.

25 FÉVRIER

Réviser ses priorités

Apprenez à vous mettre en contact avec le silence intérieur,
et sachez que tout ce qui arrive en cette vie a un but.

ELISABETH KÜBLER-ROSS

La plupart des femmes que je connais n'ont qu'une priorité consciente : réussir à « passer au travers » de la journée. C'est là une conséquence directe d'être tiraillées depuis des décennies entre mille tâches différentes chaque jour de l'année. Anne Morrow Lindbergh, écrivaine, pilote, épouse et mère, décrit ce phénomène quand elle parle des « forces centrifuges d'aujourd'hui » qui écartèlent les femmes. Reconnaître et réviser nos priorités de façon à ce qu'elles donnent un sens à nos jours constitue une tâche éminemment personnelle que nous devons toutes entreprendre si nous voulons apprendre à nous laisser guider par notre propre lumière.

Une priorité est tout ce qui revêt une grande importance à nos yeux. Assurer l'instruction de nos enfants en souscrivant à un plan d'épargne-études peut être une priorité. De même qu'améliorer notre santé et notre vigueur en recourant à un régime alimentaire et à un programme d'exercices. Atteindre la sérénité financière est aussi une priorité pour bon nombre d'entre nous, ainsi que prendre soin de nos proches et cultiver une vie conjugale harmonieuse.

Une priorité n'est pas coulée dans le béton. Elle doit être souple et s'adapter à nous. Cela m'aide de considérer mes priorités comme le cadre sur lequel vient se fixer la toile de mes jours. Nous pouvons ainsi donner forme et couleurs à l'œuvre d'art que nous créons sans risquer de voir le tout s'effondrer en plein milieu.

Pour reconnaître et réorganiser nos priorités, il nous faut la paix de l'esprit et des idées claires. Peut-être est-ce la raison pour laquelle nous sommes si nombreuses à remettre les choses au lendemain. Mais plus notre vie et notre attention se partagent entre nos enfants, notre vie professionnelle, nos tâches domestiques, notre vie matrimoniale et notre besoin de nous exprimer, plus nous devons identifier ce qui est vraiment important pour nous.

Plusieurs d'entre nous croyons que nous pourrons nous en tirer indéfiniment en improvisant de la sorte, mais c'est impossible. Il nous faut trouver un antidote à cette vie précipitée et tourmentée qui menace de nous faire éclater. Suivez le conseil d'Anne Morrow Lindbergh et considérez comme une priorité personnelle le fait de vous réserver une petite portion de chaque jour. «Des moments de tranquillité et de solitude, de contemplation, de prière, de musique, de réflexion ou de lecture, d'étude ou de travail. Ce peut être une activité physique, intellectuelle ou artistique, n'importe quelle activité créative personnelle. Il n'est pas nécessaire que ce soit un projet énorme ou une grande entreprise, mais il faut que cela vienne de soi. Le simple fait d'arranger un bouquet de fleurs le matin peut nous apaiser pour le reste de la journée. [...] Ce qui importe, c'est de porter son attention vers l'intérieur pendant un moment. »

Aujourd'hui, faites de l'écoute de votre silence intérieur *votre* priorité. Ce faisant, vous serez étonnée de la façon dont tout le reste trouvera son harmonie.

26 FÉVRIER

La vénération,
condition première d'une vie authentique

Que le savoir croisse encore et encore
mais que la vénération continue de nous habiter.
Que l'esprit et l'âme s'accordent
et rejouent la musique harmonieuse de jadis.

ALFRED LORD TENNYSON

Quand ma fille avait quatre ans, j'ai demandé à mon époux si ça l'ennuyait que je parte pour quelques jours de retraite. Il était d'accord. C'était la première fois que j'allais me séparer de Katie depuis sa naissance; j'éprouvais le besoin de me retrouver seule avec moi-même, ce que je n'arrivais pas à faire à la maison. À cette époque, je n'avais pas encore appris que la solitude doit s'intégrer à la vie quotidienne. Après avoir considéré quelques instants la possibilité d'aller loger à un hôtel du voisinage pour y dormir pendant vingt-quatre heures et me faire servir les repas au lit, j'ai finalement opté pour une retraite dans un couvent de religieuses contemplatives. Je m'étais rendu compte que mon vœu le plus cher était d'écouter la musique exquise du Silence.

Il me reste plusieurs souvenirs merveilleux de cette fin de semaine très spéciale, mais il y en a un qui ne me quitte pas: c'est l'atmosphère de vénération qui imprégnait la vie à l'intérieur des murs de ce beau monastère de pierre.

La vénération est cet état de conscience que vous atteignez lorsque vous éprouvez un sentiment d'émerveillement et de profond respect parce que vous savez que vous êtes en présence de l'Esprit. Elle vous procure une paix profonde parce que dans cet état, il n'y a ni passé ni futur, uniquement l'instant présent. Vous ne faites alors qu'un avec le ciel et la terre. Il n'y a plus de séparation entre le corps et l'âme. Nous vivons parfois cet état de plénitude en méditant, ou en créant quelque chose de beau, que ce soit un repas, une peinture ou une plate-bande de fleurs. Nous concentrer sur une tâche à la fois, avec soin et toute notre attention, peut aussi susciter chez nous la vénération.

Malheureusement, la plupart d'entre nous ne vivons pas dans un monastère, où la vénération a élu domicile. Mais sur le chemin de l'abondance dans la simplicité, j'ai appris que la gratitude est la porte qui ouvre sur l'expérience de la vénération dans notre vie quotidienne. Selon Maître Eckhart, mystique allemand du XIIIe siècle dont les enseignements ont exercé une grande influence sur les quakers, « Si, pour toute prière, vous disiez "merci", cela suffirait ».

La Vraie vie – la vie de bonheur pour laquelle nous sommes nées – commence lorsque nous imprégnons nos activités quotidiennes du sens de la vénération. Aujourd'hui, recherchez le sacré dans l'ordinaire, le cœur rempli de gratitude, et vous le trouverez sûrement.

27 FÉVRIER

S'engager dans l'éveil spirituel

Je ne crois pas ; je sais.

Carl Jung

Nous savons maintenant qu'en plus d'être créative et pratique, la voie de l'abondance dans la simplicité est de nature spirituelle. Mais elle fonctionnera pour vous, même si vous avez des doutes sur l'existence de Dieu. Si vous travaillez consciencieusement à donner plus de place à la gratitude, à la simplicité, à l'ordre, à l'harmonie, à la beauté et à la joie dans votre vie quotidienne, votre univers se métamorphosera, que vous croyiez ou non à une puissance supérieure qui guide vos pas. Mais si vous considérez l'éveil spirituel comme une dimension primordiale de votre démarche et vous y engagez à fond, il se produira quelque chose de merveilleux. Votre vie ne sera plus aussi lourde, épuisante ou morcelée qu'avant parce que vous vous rendrez compte qu'on ne peut séparer le spirituel, le créatif et le pratique. Chacune de ces dimensions est importante. Chacune a une signification. Et elles sont toutes reliées.

Vous croyez que vous êtes seulement en train de faire un pain de viande, alors qu'en fait, vous exercez une fonction d'officiante en nourrissant les corps affamés de vos proches et leurs âmes lasses qui ont besoin d'amour et de soins. Vous consacrez votre heure du dîner à chercher une belle carte à envoyer à une amie qui vit des heures difficiles. Plusieurs mois plus tard, celle-ci vous confie à quel point ce petit geste l'a réconfortée. Une femme fait appel à votre petite entreprise de vente par correspondance pour se procurer un article dont vous manquez actuellement. Elle ne peut attendre que vous le commandiez parce qu'elle en a besoin pour l'anniversaire prochain de sa fille. Plutôt que de la décevoir, vous lui donnez les coordonnées d'un concurrent qui tient ce produit. Vous venez d'initier un cycle de bienveillance qui attire des bénédictions sur toutes les personnes concernées.

Il y a un an, vous n'auriez peut-être pas agi de la sorte, mais vous savez maintenant qu'il n'y a pas de concurrence dans le domaine spirituel. Il y a un an, vous n'aviez pas pris conscience que tous les choix que vous faites quotidiennement font partie du grand Tout. Comme l'écrit Christina Baldwin dans son livre inspirant *Life's Companion : Journal Writing as a Spiritual Quest*, si nous nous disposons à avoir une « ouverture spirituelle », un jour ou l'autre nous prendrons conscience que « la spiritualité est le lieu sacré dont procèdent toutes choses, y compris les lundis et mardis et les samedis après-midi pluvieux dans tous leurs détails banals et glorieux ».

Il y a un an, vous n'auriez peut-être pas cru cela possible. Mais chaque étape du voyage que vous avez entrepris vous a rendue plus ouverte au mystère, à la magie et à la majesté du plan directeur, parce que vous vous êtes engagée dans votre éveil spirituel. Vous n'avez plus à vous contenter de croire, car vous *savez*.

28 FÉVRIER

S'aménager un lieu sacré

Il vous faut une pièce ou un moment de la journée où vous ne savez pas
ce qui est écrit dans le journal du matin [...] un lieu où vous pouvez
simplement mettre au monde et être ce que vous êtes et pourriez être.
[...] Au début, vous trouverez peut-être qu'il ne se passe rien. [...]
Mais si vous avez un lieu sacré et l'utilisez, profitez-en,
car il se produira quelque chose.

JOSEPH CAMPBELL

J'ai résisté longtemps à l'idée de m'aménager un lieu sacré. J'avais plusieurs excuses : (1) Je ne suis pas une nonne et les autels, c'est pour les églises et les couvents ; (2) Il n'y a aucun espace libre dans ma petite maison ; (3) Je ne voulais pas que mon mari – qui respecte et honore ma quête spirituelle mais ne la partage pas – et ma fille me trouvent bizarre.

Mais j'apprenais régulièrement que des femmes écrivains que j'admire (et que je ne trouve pas du tout étranges), telles Joan Borysenko et Julia Cameron, s'étaient créé un sanctuaire, et cette idée m'intriguait. Puis un beau jour, lors d'une méditation, mon moi intérieur m'a suggéré de m'ouvrir à l'idée d'aménager un endroit sacré pour célébrer, me concentrer et me consacrer à mon travail intérieur. « D'accord, lui ai-je répondu, je m'ouvre à l'idée, mais je ne sais toujours pas où je vais le placer. »

Le lendemain matin même, je m'étais calée dans mon lit pour écrire mon dialogue quotidien. En levant les yeux, j'ai vu avec mes yeux intérieurs un petit banc bleu installé au fond de ma chambre et entouré de lumière blanche. Éclair ! Il était identique à celui que j'avais remisé dans notre véranda. J'ai bondi du lit dans un élan d'enthousiasme et me suis mise à rassembler des objets dispersés ici et là dans la maison, qui avaient une grande importance à mes yeux et m'évoquaient l'amour et la gratitude. Une demi-heure plus tard, j'avais aménagé mon sanctuaire et je m'y sentais bien.

Laissez-moi vous décrire ma « table de méditation », comme l'appellent les membres de ma famille. (Si l'un d'eux trouve cela étrange, il ne m'en a pas parlé). Mon petit banc bleu foncé n'a que 45 cm de long par 20 cm de large et est installé près d'un mur bleu de ma chambre à coucher. Il est recouvert d'une petite nappe de dentelle blanche. J'y ai placé une grosse bougie dorée au centre, ainsi qu'une belle lithographie victorienne d'un ange, symbole de l'aide de mon ange gardien, une reproduction de la Madone et l'Enfant dans un cadre doré ovale (représentant la nature masculine et féminine de la divinité), un petit miroir dans un cadre doré pour mes méditations sur mon moi authentique, des photos des membres de ma famille et de mes animaux domestiques, un petit vase de porcelaine bleu et blanc – un cadeau de mariage – pour y mettre des fleurs, des cristaux de quartz symbolisant le monde de la nature, un support à encens avec des motifs floraux et un petit bol de pot-pourri à la rose et au jasmin. Une belle reproduction de l'artiste Michael Podesta, qui résume l'essence de l'abondance dans la simplicité, est suspendue au mur à la hauteur de mes yeux, quand je m'assois ou m'agenouille. Cette table n'est qu'à environ 60 cm du pied de mon lit, de sorte que je peux y appuyer mon dos quand je m'assois pour méditer, ce qui m'incite à le faire plus souvent.

Une fois tous mes trésors réunis, j'ai fait un petit rituel pour consacrer ma table. La puissante énergie positive que je me suis mise à y sentir ensuite m'a étonnée. Je sais maintenant que cette énergie, c'est l'Amour, qui s'est occupé de créer ce sanctuaire pour moi dès que j'ai décidé de l'accueillir dans ma vie. Les objets déposés sur cette petite table représentent tout ce que j'aime et pour lequel je rends grâce.

Vous avez peut-être vous aussi le goût de vous aménager un coin pour célébrer, vous concentrer et vous consacrer à votre travail intérieur. Vous n'avez pas besoin d'un grand espace. Joan Borysenko habite maintenant une maison assez grande pour pouvoir y consacrer une petite pièce à la méditation, mais par le passé, elle a utilisé « le dessus d'une commode, un coin de la cuisine, un recoin du salon ». Julia Cameron invite elle aussi l'exploratrice en nous à créer un petit sanctuaire personnel consacré au travail intérieur, ne serait-ce que le rebord d'une fenêtre. « Pour exprimer facilement et joyeusement notre créativité, nous devons demeurer spirituellement centrées. C'est plus facile à faire si nous avons des rituels à cet effet. Il est important que nous inventions ceux-ci à partir d'éléments qui ont pour nous un sens sacré et heureux. »

N'allez pas croire que cela peut fonctionner pour d'autres femmes mais pas pour vous. Aujourd'hui, tout ce que je vous demande, c'est d'accueillir l'idée d'avoir un lieu sacré exprimant votre créativité. Si vous le faites, l'Esprit s'occupera du reste.

29 FÉVRIER

Un jour de grâce

Doux vingt-neuf février !
C'est notre année de grâce.
Allez ! Vite ! mon cœur étourdi ;
profite de ce privilège !

WALTER DE LA MARE

Quel cadeau merveilleux et inattendu que ce jour supplémentaire et la prise de conscience que cette année bissextile est certes une année de grâce. Profitons vite de ce moment, car ce jour ne reviendra pas avant quatre ans.

Demandons d'abord notre portion de grâce pour aujourd'hui, afin d'être guidées tout au long de cette journée. Je le fais tous les matins avant même de me lever.

La formule que je préfère pour adresser ma demande est la prière de Marjorie Holmes intitulée *Juste pour aujourd'hui*.

Mon Dieu, donnez-moi la grâce pour ce jour.
Pas pour la vie, ni la semaine prochaine
ni pour demain ; juste pour aujourd'hui.
Guidez mes pensées et bénissez-les.

Guidez mon travail et bénissez-le.
Guidez mes paroles et bénissez-les aussi.
Guidez et bénissez tout ce que je pense, dis et fais
afin qu'aujourd'hui, juste aujourd'hui,
je puisse recevoir la grâce
qui accompagne votre présence.

Permettez-moi de vous faire part d'une de mes découvertes à propos de la grâce. Au cours de ma vie, je me suis souvent agenouillée. Dieu merci, la plupart de mes prières ont été exaucées comme je l'avais espéré. Certaines ne l'ont pas été ou du moins pas comme je m'y attendais. D'autres ont tellement tardé à être exaucées que j'ai cru que mon cœur allait éclater. D'autres encore ont été refusées. Mais *jamais* il ne m'est arrivé de demander une portion de grâce quotidienne sans l'obtenir.

Chaque jour, la grâce – notre pain quotidien spirituel – est mise à notre disposition, mais nous devons nous rappeler de la demander avec un cœur rempli de gratitude, sans nous inquiéter de savoir s'il y en aura assez pour demain. Il y en aura assez.

Petites douceurs de février

❖ À la Chandeleur, le 2 février, allumez des chandelles partout dans la maison. Savourez leur lumière. Profitez-en pour vous détendre et pour observer à quel point le monde semble différent quand il n'y a pas d'électricité pour estomper la différence entre le jour et la nuit. Observez votre pouls ralentir. Considérez la possibilité de vivre à la chandelle plus souvent. Faites des provisions de bougies en cire d'abeille. Elles se présentent dans une gamme de couleurs magnifiques et donnent un très bel éclairage. Si vous les entreposez au congélateur, elles brûleront deux fois plus longtemps et ne couleront pas.

❖ Invitez quelques amies le dimanche précédant la Saint-Valentin pour fabriquer des petits cadeaux à offrir aux personnes que vous aimez, tout en prenant le thé en l'honneur de

Cupidon. Préparez vos plus beaux napperons, du ruban de soie muni d'une tige métallique, du tissu fleuri, du papier d'emballage, des collants et du papier « construction ». N'oubliez pas le bâton de colle et de bons ciseaux. Empruntez des livres de poésie à la bibliothèque et essayez-vous à faire revivre cet art perdu. Servez un gâteau en forme de cœur garni d'un glaçage rose, des petits pains en forme de cœur avec de la confiture de fraises, du thé et du sherry. Vous prendrez tellement de plaisir à cette célébration qu'il y a de bonnes chances qu'elle devienne chez vous une tradition.

❖ Écrivez-vous une belle et longue lettre d'amour de la part de votre moi authentique. Complimentez-vous pour tout ce que vous êtes et faites en ce moment. Laissez votre moi intérieur vous encourager comme vous encourageriez un jeune enfant. Postez cette lettre et conservez-la pour les jours difficiles où vous sentez le découragement vous envahir.

❖ Ce mois-ci, devenez une incurable romantique. Lisez Elizabeth Barrett Browning, puis prenez plaisir à combler « le plus doux des besoins intérieurs ».

❖ Ajoutez un bout de dentelle à un vêtement ou à une tablette de cuisine.

❖ Avez-vous une belle photo de vous à l'âge de dix ans ? Si oui, trouvez-lui le cadre qui lui convient et placez-la sur votre secrétaire ou votre coiffeuse. Si vous n'en avez pas, faites appel à votre mère ou à l'archiviste de votre famille, qui saura vous en dénicher une.

❖ Commencez à forcer des bulbes de jacinthes.

❖ Parfumez-vous tous les jours.

❖ Essayez un nouveau rouge à lèvres.

❖ Offrez-vous une belle rose pour orner votre bureau.

❖ Écoutez la musique de Cole Porter.

❖ Louez Souvenirs d'Afrique au club vidéo. Lisez Isak Dinesen et Beryl Markham.

❖ Préparez des fondants au chocolat à l'ancienne pour la Saint-Valentin.

❖ Aménagez-vous un lieu sacré.

MARS

C'est la première douce journée de mars.
Chaque minute est plus suave que la précédente...
Il y a une grâce dans l'air...

WILLIAM WORDSWORTH

M ars est à nos portes, la dernière frasque de l'hiver et le premier murmure du printemps. En même temps que la
nature, nos esprits se réveillent lentement du long sommeil de
l'hiver. Les branches qui hier encore étaient nues voient aujour-
d'hui éclore de nouveaux bourgeons. Du plus profond de nous
montent des frissons d'espoir. Retournez la terre de votre jardin
intérieur. Ce mois-ci, nous sèmerons dans le sol fécond de notre
âme les graines du deuxième principe de cette voie dans laquelle
nous sommes engagées : celui de la simplicité.

1er MARS

Ramener la sérénité
dans nos activités quotidiennes

*Mon Dieu, donnez-moi la sérénité d'accepter
les choses que je ne peux changer;
le courage de changer les choses que je peux;
la sagesse d'en connaître la différence.*

REINHOLD NIEBUHR

Quand on parle de sérénité, plusieurs pensent à la célèbre prière du théologien protestant Reinhold Niebuhr. Souvent utilisée par les adeptes des programmes en douze étapes, cette invocation est connue d'un large public sous le nom de *Prière de la sérénité*.

Je crois toutefois que le temps est venu de cesser d'associer la sérénité avec les choses que nous ne pouvons pas changer. Car nous pouvons changer la qualité de notre vie de façon spectaculaire, en travaillant consciemment à ramener la sérénité dans nos activités quotidiennes.

Comment y arriverons-nous dans cette vie? *Quand nous, les femmes, cesserons de nous comporter comme des derviches tourneurs.*

Si vous avez souvent l'impression que vous êtes sur le point de décoller du sol, c'est probablement ce qui se passe effectivement. Je connais une femme qui, tout en se brossant les dents, peut bondir de la salle de bain et se mettre à faire son lit, la bouche encore écumante de dentifrice. Et pourquoi? Parce que du coin de l'œil, elle a aperçu ses draps en désordre. Avant même de se rincer la bouche, elle se précipite vers sa prochaine tâche. Inutile de dire qu'une journée qui commence d'une façon aussi frénétique ne peut aller que de mal en pis.

Ce n'était pas ainsi que s'écoulaient les jours de la paisible et majestueuse Grace Kelly, la bien-aimée princesse de Monaco, gratifiée du titre de *Son Altesse sérénissime*. Ce n'est pas non plus ainsi que nous devrions vivre. Je sais, la princesse Grace ne faisait sûrement pas elle-même son lit, mais là n'est pas la question. Une femme sereine ne se laisse pas distraire de sa route. Une femme qui se fourvoie, qui disperse son énergie aux quatre vents, ne trouve jamais la sérénité – une dépression nerveuse assurément, mais pas la sérénité. C'est aussi simple que cela.

Aujourd'hui, nous devons commencer à recouvrer notre santé mentale. Le moyen d'y parvenir, c'est de nous appliquer à faire calmement une chose à la fois, du début jusqu'à la fin du jour. Comme les adeptes des programmes en douze étapes, nous agirons « comme si » nous étions sereines (pensons à Grace Kelly), en consacrant toute notre attention et notre conscience à chacune de nos activités – qu'il s'agisse de nous brosser les dents ou de mettre les enfants au lit. Cet exercice nous procurera la paix intérieure, qui nous habite quand nous vivons pleinement le moment présent.

Je le sais, ce que je propose semble ridicule à la plupart d'entre nous qui sommes habituées à courir six lièvres à la fois. Vous vous demandez comment vous ferez tout ce que vous avez à faire si vous ne faites pas tout à la fois. Mais je vous assure que vous accomplirez toutes vos tâches quotidiennes avec plus de facilité, d'efficacité et de plaisir si, en chacune d'elles, votre esprit, votre corps et votre âme s'y donnent rendez-vous.

De plus, vous trouverez la sérénité.

2 MARS

La méditation : tous les chemins mènent au moment présent

Méditer, c'est simplement être soi-même et savoir de qui il s'agit. C'est prendre conscience qu'on est sur le chemin, qu'on le veuille ou non, et que ce chemin, c'est celui de notre vie.

JON KABAT-ZINN

S i vous n'êtes pas déjà une adepte de la méditation, ce mot évoque probablement chez vous une image désagréable : vous êtes assise, de façon inconfortable, dans la position du lotus, vous avez mal au dos, votre esprit s'envole vers tout ce que vous devez faire et vous faites de l'hyperventilation parce que vous essayez de vous concentrer sur votre respiration.

Cette image est peu attrayante et fausse, mais elle explique en grande partie pourquoi tant de gens refusent de s'adonner à la méditation. Pourtant, les bienfaits d'ordre physiologique, psychologique et spirituel de la méditation régulière sont indéniables. La méditation est le mortier qui permet d'unifier le corps, l'âme et l'esprit.

Il existe plusieurs façons de méditer. Enseignante spirituelle, psychologue et scientifique émérite, Joan Borysenko explique que méditer, c'est s'appliquer intentionnellement à une seule activité, quelle qu'elle soit, spirituelle ou non. « Peut-être vous arrive-t-il d'être si absorbé dans le jardinage, la lecture ou même la comptabilité que vous vous mettez à respirer plus lentement et devenez concentré comme une panthère qui traque la proie qu'elle convoite », écrit- elle. « Dans cet état, votre créativité s'épanouit, votre intuition vous fait grandir en sagesse, les mécanismes naturels de guérison de votre corps s'enclenchent, vos capacités physiques et mentales se déploient et vous vous sentez psychologiquement comblé. » D'autre part, la méditation spirituelle « vous aidera à prendre conscience de la présence du divin dans la nature, en vous-même et chez les autres. L'amour et la joie qui sont inhérents à l'Esprit – qui en sont l'essence même – commenceront à imprégner votre vie ».

Je pratique plusieurs formes de méditation, selon mes besoins intérieurs : je fais la méditation du miroir doré, j'écris mes dialogues quotidiens, je contemple la flamme d'une chandelle, je m'arrête, dans un esprit de prière, à une parole sacrée ou à une expression poétique pour en tirer une nourriture pour mon âme, ou je médite en marchant. Plusieurs voies mènent au moment présent. Celle que Joan Borysenko préfère entre toutes, c'est « un petit morceau de gâteau moelleux au chocolat, savouré avec la plus grande attention et une énorme reconnaissance. Chaque fois que nous vivons pleinement le moment présent, nous méditons ».

Aujourd'hui, retirez-vous dans un lieu paisible où vous pouvez vous asseoir ou vous étendre dans une position confortable, de façon à vous détendre. Fermez les yeux et laissez votre respiration se calmer et devenir régulière. Entrez en contact avec le Silence au plus intime de vous. Considérez la possibilité de consacrer vingt minutes par jour à la méditation. Tenez-vous-en à cela pour le moment.

3 MARS

Se réserver un jour pour le sabbat

N'importe qui peut observer le sabbat. Mais pour en faire quelque chose de sacré, cela prend bien le reste de la semaine.

ALICE WALKER

Le Créateur s'est reposé le septième jour, mais bon nombre de femmes autour de moi considèrent qu'elles n'ont tout simplement pas le temps d'en faire autant. Après tout, elles n'ont pas à créer le monde six jours par semaine, elles ne font que le porter sur leurs épaules.

Les Grecs avaient un mot merveilleux pour exprimer cette attitude : *hubris*, qui signifie « confiance en soi exagérée ». Ce sentiment de suffisance précède généralement une expérience d'humilité. Une crise cardiaque est certainement un dur coup pour l'amour-propre et cela ne me surprend aucunement que ce soit devenu la principale cause de mortalité chez les femmes.

« Certains observent le sabbat en allant à l'église, confie Emily Dickinson, pour ma part, je le célèbre en restant à la maison. » Moi de même. Certains dimanches, en particulier l'hiver ou quand il pleut, je ne quitte même pas mon pyjama avant l'heure du midi. Il y a longtemps que j'ai cessé de me sentir coupable à ce sujet, car j'ai appris à honorer mon sabbat en en faisant un événement sacré et joyeux. Pour plusieurs, le sabbat se célèbre le dimanche ; d'autres l'observent à partir du vendredi au coucher du soleil jusqu'au samedi soir. Peu importe le jour que vous consacrez à votre sabbat personnel, l'important, c'est d'y être fidèle.

Voici un petit guide des choses à éviter le jour du sabbat : les tâches domestiques fatigantes (il est permis de préparer les repas, mais ceux-ci doivent être soit faciles à faire, soit une célébration, à votre gré) ; se rattraper dans un travail qu'on n'a pas terminé au cours de la semaine ou prendre de l'avance dans un travail prévu pour le lundi ; faire des emplettes dans les grands magasins qui insèrent des encarts publicitaires racoleurs dans les journaux de fin de semaine.

Voici ce à quoi devrait servir le sabbat : vénération, repos, renouveau, rajeunissement, rituels rassurants, détente, réjouissances, révélations, gratitude. Nous pouvons faire ces choses dans une église, une mosquée, un temple ou une synagogue, ou bien en faisant une marche, en allant fouiner dans une boutique d'antiquités, en déjeunant au lit et en se calant sur son oreiller pour lire un bon livre, en faisant des mots croisés devant un feu qui crépite, en visitant une belle exposition ou en allant au cinéma en matinée, en écoutant de l'opéra tout en sirotant un sherry et en concoctant un petit festin. L'essentiel, c'est de faire quelque chose de spécial qui nourrisse votre âme et de prendre plaisir à ce que vous faites. Les activités auxquelles vous vous livrez le jour du sabbat doivent vous élever et être une source d'inspiration pour le reste de la semaine.

« Le dimanche, c'est un morceau de brocart d'or dans la pile de mousseline blanche des jours de semaine », écrit Yoshiko Uchida dans *A Jar of Dreams*. Si ce n'est pas là ce qu'a voulu faire le Créateur suprême en inventant le sabbat, alors je n'ai pas la moindre notion du sacré.

4 MARS

Se disposer à accueillir l'inspiration

Le puits de la Providence est profond.
C'est le seau que nous y apportons qui est petit.

Mary Webb

Chaque fois que je m'apprête à écrire, j'accomplis un rituel soigneusement élaboré pour me disposer, en tout confort, à la création. Je travaille dans mon lit, avec une théière bien remplie sur ma table de chevet et une cassette de beaux nocturnes pour piano comme musique de fond. À mes côtés, un cahier spirale neuf, un pot rempli de mes stylos préférés et une pile de livres qui me sont chers, usés à force d'être feuilletés. Vous savez, je ne suis pas seule ; je suis entourée de mon cercle de femmes écrivains que je vénère et qui, de leur voix authentique, ont toutes un message particulier à m'adresser. Pour ouvrir les vannes de ma propre créativité, je savoure pour la énième fois l'œuvre surgie de leur main, de leur cœur et de leur esprit.

C'est par ce rituel particulier que je me dispose à accueillir l'inspiration. Quand vous pompez de l'eau à la façon d'antan, il vous faut d'abord verser de l'eau pour amorcer la pompe. J'amorce ma pompe intérieure à l'aide de gestes bien précis dont le caractère répétitif active l'hémisphère droit de mon cerveau, où se trouve le siège de la créativité : j'utilise la même tasse de porcelaine chinoise, j'écoute la même musique, j'écris avec les mêmes stylos dans le même type de cahier et je relis les mêmes livres. Mon cerveau reconnaît ce rituel familier et saisit tout de suite que je me suis mise au travail. Sans même m'en rendre compte, je me mets à prendre des notes, comme si j'écrivais sous la dictée de l'Esprit. Une fois mon brouillon écrit à la main, je me rends à mon bureau pour travailler à l'ordinateur. C'est alors que commence le véritable travail de l'écriture. Encore une fois, l'Inspiration a répondu à l'appel que je lui ai lancé par le truchement de mon rituel.

Vous devez mettre au point votre rituel personnel pour avoir accès à votre réservoir, à ce lieu au plus profond de vous-même où loge votre imagination. Pourquoi ne pas vous en créer un pour travailler à votre album de trouvailles ? Si vous ne trouvez pas le temps d'y travailler tous les jours, consacrez une soirée par semaine à la recherche d'images qui vous révéleront vos goûts personnels authentiques. Faites-en une activité la plus attrayante possible. Par exemple, après avoir mis les enfants au lit, vous pourriez vous prélasser dans un bon bain. Puis, une fois bien détendue, apportez la corbeille où vous gardez vos revues, vos ciseaux et votre album près de votre lit. Préparez-vous une tisane spéciale que vous ne prendrez qu'à cette occasion. Allumez une belle bougie pour invoquer l'Inspiration.

Cette semaine, créez-vous un rituel sécurisant pour amorcer la pompe de votre créativité. Puisez avec un grand seau au puits de la Providence.

5 MARS

Un « coffre d'espérance » nouveau genre

L'espérance est cette chose ailée
qui se perche dans notre âme.

EMILY DICKINSON

Les « coffres d'espérance » renfermaient les cadeaux traditionnels que les mères offraient à leurs filles à l'époque où les jeunes femmes apportaient comme dot des articles ménagers – leur trousseau – quand elles se mariaient. On y mettait des draps et des taies d'oreiller, des édredons, des nappes, de la vaisselle, des plats et des rêves de bonheur domestique.

Je n'ai pas eu de coffre d'espérance lors de mon mariage. Et vous ? Je rêvais d'en recevoir un quand j'ai eu seize ans, mais nous n'en avions pas les moyens, de sorte que la réalisation de mon rêve a été remise à plus tard. Je me souviens d'avoir admiré une publicité de *Lane Furniture* dans la revue *Seventeen* présentant une mère et sa fille qui remplissaient un magnifique coffre de cèdre de beaux espoirs pour le ménage futur de la jeune fille.

Comment ce souvenir est-il remonté à ma mémoire ? En ayant fait appel à l'archéologue intérieure pour déterrer mon moi authentique. Si vous creusez assez profondément, tout cela vous reviendra. Souvent, vous ferez des découvertes étonnantes. Me voici donc replongée, trente ans plus tard, dans les annonces de coffres d'espérance.

Mais comme j'ai déjà aménagé notre maison, mon coffre d'espérance diffère de la version traditionnelle. Il a pris la forme d'un panier d'osier consacré à tous les projets que j'espère réaliser un jour. Il y a quelques semaines, j'ai trouvé du beau tissu en solde dont je pourrai faire une jolie nappe et des serviettes de table pour le repas de l'Action de grâce. En attendant de trouver le temps de les confectionner, je conserve le tissu dans mon coffre.

Une de mes amies, qui s'est récemment séparée de son mari après trente ans de mariage, entreprend une nouvelle vie ; elle a donc décidé de rafraîchir la décoration de sa maison. Elle a trouvé dans une boutique d'objets d'occasion de magnifiques carrés de tapisserie dont elle veut recouvrir les chaises de sa salle à manger par un samedi pluvieux. Un coffre d'espérance ferait parfaitement l'affaire pour les remiser en attendant de se mettre à la tâche.

Vous saisissez ? Nous ne pouvons pas combler immédiatement chacun de nos désirs. Nous devons apprendre à attendre avec patience la réalisation de nos rêves, particulièrement sur le chemin que nous avons emprunté. Mais en attendant, nous devons aménager symboliquement un endroit pour nos espoirs et nos rêves. J'ai même commencé à remplir un panier d'osier de livres de mes auteures préférées que je compte offrir à ma fille pour ses seize ans. J'ai « espérance » de les lui présenter dans un beau coffre de cèdre. Ainsi se réalisera mon rêve d'une mère aimante et de sa fille qui rêvent ensemble à l'avenir de cette dernière.

Je crois que mon rêve se réalisera. La foi est la première chose à déposer dans notre coffre d'espérance.

6 MARS

Ma boîte à jouets

Je vous en prie... vous n'avez pas à vous excuser de jouer.
Ne vous excusez jamais.

WILLIAM SHAKESPEARE

Une des joies que m'a procurées la naissance de ma fille – je ne l'aurais pas crié sur les toits – a été d'avoir enfin une bonne excuse pour acheter des jouets. Maintenant que Katie a grandi et préfère les disques compacts et les vêtements aux services à thé miniatures, je dois constamment me rappeler que je n'ai pas à me trouver des excuses pour accorder aux jouets une place dans ma vie. Pour continuer d'évoluer comme être humain et comme artiste, je me dois de respecter le pouvoir du jeu. Voilà pourquoi j'ai un coffre à jouets.

Jouer n'est pas facile pour la majorité des femmes que je connais. Avoir un coffre à jouets bien à soi est un moyen symbolique de se rappeler l'importance du plaisir pour vivre pleinement.

Il faut d'abord trouver la boîte qui convient. Un panier d'osier, une boîte de bois ou une boîte tapissée munie d'un bon couvercle fera l'affaire. Le couvercle est l'élément le plus important, car ce que renferme votre coffre à jouets ne concerne que vous. Ce sont *vos* jouets, *votre* boîte à jouets. Vous les partagerez peut-être, mais pas nécessairement. Gardez cette boîte dans votre chambre à coucher, sur une étagère élevée de votre garde-robe, et fermez la porte.

Dès cette semaine, faites une excursion créative pour commencer à remplir votre coffre à jouets. Prenez dix dollars et rendez-vous dans un bazar, une bonne papeterie ou une boutique de cadeaux. Procurez-vous des collants, des trombones de couleur, de beaux crayons et des gommes à effacer amusantes. Jetez un coup d'œil sur les cartes de souhaits humoristiques et achetez-en quelques-unes qui vous font rire. Quoi d'autre vous attire ? Ce sera peut-être un pot à lait en forme de vache, un collier de piments rouges en plastique, une baguette magique. Gardez vos collants et vos cartes dans votre coffre jusqu'à ce que l'occasion de les utiliser se présente, apportez vos trombones et vos gommes au travail, suspendez vos piments rouges sur votre étagère à épices, mettez le lait dans votre pot en forme de vache. Vos jouets seront toujours là pour vous rappeler qu'il faut savoir s'amuser et se détendre dans la vie.

Maintenant, pensez aux jouets que vous avez tant désirés quand vous étiez petite, en vain. Il n'est pas trop tard pour avoir cet ourson en peluche qui vous faisait rêver, pour acheter la belle maison de poupée avec de vraies lumières ou pour faire un casse-tête de mille morceaux. Apportez des changements à la liste des cadeaux que vous aimeriez recevoir pour votre anniversaire. Pourquoi demander un aspirateur électrique alors que ce que vous désirez vraiment, c'est une poupée de porcelaine ? Mettez votre entourage au courant de vos nouveaux goûts.

« Le jeu est l'exultation du possible », nous rappelle Martin Buber. Sortez vite vos jouets et allez jouer comme une bonne grande fille.

7 MARS

Une réserve de petits remontants

Un peu de ce que vous aimez vous fera du bien.

MARIE LLOYD

Nous devons nous préparer à affronter les inévitables épreuves de la vie. Une bonne façon de le faire est de garder en réserve des petits remontants dans un tiroir. Ces douceurs serviront ces soirs difficiles où vous avez le goût de vous plonger dans vos couvertures et de ne plus en sortir. Mon refuge à moi se situe dans le tiroir du bas de ma commode, où j'emmagasine des remontants à longueur d'année, dont plusieurs sont des cadeaux reçus que j'ai mis de côté en cas de coups durs.

Faisons l'inventaire : une boîte de truffes au chocolat, des bouteilles de liqueur miniatures, de l'huile essentielle pour le bain réputée pour son effet apaisant, des magazines britanniques de décoration (qu'on peut trouver dans les kiosques à journaux internationaux), une petite fiole d'élixir floral du Dr Bach, un remède homéopathique en vente dans les boutiques d'aliments naturels, un oreiller d'herbes favorisant les rêves agréables, recouvert de velours, un bandeau de satin pour me mettre à l'abri des distractions, du bain moussant et du talc à la rose, de vieilles lettres d'amour attachées avec un ruban de soie, un cahier de notes personnelles, une boîte de biscuits de fantaisie et un assortiment de tisanes rares.

Vous aurez remarqué que ce sont là des remontants des plus simples, mais il y a là tout ce qu'il faut pour réconforter et choyer une femme épuisée et lasse : un bon bain chaud, de petits délices à grignoter, de beaux souvenirs, une boisson réconfortante et une lecture agréable. Maintenant, changez vos draps, remplissez votre bouillotte et mettez une demi-douzaine de chandelles blanches sur un plateau que vous déposerez devant un miroir ; allumez-les et créez cérémonieusement vos propres aurores boréales. Faites jouer une musique apaisante et enfilez votre robe de nuit ou votre pyjama préféré. Plongez dans la plume et prélassez-vous. Si cela ne fonctionne pas, prenez deux aspirines et appelez-moi le lendemain matin.

N'oubliez pas de tapisser de papier peint fleuri votre tiroir de remontants, et d'y glisser des sachets d'herbes odorantes. Enveloppez vos petites surprises de papier de soie aux couleurs chaleureuses et entourez-les de beaux rubans. Ainsi, quand vous ouvrirez ce tiroir très spécial, une éblouissante collection de cadeaux merveilleux s'offrira à vous – des présents qui viennent du cœur pour une personne qui les mérite grandement.

8 MARS

Se jeter à l'eau

Tant que vous ne vous serez pas réconcilié avec ce que vous êtes,
vous ne serez pas content de ce que vous avez.

DORIS MORTMAN

La simplicité occupe une place plus importante dans notre vie quand nous nous réconcilions avec nous-mêmes. En effet, nous prenons alors de plus en plus conscience qu'il n'est pas nécessaire de renchérir sur la perfection. Nous pouvons laisser tomber quelques ornements parce que l'Essentiel est enfin prêt à se révéler à nous.

Il faut prendre notre courage à deux mains et sauter dans l'inconnu pour explorer la façon dont nous nous exprimons par notre apparence. Je ne parle pas uniquement de la manière dont nous nous habillons ou nous coiffons, mais des mille et une façons subtiles dont nous célébrons ou cachons notre moi véritable. Il faut apprendre à reconnaître et à accepter la femme authentique en nous, à être à l'aise avec elle. «Nous ne naissons pas tout d'un coup mais petit à petit, écrivait Mary Antin dès 1912 dans *The Promised Land*. Notre mère subit les douleurs de notre naissance physique ; nous subissons celles, plus longues, de notre croissance spirituelle. »

Simone de Beauvoir parle du même phénomène quand elle écrit: «On ne naît pas femme ; on le devient ». Et cela prend du temps. Du temps pour réfléchir, pour faire des choix créatifs, pour sortir de son cocon, pour mettre de l'ordre dans ses affaires et ses idées, de façon à dégager son essence profonde.

Certaines d'entre nous sommes depuis longtemps endormies et inconscientes de notre véritable beauté, engourdies par notre désapprobation paralysante, nos doutes tenaces et nos négligences anodines. Les stratégies de fortune, qui jadis nous soulageaient, ne suscitent plus maintenant chez nous que le regret. Pour réparer les dommages et reprendre le contact avec notre moi authentique, nous devons nous jeter à l'eau, confiantes de trouver la protection de l'Esprit. Mais surtout, nous devons nous traiter avec la bienveillance et la patience que nous aurions à l'égard d'un amnésique qui a besoin de recouvrer sa véritable identité.

9 MARS

Un reflet radieux de notre moi authentique

Beaucoup de femmes ne savent pas à quel point elles sont extraordinaires. Elles sont très « vogue » à l'extérieur et très vagues à l'intérieur.

MARY KAY ASH

R ares sont les femmes qui savent à quel point elles sont extraordinaires. À vrai dire, il nous faut probablement admettre que nous n'avons pas une très bonne opinion de notre apparence. Bon nombre se troqueraient volontiers contre un plus beau modèle. Certaines se coiffent toujours de la même façon depuis dix ans, non pas parce que cela leur va tellement bien, mais parce qu'elles ne veulent pas prendre de risques. D'autres encore portent le même maquillage qu'à vingt ans, même si le fuchsia ne leur convient plus comme avant.

Même si, consciemment, nous ne savons pas toujours mettre en valeur notre aspect extérieur, il y a quelqu'un en nous qui sait. En devenant plus intimes avec ce merveilleux maître du style, cet expert de la mode et du confort, nous apprendrons à nous éveiller à notre éclat personnel. Ce maître est notre moi authentique, toujours prêt à nous aider à nous réaliser pleinement.

Un moyen facile d'amorcer le processus est de ramasser des catalogues de vente par correspondance. Quand vous avez un moment de répit, assoyez-vous et parcourez-en quelques-uns.

Découpez des images de femmes que vous trouvez attrayantes et de vêtements que vous aimeriez porter. Ne vous laissez pas arrêter par des considérations d'ordre économique et ne vous demandez même pas si la taille vous convient. Il s'agit simplement d'une séance de remue-méninges. Gardez toujours à l'esprit que les rêves – ou visualisations créatrices – doivent précéder leur manifestation matérielle. Jouez avec ces images dans votre album de trouvailles. Faites un collage de votre femme idéale : amusez-vous à lui trouver une coiffure, une garde-robe pour la maison et pour le travail. Amusez-vous. Mettez-vous dans la peau d'une fillette de dix ans qui joue avec ses poupées de papier. Que trouvez-vous? Y a-t-il quelque ressemblance entre votre collage et les vêtements accrochés dans votre garde-robe? Réfléchissez à tout cela.

Maintenant, faites-vous une promesse. Puisque vous vous êtes engagée dans cette aventure visant à réveiller votre moi authentique et découvrir votre style personnel, prenez la résolution de ne plus acheter un seul vêtement qui ne vous convienne pas parfaitement. Finis les vêtements qui ne vous ressemblent pas ou sont de mauvaise qualité. Sur le chemin de l'abondance dans la simplicité, nous découvrirons la joie de nous entourer uniquement de choses que nous aimons, de ne porter que des vêtements qui nous mettent en valeur, dans lesquels nous nous sentons bien et qui reflètent notre moi profond. Laissez la simplicité faire son œuvre dans votre vie. Si une chose n'exprime pas votre être authentique, passez-vous-en.

10 MARS

Apparence trompeuse...
mais les autres le savent-ils?

Le drame de notre époque, c'est que nous sommes tellement concentrés sur ce que nous voyons, tellement entichés des apparences.

Jessamyn West

Nous pouvons toutes être à notre meilleur une bonne partie du temps, certaines d'entre nous tout le temps. Mais aucune ne veut être toujours « tirée à quatre épingles ». Il y a de ces jours où nous nous en moquons éperdument ou sommes trop fatiguées pour penser à nous brosser les cheveux. Pouvons-nous trouver l'inspiration avec des jeans sales, un visage non lavé et des cheveux en broussaille ? Pouvons-nous avoir des révélations majeures quand nous portons une jupe trop serrée et que nos collants tirent aux hanches ?

J'espère bien. De tels jours ne me sont pas étrangers.

On vous a probablement enseigné, comme à moi, l'importance de faire bonne figure. Malheureusement, on accorde beaucoup trop de valeur à notre aspect extérieur. Souvent, quand nous ne nous présentons pas, ou ne nous comportons pas, comme les autres s'y attendent, nous tombons dans le cercle vicieux de l'auto-dépréciation, dont il peut s'avérer difficile de sortir indemnes. En de tels moments, il est réconfortant de nous rappeler que notre âme est plus transparente que la cellophane. « La beauté est une lumière intérieure, écrit Marianne Williamson dans *La Gloire d'une femme*, un rayonnement spirituel que toutes les femmes possèdent mais que la plupart cachent, niant inconsciemment son existence. Ce que nous ne réclamons pas demeure invisible. »

En devenant plus intime avec votre moi authentique, en recouvrant votre véritable et éclatante identité, vous vous transformerez peu à peu physiquement. Il est absolument impossible de s'engager sur la voie de la croissance spirituelle et de s'éveiller à sa Lumière intérieure sans que cela ne se manifeste extérieurement. « C'est la volonté de Dieu que nous soyons belles, que nous aimions et que nous prospérions dans toutes les bonnes choses, rappelle Marianne Williamson. C'est la volonté de Dieu que toutes les femmes deviennent les déesses qu'elles sont en naissant. »

11 MARS

Émettre et recevoir des signaux

Si vous décidez de travailler quotidiennement à vous réaliser
pleinement, votre univers tout entier peut changer. [...]
Les deux femmes que vous êtes peuvent vous refaire.

Publicité de la crème de beauté Pond,
GOOD HOUSEKEEPING, décembre 1947

Je n'avais pas vu cette amie depuis plusieurs mois. Au début, quand je l'ai aperçue dans la foule, je ne l'ai même pas reconnue. Ses cheveux, habituellement si bien coiffés, étaient ébouriffés; elle n'était pas maquillée et son visage était rouge et bouffi, avec de gros cernes sous les yeux. Elle portait des jeans et un chandail moutonneux plutôt qu'une de ces jolies robes *Laura Ashley* qu'elle aimait tant. J'étais sidérée. Qu'est-ce qui ne fonctionnait pas?

Quand nous sommes allées prendre un café ensemble, elle m'a confié qu'elle traversait une grave crise. Mais avant même qu'elle n'ouvre la bouche, je savais qu'elle n'allait pas bien du tout.

Nous transmettons toutes quotidiennement une foule de signaux sur l'estime que nous avons de nous-mêmes. La plupart ne sont pas aussi saisissants que ceux de mon amie et peuvent être plutôt subtils. Quand nous nous sentons en pleine forme, nous avons des ailes à nos souliers, un sourire aux lèvres et une étincelle dans les yeux. Il y a aussi des jours où, par manque de temps, d'énergie ou d'enthousiasme, nous nous négligeons. Nous nous mettons à moins nous soucier de notre aspect extérieur, jusqu'à ce qu'en apparence, nous nous en moquions complètement. Mais au fond, nous nous en soucions beaucoup.

Il existe une très bonne raison de nous soucier de notre apparence, même si nous sommes seules: c'est la profonde joie que nous éprouvons quand nous sommes en beauté. « Beaucoup de femmes sentent au plus profond d'elles-mêmes qu'elles ne se sont pas pleinement réalisées», affirme un autre message publicitaire de la crème de beauté *Pond*, dans le numéro de mars 1949 du *Good Housekeeping*. « Mais vous n'avez pas à accepter cela, y poursuit-on ; l'aide vient de l'intérieur. Vous pouvez la sentir, cette soif de bonheur au-dedans de vous. Le lien étroit entre votre moi intérieur et votre moi extérieur, ce pouvoir presque inquiétant de chacun de changer l'autre, peut vous faire passer de la morosité à la joyeuse réalisation de vous-même. »

La première fois que je suis tombée sur cette série de publicités «Nouvel Âge» datant de la fin des années 40, cela m'a amusée ; puis j'ai ressenti de la gratitude. Lorsque notre cœur s'ouvre au changement, nous reconnaissons les signaux d'encouragement que nous envoie constamment notre moi authentique, quelque improbable qu'en soit la provenance. C'est là une des leçons les plus merveilleuses qui nous soient données sur le chemin de la transformation personnelle.

12 MARS

Est-ce que je suis belle ?

L'apparence d'une femme et la façon dont elle se transforme au cours de sa vie n'est pas un sujet frivole. [...] « Est-ce que je suis belle ? » demande-t-elle en se regardant dans le miroir. Elle écoute attentivement la réponse, car celle-ci peut s'avérer très éclairante.

KENNEDY FRASER

« *E st-ce que je suis belle ?* » est une question que nous passons notre vie à demander aux autres. Mais maintenant que vous êtes engagée dans la recherche de l'authenticité, vous devez vous poser à vous-même cette question-piège, puis écouter attentivement la réponse. Mieux encore, en vous regardant dans le miroir, vous devriez vous demander « *Est-ce que je me sens belle ?* », parce que l'opinion que vous avez de vous-même en un jour donné influencera votre apparence plus que vos vêtements.

Après avoir passé des années à nous concentrer sur l'éclat de l'emballage extérieur, nous devons changer radicalement notre approche de la beauté. La transformation personnelle commence par une vie intérieure intense. Nous devons laisser l'Esprit nous indiquer la voie, qu'il s'agisse de modifier notre garde-robe, de perdre du poids ou de trouver la coiffure qui nous convient. Consacrer vingt minutes par jour à la méditation, à la réflexion ou à une marche au cours de laquelle vous poursuivez votre recherche de votre moi authentique aura plus d'impact sur votre apparence que vous pourriez le croire. Bien sûr, vous devez le voir pour le croire. Qu'attendez-vous donc ? Commencez aujourd'hui ! Choisissez un outil intérieur et intégrez-le à vos soins de beauté quotidiens. « En faisant un voyage à l'intérieur de nous-mêmes, nous constatons que nous avons exactement ce que nous désirons », affirme la philosophe et mystique française Simone Weil. Ne l'oubliez pas.

13 MARS

Nous accepter telles que nous sommes

Ne cherchez pas à l'extérieur, car le paradis est au-dedans de vous.

MARY LOU COOK

Aujourd'hui, réconcilions-nous avec le passé : avec le corps et le visage que nous avions à la naissance et ce que nous sommes devenues par la suite. Aujourd'hui, accueillons les rides que nous renvoie le miroir, les parties qui s'affaissent et celles qui font saillie au mauvais endroit, les cheveux pas assez ou trop frisés. Commençons par réciter le chant de louange du poète et maître tibétain Saraha : « Ici dans ce corps coulent les rivières sacrées ; ici se trouvent le soleil et la lune de même que tous les lieux de pèlerinage. [...] Jamais je n'ai rencontré de temple plus sublime que mon propre corps ».

Ce n'est pas si facile d'apprendre à reconnaître et aimer tous nos sanctuaires personnels. Cependant, avant que puisse fleurir l'amour véritable, il nous faut nous accepter telles que nous sommes. Pas demain ni la semaine prochaine, ni quand nous aurons perdu dix kilos. Rappelez-vous qu'accepter, c'est reconnaître la réalité : nous sommes plus grasses que nous le souhaiterions, trop rougeaudes ou trop pâlottes, nous commençons à grisonner, les leggings ne nous siéent pas. Pour la plupart des femmes, ce sont les autres qui sont belles, jamais elles-mêmes. Pourtant, l'Esprit nous a toutes créées pour être des beautés. Ce n'est qu'une fois que nous avons reconnu notre éclat unique que nous pouvons le manifester autour de nous. Aujourd'hui, adoptez ces paroles comme mantra : « Je suis ce que je suis, et ce que je suis est merveilleux ».

14 MARS

Charité bien ordonnée...

Je ne me suis pas perdue tout d'un coup. Comme l'eau qui finit par user les motifs gravés dans la pierre, j'ai effacé les traits de mon visage au fil des ans à force de vouloir y faire disparaître ma peine.

AMY TAN

Que nous soyons riches ou pauvres, célèbres ou inconnues, la vie nous malmène. Notre blessure peut prendre la forme d'une plaie béante ou d'une lente et silencieuse hémorragie de l'âme. À première vue, nous pouvons sembler avoir les choses bien en main, mais nous vivons toutes des jours terribles où nous nous sentons très petites, très vulnérables et apeurées, comme si nous allions voler en mille morceaux et éclater en sanglots dès que quelqu'un nous demande tout simplement: «Comment ça va ?».

Quand cela se produit, nous devons nous montrer compatissantes envers nous-mêmes. Ne rajoutons pas aux mauvais traitements que la vie nous fait subir. Nos sentiments sont légitimes et nos peurs bien réelles, même si elles n'ont probablement pas de fondement dans la réalité. Gardez toujours à l'esprit cette bonne définition de la peur: une réalité fausse qui paraît vraie.

En pareilles situations, rappelez-vous que votre premier devoir est de commencer à vous aimer. Comment? En vous dorlotant, en vous offrant des plaisirs simples et de petites gâteries. En vous traitant comme le petit enfant que vous êtes en ce moment. Pourquoi ne pas rapporter à la maison de délicieux mets chinois ou indiens pour souper? Ou vous payer un de ces magnifiques pots de jonquilles ou de tulipes qui viennent de faire leur apparition dans les marchés? Ou encore prendre une demi-journée de congé et aller voir un film en matinée? Sinon, que pensez-vous de l'idée d'aller chercher deux ou trois bons classiques au club vidéo pour vous payer une soirée de cinéma avec un grand bol de pop-corn? Ou de vous offrir un cornet de crème glacée et d'aller le déguster dans un parc, au soleil, en vous laissant bercer par le gazouillis des oiseaux? Ne pourriez-vous pas dire non à la prochaine personne qui vous demande quelque chose?

Oui, vous le pouvez. Vous n'êtes pas obligée de tout faire et de toujours être au service de tout le monde sur la planète. S'il vous semble que vous ne pourriez pas effectuer une seule autre tâche sans vous mettre à crier ou à pleurer, vous êtes sûrement dans le vrai. Dites simplement: «Non, je regrette, j'ai déjà un engagement».

Et c'est la vérité. Aujourd'hui, vous avez un rendez-vous avec vous-même. Souvenez-vous, nous ne nous sommes pas perdues d'un seul coup. Et nous nous retrouverons peu à peu, à force de tendresse et de petites attentions.

15 MARS

Prendre soin de soi, une tâche difficile

La moindre tentative de prendre soin de nous-mêmes
fait très peur à la plupart d'entre nous.

JULIA CAMERON

Pourquoi les femmes ont-elles si peur de prendre soin d'elles ? Pourquoi cela vous fait-il peur à vous aussi ? Si vous croyez que ce n'est pas le cas, dites-moi combien d'excursions créatives vous avez faites au cours du dernier mois. Vous êtes-vous organisé un tiroir de remontants pour les jours difficiles ? Vous êtes-vous fait un coffre d'espérance et une boîte à jouets ? Avez-vous travaillé dans votre album de trouvailles ou écrit vos dialogues quotidiens ? Hum...

Peut-être sommes-nous toutes avares en cette matière parce que si nous nous traitions mieux, notre créativité risquerait de s'épanouir comme une plante au soleil. Cela nous amènerait à vouloir faire des changements dans notre vie. Et tout le monde sait ce que nous pensons des changements, même des changements pour le mieux. Nous sommes peut-être prises dans la routine, mais au moins, celle-ci est confortable.

Cependant, c'est en effectuant de petits changements que nous faisons des pas de géants dans l'exploration de notre authenticité. Selon Tolstoï, « C'est quand de légers changements se produisent dans notre vie que nous vivons vraiment ». Examinez honnêtement la façon dont vous vous traitez. Dormez-vous suffisamment ? Faites-vous souvent de la marche et assez d'exercice ? Avez-vous vraiment essayé de méditer ? Combien de temps par semaine accordez-vous à la détente ? Au rêve ? À des activités qui procurent du plaisir ? Quand avez-vous ri pour la dernière fois ? « Il y a un lien entre le soin qu'on prend de soi-même et le respect qu'on se porte », nous rappelle Julia Cameron.

J'ai eu beaucoup de mal à réussir à prendre soin de moi. Mais sur le chemin de l'abondance dans la simplicité, j'ai découvert que si on veut une vie harmonieuse, on doit commencer par mieux se traiter. Personne ne peut le faire à votre place. Aujourd'hui, faites une liste de dix gentillesses que vous pourriez vous faire. Choisissez-en une et faites-la. Vous n'avez absolument rien à perdre et tout à gagner à prendre mieux soin de vous.

16 MARS

Qu'est-ce que vous aimez le plus chez vous ?

Si vous voulez trouver les réponses aux grandes questions
au sujet de votre âme, vous devriez commencer
par les petites réponses au sujet de votre corps.

GEORGE SHEEHAN

Comme tout le monde, vous vous voyez dans le miroir tous les jours. Mais à quand remonte la dernière fois où vous avez acquiescé à ce que vous y avez vu ? Aujourd'hui, je vous invite à tenter quelque chose de tout à fait nouveau: regardez-vous affectueusement et appréciez ce que vous voyez.

Il ne s'agit pas d'un exercice superficiel, car je veux que vous fassiez un inventaire de ce que vous aimez chez vous. La majorité d'entre nous sommes très promptes à nous critiquer. Nous trouvons sans cesse des éléments que nous n'aimons pas dans notre apparence. Aujourd'hui, nous allons découvrir ce qui nous plaît et remercier pour cela.

Ce soir, réservez-vous une heure pour célébrer la femme merveilleuse que vous êtes. Préparez un bain invitant où vous aurez mis une huile à bain qui vous plaît. Apportez une bougie et prenez un bain à la chandelle. Laissez-vous tremper au moins vingt minutes dans l'eau chaude pour vous détendre. Demandez à votre moi intérieur de vous faire prendre conscience de toutes les choses particulières à découvrir sur vous-même. Séchez-vous délicatement et mettez-vous du talc ou une lotion odorante. Massez-vous lentement; en descendant des épaules jusqu'aux orteils, représentez-vous chaque partie de votre corps entourée d'une magnifique lumière blanche. Cette lumière est l'Amour, que vous envoyez à chaque cellule de votre être. D'une voix tendre, dites-vous à quel point vous vous trouvez merveilleuse.

Avant de mettre votre pyjama ou votre robe de nuit, regardez-vous d'un œil bienveillant dans le miroir de votre chambre à coucher. Regardez-vous ainsi tant que vous n'aurez pas trouvé dix choses que vous aimez de votre visage et de votre corps: un nez parfait, de belles mains, des hanches bien découpées. Allez-y de haut en bas et n'oubliez rien. Peut-être n'aimez-vous pas la façon dont vos cheveux sont coiffés, par exemple, mais vous aimez leur couleur. Écrivez ces dix choses dans votre journal de gratitude. Passez ensuite aux aspects de votre personnalité que vous aimez: vous êtes une improvisatrice née, une consommatrice avertie, une bonne cuisinière, vous savez écouter, vous êtes une mère patiente et aimante, vous avez le sens du détail. Écrivez tout cela. Poursuivez tant que vous n'aurez pas trouvé dix aspects de votre personnalité pour lesquels vous aimeriez dire merci, puis notez-les dans votre journal de gratitude.

S'il vous semble impossible de trouver vingt choses que vous aimez chez vous, retournez à votre miroir. Tant que vous n'aurez pas réussi, répétez cet exercice tous les jours. «La nature ne se répète jamais et les possibilités d'une âme humaine ne se retrouveront jamais chez une autre», écrivait Elizabeth Cady Stanton, en 1892, dans *Solitude of the Self*. Aujourd'hui, partez honnêtement à la recherche de vos glorieux atouts et célébrez votre divine authenticité.

17 MARS

Mettre l'accent sur les aspects positifs

Pourquoi un lévrier tenterait-il d'avoir l'air d'un pékinois ?

DAME EDITH SITWELL

À une époque où la beauté était considérée comme l'atout le plus précieux d'une femme, Dame Edith Sitwell, célèbre poète anglaise née en 1887, se distinguait des autres. Mais pas pour les raisons que vous pourriez imaginer. Jeune fille, elle était si peu attrayante, si gauche et si maigrichonne que ses parents se faisaient du mauvais sang pour son avenir. Inutile de dire que la « pauvre petite Edith », comme on l'appelait alors, eut une enfance malheureuse et solitaire jusqu'au jour où sa gouvernante bien-aimée l'introduisit à l'univers de la littérature et de la musique. C'est ainsi qu'elle tomba amoureuse de la poésie de Swinburne et des symbolistes et, en même temps, de son moi authentique.

Sa nature trouva son expression, et dans sa poésie, et dans un style original qui se caractérisait par le fantastique et le théâtral. Elle devint renommée pour ses longues robes flottantes préraphaélites, taillées dans les brocarts et les tissus d'ameublement, ses fourrures et ses chapeaux extravagants qui soulignaient son profil anguleux et devinrent sa marque distinctive. Pour mettre en valeur ses doigts filiformes (dont elle était très fière), elle se laissait pousser les ongles comme les mandarins, les peignait de rouge et portait d'énormes bagues.

Rares sommes-nous à vouloir imiter le style flamboyant de Dame Edith. Mais la façon glorieuse qu'elle avait de célébrer son moi authentique et de mettre l'accent sur ses atouts peut trouver écho chez toutes les femmes. Vous devriez maintenant avoir découvert des aspects merveilleux de votre visage et de votre corps. Nous avons toutes au moins un trait qui nous distingue. Mettez-vous en valeur vos atouts ? Vos yeux sont-ils votre plus beau trait ? Alors, maquillez-les tous les jours, même quand vous restez à la maison. Vous commencez à grisonner? Avez-vous songé à mettre en valeur l'éclat argenté de vos cheveux? La Nature vous a dotée d'un splendide sourire et de lèvres voluptueuses? Pourquoi ne pas porter un rouge à lèvres qui les fasse ressortir?

« J'ai souvent souhaité avoir le temps de cultiver la modestie, confiait Dame Edith vers la fin de sa vie, mais je suis trop occupée à penser à moi. » La plupart d'entre nous sommes loin de passer suffisamment de temps à penser à nos atouts. Aujourd'hui, suivez l'exemple de Dame Edith. Découvrez, mettez en valeur et célébrez vos véritables atouts.

18 MARS

Réveiller la Belle au bois dormant

Nous sommes les héroïnes de notre propre histoire.

MARY McCARTHY

En chacune de nous, il y a une belle au bois dormant qui attend d'être réveillée par l'amour. Elle a sommeillé si longtemps que nous devons la réveiller très doucement. Mais au lieu d'attendre que le Prince charmant prenne le palais d'assaut, vous devez faire appel aux pouvoirs magiques de votre moi profond pour conjurer le mauvais sort qui vous a fait perdre la conscience de votre gloire.

Laissez-moi vous raconter l'histoire d'une jolie fillette que j'ai connue quand j'étais enfant. Il y eut une fois une grève des éboueurs dans notre ville. Pendant des semaines, les déchets s'empilèrent devant nos proprettes maisons de banlieue. Un jour, un photographe à l'emploi d'un quotidien s'arrêta devant une maison du quartier et alla demander aux propriétaires s'ils avaient des enfants. Il voulait photographier des enfants à proximité d'une pile de déchets pour en faire ressortir les proportions. Comme notre fillette se tenait timidement derrière sa mère quand le photographe se présenta chez eux, c'est elle qui fut choisie pour être photographiée sur une pile d'ordures. Après la publication de la photo dans le journal, des enfants se mirent à se moquer de la petite fille dans la cour de l'école et de la traiter de « tas d'ordures ». En réaction à cette humiliation publique, l'enfant devint sourde à sa beauté pendant fort longtemps. S'asseoir sur une pile de déchets avait été pour elle l'équivalent de se piquer le doigt sur un fuseau pour ensuite sombrer dans un profond sommeil.

« Il est difficile de démêler la malchance de la chance, souligne l'écrivaine Merle Shain. Et ce, pendant de nombreuses années parfois. Nous avons pour la plupart versé des déluges de larmes à propos de quelque chose ou de quelqu'un, alors que si nous avions mieux compris ce qu'il en était, nous aurions plutôt célébré notre bonne fortune. »

Si notre jeune fille ne s'était pas piqué le doigt, se serait-elle isolée dans sa chambre tous les après-midi et aurait-elle cherché un réconfort dans l'univers des livres ? Plus tard, aurait-elle étudié le théâtre pour s'initier aux secrets des apparences ? Se serait-elle rendue à Londres et à Paris pour écrire des articles de mode ? Je ne le crois pas, et je suis bien placée pour le savoir.

Quel a été votre fuseau ? Y a-t-il eu un moment dans votre vie où vous vous êtes piquée et endormie pour longtemps ? Ou vous êtes-vous fermée peu à peu ? Peut-être le mauvais sort est-il venu chez vous de parents trop critiques, d'une séparation dévastatrice, d'une dépendance à la nourriture, aux drogues ou à l'alcool ?

Il est temps de vous réveiller, belle au bois dormant. Votre créativité, votre imagination et votre sens du style sont beaucoup plus puissants que n'importe quel mauvais sort qui a pu vous être jeté. « Nous ne pouvons pas changer le passé ; nous ne pouvons que changer l'emprise qu'il a sur nous, fait observer Merle Shain. Bien que rien dans notre vie ne soit réversible, nous pouvons néanmoins tout renverser. »

La tranquillité de l'âme

La tranquillité est une qualité que trop de gens sous-estiment. [...]
Dans le brouhaha, on est irrésistiblement attiré vers une femme
gracieusement assise, détendue, les mains au repos, parlant d'une voix
posée et écoutant avec un regard et un sourire engageants.
Une telle femme exerce une grande fascination et charme nos oreilles,
nos yeux et notre esprit.

GOOD HOUSEKEEPING, novembre 1947

Nous l'avons toutes rencontrée, cette femme spéciale qui vous attire dans son aura avec son sourire radieux. Ses yeux s'allument quand vous lui dites comment vous allez. Elle captive les hommes, les femmes, les enfants et les animaux ; l'attention totale qu'elle porte aux êtres apaise et fascine. Après l'avoir rencontrée, vous vous sentez comme inondée d'une chaude lumière.

Cette lumière, en fait, c'est l'amour, un antique secret de beauté, accessible à tous. Quand nous nous intéressons sincèrement aux autres, une grâce irrésistible émane de nous. « Elle ne s'adressait pas aux gens comme s'ils étaient d'étranges coquilles qu'il fallait casser pour les ouvrir. Elle leur parlait comme si elle était déjà avec eux dans leur coquille », écrivait en 1926 Marita Bonner à propos d'une femme magnanime. Puissions-nous toutes être ou devenir une femme de cette trempe.

Nous le pouvons.

La plupart d'entre nous avons plus de moments tourmentés que de moments paisibles. Mais en prenant le temps de sortir de notre sphère pour accueillir l'autre, nous nous ouvrons à la force de l'Esprit. Nous nous éclairons soudainement de l'intérieur et cette illumination peut nous transfigurer comme ne saurait le faire le salon de beauté le plus sophistiqué.

Aujourd'hui, agissez avec magnanimité et tranquillité d'âme. Saluez toutes les personnes que vous rencontrez avec un sourire chaleureux. Quelque affairée que vous soyez, ne bousculez pas vos rencontres avec vos collègues de travail, vos proches et vos amis. Parlez doucement. Écoutez attentivement. Comportez-vous comme si chacune de vos conversations était pour vous la chose la plus importante de la journée. Regardez votre compagnon de vie et vos enfants dans les yeux quand ils s'adressent à vous. Flattez le chat, caressez le chien. Prodiguez de l'amour à chaque être que vous croisez. Vous verrez que vous n'êtes plus la même à la fin de la journée.

20 MARS

Beauté intérieure, charme extérieur

*N'est-ce pas merveilleux quand des femmes incroyablement belles comme
Linda Evans ou Cindy Crawford nous disent que le véritable secret de
leur beauté est d'avoir trouvé leur lumière intérieure ? Mon œil.
J'ai fait tout ce qu'elles ont fait pour trouver ma lumière intérieure et,
quoique j'admette que je suis plus heureuse,
je ne leur ressemble toujours pas.*

MARIANNE WILLIAMSON

Nous ne pouvons pas toutes avoir le physique de Linda Evans ou de Cindy Crawford, mais nous *pouvons* toutes être en beauté. Quand il s'agit de toucher la corde sensible du moi, la simplicité a un rôle important à jouer. Cela se produit tout naturellement quand nous nous mettons à repenser notre *look*, notre *look* authentique. Nous apprenons peu à peu que l'approche de la sobriété s'applique autant au maquillage et à la mode qu'à la décoration et aux loisirs.

Paradoxalement, ce désir d'être à notre avantage se manifeste *après* notre décision de nous engager dans le travail intérieur.

Quand nous rentrons en nous-mêmes et travaillons à notre croissance spirituelle, nous nous épanouissons extérieurement. La
méditation que nous prenons le temps de faire nous rend plus
sereines, et cela paraît dans notre visage. Apprendre à nous aimer
telles que nous sommes nous incite à avancer, que ce soit pour
chercher un régime alimentaire plus sain ou pour trouver un programme d'exercices qui nous convient. Peut-être nous mettrons-
nous à nous maquiller plus souvent et à nous soucier de notre
tenue même pour faire les courses ou conduire les enfants à l'école.
Ce sont là des changements subtils qui ont une profonde influence
sur notre perception de nous-mêmes.

Pourquoi travailler à notre beauté intérieure contribue-t-il à
notre charme extérieur ? Sans doute parce que les deux sont
inévitablement reliés. « À l'extérieur comme à l'intérieur », dit un
axiome gnostique. L'éclat d'une femme qui réalise tout son
potentiel enchante le Créateur. D'après Marianne Williamson, le
processus de transformation personnelle – que ce soit dans notre
mode de vie ou notre apparence –, constitue « le véritable travail
de la croissance spirituelle ».

21 MARS

Qu'est-ce que la confiance en soi ?

*Je me sentais plus à l'aise avec ma tête de femme ayant passé le cap de
la quarantaine qu'avec tout ce que j'avais connu auparavant.
La confiance en moi était un puissant philtre de beauté ; j'avais plus
belle allure parce que je me sentais mieux. Les échecs et les chagrins
autant que les succès et l'amour m'avaient bien servie. Je puisais enfin
à cette fontaine de jouvence durement gagnée : la sagesse.*

NANCY COLLINS

Bon nombre de femmes confondent estime de soi et confiance en soi. Pour moi, l'estime de soi, c'est l'opinion que nous avons de nous-mêmes dans le sanctuaire secret de notre âme. Aimons-nous, acceptons-nous et approuvons-nous inconditionnellement ce que nous sommes ? Avons-nous la conviction que nous méritons l'amour des autres et tout ce que la vie peut nous offrir de plus beau ? L'estime que nous avons de nous-mêmes est intimement liée à nos rapports avec nos premiers et plus importants critiques : nos parents. Si ceux-ci nous ont acceptées, approuvées et aimées sans conditions, il y a de bonnes chances que nous fassions de même.

La confiance en soi, quant à elle, est un élixir spécial que l'Esprit a concocté pour nous aider à affronter et à surmonter les défis de la vie. Elle est un mélange d'essences tonifiantes : attitude, expérience, savoir, sagesse, optimisme et foi. Si nous avons eu la chance de grandir dans une famille qui nous a aimées et soutenues, où nous avons pu acquérir une bonne estime de nous-mêmes, nous avons appris jeunes la formule homéopathique qui nous convient. Sinon, il nous faut apprendre à faire notre propre mélange. L'important, c'est de nous rendre compte que la confiance en soi est accessible à tout le monde.

Une attitude optimiste est un ingrédient essentiel de la confiance en soi, de même que la capacité de tirer des leçons de nos erreurs et de reconnaître que chaque événement de la vie peut nous enseigner quelque chose. « Si vous pensez que vous le pouvez, vous le pouvez, affirme la créatrice de produits de beauté Mary Kay Ash. Et si vous pensez que vous ne pouvez pas, vous avez raison. »

Aujourd'hui, dites-vous que vous pouvez faire tout ce que vous voulez, car c'est la vérité. Comme un parfum haut de gamme, une goutte de confiance en soi suffit à mettre en valeur l'éclat authentique d'une femme.

22 MARS

La confiance en soi ne s'achète pas, mais s'emprunte

*Je passais pour une fille prétentieuse, mais je ne l'étais pas.
J'étais simplement sûre de moi. Aux yeux des gens qui manquent
d'assurance, cela est et a toujours été une qualité impardonnable.*

BETTE DAVIS

Ce serait merveilleux si nous n'avions qu'à nous présenter à un rayon de cosmétiques pour nous procurer un flacon de confiance en soi comme nous achetons une crème « revitalisante ». Malheureusement, pour des raisons de chimie personnelle, cet élixir spirituel, tel un parfum haut de gamme, différera d'une femme à l'autre.

Quand j'étais plus jeune, les principaux ingrédients de ma confiance personnelle étaient une attitude optimiste et la foi ; l'expérience, les connaissances et la sagesse devaient venir plus tard. Mais encore aujourd'hui, à chaque occasion ou nouveau défi, je dois me concocter ma propre potion magique. Comment est-ce que je m'y prends ? D'abord, je me prépare le mieux possible à la situation et je présente la tête de l'emploi ; par exemple, je porterai des vêtements qui inspirent la confiance en soi même lorsqu'ils sont accrochés dans le placard. Ensuite, je fais mes prières et demande l'aide de l'Esprit. Enfin vient le temps de me lancer sur la scène ; j'agis alors *comme si* j'étais sûre de moi et je passe pour l'être.

Quand vous n'êtes pas sûre de vous et que la vie vous demande de l'être, il est réconfortant de savoir que vous pouvez toujours emprunter de l'assurance à la femme authentique en vous. Cette dernière sait à quel point vous êtes extraordinaire et peut toujours vous donner un petit élan, qui s'avère tout ce qu'il vous faut. Notre subconscient ne fait pas la différence entre le réel et l'imaginaire (c'est la raison pour laquelle la visualisation créatrice

144

fonctionne). Si nous faisons semblant d'être sûres de nous-mêmes, nous le devenons. Du moins pour un moment. « Vous devez faire la chose que vous pensez impossible de faire », faisait observer Eleanor Roosevelt, qui en fut une preuve vivante... Quand la vie nous lance un défi, nous pouvons le surmonter en demandant le secours de l'Esprit et en empruntant à notre moi authentique une dose de confiance en nous-mêmes.

23 MARS

Soyez toujours une version de première qualité de vous-même

Soyez toujours une version de première qualité de vous-même plutôt qu'une version de deuxième qualité de quelqu'un d'autre.

JUDY GARLAND

Je jouc très mal Judy Garland, mais je suis pas mal en Sarah Ban Breathnach. Il m'a fallu presque toute une vie pour en prendre conscience, mais je ne suis plus la même femme depuis. Vous ne serez plus la même vous non plus quand cette vérité aura fait son chemin en vous.

Que nous en soyons conscientes ou non, nous sommes conditionnées à être d'autres que nous-mêmes. Il faut avoir l'air de Cindy Crawford, savoir recevoir les gens comme Martha Stewart et être habile décoratrice comme Alexandra Stoddard. Avec cette schizophrénie galopante, il n'est guère étonnant que la plupart des femmes ne sachent plus reconnaître ce qui relève de l'authenticité.

Selon le Petit Robert, est authentique la personne « qui exprime sa vérité profonde et non des habitudes superficielles, des conventions ». Être authentique, c'est être « sincère, juste, naturel, vrai ». La seule chose à laquelle nous puissions vraiment prétendre, c'est être nous-mêmes. Faire de notre mieux suffit, même quand les choses vont mal. Je connais une importante directrice de publicité de New York : il n'y a pas une femme sur la planète qui soit plus créative, articulée, accomplie et drôle ; mais certains jours, elle ne se voit pas sous cet éclairage. Cette femme est issue d'une famille qui chiffrait toujours la performance, d'où sa tendance à se montrer très dure envers elle-même. Le C⁻ qu'elle s'accorde correspond probablement à A⁺ chez tous les autres.

Nous sommes toutes très dures envers nous-mêmes. Non seulement voulons-nous être quelqu'un d'autre, mais nous voulons en être une version parfaite.

Permettez-moi de vous parler d'une autre de mes connaissances qui, après la publication de son premier livre, s'est comportée – ses amis intimes peuvent en témoigner – comme une folle furieuse. Au lieu de se féliciter d'avoir publié un si beau livre après des années de travail acharné, elle a failli se précipiter du haut d'une falaise parce qu'elle avait utilisé le mauvais temps de verbe dans une phrase. Plutôt que de célébrer ses réalisations, elle s'est privée de la joie du travail accompli.

Elle a appris depuis, Dieu merci. Saviez-vous que chez les amish, pour se rappeler que seul l'Esprit peut créer une œuvre parfaite, les artisanes qui assemblent les courtepointes incorporent délibérément à chaque courtepointe une pièce qui ne s'accorde pas avec l'ensemble ? Il est bon de nous souvenir de cela. Gardons toujours à l'esprit que le mieux que nous puissions faire, c'est essayer d'être une version de première qualité de nous-mêmes.

24 MARS

Le saboteur secret :
lorsque la déprime nous menace

Écouter son cœur n'est pas simple. Découvrir qui on est n'est pas simple. Il faut beaucoup de travail ardu et de courage pour arriver à savoir qui on est et ce qu'on veut.

SUE BENDER

É couter les messages de notre cœur est sans doute la tâche la plus ardue que nous ayons jamais entreprise, après celle de prendre soin de nous. Certains jours, la voie de l'abondance dans la simplicité nous vient tout naturellement. Nous reconnaissons que nous avons tout ce dont nous avons vraiment besoin. D'autres jours, nous n'arrivons pas à calmer nos désirs. Nous avons l'impression d'avoir une multitude d'aspirations insatisfaites et de rêves toujours différés. Nous en avons plus qu'assez d'attendre que les changements intérieurs se manifestent au grand jour.

Quand nous traversons des périodes sombres, nous devons nous rappeler que même si la dépression – ce saboteur secret – s'acharne à nous mettre des bâtons dans les roues (ou du moins c'est l'impression que nous avons), chaque jour a un cadeau à nous offrir, que nous nous devons de découvrir. Parfois, la raison de notre déprime est claire : une perte accablante ou des problèmes d'argent ou de santé, par exemple. D'autres jours, nous n'arrivons pas à comprendre pourquoi nous allons si mal, ce qui aggrave encore les choses. Il peut y avoir un million de raisons à notre abattement : un manque flagrant d'appréciation (de notre part ou de celle des autres), l'épuisement, le temps qu'il fait, les hormones, une mauvaise grippe ou tout simplement une phase de notre transformation personnelle.

J'aimerais pouvoir vous dire que l'éveil de notre spiritualité et de notre créativité se fait en douceur, sans douleur et sans surprises. Mais, comme le souligne Fay Weldon : « Toute grande transformation se fait dans la douleur. C'est ce qui la caractérise ». De plus, la croissance personnelle se fait par à-coups : trois pas en avant, deux en arrière, puis un long moment où il ne semble rien se passer. Mais il importe de nous rendre compte qu'une période de dormance précède généralement une poussée de croissance. Malheureusement, durant ces périodes de stagnation, nous tombons souvent dans la déprime et décidons d'abandonner.

Ces jours-là, vous avez du mal à sortir du lit et de la maison. Vous avez piètre allure et vous en fichez éperdument. Vous ne vous rappelez même plus si vous avez pris une douche hier ni la dernière fois où vous vous êtes lavé les cheveux. La voix des enfants se fait insistante et la vôtre, stridente. Vous perdez patience. La vie est terne et loin d'être prometteuse. C'est plus exigeant que prévu de découvrir qui vous êtes et vous n'êtes même plus sûre d'en avoir le goût.

Quand de lourds nuages assombrissent le ciel, que faire d'autre que tenir le coup et laisser passer la tempête ? Vous avez deux choix. L'un est de vous abandonner, de cesser de résister. Vous avez le *blues*, alors chantez-le. Mais avant, demandez la grâce. Puis pleurez à satiété. Quittez le travail plus tôt. Faites un somme et essayez d'endormir votre peine. Payez-vous des petites douceurs ; sans culpabilité et pour des raisons strictement thérapeutiques, mangez un morceau de gâteau au fromage ou un bol de crème glacée Häagen-Dazs. Ne faites pas cela debout devant le réfrigérateur. Assoyez-vous et mangez votre petite gâterie lentement, en la savourant pleinement. Si vous en avez le courage, préparez-vous un bon repas pour la soirée. Sinon, limitez-vous à des choses simples, comme une soupe et un sandwich. Louez un film larmoyant. Mettez les enfants au lit de bonne heure. Prenez un bon bain. Faites une rafle dans votre tiroir de remontants. Blottissez-vous dans votre lit. Trouvez cinq choses pour lesquelles vous pouvez ressentir de la gratitude, puis éteignez la lumière.

L'autre façon de chasser le cafard est de changer de vitesse. Demandez la grâce. Appelez une bonne amie et confiez-vous à elle. Préparez-vous une bonne tisane. Lavez-vous le visage, peignez-vous, mettez du rouge à lèvres, du parfum et des boucles d'oreilles. Souriez-vous dans le miroir. Faites un peu de rangement dans le salon pour pouvoir vous y asseoir confortablement. Allez faire une marche pour vous clarifier les idées. Si vous travaillez dans un bureau, accordez-vous la permission de remettre votre nouveau projet à demain, quand vous pourrez mieux vous concentrer. Mettez plutôt de l'ordre sur votre bureau et dans vos papiers. Sur le chemin du retour, offrez-vous donc un bouquet de jonquilles. Fouinez dans vos livres de recettes et essayez un mets différent pour souper.

Quelle que soit votre stratégie, ce jour ne peut durer que vingt-quatre heures. Ça devrait aller mieux demain. Si les choses ne s'améliorent pas alors, ni les jours suivants, sachez qu'il est permis de demander de l'aide à des amis, à un groupe de soutien, à un thérapeute, à un médecin ou à l'Esprit qui veille sur vous. Nous traversons toutes des moments difficiles. Mais quand nous savons nous traiter avec bienveillance, ceux-ci apportent toujours leur lot de bénédictions. Que vous y croyiez ou non, la journée présente a l'un de ces cadeaux cachés à vous offrir, à la condition que vous soyez prête à le chercher.

25 MARS

Une garde-robe qui convient
à notre mode de vie

»Je n'ai rien à me mettre sur le dos » ne signifie pas, bien sûr, que nous en sommes réduits à vivre nus, ou retirés du monde, mais plutôt qu'il n'y a rien dans notre garde-robe qui convienne à notre humeur ou qui reflète fidèlement notre vie actuelle.

KENNEDY FRASER

Laquelle parmi nous n'a pas un jour parcouru sa garde-robe tout entière pour conclure qu'elle n'y trouve rien de son goût. Avec un soupir de résignation, nous nous rabattrons alors sur une

« valeur sûre », que ce soit notre petite robe noire avec un collier de perles ou notre jupe de denim, un chandail et des bottes.

En fait, à quelques exceptions près, nous portons toujours le même vêtement ou ses semblables. Notre tenue peut varier selon la saison, mais pas notre dépendance à quelques vêtements de base qui, d'une certaine façon, reflètent notre perception de la vie que nous menons. La légendaire directrice du magazine *Vogue*, Diana Vreeland, était bien connue pour ses jupes noires haute couture et ses chandails, qu'elle avait l'habitude de porter au travail.

Que faisons-nous de tous ces vêtements que nous ne portons pas ? Absolument rien. Nous les avons abandonnés en raison de leur couleur ou de leur taille, parce qu'ils ne nous conviennent pas, qu'ils piquent ou nous rappellent une terrible querelle avec notre ex-mari. Ils traînent là d'une saison à l'autre, tels des fantômes attendant une occasion qui ne se présente jamais.

Le printemps, saison du renouveau, est le temps idéal pour faire l'inventaire de notre penderie et repenser notre relation avec nos vêtements. Nous avons hâte de troquer notre lourde pelisse contre un manteau plus léger. Débarrassons-nous de nos idées désuètes en matière de mode et jetons un regard neuf sur ce qui nous convient réellement et reflète notre être authentique.

Et si votre garde-robe ne contenait que des vêtements que vous aimez, qui vous mettent en valeur et dans lesquels vous êtes à l'aise ? Imaginez à quel point vous vous sentiriez bien en tout temps. L'application du deuxième principe de la voie dans laquelle nous nous sommes engagées – la simplicité – peut opérer ce miracle.

Vous ferez le ménage de votre placard et de vos tiroirs plus tard. Aujourd'hui, il suffit de réfléchir à votre vie et aux vêtements que vous avez l'habitude de porter. Sont-ils un reflet fidèle de votre être profond ? Et les vêtements qui ressortent dans votre album de trouvailles ? Et ceux qui sont à l'abandon dans votre garde-robe ? Chaque robe, chaque jupe, chaque paire de pantalons ou de jeans, chaque chemisier, chandail, *tee-shirt* ou veste a une histoire à raconter. « Les vêtements ont une vie indépendante de leur forme et de leur couleur », nous rappelle Kennedy Fraser dans *The Fashionable Mind*. Faites silence, rentrez en vous-même et mettez-vous à l'écoute de ce que vos vêtements ont à vous raconter sur votre vie.

26 MARS

Le langage muet de l'authenticité

*Choisir un vêtement, que ce soit dans une boutique ou dans notre
garde-robe, c'est nous définir et nous décrire.*

ALISON LURIE

La plupart d'entre nous ne savons pas que nous entretenons une conversation avec nous-mêmes, nos proches et le monde extérieur quand nous nous habillons le matin, mais c'est bel et bien ce que nous faisons. Comme le souligne Alison Lurie dans son livre fascinant *The Language of Clothes*, le vocabulaire de notre garde-robe exprime beaucoup plus de choses que nous pouvons l'imaginer. « Bien avant que je vous aborde dans la rue, dans une réunion ou lors d'une soirée, vous m'avez déjà fait connaître votre sexe, votre âge et votre classe sociale par votre tenue, et il y a de fortes chances que vous m'ayez donné d'importants renseignements (vrais ou faux) sur votre travail, vos origines, votre personnalité, vos opinions, vos goûts, votre libido et votre humeur. Peut-être ne serai-je pas en mesure d'exprimer verbalement ce que j'observe, mais mon subconscient aura enregistré l'information ; et vous faites de même à mon sujet. Avant même que nous nous soyons abordés, et que nous ayons entamé la conversation, nous avons conversé dans une langue plus ancienne et plus universelle que le langage parlé. »

Une fois que vous vous êtes engagée dans la recherche de votre moi authentique, une de vos découvertes les plus étonnantes, c'est que, depuis fort longtemps, une autre femme parle pour vous – à la maison, au travail, dans vos rapports sociaux et même quand vous faites vos courses. Au début, cette constatation risque de vous déconcerter et même de vous décourager. Mais à la réflexion, elle peut s'avérer stimulante, car maintenant que vous avez commencé à aimer et à manifester votre moi authentique par des choix créatifs, vous découvrez que vous êtes en mesure de vous exprimer vous-même totalement. Comme le fait observer la célèbre Gabrielle « Coco » Chanel : « Que de soucis nous évitons quand nous décidons d'être non pas quelque chose, mais quelqu'un ».

27 MARS

Révélations du miroir doré

Il n'est jamais trop tard pour être ce que vous auriez pu être.

GEORGE ELIOT

Quand je me suis mise à faire régulièrement la méditation du miroir doré pour mieux connaître mon moi authentique, il y avait une image – pas très spirituelle, mais certes valorisante –, qui apparaissait souvent. Je découvrais avec grand plaisir que mon moi intérieur était vêtu avec beaucoup d'élégance et se montrait toujours sous son meilleur jour, qu'il ait porté pour l'occasion évoquée dans ma visualisation un chandail de coton de chez Gap ou un ensemble de crêpe de laine signé Giorgio Armani. Votre miroir doré vous a sûrement renvoyé des images révélatrices à vous aussi. En prêtant attention aux signaux subtils que votre moi intime tente constamment de vous envoyer, vous pouvez apprendre à vous montrer sous votre meilleur jour, même si votre bourse n'est pas toujours à la hauteur de votre goût pour les belles choses.

En prêtant attention aux nuances, j'ai remarqué que la simplicité était l'une des caractéristiques de mon moi authentique. Elle est aussi la clé qui nous permet de nous bâtir un style personnel et de l'exprimer avec panache. C'est l'arme secrète des femmes célèbres. Pensons aux pantalons de Katharine Hepburn, dans les années 30, aux coiffures et aux sacs à main de Grace Kelly, durant les années 50, aux bibis de Jacqueline Kennedy, au cours des années 60, aux *tee-shirts* blancs et aux ensembles kaki de Lauren Hutton, plus récemment.

Discrètes. Élégantes. Chic. Magnifiques.

La simplicité est un choix que peut faire toute femme, quel qu'ait été son style par le passé, car elle ne déçoit jamais. Une fois que vous aurez compris la richesse de la simplicité, toute votre perception de la vie – y compris de la mode – changera.

Aujourd'hui, je vous invite simplement à envisager l'idée de mettre votre garde-robe à jour. Ce n'est pas parce que vous avez acheté une chose un jour que vous devez la garder indéfiniment. Laissez la simplicité réduire votre garde-robe à l'essentiel. Identifiez les vêtements que vous aimez inconditionnellement et dont vous auriez du mal à vous passer, c'est tout. Ne faites que considérer et identifier, tout en vous rappelant qu'il n'est jamais trop tard pour devenir la femme que vous êtes au plus profond de vous. Aujourd'hui, vous faites un pas de plus dans sa direction.

28 MARS

La mise à jour de notre garde-robe, une opération salutaire

Il n'est jamais trop tard pour repenser nos choix,
dans la fiction comme dans la réalité.

NANCY THAYER

Repenser notre garde-robe pour qu'elle reflète notre moi authentique, c'est d'abord nous défaire des mauvais achats et des choses disparates qui encombrent notre placard et notre esprit. Mais soyons réalistes. La plupart des femmes que je connais doivent se préparer mentalement avant de s'attaquer à un projet qui risque de les plonger dans le découragement – tout cet argent gaspillé, tous ces mauvais achats – et mobilise beaucoup d'énergie. Mais peu de choses sont plus satisfaisantes que mettre de l'ordre dans une armoire où régnait le chaos. Le printemps est l'occasion idéale de s'y mettre, car il faut alors ranger nos vêtements d'hiver et sortir notre garde-robe du printemps et de l'été. Avec une bonne stratégie, vous pouvez aussi en profiter pour faire le ménage dans votre passé.

Réservez quelques heures pour cette activité ; pour la plupart, le samedi après-midi conviendra tout particulièrement. Faites une bonne provision de grands sacs-poubelles et de cartons, car une fois dans le feu de l'action, vous ne perdrez pas de temps et d'énergie à en trouver. Faites jouer votre musique de prédilection pour la circonstance ; personnellement, j'aime les airs de comédies musicales, pour faire du ménage. Respirez profondément et commencez par sortir tout ce qu'il y a dans votre placard et le mettre sur votre lit. Voilà ! Il est maintenant trop tard pour faire marche arrière.

Faites l'inventaire complet de votre garde-robe, article par article. Essayez les vêtements dont vous n'êtes pas sûre. Regardez-vous dans un grand miroir, honnêtement mais avec bienveillance. Mettez de l'ordre dans tous vos accessoires également : bijoux, foulards, sacs à main, chapeaux, chaussures. Ne gardez que ce que vous aimez et ce qui vous fait paraître sous votre meilleur jour. Laissez la simplicité faire son œuvre. Que faire des vêtements qui ne vous vont plus, mais que vous aimez toujours ? Ne gardez que ceux qui sont d'une seule taille inférieure à celle que vous portez actuellement, car l'idée de les remettre un jour demeure un objectif réaliste.

Tenez compte de vos diverses activités pour choisir les vêtements qu'il vous faut : les tenues de travail, les tenues habillées, les tenues confortables. S'il y a un vêtement que vous n'avez pas porté depuis un an, pourquoi ne pas vous en défaire, même s'il vous a coûté cher ? Ne le gardez que s'il a pour vous une grande valeur sentimentale. Pour ma part, j'ai eu une période *Laura Ashley*, il y a une dizaine d'années. Aujourd'hui, ce look bucolique ne me convient plus. Mais à cause de tous les beaux souvenirs que j'ai de ce temps où ma fille et moi étions vêtues de la même façon, je ne peux envisager l'idée de me départir de cette période de mon passé. J'ai donc mis ces vêtements au grenier au cas où ma fille y serait intéressée un jour. Si vous avez assez d'espace pour entreposer les choses qui vous tiennent particulièrement à cœur, faites-le. Sinon, pourquoi ne pas les donner à quelqu'un qui saura les apprécier autant que vous?

Maintenant, jetez-vous à l'eau et donnez le reste à des personnes qui se réjouiront de votre générosité. Ce faisant, vous éprouverez en retour un sentiment de gratitude pour l'abondance dans laquelle vous vivez. Cette attitude s'avère essentielle pour attirer la prospérité. J'ai une amie qui a découvert une façon très thérapeutique de se défaire des dispendieux rebuts que son moi conscient économe tenait à conserver. Elle les donne à un organisme de bienfaisance qui vient en aide aux femmes démunies ayant besoin de beaux vêtements pour se présenter à des entrevues afin de se trouver du travail. Le fait de rendre service à d'autres femmes facilite grandement la mise à jour de sa garde-robe. Je peux ajouter que cette amie s'habille très bien et trouve régulièrement de magnifiques vêtements à des prix dérisoires. Elle se dit tout simplement chanceuse. Selon moi, c'est plutôt la façon dont l'Univers la remercie d'entretenir le cycle de l'abondance.

Nous avons toutes commis des erreurs vestimentaires qui nous encombrent et nous laissent insatisfaites de notre garde-robe. Une bonne mise à jour de nos armoires nous donnera de l'espace et la liberté de choisir dorénavant des vêtements qui témoignent de notre transformation intérieure.

29 MARS

Des vêtements douillets en tout temps

Je fonde mes goûts vestimentaires sur ce qui ne pique pas.

GILDA RADNER

La plupart des femmes vouent à leurs vêtements douillets un amour passionné. Pour ma part, j'ai un pyjama de coton à motif cachemire que je porterais bien vingt-quatre heures par jour, sept jours par semaine, si j'arrivais à faire accepter la chose. Le jour, il m'attend patiemment, accroché dans ma garde-robe; le soir, il m'invite doucement à le rejoindre. Ma fidélité indéfectible à ce pyjama m'oblige à le laver souvent, ce qui l'a rendu doux comme la peau d'un bébé. Hélas, j'ai essayé de trouver des équivalents pour varier mes tenues douillettes, mais en vain; rien n'égale la perfection de mon pyjama préféré. Ma quête existentielle se poursuit donc.

J'avais un chandail fait d'un mélange de soie et de coton à nul autre pareil. Je l'ai porté et lavé si souvent qu'il s'est mis à s'effilocher. Malgré cela, j'ai continué à le porter. Je l'appelais ma muse, car les jours où je l'avais sur le dos, j'étais incroyablement prolifique. J'attribue cette heureuse coïncidence au confort de ce vêtement qui était tel que je pouvais me livrer corps et âme à la créativité. En fin de compte, quand le livre que j'écrivais à cette époque fut terminé, mon mari m'a suppliée de me défaire de cette loque. Comme je n'étais pour ceux que je ne connaissais pas dans notre ville que «la femme du maire», j'ai accepté à contrecœur. Une de nos chattes s'y est fait un nid. L'air de béatitude qu'elle affiche pour avoir hérité d'un tel trésor adoucit quelque peu ma perte, mais pas complètement.

Je suis convaincue que c'est dans nos vêtements douillets que nous atteignons notre forme maximale. Le mystérieux amalgame de la fibre et de la coupe nous ramène au Paradis; cette fois, cependant, nous ne sommes pas nues devant le divin Créateur, mais confortablement vêtues du costume qu'Il a conçu pour nous.

Malheureusement, les vêtements douillets ne sont pour la plupart d'entre nous que des notes de bas de page et non notre message principal, comme ils le seraient s'il y avait une femme compréhensive à la tête de l'ordre terrestre. Peut-être sommes-nous à l'aise huit heures sur vingt-quatre, mais c'est loin d'être suffisant. Le reste du temps, nous sommes coincées dans des habits inconfortables qui tirent, serrent, étouffent, piquent, remontent ou descendent, bref nous rendent la vie misérable. Nous portons ces instruments de torture, nous disons-nous, pour être agréables au reste du monde. Mais ne devrions-nous pas plutôt faire en sorte que ce soit le monde qui nous soit agréable?

Cette semaine, jouez au détective. Examinez minutieusement les articles que vous choisissez dans votre placard quand vous voulez prendre vos aises. Cherchez des indices qui vous mettront sur la piste du confort. Quels tissus votre peau trouve-t-elle agréables ? Notez tous ces détails dans le carnet que vous traînez dans votre sac à main. Quelle est la taille qui vous convient vraiment ? Mettez la vanité de côté et soyez honnête. D'après mon expérience, nos vêtements les plus confortables sont ceux qui ont la bonne taille ou qui sont un brin trop grands. Vous n'avez pas de difficulté à enfiler un vêtement douillet, vous vous y glissez facilement. Quel col est le plus confortable ? Oui, ces détails font toute la différence. Étendez la notion de confort à l'entretien de votre garde-robe. À l'avenir, recherchez les vêtements faciles à entretenir ; limitez les articles qui portent l'étiquette « Nettoyage à sec seulement ».

Maintenant, essayez de trouver des vêtements qui comblent vos aspirations et patientez jusqu'à ce que vous les dénichiez. Songez à mettre de l'argent de côté pour l'achat de vêtements confortables que vous aimerez et porterez plusieurs années à longueur de journée. Le chemin de l'abondance dans la simplicité nous invite à attendre patiemment de trouver l'article idéal plutôt que de continuer à gaspiller de l'argent, de l'énergie et notre équilibre émotif pour des pis-aller ou des choses de qualité inférieure.

30 MARS

Notre style personnel

*Le goût s'intéresse à un vaste domaine, progresse constamment
et ne fait jamais d'erreurs ; le style, lui, avance par à-coups
et est parfois magnifique.*

KENNEDY FRASER

Célébrer notre style personnel par le truchement des vêtements que nous portons est une forme d'art. Mais comme tout art, une fois que nous l'avons pressenti et mis au point, notre sens du style doit être entretenu. Notre style personnel prend forme quand nous avons découvert nos forces, puis misons sur elles et reconnaissons toute leur valeur. Il s'épanouit quand nous nous rendons compte que nous n'avons vraiment pas besoin d'autant de vêtements, d'accessoires, de bijoux et de maquillage que nous pensions, parce que nous avons de la prestance.

Comme le fait observer Leah Feldon-Mitchell : « Le style se reconnaît au premier coup d'œil. Humphrey Bogart et Lauren Bacall, Greta Garbo et Jackie Onassis, Audrey Hepburn, Lauren Hutton, Lena Horne : autant d'allures différentes, toutes synonymes de style. Qu'elles soient grandioses ou simples, leurs tenues proclament non simplement leur goût, mais leur intelligence, leur esprit – un brin d'audace. Avoir du style, c'est se définir plutôt qu'être dans le vent. Le style est le croisement de ce que vous portez et de ce que vous êtes ».

Aujourd'hui, rappelez-vous que vous êtes une artiste. La recherche de votre moi authentique vous fera découvrir votre look unique : cette façon particulière dont vous portez vos chapeaux, dont vous utilisez le khôl pour souligner vos yeux remarquables, dont vous faites valoir votre coupe de cheveux par de magnifiques boucles d'oreilles, dont vous mettez en valeur vos longues jambes en portant des bas extra-fins et d'élégants souliers, dont vous osez combiner un *tee-shirt* de coton blanc avec une veste de laine ajustée.

Cette année, préparez-vous à faire des expériences pour trouver ce qui vous va et ce qui ne vous sied pas. Puis, tenez-vous-en à ce qui vous convient, quelle que soit la mode adoptée autour de vous. D'après Linda Ellerbee, « les modes changent comme tout le reste. Le style, lui, ne change pas ». Votre style peut se manifester par à-coups, mais faites-lui confiance ; il viendra à son heure et dans toute sa gloire.

Ne succombez jamais à la mode ; restez fidèle à votre style

La mode passe. Seul le style demeure.

Coco Chanel

Souvent, les femmes rêvent d'une folle aventure avec la mode, mais si on leur laissait le choix, la plupart préféreraient plutôt se marier avec le style. Le style est un bon gars qui ne vous laissera pas tomber, alors que si vous avez succombé à la mode, l'idylle ne durera souvent que le temps d'une saison.

La mode pose pour la galerie et aime saisir. Le style, lui, a vu couler de l'eau sous les ponts et sait que les principes éprouvés – la simplicité, la beauté et l'élégance – ont un règne durable. La mode est un culte ; le style, une philosophie.

La mode se moque de l'individualité ; le style la célèbre. N'oubliez jamais que la mode sait charmer, mais qu'à l'instar de maint charmeur, c'est aussi un raseur égocentrique et frivole. Enjoué et généreux, le style se consacre entièrement à faire valoir vos meilleurs atouts. La mode provoque ; le style apaise. La mode s'autofélicite ; le style préfère attendre les compliments qui ne manqueront pas de venir. Comme le faisait observer Edna Woolman Chase, en 1954 : « Nous pouvons acheter la mode ; nous devons posséder le style ».

La mode joue aux devinettes. Le style sait. La mode est impatiente et finit par disparaître. Le style est un ami fidèle qui attend l'éveil de chaque femme, car il est né de l'Esprit.

Petites douceurs de mars

❖ Si vous n'avez pas de jonquilles dans le jardin, achetez-en pour égayer votre cuisine ; en ce moment, on les trouve dans plusieurs magasins et auprès de marchands ambulants.

❖ Profitez d'une marche, d'un tour de reconnaissance sur votre terrain ou d'une visite dans une pépinière pour vous procurer des branches de cerisier, de pommier, de forsythia ou de bouleau. Taillez-les en biseau et déposez-les au soleil dans de jolis pots – grands vases, bouteilles colorées, pichets de céramique ou même de vieux bidons à lait – remplis d'eau tiède. Laissez libre cours à votre imagination ! Vous verrez bientôt le printemps surgir dans votre maison.

❖ Allez fouiner dans un bazar. Vous serez étonnée de ce qui se fabrique encore aujourd'hui. Achetez quelques-uns de ces torchons de vaisselle d'autrefois pour remplacer les vieux qui ont fait leur temps, ou du mascara qui s'applique au pinceau.

❖ Le 17 mars, célébrez la Saint-Patrick. Portez du vert. Faites un de ces délicieux pains irlandais à la levure pour accompagner le souper où le corned-beef, le chou, les patates bouillies et les carottes seront au menu. Arrosez le tout de thé chaud et de bière fraîche. Pour celles qui ne boivent pas, il existe de délicieuses bières sans alcool. Faites jouer de la musique irlandaise traditionnelle et dansez une gigue. (Je ne blague pas !) Payez-vous un pot de trèfles pour garnir votre table de travail.

❖ Soulignez l'équinoxe de printemps, vers le 21 mars, en préparant un repas printanier composé de pâtés au saumon, d'asperges fraîches et de pommes de terre nouvelles.

❖ Avec des branches de saule enroulées autour d'un cerceau en métal, fabriquez une guirlande printanière et suspendez-la à votre porte. Ajoutez-y une jolie boucle que les vents de mars feront danser.

❖ Rassemblez vos affirmations préférées et enregistrez-les sur une cassette. Plusieurs fois par semaine, étendez-vous sur votre lit, fermez les yeux et écoutez-les sur un baladeur. C'est là un *très* puissant outil de transformation.

❖ Mon remède préféré pour prévenir la déprime qui me guette parfois est de faire jouer et rejouer la bande sonore du film *Boys on the Side* (étiquette Arista) jusqu'à ce que je me mette à danser. Chaque fois que j'écoute Whoopi Goldberg interpréter le succès de Roy Orbison *You Got It*, j'entends mon moi authentique qui me dit de tenir le coup, que je ne suis pas seule. Vous non plus. Écoutez les Indigo Girls chanter *Power of Two* pour avoir une meilleure idée de la relation réconfortante que vous pouvez entretenir avec votre moi intérieur. Cette musique thérapeutique agit en profondeur.

❖ Si vous avez assez d'espace, c'est le temps de faire vos semis de fleurs et de légumes. C'est aussi le temps de vous procurer des pensées et des primevères avant qu'elles se soient toutes envolées. Déposez-les dans un panier et laissez leurs jolis minois vous réconforter.

❖ La dernière semaine de mars est le temps de faire vos semis pour fabriquer un panier de Pâques vivant. Dénichez-vous un joli panier de couleur pastel. Tapissez-le de cailloux ou d'une toile que vous pouvez vous procurer dans les centres de jardinage et mettez-y 5 cm de terreau. Saupoudrez de graines de seigle à pousse rapide que vous recouvrirez d'environ 5 mm de terre. Arrosez bien et recouvrez le tout d'un sac de papier pendant quelques jours pour accélérer la germination. Quand les pousses apparaissent, placez le panier sur le rebord d'une fenêtre et arrosez régulièrement. D'ici quelques semaines, votre panier sera rempli de verdure. Attachez une boucle de ruban à l'anse et déposez-y des œufs en bois peints et un lapin. Vous aurez alors un joli centre de table printanier, que vous pourrez offrir à vos hôtes si vous êtes reçus à Pâques.

❖ Vous êtes-vous aménagé un coffre d'espérance, une boîte à jouets, un tiroir de remontants ? Sinon, pourquoi ? Si c'est par manque d'argent, choisissez un de ces plaisirs et commencez par un petit article symbolique. L'essentiel, c'est de commencer à vous dorloter d'une façon tangible.

❖ Combien d'excursions créatives avez-vous faites ce mois-ci ? Rappelez-vous que vous n'avez pas besoin de consacrer d'argent à cette activité, uniquement du temps.

AVRIL

Avril, l'Ange parmi les mois.

VITA SACKVILLE-WEST

P eut-être est-ce parce qu'avril nous inonde de soleil éblouissant, que la terre verdoie à vue d'œil ou encore que la résurrection est le thème de ce mois… peut-être est-ce pour tout cela
que notre esprit s'élance vers le ciel ? La saison de l'obscurité cède
doucement la place à une période de Lumière triomphante.
Dans le jardin, primevères, pensées, violettes, tulipes et lilas s'épanouissent en une explosion de couleurs. Chaque fleur, chaque
plante, chaque rameau rendent témoignage de la puissance de
l'authenticité. Ce mois-ci, sur le chemin de l'abondance dans la
simplicité, nous continuons à découvrir notre moi authentique
dans la grâce, la créativité et la joie. Nous nous éveillons à notre
propre beauté.

1er AVRIL

Le plaisir de se costumer

*Apprenez l'art d'ouvrir votre cœur et de laisser libre cours
à votre créativité. Il y a une lumière à l'intérieur de vous.*

JUDITH JAMISON

D epuis des siècles, on associe le jour du poisson d'avril à l'entrain et à la bonne humeur. C'est la journée idéale pour nous
rappeler l'importance de la détente. La gaieté et la spontanéité
nous relient intimement à l'Esprit. Pensez à votre frère qui vous
fait rire ou à l'amie qui vous appelle pour vous inviter à déguster
un cornet de crème glacée sur l'impulsion du moment. Il est difficile de ne pas apprécier leur compagnie, n'est-ce pas ? Comme le
souligne la danseuse Judith Jamison, les personnes enjouées ont
le don d'ouvrir leur cœur et de laisser libre cours à leur créativité.
Peut-être en est-il ainsi parce qu'elles savent honorer l'enfant en
elles. Cet art sacré, nous pouvons apprendre à le cultiver dans la
voie que nous avons choisie.

Les enfants adorent se déguiser. Pensez à l'enthousiasme du
petit garçon qui prépare son costume pour l'Halloween ou à la fillette qui se plonge avec délices dans l'exploration de la garde-robe
ou du coffret à bijoux de sa mère par un après-midi pluvieux.
Aujourd'hui, nous aussi allons nous livrer au plaisir de nous costumer. J'aime beaucoup me prêter à ce passe-temps au printemps
ou à l'automne, lorsque je change le contenu de ma garde-robe
pour la nouvelle saison. Il peut être agréable de vous adonner à
cette activité seule ou en compagnie d'une complice, comme votre
fille ou une bonne amie. (Soyez cependant prévenue qu'avec votre
fille, vous aurez à repousser sans cesse ses requêtes : « Tu ne portes
plus cela, dis, maman ? »)

Posez un regard nouveau sur votre garde-robe que vous venez
de réduire. De petits changements peuvent avoir un effet important. Par exemple, essayez vos vestes avec d'autres pantalons et

jupes pour découvrir de nouvelles tenues. Pourquoi ne pas combiner une veste de crêpe ajustée et une jupe à volants ? Plutôt que de toujours porter votre chemisier de soie bourgogne avec votre ensemble marine, risquez une chemise de coton blanc avec un jabot de dentelle et de grandes manchettes. Si vous laissez habituellement votre col ouvert, essayez de le refermer avec une jolie épingle. Un nouveau look ? Pourquoi pas ? Maintenant, peignez vos cheveux vers l'arrière et voyez si de longues boucles d'oreille ne vous iraient pas à merveille. Étalez vos chaussures. Portez-vous toujours des souliers classiques avec vos ensembles ? Pourquoi ne pas les troquer pour des sandales de daim ? Tirez parti de tout ce que vous avez déjà. Amusez-vous. Imaginez que vous avez sept ans. Pensez: « Q'ai-je à perdre ? » Selon Gail Sheehy, « les plaisirs de la découverte de soi sont toujours à notre portée ». Le jour du poisson d'avril est le moment idéal pour graver ces sages paroles dans notre cœur.

2 AVRIL

Le secret d'un style original

L'âme devrait toujours demeurer entrouverte, prête à accueillir l'extase.

EMILY DICKINSON

Les Françaises sont renommées pour leur originalité. Mais on pouvait aussi dire de la princesse Diana, avec son penchant pour les tenues colorées et les chapeaux fantaisistes, qu'elle n'en était pas du tout dépourvue. Même chose pour Diane Keaton, qui a initié des milliers de femmes aux merveilles des vêtements masculins, en 1977, en apposant sa griffe sur la collection *Annie Hall*. Un siècle auparavant, Emily Dickinson faisait montre d'originalité en s'habillant de blanc toute l'année, à une époque où la plupart

165

des femmes portaient des vêtements aux couleurs sombres. Mlle Dickinson se doutait peut-être qu'en exprimant sa fantaisie par ses tenues, elle ouvrait la porte à l'extase qu'elle désirait ardemment et encourageait les autres à rechercher.

L'originalité est l'aptitude particulière à faire les choses avec brio, qu'il s'agisse d'une toilette fabuleuse ou d'un poème exquis. Elle fait irruption dans nos vies lorsque nous décidons de faire confiance à notre instinct. Lorsque nous prenons des risques qui nous rapportent. L'originalité est passion. Elle est également le secret d'un style personnel, l'énergie créatrice canalisée, elle est vitalité et enthousiasme.

Comment faut-il nous y prendre pour développer cette aptitude ? Il suffit de prêter attention aux détails. D'accueillir chaque jour les occasions qui nous sont données de mieux connaître notre moi authentique. D'être constamment à l'affût de l'extase, de ce qui nous excite ou nous fait fondre en larmes, de ce qui nous fait affluer le sang au visage, de ce qui fait battre notre cœur, trembler nos genoux et soupirer notre âme. L'écrivaine Jocasta Innes nous rappelle que « l'œil peut se régaler presque partout où il se pose – sur un étalage dans un marché, sur un beau tapis de Bokhara, sur un bout de broderie chinoise ».

3 AVRIL

Nos sosies imaginaires

Il y a à l'intérieur de moi un lieu où je vis en solitaire,
d'où il est possible de faire jaillir d'intarissables sources.

PEARL BUCK

Qu'allez-vous faire lorsque vous serez « grande » ? Aujourd'hui, prenons un moment pour réfléchir aux chemins que nous n'avons jamais empruntés – à ceux de nos alter ego imaginaires. Nous menons toutes plusieurs vies par procuration, souvent simultanément. Reconnaître nos vies secrètes et puiser à la sagesse de nos sosies imaginaires peut nous donner des pistes à suivre pour développer notre sens du style.

Que feriez-vous si vous aviez dix autres vies à mener? Chaque fois que j'écoute la chanteuse Mary Chapin Carpenter, je me vois en compositrice-interprète de musique *country*. Lorsque je lis les écrits du grand mystique Thomas Merton, je deviens une religieuse contemplative.

Peut-être rêvez-vous d'être animatrice de radio, alpiniste, chanteuse à Broadway, cinéaste, romancière, neurochirurgienne, journaliste, médium, horticultrice, vétérinaire ou potière. Vous voyez un peu? Maintenant, tentez d'imaginer qui vous seriez si vous n'étiez pas vous. Décrivez sur papier vos alter ego imaginaires. Comment vivent-elles? De quelle façon s'habillent-elles? Que pouvez-vous faire pour transposer dans votre quotidien quelques étincelles de la magie de vos vies secrètes? Faites une petite séance de remue-méninges avec votre moi intérieur. Pour ma part, par exemple, je raffole du style coloré des chanteuses *country* d'aujourd'hui. Même si j'ai tendance comme communicatrice à être plutôt discrète, je me sens très attirée par leur extravagance et leur exubérance. Comment concilier le fantasme et la réalité pour insuffler une vigueur nouvelle à ma vie quotidienne? Il suffit peut-être de me rendre compte que j'adorerais porter de belles bottes de cow-boy en cuir rouge. Comme ce fantasme revient souvent dans mes pensées, j'ai commencé à faire des économies et me suis mise à la recherche de mes bottes de rêve. Lorsque je les trouverai (en solde, naturellement), je les porterai avec un ensemble du tonnerre.

Aujourd'hui, soyez attentive à ce qui se passe à l'intérieur de vous. Amusez-vous. Vous ne rêvez peut-être pas de bottes de cow-boy rouges. Mais l'un de vos alter ego imaginaires peut vous révéler un vœu cher. Vos vies imaginaires regorgent de surprises. Vous n'avez qu'à vous mettre à l'écoute de leurs secrets pour vous forger un style personnel.

4 AVRIL

L'élégance ou l'art de la retenue

*Selon moi, l'élégance ne consiste pas à passer inaperçu
mais à exprimer son être profond.*

CHRISTIAN LACROIX

B eaucoup de gens croient que c'est Ludwig Mies van der
Rohe, un des fondateurs du mouvement architectural moderne, qui fut le premier à déclarer que « moins veut dire plus ».
Vous serez peut-être surprise d'apprendre que c'est plutôt le poète
anglais Robert Browning, qui a écrit sur cette question dès 1855.
Il est à noter que ce qui convient à l'architecture et à la poésie s'applique également au style personnel.

L'élégance est l'art de la retenue. Les femmes riches et
célèbres qui se distinguent par leur chic et leur sens du style veillent à présenter une tenue sobre : le jour, des toilettes confortables
et élégantes dans des tons neutres ; le soir, des robes simples et gra-
cieuses ; des accessoires discrets qui contribuent à l'harmonie de
l'ensemble. Ce qui attire le regard chez une femme élégante, c'est
son assurance paisible ; elle sait que c'est *elle* qui mérite notre attention et non un assortiment de bracelets dorés qui s'entrechoquent.

L'argent est utile, bien sûr, quand il s'agit de se créer un style
élégant, mais la plupart des femmes y voient une condition
essentielle. Dieu merci, ce n'est pas le cas. « L'élégance ne consiste
pas à revêtir une nouvelle robe », nous assure l'incomparable Coco
Chanel. Pour être élégante, une femme doit plutôt maîtriser certains « classiques » : le confort, la couleur, la forme, l'étoffe, la valeur
et le bon ton. Un vêtement élégant n'éclipse pas la femme qui le
porte mais fait ressortir sa lumière intérieure. Dans le domaine de
la mode comme dans la vie, le savoir vaut son pesant d'or ; il nous
faut moins de choses lorsque nous nous y connaissons. Il s'agit là
d'une leçon fondamentale à la portée de chacune d'entre nous.

Peut-être l'abondance dans la simplicité est-elle l'âme de l'élégance. Selon Diana Vreeland, « la seule vraie élégance est dans la tête ; une fois que vous avez compris cela, le reste suit tout naturellement ».

5 AVRIL

Qui admirez-vous ?

Sans aucun doute, nous devenons ce que nous projetons.

CLAUDE M. BRISTOL

Qui admirez-vous ? Si vous me le disiez, je pourrais probablement vous dire beaucoup de choses sur vos espoirs, vos rêves, votre style personnel – et je ne suis pas médium. « Les gens changent et oublient de s'en avertir », fait observer Lillian Hellman. Souvent, cependant, c'est le moi intérieur qui se transforme, à la vitesse de la lumière. Des problèmes peuvent surgir lorsque votre moi authentique et votre moi conscient ne s'entendent pas sur la nouvelle direction à prendre, et ils n'ont probablement aucun moyen de s'entendre si vous n'utilisez pas d'outils d'exploration intérieure tels le dialogue quotidien, l'album de trouvailles et la méditation. Il n'est pas étonnant que vous vous sentiez perplexe ou désorientée. Ne vous affolez pas. C'est un signe de santé et de croissance.

Je m'explique. Après la publication de mon premier livre, j'ai donné pendant plusieurs années des ateliers et des conférences. Parce que j'étais l'auteure d'un livre sur les traditions familiales de l'époque victorienne, les gens s'attendaient à ce que j'aie le physique de l'emploi et ils n'étaient pas déçus. Une fois engagée dans la voie de l'abondance dans la simplicité, j'ai remarqué que mon album de trouvailles contenait plusieurs photos de Lauren Hutton, superbe dans ses tenues simples, chic et sobres. Je continuais pourtant de porter des vêtements fleuris, romantiques et surchargés, et j'avais les cheveux longs et bouclés. J'ai commencé à me sentir de plus en plus mal à l'aise dans ma peau, tel un fantôme incapable de passer à autre chose. À mon insu, j'étais en train de me transformer; je m'éloignais du rôle que les autres s'attendaient à me voir jouer pour exprimer ma propre identité. Il avait fallu que la simplicité commence à se faire jour sous diverses formes dans mon journal pour que je fasse cette prise de conscience. Notre moi authentique tente constamment d'attirer notre attention par de subtils indices, comme ces images de gens que nous admirons. L'authenticité hurle rarement; elle préfère nous chuchoter à l'oreille.

Aujourd'hui, partez à la recherche d'inspiration et formez un cercle d'âmes sœurs – de femmes dont vous admirez le style. Découpez des photos de leurs vêtements, de leurs coiffures et de leur maquillage; collez-les dans votre album de trouvailles, à la façon d'un explorateur qui note dans son carnet de bord les changements observés pendant son périple.

À cette étape-ci, ne vous laissez pas arrêter par la crainte d'imiter les autres. Vous ne faites qu'exprimer une admiration sincère. De plus, si vous apprenez à vous fier à votre instinct, vous demeurerez toujours fidèle à votre style personnel. Considérez les femmes que vous admirez comme des guides. Vous n'êtes pas en train de vous identifier à elles; vous ne faites que tenter de devenir vraiment *vous-même*. D'ici quelques mois, vous trouverez peut-être une piste intéressante et révélatrice qui vous aidera à devenir la femme sensationnelle que vous êtes au plus profond de vous.

6 AVRIL

Une histoire de couleurs

La parure n'est rien d'autre qu'un reflet de l'être.

Coco Chanel

À l'époque où je vivais à Londres et écrivais des articles sur la mode, au début des années 70, la première chose que j'ai appris à faire a été de parler des couleurs en vogue. Le temps d'une saison, on ne jurait que par les couleurs fluo tels le rose vif et le vert lime. La saison suivante, on passait aux tons de terre, comme l'aubergine et le safran, de sorte que si vous dépensiez une petite fortune pour être à la page, il n'était jamais possible d'assortir quoi que se soit dans votre garde-robe.

Lors des présentations de collections européennes, deux groupes de femmes se tenaient aux côtés de l'estrade : celles qui travaillaient dans l'industrie de la mode ou en assuraient la couverture, vêtues de noir, et celles qui étaient courtisées par l'industrie – des femmes riches aux tenues classiques. La morale de l'histoire : certains sont peut-être éblouis par les couleurs extravagantes vantées sur l'estrade, dans les vitrines et dans les revues, mais les investisseurs avertis savent bien, eux, que le style mise sur les classiques.

Si vous avez commencé à repenser votre garde-robe et votre style, réfléchissez au rôle que jouent les couleurs dans votre vie. Pour vous bâtir une garde-robe qui ne risque pas de se démoder, choisissez des couleurs classiques comme éléments de base : noir, blanc, marine, gris, beige, fauve, ocre, kaki, ivoire et tons de rouge, dont le bourgogne et le brun roux. Cette palette contient une bonne centaine de teintes différentes. Les couleurs classiques ne limitent pas ; elles libèrent. Vous pouvez les utiliser en toute confiance pour cultiver un style élégant. Ainsi, la veste de bonne coupe et de couleur neutre que vous vous procurez cette année pourra être assortie à une jupe de l'année dernière et à des pantalons que vous achèterez l'an prochain, et ainsi de suite. Avec des couleurs classiques, votre garde-robe s'enrichit graduellement et ne se démode jamais. Il ne vous restera qu'à ponctuer votre style personnel de touches de couleurs plus accentuées que vous aimez particulièrement et qui vous vont à ravir.

Comment trouver les couleurs qui vous vont bien ? Faites des essais et observez-vous dans le miroir. Nous avons toutes des couleurs qui conviennent mieux que d'autres à notre teint. Pendant les années 80, la recherche de ces « couleurs personnelles » est devenue une industrie florissante. Aujourd'hui, il existe une foule de livres qui nous aident à découvrir les couleurs qui nous mettent en valeur, et plusieurs programmes d'éducation aux adultes offrent des cours sur le sujet.

Enfin, ne sous-estimez jamais la puissance de l'amour. Il y a plusieurs années, j'ai eu le coup de foudre pour un foulard de soie noire agrémenté de cerises rouges, de poires dorées et d'un feuillage vert foncé. Dès que je l'ai vu, je l'ai trouvé tellement beau que j'en ai eu le souffle coupé. Même si je devais pour cela faire des économies pendant un mois, j'ai décidé d'investir dans ce foulard, et il est devenu un objet personnel dont les teintes n'ont jamais cessé de me plaire. Fiez-vous à votre instinct et vous serez récompensée en voyant votre moi authentique toutes les fois que vous vous regarderez dans un miroir.

7 AVRIL

Revivre en couleurs

Avec la couleur, pour le prix d'un pot de peinture,
nous pouvons exprimer notre style personnel et notre individualité.
Mais comme le style, le don des couleurs s'acquiert avec l'expérience.
Si vous n'osez pas, vous êtes condamné à l'ennui.

SHIRLEY CONRAN

Ma première expérience viscérale du pouvoir de la couleur s'est produite pendant mon adolescence. Nous avions quitté New York pour venir nous installer dans une petite ville du Massachusetts, où mes parents venaient d'acheter une superbe maison de style Nouvelle-Angleterre, construite en 1789. Recouverte de bardeau blanc avec les traditionnels volets noirs, comme plusieurs maisons des environs, elle était située un peu à l'écart de l'une des routes principales et entourée d'un muret de pierres. Un peu après notre arrivée, ma mère avait repeint la salle de séjour d'un rouge vif. C'était plusieurs années avant que le rouge soit à la mode et dans ma tête d'adolescente, je me demandais quelle mouche l'avait piquée. Nos nouveaux voisins avaient eu la même réaction. Mais de la rue, on ne pouvait que s'extasier à la vue de la salle de séjour rouge encadrée par le noir et le blanc de la maison. Ma mère n'avait pas consulté le reste de la famille avant de passer à l'action. Elle s'était fiée à son instinct et le résultat était magnifique, ce qui est souvent le cas lorsque nous suivons la voie de l'authenticité. Même si je m'étais sentie malheureuse de déménager, j'avais toujours hâte de franchir la porte d'entrée de notre nouvelle maison. La pièce rouge avait transformé mon attitude.

Aujourd'hui, ma salle de séjour n'est pas peinte en rouge mais en un jaune vif, ensoleillé, comme la salle à manger de Claude Monet à Giverny, où ce dernier a vécu pendant la deuxième moitié de sa vie. Les fenêtres de notre salle de séjour ne laissent pas pénétrer beaucoup de lumière et je voulais nous remonter le moral, surtout pendant l'hiver. Mais je ne m'étais jamais rendu compte à quel point le jaune avait la faculté de me rendre heureuse, jusqu'au jour où j'ai fait une excursion créative dans un magasin de décoration intérieure que je ne connaissais pas, il y a de cela plusieurs années. Les murs de cette boutique étaient peints d'un jaune extraordinaire, rehaussé de moulures vert foncé. J'avais l'impression d'être dans un agréable jardin plutôt que dans un commerce au cœur de la ville. J'ai été tellement charmée par ces teintes que je suis allée sans tarder demander des précisions et des échantillons de couleurs. Mon mari a succombé à mon enthousiasme et toute la famille s'est mise à aimer notre salle de séjour jaune.

Les couleurs que vous portez ne sont pas nécessairement celles dont vous aimez vous entourer. J'adore porter le rouge et le noir, des couleurs fortes, créatives et spectaculaires, mais j'éprouve le besoin de m'entourer plutôt de pastels apaisants, sources de réconfort et de joie. Comme un beau diamant, votre moi authentique possède plusieurs facettes ; vous pouvez vous servir des couleurs pour exprimer vos différents états d'âme.

Aujourd'hui, pensez aux couleurs que vous aimez. Sont-elles présentes dans votre environnement et vos vêtements ? Sinon, pourquoi ? Ce printemps, imaginez de nouvelles façons de revivre tout en couleurs – trop de femmes se montrent timorées dans ce domaine –, faites une excursion créative dans un magasin de peinture dès cette semaine et jetez un coup d'œil sur la gamme de couleurs offertes. Quelles couleurs touchent particulièrement votre âme ? Choisissez des échantillons. Ensuite, rendez-vous dans une boutique de tissus et achetez un mètre de celui qui attire le plus votre attention. Placez-le sur un divan ou épinglez-le au mur. Vivez avec ces couleurs pendant un mois, puis fabriquez un coussin avec le tissu et peignez une pièce ou un meuble dans les mêmes tons. Égayez votre bureau par des classeurs, des trombones et des bloc-notes colorés. Glissez des serviettes de table de couleurs gaies dans votre sac à lunch. Disposez des fruits dans un bol de céramique sur le comptoir de votre cuisine afin de pouvoir admirer l'éventail des couleurs présentes dans la nature. Si vous passez près d'un musée, procurez-vous de belles cartes postales pour décorer un tableau d'affichage, le réfrigérateur ou une table de travail, ou pour envoyer à des amis. Laissez-vous emporter par un flot de couleurs.

Selon le critique d'art anglais John Ruskin, « les êtres les plus purs et les plus réfléchis sont ceux qui savent le mieux apprécier la couleur ». Laissez les couleurs que vous aimez exprimer les multiples nuances de votre moi authentique débordant de vie.

8 AVRIL

Plus d'élan que d'argent

Avoir bon goût ne devrait pas coûter plus cher.

MICKY DREXLER

Que faire si votre moi authentique vous suggère de porter un blazer de cachemire de 1000 $ signé Giorgio Armani, alors que votre budget vous permet tout juste de vous procurer un Gap en solde ? Comment concilier le goût du beau et des ressources monétaires limitées ? Micky Drexler, le président de Gap, croit que ce n'est pas nécessaire, et je suis de cet avis. Mais souvent, particulièrement sur la voie de l'abondance dans la simplicité, nous sommes confrontées à l'incompatibilité de nos désirs matériels et de notre portefeuille. Si vous êtes engagée émotivement et intellectuellement dans un processus de croissance spirituelle, cela vous place devant un dilemme délicat.

Selon un des enseignements les moins populaires de Jésus – « Observez les lis des champs ; ils ne peinent ni ne filent » –, nous ne devrions pas nous inquiéter de ce que nous porterons. Nous sommes de toute évidence loin de là. Jésus enseignait ainsi à ses disciples que s'ils recherchaient d'abord en eux-mêmes une source de pouvoir et de clairvoyance, tout le reste suivrait naturellement. Marianne Williamson exprime la même chose quand elle dit : « Recherchez d'abord le royaume des cieux, et la Maserati viendra en temps et lieu ».

Même chose pour le blazer Armani. En attendant, faites appel à votre créativité, ce cadeau de l'Esprit. Peut-être la frustration que vous éprouvez à ne pas pouvoir vous procurer ce que vous voulez vous incitera-t-elle à suivre un cours de couture et peut-être même à créer vos propres vêtements. Ou peut-être vous apprendra-t-elle à devenir une consommatrice avertie, éclairée et débrouillarde. Cherchez et vous trouverez, nous a-t-on dit. Cela vaut autant pour un vêtement que pour une voie spirituelle. Lorsque nous cherchons en nous-mêmes le don unique dont l'Esprit nous a fait cadeau, nos désirs matériels diminuent, que ce soit grâce à la couture ou à une consommation éclairée. C'est par notre âme, plutôt que par notre moi conscient, que l'on se dépouille.

9 AVRIL

Des luxes abordables

Un luxe n'a pas besoin d'avoir un prix;
le confort lui-même est un luxe.

GEOFFREY BEENE

Certaines femmes, lorsqu'elles entendent parler de l'abondance dans la simplicité, croient à tort que cette voie fait partie du mouvement de frugalité qui a pris de l'ampleur au cours des années 90. Ce n'est pas le cas, car ce dernier repose sur la peur. Or la peur repousse l'abondance au lieu de l'attirer. Plutôt que de prodiguer des conseils de sagesse pratique, tel « Un sou économisé est un sou gagné », on nous encourage à utiliser les peluches en provenance de notre sécheuse pour faire nos costumes d'Halloween.

La philosophie de l'abondance dans la simplicité ne prône pas la privation, pas plus qu'elle ne nous invite à vivre au-dessus de nos moyens pour être plus heureuses. Pour moi, cette voie de la simplicité est devenue une méditation quotidienne sur le véritable confort et les joies de la modération, et elle m'enseigne en douceur la façon de m'ouvrir aux bonnes choses de la vie de tous les jours.

L'Univers n'est pas avare. C'est nous qui le sommes. Nous sommes parfois très mesquines. Peut-être pas dans notre manière de traiter les autres – notre famille, nos amis et les moins bien nantis – mais dans la façon dont nous agissons envers nous-mêmes. Comment l'Esprit peut-il nous donner davantage si nous gardons nos poings, notre cœur et notre esprit fermés ? La voie de l'abondance dans la simplicité nous apprend à abandonner une fois pour toutes nos sentiments de pauvreté et de manque pour les remplacer par ceux de la prospérité et de l'abondance.

Un des moyens de mieux ressentir l'abondance dans notre quotidien est de nous gâter en nous offrant de petits luxes abordables. Nous payer une corde de bois pour le plaisir de nous asseoir devant un feu de foyer pendant l'hiver en est un ; ajouter de la vraie crème fouettée et du chocolat râpé à une tasse de chocolat chaud que nous dégusterons devant le foyer en est un autre. Ce sont là de petits luxes qui transforment un petit plaisir en béatitude et nous éveillent à l'abondance qui est toujours à notre portée, si seulement nous savons saisir les occasions.

Bon nombre de gens croient que la simplicité désapprouve le luxe. Les shakers menaient une vie d'une grande simplicité, mais ces « croyants », comme on les nommait, se permettaient le luxe suprême d'une bonne alimentation. Un siècle avant l'apparition de la nouvelle cuisine, ils utilisaient les ingrédients les plus frais, des épices peu connues et des fines herbes. En 1886, un de leurs invités déclara avoir pris chez eux un repas « digne de chez Delmonico », un restaurant réputé fréquenté par les gens riches de New York.

Quand vous cherchez à nourrir votre style personnel, pensez aux petits luxes que vous pouvez vous offrir. Quels plaisirs simples peuvent vous ouvrir à l'abondance ? Peut-être pourriez-vous porter des chaussettes de cachemire pendant que vous faites des économies pour vous procurer le chandail et la veste assortis ; vous livrer au plaisir capiteux de vos odeurs favorites réunies – parfum, talc et lotion ; sentir la caresse de sous-vêtements en soie ou d'un pyjama de pur coton ; vous payer un joli sac à main de cuir qui conviendra à toutes vos toilettes ; troquer vos mouchoirs de papier pour des mouchoirs de tissu blancs ; aller chez le coiffeur avant la date prévue pour une coupe et une coloration ; vous faire manucurer les ongles une fois de temps en temps ; remplacer des boutons de plastique quelconques par d'autres plus beaux ; vous offrir des soins du visage ou un bon massage ; porter régulièrement les précieux bijoux – telles vos boucles d'oreille de diamant – que vous gardez habituellement pour les « occasions spéciales ».

Aujourd'hui, déclarez à l'Univers que vous êtes prête à accueillir toute l'abondance qu'il ne demande qu'à vous prodiguer. Chaque jour peut devenir une occasion spéciale. Il nous suffit d'apprendre à recevoir comme à donner avec grâce et un cœur reconnaissant.

10 AVRIL

Le luxe à notre portée

La beauté est entièrement dans l'œil de celui qui regarde.

MARGARET WOLFE HUNGERFORD

Jennie Jerome Churchill, la célèbre beauté américaine et mère du premier ministre Winston Churchill, était d'avis que « l'économie et l'aventure marchent rarement la main dans la main ». Hélas, cette pauvre femme, dont les goûts extravagants étaient à l'origine de problèmes financiers perpétuels, ne devait pas savoir où faire les meilleurs achats.

Aujourd'hui, attardons-nous aux merveilles du recyclage. Je ne fais pas allusion aux bouteilles et aux boîtes de conserve, mais au pull blanc de laine d'agneau signé Liz Claiborne qui est à vous pour 1 $ et le prix d'un nettoyage à sec. Au superbe sac à main en cuir Gucci que vous pouvez obtenir pour la somme dérisoire de 25 $, ou encore au blazer noir Yves Saint-Laurent qu'on laissera aller pour 5 $. Croix de bois croix de fer, si je mens je vais en enfer. Il y a une foule d'aubaines qui vous attendent dans les boutiques d'objets d'occasion, les friperies et les magasins de vêtements d'antan.

Une femme futée se doit de connaître les bons magasins de vêtements recyclés. Il en existe trois genres différents. Il y a d'abord les boutiques tenues par des associations de bienfaisance, comme l'Armée du Salut. Comme on y revend divers objets donnés, la qualité de la marchandise y est variable, mais cela vaut quand même la peine d'y jeter un coup d'œil. Un peu plus haut de gamme, les friperies sont ces commerces où les femmes qui aiment à suivre la mode vont discrètement vendre leurs péchés mignons de la saison passée. C'est l'endroit où se procurer des tailleurs, des manteaux, des robes ou des tenues de soirée et des accessoires de haute couture pour une partie infime de leur prix original. Les boutiques de vêtements d'antan, pour leur part, présentent souvent des classiques d'époques révolues – des jupons de coton blanc de l'ère victorienne aux pantalons de tweed poivre et sel des années 30 de Carole Lombard. Je vous conseillerais d'y aller avec modération dans l'exploration des magasins de vêtements anciens, car ils peuvent être légèrement grisants, comme un verre de porto au beau milieu de l'après-midi.

Il existe quelques règles fondamentales à observer pour arriver à maîtriser l'art du trompe-l'œil. Avant de partir à la chasse au trésor, vous devez être dans le bon état d'esprit ; n'y allez pas si vous êtes fatiguée ou stressée. Cela ne donne rien d'y aller à toute vapeur ; vous aurez besoin de temps et de toute votre présence d'esprit. Allez-y seule afin de préserver l'aspect méditatif de cette activité... N'ayez pas d'attentes. Adoptez une attitude positive comme si vous partiez à la recherche d'un trésor. Une de mes affirmations favorites pour ces occasions est la suivante : « L'abondance divine m'entoure et se manifeste avec prodigalité dans le vêtement idéal, au prix idéal ». Cela fonctionne toujours. Enfin, vous devez fréquenter régulièrement ces lieux secrets car la marchandise s'y renouvelle sans cesse. Le pull de cachemire noir dont vous rêvez risque d'y faire son apparition mardi prochain.

Cette semaine, payez-vous le luxe d'un vêtement d'occasion. Le plaisir de marier économie et aventure vaut le déplacement.

11 AVRIL

L'art d'utiliser les accessoires

Peut-être n'est-il pas mieux d'en mettre trop que pas assez.

EDNA FERBER

Elizabeth Taylor se met en valeur par ses pierres précieuses alors que Anjelica Huston se distingue par son assortiment de bracelets dorés. La directrice du magazine *Vogue*, Anna Wintour, porte de splendides lunettes de soleil à l'intérieur comme à l'extérieur. Pour celle qui l'a précédée dans ces fonctions, Diana Vreeland, l'accessoire de base de toute femme devrait être une paire de souliers de cuir noir. La charmante Coco Chanel, pour sa part, penchait plutôt pour le parfum, « cet accessoire invisible, mais inoubliable ».

Les femmes ont parfois une attitude ambivalente à l'égard de leurs vêtements, mais elles entretiennent souvent un lien passionné avec leurs accessoires: l'épingle d'or gravé offerte par une amie à l'occasion d'un anniversaire important, les bas noirs Donna Karan qui soulignent votre silhouette, le bracelet d'argent ramené d'un voyage mémorable à Santa Fe, le foulard de soie bleu que votre sœur vous a acheté à Paris, le sac de jute Nairobi qui contient tous vos trésors.

Les accessoires de mode sont des gages de notre authenticité. Ils peuvent avoir une valeur sentimentale, exprimer nos sautes d'humeur, nous sécuriser, faire ressortir notre personnalité ou saboter nos efforts. À cause de toutes les émotions dont ils sont chargés, nos accessoires personnels sont même, à bien des égards, plus importants que nos vêtements; ils représentent la touche finale qui permet de nous définir. Bon nombre de couturiers célèbres, dont Bill Blass, croient que les femmes abusent des accessoires. Je ne suis pas d'accord. Je trouve plutôt que plusieurs d'entre nous faisons preuve d'une grande retenue quand vient le

180

temps de choisir des accessoires, préférant nous en tenir aux valeurs sûres et rester dans le moule.

Pourtant, quand nous laissons l'Esprit nous guider dans l'expression de notre style personnel, les accessoires de mode peuvent nous aider à prendre de ces petits risques qui augmentent notre confiance en nous. Des vêtements et des accessoires assortis de façon originale donnent parfois de l'audace. Pensez au chemin parcouru par Dorothy Gale dans ses vêtements de vichy bleu et ses pantoufles de rubis. Votre choix de chaussures, bas, ceintures, foulards, bijoux, chapeaux, gants, sacs à main et parfums peut vous aider à exprimer votre moi authentique à mesure que celui-ci se révèle à vous. Souvenez-vous que vos accessoires, tout comme votre garde-robe, devraient exprimer votre style personnel dans son essence la plus pure. Aimez ce que vous portez, ou débarrassez-vous-en.

Enfin, n'oubliez jamais que l'accessoire de mode de base, celui dont aucune femme ne peut se passer, vient de l'intérieur : un cœur généreux, un sourire spontané et des yeux pétillants mettront en valeur toute femme qui s'éveille à sa véritable beauté.

12 AVRIL

Apprendre à aimer et à honorer son corps

Notre corps est un habit sacré, notre premier et notre dernier vêtement ; il nous enveloppe de la naissance à la mort et mérite d'être honoré.

MARTHA GRAHAM

Qu'est-ce qui vient en premier : apprendre à aimer notre corps ou en avoir une perception positive ? D'une façon ou de l'autre, cela fonctionne. Si vous n'avez pas une image positive de votre corps – comme la plupart d'entre nous – vous pourrez en acquérir une en apprenant à l'aimer. « Il peut être libérateur d'apprendre à apprécier notre apparence, plutôt que l'idée que nous nous en faisons », nous assure Gloria Steinem.

Le temps est venu de prendre conscience que, tant que nous n'aurons pas travaillé à améliorer notre estime de nous-mêmes dans les petites choses, nous ne connaîtrons jamais de grandes métamorphoses. Nous devons d'abord prendre la décision de briser le cycle autodestructeur des attentes irréalistes, en particulier de celles que nous nous créons nous-mêmes.

À partir d'aujourd'hui, tournez le dos à l'idéal de beauté de la société, qui de toute façon se transforme sans cesse. Cléopâtre mourait d'envie d'avoir des varices, et les beautés du Moyen Âge se rembourraient la taille. N'attendez pas que le monde chante vos louanges. Trouvez votre propre créneau. Mettez l'accent sur vos atouts et oubliez ce que vous appréciez moins. Prenez plaisir à l'image que vous renvoie le miroir. Plutôt que de vous laisser hanter par l'image d'un corps qui ne sera jamais le vôtre sans l'aide d'un entraîneur sévère, essayez de découvrir comment vous sentir mieux dans celui que vous habitez actuellement.

Découvrez la puissance de transformation des bonnes habitudes de vie. Nourrissez-vous d'aliments sains et d'eau pure. Ralentissez le pas et pensez à respirer avant de prendre une bouchée. Expirez le stress et les émotions négatives ; inspirez l'oxygène et l'énergie positive. Redécouvrez le plaisir de bouger : étirez-vous, dansez, marchez, courez, sautez, gambadez, jouez, embrassez. Portez des vêtements confortables ; offrez-vous des moments de tranquillité et faites des rituels de beauté apaisants.

Selon Diana K. Roesch, professionnelle de la santé, « la relation la plus importante dans la vie d'une femme est celle qu'elle entretient avec son corps. Elle est plus importante encore que ses rapports avec son mari, son amant, ses enfants, ses amis ou ses collègues. Ce n'est pas de l'égocentrisme, mais l'évidence même. Le corps est à proprement parler notre véhicule, c'est lui qui nous permet d'être, de donner, d'aimer, de bouger et de sentir. S'il ne fonctionne pas, le reste risque fort de ne pas fonctionner non plus ».

Aujourd'hui, faites la paix avec votre corps. Choisissez d'aimer et d'honorer l'habit sacré dont l'Esprit vous a fait cadeau pour entreprendre le périple de votre vie.

13 AVRIL

Le seul régime efficace

L'amour de soi est le seul régime qui donne des résultats durables.

JENNY CRAIG

À l'origine, se nourrir devait être un des simples et sublimes plaisirs de la vie. Mais Ève mordit dans la pomme – et voilà pour la théorie des aliments à basses calories, pauvres en matières grasses et riches en fibres –, et ce fut le début d'une guerre terrible entre les femmes et la nourriture.

La nourriture n'est pas une ennemie. Si nous voulons rester en vie, il est normal que nous aimions manger. Les aliments sont le carburant que notre corps transforme en énergie pour survivre. Refuser de manger – comme nous amènent à le faire l'anorexie ou une autre maladie – indique que nous avons un sérieux problème. Ne cherchez pas à combattre votre faim. Au contraire, respectez-la et comblez-la par des aliments sains qui sauront ravir tous vos sens – non seulement le goût, mais la vue et l'odorat. La plupart des femmes ont peur de laisser leur corps exprimer ses besoins. Nous craignons de ne pas pouvoir nous arrêter et de nous retrouver dans le Livre des records Guinness si nous nous débarrassons des régimes et mangeons à notre faim.

Pourtant, plus nous nous privons de manger, plus nous finissons par gagner du poids et, par conséquent, par nous prendre en aversion. Toute femme qui s'est imposé au moins un régime dans sa vie vous le dira : le seul moyen de mettre un terme à ce cycle autodestructeur est de laisser tomber les régimes et de vous servir de votre bon sens. Mangez quand vous avez faim, buvez quand vous avez soif, dormez quand la fatigue se fait sentir, faites régulièrement de l'exercice pour préserver votre équilibre physique et nourrissez votre âme par la prière et la méditation. «Soyez une entité unifiée, disait le sage chinois Lao Tseu à ses disciples, et tout viendra à vous.» Même la manière de vous réconcilier avec votre poids. Le taoïsme – la philosophie orientale dont Lao Tseu est le fondateur – enseigne que le seul moyen de trouver la plénitude est de s'abandonner. Abandonnez-vous à l'idée que votre corps se conforme à une Sagesse supérieure qui se situe bien au-delà du désir de ressembler à la frêle créature qui fait la première page du magazine *Vogue*.

Le poids idéal varie d'une femme à l'autre. C'est le poids où vous vous sentez à l'aise, énergique, en santé et heureuse de votre apparence. Vous pouvez atteindre ce poids si vous faites confiance à votre corps. Au lieu de passer votre temps à vous peser, laissez vos vêtements favoris vous dire où vous en êtes. Surtout, remettez-vous-en à la femme authentique en vous. Visualisez-la. Observez son poids. Demandez-lui de vous aider à atteindre votre poids idéal par la puissance de l'Amour. Aujourd'hui, ouvrez-vous à l'idée que l'amour de soi est le seul régime dont vous avez besoin, car c'est le seul qui fonctionne vraiment.

14 AVRIL

Affamées et assoiffées

Nous devons nourrir notre corps physiquement, émotivement et spirituellement. Dans notre société, nous sommes affamés spirituellement – non pas sous-alimentés, mais mal nourris.

Carol Hornig

B on nombre de femmes – et je ne fais pas exception – «engloutissent» la vie afin de la rendre plus facile à gérer. Je parle au sens propre comme au sens figuré. Lorsque nous sommes anxieuses, inquiètes, nerveuses ou déprimées, nous nous tournons instinctivement vers la nourriture ou l'alcool pour faire disparaître la douleur intime qui nous tenaille. Notre faim et notre soif ne sauraient être apaisées par un cornet de crème glacée ou par un verre de vin. Ce dont nous avons besoin, c'est de paix intérieure et d'un lien plus profond.

Le célèbre psychiatre suisse Carl Jung considérait l'alcoolisme comme une maladie spirituelle. Dans *Plus loin sur le chemin le moins fréquenté*, Scott Peck explique cette prise de conscience de Jung: «Ce n'est peut-être pas un hasard si les boissons alcoolisées sont aussi appelées spiritueux. Les alcooliques ont peut-être une plus grande soif spirituelle que les autres. L'alcoolisme est peut-être un trouble d'ordre spirituel, ou même un état spirituel.» À mon avis, cela s'applique également à la boulimie, cette dépendance dont tant de femmes sont victimes. Nous avons une immense soif de vivre, mais nous ne savons pas comment satisfaire notre insatiable désir de plénitude.

Le jour où je me suis rendu compte que j'engloutissais la vie parce que j'étais au fond assoiffée de joie et de sérénité a été un moment décisif dans ma vie: j'ai alors saisi l'importance de prendre soin de moi. J'avais enfin compris que je n'étais pas sous-alimentée mais mal nourrie. Je me suis rendu compte que je pouvais rentrer en moi-même et demander à mon âme – à mon moi authentique – ce dont j'avais besoin. J'ai appris alors à m'arrêter et à me poser la question: «Qu'est-ce que je peux faire pour moi en ce moment? Comment puis-je m'aimer? De quoi ai-je vraiment besoin?

La prochaine fois que vous vous apprêterez à engloutir quelque chose, prenez un moment pour réfléchir aux causes de votre «appétit». Mangez-vous parce que vous avez faim ou parce que vous êtes anxieuse? Si vous êtes stressée, il serait peut-être plus salutaire de faire une marche autour du pâté de maisons que vers votre frigo. Après votre journée de travail, vous versez-vous un verre de vin par habitude, pour vous donner le signal que le temps est venu de vous détendre? Pourquoi ne pas plutôt vous glisser dans des vêtements confortables et déguster un verre d'eau minérale aromatisée en cuisinant, et réserver le vin pour le repas? Apprenez à vous créer des rituels agréables pour combler vos aspirations profondes. En faisant preuve de bienveillance à l'égard de votre esprit, vos caprices physiques devraient lâcher prise.

Aujourd'hui, attardez-vous aux causes de votre faim et de votre soif. Demandez à votre moi authentique de vous révéler vos besoins profonds. Demandez à l'Esprit d'abreuver votre âme assoiffée.

15 AVRIL

Les bienfaits du mouvement créatif

Nous formons, disciplinons et honorons notre corps ;
avec le temps, nous pouvons apprendre à lui faire confiance.

MARTHA GRAHAM

Selon moi, il existe deux catégories de femmes : celles qui font de l'exercice et celles qui n'en font pas. Les premières semblent avoir plus d'énergie, moins de stress, moins de problèmes de poids et, en général, une vision de la vie plus optimiste. Les femmes en bonne forme physique vous diront toutes que l'exercice est sans aucun doute *la* chose à faire pour améliorer sa condition.

Les femmes qui n'en font pas ne les croient guère et se trouvent une foule d'excuses pour ne pas s'y mettre : le manque de temps, une piètre forme physique, une grippe terrible, le froid ou la chaleur, la fatigue, la déprime. Peut-être la semaine prochaine... Je sais tout cela parce qu'il n'y a pas si longtemps, j'étais encore une de celles-là, malgré les réprimandes de mon médecin et la réprobation de ma famille. Nous avons des affinités avec l'écrivain Robert Maynard Hutchins, qui a fait la remarque suivante : « Lorsque j'ai envie de faire de l'exercice, je m'allonge et j'attends que ça passe ».

C'est une mauvaise attitude. Ce n'est pas prendre soin de soi. Ce n'est pas sain. Nous le savons pertinemment. Et puisque nous sommes toutes des femmes intelligentes, nous devrions être capables de trouver un moyen de convaincre notre cerveau de mieux s'occuper de notre corps. Mais ce n'est pas en imposant un entraînement rigide à notre mental récalcitrant que nous pourrons le faire, car celui-ci réussit toujours à se montrer plus malin que nous. Pourquoi ce qui n'a jamais fonctionné par le passé deviendrait-il tout d'un coup une bonne solution ?

Nous allons plutôt recourir à la séduction. Ne parlez plus d'exercice ou de forme physique. Si vous voulez absolument lui trouver un nom, appelez cela « mouvement créatif ». Oubliez la gymnastique, le jogging, l'haltérophilie et les cours de danse aérobique animés par des femmes en caoutchouc. Voyez le mouvement créatif comme un loisir agréable et stimulant. Prenez un moment pour imaginer toutes les activités susceptibles de vous procurer du plaisir : danse (ballet, jazz ou claquettes), natation, escrime, équitation, tennis ou autres sports de raquette, golf, bicyclette. Ou pourquoi pas une technique orientale comme le yoga, ou le tai-chi, cet art martial chinois si gracieux ? L'idée de prendre une marche maintenant pour profiter du soleil ne vous plairait-elle pas ? La marche est la forme de mouvement créatif par excellence et ne coûte pas un sou. Elle clarifie les idées, emplit les poumons d'air frais, fait sortir la vapeur, donne de la force et vous aide à vous centrer. Passez à l'action, un pas à la fois, et laissez-vous emporter par votre élan.

Vous pouvez me croire, la séduction est une technique efficace. Il n'y a pas si longtemps, je frémissais d'horreur à l'idée de me mettre en forme. Je fais maintenant des exercices de respiration profonde et des étirements, quelques mouvements de yoga et des marches-méditations. Je me sens mieux et j'ai le goût d'en faire plus. Selon Diana Roesch, « avec une conscience plus aiguë de nous-mêmes, nous pouvons réorienter et harmoniser notre être tout entier : notre corps, en trouvant de nouvelles façons de bouger et de le célébrer, et en le nourrissant d'aliments sains dont il nous dicte les quantités ; notre âme – le sentiment que nous avons de notre valeur – en créant des liens avec la terre et les autres ».

16 AVRIL

Méditer en marchant

Je vais vous dire une chose que j'ai apprise :
une longue marche d'une dizaine de kilomètres m'aide.
Et il est bon d'y aller seul et tous les jours.

Brenda Ueland

Tant que j'ai considéré la marche comme un exercice, je ne l'ai jamais pratiquée au-delà de la porte d'entrée. Un jour, cependant, au milieu d'une crise d'angoisse, je me suis précipitée hors de la maison à l'heure du midi comme si je quittais le lieu d'un crime. J'étais ravagée par les déceptions, les souvenirs douloureux et les attentes irréalistes, et terrifiée par ce que l'avenir me réservait et les changements inévitables que je devrais affronter. Mon seul refuge était l'instant présent : le bruit de mes pieds sur la chaussée, le vent sur mon visage, l'air que j'inspirais et expirais. Une quarantaine de minutes plus tard, j'ai constaté avec surprise que j'étais rendue à l'autre bout de la ville. Je suis revenue à la maison, beaucoup plus calme et centrée. Je venais de prendre pour de bon l'habitude de marcher.

Je saisis peu à peu ce que Henry David Thoreau savait bien : « Cela prend une récompense du ciel pour se mettre à la marche ». Pour ma part, je ne marche toujours pas dans le but de faire de l'exercice mais pour le plaisir de mon âme, et mon corps suit le mouvement. Différentes raisons peuvent nous inciter à marcher : augmenter son rythme cardiaque et se renforcer, trouver la solution à un problème, régler une dispute avec soi-même ou un proche, simplement se balader et s'éveiller au monde qui nous entoure, méditer. Je marche pour toutes ces raisons, mais la plupart du temps, j'en profite pour me livrer à une « méditation active » salutaire à l'âme. J'essaie de faire taire mon bavardage intérieur et je marche à grandes enjambées en portant mon attention sur le rythme lent et régulier de ma respiration, apaisée par mon silence intérieur.

Ma rêverie est parfois interrompue par un chant d'oiseau, un aboiement ou la vue d'un beau jardin. Thoreau se plaignait parfois de « marcher sans être vraiment là. [...] La pensée d'une tâche m'envahit et je ne suis plus à l'endroit où se trouve mon corps ; j'ai quitté mes sens ». Cela m'arrive également, mais j'ai appris à ramener doucement ma conscience à l'action concrète de marcher, car ici et maintenant, un pas à la fois, je trouve la paix.

Si vous trouvez difficile de vous asseoir pour méditer, pourquoi ne pas essayer de méditer en marchant, surtout à cette période de l'année où la température se fait plus douce ? Respectez votre rythme ; si vous n'êtes pas en forme le matin, allez marcher le midi, à la fin de l'après-midi ou après le souper, sous les étoiles. Si vous travaillez en ville, vous pouvez profiter de l'heure du midi pour faire une marche. Nul n'a besoin de savoir que vous êtes en train de méditer en déambulant dans les rues. Une marche quotidienne de vingt minutes à une demi-heure devrait vous aider à trouver la sérénité. D'après mon expérience, toutes les façons de méditer en marchant sont bonnes. Il ne faut cependant pas vous attendre à atteindre l'extase immédiate, car vous risquez d'être déçue si rien ne semble se produire. Laissez tomber vos attentes et la vie se déploiera tout naturellement, pas à pas.

17 AVRIL

Se réconcilier avec ses cheveux

À quoi peut servir le génie d'une femme qui ne sait pas se coiffer ?

EDITH WHARTON

Pendant des siècles, la chevelure d'une femme était perçue comme sa « couronne de gloire ». Pourtant, toutes les femmes que je connais qualifient de cauchemardesque la relation qu'elles entretiennent avec leurs cheveux. Je ne connais aucune femme vraiment satisfaite de sa chevelure, seulement des femmes qui s'en tirent tant bien que mal. Nos cheveux constituent une force métaphysique puissante et instable que nous nous devons de respecter et de prendre en considération, et avec laquelle nous devons nous réconcilier. Mais comme la fusion atomique, celle-ci ne peut être contrôlée. À force de cajoleries, nous pouvons parfois l'inciter à bien se comporter, mais jamais la contraindre à obéir. Pensez à la quantité de temps, d'argent, d'énergie et d'émotions que nous investissons dans notre chevelure. Mais la plupart du temps, cette dernière tient mordicus à exprimer *son* individualité plutôt que la nôtre. J'ignore si vous vivez la même chose que moi, mais je suis souvent épuisée par toutes ces petites guérillas quotidiennes, dont celle que je mène à l'égard de ma chevelure n'est pas la moindre.

La plupart des femmes sont victimes d'une hallucination collective que Naomi Wolf nomme « le mythe de la beauté ». On nous a lavé le cerveau pour nous faire croire qu'en choisissant bien notre shampoing, notre revitalisant, notre permanente, notre coloration et notre coupe, nous aurons une chevelure comparable à celle des femmes qu'on voit à la télévision, au cinéma et dans l'univers de la mode – et qui, en passant, ne se coiffent pas elles-mêmes. Nous pourrions toutes avoir une tête présentable – sinon sensationnelle – si nous avions un coiffeur à notre disposition tous les jours, ou du moins pour nos sorties ou nos apparitions publiques. Mais je ne suis pas dans cette situation, et il est probable que vous non plus.

À la maison, mes cheveux ne produisent jamais le même effet que lorsque je reviens de mon rendez-vous mensuel chez la coiffeuse. Il faudrait pour cela que j'apprenne à utiliser simultanément un séchoir à cheveux et un fer à friser et que j'exécute les mêmes simagrées que ma coiffeuse quand elle tourbillonne autour de moi. J'ai donc abandonné la partie. Je lave mes cheveux, les laisse sécher et les frise avec des rouleaux électriques et un fer à friser. Le résultat est parfois merveilleux, parfois désolant. Nos cheveux nous apprennent l'humilité, et nous devons faire la paix avec eux.

Comment y arriver ? Nous devons les accepter avec leur personnalité propre : qu'ils soient épais ou clairsemés, gros ou fins, raides ou bouclés, abîmés par une permanente, grisonnants ou séparés par une raie récalcitrante. Apprendre à connaître ses cheveux et à en tirer parti au lieu de les combattre est la première étape vers la réconciliation et la paix. Même si mon moi authentique semble désirer des cheveux blonds tombant sur les épaules, j'ai dû me faire à l'idée qu'il me faudrait pour cela attendre l'apparition d'une permanente qui ne fasse pas frisotter les cheveux teints. Entre la teinture et les boucles, c'est donc la première qui l'a emporté. Nous sommes sans cesse appelées à faire des choix dans la vie.

Si vous n'êtes pas satisfaite de vos cheveux, armez-vous de patience et essayez de trouver des photos de coiffures que vous aimez. Montrez-les à une coiffeuse recommandée par une amie. Discutez avec elle de l'état actuel de vos cheveux et de la tête dont vous rêvez. Tenez compte du temps que vous êtes prête à investir quotidiennement dans votre coiffure. C'est là un élément très important. Essayez de trouver un bon compromis. Si vous avez en tête un changement radical – vous faire couper les cheveux très courts, par exemple –, posez des photos de cette nouvelle coupe sur votre miroir quelques semaines avant de passer à l'action, pour vous habituer au changement avant qu'il se produise. Le choc risque d'être moindre. Et surtout, n'agissez pas sur un coup de tête. Il y a de ces jours où nous avons envie de hurler: « Il *faut* que je fasse quelque chose avec mes cheveux ! », mais il vaut mieux attendre au lendemain. N'oubliez pas qu'il est plus facile de vous coiffer comme vous le faites habituellement que d'avoir à composer avec une nouvelle coupe. Mais restez ouverte au changement, car la découverte d'une coupe seyante est un plaisir inégalé. Si vous vous trompez, séchez vos pleurs et souvenez-vous que ce ne sont que des cheveux. Ils repousseront et vous vous assagirez.

Apprendre à accepter ses cheveux fait partie de l'apprentissage de l'amour de soi. « Vos épines sont ce que vous avez de mieux », écrivait la poète Marianne Moore, et elle avait bien raison.

18 AVRIL

Le visage dans le miroir

La passion est le plus beau maquillage qu'une femme puisse porter.
Mais il est plus facile de se procurer des produits de beauté.

YVES SAINT-LAURENT

Qui voyez-vous lorsque vous regardez dans le miroir? Commencez-vous à y voir votre moi authentique? Vous sentez-vous plus à l'aise avec le beau visage à nul autre pareil qui vous regarde? Je l'espère. Mais l'acceptation et l'amour de soi sont des processus lents et subtils, particulièrement après des années de négligence.

Une façon d'apprendre à aimer nos traits est de les mettre en valeur par le maquillage. Pour ma part, j'ai passé par plusieurs stades dans ce domaine. Dans la vingtaine, je travaillais dans l'univers de la mode et du théâtre; jamais je n'aurais alors imaginé sortir sans ce masque raffiné qui me donnait confiance en moi. Dans la trentaine, après mon mariage et la naissance de ma fille, j'ai cessé de me maquiller car je travaillais surtout à la maison. Je ne faisais exception que lorsque je sortais avec mon mari en soirée. Cela a été pour moi un soulagement et m'a donné l'occasion d'apprendre à aimer mes traits. Le monde d'où je venais était tellement nombriliste et obnubilé par les apparences! Je prenais enfin contact avec la femme intérieure et me préoccupais moins de son enveloppe. Avec le temps, toutefois, j'ai constaté que je n'avais pas la même perception de moi quand je n'avais pas de maquillage. Quand je me maquillais, j'aimais l'image que me renvoyait le miroir. Si je ne me maquillais pas, je me regardais rarement. J'ai alors pris conscience que tirer parti de mes attraits et faire ressortir ma beauté naturelle n'était pas aussi superficiel que je l'avais cru. J'ai compris que le maquillage est un outil qui m'aide à me montrer sous mon meilleur jour. Quand je le fais, je me sens mieux. J'ai alors plus d'énergie, j'accomplis plus de choses et je suis plus ouverte aux autres. Ceux-ci réagissent de façon positive, ce qui me donne confiance en moi. En recommençant à me maquiller, j'amorçais en fait un cycle d'acceptation et d'affirmation de moi. Mais surtout, cela me donnait l'occasion de prendre soin de moi. Les dix minutes que je prends le matin pour mettre mes traits en valeur pour moi-même, et non pour le monde, sont devenues une façon de m'occuper de mon moi authentique. Même le rituel du maquillage, s'il vient du cœur, peut revêtir une dimension spirituelle.

Aujourd'hui, jetez un coup d'œil au miroir, bénissez le visage qui vous regarde et mettez-vous du rouge à lèvres.

19 AVRIL

Rituels printaniers de ressourcement

Laissez votre esprit s'apaiser, prendre conscience de la beauté du monde
et s'ouvrir aux trésors infinis qu'il recèle.
Toutes vos ressources intérieures, tout ce que votre cœur désire,
tous les talents dont la nature vous a fait don – cela ou sa contrepartie
vous attend, enfoui dans le grand Tout. Tout viendra à vous.
Mais pas une seconde avant que le temps ne soit venu. Vos pleurs,
votre impatience et votre fébrilité n'y changeront rien.
Pourquoi alors commencer ce petit jeu ?

EDWARD CARPENTER

L e printemps est la saison du renouveau et du ressourcement. Partons du bon pied en méditant ces lignes du poète anglais Edward Carpenter. Le grand Tout comblera tous nos besoins. Tout ce que nous souhaitons – la paix intérieure, la joie, la grâce, la prise de conscience de l'abondance dans la simplicité – viendra à nous, mais seulement lorsque nous serons prêtes à le recevoir avec un cœur ouvert et plein de gratitude.

Pour tromper votre attente, trouvez réconfort et joie dans de petits rituels printaniers de ressourcement. L'un de mes préférés est de partir à la recherche d'un nouveau lieu sacré. Cela m'aide à me rappeler que nous portons notre sérénité en nous. Maints endroits peuvent vous aider à prendre conscience de la richesse et de la puissance de régénération spirituelle d'une heure complète de solitude : un coin d'ombre sous les arbres dans un vieux cimetière, un beau jardin public que vous ne connaissiez pas, une galerie d'art, les piles de livres d'une vieille bibliothèque, le silence d'une chapelle où vous pouvez allumer un lampion ou même une terrasse de café où il fait bon se dorer au soleil. Joseph Campbell fait observer que «tout ce dont nous avons besoin, c'est d'un espace sacré, d'un moment sacré et d'une activité joyeuse. Presque tout peut alors devenir une source de joie intarissable et grandissante».

20 AVRIL

Plaisirs et vertus du bain

Il doit bien y avoir des choses qu'un bain chaud ne peut guérir,
mais je n'en connais pas beaucoup.

SYLVIA PLATH

Toute femme devrait connaître l'énorme différence entre prendre un bain pour se laver et prendre un bain pour le plaisir. Le premier a pour unique fonction de vous nettoyer ; mais pour l'amour du ciel, une douche sera tout aussi efficace pour enlever la saleté et la sueur ! Alors que prendre un bain, comme l'exprime Ambrose Bierce, critique social de l'époque victorienne, c'est « une cérémonie mystique qui tient lieu de rituel religieux ».

Par son pouvoir régénérateur, l'hydrothérapie est un bon adjuvant de la psychothérapie. Il y a un siècle, les cures d'eau faisaient fureur aux États-Unis pour combattre la « nervosité » ou « neurasthénie » qui commençait à envahir le pays, à une époque où nos arrière-arrière-grands-parents tentaient de s'adapter à l'implacable intrusion de la technologie et aux soubresauts entraînés par « la vie moderne trépidante » marquée par l'apparition du téléphone et de l'électricité. Les gens se rendaient en masse dans les stations thermales, buvaient des eaux minérales et s'y baignaient pour soigner l'agitation et les palpitations causées par les crises d'anxiété, l'insomnie, la dépression et les migraines.

Aujourd'hui, il nous est possible de faire des cures dans l'intimité de notre salle de bains. Et si nous usions de notre sens commun, nous le ferions tous les jours. Ne sous-estimez pas les vertus d'un bain. Il peut apaiser votre esprit, détendre votre corps fatigué et calmer votre âme agitée. Il peut vous faire glisser dans les bras de Morphée ou vous réveiller le matin et vous aider à commencer votre journée avec enthousiasme.

Ma philosophie de vie est très simple : dans le doute, prenez un bain.

Fermez la porte, ouvrez le robinet, versez des sels de bain ou des huiles essentielles, sortez une serviette moelleuse, attachez vos cheveux et oubliez le monde extérieur en vous plongeant dans la baignoire. À mon avis, les bains valent la prière et la méditation pour se ressourcer et se centrer. En effet, lorsque nous flottons dans une exquise eau chaude parfumée, comment vouloir être ailleurs que dans l'instant présent ? Faites l'expérience d'un bain à la lueur d'une chandelle, au son d'une musique classique, avec un bon jus ou un livre (rien de trop fatigant), ou laissez tout simplement le silence vous envelopper en regardant l'eau chaude qui coule vous caresser les orteils.

Commencez à collectionner des objets pouvant contribuer au plaisir du bain : une brosse à long manche, un oreiller gonflable, un plateau. Lorsque les gens vous demandent des suggestions pour votre anniversaire, vos vacances ou la fête des Mères, demandez des produits pour le bain ; vous serez assurée d'en avoir toujours un assortiment à la portée. Il existe sur le marché une variété incroyable de sels, d'huiles, de poudres et de laits pour le bain. Essayez de découvrir vos favoris et considérez-les comme des luxes abordables. « Je ne connais aucun chagrin qu'un bain chaud ne peut aider à dissiper, ne serait-ce qu'un petit peu », écrivait Susan Glaspell, en 1911, dans *The Visioning* – probablement assise dans sa baignoire –, et elle parlait en connaissance de cause.

21 AVRIL

L'aromathérapie : le pouvoir régénérateur des odeurs

Les odeurs sont plus efficaces que les sons et la vue pour faire vibrer nos cordes sensibles.

RUDYARD KIPLING

Les sceptiques font les meilleurs chercheurs. J'ai fait cette constatation lorsque j'ai découvert les propriétés régénératrices et curatives des fragrances – domaine de l'aromathérapie – sur la recommandation d'un ami fiable qui est principal adjoint d'un collège le jour et mystique la nuit. Mais avant de faire mes propres expériences et de me convertir aux plaisirs des arômes, à leur pouvoir de guérison du corps, de l'esprit et de l'âme, ainsi qu'à leur capacité d'améliorer l'humeur et de dissiper le stress, j'étais convaincue que l'aromathérapie – l'art ancien d'utiliser des huiles essentielles ou des extraits de fleurs, de plantes, d'herbes et de fruits à des fins médicinales – n'était que supercherie nouvelâgeuse. En fait, cela fait des milliers d'années que l'aromathérapie fait partie des pratiques médicales de grandes civilisations, dont celles de l'Égypte ancienne et de Rome. Pourquoi ? Parce qu'elle a démontré son efficacité.

Pour ma part, j'ai découvert qu'un massage à l'huile de lavande sur les tempes peut me débarrasser d'un mal de tête, et que, lorsque je tombe en panne d'énergie, le café peut être avantageusement remplacé par la diffusion d'huiles essentielles : basilic (pour stimuler les fonctions cérébrales), romarin (pour activer la mémoire), menthe poivrée (pour des idées plus claires et une plus grande vivacité d'esprit) et sauge (pour ses propriétés tonifiantes en cas de fatigue et de tension mentale). Pendant que j'écris ces lignes, de vivifiantes émanations se répandent autour de moi, me procurant plaisir et inspiration.

Laissez-moi vous expliquer le fonctionnement de l'aromathérapie. L'odorat est le lien primordial entre le cerveau et le monde extérieur. Lorsque nous inhalons un parfum, les neurotransmetteurs déclenchent la production de substances biochimiques qui agissent sur notre humeur, nos sentiments et nos émotions. Quand une huile aromatique pénètre notre peau par l'eau du bain ou un massage, elle traverse l'épiderme, active notre système lymphatique et se rend au sang, ce qui a pour effet d'apaiser notre pauvre esprit épuisé.

Il existe plusieurs façons d'utiliser l'aromathérapie. Un massage du visage ou de tout le corps vous donnera l'impression de renaître. Vous pouvez aussi diffuser des arômes dans l'air environnant : versez quelques gouttes d'huiles essentielles (choisissez celles qui conviennent à vos besoins) et d'eau dans un diffuseur de céramique ou un vase à pot-pourri réchauffé par une chandelle. Vous pouvez encore verser un mélange d'huiles essentielles dans la baignoire ou en imprégner un mouchoir de coton que vous sortirez au besoin, inspirant lentement et profondément pour favoriser la détente. Vous pouvez également faire brûler de l'encens pendant votre méditation ou allumer une bougie parfumée quand vous lisez ou vous reposez dans votre chambre.

Aujourd'hui, intéressez-vous à l'aromathérapie et à son pouvoir d'apaisement et de régénération spirituelle. Helen Keller nous dit que « l'odeur est un puissant magicien qui nous transporte à des milliers de kilomètres et dans les années passées de notre vie ». Par leurs merveilleuses propriétés, les odeurs peuvent aussi rehausser les jours à venir.

22 AVRIL

L'éveil des sens

Rien ne peut guérir l'âme comme les sens ;
rien ne peut guérir les sens comme l'âme.

Oscar Wilde

Nous avons été créées pour connaître, interpréter et savourer le monde par nos sens – l'odorat, le goût, l'ouïe, le toucher, la vue et l'intuition. Nous sommes des êtres sensibles dotés de la capacité de « percevoir le monde dans sa beauté saisissante et ses horreurs, directement aux pulsations de notre pouls », nous dit la poète, pilote, auteure, exploratrice et naturaliste Diane Ackerman dans son délicieux ouvrage *Le Livre des sens*. Pourtant, la plupart d'entre nous vivotons dans la grisaille, sourdes au mystère qui nous entoure. Pour nous éveiller et « commencer à comprendre cette merveilleuse fièvre qu'est la conscience, nous devons essayer de comprendre nos sens », nous conseille Diane Ackerman. « Les sens ne font pas que donner *un sens* à la vie par leurs révélations audacieuses ou plus subtiles, ils découpent la réalité en pièces vibrantes et les rassemblent en un nouveau motif signifiant. »

Cette semaine, essayez de vous réserver tous les jours un moment pour vous émerveiller devant les cadeaux dont la nature vous a si généreusement comblée. Selon George Eliot (pseudonyme de l'écrivaine du XIXe siècle Mary Ann Evans), « si nous avions une vision et une perception pénétrantes de toute la réalité humaine ordinaire, ce serait comme entendre pousser l'herbe et battre le cœur de l'écureuil ; nous pourrions mourir de la clameur qui emplit l'autre versant du silence. Dans l'état actuel des choses, les plus agités d'entre nous ont les oreilles bouchées par leur bêtise ».

Aujourd'hui, regardez le ciel bleu, écoutez l'herbe pousser sous vos pieds, humez les odeurs du printemps, laissez les fruits de la terre fondre dans votre bouche, tendez les bras et embrassez ceux que vous aimez. Demandez à l'Esprit de vous éveiller à la dimension sacrée de vos perceptions sensorielles.

23 AVRIL

Parfum de femme

Le sens de l'odorat, peut-être plus que tous les autres,
a le pouvoir d'évoquer les souvenirs ;
il est dommage que nous n'en fassions pas plus grand usage.

RACHEL CARSON

N ous possédons toutes une odeur, aussi caractéristique que notre ADN, un amalgame unique de notre alimentation, de nos hormones, de notre hygiène et de notre état de santé. Napoléon écrivit un jour à son épouse Joséphine pour lui dire de « ne pas se laver », car il revenait à la maison trois jours plus tard et raffolait de son arôme naturel. Quand ma fille était plus jeune, elle aimait dormir avec mon oreiller et mon édredon de duvet lorsque j'étais partie en voyage d'affaires, car « ils sentent comme toi, maman ». Quand mon père est mort, il y a plusieurs années, ma mère m'a fait cadeau de ses mouchoirs. J'en garde un dans un tiroir de ma table de chevet; quand j'y plonge mon nez, je retrouve immédiatement la présence réconfortante de mon père grâce à la mémoire olfactive qui transporte son amour à travers le temps, l'espace et l'éternité.

Notre maison a aussi une odeur qui lui est propre. L'arôme du pain qui sort du four, le parfum de citron des meubles fraîchement polis, la senteur du chat en rogne, du chien mouillé, de la boue sur le paillasson, des vêtements dans le panier à linge sale. L'odeur du café, du bacon et des fruits mûrs dans la cuisine; celle du savon dans la salle de bains, des draps froissés dans la chambre, des fleurs coupées, du pot-pourri, des bûches qui se consument et des journaux dans le salon.

Comme nous le rappelle Diane Ackerman, « non seulement les odeurs évoquent-elles des souvenirs, mais elles raniment également nos sens engourdis, nous procurent d'agréables sensations, nous aident à définir notre image de nous, avivent notre pouvoir de séduction, nous avertissent du danger, nous font succomber à la tentation, attisent notre ferveur religieuse, nous élèvent jusqu'au ciel, nous incitent à épouser une mode, nous invitent à la volupté ».

Qu'arriverait-il si nous perdions notre sens de l'odorat, si nous étions soudain victimes d'anosmie, comme le sont deux millions d'Américains ? Sans cette boussole interne, nous serions démunies et désorientées.

Aujourd'hui, savourez les plaisirs olfactifs. Délectez-vous d'arômes agréables. Faites une excursion créative dans un marché italien, allez dîner dans un restaurant chinois, flânez dans une librairie de livres d'occasion, arrêtez-vous au comptoir des parfums dans un grand magasin et remplissez-vous des délicieux effluves qui y voyagent. Allongez-vous sur l'herbe, retournez la terre du jardin, plongez votre nez dans un bouquet de muguet et humez la douceur du printemps. Faites une marche dans les bois, dans un jardin ou dans les environs après une pluie ; procurez-vous des herbes aromatiques – romarin, sauge, verveine citronnée, estragon, menthe, laurier et lavande – pour vous faire un jardin miniature sur une étagère de la cuisine ; placez un géranium odorant dans la salle de bain. Faites cuire des tomates, de l'ail, des oignons, de la saucisse et des poivrons dans de l'huile d'olive et servez le tout sur des nouilles fraîches ce soir ; faites mijoter des clous de girofle, des pelures d'orange, de la cannelle et des pommes pour répandre leurs délicieuses émanations dans l'air ; composez votre propre pot-pourri ; prenez un bain parfumé et renouez avec votre premier souvenir olfactif, celui de la poudre pour bébé Johnson.

Le monde qui nous entoure regorge d'odeurs exquises qui peuvent évoquer des souvenirs, colorer nos émotions et transformer notre humeur et nos sentiments. Le pouvoir des odeurs était à ce point sacré que Dieu ordonna à Moïse de bâtir un autel pour y brûler de l'encens pendant ses prières. Aujourd'hui, lorsque vous sentirez des odeurs agréables, rendez grâce pour ce magnifique cadeau.

24 AVRIL

Le goût de vivre

Je vous souhaite la prospérité, avec juste un peu plus de goût.

ALAIN-RENÉ LE SAGE

L e goût est le frère cadet de l'odorat ; il écoute les conseils de son aîné pour bien débuter dans la vie, mais il a très hâte de se lancer seul dans le grand monde. Dans *Le Livre des sens*, Diane Ackerman nous fait remarquer qu'un enfant possède un plus grand nombre de papilles gustatives qu'un adulte (qui possède dix mille capteurs gustatifs dans la bouche, surtout sur la langue mais aussi dans le palais, le pharynx et les amygdales). Chose étonnante, nos papilles gustatives meurent et se régénèrent tous les dix jours. Lorsque nous avons passé le cap de la cinquantaine, cependant, elles ne se régénèrent plus aussi souvent que nous pourrions le désirer. L'idée selon laquelle nos sens s'émoussent avec l'âge et requièrent donc des stimuli nouveaux est, hélas, fondée.

Le mot *goût* possède une double signification. Pour explorer et célébrer les plaisirs de ce sens éminemment personnel, nous devons tenir compte de ses deux définitions. La première définition se rapporte à la faculté sensorielle qui nous permet de reconnaître les substances qui se dissolvent dans la bouche comme étant sucrées, sures, amères ou salées. L'autre définition fait référence à la faculté de discerner et d'apprécier les choses pour le plaisir qu'elles nous procurent.

Aujourd'hui, explorez de nouvelles façons d'augmenter votre aptitude au plaisir – votre goût de la vie – en vous livrant aux joies de ce sens à la fois simple et très complexe.

D'abord, partez à la recherche d'épiceries exotiques (caraïbes, orientales, indiennes ou pakistanaises, italiennes, cajuns, allemandes, hispaniques, casher ou autres). Faites preuve d'ouverture et de curiosité. Un monde de délices à découvrir et à savourer vous attend. Humez les arômes capiteux et achetez un aliment exotique que vous cuisinerez pour la première fois cette semaine.

Ensuite, faites le ménage de votre armoire à épices. C'est là une activité à la fois symbolique et nécessaire. Après tout, la variété met du piquant dans notre vie ; des épices fraîches sauront combler notre goût de saveurs nouvelles. Je n'avais pas pris le temps de ranger mon armoire à épices depuis notre déménagement, jusqu'à ce que je m'engage dans la voie de l'abondance dans la simplicité et que j'essaie de mettre de l'ordre dans mon quotidien. C'est à ma grande stupéfaction que je vous fais cette confidence à la fois pathétique et embarrassante : lorsque je me suis attaquée à mon armoire à épices, j'ai constaté avec ébahissement que je possédais onze bouteilles d'épices à volaille et onze boîtes d'épices pour la tarte à la citrouille. Pouvez-vous imaginer l'espace occupé par vingt-deux boîtes d'épices ?

Nul besoin de recourir à Miss Marple pour déduire ce qui s'était passé dans la vie de la femme responsable de cette cuisine. Tous les ans depuis 1981, elle s'était procuré de nouvelles boîtes d'épices à volaille et d'épices pour la tarte à la citrouille à l'occasion de l'Action de grâce. Pourquoi toujours de nouvelles boîtes ? Est-ce parce qu'à l'exemple d'un chef renommé, elle tenait religieusement à la fraîcheur des épices ?

Je ne crois pas.

C'est plutôt parce que cette maîtresse de maison épuisée et désorganisée ne savait pas qu'il lui restait des épices de l'année précédente et ne voulait surtout pas en manquer.

Tirez la leçon de cette histoire navrante. J'ai la vague impression que je ne suis pas la seule femme en Amérique à posséder de nombreux souvenirs des Actions de grâce passées. Il faut nettoyer notre armoire à épices si nous voulons faire de la place pour de nouvelles épices (pour votre information, les graines de cardamome et de coriandre se fossilisent au bout de dix ans) dont nous nous servirons pour raviver notre sens du goût. Que diriez-vous d'un curry à l'indienne accompagné de riz et de chutney à la mangue pour souper, d'une lasagne aromatisée de basilic, d'origan et d'ail, ou encore d'un *chili con carne*? On raconte que les dernières paroles du célèbre colon Kit Carson avant de mourir ont été celles-ci : « Si seulement j'avais le temps de manger un autre bol de *chili* ». Nous, Dieu merci, nous l'avons.

Bon appétit !

25 AVRIL

Par une journée claire...
vous pouvez voir pour l'éternité

La plus belle chose qu'un être humain puisse accomplir ici-bas,
c'est de voir quelque chose. [...] Voir clair, c'est la poésie, la prophétie
et la religion réunies.

JOHN RUSKIN

J'ai atteint cet âge ingrat où je ne vois pas mieux avec mes lunettes que sans elles. Je les trimballe donc partout où je vais et panique chaque fois que je les égare. Cette transformation de mes yeux de femme mûre m'a fait prendre profondément conscience de la richesse que constitue une vision claire.

Une de mes amies, Susan Abbott, est une artiste extraordinaire qui fait des aquarelles panoramiques d'une beauté et d'un détail exquis. Avec ses yeux et ses mains, elle réussit à saisir le quotidien en portant une attention pénétrante aux subtiles nuances de ce qui l'entoure. Pour Susan, tout est porteur de sens et d'inspiration. Comme un photographe de talent, elle crée des arrangements qui saisissent l'instant avec une clarté éblouissante. Pour les artistes, le sens de la vue est particulièrement sacré.

«Si seulement nous pouvions nous débarrasser de notre cerveau et n'utiliser que nos yeux», disait Picasso, nous serions éblouis par le monde environnant. «Un œil voit, l'autre sent», a un jour déclaré l'artiste suisse Paul Klee. Paul Cézanne, pour sa part, a mis en doute ses facultés de perception en vieillissant et s'est demandé si l'originalité de son œuvre n'était pas due à une anomalie. À cause de ses problèmes de vision, il a considéré la possibilité que sa façon unique de voir le monde et de le représenter sur la toile par traits de pinceau soignés relevât davantage de l'accident que du génie. Mais c'est sans doute Georgia O'Keefe qui illustre le mieux mes propos quand elle affirme que «d'une certaine façon, personne ne voit vraiment la fleur; elle est trop petite, nous n'avons pas le temps – et il faut du temps pour voir, comme il en faut pour se faire un ami ».

Il faut du temps pour voir. Nous n'avons pas le temps. Voilà une vérité implacable qui fait frissonner notre âme. La plupart d'entre nous avons reçu un don merveilleux – la faculté de voir – mais ne prenons pas le temps de jeter plus qu'un coup d'œil autour de nous. Nous tenons le sens de la vue pour acquis. Une bonne amie aux prises avec un grave problème de vision me parle de sa crainte de perdre la vue, et je me sens impuissante. Elle se plaint de ne plus pouvoir conduire ses enfants à l'école ou chez le dentiste, faire l'épicerie, essayer de nouvelles recettes, lire le journal, voir les visages de ceux qu'elle aime, se maquiller. De précieux moments qui tissent la toile de nos jours et de notre vie.

Aujourd'hui, regardez attentivement ce qui vous entoure – votre famille, votre maison, vos animaux domestiques, vos collègues de travail et les inconnus que vous croisez dans la rue. Souriez à tous ceux que vous rencontrez car vous pouvez les *voir*. N'oubliez jamais l'importance de la vision. Quand Dieu créa le monde, il fit d'abord jaillir la Lumière pour être capable de voir; lorsqu'il eut terminé son travail, il lança un regard sur son œuvre et « vit que c'était bien ».

Nous aussi, nous devons voir que c'est bien.

26 AVRIL

Les accords majeurs et mineurs de la vie

Avec des balbutiements et des sons inaudibles,
je m'évertue à rendre fidèlement
la musique de ma nature.

ELIZABETH BARRETT BROWNING

P our la plupart d'entre nous qui avons la chance de jouir de tous nos sens, la perte la plus terrible serait celle de la vue. Mais Helen Keller, qui à l'âge de dix-neuf mois est devenue sourde et aveugle à la suite d'une mystérieuse fièvre, disait souffrir davantage de la surdité. Dans *Listening*, une méditation touchante sur la perte de l'ouïe, l'écrivaine Hannah Merker fait remarquer que « selon les psychologues, la surdité ou une diminution sensible de l'ouïe, si elle se produit après la naissance, est peut-être le plus grand traumatisme qu'il soit possible de vivre ».

Il y a une quinzaine d'années, j'étais en train de dîner avec ma fille dans notre restaurant préféré quand un lourd panneau du plafond m'est tombé sur la tête, ce qui m'a fait percuter contre la table. La blessure à la tête qui en a résulté m'a laissée partiellement handicapée pendant presque deux ans. Durant les trois premiers mois de convalescence, j'ai dû garder le lit ; mes sens étaient considérablement perturbés. Ma vision était trouble et j'étais très sensible à la lumière ; le simple fait de regarder les motifs de mon édredon dérangeait mon sens de l'équilibre à un point tel que j'ai dû le retourner pour avoir sous les yeux un tissu uni. Je ne pouvais ni lire ni comprendre les mots sur papier. Mais ce qui me désorientait le plus, c'était que mon ouïe fût atteinte. La musique m'étourdissait. Je ne pouvais même pas entretenir une conversation téléphonique ; sans repères visuels comme le mouvement des lèvres, je ne pouvais pas traiter les sons qui parvenaient à mes oreilles et leur donner un sens.

Ces séquelles inquiétantes ont duré assez longtemps. Après dix-huit mois, cependant, j'avais recouvré l'usage normal de mes sens – et j'en suis profondément reconnaissante. Je vous raconte cette histoire parce que je veux que vous compreniez à quel point nous tenons les choses pour acquises jusqu'à ce que nous les perdions, que ce soit de façon temporaire ou permanente. Cela m'attriste beaucoup de voir que bon nombre d'entre nous avons besoin d'une épreuve pour réagir. Aujourd'hui, j'essaie de faire de mon mieux pour ne pas rester à l'écart de la vie, les sens amortis, affaiblis, blasés, jusqu'à ce qu'un autre choc me rappelle brusquement la magie, les merveilles et le mystère de la vie. Vous devriez faire de même.

« Je me demande si je suis la seule à avoir l'oreille assez aiguisée pour entendre la musique venant non pas des sphères célestes, mais de la terre », écrivait Kate Chopin, en 1900. Pour ma part, voici mes sons préférés : le rythme rassurant de la respiration de mon mari, la nuit, quand je ne dors pas ; les mots « je t'aime » et « nous sommes rentrés » accompagnés d'un bruit de pas dans l'escalier ; la voix d'une bonne amie au téléphone ; la pluie sur le toit ; le ronronnement du chat ; le chien qui branle la queue ; le sifflement de la théière ; la mélodie des mots s'unissant pour former une phrase qui stimule l'imagination et illumine l'âme ; le son exquis du silence qui m'envahit quand je lâche prise pour un instant et laisse l'Univers libre d'agir sans mon aide ou ma supervision ; et, enfin, la musique – une musique apaisante, inspirante et émouvante qui m'entraîne soudain dans des vagues de béatitude. Le concerto de la vie se fait entendre ; le cœur rempli de gratitude, laissez-vous charmer par ses magnifiques accords majeurs et mineurs.

27 AVRIL

Tendez la main et touchez quelqu'un

Ô monde invisible, nous te voyons,
Ô monde intangible, nous te touchons,
Ô monde inconnaissable, nous te connaissons.

FRANCIS THOMPSON

Le toucher est le premier sens dont nous faisons l'expérience quand des mains inconnues nous font passer du royaume obscur de l'âme à la lumière crue et froide de la terre. Contrastant avec la sécurité et la chaleur de l'utérus, l'air frais assaille notre fragile corps nu jusqu'à ce que nous soyons réconfortés par l'étreinte de notre mère, guidés par le sens du toucher, dans ces premiers moments de conscience. Pour plusieurs, le toucher est également leur dernière expérience sensorielle lorsqu'ils quittent cette vie ; ils sentiront la pression de la main d'un être cher alors que la vue, l'odorat, l'ouïe et le goût les ont déjà quittés. « Le toucher est le premier des sens à s'allumer, et souvent le dernier à s'éteindre. Longtemps après que nos yeux nous ont trahis, nos mains nous demeurent fidèles », nous dit Frederich Sachs.

Nous dirons qu'une chose *touche* notre corde sensible. Lorsque nous nous sentons perdues, dispersées, désorientées, nous faisons souvent référence à cet état comme à une « perte de contact » avec la réalité. « Avez-vous embrassé votre enfant aujourd'hui ? », pouvons-nous lire sur certains autocollants de pare-chocs. L'avez-vous fait ? Nous avons tous besoin d'être étreints et touchés, non seulement pour bien nous développer, mais pour survivre.

Une de mes bonnes amies, qui vit seule avec ses deux enfants et trime dur, s'offre régulièrement un massage thérapeutique du visage et du corps. Elle se débrouille pour inclure dans son budget cette dépense qu'elle perçoit comme un traitement préventif – non couvert par son assurance maladie, mais nécessaire à sa paix d'esprit et à son bien-être. Elle m'a expliqué un jour que dans sa situation actuelle – sans homme dans sa vie –, elle était rarement touchée et se sentait souvent à bout, mal en point et en manque d'affection, jusqu'à ce qu'elle se rende compte qu'elle avait besoin d'un toucher thérapeutique. Depuis qu'elle reçoit un massage tous les mois, elle est rarement malade et déborde d'énergie, ce qui lui permet de mener sa vie trépidante et exigeante. Elle dit que l'effet apaisant d'un massage peut durer trois semaines, après quoi le temps est venu d'une autre séance. « Tu devrais l'essayer », m'a-t-elle conseillé, mais je ne l'ai pas fait car je n'en voyais pas l'utilité, jusqu'à ce qu'elle prenne l'initiative de m'offrir un massage pour mon anniversaire.

Voici comment je suis devenue « sensuelle » – se dit de qui sait profiter des plaisirs des sens – plutôt qu'»hédoniste », qui fait référence à une recherche excessive des plaisirs physiques. Prenez une femme exténuée et isolez-la dans une pièce tranquille pendant une heure. Puis, éveillez ses sens par les doux effluves d'huiles essentielles, un massage relaxant du visage et du corps (et particulièrement des pieds et des orteils), les accords mélodieux du *Canon* de Pachelbel comme fond sonore, la vue de rayons de soleil qui dansent sur le parquet de bois et le goût rafraîchissant d'une eau minérale citronnée, quand cette sublime séance prend fin.

Mon premier massage a été une expérience fascinante qui m'a fait oublier le temps. Lorsqu'il a pris fin, j'étais remplie de paix, de joie et de calme, comme si j'avais bu du champagne pour déjeuner ou vécu une expérience mystique. Cette euphorie a duré plusieurs heures ; la nuit suivante, j'ai dormi comme un bébé. Le lendemain, je me sentais prête à porter le monde sur mes épaules.

Une campagne publicitaire de AT & T, populaire durant les années 80, nous invitait à « tendre la main et toucher quelqu'un ». Aujourd'hui, redécouvrez ce sens puissant et réconfortant, trop souvent négligé. Serrez vos enfants dans vos bras (même s'ils sont grands ou récalcitrants) et caressez leurs cheveux, embrassez votre compagnon de vie, flattez votre chien ou votre chat, portez attention à la sensation que procurent différents tissus sur votre peau. Préférez-vous la soie, la fourrure ou la laine d'agneau ? Prenez un bain voluptueux dans une eau chaude et parfumée, puis dormez nue dans des draps de coton propres. (Si vous ne dormez pas seule, préparez-vous à ce qui peut s'ensuivre). Considérez la possibilité de vous payer un massage thérapeutique. Informez-vous des prix (une séance coûte environ 50 $) et économisez 5 $ par semaine jusqu'à ce que vous puissiez vous le permettre. Ne vous sentez pas coupable ! Envisagez ce massage au même titre qu'un nettoyage de dents, un rendez-vous chez le coiffeur ou une nouvelle paire de lunettes – des dépenses occasionnelles mais nécessaires pour votre bien-être physique.

Le poète anglais William Wordsworth écrivait : « Elle semblait ne pas pouvoir sentir ; la caresse des années terrestres ». Devenons des femmes qui embrassent avec passion leurs années de vie terrestre et prennent plaisir à toucher et à être touchées.

28 AVRIL

Le sixième sens

L'intuition est une faculté spirituelle ; sans donner d'explications,
elle indique le bon chemin.

FLORENCE SCOVEL SHINN

On fait parfois référence à l'intuition comme à un « sixième sens », souvent attribué aux femmes. L'écrivain anglais D. H. Lawrence a défini cette faculté comme l'intelligence « issue de la sexualité et de la beauté », tandis que l'anthropologue Margaret Mead est arrivée à la conclusion que l'intuition féminine serait le résultat de notre « entraînement millénaire aux rapports humains ». Je n'ai pas l'intention de discuter l'existence de l'intuition – la faculté de connaître quelque chose sans preuve rationnelle –, parce que je *sais* qu'elle existe. Vous le savez comme moi. Ce qui m'intéresse ici, c'est plutôt de savoir si vous vous servez de votre intuition, si vous avez appris à vous mettre à l'écoute de la voix intérieure qui ne cesse de vous envoyer des signaux. Imaginez que vous êtes un poste de radio. Captez-vous clairement les ondes de la station intuitive afin d'en recevoir l'information dont vous avez besoin au moment où vous en avez besoin, ou la communication est-elle brouillée par des parasites ?

L'intuition est le sens subliminal dont l'Esprit nous a dotées pour nous aider à nous diriger dans le labyrinthe de la vie quotidienne. Les animaux sauvages dépendent de leur instinct pour survivre ; nous dépendons de notre intuition pour nous épanouir. « Le seul moyen de mener une vie riche, c'est de vous fier à votre instinct profond ; si vous laissez votre peur des conséquences inhiber cet instinct, votre vie risque d'être sûre, convenable et limitée », écrivait Katharine Butler Hathaway en 1946.

Pour entrer en communication avec nous, l'intuition se montre très ingénieuse. Parmi les moyens qu'elle utilise, il y a le « spasme intelligent des tripes » – comme l'appelle mon amie Dona

Cooper, scénariste –, qui nous saisit en déclenchant chez nous une réaction physique, viscérale. Le frisson émotif qui accompagne une inspiration créatrice ou celui qui nous avertit de ne pas poser un geste en sont d'autres exemples. Un autre moyen encore que peut prendre notre intuition est l'impulsion soudaine qui nous incite à essayer une chose nouvelle ; si nous suivons cet élan, nous serons rarement déçues. Le concours de l'intuition peut également prendre la forme d'une révélation : ce savoir intime qui nous amène à être au bon endroit au bon moment. Nous sommes alors entraînées, par d'heureuses coïncidences, là où nous devons être, tout simplement, selon le plan de l'Univers qui sait si bien arranger les choses.

Aujourd'hui, rentrez en vous-même et puisez à la sagesse de la femme authentique en vous. Demandez-lui de guider vos pas. Elle guette résolument les occasions de vous parler par le truchement des murmures de votre imagination et des lueurs de votre intuition. Mais si vous voulez apprendre à développer le merveilleux pouvoir de l'intuition, vous devez d'abord lui faire confiance. Servez-vous-en pour de petites choses. Si vous l'utilisez tous les jours, votre sixième sens s'épanouira et enrichira votre vie comme les cinq autres sens. William Wordsworth croyait qu'il est à la portée de tous de « faire mûrir la conviction et la croyance ; pour qu'elles deviennent foi, et que la foi devienne ; une intuition passionnée. »

Et il avait raison.

29 AVRIL

Le charme féminin

Prendre plaisir à la vie est le meilleur des cosmétiques.

ROSALIND RUSSELL

Ingrid Bergman en dégageait beaucoup dans *Casablanca*. Cinquante ans plus tard, Michelle Pfeiffer en était la personnification dans la peau de la comtesse Ellen Olenska, l'héroïne d'Edith Wharton dans le film *Le Temps de l'innocence*. Je parle bien sûr du charme, ce fascinant pouvoir d'attraction ou de séduction de qui sait tirer parti de ses attraits et s'entourer de mystère.

Le mystère n'est pas très à la mode par les temps qui courent, et c'est bien dommage. Nous sommes à l'ère des *talk-shows* où l'on se met à nu, des livres et des journaux à potins. Selon Ntozake Shange, « là où il y a une femme, il y a de la magie », et je suis d'accord. Mais je crois aussi que là où il y a une femme, il devrait y avoir du mystère. Ce qui m'intrigue le plus, c'est le mystère qui entoure les femmes qui dégagent un charme fou sans que cela semble demander d'efforts. C'est là un aspect de la mystique féminine qui mérite réflexion. Qui sont ces femmes et comment sont-elles devenues ces êtres supérieurs ?

Vous les apercevez dans des rencontres d'affaires – confiantes, pleines d'assurance et en parfait contrôle d'elles-mêmes – ou affichant un sourire serein pendant qu'elles attendent dans le vestibule de l'école de pouvoir ramener les enfants à la maison, un bambin dans les bras et un autre sur les talons. Loin d'avoir l'air crevées, fatiguées ou exaspérées, elles sont magnifiques. Elles ne font pas que jongler, elles semblent flotter dans l'espace avec la plus grande aisance. « Quel est leur secret ? » vous demandez-vous. Une dose quotidienne de Prozac ? Beaucoup d'argent, une bonne organisation, la pensée positive, l'alignement favorable des astres ? Ou peut-être devrions-nous chercher plus en profondeur : des liens solides avec l'Esprit.

Mais leur arrive-t-il d'avoir affaire à un ordinateur qui fait défaut alors qu'elles sont à la dernière limite ? Leurs enfants se lamentent-ils parfois ? Doivent-elles faire remorquer leur voiture ou conduire chez le vétérinaire leur chien hérissé d'aiguilles de porc-épic ? Ces choses arrivent à des gens comme vous et moi, ce qui explique qu'à certains moments, une escapade à Rio de Janeiro peut sembler alléchante. Mais alors, sans perdre une seconde, vous devez moucher un nez qui coule, changer une couche, faire dégeler la viande hachée au four à micro-ondes, mettre sur le feu une sauce à spaghetti, coudre un bouton, aider votre enfant à faire ses devoirs. Vous vous arrêtez un moment, juste assez pour vous demander ce que les autres feraient sans vous et vous rendre compte, au même moment, que vous êtes terriblement contente d'être là. À votre grande surprise, vous constatez que vous devez posséder un certain charme, car tout le monde dans la maison gravite autour de vous. Ils vous appellent même au milieu de la nuit.

Vous pouvez méditer sur le mystère qui vous entoure – sur le mystère de ce qui va se passer demain, par exemple. Plutôt que de vous inquiéter à ce sujet, vous pouvez décider de lâcher prise et d'observer ce qui se passe. Choisir de prendre plaisir à votre vie quotidienne telle qu'elle se déroule, jour après jour, une heure à la fois, un battement de cœur après l'autre. « La vie est tellement ahurissante, confiait Emily Dickinson ; elle laisse si peu de temps pour le reste. » On ne verra peut-être jamais votre visage à l'écran. Le mien non plus. Mais nous pouvons prendre conscience que le simple fait de vivre et d'y prendre plaisir nous confère un charme indéniable.

30 AVRIL

Quels ont été vos jours de gloire ?

Je ne crois pas qu'un maquillage et une belle coiffure suffisent pour embellir une femme. La femme la plus radieuse dans une pièce est celle qui déborde de vie et d'expérience.

SHARON STONE

Aujourd'hui, revivez en pensée les moments de votre vie où vous vous êtes sentie vraiment en beauté. Pour ma part, j'ai eu la surprise de découvrir que mes véritables moments de gloire avaient été l'œuvre d'une force plus puissante que celle de la coiffure, du maquillage et des vêtements.

Ces moments bénis, ce furent le jour de mon mariage, celui de la naissance de notre fille et la première fois que j'ai animé un atelier sur « la voie de l'abondance dans la simplicité ». Le jour où je me suis mariée, pourtant, mes cheveux étaient particulièrement rebelles. Pendant que mon futur mari m'attendait, mal à l'aise dans une pièce remplie d'invités curieux et intrigués, j'ai fait tant d'histoires à propos de ma coiffure que j'ai réussi à me présenter à mon propre mariage avec vingt minutes de retard. Étant donné que la cérémonie avait lieu chez des amis et que je me trouvais dans une pièce du deuxième étage, mon mari avait bien raison de s'interroger sur les causes de mon retard. Finalement, j'ai simplement mis mon chapeau à voilette et je suis descendue, un sourire aux lèvres, pour entreprendre ma nouvelle vie. Aujourd'hui, quand des amis regardent nos photos de mariage, ils ne font jamais de commentaires sur ma coiffure ; c'est plutôt mon air épanoui qui attire leur attention.

Une autre fois où je me suis sentie vraiment belle, c'est à l'occasion de la naissance de ma fille. Sur les photos, je ressemble à un béluga échoué sur un lit d'hôpital. Mais je suis rayonnante, et c'est ce qui saute aux yeux.

Après avoir donné mon premier atelier sur « la voie de l'abondance dans la simplicité », je suis revenue à ma chambre d'hôtel, où j'ai aperçu une très belle femme. J'étais stupéfaite. « Qui es-tu ? », ai-je demandé au visage dans le miroir, et mon moi authentique m'a souri. L'atelier avait été à ce point satisfaisant, excitant et inspirant, et j'avais eu un tel contact avec les participantes, que je m'étais sentie entraînée dans le courant enivrant de la vie ; mon visage radieux en était témoin.

Voici le secret qui m'a été révélé alors que j'essayais de résoudre l'énigme de la beauté. Mes « moments de gloire » avaient été tous différents, mais c'est l'amour, et non les ornements, qui avait été le dénominateur commun de ma métamorphose : l'amour pour mon mari, l'amour pour ma fille, l'amour pour mon travail. C'est peut-être là l'un des meilleurs trucs de beauté ; l'amour a le pouvoir de transcender nos limites physiques. « Plus je m'émerveille, plus j'aime », nous confie Alice Walker. Ne cessez jamais de vous émerveiller et vous verrez l'amour surgir du plus profond de votre être et vous submerger. Quand l'émerveillement et l'amour vous seront devenus aussi indispensables que le fond de teint et le fard à joues, vous deviendrez la plus belle femme du monde.

Petites douceurs d'avril

❖ Redécouvrez le plaisir de vous amuser, le jour du poisson d'avril. Surprenez votre entourage par votre fantaisie – sans leur infliger des farces embarrassantes. Imaginez plutôt des surprises comiques, saugrenues et amusantes. À la maison, virez tout sens dessus dessous: servez des pizzas miniatures pour déjeuner et des crêpes ou des gaufres pour souper. Après l'école, dites à vos enfants qu'ils ont un rendez-vous chez le médecin ou le dentiste, et amenez-les déguster un cornet de crème glacée.

❖ Procurez-vous un exemplaire du *Livre des sens*, cette merveilleuse exploration de Diane Ackerman. Adonnez-vous à une joyeuse séance de lecture qui risque fort de vous intriguer et de vous éveiller aux plaisirs des sens.

❖ Avril est un mois magnifique pour faire des marches, que ce soit sous une pluie tiède ou sous le timide soleil du printemps. Laissez-vous revigorer par les odeurs de la terre qui se réveille et par les douces couleurs de Mère Nature. Rappelez-vous la chance que vous avez d'être en vie, tout simplement.

❖ Entrez dans une boutique de chapeaux et essayez-en plusieurs. Un chapeau noir de feutre mou vous donne grande allure, mais c'est plutôt le chapeau de paille à larges bords, décoré d'une rose, qui vous a tapé dans l'œil? Prenez plaisir à jongler avec toutes les possibilités. Vous aurez peut-être une vision fugitive de votre moi authentique dans le miroir.

❖ Faites une excursion créative dans un grand magasin de tissus, même si vous ne savez pas coudre. Allez fouiller dans les coupons de tissus. Ils peuvent faire de superbes nappes ou dessus de meubles qui ne vous coûteront presque rien. Feuilletez le livre de patrons. Visualisez diverses possibilités. Y a-t-il quelque chose que vous aimeriez confectionner pour vous-même ou pour la maison? Tout est possible. Pourquoi ne pas vous mettre à la recherche d'un cours de couture offert dans le cadre d'un programme d'éducation aux adultes?

❖ Mettez de l'ordre dans votre tiroir de sous-vêtements; débarrassez-vous de vos vieux soutiens-gorge et slips et offrez-vous-en de nouveaux, jolis à souhait. Tapissez le tiroir de papier parfumé et glissez-y des sachets de lavande.

❖ Jetez un coup d'œil à votre nécessaire à maquillage et envoyez à la poubelle ce qui est sec ou trop vieux. Remplacez les couleurs foncées par des tons plus pâles pour le printemps. Apprenez l'art d'appliquer le fond de teint avec une éponge ou une brosse plutôt qu'avec vos doigts pour un effet plus naturel. Allez faire un tour à la section maquillage d'un grand magasin et faites enquête pour découvrir les endroits où l'on offre un maquillage gratuit. (Plusieurs compagnies de cosmétiques lancent sur leur marché leur nouvelle ligne printanière en ce moment). Vous n'aurez rien à acheter! Lorsque la maquilleuse aura terminé, remerciez-la avec enthousiasme et dites-lui que vous voulez tester votre nouveau look avant d'investir dans de nouveaux produits.

❖ Allez fureter chez un disquaire. Découvrez la diversité des genres de musique : classique, country, rock, nouvel âge, gospel, opéra, jazz, rhythm and blues, soul. À la radio, essayez une nouvelle station qui vous fera découvrir des airs très différents de votre musique habituelle. Avant d'acheter quoi que ce soit, allez faire un tour dans une grande bibliothèque pour vous familiariser avec les nouveaux disques compacts et cassettes. Passez quelques heures en silence – profitant d'un moment où vous êtes seule à la maison – et appréciez-en tous les bienfaits.

❖ Recueillez de l'eau de pluie pour vous laver les cheveux. À l'époque victorienne, les femmes affirmaient que cela rendait leurs cheveux plus soyeux.

❖ Essayez un nouveau parfum pour le printemps – eau de rose, lilas, muguet, par exemple. Parfumez-vous tous les jours avec un parfum que vous aimez.

❖ Décorez des œufs de Pâques et cachez-les pour amuser les enfants de tous les âges.

❖ Redécouvrez les plaisirs du vagabondage de fin de semaine ; partez à la recherche de linge d'époque dans des ventes de succession, ou de plantes et de fines herbes dans les marchés extérieurs.

❖ S'il pleut, blottissez-vous sous une couverture, au beau milieu de l'après-midi, et écoutez la pluie qui tombe sur le toit.

❖ Faites des brioches. Mangez des *jelly beans*.

- ❖ Offrez-vous un chapeau qui vous va particulièrement bien ou décorez un vieux chapeau.

- ❖ Plongez dans l'univers de l'aromathérapie ; découvrez ses vertus thérapeutiques et esthétiques en consultant *The Art of Aromatherapy*, de Robert B. Tisserand. Sachez cependant que les huiles essentielles ne doivent pas être avalées car elles peuvent être toxiques ou même mortelles. *Elles sont pour usage externe seulement.* Si vous avez une peau sensible, faites un essai sur votre bras avant de mettre un produit dans votre eau de bain. Gardez toutes vos huiles essentielles hors de la portée des enfants et traitez-les de la même façon qu'un médicament. Le millepertuis (ou herbe de la Saint-Jean), par exemple, ne doit pas être utilisé par les femmes enceintes. De plus, il faut éviter de se servir des huiles essentielles à l'état pur sur le corps ; elles doivent être mélangées à une base neutre comme une huile d'amande, de germe de blé ou de jojoba. Renseignez-vous sur ce sujet et informez-vous auprès d'aromathérapeutes compétents. Vous en trouverez par l'intermédiaire d'un magasin d'aliments naturels, d'une herboristerie, d'une boutique de produits de beauté naturels, d'un centre de massage thérapeutique, ou par le bouche à oreille. Cherchez et vous trouverez.

MAI

Laissez toutes vos joies ressembler au mois de mai.

FRANCIS QUARLES

L e mois de mai déploie ses charmes ; le printemps a enfin tenu
ses promesses. Ce mois-ci, nous dirigeons notre attention vers
la maison. Tout en continuant d'intégrer la simplicité à la trame de
notre vie quotidienne, nous faisons plus ample connaissance avec
le pouvoir de transformation du troisième principe de l'abondance
dans la simplicité – l'ordre. Avec un regard neuf et un cœur aimant
et reconnaissant, nous revoyons notre routine journalière. En
apprenant à goûter les instants de grâce quotidiens, nous rencontrons le sacré dans l'ordinaire.

1er MAI

Épiphanies quotidiennes

Aujourd'hui, un nouveau soleil se lève pour moi ; tout vit, tout s'anime,
tout semble me parler de ma passion, tout m'invite à la chérir.

ANNE DE LENCLOS

U ne des plus célèbres élégies jamais publiées est l'*Élégie écrite dans un cimetière campagnard*, du poète anglais Thomas Gray. Lors d'une promenade nocturne dans un cimetière, en 1750, le poète réfléchit sur le sens de la vie, sur le labeur de ceux qui réussissent et de ceux qui ne réussissent pas, le ridicule de l'ambition, la bataille que livrent le pauvre comme le riche pour trouver le bonheur ; au bout du compte, se demande-t-il, cela fait-il une différence pour ceux qui reposent « sur les genoux de la terre » ? Pas tellement, en vient à conclure Gray : les joies simples sont parties pour toujours, la destinée s'estompe. « Pour eux, le feu ne brûlera plus jamais dans l'âtre / la ménagère n'accomplira plus ses tâches du soir [...] les chemins de la gloire aboutissent tous à la tombe. »

Nous devrions écrire une élégie à la gloire de chaque jour qui nous a glissé entre les doigts et que nous n'avons ni remarqué, ni apprécié. Mieux encore, nous devrions écrire un chant d'action de grâce pour tous les jours qui nous restent.

Parfois, nous laissons la parole au poète en nous qui chante chaque précieux moment de notre vie. Plus souvent, toutefois, nous écoulons nos jours dans un brouillard, ou dans la frénésie, jusqu'au moment où nous sommes ramenées brusquement à la conscience par la menace imprévue de perdre quelque chose qui nous est cher, et que nous avons tenu pour acquis. J'ai appelé ces moments lumineux des « épiphanies quotidiennes » parce qu'ils nous révèlent ce que nous avons, ce que nous avons évité et ce pour quoi nous devons remercier. Grâce au mystérieux amalgame de la grâce et de la gratitude, ce qui aurait pu devenir une élégie se transmue en exultation : notre guérison ou celle d'un être cher après une grave maladie, le soulagement éprouvé quand un enfant que nous croyions perdu, ne serait-ce que quelques minutes, est retrouvé indemne, une réconciliation après une querelle douloureuse, la prise de conscience du privilège d'exercer un métier que nous aimons, les réjouissances qui soulignent un rite de passage longtemps attendu, la satisfaction du travail accompli, la sérénité qui nous envahit une fois que nous avons cessé de nous battre.

Chacun de ces instants de grâce – ces épiphanies – nous porte à chérir tout ce qui vient. Aujourd'hui, un nouveau soleil s'est levé. Tout vit. Tout peut parler à votre âme avec passion, si vous savez vous arrêter pour écouter. « Vous devez compter vivre chaque jour sans exception de façon à être contente de votre vie, nous suggère l'actrice Jane Seymour. Ainsi, si elle se terminait demain, vous partiriez heureuse. »

2 MAI

Vivre dans la maison de l'Esprit

Comment être heureux quand on est malheureux ?
Planter des pavots japonais avec des centaurées et du réséda ;
repiquer les pétunias parmi les pois de senteur pour qu'ils mêlent
leurs parfums. Voir les pois de senteur éclore.

Boire un bon thé dans une tasse de porcelaine de Worcester
d'une teinte entre l'abricot et le rose...

RUMER GODDEN

« C'étaient les petites choses, prises et savourées une par une, qui aidaient », écrivait l'auteure anglaise Rumer Godden dans *A House with Four Rooms*, fascinant compte rendu d'une vie authentique. «Prends le temps de les savourer», se disait-elle quand la vie était chaotique.

C'est le chaos ici aujourd'hui; mes horaires se bousculent, mes besoins entrent en conflit, et toute la maison est en désordre, manifeste expression de ma confusion intérieure. Mon penchant naturel – auquel je résiste par un énorme effort de volonté – serait de me lancer dans le ménage. Mais si j'interromps mon travail pour ranger, je vais bouleverser le rythme de ma journée. Je ne dispose que de quelques heures consécutives par jour pour travailler, quand ma fille est à l'école. Quelques précieuses heures pour me concentrer sur une pensée et la suivre mot à mot jusqu'au bout, même si cela prend toute la matinée.

Une des choses que j'aime le plus dans l'œuvre de Rumer Godden, c'est l'habileté avec laquelle elle entrelace les fils colorés de sa vie extraordinaire – les dimensions domestique, créative et spirituelle; l'ourlet qui assure leur cohésion bâille rarement, comme le mien le fait, plus souvent que je ne veux l'admettre. Au cours d'une carrière de près de soixante ans entreprise en 1936, elle a écrit cinquante-sept livres: romans pour adultes et pour enfants, essais, recueils de nouvelles et poésie. Plusieurs de ses romans, empreints de mysticisme, célèbrent la fécondité de la Vie: la magie, le mystère et l'ordinaire. Le *New York Times* voyait en elle un écrivain qui «appartient au petit cercle sélect de femmes – dont faisaient aussi partie Isak Dinesen et Beryl Markham – qui réussissaient très bien tout ce qu'elles entreprenaient, qu'il s'agît de chasser le tigre, de séduire les hommes, d'organiser une élégante réception ou de connaître la célébrité». De tous ses livres, cependant, ce sont ses mémoires que je préfère. Je suis fascinée par la façon dont elle a vécu, pris soin de sa famille et aménagé de nombreuses maisons aux quatre coins du monde à partir de presque rien, tout en poursuivant presque sans arrêt son œuvre littéraire. C'est une conteuse extraordinaire, mais son histoire la plus captivante est celle de sa propre vie.

L'art sacré qui consiste à créer et à entretenir des havres de paix où trouver et savourer des joies simples, à l'écart du monde, est un thème qui revient régulièrement dans son œuvre, que ces refuges se situent dans un couvent ou un solarium à l'étage. Pour Rumer Godden, le secret d'une vie authentique semble avoir été d'habiter la maison de l'Esprit, quel qu'ait été son lieu de résidence. Un proverbe indien dit que «chaque personne est une maison comprenant quatre pièces – le physique, le mental, l'émotionnel et le spirituel. Nous avons souvent tendance à n'habiter la plupart du temps qu'une seule de ces pièces ; mais si nous n'allons pas tous les jours dans chaque pièce, ne fût-ce que pour l'aérer, nous ne sommes pas des êtres complets ».

3 MAI

Un havre de paix dans un monde agité

Chaque esprit se construit une maison ; par-delà cette maison,
un univers, et par-delà son univers, un paradis.
Sachez que cet univers est à votre portée.

RALPH WALDO EMERSON

Au XIXe siècle, le foyer était considéré comme le « paradis sur terre », un havre de paix dans un monde incertain. Quand un homme, une femme ou un enfant en franchissait le seuil, ils étaient à l'abri, « non seulement des coups, écrit John Ruskin, mais de la peur, du doute et de la division ». Aujourd'hui, bon nombre d'entre nous avons la nostalgie de l'époque victorienne, qui nous apparaît si paisible, douce et gracieuse, complètement à l'opposé de la nôtre. Pourtant, les quatre décennies allant de la guerre de Sécession à la fin du XIXe siècle comptent parmi les années les plus tumultueuses de notre histoire sur les plans politique, social et économique. Pourquoi donc cette période de profonds bouleversements nous apparaît-elle maintenant comme une époque d'innocence, de stabilité et de tranquillité ?

Selon moi, cela s'explique en grande partie par l'amour que nous ont laissé en héritage nos aïeules, qui régnaient sur leur foyer aussi sûrement que la reine Victoria sur son empire. Bien que privées du droit de vote et d'autres attributs extérieurs du pouvoir (dont un revenu personnel et l'autonomie), les femmes de cette époque étaient la pierre angulaire physique, morale et spirituelle de leur foyer; c'est à elles qu'incombait la responsabilité de créer un refuge beau, confortable et heureux pour protéger, nourrir et soutenir les êtres qu'elles aimaient. Pour y arriver, ces femmes ordinaires de la classe moyenne ont élevé la poursuite du bonheur domestique au rang d'un art extraordinaire qui s'exprimait de diverses façons – du dîner dominical où l'on sortait le service de table de toile blanche au pique-nique du jour de l'Indépendance agrémenté de la traditionnelle nappe à carreaux bleu et blanc. Ces femmes abordaient les arts ménagers – la cuisine, la décoration, le jardinage, l'artisanat et les loisirs – non pas comme des fardeaux, mais comme des moyens d'expression ainsi que de persuasion. Les traditions célébrant les joies du foyer et de la vie familiale étaient le ciment spirituel qui liait les corps et les âmes, dans une société tumultueuse qui changeait à la vitesse de la lumière.

« Le foyer est notre point de départ », faisait observer T. S. Eliot. Aujourd'hui, plus d'un siècle après la naissance de ce dernier, le foyer est le lieu où bon nombre de femmes aspirent à retourner, sinon au sens propre, du moins au sens figuré. Prenez conscience que créer un havre de paix pour vous et vos proches et y consacrer quotidiennement temps, énergie et cœur est une activité sacrée. La vie n'est pas plus sûre qu'à l'époque de nos aïeules de l'ère victorienne. Comme ces dernières, envisageons l'avenir avec enthousiasme, résolues à créer une œuvre d'art durable : un havre de paix sécurisant où règnent l'amour et la joie.

4 MAI

La personnalité de notre foyer

Une maison est ce que vous êtes, non pas ce que vous devriez être.

JILL ROBINSON

Que nous le voulions ou non, notre foyer est un baromètre qui, sans nécessairement indiquer où nous nous dirigeons, reflète nos antécédents, ce qui se passe dans notre vie et ce que nous sommes aujourd'hui.

Je dois reconnaître que ce n'est pas là un constat des plus rassurants, particulièrement quand je jette un regard autour de moi au moment d'écrire ces lignes. C'est pourtant la vérité. «Que vous le vouliez ou non, vous vous exprimez dans votre foyer», affirmait la mère du style moderne, Elsie de Wolfe, dont le livre *The House in Good Taste*, publié en 1913, a influencé pendant un demi-siècle la décoration des foyers américains.

Vous me répondrez probablement: «Si j'avais assez d'argent pour refaire la décoration de ma maison, vous verriez qui je suis». Je n'en doute pas et je suis en partie d'accord avec vous. Mais nous ne pouvons tout de même pas mettre notre vie et notre créativité en attente jusqu'à ce que l'argent afflue, car ce serait nous léser et léser nos proches. Aujourd'hui, rappelons-nous les étapes de l'abondance dans la simplicité – accepter, bénir notre situation et clarifier nos goûts personnels – pour commencer à exprimer notre authenticité dans le soin et la décoration de notre foyer. La gratitude, la simplicité et l'ordre nous aideront alors à transformer notre résidence en un refuge béni où régneront le confort et le bonheur, que nous puissions ou non acheter de nouvelles housses pour la salle de séjour.

Après la publication de mon premier livre, la rédaction d'un magazine de luxe réputé pour ses superbes photographies a proposé de me rendre visite pour jeter un regard intime sur «la femme derrière l'œuvre». J'avais tellement bien réussi à évoquer l'époque victorienne dans mes écrits que ces gens croyaient que j'habitais une maison du XIXe parfaitement restaurée. Comment pouvait-il en être autrement?

Hélas, ce n'est pas le cas. Et j'ai paniqué.

«Calme-toi, m'a dit une vieille amie qui travaille à Hollywood, voulant me rassurer. Mets ta caméra au point et regarde bien.» Pour un cameraman, «mettre au point» consiste à ajuster les lentilles de la caméra pour obtenir une image la plus claire possible. «Ta maison est chaleureuse, agréable, douillette, intéressante, invitante. Il y a de magnifiques photos à y faire. Ne sois pas si sévère envers toi-même.» Mais en ma qualité de journaliste, je savais ce que cette revue attendait, et je ne pouvais le lui offrir. Si on se proposait d'exposer ma maison aux yeux de tout le monde, je la voulais parfaite. Au lieu de me rendre compte qu'il était déjà assez difficile de satisfaire mes propres attentes, je voulais désespérément répondre à celles des autres. Pour résoudre le problème, mon attachée de presse a organisé une rencontre dans un hôtel, autour d'un thé.

L'argent nous aide indéniablement à nous exprimer dans l'aménagement de notre habitation, mais il n'est pas nécessaire d'engager une décoratrice ou de sortir nos cartes de crédit et notre carnet de chèques pour nous créer un intérieur chaleureux qui reflète notre personnalité.

Aujourd'hui, où que vous demeuriez et quel que soit votre mode de vie, regardez votre habitation avec les yeux de l'amour. Parcourez-en les pièces et remerciez pour ce lieu qui vous abrite, vous et les vôtres. Arrêtez-vous un moment à réfléchir à toutes ces femmes qui ont perdu leur maison à la suite d'un décès, d'un divorce, de problèmes financiers ou d'un sinistre. Remerciez pour votre foyer actuel, sachant que vous avez au moment présent tout ce dont vous avez besoin.

5 MAI

Qui habite votre royaume ?

Votre maison ne devient votre foyer que si vous sentez que vous avez entière juridiction sur son espace.

JOAN KRON

S i vous ne vivez pas seule, pouvez-vous dire que votre foyer vous appartient ? Bien sûr, le droit de domaine éminent prévaut jusqu'à un certain point. Mais il y a d'autres habitants dans votre royaume. Voilà pourquoi votre petite salle de séjour peut devenir le bureau de votre mari, la table et les chaises de votre salle à manger se transformer en forteresse. Voilà pourquoi aussi votre aîné a temporairement réélu domicile dans la petite pièce que vous réserviez à la couture et à l'artisanat, que votre chambre d'amis est devenue celle de grand-mère, depuis que vous hébergez votre belle-maman qui est malade mais refuse d'aller vivre dans une résidence. Ou encore que la salle de séjour que vous aviez aménagée au sous-sol s'est métamorphosée en refuge pour vos adolescents qui ont un besoin impérieux d'avoir leur coin à eux. La première étape à respecter pour créer pour tous un habitat heureux et harmonieux – ce que tout foyer devrait être –, c'est de reconnaître et d'admettre les besoins de votre entourage comme les vôtres.

Pendant près de quatre ans après la naissance de notre fille Katie, il n'y avait rien sur les tables de la maison (à l'exception des crayons et des briques Lego), jusqu'au jour où Katie est devenue capable de regarder de beaux objets sans vouloir jouer avec eux. Nous avions pris cette mesure pour sa sécurité et ma tranquillité d'esprit. Peu à peu, les vases de cristal reçus en cadeaux de noces se sont remis à cohabiter pacifiquement avec les jouets de Katie ; nos possessions respectives ont pu s'entremêler, reflétant la personnalité de chaque habitant de la maison. Récemment, un chaton du nom de Mikey, qui n'est pas assujetti aux lois du domaine éminent ni à celles de la gravité, est venu joindre nos rangs (grâce à Katie), nous obligeant encore une fois à ranger nos précieux trésors jusqu'à ce qu'il apprenne à s'abstenir de grimper sur la tablette de la cheminée.

L'espace est un luxe que plusieurs femmes ne peuvent se payer de nos jours ; faut-il pour autant remettre aux calendes grecques le travail transformateur que constitue la création d'un foyer authentique ? Si nous tenons vraiment à la paix de l'esprit, pouvons-nous continuer de remettre cette tâche à plus tard ? Quelles que soient les circonstances, la tranquillité d'un foyer émane toujours de l'intérieur. L'espace dont notre âme a besoin ne se mesure ni en mètres ni en dollars.

Ne vous laissez pas décourager par des considérations d'ordre pratique, même si elles vous empêchent actuellement de réaliser votre rêve de vous exprimer dans l'aménagement de votre environnement. Essayez de composer avec les limites que la vie vous impose, plutôt que de les combattre. N'oubliez jamais que votre vie et la décoration de votre maison sont des œuvres en cours de réalisation. Selon la décoratrice d'intérieurs et auteure Alexandra Stoddard, « où nous en sommes dans notre vie et nos rapports avec les autres » doit avoir la priorité sur nos goûts en matière de décoration, et elle a raison. « Parfois, ce que *nous* voulons n'est pas pratique ou ne convient pas dans le contexte actuel. Une maison où vivent de jeunes enfants ne saurait être aménagée comme celle où les enfants sont grands. Si vous êtes divorcée ou remariée et que les enfants de votre conjoint vous rendent souvent visite, vous devrez vous organiser en conséquence. Ce ne sont pas là tant des questions de mode de vie que de *passages* de la vie. [...] Un foyer sain qui plaît aux personnes qui l'occupent sera comme un baume rafraîchissant pour les visiteurs. » En plaçant les choses en perspective, il le sera aussi pour toutes les personnes qui y vivent.

6 MAI

Un intérieur à notre image

*Quand des amis nous rendent visite, ils sentent la personnalité
et le caractère de notre foyer, de notre mode de vie – des éléments qui
rendent une maison vivante, lui donnent son identité, son énergie,
son enthousiasme et sa chaleur, et lui font dire :
« Voici qui nous sommes, voici notre façon de vivre ».*

RALPH LAUREN

Peu après notre mariage, mes parents ont emménagé dans une maison plus petite, ce qui les a obligés à se défaire de plusieurs meubles et d'autres biens. Comme j'aimais beaucoup les antiquités victoriennes, ma mère m'a fait don d'une causeuse et de deux chaises du XIXe siècle que ma grand-mère avait achetées lors d'un encan tenu en 1921 à l'hôtel Ritz de New York. Elle m'a aussi offert deux lampes en porcelaine de la même époque. En forme d'urnes, celles-ci reposent sur une base de cuivre d'un mètre et demi de haut; elles sont vert forêt et ornées de dorures et d'un énorme lis rose au centre.

Ces lampes sont horribles. Mais il m'a fallu de nombreuses années pour m'en rendre compte.

Cette prise de conscience s'est produite au moment où j'essayais d'intégrer le troisième principe de l'abondance dans la simplicité – l'ordre – dans ma vie. À cette fin, j'ai parcouru toutes les pièces de la maison pour observer nos mœurs d'un œil objectif: notre façon de ranger (ou de ne pas ranger) les choses, les endroits dont nous avions fait des fourre-tout, ceux où nous avions tendance à ne pas remettre les choses à leur place parce que ce n'était pas commode. Au cours de cette enquête, tel un détective qui scrute à la loupe les lieux d'un crime, je me suis attardée à examiner les objets décoratifs qui m'entouraient, à noter leur présence et leur raison d'être. «Qui vit ici?» me suis-je demandé, quand je suis partie à la recherche de mon moi authentique. Chaque fois que j'arrivais dans la salle de séjour, j'avais un mouvement de recul devant les fameuses lampes de ma mère. «Dieu qu'elles sont affreuses!» marmonnais-je invariablement avant de passer à autre chose. Jusqu'à ce qu'un beau jour, la décoratrice du bon Dieu s'écrie en désespoir de cause: «Mais débarrasse-toi donc de ces horreurs et cesse de gémir!»

«Que fais-tu là?» m'a demandé mon mari en me voyant déloger les objets abhorrés. «Je déteste ces lampes et ne les supporterai pas une minute de plus!» ai-je rétorqué.

«Ça fait quinze ans que je hais ces lampes, mais je ne disais rien parce que je croyais que tu les aimais.

– Je me sentais obligée de les aimer parce qu'elles font partie du décor depuis mon enfance et que ma mère m'en a fait cadeau. Mais c'est fini!

– Aide-moi à comprendre, m'a supplié mon époux abasourdi. Il t'a fallu quinze ans pour t'en rendre compte? *Quinze ans?*»

Que répondre à cela? Certaines personnes ont le sommeil très profond et prennent beaucoup de temps à se réveiller. Vous pouvez mettre vingt ans à réaliser, par un beau matin ensoleillé, que le piano à queue de votre mère n'a pas sa place dans votre petit appartement de ville, d'autant plus que vous ne savez pas jouer.

Ou qu'il est plus que temps de vous défaire de vos meubles de chambre à coucher en contreplaqué que vous avez achetés à un marché aux puces quand vous avez emménagé dans votre premier appartement, et repeints trois fois depuis. Si l'idée de ressortir votre pinceau vous donne la nausée, demandez-vous si vous ne pourriez pas plutôt trouver une autre aubaine qui ferait votre bonheur.

Au cours des décennies de 1870 et de 1880 a surgi des deux côtés de l'Atlantique une école de pensée connue sous le nom d'esthétisme, qui s'est mise à magnifier tous les aspects de la vie de l'époque victorienne. Les adeptes de ce mouvement prenaient conscience de l'importance d'un bel environnement pour nourrir l'âme. Cette semaine, je vous invite à parcourir lentement chaque pièce de votre foyer et à regarder les objets qui vous entourent quotidiennement. Vous sentez-vous bien avec eux ? Que vous murmurent-ils à l'oreille ? Est-ce que vous les aimez ou ne faites que les endurer ? Peu importe leur provenance. Il n'est pas nécessaire de décider aujourd'hui si vous les garderez ou non. Ce qui importe maintenant, c'est la prise de conscience. Surtout, ne vous culpabilisez pas d'avoir tant attendu avant de vous mettre à l'écoute de votre moi authentique. « Toutes choses se révèlent à qui sait attendre, rappelle le poète anglais du XIXe siècle Coventry Patmore, en autant qu'on ait le courage de ne pas tenir dans l'obscurité ce qu'on a vu en pleine lumière. »

7 MAI

Le paradis chez soi

Le foyer est la définition de Dieu.

EMILY DICKINSON

« L'éden est cette vieille maison que nous habitons chaque jour. » Cette phrase d'Emily Dickinson me revient à la mémoire pendant que je ramasse divers objets dans mon salon : un bandeau violet, des marqueurs, un carnet à dessins pour artistes en herbe, une raquette de tennis, le procès-verbal de la dernière réunion du conseil municipal, une pile de revues de cartes de joueurs de baseball, des disques compacts, un violon alto, des catalogues de vente par correspondance, les journaux des trois derniers jours, deux paires de chaussures, un sac de Doritos vide et une brosse à cheveux (qui m'appartient, mais qui a probablement été utilisée par la propriétaire du bandeau violet).

C'est cela, le paradis ? Il me semble que depuis des siècles, les poètes deviennent lyriques quand ils parlent des joies de la vie domestique, sans doute parce qu'ils vivent avec des femmes aimantes, patientes et maternelles qui ont bâti des havres de tranquillité et d'ordre où ils peuvent travailler dans la paix et le confort.

Saviez-vous qu'Emily Dickinson, qui était célibataire, s'est très rarement absentée de son foyer après l'âge de trente-quatre ans et était une fervente femme d'intérieur ? On raconte en effet que c'étaient la cuisine et l'écriture de poèmes qui lui procuraient ses plus grandes extases. Et comme la majeure partie de ses poèmes n'ont été publiés qu'après sa mort, survenue en 1886, ce furent d'abord ses talents culinaires qui firent la renommée de la belle d'Amherst, au Massachusetts. Parmi les délices dont elle connaissait les secrets, il y avait un savoureux *cake* aux fruits qu'elle servait à l'heure du thé et du succulent pain d'épices qu'elle distribuait de sa fenêtre aux enfants pauvres du voisinage. Plus d'un siècle plus tard, cette retraite heureuse et cette indépendance m'apparaissent comme le parfait antidote à la vie d'aujourd'hui. « Je ne quitte pas la maison à moins qu'une urgence m'y contraigne, écrivait-elle à une amie en 1854, et même alors, j'y vais à reculons, ou fais marche arrière si je le peux. »

Comme j'ai le goût de faire marche arrière, moi aussi ! De m'asseoir vingt petites minutes dehors pour me chauffer au soleil, regarder les oiseaux construire leur nouveau nid, surveiller les chats guetter les oiseaux, saluer les fleurs fraîchement écloses dans le jardin et savourer une bonne tasse de thé en lisant les lettres de Miss Dickinson.

Mais avant de me livrer à mes rêveries, je dois faire le ménage. Je dois ramasser les vestiges de notre train-train quotidien et mettre de l'ordre dans ce salon dont je ne peux plus supporter le désordre et le chaos. L'heure n'est pas à la poésie.

Ou peut-être l'est-elle?

Peut-être est-il justement le temps, au moment où je suis pratiquement écrasée – sur les plans physique, émotif et psychologique – par les menus détails du train-train quotidien, de faire appel aux poètes qui savent, eux, voir le sacré dans l'ordinaire. Cela me permettrait peut-être de voir, par-delà les effets que les autres ont laissé traîner, toute la beauté, la joie et l'abondance qui m'entourent. Si je peux faire silence un instant pour vivre pleinement l'expérience d'instaurer l'ordre et l'harmonie dans notre maison, peut-être découvrirai-je que la poésie de cet après-midi se trouve dans la perception que j'ai de mes tâches.

Quel est le but du ménage que je fais présentement? Est-ce simplement de ramasser les objets qui traînent et de me débarrasser des journaux d'hier? N'y a-t-il pas aussi une action inspirée qui est en train de s'accomplir? En faisant de cette pièce un havre de paix où tous les membres de la famille peuvent se réunir pour savourer le plaisir d'être ensemble, est-ce que je ne donne pas un autre sens à mon travail?

Chaque jour, nous avons le choix. Nous pouvons réagir négativement à ce qui nous est demandé ou décider de vivre dans un esprit d'abondance, de transformer le négatif en leçon de vie. Tout est dans l'attitude. Si je ne trouve pas de sens à ma vie et à mon travail, personne ne le fera à ma place. Si je ne reconnais pas la valeur du travail que j'accomplis en ce moment dans ce salon, personne d'autre ne le fera. Et si le soin d'une maison n'est pas sacré, alors je m'excuse, mais je n'ai rien compris au divin.

Pour me remonter le moral et célébrer le choix que je viens de faire, je fais jouer un concerto de Bach pendant que je poursuis mon ménage. Je fais bouillir de l'eau pour me faire un bon thé. J'ouvre les fenêtres pour humer l'air du printemps. Les miens reviendront bientôt dans ce salon agréable et invitant.

Mais avant qu'ils arrivent, je me réserverai vingt précieuses minutes de tranquillité. Je m'assoirai dehors pour me chauffer au soleil, avec les oiseaux, les chats et les arbres en fleurs. Je contemplerai les grâces d'une autre journée au paradis.

8 MAI

La tenue de la maison,
un art sacré à redécouvrir

Les humbles tâches domestiques que nous effectuons chaque jour sont
plus importantes pour l'âme que leur simplicité ne le laisse supposer.

THOMAS MOORE

Pendant des siècles, les jeunes femmes ont appris à tenir maison, à cuisiner, à élever des enfants en suivant les traces de leur mère ou de leur grand-mère. Dans son roman *The Mill on the Floss,* George Eliot écrit: «Il y avait une manière particulière de faire les choses chez les Dodson, une manière particulière de blanchir le linge, de fabriquer le vin de primevères, de fumer le jambon et de mettre les groseilles en conserve, de sorte qu'aucune fille de la maison ne pouvait rester indifférente au privilège d'être une Dodson plutôt qu'une Gibson ou une Watson. »

Je ne suis malheureusement pas une Dodson. Néanmoins, à la fin de mes études secondaires, j'ai bel et bien remporté le prix de «La femme d'intérieur de demain». Cela a beaucoup amusé et intrigué les religieuses qui m'enseignaient, étant donné que l'économie familiale ne faisait même pas partie de leur programme d'études. Mais c'est ma mère qui en fut la plus étonnée, car elle connaissait l'état habituel de ma chambre et les pressions qu'elle devait constamment exercer pour me convaincre d'y mettre de l'ordre. Mais j'avais gagné ce concours – qui consistait non pas à cuisiner un plat mais à écrire une composition traitant de l'importance des arts ménagers comme vocation menacée d'extinction. Ces événements se déroulaient en 1965, au moment où les revendications des mouvements féministes commençaient à se faire entendre aux quatre coins du pays. Au milieu des années 60, vous n'initiiez pas votre fille à la vie adulte en lui apprenant à faire un lit, à séparer le linge blanc du linge de couleur, à organiser une armoire ou à faire un pain de viande. Plusieurs mères tendaient plutôt à leur fille *Femmes à la recherche d'une quatrième dimension (The Feminine Mystique)* de Betty Friedan après l'avoir elles-mêmes lu.

Maintenant, plus de trois décennies plus tard, les femmes savent démarrer une entreprise, une banque ou une revue, marcher dans l'espace, vendre des titres à la bourse, négocier des contrats de millions de dollars, se faire élire au gouvernement, présenter les nouvelles du soir à la télé, rédiger les décisions de la Cour suprême et remporter un prix Nobel. Nous pouvons gagner notre vie, créer, innover, déléguer et négocier. Mais nous devons aussi courir à l'épicerie en rentrant à la maison avec des enfants fatigués et bougons pendus à notre bras, faire la lessive quand les membres de la famille n'ont plus rien à se mettre sur le dos et chercher, au milieu du tohu-bohu général, un endroit où nous asseoir après une longue journée de travail. De nos jours, bon nombre de femmes savent administrer une entreprise, mais n'ont pas la moindre idée de la façon de tenir une maison, ce qui explique en partie leur épuisement.

Le temps est venu de rentrer en nous-mêmes pour voir dans quelle mesure la tenue de notre maison peut nous permettre d'exprimer notre authenticité. Nous ne savons peut-être pas blanchir le linge, faire du vin de primevères, fumer du jambon ou mettre des groseilles en conserve, mais il n'est pas trop tard pour redécouvrir l'art sacré des travaux domestiques. Créer un nid douillet, coquet et bien tenu peut devenir l'une de nos réalisations les plus satisfaisantes, de même qu'une expérience spirituelle éclairante. Comme le partage équitable des tâches, le fait de consacrer davantage de temps et d'énergie créatrice à notre vie domestique aura d'énormes effets émotifs positifs sur nous et ceux que nous aimons.

9 MAI

Mettre de l'ordre dans la maison

*Il y aura toujours de la vaisselle à laver.
Si cet évier peut devenir
un lieu de contemplation,
qu'il m'apprenne la constance.*

GUNILLA NORRIS

Comme nous le redoutons, nous le remettons tant que c'est possible, jusqu'au jour où nous nous retrouvons enterrées sous les décombres. Pour plusieurs d'entre nous, la tâche incontournable, répétitive, épuisante et stérile appelée « ménage » se compare au supplice de Sisyphe. Pour avoir offensé Zeus, Sisyphe a été condamné à rouler éternellement un rocher sur une pente abrupte. Chaque fois qu'il parvient au sommet, le rocher retombe et le pauvre doit recommencer à zéro. Les femmes font de même, fait observer Simone de Beauvoir dans *Le Deuxième Sexe* : « Ce qui est propre se salit, ce qui est sale est nettoyé, encore et toujours, jour après jour. »

En supposant, bien sûr, que nous arrivions à le faire chaque jour. Pour les deux tiers des femmes américaines qui travaillent aussi à l'extérieur du foyer, cela signifie s'atteler aux tâches ménagères entre sept heures du soir et sept heures du matin.

Et vous vous demandez pourquoi le désordre persiste jusqu'à ce que vous ne puissiez plus le supporter !

Quand j'ai découvert, à ma grande consternation, que sur le chemin de l'abondance dans la simplicité, l'ordre est le troisième principe à explorer et à intégrer doucement, j'ai regimbé. Même si j'étais épuisée et me sentais aller à la dérive, en particulier quand j'essayais de trouver quelque chose ou de fermer les yeux sur le désordre dans lequel je vivais, la vertu de l'ordre m'apparaissait très vieux jeu, dépourvue d'imagination et peu inspirante, aussi ennuyeuse et terne que le mot « ménage ». C'était quelque chose de plus réjouissant que j'avais envie d'instaurer dans ma vie.

Mais quand je me suis mise à réfléchir à la vie simple, ordonnée et *sereine* des amish, des quakers et surtout des shakers, j'ai été frappée de voir à quel point ces gens arrivaient à harmoniser la vie, le travail et l'art grâce au divin précepte de l'ordre.

Chez les shakers, l'ordre modelait chaque aspect de la vie et en imprégnait tous les détails, à partir de l'organisation des tâches quotidiennes jusqu'à l'expression de leur authenticité dans leur environnement. Mère Ann Lee, qui fonda en 1774 la Société unie des croyants, enjoignait ses disciples à se souvenir que l'ordre constitue la première loi divine. « Il n'y a pas de poussière au ciel », rappelait-elle à ses ouailles. Les membres de la famille shaker devaient garder leurs biens et leurs outils dans un ordre tel qu'ils pouvaient les trouver sur-le-champ, le jour comme la nuit. Pour y parvenir, ils avaient élevé l'ordre au rang d'art sacré : contempler la beauté exquise et l'éclat de leurs armoires et de leurs tiroirs encastrés vous convainc qu'il y a, dans la maison de l'Esprit, une magnifique armoire de pin avec votre nom écrit dessus qui vous attend. Les shakers considéraient leur travail quotidien, y compris les tâches ménagères, comme leur prière personnelle.

Dans son Livre d'Heures moderne intitulé *Being Home*, Gunilla Norris écrit : « La prière et le ménage vont ensemble. Ils l'ont toujours fait. Nous savons tout simplement que notre train-train quotidien *est* notre façon de vivre. Quand nous nettoyons et mettons de l'ordre dans notre maison, nous nous nettoyons et mettons de l'ordre en nous d'une certaine façon ». Le soin que nous apportons à notre maison est une expression subtile, mais authentique, de l'estime que nous nous portons.

10 MAI

Une place pour chaque chose

Si notre maison n'a pas de sens, rien n'en a.

HENRIETTA RIPPERGER

Nous voulons donner un sens au travail domestique, maîtriser cet art sacré et créer, pour nous et nos proches, un microcosme où règnent la sérénité, la sécurité et l'équilibre. Mais nous ne savons pas par où commencer, surtout si on ne nous a jamais appris à ranger nos effets pour pouvoir les retrouver le lendemain. Si nous n'avons pas nous-mêmes assimilé ces rudiments, comment pouvons-nous apprendre à nos enfants les aptitudes dont ils auront besoin dans la vie, de l'esprit de coopération à l'art de cuisiner? Mettre de l'ordre dans notre maison et apprendre à nos enfants à respecter et à apprécier l'ordre comptent parmi les cadeaux les plus précieux que nous pouvons leur offrir ainsi qu'à nous-mêmes.

De la lecture de nombreux manuels d'arts ménagers écrits depuis plus d'un siècle, du classique *Book of Household Management*, d'Isabella Beeton, paru en 1861, au *Superwoman: For Every Woman Who Hates Housework* de Shirley Conran, j'ai retenu un postulat limpide: pour garder sa santé mentale, il faut planifier. Ce n'est pas sans raison que « plan » vient avant « travail » dans le dictionnaire. Mais avant de planifier, il nous faut *réfléchir* à la façon d'aborder nos tâches ménagères, tout comme nous le faisons au travail avant de nous attaquer à un projet important.

Aucune de nous ne songerait à se précipiter sans réfléchir dans un travail pour lequel elle est rémunérée. Pourquoi le ferions-nous pour un travail qui nous procure gîte, nourriture, amour et bien-être ? En planifiant nos travaux domestiques, plutôt que de simplement réagir aux tâches, aux interruptions et aux demandes, nous retrouvons la maîtrise de notre vie quotidienne. Nous devons apprendre à tenir notre maison si nous ne voulons pas être écrasées par les tâches ménagères.

Premièrement, il faut définir ce qu'est *pour vous* une maison bien tenue. Votre idéal ne correspond pas nécessairement à celui de votre mère ou des Dodson. Fermez les yeux et imaginez que vous entrez chez vous. Comment est-ce ? Quelles sont vos normes personnelles en matière d'ordre ? Quel est votre seuil de tolérance ? Pour ma part, par exemple, je peux endurer la poussière (jusqu'à un certain point, cependant ; ma limite, c'est quand je commence à pouvoir écrire mon nom sur la commode de ma chambre), mais le désordre me rend folle. Il est plus important pour moi de tenir les pièces communes et ma chambre en ordre que de leur faire subir le test du gant blanc. Par conséquent, étant donné mon horaire chargé, je n'ambitionne pas que ma maison serve de modèle dans les revues, mais qu'il y règne un certain ordre. Fixez vos limites. C'est la première étape de l'élaboration d'un plan adapté à vos besoins.

Deuxièmement, demandez-vous ce qu'il y a à faire, qui peut le faire et quand. La façon la plus simple de procéder est de classer vos tâches en plusieurs catégories : les tâches quotidiennes, hebdomadaires, mensuelles et saisonnières. Notez sur une feuille celles que vous effectuez déjà. Vous en serez renversée. Maintenant, demandez-vous qui peut partager le travail. Une fois les tâches et les collaborateurs identifiés, notez toutes ces données. Ce que vous êtes en train de mettre au point, c'est une stratégie susceptible d'assurer l'ordre et l'harmonie de votre foyer tout en vous laissant assez de temps et d'espace pour savourer le parcours. Nous n'avons commencé que récemment à consacrer notre énergie et notre imagination à préserver notre Mère la Terre. (La vie des mères humaines a, elle aussi, besoin d'être préservée ; pourquoi attendre d'être au bord de l'extinction émotive pour passer à l'action ?)

Pour vous aider à mettre de l'ordre chez vous, voici quatre règles éprouvées susceptibles de changer la qualité de votre vie à partir d'aujourd'hui. Répétez-les à voix haute chaque matin et chaque soir pendant vingt et un jours consécutifs. Faites-en votre mantra pour cultiver la sérénité. Écrivez-les sur des cartons que vous afficherez dans chaque pièce de la maison. Enseignez ces sages préceptes à vos enfants, soufflez-les à l'oreille de votre conjoint :

1. Ce que tu sors, remets-le à sa place.

2. Ce que tu ouvres, referme-le.

3. Ce que tu jettes par terre, ramasse-le.

4. Ce que tu enlèves, accroche-le.

11 MAI

Le Tao des soins ménagers

Le temps d'épousseter.
Le temps de flatter ma maison,
d'en caresser tous les recoins.
Je veux y voir un rituel amoureux,
[...] la chance d'apprécier par le toucher
le lieu que j'habite et aime.

GUNILLA NORRIS

Selon la légende, le sage chinois Lao Tseu (né cinq cents ans avant J.-C.) décida un jour de quitter la province où il vivait, insatisfait de la dynastie corrompue et décadente qui la dirigeait. Au moment où il allait franchir la frontière, un gardien demanda au vieil homme s'il pouvait écrire un livre avant de partir, où il enseignerait « l'art de vivre » à ceux qui cherchent. Lao Tseu accepta de bon gré. Il appela son livre le *Tao Te King*. Quand il en eut terminé la rédaction, il quitta la Chine pour ne plus jamais y revenir.

Le *Tao Te King* est le texte sacré du taoïsme, religion populaire d'Extrême-Orient, et l'un des livres les plus traduits de tous les temps. Ses adeptes tentent de vivre selon les principes du Tao (de la Voie), qui, selon eux, régit l'ordre de l'univers. À l'instar du zen, le Tao est une voie spirituelle ; pour en pénétrer les enseignements, nous devons les vivre au plus profond de nous plutôt que les appréhender avec notre intelligence. Un de ses thèmes centraux est l'unité, fondée sur l'abandon, par opposition à la résistance. (« La Voie est constamment inactive, et pourtant il n'y a rien qui ne se fasse. ») Quand une personne s'engage dans le Tao, elle laisse tomber ses attentes et devient un vase vide à remplir à ras bord d'énergies yin et yang, masculine et féminine – carrière et foyer, obscurité et lumière, peine et joie, intimité et solitude, agressivité et passivité.

Comment ces enseignements énigmatiques d'un ancien philosophe chinois peuvent-ils nous aider à tenir notre maison en ordre ? Si nous appliquons notre âme à défaire, comment les choses se feront-elles ?

Paradoxalement, elles se font quand nous nous arrêtons, quand nous réfléchissons à la façon dont la vie se déroule jour après jour. À ce qui va et à ce qui ne va pas. Quand nous prenons le temps de réfléchir avant de passer à l'action, nous prenons conscience de la manière dont la nature de toute chose – même des petits détails de la vie domestique – contribue à l'harmonie de l'ensemble. Selon un des enseignements les plus éclairants de Lao Tseu, « nommer est l'origine de chaque chose » et « le mystère et la manifestation coulent de la même source ».

J'ai pris ces sages paroles à cœur, en particulier dans ma façon de percevoir mes tâches domestiques. Avec un esprit bien disposé et ouvert, une besogne fastidieuse peut se muer en geste d'amour. Commencez par rebaptiser le travail domestique ; parlez de « soins » ménagers plutôt que de « corvées » ménagères. Redéfinir notre travail est un moyen subtil, mais puissant, de séduire notre subconscient. Et après tout, quand nous époussetons, changeons la litière du chat, faisons la lessive, conduisons les enfants à leurs activités, préparons les repas ou travaillons dans le jardin, nous prenons vraiment soin de nous, de nos proches, de nos animaux et de notre foyer.

Les « théophanies » domestiques sont des manifestations concrètes de l'Esprit dans notre foyer. Nous les trouvons quand nous cherchons le mystère dans le banal, le sacré dans l'ordinaire. Selon moi, là est le cœur de la Voie, le Tao des soins ménagers. Lao Tseu enjoignait ses disciples à « considérer le petit comme important », à « faire beaucoup de peu ». Aujourd'hui, essayez de considérer tous les gestes que vous posez dans la maison, si insignifiants soient-ils, comme faisant partie intégrante de votre marche vers la plénitude, et il en sera ainsi.

12 MAI

Ramener l'harmonie dans notre habitat

On m'a dit que lorsque les Chinois, qui s'y connaissent en tout,
construisent une maison, ils font appel aux préceptes
d'une science ancienne, le feng shui, qui leur dit exactement comment,
quand et où le travail doit se faire,
et qui attire pour toujours la bonne fortune sur un foyer.

JAN MORRIS

Il y a plusieurs millénaires, dans la Chine antique, les experts du mystérieux art de l'ordonnance, connu sous le nom de *feng shui*, conseillaient les empereurs et les nobles sur les façons d'amener plus d'harmonie, de santé, de prospérité et de bonne fortune dans leur vie grâce à un aménagement intérieur inspiré.

Pour permettre au souffle cosmique ou à l'énergie tellurique universelle – le *Chi*, que les Chinois considèrent comme la source de toute forme de vie – de circuler librement en harmonie avec la nature, les maîtres du feng shui prodiguaient leurs conseils pour tous les aspects de l'aménagement, à partir du choix d'un lieu de sépulture propice (assurant une vie heureuse après la mort) jusqu'à la planification de cités impériales entières. Comme nous sommes de plus en plus nombreux à vouloir nous inspirer de la sagesse antique pour changer notre vie, cet art oriental à la fois profond et pragmatique s'est implanté en Occident. Des banques, de grandes entreprises et des restaurants américains qui ont essaimé dans des villes asiatiques comme Hong-Kong reconnaissent l'importance d'engager des experts en feng shui qui les conseilleront sur tous les aspects de l'aménagement, des plans d'architecte à la disposition des bureaux, dans le but d'assurer le succès de leurs entreprises et le bien-être de leurs employés.

Selon Katherine Metz, spécialiste contemporaine du feng shui, « nous pouvons tous faire des changements simples et peu coûteux, à la maison et au travail, qui nous aideront à nous épanouir pleinement et à être le plus vivants, réceptifs et centrés possible. En cette époque de mutations rapides, ces modestes changements inspirés du feng shui amènent la clarté, la paix, la joie et la prospérité ».

Voici quelques suggestions de Metz pour spiritualiser le quotidien : suspendre un carillon éolien en cuivre à notre porte d'entrée clarifiera nos idées, mettre des livres en évidence favorisera le discernement, installer un miroir rond dans notre chambre insufflera amour, compassion et compréhension à une relation intime, disposer des fleurs dans notre chambre, notre cuisine et notre bureau attirera la chance, et suspendre près de la cuisinière un miroir qui reflétera la flamme des brûleurs attirera richesse et prospérité. Si vous vous embourbez dans votre routine ou un état désagréable (comme l'indolence), Metz vous conseillera de déplacer « vingt-sept objets dans votre maison qui n'ont pas bougé depuis un an », ce qui « augmentera votre capacité d'avancer dans la vie ». À nous qui tentons de mettre plus d'ordre dans notre vie, cette semaine nous donne une bonne occasion d'expérimenter le feng shui pour harmoniser notre habitat. Mettez de l'ordre dans vos armoires et vos tiroirs fourre-tout, ou déplacez des meubles pour nettoyer derrière. Croyez-moi, une fois que l'énergie positive pourra circuler librement, vous ne tarderez pas à sentir le Chi tourbillonner autour de vous.

L'idée que nous puissions attirer la bonne fortune en suspendant un miroir ou en disposant notre lit ou notre bureau dans une certaine direction peut sembler illogique et inexplicable à un esprit occidental rigide. Mais un peu de curiosité et d'expérimentation ne saurait nuire. Après tout, si nous ne cherchons pas, nous ne trouverons jamais.

13 MAI

Honorer la Déesse Mère

Me materner est devenu une façon de me mettre à l'écoute de mes besoins profonds et de les combler en m'occupant de mon enfant intérieur.

MELINDA BURNS

O n s'affaire à la cuisine ce matin et je n'ai pas le droit de savoir ce qui s'y passe. « Je ne peux rien dire... », me chuchote mon mari en fermant la porte de notre chambre à coucher, avec un sourire entendu. J'entends le bruit des casseroles, des tiroirs s'ouvrir et se refermer, le mélangeur vrombir. Le cliquetis de ma plus belle vaisselle me laisse maintenant supposer qu'un plateau de petit-déjeuner se prépare. Habituellement, je ne mange pas le matin. Mais aujourd'hui, je le ferai. Car au moment où j'écris ces lignes, c'est la fête des Mères.

De succulents muffins aux fraises, encore fumants, beurrés à souhait, apparaissent miraculeusement. Je suis émerveillée, fière, intriguée, larmoyante, profondément reconnaissante. Qui est cette remarquable jeune fille au sourire resplendissant qui m'offre ces cadeaux du cœur pour nourrir mon corps et mon âme ? Il y a sûrement eu intervention divine dans cette affaire, car je n'ai jamais fait de muffins aux fraises de ma vie et n'ai pas la moindre idée de la façon dont Katie a pu en découvrir la recette. C'est l'occasion idéale pour méditer sur la Mère universelle qui peut toutes nous inspirer, la Mère nourricière, la Déesse Mère, si vénérée dans les temps anciens et redécouverte de nos jours.

Plusieurs femmes que je connais éprouvent le besoin, rarement exprimé, d'être réconfortées et maternées. Cette envie pressante est profonde, palpable – et souvent inassouvie. En général, c'est plutôt nous qui réconfortons les autres, écartelées entre les besoins urgents de nos enfants, de nos parents qui vieillissent, de notre conjoint, de nos amis et même de nos collègues de travail.

Tout adultes que nous soyons, nous éprouvons encore le besoin d'avoir quelqu'un de spécial à nos côtés pour nous serrer dans ses bras, nous caresser les cheveux, nous border et nous assurer que tout ira bien demain. Peut-être devons-nous reprendre contact avec la dimension maternelle et réconfortante de la divinité pour apprendre à nous materner. La meilleure façon de commencer est de nous créer – dans une attitude de prière – un foyer confortable qui protège, nourrit et soutient tous ceux qui y cherchent refuge.

Gloria Steinem a exprimé de manière émouvante son besoin de se materner quand, parvenue à l'âge mûr, elle s'est mise à explorer la question de l'estime de soi. Comme ses parents avaient divorcé lorsqu'elle avait dix ans et que sa mère avait sombré dans la dépression, la légendaire directrice du magazine *Ms.* dut très tôt s'occuper des siens. Plusieurs décennies plus tard, comme chef du mouvement féministe, elle faisait de la gestion, voyageait, donnait des conférences et organisait des campagnes de levée de fonds pour diverses causes ; mais elle ne savait pas s'occuper d'elle-même – émotivement, psychologiquement et physiquement –, même si elle avait passé sa vie à s'occuper d'autrui. Nulle part cela se révélait-il plus clairement que dans son logement. Dans son livre *Une révolution intérieure : essai sur l'amour-propre et la confiance en soi*, elle nous confie que ce dernier n'était guère plus qu'un placard « où je changeais de vêtements et entassais mes papiers dans des boîtes de carton ». Elle s'est rendu compte tardivement que le chez-soi est « un symbole du moi »; elle était dans la cinquantaine quand elle s'est mise à créer et à aménager son premier vrai foyer.

Aujourd'hui, en parcourant votre maison, pensez aux façons, simples mais tangibles, dont vous pourriez commencer à vous materner – chaque jour, non pas seulement une fois par année. Du salon à votre chambre, il doit y avoir des coins douillets qui vous invitent à vous asseoir, à vous reposer, à vous détendre et à réfléchir. De la cuisine à la salle de bains, il doit y avoir de petites douceurs agréables et réconfortantes. Il doit y avoir de la beauté qui vous inspire, de l'ordre qui vous redonne des forces, de la simplicité qui vous apaise. Comme l'écrit l'auteure Ntozake Shange, « j'ai trouvé la déesse en moi et je l'ai aimée / je l'ai aimée avec fougue ». Il n'est pas de plus belle manière d'honorer l'amour de la Déesse Mère qu'en célébrant le temple où Elle a élu domicile ici-bas.

14 MAI

Le charme d'un lieu

*Pourquoi aimons-nous certaines maisons
et pourquoi semblent-elles nous aimer ? C'est la chaleur de notre cœur
qui se reflète dans notre environnement.*

T. H. Robsjohn-Gibbings

Dès que nous entrons dans une maison, nous savons si elle a du charme ou non. Dans certaines maisons règnent un confort et une joyeuse hospitalité qui nous séduisent. L'ambiance chaleureuse d'une pièce agréable nous invite à nous y prélasser à souhait. La beauté simple nous enchante. La sérénité, l'harmonie et l'ordre nous apaisent. La fantaisie nous amuse. Les souvenirs personnels relient le présent et le passé. Dans une maison invitante, la vie nous semble belle. Pensons au cadre accueillant qu'on retrouvait dans certains films émouvants des années 40, comme *The Best Years of Our Lives* ou *The Enchanted Cottage*. Dans ce dernier, un séduisant vétéran marqué par les combats tombe amoureux d'une humble servante ; le charme des lieux, tel Cupidon, métamorphose la vie de deux êtres esseulés. Le dramaturge anglais Sir James M. Barrie écrivait, en 1907, à propos du charme : « Si vous en avez, vous n'avez besoin de rien d'autre ; si vous n'en avez pas, vos autres atouts ne comptent guère. »

Avec de l'argent, nous pouvons nous procurer de beaux meubles et de jolis accessoires, mais le charme, lui, ne s'achète ni ne se vend. Selon moi, c'est parce qu'il est une qualité de l'âme et nous est communiqué par l'Esprit créateur. Nous y avons accès par notre authenticité et l'exprimons par notre style personnel. « La beauté ne se trouve pas dans les dépenses importantes, mais dans la disposition artistique de petites choses », pouvait-on lire dans un article réconfortant intitulé « Le charme de l'inattendu », paru en août 1917 dans *The Mother's Magazine*; c'était pendant la Première Guerre mondiale, à une époque où l'économie était nécessité. Aujourd'hui, prenons conscience que « le désir de rendre notre maison plus chère et plus douce aux êtres qui l'habitent » demeure le meilleur secret de son charme.

15 MAI

Le progrès plutôt que la perfection

*Le perfectionnisme est une torture sophistiquée
qu'on s'inflige à soi-même.*

ANNE WILSON SCHAEF

C'était un magnifique dimanche après-midi du mois de mai – ensoleillé et chaud, avec une brise rafraîchissante. La perfection. Une de ces journées dont nous rêvons, au plus fort de l'hiver. Ce matin-là, ma fille et moi avions fait une agréable sortie au marché, où nous avions acheté des plants de laitue, de basilic, de tomates, de capucines et de soucis. La semaine précédente, nous avions déniché un superbe vasc en terre cuite pour y cultiver de quoi faire de bonnes salades françaises. Cette merveilleuse idée d'un jardin en pot me venait d'un article paru dans une luxueuse revue et m'avait tout de suite séduite. Katie aussi. Nous avons conspiré, planifié et planté avec beaucoup d'enthousiasme et de plaisir.

Une fois notre œuvre complétée, nous avons eu du mal à enlever la terre qui avait débordé sur les parois du pot. J'ai essayé de régler le problème à l'aide d'une éponge, ce qui n'a fait qu'étaler la boue davantage. Katie a amélioré la situation en arrosant le pot, mais le résultat n'était pas parfait comme sur la photo. Je n'ose pas vous dire le temps que nous avons mis à tenter d'atteindre la perfection. Mais à un moment donné, j'en ai eu assez. « Bon, c'est terminé et c'est magnifique. »

« Mais il n'est pas comme le sien », s'est lamentée Katie, exaspérée.

« Non, il n'est pas comme le sien. C'est le nôtre et il est très beau. Assez ressemblant. »

« Mais le sien est parfait. Tout ce qu'elle fait est parfait. Je veux que le nôtre le soit aussi », a rétorqué une jeune fille de onze ans, déterminée et frustrée.

Minute. Sérénité 101 : le progrès, non pas la perfection. Premièrement, j'ai expliqué à Katie que les impressionnants gourous qui exhibent leurs œuvres dans les livres, les magazines et les émissions télévisées bénéficient des services de professionnels, y compris de stylistes qui, avec leur pinceau magique, font disparaître les taches de boue sur les pots de laitues avant que l'appareil photo ou le magnétoscope entre en action. « C'est une image, une illusion, du faux-semblant. Une industrie où il y a des millions en jeu. Ce que nous voyons, ce n'est pas toujours réel. Alors que ça (lui ai-je dit en pointant notre réalisation du doigt), c'est vrai, la boue y comprise. C'est vrai et c'est magnifique ! »

J'ai fini par convaincre ma sceptique de fille d'attendre un peu. (Et Mère nature ne m'a pas fait faux bond ; les averses de pluie printanières ont fait le travail du styliste). Le reste de l'après-midi s'est écoulé joyeusement à travailler de la terre dure comme du granit pour y semer un jardin de fleurs odorantes à l'ancienne – roses, lavande, roses trémières et pieds-d'alouette. Tout près de là, les chats s'en donnaient à cœur joie dans l'herbe aux chats nouvellement plantée.

Quelle portion de notre vie est gâchée – gaspillée, passée ou assombrie – par l'insistance obsessive que nous mettons à atteindre la perfection ! Peut-être nos parents nous imposaient-ils des normes qu'ils savaient ne pas pouvoir atteindre eux-mêmes. Ils voulaient certainement beaucoup pour nous. Mais beaucoup de quoi ? De misère ? N'en avez-vous pas assez ? Aujourd'hui, acceptez le fait que la perfection n'est pas de ce monde. Dans la vraie vie, nous devons essayer de faire le mieux que nous pouvons, pas ce que les autres attendent de nous. Malgré cela, il y aura toujours un mot mal écrit, une tache sur le tapis, un jardin dans un vase de terre cuite maculé de boue.

Il n'y a pas de femmes parfaites sur cette planète. Les vedettes qui nous vantent la perfection sont plus à plaindre qu'à critiquer, envier ou imiter. Pourquoi ? Parce qu'en dépit de leur célébrité et de leur fortune, elles connaissent peu de répit ; l'univers tout entier épie leur moindre geste pour y trouver une faille.

Non merci, pas pour moi. J'y renonce. Pas vous ? La perfection ne laisse pas grand-place à l'amélioration. Pas grand-place à l'acceptation – ou à la joie. Sur la route que nous avons choisie, le progrès est un plaisir simple à savourer. Quotidiennement. Bien sûr, il y aura sûrement des *moments* parfaits, comme ce dimanche après-midi de mai que j'ai passé à jardiner avec ma fille. Ni la vie ni les jardins n'ont besoin d'être parfaits pour être agréables.

16 MAI

Se défaire de tout ce qui n'est pas utile ou beau

Ne gardez rien dans votre demeure que vous ne trouvez ni utile ni beau.

WILLIAM MORRIS

En Angleterre, au cours des années 1880, une bouffée d'air frais pénétra les étouffants salons victoriens lorsque le poète, artisan et styliste William Morris fonda le prestigieux *Arts and Crafts Movement*. Morris et ses collaborateurs entreprirent alors une croisade contre les meubles et les accessoires décoratifs bon marché et de mauvaise qualité qui étaient fabriqués en série et encombraient les foyers des gens de la classe moyenne pris d'une frénésie sans précédent.

En particulier, Morris incita ses contemporains à se débarrasser de tous les meubles et objets laids, inutiles et inconfortables, et à les remplacer par des choses simples et « honnêtes ». Le poète irlandais W.B. Yeats définit l'appel de Morris en faveur de l'heureux mariage du beau et du fonctionnel comme « la libération longtemps attendue des arts décoratifs ».

Sur le chemin de l'abondance dans la simplicité, notre véritable délivrance en matière de décoration se produit quand nous nous mettons à apprécier et à appliquer la règle de Morris – se défaire de tout ce qui n'est pas utile ou beau – en tâchant de mettre de l'ordre dans notre maison et de simplifier notre vie.

Cette semaine, prenez un crayon et un carnet. Parcourez toutes les pièces de votre domicile dans une attitude méditative, en demandant aux divins esprits de la simplicité, de l'ordre, de l'harmonie et de la beauté de vous aider. Regardez attentivement tout ce qui vous entoure – vos meubles et objets décoratifs. Rendez grâce pour votre maison telle qu'elle se présente aujourd'hui. Puis commencez votre inventaire en demandant à chaque article s'il est beau ou utile. Est-il temps pour lui de passer à autre chose ? Vous tomberez sans doute sur des objets qui ne sont ni beaux ni utiles, mais qui ont une valeur sentimentale. Créez une nouvelle catégorie pour eux (excusez-nous, M. Morris), tout en faisant preuve de mesure. Tel objet touche-t-il vraiment une corde sensible ? Verseriez-vous des larmes s'il disparaissait ? Soyez sincère. Personne d'autre que votre moi authentique n'est dans le secret de cet exercice, et il essaie de vous dire quelque chose. Prêtez-lui l'oreille. (Si c'est quelqu'un d'autre qui tient à l'article en question, transférez-le dans sa chambre). Écrivez toute cette information. Accordez-vous toujours le temps de réfléchir crayon en main avant de passer à l'action.

La prochaine étape de cet exercice consiste à vous engager *par écrit* à passer une pièce par mois au peigne fin. Le jour convenu, réservez-vous quelques heures (comme vous l'avez fait quand vous avez fait le ménage de votre garde-robe, vous vous souvenez ?). Assurez-vous d'avoir plusieurs boîtes à votre disposition. Maintenant, faites le tri : un objet qui n'est ni beau, ni utile, ni doté d'une valeur sentimentale ne passe pas le test. Faites une pile pour les choses à donner à un organisme de bienfaisance – comme ce vase flanqué de nymphes que tante Gertrude vous a offert, ou ces verres à saké que vous avez reçus en cadeau de noce et qui vous ont déplu au premier coup d'œil. Une autre pile pour les articles que vous avez déjà aimés, mais qui ne vous font plus vibrer ; ils pourront faire de beaux cadeaux.

Selon une vieille loi métaphysique, si nous voulons attirer l'abondance dans notre vie, nous devons créer un espace pour nous permettre de recevoir les bonnes choses souhaitées. Comment pouvons-nous recevoir des cadeaux si nous n'avons pas de place pour les recevoir ? La façon de faire le vide est de donner ce dont nous n'avons plus besoin ou envie aux personnes qui peuvent s'en servir.

Nous changeons toutes en grandissant; c'est ce qui nous permet de savoir que nous grandissons. Cela s'applique aussi à notre style personnel. Si vous n'aimez plus vos bols à céréales Fiesta et avez le goût de collectionner des Blue Willow, ou si les assiettes de porcelaine de Limoges dont vous avez hérité de votre grand-mère ne conviennent pas vraiment au style rustique qui est le vôtre, donnez-les. Dans l'esprit de l'abondance dans la simplicité, pourquoi ne pas offrir à une amie qui vous reçoit un pain aux bananes joliment disposé dans une assiette qui lui a tapé dans l'œil lors de sa dernière visite ?

Décider de simplifier notre vie et de mettre de l'ordre chez nous en permettant à des choses que nous n'aimons plus d'entreprendre une nouvelle vie, plus heureuse, en compagnie de personnes qui sauront les apprécier, est une façon de nous ouvrir à des cadeaux de la vie qui nous conviendront parfaitement.

17 MAI

Le grand ménage : un rituel de régénération

Pour qu'une personne soit heureuse dans son travail, il lui faut trois choses : elle doit avoir la compétence pour le faire ; elle ne doit pas trop en faire ; et elle doit avoir le sentiment d'y réussir.

JOHN RUSKIN

Le soleil brille ; les vitres sont sales et les rideaux de dentelle défraîchis. Serait-il temps de faire le grand nettoyage du

248

printemps? Mais vitres et rideaux vont attendre, car le divan et mon nouveau livre m'ont donné rendez-vous.

Mes tiroirs fourre-tout aussi peuvent attendre. Vous savez, ces trous noirs qui se cachent sous les surfaces en ordre et qui hébergent un fouillis et Dieu sait quoi d'autre. Des objets perdus. Des objets trouvés. Des objets dont quelqu'un pourrait avoir besoin dans une autre vie. Des objets non identifiés. Tout ce que vous pouvez imaginer est là.

Je ne sais pas où vous vous situez à ce chapitre. Pour ma part, j'avais (ou plutôt j'ai – la vie, comme la mer, fluctue par ici) des tiroirs de pacotille dans chaque pièce de la maison. Ils avaient atteint un tel degré d'engorgement que je ne les ouvrais plus de plein gré, sauf pour y fourrer un autre article en fermant les yeux. J'ai un penchant pour les tiroirs fourre-tout. En apprenant les leçons de l'abondance dans la simplicité, j'ai toutefois dû faire face à cette dépendance. Je me suis mise à mettre de l'ordre en surface, tout en laissant l'anarchie la plus totale régner à l'intérieur. Je le savais. Mon moi authentique aussi le savait. De même que mon mari et ma fille. Cela me mettait très mal à l'aise. «Être enseveli sous la lave et ne pas sourciller, c'est alors qu'un homme montre de quelle étoffe il est fait», écrivait Samuel Beckett dans *Malone meurt*. Pareil défi se pose à une femme parvenue à l'âge adulte quand elle prend son courage à deux mains pour ranger ses tiroirs de pacotille. Respirez profondément. Allons-y, je vous tiens la main.

La meilleure façon de s'attaquer au désordre de toute une vie est d'y aller par étapes, suivant le sage conseil de John Ruskin. Ne prenez pas les bouchées trop grosses; ainsi, vous aurez le sentiment de réussir dans votre entreprise. Chaque mois, concentrez-vous sur une pièce ou un espace de rangement. Puis fixez-vous des objectifs secondaires: la première semaine, ranger les tiroirs fourre-tout, puis les armoires et d'autres coins, comme le dessous des lits, la lingerie, la pharmacie, la boîte à couture. Surtout, n'essayez pas d'en faire trop à la fois, car vous risqueriez alors de saboter vos efforts. Cela fait cinq ans que vous n'avez pas rangé l'armoire où s'empilent tous les jeux de la famille? Ne vous faites pas de souci, cela peut attendre encore deux mois ou plus, si vous n'êtes pas encore rendue là. Prenez le temps de faire la liste des endroits de la maison qui vous causent le plus de frustration et accordez-leur une priorité par ordre de désagrément.

Bien que je sois une fervente adepte du partage des tâches ménagères, j'en suis venue à regret à conclure que le rangement d'un fourre-tout doit se faire en solitaire. *Vous devez effectuer cette tâche seule.* Je ne saurais trop insister sur ce point. Votre conjoint et vos enfants vous empêcheront de vous départir de vos reliques. « C'est là qu'il se trouvait ! » s'exclameront-ils, en s'emparant de pratiquement tous les objets dont vous vous apprêtez à vous défaire (y compris la pâte à modeler pétrifiée depuis des siècles) pour ensuite les laisser traîner ailleurs dans la maison. Oubliez ça. S'ils n'en ont pas eu besoin pendant cinq ou dix ans, ils peuvent s'en passer pour toujours. Croyez-moi, vous devez vous acquitter de cette tâche en solitaire si vous ne voulez pas devenir folle en cours de route.

Une dernière mise en garde : que faire des choses dont on ne trouve ni la nature, ni le propriétaire ? Si un objet ne peut être identifié par un membre de la famille, il doit disparaître. C'est la seule étape du travail où la consultation est de mise. Mais rappelez-vous, vous devez vous montrer impitoyable. Dans le doute, défaites-vous-en. Vous n'en avez pas besoin. Vous ne le voulez pas. Vous aviez même oublié son existence, alors pourquoi le garder ? Non, il ne pourra pas vous servir un de ces jours. De plus, évitez à tout prix de déverser votre pacotille dans des boîtes (c'est là une décision très plausible chez les collectionneurs de bricoles invétérés) qui se retrouveront dans ces sites d'enfouissement plus communément appelés sous-sols. Mais c'est là une autre histoire que je réserve pour une autre occasion.

Chaque tiroir, chaque armoire que vous aurez réussi à ranger vous donnera le sentiment de reprendre la maîtrise de votre vie. Je ne m'étais jamais rendu compte à quel point mon désordre pouvait m'encombrer l'esprit. Mais une fois mon grand nettoyage terminé, j'ai éprouvé une merveilleuse sensation de renouveau, de joie et de paix intérieure. J'étais arrivée au cœur de l'abondance dans la simplicité et cela ne m'avait coûté que du temps (pour planifier), du courage (pour me présenter au travail) et de l'énergie créatrice (pour passer à l'action).

Ne vous étonnez pas si, par un beau jour de printemps, il vous prend une envie soudaine de laver les vitres et les rideaux. La lumière est extraordinaire et maintenant, vous voyez clair.

18 MAI

Simplifiez, simplifiez, simplifiez

Sortez du désordre, trouvez la simplicité.

ALBERT EINSTEIN

Après avoir passé la matinée à passer nos possessions au crible et à les classer en trois catégories – beau, utile et inutile –, j'ai jeté un coup d'œil sur le plancher du salon, qui avait pris les allures d'un site de fouilles archéologiques avec ses petits tas d'objets répartis selon leur usage domestique. Je me suis alors demandé ce qu'un anthropologue de la fin du vingt-et-unième siècle dirait, en voyant ces amas de pacotilles et de précieux vestiges – comme la dernière tétine de ma fille –, de la femme dont la vie se résumait pour lui à une série de piles soigneusement disposées.

Puis vint le temps de retourner tous ces objets à leur lieu d'appartenance, ce qui, croyez-le ou non, fut une source de grande satisfaction. En parcourant les pièces de la maison, je me suis mise à chercher le dénominateur commun de la vie des grands maîtres et traditions spirituels : Jésus, Mahomet, Bouddha, Lao Tseu, les prophètes hébreux, les soufis musulmans, les saints catholiques, les rishis hindous, les shakers, les quakers, les amish. *Aucun d'eux n'avait des tiroirs de pacotille.* Car tous avaient choisi la simplicité. La spiritualité, la simplicité et la sérénité constituent une trinité sacrée, trois qualités divines de l'âme en paix. Henry David Thoreau disait que « notre vie est gâchée par les détails ». Je ne suis pas d'accord. Selon moi, c'est plutôt par le manque de concentration. Comment pouvez-vous fixer votre attention sur l'essentiel si vous êtes en train de perdre la raison à force de tout chercher dans la maison ? Cependant, le remède de Thoreau contre cette source d'irritation qui nous fait perdre du temps précieux est encore efficace de nos jours : « Simplifiez, simplifiez, simplifiez ».

Cette semaine, dites-vous qu'avec un peu de courage et de créativité, vous pouvez trouver la paix dont vous rêvez. Peut-être aurez-vous l'impression de ne faire que ranger un tiroir fourre-tout ou jongler avec vos engagements pour pouvoir trouver quelques heures pour mettre de l'ordre dans votre maison. Mais votre âme, elle, a une meilleure compréhension de ce qui se passe.

19 MAI

L'ordre intérieur

Quelle joie que de pouvoir partir de notre chaos intérieur pour créer un semblant d'ordre.

KATHERINE PATERSON

La tradition veut que le printemps soit la saison du grand nettoyage de la maison, mais c'est aussi un moment privilégié pour faire de l'ordre en soi. « Le ménage du printemps peut aussi revêtir une dimension psychologique », fait observer l'écrivaine Abigail Trafford, «être un temps de repos permettant de faire face au fouillis émotif qui s'est accumulé dans notre armoire psychique. C'est un moment propice à l'introspection, un ajustement à mi-course pour les gens ordinaires qui mènent une vie ordinairement stressante. »

Une façon de commencer votre ménage intérieur est de vous attaquer à ce qui vous horripile mais que, dans votre affolement, vous ne prenez jamais le temps de régler. Représentez-vous en esprit une de vos journées typiques et observez d'un œil compatissant cette femme parvenue au bout de son rouleau. Qu'est-ce qui vous donne envie de rentrer sous terre ? Ce pourrait être de partir précipitamment pour le travail en sachant pertinemment que vous avez oublié quelque chose d'important, de ne jamais trouver un vêtement qui ne soit froissé ou encore de constater en préparant le souper que vous manquez d'un ingrédient essentiel. Toutes ces situations vous rappellent à l'ordre, tout comme le fait votre âme dispersée.

Il existe une meilleure façon de vivre. Elle consiste à faire de l'ordre en vous d'abord avant de le faire autour de vous. Commencez par vous réserver un moment de réflexion au tout début et à la toute fin de votre journée. La quiétude de ces instants vous rappellera que vous *pouvez* choisir chaque matin de vivre dans le monde sans nécessairement vous laisser gagner par sa frénésie, surtout s'il s'agit d'une frénésie de votre invention. Quinze minutes le matin et le soir peuvent suffire. Je sais que ce n'est pas la première fois (ni sans doute la dernière) que je vous recommande ces pauses quotidiennes. Vous pensez encore que vous n'avez pas le temps. Peut-être pas aujourd'hui. Mais à partir de demain, réservez-vous un petit quart d'heure à vous toute seule avant que les autres se lèvent le matin et après qu'ils se sont mis au lit le soir.

Que faire dès que vous vous réveillez le matin et avant de vous endormir le soir? Faites taire votre intellect, élevez votre cœur, méditez, réfléchissez, découvrez. Considérez, concevez, créez, connectez-vous, *concédez que tout part de l'intérieur*. Priez, lisez les Écritures ou de la poésie sacrée, méditez les paroles d'un livre inspirant. Pensez au jour qui commence, à des façons de le vivre plus paisiblement. Invoquez l'Ordre divin, demandez à l'Esprit de s'occuper de votre vie, aujourd'hui et chaque jour. Représentez-vous à la fin d'une journée heureuse, exempte de stress et productive, en vous détendant et en savourant un repos bien mérité. Allez faire un tour dans le jardin ou sur le balcon, assoyez-vous sur la galerie avec une tasse de café pour regarder le lever du soleil. Voyez comme la nature se renouvelle chaque jour, doucement mais sûrement. Vous avez peut-être du mal à le croire, mais la nature ne se précipite pas; sept heures n'ira pas dire à six heures: « Allez, dépêche-toi, il faut aller là et là, il y a du monde à voir, des fax à envoyer! »

Si vous avez des enfants, devez faire une heure et demie de transport pour vous rendre au travail ou avez à communiquer par téléphone à des clients européens (comme trois de mes bonnes amies), mon conseil vous semblera sans doute provenir d'une femme qui n'a aucune idée de la vie que vous menez, et paraîtra impossible à suivre. Vous réserver un moment de ressourcement spirituel le matin vous obligerait à vous lever encore plus tôt alors que vous êtes encore si épuisée par votre journée d'hier que vous avez de la difficulté à vous arracher du lit. Vous accorder cette pause le soir vous forcerait à rester éveillée alors que vous tombez de sommeil. Voici ce que je fais souvent : une demi-heure avant de me lever le matin et quelques instants avant de m'endormir le soir, je reste blottie dans mon lit à écouter, dans l'obscurité, du grégorien – ces sublimes chants latins interprétés par les moines bénédictins depuis quelque mille cinq cents ans. Je ne comprends malheureusement pas toutes les paroles, mais cela n'a pas vraiment d'importance. Tout ce que je sais, c'est que ces chants doux et rythmés me réconfortent et m'apaisent à un niveau très profond. Parfois, je me joins aux moines pour prier ; d'autres fois, j'imagine plutôt qu'ils sont en train de prier *pour moi*. Cela me réconforte, m'aide à me centrer et me rappelle discrètement l'existence d'une autre Réalité, plus vraie, que je suis portée à oublier dans le feu de l'action, comme vous, j'imagine. Aujourd'hui, mettez de l'ordre à l'intérieur pour que l'Ordre divin se manifeste dans votre train-train quotidien.

20 MAI

L'art de faire des bricoles

*Faire des bricoles nous donne l'occasion d'être seule, de rêver
et d'entrer en contact avec soi. [...] Faire des bricoles, c'est découvrir.*

ALEXANDRA STODDARD

À mon avis, il y a une différence importante entre ranger, nettoyer et faire des bricoles. Les deux premières tâches préparent le terrain, créent l'ordre nécessaire au rituel du « bricolage », lieu de rencontre de l'introspection et de l'inspiration. Comme il n'est pas sur notre liste de choses à faire, il séduit, centre et cajole notre esprit tendu. Cependant, je suis incapable de m'amuser à réorganiser mes papiers personnels ou à arranger un bouquet de fleurs quand le désordre règne autour ou que j'aperçois des toiles d'araignée dans les coins. (Je ne suis sûrement pas la seule femme au monde qui ait trouvé, en jetant un coup d'œil au plafond du salon, un chef-d'œuvre digne de *la Toile de Charlotte*). C'est donc habituellement le samedi en fin d'après-midi que je m'adonne à cet agréable passe-temps, quand la maison a pris l'allure d'une toile vierge qui m'invite à créer.

Contrairement au nettoyage, qui peut se faire à plusieurs, le « bricolage » est une activité à faire en solitaire et sans précipitation si nous voulons en tirer le maximum de bienfaits métaphysiques. C'est essentiellement l'art du réarrangement, quoique selon moi, cela inclue polir l'argenterie, nettoyer la porcelaine et le cristal, faire des bouquets de fleurs et même changer les meubles de place. L'association libre est un des grands plaisirs de cette activité. Abordez-la comme un test de Rorschach appliqué à l'univers domestique. Au lieu d'interpréter des taches d'encre, nous méditons sur le sens caché des objets qui nous entourent jusqu'à ce que nous nous laissions entraîner vers nos rêves, nos choix, nos risques, nos plaisirs, nos goûts profonds. Vous pensez tout simplement changer la disposition de vos bibelots préférés sur la tablette de la cheminée, la bibliothèque ou une table, alors qu'en fait, vous êtes en train de vous créer un nouveau paysage intérieur. « Le *bricolage créatif* est l'une de mes occupations préférées dans la maison », nous confie l'auteure et décoratrice d'intérieurs Alexandra Stoddard. « Cela m'aide à prendre conscience de ce qui a encore de l'importance à mes yeux, de ce qui continue d'avoir un sens. Cette activité paisible et intime peut [...] mettre en lumière les divers aspects de notre vie – et nous aider à définir nos besoins. »

Chez moi, la musique joue un rôle important dans ce rituel. J'adore écouter de la musique quand je vaque aux soins de la maison ; selon mon humeur ou la tâche à effectuer, mes choix iront de Bach aux comédies musicales de Broadway. Mais pour m'accompagner dans mes occupations introspectives, j'opterai pour la bande sonore d'un film tel *Souvenirs d'Afrique*. En écoutant la musique envoûtante de John Barry pendant que je dispose nos photos de famille dans un album, déplace ma collection de cristal taillé ou remplace mes bouquets de branches séchées par des fleurs fraîchement coupées, je ne peux m'empêcher de penser à Isak

Dinesen occupée à emballer son argenterie, ses coupes de cristal et sa porcelaine de Limoges quand elle a quitté le Danemark pour aller vivre en Afrique, peu avant la Première Guerre mondiale. Elle ne pouvait imaginer vivre sans ses trésors personnels. Dans *Isak Dinesen : The Life of a Storyteller*, Judith Thurman écrit que « son ambition était de faire de sa maison une oasis de civilisation ». C'est là un rêve que je caresse moi aussi, même si ma jungle à moi est une petite ville du Maryland et non les plaines du Kenya.

Que vous habitiez la ville, la campagne ou la banlieue, chaque lieu est à sa manière une terre fertile où vous pouvez cultiver vos rêves. En faisant des bricoles, vous semez les graines. Une abondante récolte vous attend.

21 MAI

Un nid confortable

Ah ! Il n'y a rien comme rester chez soi pour trouver le vrai confort.

JANE AUSTEN

Les romans de Jane Austen sont renommés pour leurs portraits spirituels, ironiques et sensibles de la vie familiale dans l'Angleterre du XVIIIe siècle. Mais ils nous révèlent aussi, entre les lignes, l'affection de l'écrivaine pour son « nid confortable ». Miss Austen, installée à son secrétaire tiré près de la cheminée pour écrire, décrit ce genre de refuge dans *Le Parc de Mansfield*, où son héroïne, Fanny Price, peut se retirer « après des moments difficiles [...] et trouver un réconfort immédiat en s'adonnant à quelque activité ou en suivant le fil de ses pensées. Ses plantes, ses livres [...] son secrétaire et ses œuvres de bienfaisance et d'ingéniosité, tout était là, à sa portée. [...] Il n'y avait pratiquement aucun objet dans cette pièce qui n'évoquât un intéressant souvenir ».

Quel que soit le style – réalisé ou souhaité – de notre foyer, la qualité spirituelle essentielle est le confort. Quand nous nous mettons à découvrir et à exprimer notre moi profond dans notre environnement, le confort devient une priorité. Une fois engagée sur la voie de l'abondance dans la simplicité, j'ai découvert avec stupéfaction qu'il y avait très peu d'endroits dans notre maison où je me sentais vraiment bien. Partir à la recherche de l'authenticité, c'est comme vivre sur une ligne de faille ; vous ne savez jamais à quel moment la terre va se mettre à bouger sous vos pieds. Un jour, je me suis rendu compte que je passais une bonne partie de mes heures de loisir à lire dans ma chambre ; je me tenais ainsi sans le vouloir à l'écart de mon mari et de ma fille, non pas par besoin d'intimité, mais parce que je n'avais pas de fauteuil confortable où me blottir dans le salon. Mon mari avait sa place sur le divan, ma fille avait pris possession de la causeuse ; quant à moi, je me retrouvais dans ma chambre à défaut de mieux, alors que j'aurais préféré passer plus de temps avec eux. Quand j'ai pris conscience de cette situation, nous avons tenu un conseil de famille pour discuter des moyens à prendre pour nous sentir plus à l'aise dans la maison. Nous avons décidé de faire des économies en attendant de trouver ce qu'il nous faut pour bâtir un nid douillet qui bercera notre corps et notre âme.

Aujourd'hui, pensez à votre nid. Est-il à ce point confortable que vous n'ayez jamais le goût de le quitter ? Il le devrait. Avez-vous les commodités que vous souhaitez ? Savez-vous au moins ce qu'il vous faut pour être bien ? À quand remonte la dernière fois où vous avez accordé à *votre confort* l'attention qu'il mérite ? Aujourd'hui, dressez une liste de souhaits : des endroits douillets pour vous asseoir ; des oreillers moelleux pour vous soutenir ou vous inviter à faire une sieste ; un tabouret pour y mettre vos pieds ; de bonnes lampes pour lire ; plusieurs bibliothèques ; quelque chose d'intéressant, d'inspirant ou d'irrésistible à lire en tout temps ; des endroits où étaler vos objets préférés ; des tables commodes pour servir vos rafraîchissements ; un bureau bien aménagé pour gérer vos affaires ; une chaîne stéréo à la portée de votre bourse et de la musique qui reflète vos humeurs ; une bonne cafetière, une jolie théière ou un presse-fruits ; des plantes et des fleurs pour l'agrément ; des meubles de jardin qui vous invitent à vous prélasser et un jardin ou une terrasse où vous pouvez flâner. La liste différera d'une personne à l'autre. Prenez le temps de bien définir vos besoins. Pensez aux endroits où vous vous êtes tout de suite sentie à l'aise au cours de votre vie, chez vous ou ailleurs. Qu'est-ce qui vous attirait et vous donnait le goût d'y rester ? C'est sans doute leur confort. Aujourd'hui, réfléchissez à ce qu'il vous faut pour vous bâtir un nid douillet où votre corps et votre âme s'épanouiront.

22 MAI

La maison de vos rêves

Si on me demandait de nommer le principal bienfait d'une maison,
je répondrais : notre maison abrite nos rêveries.

GASTON BACHELARD

Vous avez vu *Mr. Blandings Builds His Dream House*, ce spirituel et attachant classique du cinéma, réalisé en 1948 et mettant en vedette Cary Grant et Myrna Loy ? Il raconte l'histoire exemplaire d'un publicitaire new-yorkais et de sa famille qui vivent à l'étroit dans un appartement de ville et rêvent d'avoir leur propre maison en banlieue. Ils se lancent dans une aventure coûteuse : ils construiront leur maison de rêve couverte de roses au Connecticut. Chaque jour, la petite maison s'agrandit, et les factures s'empilent. C'est là une saga que connaît fort bien quiconque a déjà acheté une maison. Mais au terme de toutes leurs tribulations, bien qu'ils soient à bout de nerfs et que leur compte en banque soit à découvert, les Blandings voient leur rêve devenir réalité. J'espère qu'ils ont vécu heureux par la suite dans cette maison qui s'est avérée magnifique.

Mettre un rêve au monde prend des années, qu'il s'agisse d'une famille, d'une carrière, d'une maison ou d'un mode de vie. Il faut aussi y mettre le prix. Comme le dit un vieil adage, « Prends ce que tu veux, dit le bon Dieu, mais prépare-toi à en payer le prix ». Les rêves coûtent de l'argent, de la sueur, des frustrations, des larmes, du courage, des choix, de la persévérance et une patience extraordinaire. Mais donner naissance à un rêve requiert une autre chose : beaucoup d'amour. Seul l'amour peut transformer une pleine maisonnée de personnes en difficulté et égocentriques en une famille unie, une passion en un gagne-pain ou une simple demeure en un foyer qui soit le reflet fidèle de votre moi authentique.

Même quand l'argent ne pose pas problème, il faut investir de l'amour et du temps pour transformer une habitation en chez-soi. En 1874, Samuel Clemens s'installa dans la maison de ses rêves, à Hartford, au Connecticut, avec son épouse bien-aimée Livy et ses trois filles. C'était un imposant manoir victorien de style gothique, comportant dix-neuf pièces. Durant les trente-cinq années qui suivirent, Clemens rénova et décora cette résidence, y consacrant tellement d'argent que sa passion le plongea dans des difficultés financières (qu'il résolut en écrivant des livres sous le pseudonyme de Mark Twain). À cause de tout l'amour que lui et les siens vouèrent à leur maison, celle-ci « avait un cœur et une âme, des yeux pour voir ; elle procurait approbation, sollicitude et profonde sympathie. Elle faisait partie de la famille ; nous étions ses confidents et vivions dans sa grâce et la paix de ses bénédictions. Nous ne revenions jamais à la maison après une absence sans que son visage s'illuminât et nous réservât un vibrant accueil ; jamais nous n'y rentrions sans en être émus ».

Quelle femme n'aimerait pas habiter une telle maison, un foyer qui embrasse, nourrit, soutient et inspire ? Plusieurs d'entre nous pensons cependant que cela ne sera possible que lorsque nous aurons les moyens de déménager. Voyez-moi cette maison ; comment le miracle pourrait-il se produire ici ? Mais regardons-y de plus près. « J'habite l'univers du possible », confiait Emily Dickinson. Nous pouvons le faire nous aussi. Ne focalisez pas sur les lacunes mais sur les possibilités. Peu importe où vous demeurez présentement, que ce soit dans une caravane, un appartement, une maison ou même dans un motel. Votre demeure ne correspond peut-être pas à vos rêves, mais elle les abrite. Ces rêves sauront la transformer en ce foyer auquel vous aspirez. L'amour sait peindre, décaper, plâtrer, tapisser, dessiner au pochoir, planter, coudre et construire, même avec un budget modeste. L'amour sait que vous pouvez suppléer au manque d'argent par du temps, de l'énergie créatrice et de l'ardeur. Apprenons ses secrets en matière de décoration.

Mais avant de saisir un marteau, un pinceau ou des annonces d'agences immobilières, nous devons rêver. Parcourez les pièces où vous mangez, dormez et vivez. Bénissez vos murs, votre toit, vos fenêtres et vos fondations. Remerciez, tout en triant, simplifiant, mettant de l'ordre. Prenez conscience que la maison de vos rêves est en vous. Vous devez la trouver aujourd'hui, dans le sanctuaire de votre cœur, pour pouvoir en franchir le seuil demain.

23 MAI

Favoriser l'émergence de votre style personnel

Notre intérieur est la projection naturelle de notre âme.

Coco Chanel

Pour plusieurs d'entre nous, la découverte de notre style personnel en matière de décoration est une destination, alors qu'en réalité, c'est un point de départ. Au moment où j'écris ces lignes, je suis en train de repenser *toute* ma maison. Je ne veux pas la quitter, mais continuer d'y vivre et l'aimer. Je veux savoir comment elle fonctionne, de quoi et de qui elle a l'air. Aujourd'hui, elle ne ressemble à personne que je reconnais.

En vous éveillant à votre authenticité, il se peut que vous remarquiez que les murs, les fenêtres et les planchers dénudés vous ouvrent les bras comme un nouvel amoureux, alors que toutes les bricoles que vous avez accumulées au cours de votre vie ne semblent même pas remarquer votre présence dans la pièce. Ce soir, ce serait amusant de souper à la chandelle avec mon mari et ma fille sur une caisse en bois, en attendant impatiemment qu'un nouvel intérieur – fidèle projection de mon âme – me soit expédié demain matin. Cependant, mon compte bancaire, comme le vôtre sans doute, ne me permet pas cette fantaisie ; il me faut donc y aller tranquillement. Apprenons à considérer cela comme une chance plutôt qu'une pierre d'achoppement. Notre porte-monnaie peut prolonger le processus plus longtemps que le souhaite notre intellect – particulièrement lorsque nous feuilletons des magazines de luxe – mais c'est le rythme qu'il nous faut pour favoriser l'épanouissement de notre style personnel.

Pour être honnête avec vous, je dois vous dire que ce matin, je ne sais pas exactement comment je veux m'exprimer dans mon intérieur. Et vous ? Je pensais que je le savais. Il y a des choses que j'ai aimées passionnément et qui m'ont procuré beaucoup de plaisir pendant vingt-cinq ans. Mais j'ai aussi cohabité avec des objets que je haïssais tellement que je suis devenue insensible à leur présence. La voie de l'abondance dans la simplicité nous appelle à la transformation. Mais cette transformation ne peut s'opérer du jour au lendemain. Nous devons traverser une période de transition où les choses sont à peine perceptibles – un rite de passage du sommeil à l'éveil. Le processus est la réalité, et ne peut être brusqué.

Nous devons donc apprendre à attendre patiemment. Nous devons considérer, économiser, réfléchir, simplifier, mettre de l'ordre, nous préparer, expérimenter, observer. Nous devons faire des excursions créatives et visiter des salons d'artisanat et d'antiquités, des ventes à l'encan, des entreprises de matériaux de rénovation, des boutiques d'objets d'occasion, des marchés aux puces, des brocantes, des ventes-débarras, des musées, des expositions de design d'intérieur, des boutiques d'accessoires décoratifs, des salles d'exposition de meubles et des galeries. Si vous voyez des choses que vous aimez, demandez s'il y aura un solde prochainement. Prenez des notes détaillées. Observez le mode de vie présent ou passé d'autres gens en allant faire des tours dans des boutiques de décoration et des maisons historiques, en participant à ces merveilleuses visites de maisons et de jardins qui ont lieu au printemps. Lisez, feuilletez des revues et des catalogues. Continuez de nourrir votre créativité de belles images en collectionnant toutes les coupures que vous pouvez, des accessoires de table aux ornements de rideaux.

Mary Emmerling – une femme que j'adore, au style d'une grande originalité fondé sur le sens commun – nous suggère d'utiliser un carnet pour suivre le fil de nos rêveries. Pour sa part, elle se sert d'un carnet à feuilles mobiles muni de plusieurs pochettes pour y ranger ses outils : un mètre à ruban, des ciseaux, des stylos et des crayons, des trombones, un aiguisoir et une calculatrice. Elle réserve une section à chaque pièce, avec une liste de souhaits, des photographies illustrant les changements, un plan et une enveloppe pour les échantillons de peinture et de tissus, ainsi que les reçus. À l'endos se trouve un calendrier où sont inscrits les dates des soldes et des événements spéciaux ainsi qu'un guide de ressources avec les noms et numéros de téléphone des magasins, des salles d'exposition, des marchands, des entrepreneurs et des fournisseurs de matériaux. Ces précieuses archives peuvent l'accompagner partout, ce qui lui permet d'attraper l'inspiration au vol plutôt que de la laisser s'envoler à tout jamais.

Si vous suivez certaines de ces suggestions, vous serez dans la bonne voie pour trouver et développer votre style personnel. Vous cesserez de vous sentir frustrée et remercierez pour cet extraordinaire privilège qu'est le temps – le temps qui vous permet de découvrir ce que vous aimez pour pouvoir aimer la vie que vous menez.

24 MAI

La plénitude du vide

Comme nous ne pouvons pas changer la réalité,
changeons les yeux qui la regardent.

NIKOS KAZANTZAKIS

M on mari m'a lancé un regard perplexe en rentrant du travail hier soir. « Pourquoi n'y a-t-il plus rien sur la tablette de la cheminée, m'a-t-il demandé. Où as-tu mis toutes les photos ? » Tout en nous versant un verre de vin, je lui ai répondu que j'étais en train d'expérimenter l'espace positif et négatif.

« L'espace comment ? »

« Positif et négatif, papa, lui a expliqué l'artiste de la famille en levant les yeux de ses devoirs éparpillés sur la table de la salle à manger. Les artistes s'en servent pour atteindre l'harmonie dans leurs œuvres. »

« Les Japonais aussi », ai-je ajouté.

« Je veux bien, mais à quoi cela rime-t-il ? Cela ne m'explique pas pourquoi il n'y a plus rien sur la tablette. »

Il faut toujours envisager la possibilité que les personnes qui sont les plus près de vous s'ingèrent innocemment dans vos affaires intérieures lorsque vous vous êtes engagée dans la recherche de l'authenticité. Gardez toujours à l'esprit que la femme prévisible que vous étiez leur est plus familière que cette inconnue qu'elles n'ont jamais rencontrée, même s'il s'agit de votre vrai moi.

Quand une artiste s'apprête à dessiner ou à peindre, elle pense à l'équilibre à obtenir entre les formes positives et les espaces négatifs. Les formes positives sont les objets que nous reconnaissons tout de suite sur une feuille ou une toile, comme un bol de fruits dans une nature morte. Les espaces négatifs, eux, entourent les objets et les délimitent. Comme plusieurs artistes vous le diront, il est beaucoup plus facile de dessiner avant tout les espaces négatifs. Car rien n'est invisible à l'œil exercé à voir la beauté. Ce qui semble vide au profane apparaît plein à l'artiste, un mystère complet en soi. Pour que l'ensemble émerge, l'espace qui entoure le bol de fruits est aussi important que le bol lui-même.

Dans la culture japonaise – l'art, la philosophie, la religion, le design, les affaires et la vie même –, les espaces négatifs ne sont pas considérés vides, mais plutôt « pleins de rien ». Dans *Zen and the Art of Management*, Richard Tanner Pascale explique qu'en japonais, les espaces vides, ou « le voile de mystère qui entoure certains événements » se nomme *ma*, terme qui n'a pas d'équivalent dans notre langue. Pour un esprit occidental, ce concept est quelque peu difficile à saisir. Mais pour un esprit oriental, l'espace vide est riche de possibilités, enveloppé de mystère jusqu'à ce que vienne le temps qu'il soit révélé. Comme l'exprime l'énigmatique dramaturge irlandais Samuel Beckett (qui était plus zen que celte), «rien n'est plus réel que le néant».

C'est pourquoi la tablette de notre cheminée est à nu en ce moment. En épousant l'abondance dans la simplicité, j'ai peu à peu découvert que les objets qui y séjournaient depuis plusieurs années ne me disaient plus rien, et mon moi authentique ne m'a pas encore laissé savoir par quoi je devais les remplacer ni même si je devais le faire. Par conséquent, du moins pour un certain temps, je savoure la plénitude du vide. Il est difficile pour bon nombre d'entre nous d'admettre que le vide – dans notre vie comme dans notre salon – puisse avoir une influence positive. À mon avis, nous devons apprendre à tolérer plus d'espaces vides. Nous devons apprendre soit à attendre avec sérénité le moment de remplir les espaces vides d'objets qui reflètent vraiment notre moi authentique, soit à accepter l'exquise plénitude du vide. Le paysage de notre vie devient beaucoup plus intéressant quand nous nous apercevons qu'il existe toute une dimension dont nous n'avons jamais tenu compte parce que nous n'étions pas capables de la voir.

La tablette de notre cheminée possède maintenant une élégance dépouillée et une retenue rafraîchissante et engageante. J'invite mon moi authentique à s'exprimer dans mon environnement, ne serait-ce que par un objet à la fois. Aujourd'hui, pour éveiller votre capacité de voir les choses sous un autre jour, vous pourriez essayer de créer des espaces vides dans votre maison. Sortez des meubles d'une pièce. Enlevez des tableaux d'un mur ou les objets qui garnissent des meubles. Expérimentez la plénitude du vide pendant une semaine. Puis faites semblant que vous venez d'emménager dans une nouvelle maison. Ne vous étonnez pas si la femme que vous êtes en train de devenir vous révèle qu'elle a besoin de plus d'espace pour grandir.

25 MAI

La passion, muse de l'authenticité

Qu'est-ce que la passion ? C'est sûrement le devenir d'une personne.

JOHN BOORMAN

Beaucoup d'entre nous désirons ardemment mener une vie passionnante, être transportées – mais pas trop loin et à petites doses. C'est pourquoi nous sommes attirées par les romans savoureux, les films émouvants, les feuilletons à l'eau de rose, les flirts platoniques et les journaux à sensation qui glorifient la vie des gens qui sortent de l'ordinaire. Vivre avec passion, n'est-ce pas mettre notre raison de côté et nous lancer dans la poursuite insouciante du plaisir, nous envoler avec un séduisant joueur de polo argentin plutôt qu'aller chercher les enfants à l'école ?

La passion est sauvage, chaotique et imprévisible. Permissive, excessive, obsessive. Glenn Close dans *Liaison fatale*. Une femme passionnée est transportée malgré elle par ses émotions et ses désirs ; elle hurle à la lune, vit ses fantaisies, fait rôtir le lapin apprivoisé.

Mais la grande majorité d'entre nous avons des responsabilités bien réelles qui laissent peu de place (du moins c'est ce que nous croyons) aux élans passionnés : un enfant à moucher, le chien à promener, les échéances à respecter, les collations à préparer, les réunions à ne pas manquer, le rendez-vous avec l'orthodontiste à négocier, le formulaire pour la colonie de vacances à remplir, le train à prendre, le souper à servir. C'est ainsi que s'envole la journée. C'est ainsi que s'écoule notre vie, non avec éclat, mais avec des pleurs et des gémissements.

Ce qui nous échappe encore, c'est que la passion est la muse de l'authenticité. C'est le souffle primordial, l'énergie vitale qui anime toute forme de vie, la présence sacrée qui se manifeste à chaque battement de notre cœur. La passion ne se révèle pas seulement dans les clichés de la clandestinité, du romantisme et des déshabillés de soie. Elle se manifeste aussi dans le geste profond, subtil, paisible, dévoué : nourrir un bébé, cultiver un jardin, préparer un repas spécial, prendre soin d'un parent malade, souligner l'anniversaire d'un ami, entretenir un rêve. Chaque jour nous offre l'occasion de vivre passionnément plutôt que passivement, si nous savons témoigner de la présence immuable de la passion dans le prosaïque. Si nous cessons de nous refuser les plaisirs de la vie. Si, comme le murmure Molly Bloom, l'héroïne de James Joyce, nous apprenons à simplement dire «[...] et oui, j'ai dit oui, et oui je le ferai ».

La passion est sacrée ; c'est un mystère profond qui transcende et transforme par l'extase. Nous devons accepter qu'un feu sacré brûle en nous, que cela nous plaise ou non. La passion fait partie de la vie, car nous avons été créées par l'Amour et pour l'Amour. Si nous n'exprimons pas nos passions, notre âme ne tardera pas à s'éteindre.

Saviez-vous que le Coran, le livre sacré des musulmans, et le Talmud, le livre fondamental du judaïsme, enseignent tous deux que nous devrons rendre compte de chaque refus de profiter d'un plaisir légitime que la vie nous aura proposé. Dorothy L. Sayers, une écrivaine d'une grande profondeur d'âme, était d'avis que « le seul péché que la passion peut commettre, c'est d'être triste ».

Allez en paix et ne péchez plus.

26 MAI

La passion, la meilleure des décoratrices

La passion est ce qu'il vous faut pour être bon, une passion impitoyable.

DAVID EASTON

Un de mes passe-temps préférés est la lecture de romans qui célèbrent les joies de la vie domestique. Les pages de Kathleen Norris, de Laurie Colwin et de Rosamund Pilcher, par exemple, nous livrent non seulement des amours passionnées, mais de délicieuses descriptions de mets et de décors qui captivent mon imagination plus encore que l'intrigue. Une autre de mes chantres préférées de la domesticité est Daphné du Maurier. Voici la façon dont elle décrit le premier bureau de Madame de Winter dans son roman *Rebecca*: «C'était un bureau de femme, gracieux, fragile, la pièce de quelqu'un qui avait choisi chaque objet avec un grand soin, de sorte que chaque chaise, chaque vase, chaque infime détail s'harmonisait avec l'ensemble et avec sa personnalité. C'était comme si la personne qui avait aménagé ce bureau avait dit: "Je prends ceci, ceci et ceci", en choisissant un à un, parmi les trésors de Manderley, les objets qui lui plaisaient le plus et en ignorant tout ce qui était de qualité inférieure, médiocre, ne posant la main, avec un instinct infaillible, que sur ce qu'il y avait de mieux».

Au fur et à mesure que nous mettons de l'ordre dans notre vie et notre intérieur, nous trouvons peu à peu l'harmonie dans notre environnement, posant notre main avec un instinct infaillible sur les objets qui nous expriment le mieux. Même si vous n'avez pas encore trouvé le temps de ranger les armoires et les tiroirs, de passer vos possessions au crible et de les classer en trois catégories – ce qui est beau, ce qui est utile et ce qui a une valeur sentimentale –, ne vous découragez pas. Il y a un important travail intérieur qui s'opère et qui portera bientôt des fruits tangibles.

Sans doute parce que je suis écrivaine, je vois beaucoup de ressemblances entre la découverte de notre style personnel en matière de décoration intérieure et le processus d'écriture d'un livre. Un livre peut sembler inanimé mais, telle une demeure, il vit, respire et vous exprime.

Quand j'écris, j'ai d'abord une inspiration; quand vous décorez votre salon, vous pouvez partir d'une photo que vous trouverez évocatrice. Pour étoffer l'idée initiale, je dois ensuite effectuer des recherches; c'est ce que vous faites quand vous partez en excursion créative ou que vous garnissez votre cahier de décoration. Ensuite, il me faut tracer les grandes lignes; de votre côté, vous vous ferez sans doute un plan ou un budget. À cette étape, je suis habituellement écrasée par l'ampleur du projet; vous risquez de l'être également. Chez moi, cette impression s'estompe dès que je plonge et commence à écrire mon premier jet ; peut-être avez-vous commencé à arracher la vieille moquette afin de sabler vos planchers, à enlever le papier peint ou à peindre. En général, quand l'ébauche est terminée, je pousse un soupir de soulagement, pour ensuite succomber encore une fois à la panique. (Est-ce que cela fonctionne vraiment ?) Mais avec un peu de recul et une fois que je me suis mise à rédiger, le calme revient. Les idées fourmillent et le livre – ou votre salon – prend forme. C'est alors qu'arrive la partie la plus agréable : la révision. C'est l'étape où vous donnerez une nouvelle vie à une pièce grâce à votre touche personnelle, y ajouterez des détails et des accessoires qui revêtent un sens particulier. J'aime ce travail parce qu'il permet d'arranger ce qui ne va pas et d'améliorer ainsi ce qui était déjà bien. Mais le travail ne s'arrête pas là ; la première version sera suivie de plusieurs autres et la révision se poursuivra jusqu'au moment où l'éditeur me dira d'y mettre fin.

La création de l'œuvre visuelle qu'est votre intérieur est une histoire sans fin. Vous n'êtes pas obligée de vous arrêter. Bien plus, vous ne le pouvez pas. Il y aura toujours de nouveaux aspects de votre personnalité à découvrir et à exprimer. Vous serez toujours en train de réviser, d'éliminer ce qui ne vous convient plus, d'apporter de petits ou d'importants changements que les chapitres de votre vie permettront ou exigeront.

Que nous écrivions un livre ou aménagions notre foyer, nous devons aborder notre travail avec enthousiasme. Laissez la passion, la meilleure des décoratrices, vous inspirer. Laissez-la vous guider et vous apprendre à vous fier à votre instinct. Fixez-vous comme objectif de vous entourer uniquement de choses que vous aimez passionnément. Faites preuve de patience : la création d'une œuvre maîtresse peut prendre toute une vie.

La célèbre décoratrice d'intérieurs Elsie de Wolfe avouait : « Je ne sais pas peindre. Je ne sais pas écrire. Je ne sais pas chanter. Mais je sais décorer et tenir une maison, l'éclairer, la chauffer et en faire une entité vivante... » Si vous confiez votre décoration à la passion, chaque pièce de votre maison racontera l'histoire fascinante de la femme extraordinaire qui l'orne de sa présence.

27 MAI

Un inventaire de votre vision intérieure

Nous façonnons notre demeure,
puis c'est notre demeure qui nous façonne.

Winston Churchill

L'idée est de partir d'une simple couleur, d'un divan ou d'une armoire en pin que vous adorez. Jusqu'ici ça va. Ensuite ? Vous aménagez la pièce en question sans effort, exprimant par vos choix éblouissants – tapis, rideaux, vaisselle, table basse – la femme qui aime l'Art déco ou les confortables cottages anglais.

Mais qu'arrive-t-il si *aujourd'hui* vous ne savez pas ce que vous voulez accrocher au-dessus du divan, mettre sur le plancher ou sur les tablettes ? Qu'arrive-t-il si le divan provient du premier mariage de votre mari, le tapis de votre mère et la petite table de l'Armée du Salut ? Qu'arrive-t-il si vous savez ce que vous voulez, mais devez choisir entre l'armoire en pin et une nouvelle voiture dont vous avez grandement besoin ?

Il est alors temps de faire un inventaire de l'intérieur dont vous rêvez. Un des avantages du tri et du classement de vos biens en trois catégories – ce qui est beau, ce qui est utile et ce qui a une valeur sentimentale –, c'est que vos idées se clarifient. Vous serez probablement surprise de tout ce que vous possédez déjà et qui ne demande qu'à être repensé, réarrangé, recouvert ou rénové. Ne vous étonnez pas de constater que même si les choses qui vous entourent sont encore belles, elles ne vous conviennent plus nécessairement.

Une de mes bonnes amies avait une passion pour les coussins recouverts de tapis orientaux et les a collectionnés pendant plusieurs années. Mais un beau jour, elle s'est rendu compte qu'elle passait moins de temps dans son salon que par le passé, même si elle avait investi beaucoup d'argent et de temps dans sa décoration et aimait le résultat. Elle a fini par découvrir que les motifs étaient trop chargés pour qu'elle s'y sente bien quand elle rentrait à la maison après une dure journée et que les couleurs sombres, bien qu'attrayantes, la déprimaient.

Tiraillée entre son côté pratique qui l'incitait à laisser les choses telles quelles et le besoin de découvrir ce dont elle avait vraiment envie, elle a opté pour le plaisir. Elle voulait non seulement rendre cette pièce plus vivante mais elle voulait y vivre. La paix intérieure est devenue sa nouvelle passion. La première étape consistait à vider la pièce et à n'y laisser que les divans, qu'elle a recouverts de simples housses blanches. Elle a peint les murs et les bibliothèques en blanc et enlevé les coussins. Mais comme ces derniers étaient encore très beaux, elle a décidé de les garder jusqu'à ce qu'ils trouvent une nouvelle vocation. Maintenant, les seules couleurs dans la pièce proviennent de ses livres bien-aimés. Sa nouvelle touche personnelle est la retenue. Quand elle rentre du travail, elle se sent bien chez elle, ce qui, après tout, est le but véritable de l'aménagement intérieur.

L'objectif de la décoration d'une pièce n'est pas tant la conformité au look du magazine que le bien-être que vous y éprouvez. Si vous voulez vous créer un nid qui vous reflète vraiment, l'exploration intérieure doit passer avant les échantillons de peinture et de tissus.

Votre touche personnelle vous aidera à patienter en attendant que votre vision de votre intérieur se matérialise. Peut-être vous est-il impossible de vous payer un nouveau divan tout de suite, mais vous pouvez vous procurer trois jolis coussins qui lui donneront un nouveau souffle. Peut-être pourriez-vous rafraîchir votre lampe en changeant la couleur de l'abat-jour, disposer vos fleurs dans une théière plutôt que dans un vase, trouver une belle tasse de porcelaine pour y ranger vos plumes, placer ce tableau sur un petit chevalet plutôt que sur le mur, suspendre un tapis que vous avez vous-même fabriqué, enlever les portes des armoires de la cuisine, voir si vous ne pourriez pas vous passer de tel ou tel objet.

Votre touche personnelle ne vous coûtera pas grand-chose si vous êtes prête à investir votre passion, votre persévérance, votre patience et un regard neuf.

28 MAI

Mues par l'amour

*Vos possessions expriment votre personnalité. Peu de choses, y compris
les vêtements, sont plus personnelles que les objets décoratifs qui vous
sont chers. Les pionnières, qui ont traversé un continent sauvage
en se cramponnant à leurs trésors, savaient qu'une horloge,
une photographie ou une paire de chandeliers représentaient leur foyer,
même dans les régions les plus reculées.*

GOOD HOUSEKEEPING, août 1952

En juillet 1846, Margaret Reed quitta à contrecœur la maison qu'elle aimait, à Springfield, en Illinois, avec son époux James, leurs quatre enfants et sa mère souffrante, à destination de la Californie. Pendant des mois, elle avait obstinément fermé l'oreille aux arguments de son mari qui la pressait de partir avec lui, et l'avait supplié de ne pas abandonner la vie enchanteresse, le confort et la culture qu'ils savaient apprécier. Mais son époux victorien, un riche fabricant de meubles qui aspirait à plus de richesses et d'aventures, finit par l'emporter.

Si James Reed réussit à convaincre Margaret, c'est en grande partie parce qu'il lui promit qu'elle voyagerait dans un luxe et un style inégalés et qu'elle pourrait emporter avec elle tous les effets personnels auxquels elle tenait. Il tint parole. Jamais n'avait-on construit et n'allait-on construire une voiture couverte comme celle des Reed : deux étages, une mezzanine pour dormir, des sièges à ressorts comme ceux des diligences les plus confortables, un poêle en fonte, des rideaux de velours et l'orgue que Margaret aimait. On y avait entassé des provisions de nourriture et de vins – les meilleurs que l'on avait pu se procurer – pour six mois. À voir cette voiture se mettre en branle avec le reste de l'expédition en direction de l'Ouest, on en avait le souffle coupé.

La tragique saga du *Donner Party* est le récit de triomphe et de désespoir le plus marquant de l'histoire de l'Ouest américain. À quelque quatre mille kilomètres de leur patrie et seulement deux jours de route de la sécurité, trente et une personnes – hommes, femmes et enfants – se retrouvèrent coincées pendant tout un hiver dans les montagnes de la Sierra Nevada, victimes des pires tempêtes enregistrées dans cette région. N'ayant plus rien à manger, certains membres du groupe recoururent au cannibalisme pour survivre. Margaret et ses enfants ne comptèrent pas parmi eux. Elle sustenta les siens de neige, d'écorces et de bouillon de cuir jusqu'au retour de James, qui avait quitté le groupe pour aller chercher du secours en Californie. Ce ne sont pas les biens matériels sur lesquels elle avait compté qui assurèrent la survie physique et spirituelle de sa famille, car la voiture et tout son contenu avaient dû être abandonnés en cours de route parce qu'ils étaient trop lourds et encombrants pour traverser les montagnes. Les biens qui sauvèrent Margaret et les siens étaient de nature spirituelle : sa débrouillardise, sa foi et son courage.

La marraine de ma fille habite Hollywood. Elle a perdu presque tous ses effets personnels dans le terrible tremblement de terre survenu en 1994. Elle et son mari s'en sont tirés indemnes, Dieu merci, et la structure de leur maison a tenu le coup. Mais elle a tiré de cette catastrophe une grande leçon de détachement. Tant de choses avaient disparu en même temps : la maison qu'elle avait connue, la notion qu'elle avait de la sécurité et les preuves tangibles de son existence que représentaient les biens auxquels elle tenait. En l'espace de quelques minutes, toutes ses possessions, des antiquités d'une grande valeur aux précieux souvenirs, se sont muées en un tas de débris de verre, de tessons de porcelaine et d'éclats de bois qui n'étaient plus bons qu'à être jetés aux ordures.

Une fois le choc initial passé, mon amie m'a confié que la perte de ses biens avait été très libératrice. La paix a succédé à la douleur. Toutes sortes de choses dont elle avait cru ne pas pouvoir se passer, tous les objets qu'elle croyait essentiels à l'expression de sa personnalité, étaient redevenus ce qu'ils étaient vraiment : des biens matériels. Maintenant qu'elle a recommencé à se bâtir un nid confortable, elle ne s'entoure que d'objets dont elle a vraiment besoin ou qu'elle aime – des choses utiles et des choses belles –, mais en plus petite quantité qu'auparavant. Elle regarde maintenant les choses d'un œil plus critique. Elle sait maintenant de quoi elle peut se passer et se sent plus légère. Elle avoue aimer ses nouvelles possessions avec détachement, car elle sait qu'un autre coup du sort pourrait les engloutir d'un instant à l'autre.

Depuis que je me suis engagée sur le chemin de l'abondance dans la simplicité, j'ai consulté des livres de décoration et des revues féminines écrites depuis un siècle, à la recherche de petites douceurs à partager. Dans tous ces écrits s'exprime la croyance répandue selon laquelle nos biens nous définissent. Au cours de l'ère victorienne, les biens matériels étaient considérés comme une marque de la faveur divine, et je crois que cette opinion demeure bien ancrée dans la conscience nord-américaine. J'y croyais moi-même avant d'entreprendre ma quête d'authenticité. Mais quand je me suis mise à méditer cette question, à réfléchir et à écrire sur la façon dont nos possessions nous définissent, l'Esprit en moi regimbait. Il reculait et refusait de collaborer. Il se taisait pour que je me taise moi-même et cesse de répandre de telles sottises. Si une écrivaine se trouve en panne d'inspiration, c'est habituellement parce qu'elle ne croit pas à ce qu'elle écrit.

Voici ce que je crois. Je crois que nos biens peuvent s'avérer très révélateurs et faire connaître des aspects très intimes et éclairants de notre personnalité. Je crois aussi que le fait de nous entourer d'objets qui parlent à notre âme peut nous procurer des moments de bonheur véritable. *Mais je ne crois pas que nos possessions nous définissent.*

Je crois plutôt que c'est ce que vous *aimez* qui exprime la femme que vous êtes véritablement, non pas ce que vous possédez.

À la mort de Jacqueline Kennedy Onassis, on a écrit une foule de choses sur son style et sa force, sa grâce et sa beauté. S'il a existé une femme qui s'est laissé guider par sa propre lumière, c'est bien Jackie. Voilà une personne qui pouvait avoir pratiquement tout ce qu'elle voulait; pourtant, le bien auquel elle tenait le plus était son intimité, un privilège auquel vous ne pensez sans doute pas souvent.

Mais ce qui a touché une corde encore plus sensible chez moi, c'est le souvenir que son fils a gardé de ce qui revêtait le plus d'importance à ses yeux: « L'amour des mots, les liens du foyer et de la famille et son esprit d'aventure ». Cette femme extraordinaire se définissait par ses passions.

Aujourd'hui, je vous souhaite et je me souhaite que, lorsque notre aventure sera terminée, on se souvienne de nous comme de femmes mues par l'amour.

29 MAI

La valeur de nos collections

Chaque objet d'une collection a sa propre histoire, ses propres souvenirs – la recherche, le jour où nous l'avons acquis, la personne qui nous accompagnait, les vacances...

TRICIA GUILD ET ELIZABETH WILHIDE

Mon mari collectionne les films de baseball et les articles portant sur les campagnes électorales; Katie raffole des souvenirs d'Hollywood; quant à moi, j'ai un faible pour les théières, les porcelaines bleu et blanc, l'éclat du cristal de Waterford et les livres. Cette année, cependant, au lieu d'objets, je me suis mise à collectionner des réflexions de femmes et à les incorporer à la trame de ma vie quotidienne. C'est sans doute la plus merveilleuse collection que j'ai jamais entreprise; de plus, elle ne me coûte que du temps et de l'énergie créatrice.

Que collectionnez-vous? Quels objets chéris avez-vous accumulés au fil des années et étalés avec amour dans votre maison? J'espère que vous collectionnez des choses que vous aimez passionnément, car il y a peu d'expériences plus agréables que ces périples dans les petites boutiques et les marchés aux puces peu fréquentés, à la recherche de ce mystérieux objet de convoitise dont vous êtes la seule personne au monde à connaître la valeur. Le plaisir de la recherche n'a d'égal que celui de la découverte. Vous l'apercevez de loin; il vous invite à vous approcher pour mieux l'apprécier. Il vous souffle à l'oreille: « Emmène-moi chez toi ». Votre cœur se met à battre la chamade, vous le retournez pour en regarder le prix, pour voir si vous pouvez vous le permettre. Victoire ! Mine de rien – car vous ne voulez pas dévoiler votre secret –, vous passez à la caisse, faites un brin de conversation et sortez tranquillement du magasin avec le sourire. (Il serait mal vu de trop savourer votre exploit.) Le marchand n'a pas la moindre idée du trésor qu'il a laissé partir. Ce qui importe, c'est que *vous* le sachiez.

Puis vient le plaisir d'introduire votre nouvelle acquisition dans son nouvel environnement, de réarranger ses comparses pour la mettre en valeur. Vous reculez pour mieux l'apprécier. Votre collection s'est enrichie, et vous vivez un parfait moment de grâce.

Pendant de nombreuses années, j'ai collectionné les tasses victoriennes décorées d'une pensée. La première fois que j'ai aperçu une de ces tasses du XIXe siècle (où l'on pouvait lire « Pense à moi »), Katie et moi errions dans les boutiques d'antiquités de Saratoga Springs, dans l'État de New York. Une des personnes que nous aimons le plus au monde, ma belle-sœur Karen, nous accompagnait. C'était un superbe après-midi d'été ; la compagnie était agréable et l'ambiance chaleureuse. Soudain, je l'ai aperçue : une magnifique tasse de porcelaine blanche ornée de motifs floraux bourgogne et or, et de lettres en relief. Je n'avais jamais rien vu de semblable et ce fut le coup de foudre. Je l'ai prise dans mes mains puis remise à sa place. J'ai fait le tour de la boutique ; puis j'y suis revenue et l'ai de nouveau examinée et déposée sur la table. En fin de compte, c'est Katie qui m'a convaincue qu'à 10 $, je n'avais aucune raison de m'en passer. (Il n'y a rien comme faire des achats avec une complice.)

J'ai été tellement enchantée de ma nouvelle acquisition que j'ai décidé sur-le-champ de me mettre à collectionner ce genre de tasses. Pendant les quelques années qui ont suivi, je me suis lancée à leur recherche aux quatre coins du pays. Mais les tasses achetées ultérieurement ne m'ont jamais procuré le plaisir que j'avais éprouvé lors de mon premier achat, de sorte que je me suis peu à peu désintéressée de cette collection.

Puis, au cours d'une fin de semaine du *Memorial Day* à la mer, je me suis mise à relire *Solitude face à la mer* d'Anne Morrow Lindbergh, un rituel de renouveau annuel que je savoure tout particulièrement quand je m'y livre les orteils enfoncés dans le sable.

Plus tôt ce matin-là, j'avais déniché et laissé passer une autre tasse et je me posais des questions sur mon attitude. J'ai trouvé ma réponse dans le livre de Madame Lindbergh : « Le collectionneur se promène avec des œillères, il ne voit rien d'autre que l'objet convoité. En fait, l'instinct de possession est incompatible avec l'appréciation de la beauté ». Voilà qui explique pourquoi les autres tasses avaient déçu mes espérances. J'avais été moins séduite par leur beauté que contrainte de les acheter pour accroître ma collection. Ce que je recherchais vraiment, c'était de recréer l'atmosphère merveilleuse de cet après-midi d'été que j'avais passé avec Karen et Katie. J'ai toujours cette tasse blanche – souvenir tangible de ce beau moment et j'y range mes crayons sur mon bureau. Sa beauté unique me réjouit encore. Quant aux autres tasses, j'ai commencé à les offrir en cadeau ; j'ai plus de plaisir à les partager que j'en ai eu à les acheter.

Je prends encore plaisir à rapporter des trésors à la maison. Mais maintenant, quand un objet attire mon attention, je m'arrête un moment pour me rappeler le conseil d'Anne Lindbergh : « Me demander de quel minimum, pas juste de quoi, je peux m'accommoder. Me demander "En ai-je vraiment besoin ?" quand je suis tentée de charger ma vie d'un autre objet ». Si je pense ne pas pouvoir me passer de la chose que je désire, et que je peux me l'offrir, j'en fais l'acquisition. Mais je m'arrête d'abord. L'abondance dans la simplicité ne consiste pas à dire « non » à nos élans créateurs, qu'il s'agisse de collections, de vêtements ou de décorations. Elle consiste à savoir quand il faut dire « assez » parce que nous avons tout ce dont nous avons besoin. « Nous ne pouvons pas collectionner tous les beaux coquillages que nous trouvons sur la plage. Nous ne pouvons en prendre que quelques-uns, et ils seront encore plus beaux parce que peu nombreux. »

30 MAI

Le plaisir de fureter

Tout le plaisir de courir les ventes d'objets usagés réside
dans la certitude de trouver, à la prochaine table,
ce qu'on cherche depuis toujours.

MARY RANDOLPH CARTER

À cette époque de l'année, vous risquez de me trouver les fins de semaine en train de fureter dans les marchés aux puces. Je me promène, je fouille, je suis les affiches écrites à la main fixées aux poteaux de téléphone. Je ne cherche rien en particulier et tout en général. Pourquoi me limiterais-je en me fixant des objectifs précis ? Le soleil brille, j'ai fait le plein d'essence, j'ai un thermos de limonade fraîche, j'ai des sous. Parfois, je suis accompagnée, d'autres fois, je suis libre comme l'air. Je suis sur le point de trouver ce que j'ai cherché toute ma vie, quoique Dieu seul sache ce que c'est. C'est peut-être aujourd'hui le grand jour.

La saison des ventes-débarras et des marchés aux puces de fin de semaine bat son plein. C'est le temps de troquer la sécurité des centres commerciaux contre le charme des étalages extérieurs. Fureter fait du bien à l'âme. Souvent, quand nous avons changé considérablement notre mode de vie en serrant les cordons de notre bourse – volontairement ou par nécessité –, une cure de désintoxication s'impose. Le monde n'a pas cessé de vendre ; c'est nous qui avons cessé d'acheter. Il est facile de se mettre à s'apitoyer sur son sort, surtout quand on se fait bombarder de tous côtés par les insidieuses publicités qui tentent de toucher toutes nos cordes sensibles pour nous convaincre que mieux vaut en avoir plus que moins. Il se peut que rationnellement, vous vouliez renoncer aux biens de ce monde, mais la fille matérialiste en vous réclame encore son dû. Le meilleur moyen que j'ai trouvé de la faire taire est de l'amener plus souvent dans les marchés en plein air.

Je mets sous la rubrique « marchés aux puces » toutes les formes de magasinage extérieur, mais il importe de faire des distinctions. Les ventes-débarras – qu'elles aient lieu dans une cour ou un garage – sont organisées par des gens qui espèrent que leurs pacotilles vont faire votre bonheur. C'est possible, vous devez cependant souvent vous frayer un chemin à travers les vieux plats de *Tupperware* avant d'arriver au trésor. Mais vous ne perdez rien à regarder. C'est dans les ventes de succession et de déménagement qu'on trouve le meilleur assortiment de meubles, d'articles ménagers et même de vêtements usagés. Les ventes de succession sont souvent prises en charge par des commerçants professionnels ; elles sont donc mieux organisées et débutent habituellement le vendredi pour se poursuivre toute la fin de semaine. Consultez les journaux pour connaître l'heure et le lieu où elles se tiennent. Pour avoir le meilleur choix, arrivez tôt, mais c'est en fin de journée ou le dimanche après-midi que vous trouverez les meilleures aubaines. Les marchés aux puces de fin de semaine sont le lieu de rassemblement des commerçants professionnels – dont plusieurs viennent de loin – qui se réunissent pour vendre leurs marchandises à l'extérieur. Vous y trouverez pratiquement de tout, des antiquités à la camelote, et les prix varieront en conséquence.

« La stratégie de la prospection dans un marché aux puces est à fois simple et complexe, souligne la décoratrice d'intérieurs Charlotte Moss dans son livre *A Passion for Detail*. Si vous partez à la recherche d'un objet en particulier, vous passerez à côté d'autres articles fort convenables. Cette approche vous expose aux déceptions. Mais si vous y allez tout simplement pour le plaisir de fureter, il y a des chances que vous reveniez à la maison avec quelque chose. [...] N'oubliez pas que l'acquisition d'objets n'est pas le seul bienfait du furetage dans un marché aux puces. Vous pourrez aussi combler votre curiosité et revenir à la maison avec des idées formidables – un plaisir qui ne coûte pas un sou ! »

Voici quatre suggestions découlant de l'abondance dans la simplicité et susceptibles d'ajouter à l'agrément de vos sorties :

1. Gardez *toujours* à l'esprit et *affirmez* que l'abondance divine est votre *seule* réalité et qu'elle va généreusement se manifester pour vous, pour votre plus grand bien, dans l'achat idéal au prix idéal.

2. Demandez *toujours*: « Est-ce là le mieux que vous pouvez faire ? » C'est là une façon amicale de marchander, et vous ne savez *jamais*.

3. Sachez *toujours* ce que vous avez l'intention de faire avec l'article que vous achetez. Je connais une femme qui a dû faire une vente-débarras pour se débarrasser de toutes les choses inutiles qu'elle avait accumulées au cours d'une décennie d'achats compulsifs dans des ventes d'objets usagés. Le fait qu'un article est bon marché ne signifie pas nécessairement qu'il constitue un bon achat pour vous.

4. Fixez-vous *toujours* un montant maximal à dépenser pour éviter de vous sentir coupable de vos décisions. Je m'alloue habituellement de 10 $ à 20 $ par fin de semaine pour mon « furetage ». (Tout achat qui dépasse ce montant ne relève plus d'un élan créatif mais devient un choix qui demande mûre réflexion.) Apportez toujours de l'argent comptant; cela vous aidera à contrôler vos dépenses et de toute façon, on n'accepte ni les chèques ni les cartes de crédit dans la plupart des ventes en plein air. Le montant que vous vous fixez importe moins que votre limite psychologique. Pour ma part, il m'arrive souvent de ne rien acheter. Le plaisir de fouiner me suffit. Et comme vous avez décidé, bien sûr, de n'acheter que des choses utiles ou belles (de préférence les deux), vous ne gaspillerez pas votre argent mais investirez dans votre créativité. Après tout, vous pouvez bien expérimenter une nouvelle technique de peinture – l'éponge, le pointillé ou l'éclaboussure, par exemple – sur une commode qui vous a coûté 10 $; si le résultat est décevant, vous pourrez toujours recommencer.

« La beauté d'une trouvaille ne vient pas de son prix ni de sa provenance », rappelle l'écrivaine et photographe Mary Randolph Carter. « Vous créez un lien avec un objet. Vous voulez lui donner un foyer et une nouvelle vie. » Fureter dans les ventes d'objets usagés nous permet de voir d'un autre œil les choses vieilles et mises au rancart, de les sauver de l'oubli par nos choix créatifs et de les racheter par notre amour, comme nous le faisons pour chaque jour de notre vie.

31 MAI

Une touche d'humour

Ah ! le plaisir d'entrer dans une maison et d'y sentir cette étincelle
qui vous dit que vous allez vous amuser.

MARK HAMPTON

B on nombre de femmes ont une approche très sérieuse de la décoration. Pourtant, les maisons qui expriment le mieux le style personnel de leurs hôtes sont décorées avec une touche de gaieté. Elles possèdent cette étincelle de bonne humeur qui vous révèle que leur histoire est truffée de bons moments. « J'aime qu'une maison soit intime, confortable et personnelle, déclare Candice Bergen. Non pas encombrée, mais remplie d'objets et de jouets intéressants et de la plus grande fantaisie possible. » Nous n'avons pas besoin de recourir à des objets loufoques pour exprimer notre sens de l'humour ; il peut s'exprimer par le charme subtil de l'imprévu, de la fantaisie et de l'esprit. De la fascinante collection de souvenirs kitsch des chutes Niagara étalés sur le buffet de la salle à manger à cet assortiment de salières et poivrières rigolotes qui se côtoient joyeusement sur une tablette d'une cuisine ensoleillée, un esprit de spontanéité peut égayer votre foyer.

Plusieurs parmi nous sommes instinctivement attirées par le décor fantaisiste de Mary Engelbreit – comme ses merveilleux dessins et illustrations qui enjolivent tout, des cartes de souhaits au papier peint. Son chaleureux mélange de douce nostalgie et d'ironie est à la fois touchant et d'une fraîcheur désarmante. Les livres classiques de contes pour enfants, qui faisaient partie des trésors de sa mère et de sa grand-mère, sont une de ses grandes sources d'inspiration. Dans sa propre maison se mêlent audacieusement de joyeux motifs colorés et les bordures à carreaux blanc et noir et cerises rouge vif qui représentent bien son style. Des motifs peints à la main ornent les rampes d'escaliers, les meubles et les planchers. Sur le foyer du salon, elle a inscrit sa philosophie de la vie et de la décoration : « Soyez chaleureux au-dedans comme au-dehors ».

L'âge d'or de l'enfance rendu dans les anciennes illustrations peut constituer pour vous aussi une intarissable source d'inspiration pour votre décoration. Une façon de vous y mettre est d'aller fureter dans les boutiques de livres d'occasion pour y dénicher des livres pour enfants de la fin des années 50. Parmi mes illustratrices préférées qui incorporent de merveilleux détails décoratifs à leurs œuvres, il y a Jessie Willcox Smith, Eloise Wilkin, Margaret Tarrant, Harriet Bennett et Sarah Stilwell. En retournant à vos premières influences en matière de décoration, vous réveillerez peut-être votre désir oublié depuis longtemps d'entendre le doux tic-tac d'une horloge de parquet ou d'installer un banc sous la fenêtre où vous réfugier les jours de pluie ; cela peut aussi vous donner le goût de recouvrir d'un tissu d'époque le tabouret rembourré que vous avez déniché à un marché aux puces, de mettre une nappe chargée de fruits sur votre table de cuisine ou d'ajouter une frange à pompons à un rideau.

Comme nous le rappelle Duke Ellington : « Cela ne veut rien dire, si le rythme n'y est pas », dans la musique comme dans notre maison. Aujourd'hui, rajeunissez vos idées de décoration en vous inspirant du charme enjoué des maisons qui vous ont touchée jadis.

Petites douceurs de mai

❖ Le Premier Mai, suspendez un panier de fleurs à votre porte d'entrée et à celle de votre voisin. Vous pouvez composer un bouquet extraordinaire empreint des grâces de la simplicité avec de petites tiges fleuries de cornouiller rose, des branches de lilas et des tulipes blanches. Offrez un bouquet de fleurs à une collègue. Portez un petit bouquet à votre boutonnière.

❖ Pour la fête des Mères, offrez-vous un petit gage d'estime (*vous* savez ce qui vous ferait plaisir) pour honorer la Mère en vous. Peut-être pourriez-vous consulter votre liste de souhaits pour vous inspirer. Faites-le, que vous ayez des enfants ou non. Si vous en avez, pardonnez-vous vos lacunes (qui n'en a pas ?), débarrassez-vous mentalement de toute la culpabilité accumulée au cours de l'année et prenez un nouveau départ. Si votre mère vit encore, prenez le temps cette année de lui écrire la longue lettre que vous vous êtes souvent proposé d'écrire, exprimez-lui toute l'affection que vous lui portez. Si elle n'est plus de ce monde, parlez-lui dans votre cœur. Elle vous entendra.

❖ Renseignez-vous sur le *feng shui*. Voici un bon livre d'introduction à cet art chinois ancien : *Feng Shui ; l'art de mieux vivre dans sa maison*, de Sarah Rossbach. Déplacez vingt-sept objets en mettant de l'ordre dans votre maison.

❖ Attaquez-vous à *un* tiroir fourre-tout.

❖ Un samedi après-midi, une fois votre ménage terminé, faites mille et une petites bricoles en écoutant votre musique préférée. Réarrangez votre collection de souvenirs et de photos. Savourez les doux moments que vous avez vécus. Prenez plaisir à cette rétrospective.

❖ Louez de vieux films des années 30 et 40 ou feuilletez l'horaire des émissions télévisées pour y dénicher des trésors d'antan. Observez-y les détails domestiques, les tissus d'ameublement, les rideaux, les bibelots dans les cuisines. Demandez-vous ce qui vous attire dans ces intérieurs beaux et confortables, ce qui vous donne le goût d'y rester.

❖ Pendant une semaine, enlevez les tableaux d'un mur et dépouillez les meubles ou les tablettes pour expérimenter « la plénitude du vide ». Qu'avez-vous le goût d'y remettre ?

❖ Si vous avez une collection d'objets qui vous tiennent à cœur, l'exposez-vous ? Pensez à de nouvelles façons de vous entourer d'objets que vous aimez.

❖ Partez régulièrement en excursion de furetage pour distraire la « fille matérialiste » en vous. Consultez les journaux pour y prendre connaissance des annonces de ventes de succession et de déménagement ; jetez un coup d'œil aux babillards des magasins d'alimentation pour vous informer à propos des marchés aux puces qui se tiennent ces temps-ci.

❖ Vous trouverez d'intéressantes idées de décorations dans les livres suivants : *Mary Engelbreit's Home Companion : the Mary*

Engelbreit Look and How to Get It, de Mary Engelbreit, et *American Junk*, de Mary Randolph Carter.

❖ Nettoyez votre barbecue, faites une salade de pommes de terre et sortez vos souliers blancs la fin de semaine de la fête des Mères.

❖ Soyez heureuse.

❖ Soyez reconnaissante.

JUIN

Je me demande comment ce serait de vivre dans un monde
où juin durerait toute l'année.

LUCY MAUD MONTGOMERY

Juin au grand cœur nous prodigue généreusement ses cadeaux. Les journées chaudes et ensoleillées sont de retour. Les roses et les pivoines fleurissent, et le moment est venu de nous régaler de fraises fraîches nappées de crème. C'est la fin des classes et le début des colonies de vacances. Des images estivales dansent dans notre tête. Les sourires s'épanouissent, les rires fusent, les cœurs s'ouvrent. C'est l'occasion de redécouvrir que c'est l'enrichissement personnel plutôt que les richesses qui procure le véritable bonheur.

1ᵉʳ JUIN

À la rencontre d'Hestia

Faire de l'ordre dans la maison est ma prière ; quand j'ai terminé, ma prière est exaucée. Me pencher, me courber et nettoyer purifient mon corps mieux qu'une prière.

JESSAMYN WEST

Vous mettez de l'ordre dans un placard en fouillis, triez soigneusement les vêtements à conserver, à remiser ou à donner. Elle est là. Vous déposez les fruits de la terre sur l'autel de votre comptoir de cuisine et bénissez la tarte aux mûres que vous mettez au four avec une belle pensée pour ceux avec qui vous allez partager cette offrande d'amour. Elle est là. Vous préparez la chambre d'amis pour accueillir des invités avec vos plus beaux draps, des serviettes mœlleuses, un bouquet de fleurs et quelques-uns de vos livres préférés sur la table de chevet. Elle est là. Vous astiquez l'argenterie, pliez le linge, repassez la nappe, lavez la vaisselle, disposez des chandelles. Elle est là. C'est Hestia, la vénérable déesse de la maison. Vous ne connaissiez peut-être pas son nom, mais si vous prenez plaisir à votre train-train quotidien, vous avez sûrement déjà senti sa présence.

Dans la Grèce antique, il y a trois mille ans, Hestia était la déesse du foyer, gardienne de la famille et du temple. Les femmes lui demandaient protection et inspiration pour transformer leur abri, dans une attitude de prière, en un havre de beauté et de confort. Dans la mythologie grecque, Hestia était l'une des douze divinités de l'Olympe. Elle est toutefois la moins connue d'entre elles et n'a pas inspiré de légendes, même si Zeus lui a accordé le privilège de s'asseoir au centre de leur demeure céleste pour pouvoir recevoir les meilleures offrandes des mortels. On ne lui a pas non plus prêté une apparence humaine, comme sculpteurs et peintres l'ont fait pour les autres dieux. On honorait plutôt sa présence spirituelle sous la forme d'une flamme éternelle brûlant dans un âtre circulaire. Dans son livre *Goddess in Everywoman*, l'auteure et analyste jungienne Jean Shinola Bolen explique que le feu sacré d'Hestia était source de lumière et de chaleur, en plus de permettre la cuisson des aliments. Même si on a peu parlé d'elle dans l'histoire, « la déesse Hestia exerçait un rôle prédominant dans la vie quotidienne des Grecs, à la maison comme au temple ».

Aujourd'hui, comme dans l'Antiquité, réfléchir à la présence d'Hestia nous aide, selon Jean Bolen, « à porter notre attention vers l'intérieur, vers le centre spirituel de notre personnalité », ce qui nous permet de puiser à une source intérieure d'harmonie alors que nous vaquons à nos tâches journalières. Hestia n'est pas épuisée ; elle ne tient pas qu'à un fil, mais demeure « solidement ancrée au milieu du chaos, du désordre et de l'agitation de la vie quotidienne ». Elle accomplit toutes les tâches avec aisance et grâce. En prenant conscience de la présence d'Hestia dans notre quotidien, en nous imprégnant de sa tranquillité, de son calme et de son sens de l'ordre, nous pouvons découvrir que dans les choses les plus triviales se cache un Mystère sacré.

Comment y arriver ? J'appelle parfois Hestia à mon secours quand je vaque aux soins de la maison. Ou bien je me demande comment elle s'y prendrait pour accomplir la tâche que j'ai entreprise. Bien sûr, je me pose cette question quand je sais que je m'y prends mal, et cette réflexion me ramène à la nature contemplative de ma routine quotidienne.

Mais surtout, Hestia me rappelle gentiment, comme le fait remarquer Jean Bolen, que « se concentrer sur les tâches ménagères dans leurs moindres détails aide à se centrer autant que la méditation », si nous travaillons dans cet esprit. Si vous pensez que vous n'avez pas le temps de vous asseoir pour méditer, que le balayage du plancher est une bonne excuse pour ne pas chercher à communier avec l'Esprit, sachez que si vous accomplissez vos tâches avec vénération, ce ne sera pas seulement votre maison qui en sera transformée. La déesse sait ce qui est nécessaire à la bonne tenue d'une maison, et elle revêt tout cela d'un caractère sacré. Pourquoi ne pas suivre son exemple ?

2 JUIN

Éloge de la modestie

Le style consiste à voir la beauté dans la modestie.

ANDRÉE PUTMAN

L a modestie n'est pas une vertu très excitante. Un style dépouillé ou austère peut avoir l'air raffiné ou spectaculaire, mais la modestie nous semble terne, comme la jeune fille vêtue d'une simple robe de coton qu'on n'invite jamais à danser lors du bal de l'école. La *designer* française Andrée Putman, qui a tout repensé, des intérieurs d'hôtels aux simples crayons, croit toutefois que « si vous ne vous pénétrez pas de l'intime conviction que les choses modestes peuvent être plus belles que les choses dispendieuses, vous ne posséderez jamais de style ».

Quand vous étiez enfant, on vous a peut-être dit de ne pas chanter vos propres louanges, même s'il vous arrivait d'accomplir un exploit. Ou de vous contenter d'aspirations modestes plutôt que de vouloir changer le monde, « pour ne pas être déçue ». Alors que vous essayez d'exprimer votre moi authentique, vous entendez peut-être une voix surgie de votre passé qui vous reproche de « poser pour la galerie ».

En même temps, vous constatiez du coin de l'œil que dans la vie, ce sont les *grandes* actions qui reçoivent toute l'attention. Beauté, gloire, richesse : les trois divinités honorées par les gens « de bon goût ». Ou du moins c'est ce qu'il vous semble. Ce sont toujours les femmes riches qui figurent sur les listes des femmes les mieux habillées, les palais des vedettes de cinéma qui sont vantés dans les pages glacées des magazines de luxe. Écrire un premier roman bien fignolé ne suffit pas ; il faut que ce soit un *best-seller* ou vous aurez du mal à en faire publier un deuxième. Pour être reconnue, vous ne pouvez vous contenter d'être une actrice de talent ; vous devez remporter un *Academy Award*. Dites-moi franchement, avez-vous déjà vu un médaillé de bronze signer un contrat d'un million de dollars ?

Nous ne verrons pour la plupart jamais notre nom illuminé dans les rues de Broadway. Nous abandonnons donc la partie, presque désolées d'avoir même essayé, atteintes dans notre amour-propre. Remporter un succès modeste ne suffit pas. Quand nous entendons « modeste », nous pensons « médiocre ».

Prenez un moment pour méditer sur la modestie. Peut-être n'est-elle pas, comme nous le pensions, une vertu effacée, timide et réservée ? Peut-être est-elle plutôt la Passion retenue, une vertu qui possède une telle confiance en elle qu'elle ne se laisse pas distraire par le clinquant ? Selon l'écrivain et illustrateur américain Oliver Herford, la modestie est « l'art de rehausser son charme en faisant semblant de ne pas en être conscient ». Les gens qui possèdent un style authentique savent qui ils sont ; bien plus, ils savent *qui ils ne sont pas*. Ils ne cherchent pas à correspondre à une étiquette mais à s'exprimer avec intégrité. Frank Lloyd Wright n'aurait jamais demandé à Laura Ashley de décorer sa maison, même s'ils faisaient tous deux ressortir la beauté de la modestie dans leur travail. Le truc, c'est d'aller puiser au cœur de votre authenticité. D'abord, essayez de découvrir ce que vous aimez, qu'il s'agisse d'un manteau, d'un divan ou d'une carrière. Vous vous arrêterez à l'emballage et aux étiquettes plus tard.

Je termine aujourd'hui par cette réflexion. Boucles d'or était une jeune fille modeste qui n'avait pas besoin de grand-chose. Elle savait ce qui lui allait, ce qui lui convenait parfaitement – qu'il s'agît d'un bol de porridge, d'une chaise ou d'un lit – et elle faisait des choix confiants et créatifs. Voilà la femme que je veux devenir quand je serai grande !

3 JUIN

Demandez, demandez, demandez

Demandez et l'on vous donnera ; cherchez et vous trouverez ;
frappez et l'on vous ouvrira.

MATTHIEU 7, 7

V ous souvenez-vous de la dernière fois où vous vous êtes sentie à l'aise de demander de l'aide, un conseil ou un simple renseignement? Comme j'ai passé plus de vingt ans de ma vie à poser des questions à titre de journaliste, vous pensez peut-être qu'il m'est facile de prendre l'initiative de demander quelque chose.

Il n'en est rien. Cependant, j'ai fait récemment une découverte qui ajoute du piquant à mon train-train quotidien et semble trop simple pour être vraie.

J'ai découvert qu'il faut *demander* ce dont nous avons besoin. De l'aide. Un conseil. La sagesse. Le chemin à suivre. Un renseignement – surtout un renseignement. C'est un renseignement qui m'a fait découvrir le charmant café où je suis assise en ce moment, savourant un délicieux café glacé à l'ombre d'un parasol rayé rouge et blanc, entourée de superbes géraniums. Régulièrement, je jette un coup d'œil satisfait dans le sac à mes pieds qui contient mes nouveaux draps d'été. Ils ont passé le test de l'abondance dans la simplicité: ils sont superbes, confortables, et ils étaient en solde.

Après avoir fait le ménage de ma garde-robe et de mes tiroirs, il ne me restait qu'un ensemble que je pouvais porter à l'extérieur (et je ne blague pas!). Mais tout ce que je voyais dans les magasins était trop cher ou ne me plaisait pas. Pendant des mois, je n'ai donc rien acheté, jusqu'à ce que je rencontre par hasard une de mes connaissances dont j'avais toujours admiré le style. Elle possède une garde-robe magnifique, mais même un sac de toile lui donnerait fière allure. Les autres fois où je l'avais croisée, je n'avais eu qu'un triste soupir dans lequel perçait une vague envie. Cette fois, je me suis lancée et lui ai demandé où elle prenait ses vêtements. Elle m'a gentiment indiqué non seulement les endroits mais ses collections préférées et m'a également signalé des soldes fantastiques qui se tiendraient bientôt dans une de ces boutiques. «*Demande* de faire ajouter ton nom à leur liste d'adresses, m'a-t-elle conseillé, et ils t'avertiront des aubaines qui ne sont pas annoncées. »

«Il y a longtemps que j'ai demandé quelque chose au ciel, mais je ne baisse pourtant pas les bras», faisait observer le poète espagnol Antonio Porchia, exprimant le profond paradoxe qui entoure l'acte de demander. Nous avons besoin, nous voulons, nous désirons, nous mourons d'envie, mais nous ne demandons pas. Pourtant, nous avons les bras levés vers le ciel. Nous avons des envies plein la tête, mais nous avons peur de plonger et de les exprimer sans détours. Nous ne demandons rien parce que nous avons peur qu'on nous oppose un refus. Qui? Cela n'a pas d'importance. Ce pourrait être l'Esprit, notre compagnon de vie, notre patron. Et quand nos désirs ne se matérialisent pas comme par magie, nous avons l'impression d'avoir essuyé un refus. Par conséquent, nous choisissons de continuer à nourrir des désirs plutôt que d'exprimer clairement nos besoins, ce qui nous enfonce dans un état de manque perpétuel.

Demander ne garantit pas de recevoir. «Je demande des choses qui ne viennent jamais», confie l'écrivaine Marjorie Holmes dans son merveilleux livre de prières *I've Got to Talk to Somebody, God*. «Même si mes jointures se sont ensanglantées à force de cogner, et que ma voix s'est enrouée à force d'implorer», écrit-elle, la porte reste close et il ne flotte dans l'air que le Grand Silence. Et tout ce qu'on peut entendre dans le Grand Silence, c'est le bruit de nos propres sanglots. Je le sais bien. Mais je sais aussi que si nous ne demandons rien, nous n'avons pas la moindre chance d'obtenir ce que nous désirons.

Aujourd'hui, apprenez à demander. Vous rencontrez une femme qui a une coupe de cheveux sensationnelle? Demandez-lui le nom de son coiffeur. Demandez le nom de la couleur de cette peinture qui vous plaît dans une boutique, la recette d'un plat délicieux, le nom de la pièce que vous entendez chez le disquaire. Demandez à votre mari d'aller se promener avec les enfants pour vous laisser seule un moment. Demandez aux enfants de ramasser leurs jouets pour que vous n'ayez pas à le faire. Demandez un délai à votre patron. Demandez une journée de congé. Demandez une augmentation. Demandez la date du prochain solde. Demandez à l'Esprit votre portion de grâce quotidienne. Demandez conseil à la sagesse divine. Demandez de l'aide à votre ange gardien. Pendant que vous y êtes, demandez donc un miracle.

Exprimez vos besoins et vos désirs. Demandez qu'on vous aide à trouver les bonnes questions. Demandez qu'on vous réponde. Demandez que le Plan divin se révèle à vous dans la joie. Demandez poliment. Demandez passionnément. Demandez avec gratitude, et vous serez entendue.

Demandez, tout simplement.

4 JUIN

Chic classique 201

Le style n'a rien à voir avec l'argent. N'importe qui peut se créer un style, s'il a de l'argent, mais c'est celui qui le fait avec presque rien qui maîtrise véritablement l'art du style.

TOM HOGAN

Ce n'est pas parce que le monde – à part quelques brillantes exceptions – ne prise pas le chic d'occasion que nous devrions faire de même. Pour développer vos talents d'adepte de la récupération intelligente, vous pouvez utiliser cinq stratégies d'abondance dans la simplicité qui peuvent s'appliquer autant à la décoration qu'à la mode : 1) Économisez. Cherchez. Trouvez ; 2) Apprenez à comprendre l'échelle et les proportions ; 3) Faites confiance à votre instinct ; 4) Exercez votre œil ; 5) Prenez votre temps.

1) *Économisez. Cherchez. Trouvez.* Ou, comme le proclamaient les vieux sages Vulcains : « Vivez heureux et prospérez ». Si vous commencez à économiser tout en cherchant l'article idéal, vous aurez l'argent nécessaire quand vos recherches auront porté fruits. (Voilà *comment* l'Univers habille et décore.) Il vous faudra peut-être plus d'une semaine, mais vous y arriverez. Dans quelques années, nous nous rencontrerons peut-être dans une boutique d'objets d'occasion et nous reconnaîtrons à l'éclat de notre regard. Nous aurons en commun cette secrète devise : « Économisez. Cherchez. Trouvez. » Mais n'essayez surtout pas de mettre la main sur le miroir que je lorgnais pour ma tablette de cheminée ! Bah, prenez-le donc, s'il est parfait pour vous. Je sais que mon tour viendra bientôt.

2) *L'échelle et les proportions.* Beaucoup plus que le choix du tissu, de la couleur ou du style, ce sont là des éléments-clés qui expliquent souvent pourquoi une pièce ou une tenue ne produisent pas le même effet que sur papier glacé. Selon Tom Hogan, copropriétaire de la fantaisiste boutique de meubles d'occasion *Chartreuse*, à New York, le secret d'une pièce (ou d'une toilette) réside dans l'équilibre. Non pas tant dans la symétrie que dans l'effet visuel créé par le respect des proportions et de l'échelle. Par exemple, s'il y a un meuble volumineux à un bout d'une pièce, vous devez rétablir l'équilibre avec un autre élément massif à l'autre extrémité. Si vous désirez créer un look éclectique en mêlant des éléments modernes et rustiques, assurez-vous d'accorder une place égale aux deux styles.

3) *Faites confiance à votre instinct.* Vous savez ce que vous aimez. Ne vous laissez pas guider par « les amis, les engouements passagers et les modes », nous conseille Tom Hogan. Sinon, six mois plus tard, vous serez déjà lasse de votre achat et n'aurez plus envie de l'avoir sous les yeux. « C'est de l'argent gaspillé. »

4) *Exercez votre œil.* « Votre œil s'habitue à un certain look, ce qui explique qu'à première vue un élément nouveau puisse sembler étrange », nous dit Hogan. Avant d'acheter vingt mètres de tissu, disposez-en un échantillon sur un meuble pour vous y habituer pendant quelques semaines. Si vous n'y parvenez pas, vous savez alors que ce serait un mauvais achat. La même chose peut se produire avec un meuble ; accordez-lui donc un délai pour s'intégrer. Après une semaine, vous vous rendrez

peut-être compte que la table qui ne convient pas très bien au salon ferait, peinte en blanc, un très bel effet dans votre chambre.

5) *Prenez votre temps.* « Ne vous pressez pas trop. Beaucoup font l'erreur d'aller trop vite et sont désagréablement surpris du résultat », fait observer Hogan. Les plus belles pièces et garde-robes se créent petit à petit. Elles ne jaillissent pas de votre tête ou du magasin sous une forme définitive. Laissez toujours une place pour l'inspiration. Vous ne savez jamais quelle trouvaille vous ferez demain.

La prochaine fois que vous partirez faire une tournée des magasins, souvenez-vous : un style authentique n'a rien à voir avec l'argent et tout à voir avec l'instinct.

Le cours est terminé.

5 JUIN

Votre chambre, le berceau de la civilisation

Un lit divinement invitant est la seule chose
dont nous ayons vraiment besoin.

MME WINSTON GUEST

James Joyce pouvait décrire Dublin de son bureau à Paris ; de New York, Willa Cather arrivait à évoquer les prairies de l'Ouest américain. Pour ma part, si j'ai le moindre espoir d'honorer le berceau de la civilisation – notre chambre – c'est de mon lit que je dois le faire. En fait, j'écris la majeure partie de ce livre dans mon lit, ce qui me surprend encore – et ma famille aussi. Le poète anglais John Donne pensait sans doute à moi quand il a écrit : « Ce lit, c'est votre centre ; ces murs, ce sont votre sphère ».

Nous n'avons pas la même perception d'une pièce lorsque c'est notre domaine personnel. Vous ne passez probablement pas autant de temps dans votre chambre que moi, mais vous devriez néanmoins en faire votre domaine. Cette semaine, j'ai pensé que nous pourrions nous promener ensemble dans chacune des pièces de la maison afin de réfléchir au rôle qu'elles jouent dans notre vie et à la façon dont nous pourrions les aménager pour qu'elles nous prodiguent toutes leurs largesses.

À mon avis, une chambre à coucher a deux raisons d'être : le confort et la joie. Avec cela en tête, dites-moi si vous aimez la vôtre. Vous est-il difficile de la quitter ? Commençons par le cœur de votre chambre, le lit. Est-il assez grand ? Avez-vous un matelas confortable qui vous offre un bon support ? Il vous faut aussi des draps merveilleux. Personnellement, je préfère des draps de coton pour le printemps et l'été et des draps de finette pour la fin de l'automne et l'hiver. Je vous conseille de troquer vos couvertures et votre drap du dessus contre une couette en duvet de canard ou d'oie recouverte d'une housse amovible et lavable. Faire votre lit devient alors un jeu d'enfant. Croyez-moi, rien ne vaut la caresse du duvet. Vous apprécierez également les oreillers en duvet et un assortiment de coussins qui vous supporteront quand vous vous assoyez dans votre lit. Si vous voulez mener une vie heureuse, la recherche de l'oreiller idéal n'est pas une quête frivole. Avis à celles qui endurent tant bien que mal un vieux bloc de mousse de caoutchouc : il est grand temps de prendre votre bonheur en main. Placez le confort de votre oreiller en tête de vos priorités.

Comment est votre chambre ? Ressentez-vous une bouffée de plaisir quand vous en ouvrez la porte ? Le moment est venu d'unir la joie au confort par le biais d'éléments qui sauront charmer le regard. Vos murs devraient être peints d'une couleur apaisante – blanc, bleu, vieux rose, vert sauge. Choisissez une couleur dont vous ne vous lasserez pas. Peut-être avez-vous le goût de couleurs gaies pour votre chambre, mais il vaut mieux garder les couleurs vives – jaune, melon, rouge – pour les pièces où vous êtes plus active. Je n'ai rien mis sur les murs de ma chambre, à l'exception d'une image au-dessus de ma table de méditation qui se marie bien avec le bleu gris des murs – la pièce m'apparaît plus sereine ainsi. Si vous préférez ajouter des éléments décoratifs, assurez-vous de les choisir avec soin ; ce sera la première chose que vous verrez le matin et la dernière le soir.

Votre lit devrait avoir l'air aussi invitant qu'il est confortable. Je suis convaincue de l'importance d'avoir un couvre-lit qui nous plaise énormément. Non seulement pour des raisons esthétiques, mais parce que cela vous incite à garder votre chambre en ordre ; le lit est si beau une fois fait. Pendant que vous y êtes, pourquoi ne pas suspendre vos vêtements et mettre de l'ordre dans votre commode ? Vous voyez, cela vous mènera à l'Ordre sublime, au moins dans une pièce de votre maison.

Pensez maintenant à la touche personnelle qui fait toute la différence : une bonne lampe pour la lecture, une plante à fleurs, quelques souvenirs, de précieuses photographies et un endroit pour vos livres. Éliminez le fouillis en utilisant de jolies boîtes de rangement recouvertes de tissu. Si vous avez assez d'espace pour une coiffeuse, pourquoi ne pas vous offrir ce luxe ?

Comme vous le savez déjà, j'écris dans ma chambre. Mais je n'y fais jamais d'affaires. J'ai l'impression que l'endroit ne s'y prête pas. Quand je dois faire ou recevoir un téléphone d'affaires, je vais dans mon bureau. Je ne veux pas que le monde envahisse mon espace personnel. Le soir, quand vous vous retirez dans votre chambre, branchez le répondeur. Si vous avez un télécopieur, ne l'installez pas dans votre chambre. Vous avez besoin d'un endroit où, pendant un moment, vous pouvez oublier le monde extérieur.

Notre chambre, en plus d'être l'endroit idéal pour exprimer notre créativité par la décoration, peut devenir un lieu sacré où il fait bon nous ressourcer. Suivons les sages conseils d'Emily Dickinson : « Faites ce lit vaste ; faites ce lit avec vénération ».

6 JUIN

Le bain, un havre d'intimité

Si j'étais psychiatre, je crois que j'inspecterais la salle de bains de mes patients avant d'examiner tout autre aspect de leur vie.

MARK HAMPTON

C e matin, pendant que j'attendais devant la porte close de la salle de bains, j'ai réfléchi aux mille plaisirs que peut offrir cette pièce. Parce qu'ils doivent partir tôt, mon mari et ma fille ont le privilège de pouvoir utiliser notre unique salle de bains avant moi le matin. Cependant, d'après les résultats d'un récent sondage mené par une grande compagnie d'équipements sanitaires, notre famille n'a pas encore exploité tout le potentiel de notre salle de bains. Cette enquête révèle en effet que pour bon nombre de gens, la salle de bains est l'endroit de prédilection pour parler au téléphone, manger, dormir, fumer, faire l'amour, étudier et danser !

Pas dans *ma* salle de bains. Elle est grande comme l'*Oxford Latin Dictionary* quand il est fermé. J'ai choisi un gros livre pour ne pas me tromper, mais je dois avouer que ses dimensions laissent un peu à désirer pour la pièce la plus populaire de la maison.

Le décorateur d'intérieurs Mark Hampton croit que parmi tous les projets de rénovation, le plus intimidant est sans doute la réfection de la salle de bains. J'en conviens, mais mes raisons diffèrent de celles de Hampton. Ce qui me paralyse, c'est le fait de devoir faire appel à un trop grand nombre de personnes – l'architecte, le décorateur, l'entrepreneur, le poseur de carrelage, l'électricien et le plombier. C'est le coût exorbitant des honoraires de tous ces gens et le fait qu'il n'y ait pas, dans ma salle de bains, deux centimètres d'espace autour des trois installations de base.

Cela n'enlève rien à l'importance de la salle de bains. Comme le souligne Hampton, « elle procure un espace pour se dorloter et s'abandonner à une volupté qui dans un autre contexte pourrait être regardée de travers. Cette pièce, à l'abri du regard inquisiteur des autres, est un véritable havre d'intimité ».

Retenez bien cela : *un véritable havre d'intimité.* Un lieu de croissance personnelle. Ce n'est pas le manque d'espace ou d'argent qui peut vous empêcher de transformer votre salle de bains en un havre d'intimité. Je peux le faire. Vous aussi.

Comment ?

Je rêve d'aller passer une semaine dans un spa luxueux. Comme le voyageur de salon, je recueille des renseignements à ce sujet et les inclus dans mon album de trouvailles. Ainsi, quand l'occasion se présentera, je serai prête à réaliser mon rêve. En attendant, fidèle à l'abondance dans la simplicité, j'ai créé mon propre spa – sept soirées de plaisirs à ma portée. Tous les soirs de la semaine, une heure de bonheur pour la psyché. L'idée vous semble bonne ? Chaque jour, essayez un nouveau produit pour le bain : aromathérapie, sels de bain, gels, laits, mousses et bains revigorants. Lequel préférez-vous ? La plupart des produits sont disponibles en petit format, ce qui permet de faire des expériences à coût modique. Durant la période des Fêtes, ils sont souvent offerts comme cadeaux-boni. Gardez-les dans votre tiroir de réconfortants jusqu'à ce que vous ayez besoin d'une semaine d'hydrothérapie.

Après avoir fait trempette au son d'une belle musique dans une pièce éclairée de chandelles parfumées, en savourant à petites gorgées un verre de vin ou d'eau minérale aromatisée (les saveurs de mûre et de pêche sont tout simplement divines), offrez-vous le luxe d'un traitement de beauté différent tous les soirs. Vous avez le choix : masque de boue, traitement des cheveux à l'huile chaude, soins des mains ou des pieds, exfoliation et épilation, massage anti-cellulite, lotion adoucissante aux algues. Le dernier soir, amusez-vous à vous maquiller et à vous coiffer.

Différents accessoires peuvent s'ajouter à votre liste : une douche à main réglable, des éponges naturelles et un gant de crin, une immense robe de chambre à capuchon et de gigantesques serviettes mœlleuses. Un miroir grossissant pour y voir plus clair et, si vous n'en avez pas déjà un, un plateau pour supporter le tout. Un coussin gonflable procure un grand confort ; avec une brosse à long manche, vous pourrez vous frotter le dos vous-même. Quoi de mieux que l'autosuffisance ?

Aujourd'hui, oubliez les défauts de votre salle de bains. Si vous avez une baignoire, l'eau chaude et froide et une chasse d'eau qui fonctionne, vous avez l'essentiel. Après avoir fait l'expérience d'une semaine d'hydrothérapie à domicile, vous aurez envie d'en faire un rituel saisonnier. Sept jours à vous dorloter, cela peut vous sembler presque trop beau pour être vrai, mais croyez-moi, on s'y fait très bien.

7 JUIN

Les plaisirs de la salle de séjour

*On voit parfois des « living-rooms » qui ne méritent pas ce nom ; ils
sont si peu attirants qu'on devrait plutôt les appeler « existing-rooms ».
J'aime à croire que le mot « living-room » est l'abréviation de
« joy-of-living room ». C'est ainsi que les salons devraient être
– remplis de vie, de bonheur et de beauté.*

LUCY ABBOT THROOP

En allant dîner chez une amie, la semaine dernière, j'ai été
agréablement surprise par sa salle de séjour. Ma dernière
visite remontait à six mois auparavant et, depuis, la pièce avait subi
une transformation complète. Il y régnait maintenant une telle harmonie ! J'ai aussitôt fait part de cette impression à mon amie. Un
coup d'œil plus attentif m'a permis de constater qu'elle n'avait pas
réaménagé la pièce. Elle n'avait fait qu'apporter quelques petits
changements qui contribuaient à rendre la pièce plus vivante : elle
avait déplacé quelques tableaux, changé la tablette de cheminée,
ajouté des coussins aux couleurs vives qui rehaussaient les tons
plus doux des divans. De plus, elle m'a confié que ces coussins
étaient en solde et que la métamorphose de sa salle de séjour lui
avait coûté moins de 50 $.

Mon amie avait réussi à insuffler une vie nouvelle à cette pièce
déjà élégante, belle et tranquille. Chaleureuse sans être encombrée, charmante et confortable, elle était si invitante que je ne parvenais pas à la quitter. Chaque recoin attirait mon attention : les
précieuses photographies de famille, la pile de livres préférés, le
superbe bouquet d'hortensias fraîchement cueillis, la jolie collection d'œufs de porcelaine disposée sur une petite table d'appoint
surmontée d'un miroir.

Mais il y avait d'autre chose à l'œuvre. Cela m'intriguait ; j'ai
donc poursuivi mon enquête. « Il y a plus de vie dans la pièce », a
avoué mon amie en riant, expliquant qu'elle y passait plus de

temps qu'auparavant. Son énergie créatrice, son style personnel et son enthousiasme débordant – le deuxième livre qu'elle était en train d'écrire y était certes pour quelque chose – étaient presque palpables. Sa salle de séjour exprimait de façon saisissante sa joie de vivre. Cela m'inspire toujours de voir l'abondance dans la simplicité à l'œuvre.

Pour bon nombre d'entre nous, la perspective de rénover – comme d'ailleurs presque tout le reste dans notre vie – semble écrasante. Peut-être est-ce parce que plutôt que de nous attaquer à un coin d'une pièce jusqu'à ce qu'il nous plaise, nous ambitionnons de réorganiser la maison entière en une seule journée. Cette perspective nous semble si épuisante qu'elle nous coupe l'envie de nous y mettre. Il faut voir la rénovation non pas comme un fardeau mais comme un moyen d'expression personnelle et une source de joie. Il ne s'agit pas d'un concours de décoration intérieure mais d'une occasion de découvrir ce qui vous fait plaisir.

Pour vous aider à trouver des façons d'insuffler une vie nouvelle dans votre salle de séjour, faites d'abord l'inventaire de ses différents rôles dans la vie quotidienne de votre famille. Si votre maison est assez grande pour contenir un espace familial autre que cette pièce, vous devriez prendre un moment pour en remercier le ciel. Beaucoup de femmes vous considéreraient bénie des dieux. Quand j'ai décidé de mettre de l'ordre dans ma vie – j'ai commencé par la salle de séjour –, ma plus grande difficulté a été d'accepter ce que je ne pouvais pas changer, même si je savais bien que c'était la première chose à faire. Je n'ose pas avouer combien de temps, d'énergie et d'émotion – ces précieuses ressources naturelles – j'ai gaspillé à me plaindre du manque d'espace dans notre maison. Mes lamentations me paralysaient psychologiquement et m'empêchaient d'apprécier les nombreuses qualités de notre demeure. Selon une vieille loi métaphysique, nous ne pouvons nous extirper d'une situation désagréable avant d'apprendre à aimer cet état de choses ou du moins d'y voir l'amour à l'œuvre. J'avais beaucoup à apprendre au chapitre de l'ordre. Je sais maintenant que ma petite maison est l'enseignant idéal. Pourquoi désirer une grande maison s'il m'est difficile d'en tenir une petite en ordre?

« Une belle maison est un enseignement en soi, mais il ne se donne pas en un jour; il doit évoluer lentement », écrivait en 1910 Lucy Abbot Throop à propos de la décoration intérieure.

Aujourd'hui, soyez attentive aux leçons que votre maison cherche affectueusement à vous transmettre. Rendez-la aussi chaleureuse, charmante et confortable que vos ressources actuelles vous le permettent et vous trouverez une grande joie à l'habiter.

8 JUIN

Éloge de la salle à manger

Si on est authentique, si on sait s'entourer de simplicité,
la vie se fait simple et belle.

ALEXANDRA STODDARD

Nous désirons toutes nous sentir bienvenues dans le monde. En temps normal, toutefois, c'est uniquement quand nous sommes invitées chez quelqu'un que nous en prenons conscience. Mais j'en suis venue à croire que ce dont nous avons besoin pardessus tout, c'est de nous sentir bienvenues dans notre propre maison.

En ce moment, je suis assise à la table de notre salle à manger pour écrire et j'attends que les carrés au chocolat que je viens de mettre au four soient prêts. La superbe table ronde en chêne sur laquelle je les ferai refroidir est au cœur de notre vie familiale. De son solide centre jaillissent de vibrants rayons, symboles de repas partagés, de conversations, de bonne humeur, de traditions et de souvenirs qui illuminent notre quotidien.

Notre salle à manger n'est pas exclusivement consacrée aux repas. Nous y lisons les journaux, trions le courrier, conversons, faisons nos travaux, payons nos factures, glaçons des gâteaux, remplissons notre rapport d'impôt, disposons des fleurs, jouons, partageons des confidences, rencontrons des proches et des amis. Ici, dans cette réplique moderne de l'âtre de la déesse Hestia, nous célébrons les jours de fête, recevons notre portion de grâce quotidienne et une nourriture pour l'esprit, le corps et l'âme.

De temps en temps, nous recevons des gens à dîner dans cette pièce bien-aimée. Mais nous y vivons et nous y aimons tous les jours.

Aujourd'hui, la salle à manger n'est plus très à la mode. Peut-être était-elle vénérée par nos parents et nos grands-parents, nous dit-on, mais les temps ont changé. Le progrès a un prix, et il nous faut penser à l'aspect pratique, surtout dans les étroits appartements de ville et les modestes condominiums de banlieue. On nous conseille de laisser les exigences du quotidien avoir la préséance sur un idéal qui tient plus de l'illusion que de la réalité. Pour remédier à un manque d'espace, il serait donc logique de transformer la salle à manger en salle de jeu ou en bureau.

J'ignore pourquoi cette suggestion est si populaire. Notre salle à manger, en effet, remplit déjà ces rôles. Mes livres de cuisine y sont rangés dans un coin, les chats et les enfants y jouent, une minitélévision juchée sur une chaise me permet de regarder le bulletin d'information pendant que je prépare le souper. Notre salle à manger est une pièce multifonctionnelle ; elle ancre toute la famille du matin au soir. L'atmosphère vibrante de cette pièce – la vie simple et belle qui s'y déroule – nous inspire un profond respect et justifie que nous la laissions intacte.

Ici, plusieurs générations sont reliées par la porcelaine, le cristal et l'argenterie qui ont été légués de parents à enfants. Ils seront respectueusement retirés des buffets et disposés sur la table – réconfortante célébration d'un immuable rituel d'hospitalité, de retour au foyer et de plénitude. En 1846, la romancière et femme de lettres anglaise Grace Aquilar écrivait que « le Réel est l'unique fondement de l'Idéal ». En mettant un peu d'ordre dans la pièce et dans mon cœur pour me préparer à recevoir avec gratitude une autre bénédiction de l'Esprit, je me suis souvent demandé si elle avait eu cette révélation dans sa salle à manger.

9 JUIN

Mettre de l'ordre dans sa cuisine

Un esprit confus ne peut diriger des mains habiles, et y a-t-il quelque chose de plus déroutant et dissuasif qu'un espace de travail en désordre ? L'aspect réconfortant de l'ordre : voilà un des indices d'une bonne tenue de maison. Et toute maîtresse de maison efficace sait que la cuisine est l'endroit où l'ordre est le plus important.

WOMAN'S HOME COMPANION, août 1924

J'aurais peine à dormir si je vous donnais l'impression que je prends plaisir à mettre de l'ordre dans la cuisine. Cela me rappelle le jour où j'ai fait une entrevue avec deux femmes charmantes et amusantes, auteures d'une populaire série de livres consacrés aux arts ménagers.

Je m'étais presque étouffée quand elles m'avaient confié que grâce au succès de leurs livres, elles pouvaient maintenant s'offrir les services d'une femme de ménage. C'était comme si j'étais allée faire un tour derrière le rideau pour rencontrer le vieil homme sympathique qui se faisait passer pour le magicien d'Oz. J'aurais pu partager ce détail croustillant avec mes lecteurs si j'avais voulu du mal aux auteures, mais je n'ai jamais pris plaisir à être cruelle. De plus, leurs livres renfermaient des renseignements pratiques pertinents et étaient agréables à lire. Malgré cela, j'avais eu du mal à écrire mon article (qui en passant fut très apprécié des auteures et de leur éditeur).

Je me permets donc de vous avouer sincèrement que je n'ai pas encore trouvé le moyen de faire du rangement de la cuisine une partie de plaisir. Étant une femme en chair et en os, j'ai besoin d'un peu plus de temps pour évoluer à ce point. C'est pour cela que quand nous avons réparti les tâches à la maison, j'ai choisi la préparation des repas, que je trouve agréable, alors que mon bien-aimé a proposé de ranger la cuisine les soirs où il n'a pas de réunions. (C'est d'ailleurs l'une des nombreuses raisons pour lesquelles il est mon bien-aimé.) Les soirs où il doit sortir, je prends place près de l'évier et m'efforce de laver la vaisselle selon la méthode spirituelle du poète, écrivain et moine bouddhiste viet-namien Thich Nhat Hanh. Dans son livre *Le Miracle de la pleine conscience: manuel pratique de méditation*, il suggère de laver la vais-selle comme s'il s'agissait de l'activité la plus importante *dans la vie* et de manipuler chaque assiette sale comme si elle était un objet sacré. Je n'ai pas atteint ce niveau de transcendance, mais je fais de mon mieux pour laver la vaisselle comme s'il s'agissait de la chose la plus importante à faire *en ce moment*.

Une grande partie de notre train-train quotidien se déroule dans la cuisine. La préparation des repas et la vaisselle peuvent revêtir une dimension contemplative, mais pas si vous êtes entourée de désordre. Je savais cela, et pourtant je redoutais le moment de mettre de l'ordre dans la cuisine. Je l'ai remis à plus tard pendant des mois, trouvant toujours quelque chose de plus urgent et de plus emballant à faire. Mais les étonnantes grâces de la simplicité l'ont emporté. J'étais en train d'organiser les autres pièces de la maison et l'état de ma cuisine ne faisait plus que m'ir-riter, il me rendait complètement folle. Surtout quand j'avais le malheur d'ouvrir une porte d'armoire. «Arrière!», criais-je aux centaines de plats de margarine qui me tombaient dessus en vrac. Enfin, j'ai dû faire face à la réalité: si cette pièce était véritable-ment le cœur de ma maison, il n'était guère étonnant que j'eusse des palpitations chaque fois que je m'y risquais.

Comme je l'avais fait pour ma salle de séjour, j'ai réfléchi aux rôles de ma cuisine avant de trier et d'organiser ce qu'elle conte-nait. Notre cuisine est petite et exiguë; elle a à peu près la taille de la coquerie d'un bateau. L'espace est donc un élément impor-tant à considérer. Quand vous ferez de l'ordre dans votre cuisine, peu importe sa taille, gardez en tête les différentes activités qui s'y déroulent: la préparation, la cuisson et le service des aliments, le nettoyage après le repas et la vaisselle.

Quand j'ai décidé de m'y mettre, j'ai fait disparaître le fouil-lis sans la moindre hésitation et vous ferez de même, vous verrez. Comme je l'avais fait dans les autres pièces, j'ai rassemblé dans une boîte tout ce que je ne parvenais pas à identifier afin que mon mari y jette un coup d'œil. À cette étape, vous risquez d'appren-dre beaucoup de choses sur les relations hommes-femmes; vous découvrirez peut-être pourquoi on appelle les hommes «le sexe opposé ». L'instant de vérité se produit quand votre mari tente de récupérer des objets dans le sac d'ordures : le dégoûtant poêlon de téflon tout égratigné, souvenir de ses années de collège, l'attirail de fabrication de vin qui date d'une vie antérieure, ou la cocotte électrique désuète impossible à laver à cause de son fil électrique qui pendouille. Assurez-vous de faire disparaître en douce ces trésors à stricte valeur sentimentale. Je me répète : à mon avis, faire de l'ordre est une occupation solitaire.

La prochaine fois que vous aurez à trouver les ciseaux de cuisine, à nettoyer le réfrigérateur ou à récurer une casserole graisseuse, souvenez-vous que vous pouvez trouver le sacré dans les choses ordinaires. Je ne peux pas vous promettre que cela fonctionnera à tout coup, mais même si vous n'y arriviez qu'une seule fois, cela mérite d'être gravé dans votre cœur.

10 JUIN

Un coin bien à vous

La solitude nous permet d'accorder une attention passionnée à notre vie, à nos souvenirs, aux petits détails qui nous entourent.

VIRGINIA WOOLF

En octobre 1928, la romancière et critique littéraire anglaise Virginia Woolf donnait à l'Université Cambridge, en Angleterre, deux conférences sur les femmes et la création. C'était la première fois que quelqu'un exprimait publiquement ce dont les femmes discutaient entre elles depuis des siècles : pour pouvoir créer, nous avons besoin d'intimité, de paix et d'un revenu personnel. L'année suivante, ces conférences furent publiées sous le titre *La Chambre à soi*, ce qui permit la diffusion des conseils que Virginia Woolf voulait donner aux femmes pour les aider à honorer et à laisser s'épanouir leur créativité sans s'infliger « la torture du silence ».

Dans son livre *Silences*, Tillie Olsen a exploré de façon superbe la façon dont une voix peut être assourdie, muselée, pour finalement devenir muette – « le bâillonnement contre nature de ce qui lutte en vain pour venir au monde ». L'auteure fut elle-même réduite au silence pendant vingt ans car elle dut, pour nourrir et élever ses quatre enfants, accepter des emplois serviles qui ne lui laissaient pas assez d'énergie pour écrire ; elle avait presque cinquante ans quand elle publia son premier livre, *Tell Me a Riddle*, qui remporta un vif succès.

De nos jours, plusieurs d'entre nous souffrons de ne pas pouvoir nous exprimer. Je ne parle pas ici du silence intérieur dont nous avons besoin pour donner forme aux mystères inexprimés de l'Esprit, mais du mutisme qui résulte de circonstances que nous jugeons indépendantes de notre volonté : un manque de temps ou d'espace, ou les deux, ou plus précisément l'absence d'un lieu propice à la création. Peut-être aussi ne voyons-nous pas clairement l'importance de nourrir quotidiennement notre créativité.

D'abord, rares sont les femmes qui possèdent une pièce à elles – sauf bien sûr celles qui vivent seules. Mais cela ne veut pas dire qu'il soit impossible de nous aménager un espace psychologique – ne serait-ce qu'un coin – bien à nous. Une de mes amies a installé un paravent fleuri des années 30, déniché dans une brocante, pour se créer un espace intime dans un coin de son appartement. Elle y a installé une petite table et une chaise près d'une fenêtre ensoleillée pour pouvoir s'y retirer.

Vous n'avez pas assez d'espace pour un paravent, une table et une chaise ? Alors, garnissez-vous une bibliothèque personnelle. L'important, c'est que tout ce qu'elle contient soit bien à vous : elle deviendra ainsi un espace psychologique qui vous incitera à vous mettre à l'écoute de vos élans créateurs, un lieu qui vous encouragera à retrouver votre créativité.

Mettre de l'ordre dans ses papiers

J'ai mis de l'ordre dans mes papiers. Sans pitié, j'en ai déchiré et détruit plusieurs. Cela me procure toujours une grande satisfaction.

KATHERINE MANSFIELD

Ce matin, j'ai réfléchi à toutes les précieuses ressources naturelles – temps, énergie créatrice et émotions – que nous gaspillons à cause d'un manque d'ordre : volatilisés, la facture en souffrance, la lettre d'invitation à une fête (avec les indications pour s'y rendre) et le formulaire d'inscription pour les cours de natation qui commencent cet après-midi.

Si vous n'avez pas de stratégie pour garder le contrôle de vos papiers, prenez deux heures cette semaine pour en élaborer une. À moins, bien sûr, que vous soyez du même avis que A. A. Wilne, le créateur de Winnie l'ourson, selon qui « un des avantages du désordre, c'est que je fais sans cesse des découvertes excitantes ». Pour ma part, je trouve ma vie assez excitante et ne ressens nullement le besoin de m'amuser à chercher les reçus égarés chaque fois que je dois retourner quelque chose au magasin. Et vous ?

Ma stratégie est très simple. En fait, elle m'épargne presque d'avoir à réfléchir, ce qui peut être très pratique ! Comme les enfants qui aiment ranger leurs jouets dans plusieurs boîtes, je range mes papiers dans des boîtes recouvertes de tissu que je dispose sur une tablette au-dessus de ma table de travail. Dans la première, je dépose les factures à payer et les relevés financiers aussitôt que je les reçois ; quand les factures sont payées, je place les reçus dans un classeur. Deux autres boîtes me permettent de séparer ma correspondance privée de ma correspondance d'affaires. La quatrième contient mes papiers en lien avec l'édition, une autre, tout ce qui a trait à mes ateliers. Dans une autre boîte, je dépose mes reçus d'affaires aussitôt que je reviens d'une course ou d'un voyage. J'ai aussi une boîte pour les papiers « familiaux » dont nous aurons besoin bientôt : formulaires d'inscription à des cours, invitations, adresses d'amis de ma fille. Je sais à peu près ce que contient chaque boîte. Croyez-moi, ce système s'avère très pratique.

Une fois par mois, habituellement dans l'après-midi du dernier samedi du mois, je suis les conseils de Katherine Mansfield : je fais de l'ordre dans mes papiers. Sans pitié, j'en élimine plusieurs. Cela ne me prend qu'une heure, et le sentiment d'avoir le contrôle de mes papiers est très rassurant. Aujourd'hui, faites la chasse aux papiers dans votre maison ; ramassez jusqu'au plus petit bout de papier qui traîne. Déposez-les dans une grande boîte de carton. Versez-vous un verre d'une boisson rafraîchissante. Faites jouer une musique entraînante. Séparez tous les papiers par catégories. Si vous n'avez pas de boîtes ou de paniers pour les y ranger, mettez-les dans de grandes enveloppes en attendant de vous en procurer. Jetez-en le plus possible.

Pensez à tout le temps que vous perdez à chercher les choses dont vous avez besoin. Maintenant, pensez à tout le temps que vous allez épargner, simplement parce que vous n'avez plus ce problème.

12 JUIN

Passions secrètes : l'armoire à linge parfumée

Elle dormait encore d'un sommeil aux paupières d'azur,
dans des draps blancs et doux, parfumés à la lavande.

JOHN KEATS

Fermez les yeux un moment et laissez votre imagination voguer au gré d'un rêve aux paupières azurées. Vous ouvrez une porte blanche. Sur de larges tablettes de bois bordées de dentelle, vous pouvez voir des rangées et des rangées de beaux paniers d'osier remplis de draps parfaitement pliés, de couvertures laineuses, de serviettes moelleuses, de nappes damassées soigneusement empesées, de serviettes de table immaculées, de linges brodés d'un monogramme et de taies d'oreiller ourlées au crochet, adoucies par les années. Les piles généreuses sont retenues par des rubans de soie aux teintes pastel, parfaitement noués. Vous restez muette devant cette huitième merveille du monde, ce trésor digne des légendes des marchands chantant les louanges «des soieries de Samarkand et des cèdres du Liban». Dans l'air flotte un parfum capiteux. Vous poussez un soupir de béatitude. Vous l'aurez, l'armoire de vos rêves. Vous l'aurez.

La merveilleuse écrivaine Mary Cantwell s'est intéressée à ces «gourous domestiques modernes» qui, bien sûr, possèdent toutes des armoires à linge parfumées. Elle rappelle qu'elle a jadis failli succomber à la tentation de se créer une armoire à linge présentable; hélas, elle a abandonné l'idée. «Je suis trop paresseuse, explique-t-elle, et incapable de faire de jolis noeuds.»

Malgré cela, l'attrait de la perfection est puissant. «En plaçant mon linge de maison en rangées, j'aurais eu l'impression de me défendre contre un monde que je trouve désordonné», confie Cantwell avec une tristesse rêveuse. «Il n'y avait rien – et il n'y a toujours rien – à faire pour éloigner la peste, la mort et les cauchemars qui rôdent autour de nous quand nous ne dormons pas. Mais j'aurais eu cette armoire, cette preuve que j'étais capable de tenir en ordre mon minuscule coin de l'univers. La vue des Wamsutta, Martex et Cannon, propres et douillets, entourés de rubans, aurait peut-être même pu me procurer un de ces moments de grâce dignes de Fantin-Latour.»

Henri Fantin-Latour est ce peintre français du dix-neuvième siècle célèbre pour ses superbes tableaux de fleurs. Il est demeuré une source d'inspiration pour les déesses du foyer contemporaines. Mea culpa! Même Fantin-Latour en personne serait incapable de créer un tel moment de grâce dans mon armoire à linge. Là-haut, nulle trace de rubans de soie. Sur cinq tablettes, les draps et les ensembles de serviettes de toilette se disputent l'espace; les sirops pour la grippe, le papier hygiénique, les mouchoirs et les savons bousculent les ampoules, les rallonges électriques et les séchoirs à cheveux; les rouleaux manoeuvrent pour prendre place près du Lysol et du Bon Ami.

Mais tant qu'il y a de la vie, il y a de l'espoir. Et tant qu'il y a de l'espoir, il y a de la vie. Je l'aurai, l'armoire de mes rêves. Je l'aurai.

Peut-être rêvez-vous secrètement de posséder un jour une armoire à linge parfumée. Voilà ma stratégie pour que ce rêve se réalise cette année. D'abord, utilisez des paniers pour limiter le fouillis de votre armoire. Les médicaments, la trousse de premiers soins, les produits de beauté et les produits pour l'hygiène peuvent prendre place dans un sac à souliers en vinyle transparent (pour que vous puissiez trouver ce que vous cherchez) que vous suspendrez à la porte. Il peut être difficile d'en dénicher un, alors mettez-vous à l'affût dès maintenant.

C'est dans les ventes de déménagement et dans les boutiques de marchandises en consignation que je trouve les plus belles nappes et serviettes de table anciennes. Dans les marchés aux puces et les magasins d'objets d'occasion, elles sont souvent mal triées et usées; dans les boutiques d'antiquités, elles sont superbes mais trop chères (à moins, bien sûr, que vous connaissiez un endroit extraordinaire; si tel est le cas, faites-le-moi savoir).

En janvier et en juin se tiennent des ventes de blanc où l'on écoule draps et serviettes; inscrivez ces dates sur votre calendrier. Même si vous n'achetez rien, les ventes de blanc des grands magasins peuvent être de grandes sources d'inspiration. J'ai passé une demi-heure agréable, hier, à me rincer l'œil dans une chambre et une salle de bains Ralph Lauren présentée en exposition, où j'ai glané des idées intéressantes.

Passons maintenant à l'aspect olfactif de votre armoire à linge. Prenez les mesures de votre armoire – soit des deux cloisons latérales et de la cloison du fond. Découpez deux morceaux de mousseline blanche identiques pour chaque section en prenant soin de calculer quelques centimètres de plus de chaque côté. Entre les pièces de mousseline, ajoutez une épaisseur d'ouate que vous aurez généreusement saupoudrée de fleurs de lavande séchées (disponibles chez les fleuristes et dans les marchés extérieurs). Cousez les deux épaisseurs ensemble. Avec une agrafeuse ou de petits clous, tapissez-en les trois murs. Suspendez des branches de lavande séchée sur l'étagère du haut. Reculez d'un pas pour contempler votre œuvre.

Un mot à propos des rubans : plusieurs en rêvent, mais à moins de vivre seule, vous devriez, pour votre bien-être émotif et psychologique, abandonner l'idée d'attacher vos draps avec des rubans de soie. Je sais de quoi je parle. Ce n'est pas qu'ils soient difficiles à trouver : on peut se procurer de très jolis rubans anciens dans les marchés aux puces ; dans les bons magasins de tissus et les boutiques d'accessoires pour la maison, on trouve de superbes rubans munis d'un fil métallique pour nous aider à faire des nœuds parfaits. Mais qui d'autre que vous prendra la peine de rattacher vos rubans ? Pourquoi vous briser le cœur ? Si, malgré tout, vous voulez connaître le plaisir de créer une œuvre parfaite, une fois avant de mourir, faites-vous plaisir. N'oubliez pas de prendre une photo. Après tout, comme Keats le savait bien, « une chose belle procure une joie éternelle ».

13 JUIN

Passions secrètes : le garde-manger de luxe

Elle fut d'abord surprise par l'ensemble impressionnant de pots ; mais John aimait tant la gelée, et les jolis petits pots feraient un si bel effet sur l'étagère du haut.

LOUISA MAY ALCOTT

Aujourd'hui, livrons-nous au fantasme estival par excellence : cette tradition consacrée qui consiste à faire des réserves de délicieuses denrées. Que serait l'été sans la contemplation des conserves, condiments, confitures, fruits confits et fruits à l'eau-de-vie – ces petites délices qui garnissent les garde-manger de luxe ?

Tout comme l'armoire à linge parfumée, le garde-manger bien garni fait depuis fort longtemps partie des passions féminines. Y avait-il des tablettes de roc sculpté dans les cavernes préhisto-

311

riques ? Sans aucun doute. Sinon, où aurait-on conservé les jarrets de sanglier salé ? À l'époque victorienne, vingt mille ans plus tard, les femmes ont fait de la conservation des aliments un art sacré, inspiré par les chantres de la domesticité du dix-neuvième siècle qui nous ont livré leurs lumineuses descriptions de tiroirs profonds, de cagibis et de coffres assez grands pour contenir les provisions de farine de maïs et de farine complète, de larges étagères chargées de pots de conserve de dinde et d'aliments joliment emballés et disposés avec art.

Toute femme devrait connaître le plaisir sublime que procure la contemplation de pots étincelants ornés de tissu fleuri et de capuchons crochetés. Mais par où commencer ? Ne cherchez pas trop loin : procurez-vous *Fancy Pantry*, le livre de base indispensable, irremplaçable et irrésistible d'Helen Witty. Destiné à tous ceux qui croient qu'une réserve de petites délices gastronomiques est un luxe abordable, *Fancy Pantry* explique comment s'y prendre. Je ne peux pas feuilleter ce livre sans avoir envie de bondir dans la cuisine pour aller m'y amuser.

Non, je ne suis pas en train de vous suggérer d'entreposer cent pots de compote de courgette dans une cuisine grande comme une boîte à souliers (et cela, entre les aller-retour à la colonie de vacances, le bilan financier à terminer pour le bureau, le tournoi de baseball de votre enfant et les préparatifs pour vos vacances à la mer).

Je ne fais qu'envisager la possibilité que vous puissiez avoir autant de plaisir que moi à préparer vous-même des biscottes au carvi, des tomates séchées (qui valent leur pesant d'or dans les épiceries fines), des bleuets aux épices, des vinaigres aromatisés aux fruits et – mon favori – du miel aux fruits (qui, en fait, n'est pas du miel mais un irrésistible hybride entre le sirop et la confiture, à savourer à la cuiller, ou sur les crêpes et les desserts).

Si, après avoir lu le trésor d'inspiration et d'information d'Helen Witty, vous hésitez encore à garnir votre garde-manger des fruits de votre labeur, ne vous découragez pas. Certains étés, je fais plus de conserves en esprit que concrètement, mais je réussis toujours à avoir une réserve de petites délices.

Si vous êtes dans cette situation, rendez-vous dans un marché et faites provision d'aliments que d'autres femmes entreprenantes ont mis en conserve spécialement pour des êtres comme nous.

Choisissez un joli tissu aux motifs délicats, découpez-y des cercles et attachez-les à l'aide de rubans, de raphia ou de ficelle pour décorer vos pots de confitures, de gelées ou de condiments. Vous pouvez vous procurer de jolies étiquettes dans les boutiques d'accessoires de cuisine ou d'articles de bureau. Quand je pars en vacances, j'aime aussi me laisser tenter par des conserves offertes dans d'autres coins du pays.

Cependant, une lecture attentive de *Fancy Pantry* risque fort de vous donner l'envie de préparer vos propres délices. Selon Helen Witty, « toutes les âmes du monde devraient posséder un garde-manger, fût-il modeste », et je l'approuve de tout mon cœur.

14 JUIN

Décoration saisonnière : notre maison d'été

Les roses anglaises remplissent le jardin d'une profusion de couleurs et de parfums ; nos portes et nos fenêtres ouvertes laissent les effluves enivrants de la saison nous envelopper et investir la maison.

SYDNEY A. SYKES

Pour décorer votre maison, laissez-vous inspirer par les abondantes ressources de Dame Nature. En invitant les saisons à vous offrir leurs décorations uniques qui ne coûtent presque rien, vous risquez peu de vous lasser de votre intérieur.

« Le changement est un excellent remède pour combattre la lassitude. Et par changement, je n'entends pas nécessairement faire un voyage », écrivait Elsie King Moreland dans *American Home*, en 1934. « Pour une femme, déplacer les meubles équivaut à prendre des vacances, pour un homme. Il me semble que rien ne me ravigote autant, rien ne me donne un tel regain d'énergie que de voir mon piano dans un coin différent, le buffet sous les fenêtres et mon lit de l'autre côté de la pièce. »

La tradition veut que les femmes accueillent l'été en rangeant tout ce qui semble trop chaud ou trop lourd dans la maison. Jetez un coup d'œil autour de vous. Roulez les tentures et les tapis lourds. Rangez les coussins de tapisserie ou recouvrez-les de denim froissé ou de taies d'oreiller blanches. Jadis, les femmes aisées disposaient des housses sur leurs meubles pour l'été. Cela n'est plus pratique courante, mais pourquoi ne pas recouvrir vos fauteuils de jetés blancs ? Les coupons de tissus sont d'excellents achats – ils coûtent habituellement de 2 $ à 5 $ le mètre – et font de superbes housses. De même que les couvre-lits en matelassé et les grandes nappes damassées qu'on trouve souvent dans les ventes de déménagement. Recouvrez vos dessertes de mousseline blanche ; drapez de grands morceaux de gaze fixés sur une tringle de bois ; suspendez aux fenêtres des pièces de dentelle, des rideaux légers ou des stores de bambou.

Laissez nus vos parquets ou disposez des nattes sur la moquette. Débarrassez la tablette de cheminée et les tables. Décorez avec des fleurs choisies dans un kiosque en bordure de la route, un marché extérieur ou votre propre jardin. Les bouquets composés d'une seule variété de fleurs, à la fois simples et luxuriants, sont souvent d'une beauté saisissante.

Rangez tout ce qui doit être astiqué : laiton, étain, cuivre, argent. Remplacez les lourds pots de grès par du raphia, de la paille et des paniers d'osier. Disposez un grand panier rempli de fleurs séchées dans votre foyer, si vous en avez un. Éloignez les meubles de la cheminée et placez-les plus près des murs pour que la salle de séjour ait une allure plus dégagée.

Même si vous n'habitez pas au bord de la mer, vous pouvez vous servir de coquillages et d'autres objets recueillis dans la nature pour créer l'atmosphère d'une maison d'été. Drapez un filet de pêcheur au-dessus de la cheminée et fixez-y des étoiles de mer, des morceaux de bois flotté, des cadres fabriqués avec de petites branches, une cabane d'oiseau, ou bien un nid (en vous assurant qu'il n'est pas habité).

Rehaussez votre décoration estivale par des touches de rouge, de blanc et de bleu. Avec des serviettes de bain rayées ou des couvre-lits de chenille aux couleurs vives, vous pouvez fabriquer des housses sensationnelles pour vos coussins d'extérieur décolorés. Et ne trouvez-vous pas que les repas d'été sont plus savoureux sur des nappes à carreaux rouge et blanc ou bleu et blanc ? Enfin, allumez des chandelles de cire d'abeille blanches dans des lampes-tempête ou des lanternes pour donner une impression de clair de lune.

Nous ne pouvons pas toutes nous payer un mois à la campagne ou un séjour à la plage. Cependant, en jetant un coup d'œil au calendrier, nous pouvons transformer notre maison en un havre de fraîcheur pour la saison estivale. Encore une fois, sur la voie de l'abondance dans la simplicité, la création d'une « maison d'été » commence par un état d'esprit.

15 JUIN

Les anniversaires secrets du cœur

Les fêtes les plus sacrées
sont celles que nous célébrons en silence, et solitaires,
les anniversaires secrets de notre cœur.

HENRY WADSWORTH LONGFELLOW

Juin est le mois des fleurs d'oranger, de la dentelle et du riz. Ce n'est toutefois pas aux anniversaires de mariage que je pense en ce moment. Aujourd'hui, je veux m'attarder plutôt aux anniversaires du cœur, aux rites de passage intimes. Ce sont des anniversaires que nous célébrons en silence, et solitaires, dont nous ne parlons jamais. Vous vous rappelez peut-être votre premier baiser ; pour ma part, je ne peux oublier la dernière fois que j'ai serré la main de mon père.

Ce matin, une amie me racontait au téléphone qu'elle était en train de préparer un souper spécial pour un homme merveilleux qui vient d'entrer dans sa vie. Elle a divorcé l'an dernier, après

315

vingt ans de mariage, et dit avoir apprécié que son mari l'ait quittée à la fin de l'été, pendant que tout déclinait dans la nature. Elle croit qu'elle ne s'en serait jamais remise si son mari était parti pendant les vacances. Je pense que je comprends ce qu'elle veut dire, mais je prie de ne pas avoir à en faire l'expérience. Comme me l'a rappelé mon amie, c'est l'ambiance associée à un moment de l'année qui est à l'origine d'un anniversaire intime. Une autre amie se souvient de l'époque où sa mère lui tressait les cheveux, chaque fois qu'elle voit les lilas en fleurs dans sa cour : il y avait toujours un bouquet de lilas sur la coiffeuse de sa mère.

Chaque année, en juin, quand je barbote dans la piscine de Dawne, une ancienne colocataire, je me rappelle la piscine de tante Mary et oncle Joe, qui étaient les meilleurs amis de mes parents. Quarante ans se sont écoulés depuis, mais j'entends encore les rires des enfants et le tintement des verres de limonade ; je sens la chaude caresse du soleil sur mes épaules et la fraîcheur de l'eau éclaboussant mon visage. Les souvenirs se bousculent dans ma tête : les coins ombragés dans leur cour, le sentier de pierres, l'odeur de renfermé de la maisonnette de bois où nous imaginions de nouvelles aventures, mes « cousines » Mary Anne et Diane, ma sœur Maureen et moi. Les barbecues, les pique-niques, les nuits blanches, les cocktails des adultes au rez-de-chaussée, les fêtes d'enfants dans la salle de jeu du sous-sol, les pièces de théâtre sur la galerie, l'amour, la sécurité, la joie, l'exaltation et l'émerveillement – tous les plaisirs de l'enfance associés pour l'éternité à l'ambiance de juin. Ma fille a elle aussi ses secrètes commémorations de moments passés chez tante Dawne et oncle Tom : les vacances à la plage, les soupers de Noël et la chasse aux œufs de Pâques. Ces amis bien-aimés, leurs charmantes filles et les bons moments que nos familles ont partagés au fil des années forment de beaux motifs dans la tapisserie de ma vie.

Les anniversaires secrets du cœur ne se laissent pas altérer par les années. « Je fais partie de tout ce que j'ai touché et de ce qui m'a touché », confiait Thomas Wolfe dans *l'Ange exilé*. Moi aussi. Vous aussi. Même si je ne l'avais pas prévu, je veux envoyer un petit mot à Dawne cet après-midi. Je dois aussi écrire à tante Mary pour la remercier pour tous ces précieux souvenirs. J'ai besoin de partager ce que je garde dans mon cœur depuis des décennies sans jamais l'exprimer. C'est aujourd'hui le moment idéal pour dire mon amour à ces deux femmes merveilleuses. J'avais oublié. Il m'a fallu un anniversaire secret du cœur pour me rappeler que nous avons toujours du temps pour nous souvenir. Mais comme il est difficile de trouver le temps de commémorer nos moments bénis, à moins que nous nous arrêtions pour célébrer, lorsqu'elles surviennent, les fêtes les plus sacrées.

16 JUIN

Les doux parfums de notre maison

Je rêve d'une vie non pas futile mais sacrée.
Je rêve que les jours soient comme des siècles, bien remplis et parfumés.

RALPH WALDO EMERSON

Depuis le jour où l'homme, la femme et l'enfant ont appris à se servir de leur nez, les parfums sont des aimants irrésistibles, ramenant au bercail le cœur et l'imagination. «On n'est vraiment bien que chez soi», écrivait John Howard Payne en 1823, évoquant les odeurs du bois crépitant joyeusement dans la cheminée du vieux cottage de bardeaux de son enfance, à East Hampton, dans le Long Island. Si c'est chez nous que nous nous sentons le mieux, c'est peut-être qu'aucun autre lieu au monde ne sent aussi bon que notre maison.

En ce moment, l'arôme délicieux d'un poulet rôti à la sauce teriyaki embaume l'air. Ce soir, si humble soit ma demeure, je ne voudrais pas être ailleurs pour tout l'or du monde. Bientôt, mes deux «revenants» – elle de la colonie de vacances et lui du bureau – rentreront en trombe. «Bienvenue chez nous!», dirai-je de la cuisine. «Bienvenue chez nous!», répondront-ils, fidèles à notre salut rituel. Ils laisseront tomber sacs de gymnastique, porte-documents et sacs à dos et me raconteront leur journée. «Ça sent bon! On mange bientôt?» Nous avons le temps de déguster quelques amuse-gueule pour tromper notre faim, de faire une promenade à bicyclette autour du pâté de maisons et une petite balade dans le jardin, de siroter un verre de vin : un doux retour au bercail.

Une maison odorante est un plaisir tout simple mais des plus réconfortants. Le subtil amalgame des parfums qui flottent dans les différentes pièces de la maison donne une impression d'abondance. Voici quelques trucs pour imprégner votre maison de divines fragrances.

Aérez régulièrement, même l'hiver, en ouvrant grand les fenêtres pour laisser circuler l'air frais. Durant les chauds mois d'été, lorsque les fenêtres doivent rester fermées à cause de la climatisation, attendez la fin de la journée pour aérer. N'oubliez pas d'ouvrir les fenêtres après une averse pour que votre maison se remplisse des bonnes odeurs de la terre.

Si vous avez des animaux domestiques, utilisez un produit à base de bicarbonate de soude pour vos tapis quand vous passez l'aspirateur afin d'éliminer les odeurs indésirables. Nous nous habituons à ces odeurs, mais elles peuvent indisposer un visiteur non averti.

Mettez du talc dans le sac de votre aspirateur ; vous répandrez ainsi une odeur agréable en nettoyant les tapis. Les produits de nettoyage parfumés au pin vivifient l'atmosphère. Pour les meubles, utilisez un vernis parfumé au citron plutôt que les autres produits vendus en atomiseur. Vous obtiendrez un plus beau lustre et une meilleure odeur.

Faites mijoter du cidre, de la cannelle et des clous de girofle dans de l'eau. C'est un truc que les agents immobiliers suggèrent pour créer une ambiance chaleureuse quand des acheteurs éventuels viennent visiter une maison. Ces odeurs évoqueront un milieu de vie si accueillant que vous en perdrez peut-être l'envie de déménager.

Appliquez des huiles aromatiques naturelles sur le bois qui n'est pas verni ou peint – sur le dessous des tables et des chaises, les montants de porte, les appuis de fenêtres, l'intérieur des tiroirs de bois, les tringles de placards et les tablettes. Vous pouvez également utiliser ces huiles sur les anneaux de métal ou de terre cuite qui entourent les ampoules (attendez que l'ampoule soit refroidie) ; quand vous allumerez la lumière, de doux effluves embaumeront la pièce. Avec de simples chandelles parfumées et de l'encens, vous pouvez donner un cachet romantique à une pièce.

Suspendez des cintres rembourrés et de petits sachets odorants dans les placards ; tapissez les tiroirs de papier parfumé.

Brûlez du bois et des herbes aromatiques dans le foyer. Ramassez du bois flotté sur la plage et rapportez-le à la maison. Ajoutez aux bûches des pommes de pin aspergées d'huiles essentielles – balsamine, lavande ou cannelle –, des copeaux de cèdre, des bouquets de romarin séché ou autres plantes odorantes. Dans les boutiques de spécialités irlandaises, on retrouve parfois de petits blocs de tourbe d'Irlande qui valent le détour – c'est mon odeur favorite, surtout pendant l'hiver. Les Amérindiens brûlent des bouquets de sauge pour purifier leurs lieux de vie et y attirer des bénédictions. Pourquoi ne pas faire de même ?

Disposez des bols de pot-pourri un peu partout dans la maison ; n'utilisez toutefois qu'un seul mélange pour éviter que l'air soit surchargé d'odeurs. J'aime choisir des parfums floraux pendant l'été et le printemps, et des odeurs d'épices pendant les mois d'automne et d'hiver. La composition de votre propre pot-pourri peut être un loisir agréable et relaxant, tout comme la fabrication de sachets, de diffuseurs, d'oreillers parfumés et d'eaux florales. Dans le livre *The Scented Room*, Barbara Milo Ohrbach nous propose des recettes simples et inspirantes. Dans les périodes de grandes chaleurs, rien ne vaut la fraîche caresse, sur le visage et le cou, d'un mouchoir trempé dans une eau de lavande, comme le faisait votre arrière-grand-mère pour soulager ses vapeurs.

« Dans le monde d'aujourd'hui, je trouve non seulement agréable mais nécessaire de nous entourer, ma famille et moi, de choses familières, rassurantes », affirme Barbara Milo Ohrbach. Les jours passés à la maison peuvent devenir grisants, chargés d'odeurs ; il suffit de prendre le temps de savourer les tendres effluves qui s'y entremêlent.

17 JUIN

La splendeur à votre portée

Il n'existe pas de maison si laide qu'on ne puisse en faire
un lieu digne d'intérêt.

ELSIE DE WOLFE

En 1972, j'ai déménagé à Londres pour y faire fortune sur les planches. Le sort en a décidé autrement et j'ai dû accepter un emploi de secrétaire pour un salaire de 100 $ par semaine. Ne pouvant faire autrement, je vivais dans une pièce lugubre, une sombre cellule appelée gentiment « studio ». J'avais une plaque chauffante pour faire la cuisine, un évier, un miniréfrigérateur et environ trois mètres d'espace vital. En fait, mon appartement se résumait à quatre murs mal plâtrés éclairés par une ampoule nue au plafond. La salle de bains se trouvait au bout du couloir et je devais glisser un shilling dans une fente pour allumer le chauffe-eau chaque fois que je voulais prendre un bain chaud. Par ailleurs, ma cellule était nichée au sommet d'un imposant bâtiment de l'époque victorienne situé dans une petite rue pittoresque, près d'un beau parc. Il y avait des marches de granit, une lourde porte de bois foncé avec un heurtoir de cuivre en forme de tête de lion, des boiseries d'un blanc immaculé entourant de hautes et élégantes fenêtres et des boîtes à fleurs de fer forgé noir débordantes de fleurs. De l'extérieur, l'immeuble était majestueux, et j'aimais en gravir les marches car cela me donnait l'impression d'être une riche héritière. L'illusion se dissipait vite quand je tournais la clé dans la serrure ; après avoir grimpé péniblement les quatre étages, j'étais devenue Cendrillon après minuit. Comme elle, j'étais une jeune fille rêveuse et désirais secrètement vivre un jour entourée de splendeur.

En rentrant chez moi, un vendredi après-midi, je suis passée devant la vitrine d'un grand magasin. On annonçait un important solde de coupons et les tissus étalés dans la vitrine étaient superbes. Curieuse, je suis entrée jeter un coup d'œil et des visions de grandeur m'ont envahie. Je n'avais pas de machine à coudre et je savais à peine coudre à la main, mais qu'importe ! La vue de ces tables couvertes de tissus – je n'en avais jamais vu de si beaux – était enivrante, inspirante, irrésistible. J'étais entourée de splendeur, d'une splendeur à ma portée. J'ai jeté mon dévolu sur un rouleau entier – 36 mètres – de lainage à motif cachemire aux tons de rouille, vert forêt et safran, à seulement 2 $ le mètre. C'était presque l'équivalent d'une semaine de salaire, mais ce n'était pas de l'argent gaspillé.

Pendant deux jours, j'ai coupé, collé, agrafé, suspendu et drapé. J'ai disposé des pans de tissu sur les murs et le plafond, recouvert le sommier, confectionné un couvre-lit et des housses pour mes oreillers, fabriqué une alcôve à baldaquin pour y dormir. Le dimanche soir, la pièce et moi étions transformées. J'étais revigorée par la beauté qui m'entourait et les risques créatifs que j'avais osé prendre.

Plusieurs années plus tard, quand j'ai mis la main sur *Affordable Splendor*, de Diana Phipps, un livre de base indispensable sur la décoration intérieure improvisée, j'ai tout de suite su que l'auteure et moi étions des âmes sœurs. Le grand talent de madame Phipps est la débrouillardise. Elle utilise ce qu'elle a sous la main, des boîtes de carton aux matelas de crin. Elle métamorphose tout ; pour elle, aucun vieux châle, tapis effiloché ou rideau en lambeaux n'est irrécupérable. Elle en tire des décors somptueux, confortables et originaux qui sont l'essence même du chic d'occasion façon *Buckingham Palace*. Ce n'est pas un effet du hasard : dans sa Tchécoslovaquie natale, Diana Phipps était comtesse et son enfance s'est déroulée dans un château. L'occupation allemande et la prise du pouvoir par les communistes ont contraint les Phipps à émigrer aux États-Unis, où ils ont pu vivre en liberté mais dans une situation financière plus difficile. Cependant, personne de l'entourage de Diana ne l'a dénoncée quand elle a fait irruption chez Woolworth et en est ressortie avec quarante mètres de vichy bleu.

J'adore ce livre car la passion de l'auteure pour la décoration est contagieuse. Elle s'est toujours fiée à son moi authentique plutôt qu'aux conseils des experts et ses créations l'illustrent bien. « Je suis une femme paresseuse et désordonnée, avoue-t-elle. Un menuisier, un tapissier ou un peintre professionnel trouveraient beaucoup à redire sur mon travail, et avec raison. Je ne connais ni la façon orthodoxe de faire les choses ni la terminologie correcte. En fait, je ne tiens pas à les connaître. Je connais les honoraires des professionnels, le mystère dont ils s'entourent et surtout le temps qu'ils prennent. » Diana Phipps préfère tout faire elle-même et les raccourcis époustouflants qu'elle a imaginés sont destinés à des gens « qui, comme moi, n'ont pas les moyens de se payer le décor de leurs rêves ».

Cela peut sembler présomptueux, mais je crois que nous sommes toutes aussi brillantes que madame Phipps. Mais nous devons apprendre à nous en remettre à notre moi authentique comme elle le fait. Diana Phipps *fait confiance* à son goût et à ses élans créatifs. Elle agit instinctivement. Nous nous retenons, nous hésitons, nous nous arrêtons – et nous finissons par éteindre l'étincelle. Aujourd'hui, j'aimerais vous convaincre qu'il est possible de transformer n'importe quelle pièce de votre maison simplement avec du tissu, de la peinture, une scie, un marteau et des clous, du fil et une aiguille, de la colle, l'irremplaçable agrafeuse, de l'imagination, du temps et de l'énergie.

« La chose la plus importante dans la décoration, nous rassure Diana Phipps, c'est le plaisir qu'on y prend. Le bonheur de découvrir un rien brisé et d'en faire quelque chose. Le mieux, c'est de s'y lancer joyeusement, en toute confiance, avec une bonne paire de ciseaux pour arrondir les coins. »

18 JUIN

Choisir de s'épanouir

Et vint le jour où le risque de rester enfermée dans le bourgeon était plus douloureux que le risque de s'épanouir.

ANAÏS NIN

Combien de temps, d'énergie créatrice et d'émotion consacrons-nous à résister au changement parce que nous présumons que la croissance doit toujours se faire dans la douleur? Souvent, la croissance personnelle dérange, surtout quand vient le temps de clarifier nos limites dans nos relations avec les autres. Quand nous décidons de prendre soin de notre moi authentique, les gens de notre entourage ne tardent pas à remarquer les changements qui s'opèrent en nous. Dans les jardins, c'est actuellement le moment où, après une période de lente évolution, la croissance s'accélère. C'est là où nous sommes rendues également, nous qui cheminons maintenant depuis six mois sur le chemin de l'abondance dans la simplicité.

Il peut être difficile d'exprimer vos besoins authentiques en disant « Désolée, je ne peux pas », quand tout le monde autour de vous nourrit des attentes à votre sujet. Mais il est pire de contrarier l'émergence de votre moi authentique. Vient le jour – peut-être est-ce aujourd'hui même – où il est plus douloureux de « rester enfermée dans le bourgeon » que de s'épanouir. « Le jardinage est un art, tout comme la peinture ou la poésie », nous rappelle l'écrivaine Hanna Rion. « C'est une expression de soi, notre vision personnelle de la beauté. » Faire un jardin, c'est aussi un moyen extraordinaire d'explorer en douceur certaines questions relatives à notre croissance personnelle que soulève notre moi authentique. Mère Nature est une guide patiente.

Essayez de trouver un bouton de rose parfait, dans votre jardin ou chez un fleuriste. Déposez-le sur votre bureau ou votre table de chevet. Le Talmud nous dit que « chaque brin d'herbe a son ange qui se penche sur lui et lui chuchote à l'oreille "grandis, grandis" ». Il en est de même pour nous.

19 JUIN

Plus loin, plus haut

Le jardinage est un instrument de grâce.

MAY SARTON

Le jardinage est l'un des premiers cadeaux que j'ai reçus quand je me suis engagée dans la voie de l'abondance dans la simplicité. Je n'avais jamais vraiment jardiné auparavant; cela m'apparaissait comme un travail abrutissant et mauvais pour le dos. (Remarquez qu'on ne dit jamais « jouer » dans le jardin, mais « travailler » dans le jardin.) Je travaillais déjà assez dur à tenir la maison et à écrire, pour me mettre à travailler dans le jardin en plus. Mais il y a de cela plusieurs automnes, quand mes aspirations profondes ont commencé à faire surface, j'ai décidé que je ne passerais plus un printemps sans tulipes et jonquilles dans notre cour. Je ne connaissais absolument rien au jardinage. J'ai donc demandé conseil à des jardinières célèbres : Gertrude Jeykll, Vita Sackville-West, Celia Thaxter et Katharine S. White.

Katherine White était directrice du *New Yorker* depuis ses débuts, en 1925, jusqu'à ce qu'elle prenne sa retraite en 1958. Elle était aussi une jardinière passionnée. « Il lui semblait tout naturel de consacrer ses loisirs au jardinage, où qu'elle se trouvât et quels que fussent ses autres engagements », rappelle son mari, l'écrivain E. B. White, dans l'introduction du livre de son épouse *Onward and Upward in the Garden*. Katherine White aimait aussi dépouiller les catalogues de semences. « Pendant des heures, elle étudiait, passait au crible, considérait, rejetait, triait, transportée par le tourbillon de fleurs et de fruits à venir », ajoute E. B. White. Cette passion insatiable pour les catalogues de jardinage la poussa à se mettre à l'écriture, après des décennies de direction. Son premier article de fond fut un compte rendu critique des catalogues de graines et de pépiniéristes qui lança sa célèbre chronique de jardinage *Onward and Upward*.

À mes yeux, il existe deux types de jardinières. Il y a ces femmes extraordinaires qui non seulement connaissent toutes les fleurs mais peuvent les désigner par leur nom latin. Elles sont aussi belles que les fleurs sur lesquelles elles veillent, avec leur chapeau de paille à larges bords, leurs perles, leurs robes de mousseline à traîne et leurs souliers Ferragamo. Elles remplissent minutieusement un journal de jardinage, prévoient l'emplacement des plants à l'aide de graphiques et ne transpirent jamais quand elles manient la bêche et la truelle. Katharine White était une jardinière de cette trempe.

On pourrait qualifier de *grunge* la deuxième catégorie. Haletantes et en sueur, nous nous glorifions davantage de nos ongles sales que de notre pouce vert, ayant une fois de plus égaré nos gants de jardinage. Nous faisons les louanges de « cette petite fleur jaune » en la désignant du doigt. Nous avons aussi tendance à être des jardinières psychotiques, envahies de visions du paradis terrestre et du Xanadu de Qûbilai Khan. Comment expliquer autrement que je n'aie pas réfléchi au fait que les quatorze rosiers commandés en avril arriveraient tous le même matin de mai, et qu'il me faudrait leur consacrer deux jours de labeur acharné ? Avant de pouvoir planter des rosiers, il faut creuser des trous très profonds. Néanmoins, ils ont tous été plantés, leurs racines recouvertes de terre ; par miracle, la jardinière n'a pas connu le même sort. Ils sont maintenant les enfants adorés d'une femme d'âge mûr, conçus par un après-midi passionné de lecture d'un catalogue de jardinage divinement illustré.

Katharine White avait une grande facilité à jardiner, mais l'écriture était pour elle un processus « lent et tortueux », rappelle son mari. Il m'est, au contraire, beaucoup plus facile d'agencer les mots que d'aménager une plate-bande. Malgré cela, je suis convaincue que mes aventures horticoles m'aident à aller de l'avant et favorisent l'épanouissement de mon âme. Le jardinage est devenu pour moi un instrument de grâce ; agenouillée, les mains dans la terre, je ressens une grande paix intérieure. À l'abri des inquiétudes liées à mon travail ou à des choses que je ne peux contrôler, totalement absorbée par ce que je plante ou désherbe et par la célébration de l'instant présent, je sens monter en moi la béatitude. Mon esprit s'apaise ; mon cœur s'ouvre. Je sais maintenant pourquoi le Créateur a décidé de créer la femme dans un jardin. Il n'est jamais trop tard pour comprendre la sagesse de l'Esprit.

Une belle rose d'un rose très tendre nommée « Plaisir » me fait signe. Plus loin, plus haut. C'est l'heure d'aller jouer.

20 JUIN

Notre jardin secret

Gardez dans votre cœur un lieu secret où peuvent aller les rêves.

LOUISE DRISCOLL

En 1898, Frances Hodgson Burnett, l'auteure du best-seller *Le Petit Lord Fauntleroy*, célèbre des deux côtés de l'Atlantique, prit la décision de louer un manoir – appelé *Maytham Hall* – au cœur de la campagne anglaise. Déprimée par le tollé général qu'avait soulevé son divorce et pourchassée par la presse à cause de sa relation scandaleuse avec son gérant, un homme séduisant qui aurait pu être son fils, Frances Burnett était en quête d'un havre de paix pour se ressaisir et refaire sa vie.

Son sanctuaire préféré était un endroit entouré de murs de brique qu'elle transforma en une roseraie en y plantant trois cents rosiers aux fleurs rose corail. Elle se plaisait à appeler ce lieu son « cabinet de travail » et y passait des jours entiers, partageant son temps entre le jardinage et l'écriture, protégée du soleil par un grand parasol japonais décoré de fleurs. Quand la température était plus fraîche, elle s'enveloppait d'une couverture et ne rentrait que lorsqu'elle y était forcée. Pendant les neuf années qui suivirent, madame Burnett écrivit trois livres et une pièce de théâtre. Elle ne retourna en Amérique qu'en 1907, contrainte de quitter Maytham Hall par la fin de son bail. Elle s'aménagea un nouveau jardin près de sa demeure, dans le Long Island, et entreprit l'écriture du *Jardin secret*, qui fut publié en 1911 et devint son œuvre la plus célèbre.

Le Jardin secret raconte la rédemption, par Mère Nature, de deux enfants misérables. En faisant revivre un jardin abandonné, caché derrière des murs de pierres et envahi par les mauvaises herbes, ces enfants renaissent. La résurrection du jardin devient une inspirante métaphore évoquant leur propre rétablissement.

Vers la fin de sa vie, Frances Burnett s'est rappelé la façon dont le jardinage à Maytham Hall l'avait aidée à reprendre confiance en elle. Les tendres souvenirs d'un « printemps doux et pluvieux dans le Kent où j'avais passé trois semaines agenouillée sur un petit coussin de caoutchouc, près d'une merveilleuse plate-bande de plantes herbacées » restaient gravés dans sa mémoire, ainsi que « les plantes qui s'épanouissaient en beauté pour moi au cours de l'été ».

Peu de temps après m'être lancée dans l'exploration et l'expérimentation des principes de l'abondance dans la simplicité comme clés du bonheur, j'ai fait un rêve merveilleux. On m'avait conduite à la porte d'un vieux jardin clos tout en me désignant une clé dorée au milieu du sentier. J'ai tourné la clé dans la serrure et la lourde porte de bois s'est ouverte aussitôt, me révélant un lugubre terrain vague, envahi de mauvaises herbes et de plantes mortes. Tout était sombre. En m'avançant, cependant, j'ai pu voir un passage voûté qui menait à un superbe jardin baigné de lumière. Pourtant, je ne voulais pas quitter le jardin désolé derrière moi pour entrer dans ce paradis. Des liens invisibles, enchevêtrés dans les broussailles, me retenaient. J'ai fini par m'engager dans le passage voûté et le terrain vague a aussitôt disparu. Je n'étais entourée que de beauté et d'abondance et j'éprouvais une joie et une sérénité immenses.

Quand je me suis réveillée, à regret, j'ai tout de suite saisi la signification de ce rêve. Le jardin luxuriant symbolisait la prise de conscience de l'abondance dans ma vie tandis que le terrain vague était la manifestation de mes pensées de pénurie.

L'abondance et le manque sont des réalités parallèles qui existent simultanément dans notre vie. Nous pouvons choisir lequel de ces deux jardins secrets nous voulons cultiver. Les broussailles invisibles qui nous retiennent sont nos propres pensées. Si nous décidons de mettre l'accent sur l'abondance qui est présente dans notre vie – l'amour, la santé, la famille, les amis, le travail et les activités personnelles qui nous procurent du plaisir – plutôt que sur ce qui nous manque, le terrain vague s'évanouit et la joie envahit notre vie quotidienne.

Il serait merveilleux de posséder un vrai jardin secret, comme Frances Burnett, mais pour la plupart d'entre nous, c'est impossible. Malgré cela, nous pouvons essayer de nous créer un sanctuaire extérieur. Si vous avez une cour, pourquoi ne pas placer une chaise confortable et une petite table dans un coin ombragé, suspendre un hamac ou disposer quelques meubles de jardin au bout de la véranda ou sur la galerie pour pouvoir vous y retirer quand vous avez besoin d'un moment de répit ?

Pendant que vous y êtes, n'oubliez pas de cultiver votre jardin intérieur, car il faut d'abord semer en soi les graines qui fructifieront dans notre vie. Arrachez les déceptions, les frustrations, les ambitions réduites, les attentes déçues et le ressentiment par rapport à des événements passés ou futurs. Ces mauvaises herbes émotives ne font qu'étouffer votre créativité. Laissez votre imagination, libre de toute entrave, semer des graines dans le sol fertile de votre âme. Puis laissez votre passion cultiver votre jardin avec patience et persévérance. Car, comme l'a découvert Frances Hodgson Burnett : « Quand vous avez un jardin, vous avez un avenir, et quand vous avez un avenir, vous êtes vivant ».

21 JUIN

S'épanouir dans son milieu

Fleurissez dans votre propre terreau.

MARY ENGELBREIT

On peut dire que j'ai eu une « floraison tardive ». J'avais trente-deux ans quand je me suis mariée, trente-cinq à la naissance de ma fille, quarante-trois lors de la publication de mon premier livre et quarante-cinq quand j'ai semé mon premier jardin. Cela me gêne d'avouer tout cela, mais May Sarton, qui a écrit, jardiné et vécu chaque jour de sa vie avec une passion que je lui envie, me rassure : « Le jardinage est l'une des récompenses de l'âge mûr, où l'on est prêt à vivre une passion impersonnelle, une passion qui demande de la patience, une conscience aiguë du monde environnant et le pouvoir de tendre, malgré les périodes de sécheresse et les neiges glaciales, à ces moments de béatitude où tous les échecs sont oubliés et les pruniers fleurissent ».

Notre prunier n'a pas fleuri ce matin, mais un majestueux lys rose a éclos dans mon jardin. Comment y est-il parvenu ? Je l'ai planté, sans aucun doute, mais je ne connais pas grand-chose aux lys, comme à la vie. Il me regarde dans toute sa majesté et son mystère. Sa beauté à la fois si éphémère et si exquise pourrait honorer le Taj Mahal, mais il est là, préférant s'épanouir sur Takoma Park.

Il y a beaucoup d'avantages à une « floraison tardive », mais quand le sujet a-t-il été abordé pour la dernière fois dans un magazine féminin ? Pourtant, la grande écrivaine et jardinière de l'époque victorienne Gertrude Jeykll, considérée comme la pionnière de l'architecture paysagiste moderne, s'est elle aussi développée sur le tard. Elle a été artiste pendant la première moitié de sa vie, mais des troubles de vision l'ont forcée à troquer le pinceau contre une bêche. Elle avait plus de cinquante ans quand elle a décidé de se servir du jardinage pour exprimer sa créativité. Au cours des trois décennies qui ont suivi, elle a conçu plus de cinquante jardins anglais d'une beauté éblouissante et écrit quatorze livres et de nombreux articles. Nous devrions toutes être aussi foisonnantes !

Avoir une floraison tardive, c'est avoir le temps et l'occasion de réviser et de réorganiser nos priorités, en nous servant de notre expérience de vie et de nos rêves non réalisés. Cela nous permet de prendre de plus grands risques : à ce stade de notre vie, notre entourage n'attend plus de nous des actions spectaculaires. En redécouvrant et en reconquérant notre essence, nous pouvons nous réinventer, mettre au monde notre moi authentique.

À force d'essayer, d'échouer et de réessayer, j'ai découvert que si nous voulons éclore comme êtres créateurs, si nous voulons nous réaliser pleinement, nous *devons* nous épanouir là où nous sommes, dans notre propre terreau. En ce moment, vous n'avez peut-être pas la carrière, la maison et le conjoint idéals. Rares sont celles qui sont comblées à tous points de vue. Mais si vous avez entre vos mains ce cadeau qu'est *aujourd'hui*, vous avez la chance de recréer les circonstances de votre vie et d'en faire ce qu'il y a de mieux en tenant compte de vos ressources actuelles. Aujourd'hui, vous avez une autre chance de vous faire une belle vie. Que désirer de plus?

Il y a dans mon jardin un petit rosier grimpant qui a pour nom Splendeur. Je l'ai planté trop à l'étroit, dans un coin où une vieille pivoine prolifique l'empêche de croître. J'ai toujours rêvé d'une maison couverte de rosiers grimpants. Comme j'ai décidé d'arrêter de toujours reporter la satisfaction de mes plaisirs au lendemain, j'ai commandé Splendeur. Quand cette plante est arrivée, enveloppée et modeste comme une jeune mariée, je l'ai embrassée, je l'ai plantée, j'ai fait une prière et j'ai espéré que tout se passerait pour le mieux.

Pendant quelques semaines, il ne s'est rien produit, même si j'aspergeais ses branches tous les jours et lui chuchotais des mots d'encouragement à croître et à fleurir abondamment. Enfin, un mois après son arrivée, des feuilles minuscules sont apparues et elle a commencé son ascension. Aujourd'hui, elle m'a accueillie avec de petits boutons. Habituellement, les rosiers grimpants ne fleurissent pas la première année, mais Splendeur l'ignorait, et elle a décidé de s'épanouir dans le terreau où elle avait été plantée.

« Les gens qui réussissent dans la vie sont ceux qui se lèvent et recherchent les circonstances qu'ils souhaitent », a fait observer le dramaturge anglais George Bernard Shaw, qui était convaincu d'avoir eu ses meilleures idées après avoir travaillé dans son jardin. « Et s'ils ne les trouvent pas, ils les créent. »

22 JUIN

Le jardin de la victoire

*Il est difficile d'avoir des pensées désagréables en mangeant une tomate
qu'on a fait pousser soi-même.*

Lewis Grizzard

L es années 30 et 40 étaient des années de vaches maigres en
Amérique. Dans les années 30, les gens étaient affamés en
raison de la Crise. Ils étaient accablés par les dettes, la sécheresse,
les tempêtes de sable, les migrations, le chômage et le
rationnement des vivres. De 1942 à 1945, les gens étaient avides
de paix, d'ordre, de sécurité et de retour au foyer, privés de viande,
de fromage, de sucre, de beurre, de café et d'huile, denrées qu'on
rationnait sévèrement pour ravitailler les soldats qui combattaient
outre-mer.

À cette époque, le jardinage a revêtu une nouvelle dimension
car les femmes devaient se débrouiller avec les moyens du bord.
Durant les années 30, les magazines féminins encourageaient leurs
lectrices à faire un potager pour des raisons économiques. Au cours
des années 40, le président Franklin Roosevelt demanda qu'on fît
des « jardins de la victoire » pour participer à l'effort de guerre. Les
femmes se faisaient abondamment rappeler qu'« en temps de
guerre, le gaspillage est une forme de sabotage ». Les Américaines
répondirent à l'appel de la patrie en faisant pousser dans leur cour
plus d'un million de tonnes de légumes par année, soit la moitié
de ce que les troupes américaines au front consommaient.

Le jardin de la victoire est un concept qui redevient populaire,
non pas tant pour des raisons d'économie que pour les plaisirs qu'il
procure. La vision d'une tomate du jardin, virant du vert au rose
sur son plant, est probablement l'argument le plus convaincant
pour vous inciter à faire votre propre jardin de la victoire. Dans
quelques semaines, un succulent festin estival illuminera le
milieu de ma journée – comme il pourrait le faire pour vous : un

sandwich aux tomates arrosé d'une bonne limonade. Tranchez d'épaisses tranches de cette beauté écarlate, étalez une couche de mayonnaise sur du bon pain, saupoudrez de sel de mer et de poivre fraîchement moulu. Je salive rien qu'à y penser.

Maintenant, imaginez des courges Ronde de Nice, des cornichons, des épinards, des pois mange-tout, tous récoltés à même votre potager. Il faut repenser le jardinage. Le jardin de la victoire d'aujourd'hui est devenu le jardin du gourmet, un luxe à notre portée. Cultiver des légumes non pas uniquement par souci d'économie, mais pour ravir nos papilles gustatives.

Aujourd'hui, les jardins de gourmets sont des jardins de cuisiniers. Il en est ainsi parce que le jardinage et la cuisine sont des activités créatives complémentaires. Si vous n'avez jamais eu l'idée de marier ces deux plaisirs d'abondance dans la simplicité, il suffira d'un coup d'œil au délicieux livre de Geraldene Holt, *The Gourmet Garden*, pour transformer les gourmets en jardiniers et les jardiniers en gourmets. Si vous n'êtes ni l'un ni l'autre, vous découvrirez deux nouveaux univers.

Vous n'aurez peut-être pas de jardin cet été. Il vous faut labourer, planifier et semer votre jardin avant qu'il livre ses fruits. Mais vous pouvez en semer les graines dans votre imagination en prévision de l'an prochain. «La première récolte de laitues, de radis et de fines herbes m'emplissait du ravissement de la mère devant son enfant – comment était-il possible qu'une chose si belle vienne de moi?» confiait Alice B. Toklas. «Ce sentiment d'émerveillement m'envahissait tous les ans, chaque fois que je récoltais un légume. Rien n'est aussi satisfaisant ou excitant que récolter des légumes qu'on a fait pousser soi-même. »

Le songe d'une nuit d'été

C'est le moment de l'année où la marée est haute.
Tout ce que le reflux avait emporté au loin
nous revient dans un joyeux clapotis.
Notre cœur est si plein qu'une goutte le fait déborder.
Nous sommes heureux car Dieu le veut ainsi.

JAMES RUSSELL LOWELL

Depuis des siècles, les femmes sages savent qu'un brin de folie et de magie fait du bien à l'âme. C'est probablement pour cela qu'en Europe, la veille de la Saint-Jean est traditionnellement consacrée aux réjouissances et aux joyeuses sorcelleries.

C'est également le soir de la Saint-Jean qu'a lieu la fête sacrée des « Stillwaters » ou « Eaux tranquilles », secte imaginaire de la Nouvelle-Angleterre créée par l'auteure et illustratrice Tasha Tudor. Les adeptes des « Eaux tranquilles » – à l'origine, la famille et les amis de Tasha Tudor – croient en l'importance de savourer les plaisirs simples de la vie et de révérer la Nature.

Selon la fondatrice, la religion des « Eaux tranquilles », qui réunit les plus belles croyances des shakers, des quakers et des amish, est un état d'esprit. « Le nom "Eaux tranquilles" évoque quelque chose de très paisible », explique Eldress Tudor. « La vie sans stress. De nos jours, les gens sont tellement agités. S'ils prenaient le temps de boire une tasse de camomille et de se bercer sur le balcon, le soir, ils seraient peut-être plus heureux. »

La veille de la Saint-Jean, les « Eaux tranquilles » organisent une grande fête accompagnée de musique, de danse dans une grange et d'un somptueux festin estival. « Nos membres sont très hédonistes. Ils croient qu'il faut savourer la vie plutôt que de s'y résigner », insiste Tasha Tudor. Leur premier commandement est simple : « Saisissez les plaisirs que chaque jour vous offre ». C'est là un catéchisme que nous devrions toutes adopter pour connaître le paradis ici-bas. Malheureusement, les « Eaux tranquilles » ne font pas de porte-à-porte : nous devons donc nous débrouiller seules. Néanmoins, leur credo nous invite à réfléchir plus en profondeur à ces préceptes de vie.

J'aime particulièrement le jour de la Saint-Jean. Je profite de ce mitan de l'année pour effectuer un retour sur moi-même. Je me lève très tôt, me balade dans la cour et cueille une fleur encore humide de rosée. Du bout des doigts, j'en humecte mon visage. Selon la légende, la femme qui baigne son visage de rosée le matin de la Saint-Jean s'épanouira en beauté et en grâce au cours de l'année. Nous dégustons des gâteaux de fée pour la collation, concoctons un sabayon de la Saint-Jean – un délicieux élixir à base de cidre, de citron, de baies et de crème fouettée – pour accompagner notre pique-nique au clair de lune et profitons de l'occasion pour reformuler nos rêves. Fidèle à mes racines irlandaises, je ne condamne pas ceux qui croient au pouvoir des philtres d'amour, des herbes magiques et de la divination, car je sais que le monde recèle des mystères insondables. Ces jours-ci, toutefois, je m'intéresse davantage au présent qu'à ce que me réserve l'avenir.

« À mon avis, les jours les plus agréables et les plus doux sont ceux qui n'offrent rien d'extraordinaire, de merveilleux ou d'excitant ; ceux qui apportent de petits plaisirs tout simples qui glissent doucement, l'un après l'autre, comme des perles sur une ficelle », disait Anne Shirley, l'héroïne de l'écrivaine Lucy Maud Montgomery. Quand arrive la Saint-Jean, prenons le temps de regarder vers l'avant et de rêver. Avec de la chance, peut-être l'avenir se révélera-t-il sous la forme d'« un été inoubliable – un de ces étés exceptionnels qui laissent un riche héritage de merveilleux souvenirs ; un de ces étés qui, grâce à un heureux amalgame de température idéale, de belle compagnie et d'activités agréables, se rapprochent de la perfection plus que tout au monde ».

Puisse ce charme de la Saint-Jean durer à jamais, pour vous et ceux que vous aimez.

24 JUIN

Vivre en compagnie des fleurs

Je préfère avoir des roses sur ma table que des diamants à mon cou.

EMMA GOLDMAN

S elon la célèbre jardinière et écrivaine anglaise Vita Sackville-West, on peut comparer le jardinage à la peinture : « Le jardinier a l'impression d'être un artiste peintre – ajoutant une touche de couleur ici, modifiant une autre touche là, jusqu'à ce que l'ensemble lui plaise ». Je n'ai pas encore assez d'expérience pour savoir ce dont elle parle. Il me faut attendre que les fleurs soient écloses pour me rappeler les couleurs que j'avais choisies. Je me sens toutefois l'âme d'une artiste quand je compose des bouquets de fleurs.

C'est maintenant la saison des vases débordants de splendeur. Profitons-en au maximum. Vivre entourée de fleurs est un plaisir simple et exquis qui, pendant le printemps, l'été et l'automne, reste un luxe abordable. Durant les mois d'hiver, les fleurs sont trop chères pour mon budget. Comme Emma Goldman, je préfère les roses aux diamants. Si on fait pousser ses propres roses, notre rêve peut devenir réalité. C'est pourquoi j'ai fait une folie ce printemps et me suis procuré plusieurs rosiers. Dans mon cœur et mon imagination fleurit la vision d'un cottage anglais parfumé et d'un parterre de fleurs. Dans la vraie vie, ce rêve ne prend forme que très lentement. Un jardin de fleurs peut exiger des années de soins avant de vous gratifier de bouquets de fleurs. Donc, je désherbe, j'arrose et j'attends.

Pour tromper l'attente, je profite de la fin de semaine pour aller faire un tour dans les marchés et les kiosques en bordure de la route ; je me plonge le nez dans les fleurs et me fais plaisir en m'en offrant quelques-unes. Je m'efforce également d'imaginer des façons de m'entourer de fleurs toute l'année. Un des moyens que j'ai trouvés consiste à m'entourer d'une « flore » luxuriante ; j'inclus dans cette appellation les fleurs, les fruits, les feuilles, les branches et les herbes, ainsi que les meubles, le papier peint, les tissus et la porcelaine décorés de motifs floraux.

Les fleurs sont utilisées depuis plus de 4500 ans pour décorer les maisons; en Égypte, on a découvert un mur orné d'oies paissant dans un champ parsemé de fleurs rouges. En utilisant des motifs floraux, vous pouvez créer l'illusion d'un véritable jardin intérieur, tandis que l'utilisation d'éléments naturels disponibles à l'année conférera à une pièce un charme indéniable et une réconfortante impression de continuité. La lecture des *Fleurs dans la maison* de Leslie Geddes-Brown, ou de *A Botanical Touch* de Cynthia Gibson, est un excellent moyen de vous lancer dans l'exploration de cet univers.

Pendant les mois d'été – la période où il y a abondance de fleurs à bon marché – j'aime remplir la maison de ces divins témoignages des grâces de la simplicité. Je dispose des bouquets non seulement dans la salle de séjour, mais dans la salle à manger, la cuisine (souvenez-vous du feng shui), la salle de bains et sur ma table de travail; je sais alors que je suis en bonne compagnie. «Vraiment, les fleurs m'enivrent», confiait Vita Sackville-West. Plusieurs parmi nous pourrions faire le même aveu.

25 JUIN

S'y mettre

Gardez la partie verte en haut.

MARY ANN et FREDERICK MCGOURTY

Comment pousse votre jardin? Pousse-t-il au moins? Si vous trouvez difficile de réaliser le jardin de vos rêves, dites-vous qu'avec de la volonté, tout est possible. Peut-être n'avez-vous pas accès à une cour. Cela ne devrait pas vous arrêter. Quelques-uns des plus jolis jardins que j'ai vus étaient installés sur une galerie. Si vous avez un balcon ou un patio, vous pouvez créer un magnifique jardin en pots qui produira une abondance de roses, de fleurs, de fines herbes, de tomates et de légumes.

Si vous n'avez ni balcon ni patio, installez des boîtes à l'intérieur pour pouvoir cultiver un minijardin de plantes saisonnières qui saura vous ravir toute l'année. En voici un bel exemple, issu des années 30 : fixez un treillis blanc devant une fenêtre ensoleillée, à l'intérieur, et semez des belles-de-jour dans une boîte à fleurs. Aidez les fleurs à s'accrocher au treillis ; vous obtiendrez ainsi un rideau d'été superbe et inusité.

Si vous avez le bonheur de posséder un coin de terre, tirez-en parti au maximum. Jetez un coup d'œil sur votre album de trouvailles ; vous y découvrirez peut-être des indices sur les types de fleurs qui vous font envie. Si vous hésitez encore, allez faire un tour dans le rayon jardinage d'une bibliothèque et faites provision de livres à feuilleter. Notez les noms des fleurs et l'endroit où vous pouvez les commander si vous ne pouvez pas vous les procurer près de chez vous. Choisissez de vous concentrer sur *un seul* coin cette année.

Ensuite, procurez-vous un exemplaire de *The Garden Primer*, de Barbara Damrosch. Un livre de jardinage qui commence en conseillant, pour mettre en terre une plante, de garder « la partie verte en haut », voilà un outil adapté à mes besoins ! Il existe plusieurs autres bibles du jardinage qui me font m'extasier ou baver d'admiration, mais c'est *The Garden Primer* qui porte – littéralement – les marques de ma dévotion, car je le trimballe toujours avec moi quand je jardine. « Devenir un jardinier n'a rien de compliqué, confie Damrosch. Il suffit d'apprendre à penser comme une plante. » C'est ce que son vade-mecum nous enseigne.

Si vous voulez vous mettre au jardinage, pourquoi ne pas d'abord faire venir des catalogues de bulbes printaniers ? Les bulbes doivent être plantés à l'automne, avant les premières gelées. L'été est donc le moment idéal pour accumuler des visions de grandeur. Après la mort de son épouse Katherine, E. B. White a fait rassembler en un livre ses chroniques horticoles parues dans le *New Yorker*. Il y évoque les années de jardinage de Katharine et en particulier son dernier automne, où elle n'a pas manqué de planter des bulbes. « Elle s'absorbait dans la perspective peu plausible d'un autre printemps, oubliant que sa vie tirait à sa fin – ce qu'elle savait pourtant fort bien –, assise avec son plan détaillé sous un ciel sombre de fin d'octobre, préparant calmement la résurrection. »

J'ai pleuré la première fois que j'ai lu ce passage. Tous les printemps, quand mes bulbes fleurissent, je remercie silencieusement Katharine White. Après avoir refermé son livre, je me suis rendue chez le pépiniériste près de chez nous et j'ai acheté une centaine de jonquilles et de tulipes pour célébrer la résurrection de mon propre bien-être.

Voici un truc pour planter les bulbes qui m'a beaucoup aidée : ne tenez pas compte de la règle générale selon laquelle on doit espacer les bulbes. C'est ce que j'ai fait quand nous avons aménagé dans notre maison, et je n'ai jamais vu une plate-bande aussi lamentable. Les résultats obtenus étaient si déprimants que j'ai abandonné l'idée d'un jardin pendant dix ans. Enfin, après avoir longtemps lorgné les plates-bandes entourant la Bibliothèque du Congrès, j'ai demandé à un jardinier le secret d'une floraison abondante. Il m'a conseillé de planter au moins six bulbes dans chaque trou – un bulbe au centre entouré de cinq autres – et de ne pas trop espacer les trous. Le résultat a été éblouissant.

J'aimerais pouvoir exprimer le ravissement et le bien-être que j'ai éprouvés quand j'ai vu mes bulbes se frayer un chemin dans le sol gelé, regarder le ciel et offrir leurs jolis minois au soleil. Tous les matins de printemps, ma fille Katie et moi conversons avec ces belles demoiselles en attendant le départ pour l'école. Nous accueillons les fleurs fraîchement écloses et les remercions pour la beauté dont elles nous font cadeau.

Permettez-moi de terminer par un conseil réconfortant de Gertrude Jeykll, qui a bouleversé l'univers du jardinage, il y a un siècle : « Ne vous laissez pas décourager par tout ce qu'il y a à apprendre », nous rassure tante Bumps – comme l'appelait son entourage –, « car chaque nouveau pas est un peu plus confiant, chaque geste plus assuré ».

26 JUIN

L'essence du paradis

*Elle gardait toute l'année des pots remplis de plantes sur des marches
de bois peintes en vert ; il y avait des géraniums rares, des rosiers
miniatures, des spirées aux fleurs vaporeuses, blanches et roses...*

COLETTE

B on nombre d'entre nous avons une cour où nous pouvons
réaliser le jardin de nos rêves, mais ce n'est pas toujours le cas.
Même si vous habitez en ville, sans balcon ni patio, ne sautez pas
ces pages de méditations sur le jardinage. Où que nous habitions,
nous pouvons toutes nous adonner aux plaisirs simples et généreux
du jardinage. Une merveilleuse façon de vous y mettre est d'accueillir la nature entre vos murs en ayant des plantes qui fleurissent toute l'année.

Mais pas n'importe lesquelles. Je vous en prie, laissez les fou-
gères épineuses et les plantes caoutchouc à la réception du
bureau ; c'est leur domaine. Cherchez plutôt du côté des plantes
aux parfums envoûtants : camélias, frésias, narcisses, jacinthes,
héliotropes, jasmin, violettes, géraniums parfumés.

J'ai découvert le plaisir d'un jardin de plantes d'intérieur aromatiques à une époque où je n'avais pas les moyens de m'offrir des
bouquets de fleurs fraîches toute l'année. En prenant conscience
de mes goûts véritables et en cherchant des petites douceurs pour
égayer mon quotidien, j'ai découvert à quel point j'aimais, je désirais et j'avais besoin d'être entourée par la beauté de l'Esprit manifesté dans la Nature. La femme sensuelle que je découvrais en moi
avait envie d'une maison remplie de régals pour les yeux et de
doux effluves. L'inspiration qui m'a fait courir chez le pépiniériste,
je la dois à *The Essence of Paradise : Fragrant Plants for Indoor
Gardens*, de Tovah Martin. Dans ce livre merveilleux, l'auteure
nous propose une agréable promenade à travers les saisons ; elle
explique comment s'y prendre pour s'entourer de plantes de

janvier à décembre, comment les dénicher, les choisir et en prendre soin.

J'ai commencé par forcer des bulbes et des branches au cours de l'hiver et du printemps car il est difficile de rater son coup : une débutante a besoin de succès concrets et rapides. Puis, peu à peu, je me suis intéressée aux soins de ces vertes entités que l'on appelle communément « plantes ». Les jardinières qui, comme moi, labourent le sol fertile de leur imagination, finissent souvent par être entourées de plantes qui semblent avoir été soignées par Morticia Addams, la mère dans la série télévisée *The Addams Family*. Ce qui nous distingue, c'est moins nos talents en horticulture que le triomphe de notre enthousiasme venant compenser notre manque d'expérience.

Néanmoins, la visite d'une serre, une fois par mois, reste une de mes excursions créatives préférées, juste pour voir ce qui fleurit. Maintenant que mon nez sait que cette beauté et ces parfums peuvent s'épanouir dans notre maison, je dois avouer que la pensée d'un jardin aromatique intérieur commence à me griser.

« Le jardinage n'a pas vraiment de début ni de fin. Les plaisirs de l'odorat, en particulier, ne connaissent pas les saisons », nous rappelle Tovah Martin. « Sous la vitre, fleurissant à vos côtés, le jardin intérieur possède un charme immédiat que le jardin extérieur ne peut égaler. Ses parfums embaument l'air avec une intensité que nous ne pouvons ignorer. [...] Distillés de façon exquise, merveilleusement variés – c'est là l'essence du paradis. »

27 JUIN

Amour des herbes et amour de soi

La mélisse donne la compassion et la marjolaine la joie ;
la sauge, une longue vie [...]
Le doux muguet est de bon augure pour la santé,
ce cadeau plus précieux que toutes les richesses.
La lavande évoque une foi profonde ;
herbe d'heureux présages, le romarin
attire sur chaque jour l'affection et le souvenir.
Puissent le Ciel, la Terre et l'Homme s'unir
afin qu'à jamais ces dons demeurent tiens.

RACHEL PAGE ELLIOTT

Dans les cloîtres bénédictins, le jardinage – particulièrement la culture d'herbes – est depuis des siècles un rituel important qui s'intègre au quotidien de la vie religieuse. Mais cette passion des herbes remonte à plus de six mille ans avant Jésus-Christ. Les herboristes étaient révérés dans plusieurs civilisations anciennes, dont l'Égypte, la Chine et l'Assyrie, et leurs enseignements sur les propriétés médicinales des herbes étaient transmis par des textes sacrés. Au Moyen Âge, ces traditions étaient honorées et préservées par des femmes avisées et des sages-femmes, qui partageaient leurs recettes et leurs herbes cueillies dans la nature et cultivées dans les jardins.

Sans doute plus que toutes les autres plantes, les herbes sont entourées de mystère et de traditions. Chaque herbe a son histoire, sa signification et son rôle dans la cuisine ou la préparation de remèdes. Le roi Charlemagne croyait que « les herbes sont les amies du médecin et la fierté du cuisinier ». Au IXe siècle, il fit semer un jardin d'herbes. On estimait alors que les herbes étaient essentielles à une vie longue, saine et heureuse.

La culture des herbes est une autre voie royale que peuvent emprunter celles qui habitent un appartement : il est possible d'entretenir toute l'année un merveilleux jardin d'herbes sur l'appui d'une fenêtre. Si vous n'en avez pas déjà un, il est encore temps d'aller faire un tour dans un marché et de choisir quelques plants. Les herbes s'adaptent admirablement bien aux jardins en pots car elles n'ont pas besoin de beaucoup d'espace et sont faciles à cultiver. Vous pouvez aménager un délicieux jardin de fines herbes – basilic, fenouil, persil, marjolaine, thym et romarin – dans des pots de terre cuite ou des *catino*, que l'on retrouve dans les cuisines italiennes. Vous serez ragaillardie par leurs arômes chaque fois que vous mettrez le pied dans la pièce. De plus, des herbes fraîches vous inciteront à être plus audacieuse quand vous ferez la cuisine.

J'ai une amie, Jeri, qui réussit à garder un pied dans le seizième siècle et l'autre dans le vingt et unième sans perdre la cadence. Elle connaît, respecte et honore le mystère, la magie et les merveilles de la nature, qu'elle appelle « Mère ». Quand elle cueille des herbes sauvages pour préparer ses remèdes, récoltant les cadeaux que Mère Nature lui offre, elle participe en toute conscience à sa guérison et à sa quête de plénitude. Quand elle choisit des brins de fenouil, d'estragon ou de romarin pour assaisonner un repas, elle veille à son alimentation, à son bien-être et à son plaisir. Son amour des herbes est une expression tangible d'amour de soi.

Jeri se livre à un rituel amérindien quand elle cueille des herbes. Elle porte un petit sac sacré rempli de grains de blé. Elle retourne à la terre ce qu'elle y récolte en semant des graines aux quatre vents. Même si les graines ne germent pas, elle aura nourri les créatures de la terre. « Les Amérindiens ont un chant pour accompagner leur cueillette », explique-t-elle : « La Terre est ma Mère, Elle prend soin de Moi. La Terre est ma Mère, je prends soin d'Elle. »

Aujourd'hui, même si vous n'avez pas de jardin, semez quelques graines symboliques pour célébrer la nouvelle vie que vous entreprenez. Demandez la bénédiction de l'Esprit et la bienveillante protection de Mère Nature, et sachez que quand le temps sera venu, il y aura une récolte abondante pour vous et ceux que vous aimez.

« En cherchant le jardin de ma mère, j'ai trouvé le mien », confie Alice Walker. Aujourd'hui, puisse cela constituer votre découverte et la mienne.

28 JUIN

Se donner de l'espace pour croître

Petite fleur, si je pouvais comprendre
ce que tu es, racine et tout, et tout en tout,
je saurais qui est Dieu [et la femme].

ALFRED LORD TENNYSON

Zut. Les feuilles tombent. Qu'est-ce qui ne va pas? La plante a été arrosée; elle baigne dans la lumière; il ne fait ni trop chaud ni trop froid. Je soulève le pot et observe les trous d'égouttement. De petites racines blanches font des efforts frénétiques pour s'échapper de leur prison ou du moins trouver un peu plus d'espace pour respirer.

Trop à l'étroit. Saviez-vous que les plantes doivent être transplantées au moins tous les deux ans? Cela n'a jamais fait problème chez moi car rares sont les plantes qui ont survécu aussi longtemps. Mais depuis que je prends mieux soin de moi, je m'occupe mieux de ce qui m'entoure. Même si les racines n'ont pas besoin d'un plus grand pot, la terre doit être remplacée car la plante en a absorbé tous les éléments nutritifs. L'intérieur du pot devient alors un désert.

« J'ai du mal à m'apercevoir que je suis moi-même trop à l'étroit dans mon pot », confie Gunilla Norris dans son livre de dévotion *Being Home*, « que je manque de courage pour être transplantée, survivre au changement de sol, m'ouvrir à l'inconnu et y prendre racine. »

Nous devons, nous aussi, penser à nous transplanter pour grandir. Mais à quel moment ? Quand nous nous fanons avant même que le jour commence. Quand il nous semble impossible de visualiser ou de rêver. Quand nous n'arrivons pas à nous rappeler la dernière fois où nous avons ri. Quand rien de ce qui est prévu pour les prochaines vingt-quatre heures ne nous enthousiasme. Si cela se produit, semaine après semaine, nous devons nous rendre à l'évidence : nous sommes trop à l'étroit. Nous devons ameublir doucement le sol qui nourrit notre âme, trouver quelque chose qui éveille notre imagination, nous emballe, nous fasse sourire ou anime nos conversations.

Se transplanter, toutefois, ne signifie pas nécessairement divorcer ou abandonner son emploi. Il s'agit simplement d'insuffler un peu de nouveau dans notre vie. Est-il vraiment trop tard pour retourner à l'école si vous ne suivez qu'un cours à la fois ? Cet été, pourquoi ne pas apprendre une nouvelle langue ou lancer un petit commerce de cadeaux ? Peut-être pourriez-vous faire réparer la machine à coudre, concocter de la liqueur de mûres ou vous mettre à l'escrime ? Qu'est-ce qui vous empêche de faire une demande de prêt ou de bourse, de préparer un spectacle solo, de vous inscrire à une série de conférences, de publier votre propre bulletin ou simplement de faire venir un catalogue intrigant ?

En examinant mes plantes, je constate que les racines sont un peu rabougries. Doucement, du bout des doigts, je les démêle.

Feuille. Tige. Racine.

Esprit. Corps. Âme.

Trois en un. Le fil invisible de l'Esprit. J'ai souvent pensé que si je découvrais l'endroit précis où l'une des trois fibres qui le compose se termine et où les autres commencent, je pourrais tout comprendre. À l'heure actuelle, je comprends peu, mais d'une certaine façon, je sais.

Je dispose ma plante dans un pot un peu plus grand. Pas trop grand : il ne faut pas l'accabler mais lui donner un coup de pouce. Même chose pour nous : ne pas porter le monde sur nos épaules, mais accomplir une tâche à la fois. J'ajoute un riche terreau. J'arrose. Doucement, j'installe la plante dans un coin ombragé pour qu'elle s'adapte à son nouvel environnement. Déjà, la tige semble plus droite, les feuilles plus légères. «Parlez-Lui car Il vous entend», conseille Tennyson. «L'Esprit peut s'unir à l'Esprit. Il est plus près de nous que la respiration, que nos mains et nos pieds.»

Les racines et les boutons témoignent silencieusement de la renaissance.

29 JUIN

Tailler et labourer

Mon âme est un champ dévasté, labouré par la douleur.

Sara Teasdale

Soudainement, mystérieusement, des tragédies frappent sans prévenir. Une coureuse de marathon découvre que le picotement dans ses muscles est causé par la sclérose en plaques. Une actrice superbe réputée pour être une des beautés d'Hollywood, doit subir une mastectomie. Une auteure célèbre qui chantait dans ses livres les joies d'un ménage harmonieux voit sa famille se disloquer au grand jour. Une jeune mannequin se fait défigurer par un agresseur. Un musicien doué perd une main dans un accident de métro.

Si des tragédies comme celles-là semblent particulièrement atroces, c'est qu'elles sont – à première vue – des preuves de la cruauté du destin. Plus souvent que nous aimerions l'admettre, la vie réussit à frapper où cela fait le plus mal.

Le terme «accident de vie» a été inventé par Gail Sheehy dans son livre *Pathfinders*, qui traite des tragédies que l'on ne peut prévoir ni prévenir. «Pour paraphraser John Lennon», dit Sheehy,

« les accidents de vie sont ce qui se produit quand nous sommes occupés à faire d'autres plans ». Ces tragédies ne sont pas uniquement celles que nous voyons au bulletin d'informations de six heures. Il en existe d'autres, plus ordinaires – divorce, dettes, dépendance –, qui peuvent nous frapper de façon aussi dévastatrice.

Malheureusement, Sheehy a découvert en écrivant ses livres que « la plupart des gens ont du mal à vivre harmonieusement les grands changements, qu'il s'agisse d'étapes prévisibles, surtout en vieillissant, ou de traumatismes ». Ceux qui *décident* de se servir de ces épreuves, cependant, deviennent des « éclaireurs », comme les nomme Sheehy : des champions du quotidien qui, « en refusant de se laisser démolir par les assauts d'un accident de vie », en sortent victorieux.

Les épreuves nous élaguent. Notre âme devient un champ dévasté, labouré par la douleur.

Comme j'en suis à mes premiers balbutiements comme jardinière, la taille me semble une tâche énorme, décourageante. Dans *Green Thoughts : A Writer in the Garden*, Eleanor Perenyi écrit : « Les plantes savent que vous êtes là ; quand vous vous approchez, le couteau à la main, elles poussent de petits cris. Si toutefois vous leur parlez doucement ou récitez des prières, elles vous récompenseront par une croissance surprenante ». Je suis plutôt du type à utiliser prières et roucoulements comme méthode de persuasion ; c'est pour cela que je retiens toujours mon souffle quand je taille. Je dois également avouer que le fait de couper ce qui semble promettre une floraison abondante me laisse perplexe. Avec ma logique linéaire, cela m'apparaît à contre-courant.

Certes, je peux comprendre de façon intellectuelle que la taille renforce plutôt qu'elle n'affaiblit, mais cela ne veut pas dire que je doive y prendre plaisir. En observant mes roses, cependant, je me rends bien compte qu'une taille est nécessaire pour stimuler la croissance. Comme une certaine dose de douleur dans notre vie, ai-je découvert. La douleur élimine les émotions et les ambitions superflues, les illusions. Elle nous fait assimiler les leçons que nous refusons d'apprendre dans la joie, de façon consciente ou non. La douleur élimine les détails futiles qui nous distraient de l'essentiel et minent nos jours, notre énergie, notre esprit.

Si nous ne taillons pas les plantes et les arbustes de notre jardin, la Nature le fera pour nous par le vent, la glace, la grêle, le feu ou l'eau. D'une façon ou d'une autre, elle donnera force et forme à nos branches. Si nous n'éliminons pas le stress de notre vie et ne labourons pas pour révéler ce qui se cache sous le superflu, la douleur le fera pour nous.

Ne vous méprenez pas : à mon avis, la douleur est une piètre jardinière. Ses coupes brûlent et paralysent. Mais après une taille – effectuée par soi-même, de préférence –, il devient possible de discerner ce qui est vrai, ce qui est important et ce qui est essentiel à notre bonheur.

Prenez courage. Observez vos plantes et observez votre mode de vie. Quand le temps sera venu, allez au jardin avec une bonne paire de cisailles. Parlez doucement. Faites des prières. Allez-y, taillez. Puis, labourez en profondeur.

30 JUIN

Bienvenue Mister Chance : les leçons du jardin

Tout ce dont vous avez besoin est en vous et attend l'occasion de se déployer et de se révéler. Tout ce que vous devez faire, c'est faire silence et prendre le temps de chercher ce qui se cache en vous, et vous le trouverez sûrement.

EILEEN CADDY

Il y a trente ans, Eileen et Peter Caddy, leurs trois fils et leur amie Dorothy Maclean sont partis s'installer à l'extrême nord de l'Écosse, répondant à un appel intérieur. Là-bas, à côté d'un dépotoir entouré de dunes de sable, ils ont fait surgir un jardin avec l'aide de leurs guides spirituels. Par la prière et la méditation, Eileen et Dorothy entraient en contact avec l'essence spirituelle, ou « deva », de chaque espèce végétale, que Dorothy définissait comme « des anges, des êtres spirituels dont la vie insuffle et crée chaque particule de la Nature ». Chaque plante donnait des indications sur ses besoins pour s'épanouir malgré les conditions misérables. En quelques années, la communauté de Findhorn – c'est ainsi qu'on la désignait – a acquis une renommée internationale grâce à l'abondance de plantes, de légumes, de fruits et d'herbes qui poussaient dans les pires conditions possibles : une manifestation spirituelle d'une oasis au cœur d'un territoire désolé. « Attendez-vous à ce que tous vos besoins soient satisfaits, à ce que tous vos problèmes trouvent une solution ; attendez-vous à ce que l'abondance se manifeste à tous les niveaux, à ce que vous grandissiez sur le plan spirituel », me dit Eileen Caddy pendant que je bêche, sème, désherbe, arrose et attend. Ce sont là les leçons que lui a prodiguées son jardin. Des leçons que j'aspire à assimiler.

Observez les cycles de Mère Nature, chuchote le jardin, car ils correspondent aux cycles de croissance de notre âme. Apaisez votre esprit. Limitez l'agitation. Soyez présente. Apprenez à travailler. Apprenez à attendre. Apprenez à attendre avec espoir.

Le jardin nous livre une autre leçon importante qui a trait aux semailles et aux récoltes. Nous récoltons ce que nous avons semé. Si je sème des laitues, je ne récolterai pas des tomates. Si je ne sème que des graines positives dans mon subconscient – des pensées d'abondance plutôt que de pénurie – c'est l'abondance qui germera dans mon jardin. Quant au temps des semences et des récoltes, sachez que la notion du temps n'est pas la même sur le plan spirituel que sur le plan terrestre. Ce qui nous paraît une année est une seconde dans la sphère spirituelle. Ainsi, on voit parfois des artistes qui ont trimé dur pendant vingt ans devenir *soudainement* célèbres. J'ai appris cela à la dure. J'ai semé et j'ai attendu. Puis attendu encore. Cela ne veut pas dire que les graines sont tombées sur la pierre. Je refuse d'y croire, car j'ai travaillé le sol, creusé des rigoles, ajouté du compost, de la tourbe, du sable et de la chaux. Le sol est riche. Certains fruits ou légumes – les framboises, les asperges et les raisins, par exemple – ne sont prêts à être cueillis qu'après plusieurs années. Si je désire récolter un mode de vie inspiré des grâces de la simplicité, qui prenne racine non pas dans le monde mais dans l'Esprit, je dois m'armer de patience.

« Vous n'obéissez pas à des lois humaines mais à des lois divines », nous rappelle Eileen Caddy. « Espérez des miracles et observez-les se produire. Laissez-vous guider par des visions de prospérité et d'abondance, et sachez que vous mettez ainsi en action des forces de changement qui leur permettront de devenir réalité. »

Petites douceurs de juin

❖ À la tombée du jour, replongez dans votre enfance en partant à la chasse aux lucioles sur la pelouse. Préparez-leur un hôtel confortable dans un pot de mayonnaise propre au couvercle percé de trous, tapissé d'herbe (cela vous rappelle des souvenirs ?). N'oubliez pas de leur rendre la liberté après un bref séjour !

❖ Dégustez un pichet de limonade glacée en bavardant après votre journée de travail. Les concentrés congelés font l'affaire la plupart du temps, mais pour une fois, pourquoi ne pas vous offrir un vrai nectar à l'ancienne fait de citrons pressés et de sirop de sucre ? La recette est simple. Faites bouillir pendant cinq minutes deux tasses de sucre blanc et une tasse d'eau avec les pelures de trois citrons coupées en lamelles. Laissez refroidir le sirop et ajoutez le jus de huit citrons. Filtrez le tout et versez dans un contenant fermé que vous conserverez au réfrigérateur. Pour faire votre limonade, utilisez deux cuillerées à table de sirop pour chaque verre de glace ou d'eau gazéifiée.

❖ Soyez à l'affût d'un festival des fraises ou organisez-en un vous-même. À l'époque victorienne, on appelait cet événement « Régal aux fraises » et on y dégustait toutes les délices aux fraises imaginables. Inspirez-vous de cette idée pour organiser une fête d'amis où chacun doit apporter son dessert aux fraises favori. Faites-vous plaisir !

❖ Rappelez-vous que la crème glacée fait du bien à l'âme. Essayez une recette de crème glacée maison et offrez-vous un cornet pour dessert.

❖ Par une belle fin de semaine de juin, achetez un gros melon d'eau et gardez-le au réfrigérateur pendant au moins une journée pour qu'il devienne glacé. Coupez-en de gros morceaux que vous dégusterez sur le balcon avec votre famille ou des amis, sans oublier d'en cracher les graines ! Faites un concours : qui tire le plus loin ?

❖ Suspendez un hamac. Prélassez-vous-y.

❖ Célébrez le solstice d'été (vers le 21 juin) en campant dans la cour. Dressez une tente, sortez les sacs de couchage et faites un feu de camp. Mangez des hot dogs cuits sur le gril et des *S'mores* (Vous vous souvenez des *S'mores* ? Une guimauve rôtie et une mince tablette de chocolat entre deux biscuits Graham. Mangez-en un… Plusieurs !) Racontez des histoires de fantômes et dormez au clair de lune.

❖ La veille de la Saint-Jean, organisez un grand festin comme les Eaux tranquilles de Tasha Tudor. Si vous êtes une de ses admiratrices – et qui ne le serait pas ? –, avez-vous un exemplaire du catalogue de cadeaux Tasha Tudor, publié chez Jenny Wren Press ? On y présente des articles de papeterie, des œuvres d'art, des reproductions de la collection de meubles du XVIIIe siècle de Tasha, des conserves du Corgi Cottage et bien d'autres choses. Vous pouvez vous abonner pour un an en téléphonant au 1-800-552-WREN ou en écrivant aux Jenny Wren Press, casier postal 505, Mooresville, Indiana 46158, U. S. A.

❖ En attendant de garnir votre garde-manger de luxe, faites venir le catalogue *Allison Kyle Leopold's Victorian Cupboard* pour humer les parfums du passé. Allison, qui a publié plusieurs beaux livres sur la période victorienne, a rassemblé des spécialités culinaires d'antan, d'ici et d'ailleurs, et d'anciens dessus de table et accessoires pour la maison. Composez le 1-800-653-8033.

❖ Offrez à votre moi authentique le chapeau de paille le plus seyant que vous trouverez.

❖ Mettez-vous du vernis rouge sur les ongles d'orteils.

❖ Vous ne pourrez peut-être pas vous créer un véritable jardin secret, mais pourquoi ne pas vous réserver un coin secret pour vous y retirer ? Bâtissez un tipi dans votre cour à l'aide d'un piquet, de ficelle et de haricots grimpants, de belles-de-jour ou de pois de senteur. Quand ces plantes ont commencé à pousser, aidez-les à s'accrocher aux ficelles. Retirez-vous souvent dans votre tipi pour réfléchir au sens de la vie. Nous avons toutes besoin d'un refuge, à l'abri du téléphone et du télécopieur.

❖ Même si vous êtes convaincue de ne pas pouvoir faire un jardin à cause d'un manque d'espace, le merveilleux livre *Book of Container Gardening* de Malcolm Hillier vous donnera envie de vous y mettre, armée d'une pelle et d'un pot. L'auteur nous propose une foule d'excellentes suggestions et de conseils pour garnir boîtes à fleurs, tonneaux, cuves, urnes et paniers, pour ne nommer que ceux-là. Il suggère, par exemple, de planter des bulbes de deux variétés de tulipes différentes dans un pot pour créer un arrangement d'une beauté époustouflante.

❖ Semez du romarin pour le souvenir et, pendant que vous y êtes, un peu de lavande, de sauge et de thym. Laissez-vous inspirer par la superbe série de livres sur les herbes d'Emelie Tolley (écrits en collaboration avec Chris Mead); elle vous incitera peut-être à devenir votre propre herboriste. Pour partir du bon pied, lisez *Les Herbes : dans le jardin, la décoration, la cuisine*. Dans ses autres livres : *Cooking with Herbs*, *Gifts from the Herb Garden* et *The Herbal Pantry*, vous découvrirez des idées merveilleuses pour utiliser les herbes que vous aurez cultivées et récoltées.

❖ Faites venir le catalogue de livres de jardinage de chez Capability's Books. Détaillé et inspirant, il présente plus d'un millier de livres et donne un merveilleux aperçu des joies du jardinage. Pour plus d'information, composez le 1-800-247-8154.

JUILLET

Délicieux mois de juillet [...] avec le bourdonnement évocateur des abeilles en vol et l'odeur de la crème solaire.

CYNTHIA WICKHAM

C haud, suffocant, oppressant, juillet est arrivé. Ralentissez le pas ou arrêtez-vous complètement. C'est le temps de laisser tomber vos ambitions et vos attentes, l'autobus à attraper, les vêtements à préparer, le téléphone cellulaire et l'agenda. Nos exigences fondent comme neige au soleil. Serait-ce que nos besoins sont satisfaits ? Un coin à l'ombre, une boisson rafraîchissante, une petite brise – à l'intérieur ou à l'extérieur. Un répit dans les rigueurs du jour. Trêve de bonne conduite. L'été n'est pas tant une saison qu'une mélodie, un chant de béatitude que nous fredonnons au moment où le jour se retire dans toute sa splendeur. La poursuite du bonheur devient notre priorité au cours de ce mois, alors que les doux accords du quatrième principe de l'abondance dans la simplicité – l'harmonie – commencent à résonner dans notre cœur.

1er JUILLET

Une aspiration de tous les instants

J'ai appris à être content, quel que soit l'état dans lequel je suis.

SAINT PAUL

Quand j'étais dans la vingtaine, je croyais que la célébrité réglerait tout. Dans la trentaine, j'étais convaincue que d'atteindre les quatre chiffres dans mon compte de banque ferait toute la différence. Maintenant que me voilà dans la quarantaine, toute ma quête se résume à un mot : le contentement.

En effet, je me rends maintenant compte que le prix de la gloire est beaucoup trop élevé. À la vedette, je préfère la femme accomplie qui veille sur ses projets créatifs, de la conception à la réalisation. Au plus profond de mon cœur, je sais que l'argent ne garantit pas le bonheur. J'en ai acquis la certitude quand j'ai appris qu'une auteure riche et célèbre, dont les livres figurent sur les listes de best-sellers pendant plusieurs mois, avait perdu un enfant adoré, victime d'un accident bête. En lavant la vaisselle du déjeuner ce matin, j'ai jeté un coup d'œil à la fenêtre pour voir Katie qui s'amusait à faire rebondir une balle de tennis sur le mur de la maison – heureuse, en sécurité, vivante. Je suis convaincue que cette écrivaine célèbre échangerait tous ses succès contre cette joie qu'il m'a été donné de vivre ce matin. J'ai prié pour elle. J'ai prié pour moi. Aidez-moi à ne jamais oublier à quel point ma vie est riche et merveilleuse. Aidez-moi à ne jamais oublier que j'ai tout ce dont j'ai besoin. Aidez-moi à ne jamais oublier de dire merci.

Je sais par ailleurs que je suis beaucoup plus heureuse quand je peux payer mes factures sans difficulté, satisfaire tous mes besoins, combler quelques-uns de mes désirs et avoir un peu d'économies. Ce serait aussi merveilleux – et j'espère en faire l'expérience avant de mourir – de pouvoir dire « Je le prends » sans m'enquérir du prix, quand un objet m'a tapé dans l'œil.

Pourtant, ces jours-ci, c'est le contentement qui est mon aspiration de tous les instants. À tel point que je me suis mise chaque fois à demander au jour précieux qui se déploie devant moi, rayonnant de toutes ses possibilités de plaisir, les douceurs qui sont mises à ma disposition. Parfois, ce sera simplement un de ces succulents sandwichs au thon avec du céleri et de la mayonnaise à l'estragon sur du bon pain au babeurre et miel – un délice que je prépare pour mes invités ou ma famille mais prends rarement le temps de m'offrir à moi-même. Ou simplement m'asseoir sur la plage avec un bon livre, en laissant de côté le travail à terminer (même si l'heure de tombée approche).

Tout comme les dépendances destructrices, les aspirations saines nous sollicitent constamment. La méditation, le mouvement créatif, les moments consacrés à prendre soin de nous : toutes ces choses peuvent devenir de bonnes habitudes de bien-être. J'ai constaté que lorsque je prends vingt minutes pour faire silence et rentrer en moi-même, travailler avec les images que j'ai trouvées pour mon album de trouvailles, faire une marche ou me demander comment rendre ma prochaine tâche plus agréable, mes envies diminuent.

Aujourd'hui, réfléchissez aux désirs qui comptent vraiment pour vous, à ce qu'il vous faut absolument pour être heureuse. Puis assurez-vous d'avoir au moins trois moments au cours de la journée qui comblent les besoins de votre esprit, de votre âme et de votre corps.

2 JUILLET

Un tiens vaut mieux que deux tu l'auras

Rachète
le temps. Rachète
la vision inédite du plus beau rêve...

T. S. ELIOT

Certains jours sont marqués par des plaisirs simples, d'autres sont rachetés par eux. La journée d'aujourd'hui – une splendide escapade à la mer – a été marquée par une foule de petites douceurs. Idylles sur la véranda grillagée, furetage dans des boutiques intéressantes, après-midi à la plage avec ma famille et des amis, lectures passionnantes, confidences échangées pendant que les vagues venaient nous caresser les chevilles, délicieux cornets de crème glacée, flâneries sur la promenade, jeux au parc d'attractions – où j'ai gagné un prix! De retour à la maison, douche rafraîchissante à l'extérieur, apéros et conversations agréables, plaisir de préparer le repas avec une bonne amie, abondance de mets succulents, vin délicieux, rires et bonne chère. Et puis au lit, toujours dans la bonne humeur.

Il y a un proverbe irlandais qui dit: « Mieux vaut une bonne chose qui est là que deux qui ne sont plus, ou trois qui pourraient ne jamais se présenter ». Aujourd'hui, je n'ai pas eu besoin de me replonger avec nostalgie dans le passé ou de me projeter anxieusement dans l'avenir, car le présent a été pleinement vécu, dans les grâces de la simplicité. Le jour qui s'achève a accueilli une bonne chose après l'autre, jusqu'à en être rempli à ras bords.

Mes jours ne sont pas tous des séjours à la mer, cependant. Il n'y a pas si longtemps, j'ai reçu un coup de téléphone à huit heures du matin qui a complètement bouleversé mes plans pour ce jour-là. J'ai raccroché; mon cœur s'est mis à battre la chamade. La stratégie que j'avais minutieusement mise au point pour remplir mes multiples engagements de la journée venait de tomber à l'eau. C'en était trop; je me suis mise à me lamenter et à maugréer sous cape. J'avais trois choix: hurler à tue-tête, me plonger la tête dans le lavabo, ou respirer profondément et racheter cette journée par un plan B, ce qui était la seule solution réaliste.

Comme il est entendu chez nous de ne rien faire qui risquerait d'alarmer les enfants ou les animaux, les cris étaient hors de question. Pour ce qui est du lavabo, si vous voulez vraiment vous noyer, ce ne sera pas suffisant. Je me suis donc versé une tasse de thé et me suis remémoré une prière hassidique: « Je sais que le Seigneur m'aidera – mais aidez-moi, Seigneur, en attendant. »

En réalité, cette journée allait être ce que j'en ferais. Je ne pouvais qu'accepter les circonstances qui m'étaient imposées. « J'ai toujours le choix », me suis-je rappelé. Je ne suis pas obligée d'*aimer* tout ce que la vie me lance, mais je dois essayer d'attraper la balle. Dans la vie, après tout, réussir ne se mesure pas à la façon dont nous exécutons le plan A, mais à celle dont nous nous en tirons avec le plan B. Pour la plupart d'entre nous, c'est ce qui se passe dans quatre-vingt-dix-neuf pour cent des cas.

J'ai réfléchi au plan B : racheter cette journée par des plaisirs simples, par de bonnes choses à anticiper. D'abord, apprendre à changer de vitesse et passer au plan B demande une bonne capacité d'adaptation, mais comme pour la conduite automobile, cela devient un réflexe avec la pratique.

Je suis d'abord allée boire mon thé au jardin pour me calmer. J'ai arraché quelques mauvaises herbes et cueilli des fleurs. Après les avoir disposées dans un pot, j'ai jeté un coup d'œil sur mes livres de recettes. Devrais-je concocter un nouveau plat pour le souper ou m'en tenir à une recette éprouvée ? J'ai décidé de passer au marché en rentrant à la maison pour me procurer des produits frais et me laisser tenter par quelque chose. Et si j'allais chercher un bon film pour agrémenter la soirée ? Les pêches sur la table étaient mûres à souhait ; j'ai eu l'idée de faire un gâteau renversé à mon retour. En attendant, j'avais une heure de travail à faire avant de quitter la maison et j'ai décidé d'en profiter au maximum. Mieux vaut une belle heure devant nous que deux déjà passées ou trois qui de toute évidence ne se présenteront pas aujourd'hui.

Cette journée se profilait devant moi. Elle ne prendrait pas la forme que j'avais souhaitée, mais, Dieu merci, je pouvais encore la racheter.

3 JUILLET

Filles d'Ève

*Je n'arrive pas à compter toutes les bonnes personnes que je connais
qui, selon moi, seraient encore meilleures si elles se penchaient sur
l'étude de leur propre faim.*

M. F. K. FISHER

« Quand Ève a croqué la pomme, elle nous a légué le monde
tel que nous le connaissons – beau, imparfait, dangereux,
riche de possibilités. Elle nous a donné la variole et la Somalie, le
vaccin contre la polio, le blé et les roses de Windsor », écrit Barbara
Grizzuti Harrison dans un recueil d'essais éclairant et provocateur
intitulé *Out of the Garden : Women Writers on the Bible*. Le geste de
« curiosité radicale » d'Ève nous a également donné le désir, l'appétit et la faim.

N'eût été d'Ève, je ne serais pas en train de me demander ce
que je ferai pour le souper. Vous non plus. N'eût été d'Ève, je ne
serais pas en train de concocter des projets de création que je
devrai réaliser à la sueur de mon front. Mais je ne connaîtrais pas
non plus les plaisirs de ce monde que j'aime tant ni l'ardente soif
de joies mystiques que seul l'Esprit peut nous procurer : la paix
intérieure, la joie, l'harmonie.

La plupart d'entre nous mangeons au moins trois fois par jour,
mais quand mangeons-nous vraiment à notre faim ? Du bacon, des
œufs et du pain au fromage me font davantage saliver qu'un demi-
pamplemousse. Malheureusement, si je ne veux pas devenir aussi
large que les arches dorées de chez *McDonald's*, je sais que je ne
peux en faire mon déjeuner quotidien. Nombreuses sommes-nous
à nous maîtriser constamment – en ce qui a trait à la nourriture, à
nos relations, à notre carrière – et à ravaler nos désirs comme si la
détermination seule suffisait à tenir nos élans en respect. Mais je
prends peu à peu conscience du caractère sacré de la faim. Nous
sommes faites pour avoir faim et pour satisfaire notre faim tous les

jours. Sinon, pourquoi la première demande du *Notre Père* porterait-elle sur le pain quotidien, avant l'aide divine?

Notre âme éprouve plusieurs sortes de faims : physique, psychique, émotionnelle, créative et spirituelle. Mais le Créateur nous a fait don de la raison, de l'imagination, de la curiosité et du discernement ; nous sommes capables de faire la différence entre nos diverses faims. De quoi avez-vous vraiment envie en ce moment ? D'un morceau de pain ou d'une pause ? De caresses ou de pâtes alimentaires ? Ne serait-ce pas plutôt d'une bonne nuit de sommeil ? Alors, cessez de regarder des reprises, un troisième verre de vin à la main. Fermez la télé et allez vous border ; si vous n'êtes pas seule, faites-vous accompagner.

«Quand j'écris sur la faim, confiait le célèbre gastronome et auteur M. F. K. Fisher, j'écris en fait sur l'amour et la faim d'amour, sur la chaleur et l'amour de la chaleur. [...] Puis sur la chaleur, la richesse et le plaisir de la faim assouvie. [...] Tout cela, c'est une seule et même chose.»

Ne méprisez pas le désir, fille d'Ève, car là se cache l'étincelle divine. L'Esprit aussi désire être aimé. La femme qui a un appétit robuste a été créée pour combler cette aspiration.

L'amour, la faim, l'appétit, le désir, le sacré, la plénitude.

C'est là une seule et même chose.

4 JUILLET

La poursuite du bonheur, une entreprise personnelle

N'attendez rien ; vivez simplement de surprises.

Alice Walker

Nous venons d'assister à un beau défilé à l'ancienne. Cela fait cent six ans qu'on organise un défilé pour la fête de l'Indépendance dans notre ville ; c'est le plus vieux défilé tenu tous les ans sur la côte Est. Nous prenons la poursuite du bonheur très au sérieux par ici. Cette année, j'espère que vous ferez de même.

En 1890, le philosophe, psychologue et pionnier spirituel William James, frère du célèbre romancier américain Henry James, a allumé ses propres feux d'artifice en publiant *Principes de psychologie*, une étude du bonheur humain qui a fait date. Résultat de douze ans d'écriture et composé de deux volumes et mille quatre cents pages, cet ouvrage audacieux s'est aventuré dans des zones inexplorées jusqu'alors, étudiant le lien entre le corps et l'esprit, l'influence des émotions sur le comportement et l'importance d'entretenir notre vie intérieure pour parvenir à l'harmonie, plutôt que de nous concentrer sur la façade extérieure. Ce livre a fait de William James le père du mouvement de croissance personnelle (groupes d'entraide) aux États-Unis.

Le docteur James s'est également fait le champion éloquent et persuasif d'une école philosophique connue sous le nom de pragmatisme. Il soutenait que le monde existe déjà à notre naissance et que nous devons l'accepter tel qu'il est. Mais notre capacité de créer notre propre réalité intérieure déterminera notre perception de l'univers comme amical ou hostile. « Disposez-vous à l'accueillir tel qu'il est » insistait-il, parce que « l'acceptation de ce qui s'est produit est le premier pas à franchir pour surmonter les conséquences de n'importe quel malheur. »

Étant un pragmatiste, William James croyait que notre bonheur dépend de considérations pratiques : si votre réalité est à la hauteur de vos espérances, vous êtes heureuse. Sinon, vous êtes déprimée. On ne saurait trouver philosophie ou psychologie plus réaliste, plus personnelle, plus simple et plus sensée.

Bien sûr, cela signifie que nous avons un choix à faire si nous voulons être heureuses : chercher constamment à accomplir et à accumuler davantage, ou diminuer nos attentes, vivre avec ce que nous avons et apprendre à nous en contenter.

Plusieurs croient à tort que diminuer ses attentes équivaut à faire une croix sur ses rêves. C'est ce que m'a exprimé une amie quand elle m'a dit : « Je m'excuse, Sarah, mais pour moi, c'est synonyme d'abandonner. »

Absolument pas. Les rêves et les attentes sont deux choses très différentes. Les rêves nous demandent de plonger dans l'inconnu, de croire que c'est l'Esprit qui tient le filet et de lui faire confiance afin de pouvoir continuer à recréer le monde avec notre énergie, nos dons et notre vision. Les attentes, elles, sont l'investissement émotif de l'ego dans un *résultat précis*: ce qui doit arriver pour que cette attente se réalise. Les attentes de l'ego ne sont jamais vagues: il faut un oscar, faire la une des journaux, figurer sur les listes de best-sellers. Elles doivent prendre la forme *exacte* prévue par l'ego, sinon je connais quelqu'un qui ne sera pas content. Devinez qui? L'ego! Comme aucune de nous ne peut prédire l'avenir ni la meilleure chose qui peut nous arriver pour l'épanouissement de notre moi authentique, ce genre d'attitude est autodestructrice. Car si nous ne satisfaisons pas les attentes de l'ego, nous échouons une fois de plus. Jusqu'à ce que nous abandonnions pour de bon.

La poursuite enthousiaste de nos rêves donne des ailes à notre âme; les attentes qui mesurent le succès d'un rêve, au contraire, lui attachent un boulet au pied. Selon moi, nous ne devons pas seulement diminuer nos attentes pour mener une vie heureuse et aventureuse, nous devons les abandonner complètement.

Décider d'entretenir des rêves plutôt que des attentes est une déclaration d'indépendance personnelle. Le sentier qui mène au bonheur est moins sinueux quand vous ne vous mêlez pas des détails de ce qui adviendra. Ce sont les rêves, non les attentes, qui invitent l'Esprit à venir vous surprendre par sa façon de faire, que ce soit au niveau des circonstances ou de la réalisation. Vous rêvez. Tenez-vous prête pour le travail. Puis laissez l'Esprit donner une forme à votre rêve.

Après avoir passé ma vie à m'attirer des souffrances, je tends maintenant à aborder le délicat équilibre entre les rêves et les attentes à la manière de James: je rêve, je passe à l'action et je me détache. «Une fois ta décision prise et son exécution à l'ordre du jour, me dit James, rejette toute responsabilité et tout souci quant aux résultats.» J'aborde mon travail avec passion et intensité et agis comme si le succès dépendait entièrement de moi. Mais une fois que j'ai fait de mon mieux, j'essaie de lâcher prise le plus possible et je ne nourris pas d'attentes concernant l'accueil que le monde réservera à mon travail. J'ai fait consciemment le choix de me laisser surprendre par la joie. C'est un choix que vous pouvez faire vous aussi.

Aujourd'hui, essayez d'être personnelle et authentique dans votre poursuite du bonheur. Oprah Winfrey a confié un jour que les rêves que Dieu nourrissait pour elle étaient beaucoup plus grands que tous ceux qu'elle avait elle-même entretenus. Selon moi, aucun de nos rêves ne va à la cheville de ceux que l'Esprit nourrit pour nous. Je crois aussi que pour les découvrir, nous devons investir nos émotions dans l'expression de notre authenticité plutôt que dans l'attente de résultats précis.

5 JUILLET

Compagnes de cuisine

Aucune cuisinière ne cuisine seule. Même complètement seule dans sa cuisine, une cuisinière est entourée des générations de cuisinières qui l'ont précédée, des conseils et des menus des cuisinières actuelles et de la sagesse des auteures de livres de cuisine.

LAURIE COLWIN

M a mère m'a appris quelques-unes de ses recettes, mais c'est Mary Cantwell qui m'a appris à cuisiner. Au début des années 70, au moment où j'ai commencé à voler de mes propres ailes, Mary écrivait une chronique culinaire dans *Mademoiselle*; j'y ai découvert la splendeur du macaroni au fromage et la magnificence du plum-pudding. J'y ai également appris une foule de choses sur ses nombreuses demeures et ses deux filles, ses joies et ses déceptions, qui avaient toutes un lien mystérieux avec les bons aliments et la bonne cuisine.

Même si je n'ai jamais rencontré Mary Cantwell, nous sommes devenues de bonnes amies, elle et moi, grâce à ces liens intimes, quasi mystiques, qui se développent avec le temps entre un écrivain et ses lecteurs. Cela se produit quand une lectrice reconnaissante se rend compte, à son grand étonnement, qu'une écrivaine a d'elle une connaissance que n'ont pas ses proches ni ses amis intimes.

Puis, au cours des années 80, je me suis liée d'amitié – encore une fois grâce aux écrits – avec Laurie Colwin, qui savait si bien saisir avec sa plume et sa fourchette les hauts et les bas de la vie domestique. Laurie m'a appris que le pain d'épice peut nous transporter au septième ciel, que le beurre doux, l'huile d'olive de bonne qualité et les poulets biologiques sont des luxes abordables. Nos vies se ressemblaient beaucoup : à peu près du même âge, nous avions toutes deux un enfant unique et gagnions notre vie à écrire. Mais surtout, nous étions toutes deux de ferventes femmes d'intérieur et n'avions pas besoin de quitter les quatre murs de notre maison pour trouver l'aventure et le bonheur. Nos journées à toutes deux gravitaient autour des pages à écrire, du transport des enfants, du rôti à mettre au feu et de la conviction que la cuisine est un grand art.

J'aimais bien les romans et les nouvelles de Laurie, mais encore plus ses livres de cuisine (qui sont maintenant réunis dans deux délicieux recueils intitulés *Home Cooking: A Writer in the Kitchen* et *More Home Cooking: A Writer Returns to the Kitchen*). Quand je pouvais lire Laurie et essayer une de ses recettes, ma journée s'en trouvait toujours enrichie. C'était comme si une amie intime était venue chez moi faire un brin de causette, prendre un café et, bien sûr, manger un gros morceau de gâteau.

Laurie et moi avions une autre chose en commun : l'engouement pour les livres de cuisine. La lecture d'un livre de cuisine est un plaisir perpétuel que je ne saurais trop recommander. Je lis un livre de cuisine comme beaucoup de femmes lisent un roman – au lit, avant de m'endormir, ou en surveillant la cuisson des pommes de terre. C'est ce qui explique probablement pourquoi mes romans préférés mettent toujours davantage l'accent sur les détails domestiques que sur les ébats sexuels. Je peux *m'imaginer* comment deux personnes font l'amour, mais je veux *savoir* ce qu'ils ont mangé avant et après.

Bien sûr, je ne me sers pas de tous mes livres de cuisine pour cuisiner. J'aime néanmoins les feuilleter et coller sur certaines recettes de petites notes jaunes où je peux griffonner les mots suivants : « pas mal », ainsi que : « pour demain ». Les livres de cuisine ne nous parlent pas tant de ce que nous mangerons pour souper que de l'abondance de l'univers et des choix inventifs que nous pouvons faire. Avec un livre de recettes, tout est possible ; peut-être sommes-nous incapables de piloter un Concorde, mais nous pouvons toujours nous débrouiller pour faire un gratin de poulet au fromage si nous en avons l'envie.

Par un triste matin d'octobre, il y a de cela plusieurs années, je suis descendue pour faire à déjeuner et aider Katie à se préparer pour l'école. Tout en emballant son lunch et en l'incitant à accélérer le pas, j'ai jeté un coup d'œil sur le journal et appris avec stupéfaction que Laurie venait de mourir d'un infarctus durant son sommeil, à l'âge de 48 ans. Comment l'amie qui m'incitait à profiter pleinement non seulement de chaque repas, mais de chaque jour, pouvait-elle ne plus être là ? J'ai attendu que tout le monde ait quitté la maison pour me mettre à pleurer, et je pleure toujours. J'ai passé ce matin-là à faire – et à manger – du pain d'épice, à me moucher, à relire ses souvenirs, à prier, à pleurer le départ d'une femme et d'une écrivaine extraordinaire qui savait trouver le sacré dans l'ordinaire, et le célébrer. « Je sais que nos jeunes enfants quitteront la table, écrivait Laurie, que la vie de famille n'est pas toujours rose et que la vie elle-même est remplie non seulement de charme, de chaleur et de confort, mais de chagrins et de larmes. Mais que nous soyons heureux ou malheureux, nous devons manger. »

C'est pourquoi j'aime les livres de cuisine. Ceux de Laurie tout particulièrement.

6 JUILLET

La belle vie

S'il y a une chose que j'aimerais crier sur tous les toits,
c'est que la belle vie est toujours à notre portée, ici et maintenant.

B. F. Skinner

En 1932, au cœur de la Crise, Scott et Helen Nearing ont quitté la vie qu'ils menaient à New York pour aller s'installer au Vermont. Socialistes, pacifistes et végétariens, ces pionniers modernes étaient des visionnaires inventifs résolus à se créer un mode de vie axé sur l'autosuffisance la plus complète, ne dépendant que de leur débrouillardise, de leur travail acharné et de leur persévérance.

C'est ainsi que les Nearing partirent à la recherche de la belle vie : « la simplicité, l'affranchissement de l'anxiété [...], la chance de se rendre utile et de vivre dans l'harmonie ». Deux décennies plus tard, ils avaient atteint leur objectif et publièrent un manuel de la vie rurale intitulé *Living the Good Life : How to Live Sanely and Simply in a Troubled World*, qui passa presque inaperçu lors de sa publication en 1954. C'étaient les années prospères de l'après-guerre, où la belle vie était plutôt associée à une télévision dans le salon, un barbecue dans la cour et une familiale dans l'entrée de la maison de banlieue. Mais durant les années 70, quand il fut publié en édition de poche, ce livre devint un best-seller et la bible des *baby-boomers* marginaux en quête de *flower power*, d'amour, de paix et du nirvana communautaire.

Quand j'ai entrepris le voyage de l'abondance dans la simplicité, j'étais à l'affût de tout conseil, encouragement et enseignement susceptible de m'indiquer la voie vers la belle vie. L'exténuante saga des Nearing – ils ont entre autres été contraints de quitter leur ferme du Vermont pour aller s'installer dans le Maine en raison de l'implantation d'une station de ski à proximité de leur terre – tient toutefois de la mythologie. Leurs impressionnants exploits ne font pas que m'inspirer, ils m'épuisent. Je ne peux décidément pas m'identifier à une femme qui a construit de ses mains une maison de pierres alors qu'elle avait plus de soixante-dix ans et son époux plus de quatre-vingt-dix.

Quant à la vie que les Nearing ont menée après la construction de leur maison, je ne crois pas que le terme « belle » lui rende justice ; je parlerais plutôt d'une « sainte » vie. On réfère souvent à *Living the Good Life* comme au *Walden* du vingtième siècle, mais en regard de l'ascétisme des Nearing, Thoreau, qui aimait bien son petit salé, fait figure de sybarite. Les Nearing, en effet, ne buvaient que de l'eau, des jus et des infusions d'herbes, et ne mangeaient pratiquement que des fruits crus et des légumes, des noix et des graines « à la fin de leur cycle de vie » et du maïs soufflé à profusion. Ils avaient éliminé le sel, le sucre, le thé, le café, les produits laitiers et les œufs de leur garde-manger ; bien sûr, ils ne fumaient pas ni ne buvaient d'alcool. Le miel était consommé avec parcimonie, étant le produit de « l'exploitation des abeilles » ; quant au sirop d'érable – qu'ils produisaient et vendaient ou troquaient contre d'autres denrées –, il était avalé avec un grain de culpabilité parce qu'il suce « le sang des nobles érables ». C'est ce qui explique sans doute que Scott ait vécu jusqu'à l'âge de cent ans et qu'Helen, qui a maintenant quelque 90 ans, soit encore pleine de vigueur. Peut-être est-ce dans les conseils empreints des grâces de la simplicité des Nearing, qu'Helen a énumérés dans ses émouvants mémoires *Loving and Leaving the Good Live*, que nous trouverons le secret de la « belle vie » :

❖ Fais du mieux que tu peux, quoi qu'il advienne.

❖ Sois en paix avec toi-même.

❖ Trouve un travail que tu aimes.

❖ Vis simplement – pour le logement, la nourriture et les vêtements ; débarrasse-toi de ce qui t'encombre.

❖ Entre en contact avec la nature chaque jour ; sens la terre sous tes pieds.

❖ Fais de l'exercice physique en travaillant dur, en jardinant ou en marchant.

❖ Ne te fais pas de souci ; vis un jour à la fois.

- ❖ Chaque jour, partage quelque chose avec une autre personne ; si tu vis seul, écris à quelqu'un ; offre quelque chose, aide quelqu'un d'une façon ou d'une autre.
- ❖ Prends le temps de t'émerveiller devant la vie et le monde ; trouve de l'humour où tu peux.
- ❖ Observe la vie qui se manifeste en toutes choses.
- ❖ Sois bon envers les créatures.

Nul doute que si nous ne faisions pas que réfléchir à ces préceptes mais les vivions quotidiennement, nous prendrions conscience, à l'instar des Nearing, que la belle vie est véritablement ici, maintenant.

7 JUILLET

La cuisine réconfort

Il me semble que nos trois besoins fondamentaux –
nourriture, sécurité et amour – sont si intimement reliés
que nous ne pouvons penser à l'un sans penser aux autres.

M. F. K. FISHER

Pour Nora Ephron, c'est une purée de pommes de terre mangée au lit, pour Judith Viorst, c'est un paquet de biscuits *Mallomars*. L'auteure de livres de cuisine Marion Cunningham opte plutôt pour le spaghetti à l'ail et à l'huile d'olive. Pour sa part, la chef Nathalie Dupree raffole des légumes verts cuits « longtemps avec du lard maigre » alors que la critique de gastronomie Mimi Sheraton trouve le réconfort dans « une tranche de pain de seigle grillée, presque brûlée, tartinée de beurre salé ». Quant à moi, je ne manque jamais mon coup avec les *fettucine alfredo*.

Aliments réconfortants, originaux et généreux. Remontants personnels inscrits dans nos papilles gustatives depuis des temps immémoriaux, aussi faciles à identifier que des empreintes digitales grasses. Quand la misère est à vos trousses et que vous avez le cafard, certains aliments métamorphosés par l'amour et les souvenirs revêtent des vertus thérapeutiques.

Aujourd'hui, rendons hommage aux propriétés curatives des six grandes familles d'aliments : la fine cuisine, la cuisine minceur, la cuisine réconfort, la cuisine *soul*, la nourriture enfantine et le chocolat. Certains classent les quatre derniers dans la même catégorie. Mais les pèlerines que nous sommes, en quête de sublime, savons toutefois apprécier les nuances subtiles dans ce domaine.

Les aliments réconfortants sont chaleureux. Quand nous en avons lourd sur le cœur, nous avons besoin de trouver un équilibre physique et émotionnel : du pain de viande avec de la purée de pommes de terre, du macaroni au fromage, du pâté au poulet, des haricots rouges accompagnés de riz, un risotto onctueux. Des aliments rassurants qui nous convainquent que nous allons survivre. Avec de tels remontants, nous pouvons poursuivre notre route indéfiniment, particulièrement dans les moments où il est difficile de mettre un pied devant l'autre. La cuisine *soul* nous ramène à nos racines, la nourriture enfantine nous berce et le chocolat nous plonge dans un état second. Différents aliments pour différents états d'âme.

Rappelons d'abord que la cuisine réconfort n'est pas la fine cuisine. Vous ne la trouverez pas dans un restaurant quatre étoiles ; peut-être vous aurez plus de veine dans un petit restaurant. En fait, plus un repas vous coûte cher, moins il y a de chances qu'il vous réconforte. Le plaisir peut s'acheter, mais le réconfort se donne. Même si c'est vous qui vous l'offrez.

La cuisine réconfort est également à dissocier de la cuisine minceur. Peut-être vous êtes-vous déjà demandé pourquoi la laitue – même la *radicchio* arrosée de vinaigre balsamique – ne procure pas la même satisfaction que la lasagne. Il y a une raison scientifique tout à fait merveilleuse à ce phénomène physique : certains aliments succulents – appelés féculents – calment et réconfortent parce qu'ils changent littéralement la chimie de notre cerveau en élevant le niveau de sérotonine, l'euphorisant *naturel* vanté récemment dans les magazines d'actualité. Autrement dit, les pâtes alimentaires et les pommes de terre sont le Prozac de Mère Nature. Commencez-vous déjà à vous sentir mieux ?

Voici une stratégie pour faire une cuisine réconfortante en douceur et en toute simplicité : montez-vous une chemise consacrée exclusivement aux recettes réconfort. Quand vous préparez des mets remontants, doublez votre plaisir en doublant la recette, ce qui vous permettra d'en congeler une partie pour un autre repas. Sur une feuille fixée à la porte de votre réfrigérateur, inscrivez tout ce que vous congelez ; ainsi, les jours de déprime, vous saurez ce que vous avez en réserve. Il est si bon de savoir qu'il y a de petites douceurs réconfortantes au congélateur qu'il ne reste qu'à réchauffer pour le souper, particulièrement lorsque vous avez travaillé dur toute la journée et que personne ne l'a apprécié.

« Puisque nous sommes obligés de nous nourrir, fait remarquer le merveilleux M. F. K. Fisher, pourquoi ne pas y mettre tous nos talents [...] et y prendre un plaisir toujours plus grand ? » Quand nous nous mettons à table, non seulement pour manger, mais pour nous remonter le moral et nous réconforter, faisons-le avec « grâce et enthousiasme », et un cœur reconnaissant.

8 JUILLET

Une nourriture pour l'âme

La cuisine soul, comme son nom l'indique, se compose de mets préparés avec âme et richement aromatisés, salutaires à votre âme dont l'amour ne s'éteint jamais.

SHEILA FERGUSON

En 1900, une montagnarde du Kentucky marcha 90 kilomètres pour inscrire sa petite-fille au Berea College. « C'est bien pire d'avoir une âme affamée qu'un corps affamé », affirmait-elle. Je sais maintenant pourquoi je fais quelque 1 600 kilomètres chaque année pour manger une assiette de fèves *pinto*.

La nourriture *soul* est notre passeport personnel pour le passé. Elle est avant tout affaire d'héritage : les biscuits martelés de grand-mère ou le bortsch de mamie. Dans *Soul Food : Classic Cuisine from the Deep South*, Sheila Ferguson dit que c'est « un héritage manifestement imprégné de traditions, un mode de vie transmis de génération en génération ». L'expression « cuisine soul » réfère généralement à la cuisine traditionnelle des Américains d'origine africaine, mais la cuisine pour l'âme dont je parle ici fait abstraction de la couleur de la peau. Les seules frontières qu'elle connaît, ce sont les frontières du cœur. Elle est un réservoir universel de souvenirs, d'histoires et de recettes. Elle nous donne des trucs pour faire frire le poulet ou les *won-ton*, tailler les nouilles, faire cuire la poitrine de bœuf à feu doux, étendre les tortillas, sucrer le thé glacé.

Chaque fois que j'ai visité mes parents au cours des vingt-cinq dernières années, ma mère m'a toujours préparé mon mets préféré : la soupe aux fèves, souvenir tangible de notre Kentucky natal. Composé de fèves *pinto* qui ont mijoté à feu doux pendant plusieurs heures, ce plat est servi sur de la purée de pommes de terre, avec de la salade de chou, du pain de maïs chaud tartiné de vrai beurre et de la bière glacée. Cet été, ma mère est gravement malade et ma sœur, mes frères et moi-même sommes aux prises avec la pénible obligation de lui faire nos adieux. Dans quelques jours, Katie et moi partirons en direction du nord pour participer à une rencontre de famille qui réunira tous les enfants et petits-enfants de ma mère ; ce sera l'occasion de converser, de cuisiner, de nous réconforter, de dire adieu. Bien que je sache intellectuellement préparer mon plat préféré, j'en suis incapable émotivement. Je ne pense pas à ma mère qui se meurt, je pense à ma dernière portion de *sa* soupe aux fèves. Il y a maintes façons de pleurer un être cher.

La cuisine *soul* ne se fait pas en suivant une recette à la lettre mais en se fiant à son instinct, en s'en remettant à ses sens. « Vous apprenez à vous fier au crépitement pour savoir s'il est temps de retourner le poulet dans le poêlon, à l'odeur pour savoir si les biscuits sont cuits à point, au toucher pour savoir si une pâtisserie est prête, nous dit Sheila Ferguson. [...] Vous goûtez plus que vous ne mesurez l'assaisonnement que vous aimez ; vous utilisez vos yeux plutôt qu'une montre pour juger si votre tarte aux cerises a atteint son apogée. Ces facultés ne s'enseignent pas facilement. Elles doivent être senties [...] et venir directement du cœur et de l'âme. » En ce moment même, je prends douloureusement conscience qu'il me faudrait une autre vie pour apprendre à cuisiner comme ma mère. Mais je n'ai que le moment présent, avec un peu de chance.

Cet été, faites provision de recettes qui vous réchaufferont l'âme ou demandez à une personne que vous aimez, mais ne voyez pas très souvent, d'apprêter pour vous un de vos plats favoris. Mieux encore, demandez-lui de vous donner des leçons privées de cuisine. Vous croyez peut-être savoir comment faire un gâteau à la confiture nappé de caramel, mais le savez-vous vraiment ?

9 JUILLET

Des délices pour enfants de tous âges

Des biscuits en forme d'animaux et un bon chocolat,
c'est là le meilleur des repas.
Je crois que quand je serai grand et pourrai manger ce qui me plaît,
j'insisterai toujours pour avoir sur ma table ces mets.

CHRISTOPHER MORLEY

Le premier Noël que j'ai passé loin de chez nous, je l'ai passé à Londres, en 1972. Quelques jours avant le 25 décembre, j'ai reçu une grosse boîte de cadeaux de la famille. Parmi ceux-ci se trouvait un pyjama de finette rouge avec des pieds, cadeau de ma mère. Comment avait-elle bien pu en dénicher un de ma taille, je me le demande encore ; mais maintenant que je m'y connais dans ce genre de choses, je suis persuadée qu'elle avait consacré des heures à cette surprise. À cette époque, cependant, je n'ai pas apprécié ce cadeau. J'avais vingt-cinq ans, je me pensais très sophistiquée, et j'ai été offusquée qu'elle me prenne encore pour un bébé – ce que j'étais en fait. Ma mère, qui avait été en garnison en Angleterre durant la Deuxième Guerre mondiale comme infirmière, savait que le climat de Londres serait froid, humide, maussade et, au pis-aller, glacial. Comme j'étais très impulsive, je me suis tout de suite débarrassée du pyjama, préférant grelotter dans mon kimono de soie noire.

Ce que je donnerais pour l'avoir, ce pyjama, aujourd'hui! Il conviendrait parfaitement à mes soupers délices, ces petites douceurs dont ont parfois besoin les femmes comme vous et moi pour «arranger les choses», du moins pour un moment.

Quand vous êtes de mauvaise humeur et avez la larme à l'œil, quand vous êtes si fatiguée que les yeux vous brûlent, quand vous avez besoin de caresses et de quelqu'un qui vous tapote affectueusement la tête en murmurant «Ça va aller» et qu'il n'y a personne autour, vous avez besoin d'un délice culinaire. Cette cuisine comprend toutes ces recettes dont nous raffolions dans notre enfance et qui évoquent des moments d'heureuse innocence où tout allait pour le mieux dans le meilleur des mondes parce que nous savions la place que nous y occupions. L'époque où, ayant enfilé notre pyjama de finette, nous nous attablions pour souper avant de nous faire conter une histoire et border.

Un jour, à la fin d'un succulent souper gastronomique auquel participaient des gens dans la quarantaine qui avaient de l'esprit et du succès dans la vie, l'arrivée de notre hôtesse avec le dessert mit fin abruptement à la conversation animée. Devant chacun des convives, elle déposa un bol de riz au lait nappé de crème chaude et saupoudré de cannelle et de muscade. Dès la première bouchée s'élevèrent des exclamations de ravissement et l'on entendit à l'unisson, «Ça fait des années que j'en ai mangé!» Le plaisir autour de la table était palpable.

«Les délices de notre enfance représentent le confort suprême. Cela n'est guère étonnant; si atroce fût-elle en réalité, notre enfance revêt tant d'attraits avec le temps», écrivent Jane et Michael Stern dans leur merveilleux recueil de délices d'antan intitulé *Square Meals*. Ils ajoutent: «Vous vous rappelez la farine chaude qu'on vous servait dans un bol orné de lapins qui dansaient, ou le rituel du chocolat chaud après l'école?»

Maintenant que nous voilà adultes et que nous pouvons manger ce qui nous plaît, gardons toujours à l'esprit que nous ne sommes jamais trop vieux pour savourer les délices de nos tendres années: toasts au fromage, pain doré, bouillon de bœuf, œufs mollets, pain perdu, bouillie de flocons d'avoine avec de la compote de pomme chaude, bananes cuites, crème caramel, lait caillé, tapioca et pudding au chocolat nappé d'une généreuse cuillerée de crème fouettée. Si vous ne vous rappelez pas la dernière fois que vous avez mangé quelque chose de doux, réconfortant et savoureux, quelque chose qui vous fait vous lécher les babines, il est grand temps de vous y mettre. Pour vous rafraîchir la mémoire, les Stern ont consacré un chapitre entier aux délices de notre enfance dans *Square Meals*.

La prochaine fois que vous aurez les nerfs à vif ou que vous aurez besoin d'être cajolée, prenez le temps de vous concocter un petit quelque chose de doux et de crémeux pour apaiser votre palais blasé et vos nerfs en boule. Si cela ne marche pas, il reste toujours l'ourson et votre pouce. Alors, lavez-vous les mains et approchez une chaise:

Je ne connais pas d'endroit plus confortable que la cuisine; la bouilloire siffle, le poêle ronronne.
Dans la pénombre, qu'il est doux de voir
le chocolat et les petits animaux qui m'attendent.

Ne vous inquiétez pas, il y en a assez pour nous deux. Je suis une grande fille, maintenant. Je suis capable de partager.

10 JUILLET

La mystique de la cuisine

*Après tout, ce sont les personnes qui ont une vie intérieure profonde
et authentique qui sont les mieux armées pour affronter
les détails irritants de la vie extérieure.*

EVELYN UNDERHILL

« Les occupations habituelles des femmes vont en général à
l'encontre d'une vie créative, contemplative ou sainte », me
dit Anne Morrow Lindbergh pour me consoler, alors que je me précipite pour faire la navette deux fois par jour entre la colonie de
vacances et l'ordinateur, ensuite faire la cuisine, et enfin retourner
à l'ordinateur après le souper. Cet été, ma vie est découpée en seg-
ments de deux heures, ce qui n'est pas très propice à la création
ni à la contemplation. Il me reste cinq semaines de cette folie à
vivre.

Il est quelque peu paradoxal – mais mon moi authentique n'est
pas dupe –, qu'au moment où je suis en train d'écrire un recueil
de méditations que vous pourriez imaginer surgir d'un profond
réservoir spirituel de paix, ma vie soit en fait un mouvement perpétuel. De deux choses l'une: ou bien c'est une plaisanterie, ou
bien une leçon de l'univers, que je peux assimiler soit de façon
aisée, soit de façon ardue. Je ne peux pas m'en tenir à parler de
l'abondance dans la simplicité; je dois la vivre, sinon, mieux
vaudrait que je me mette à la science-fiction.

J'ai désespérément besoin de rétablir l'harmonie dans ma vie,
de trouver un équilibre entre l'intérieur et l'extérieur, le visible et
l'invisible. Ce que j'écris ne semble pas tant provenir *de* moi que
passer *par* moi, presque *malgré* moi. Aujourd'hui, les cordes de
l'instrument sont très tendues. Il me faut les détendre pour les
empêcher de se rompre. Peut-être avez-vous la même impression.
Peut-être la pression est-elle trop forte, le ton de votre voix trop
aigu, les décibels des demandes qu'on vous fait, assourdissants.

Nous devons explorer plus en profondeur le quatrième principe de l'abondance dans la simplicité – l'harmonie – quand notre vie est désaccordée. J'ai lu récemment un très beau livre, un voyage spirituel écrit par une femme écrivain de talent qui s'était réfugiée dans un monastère pour se concentrer, clarifier ses idées et terminer son livre à temps. Vous pouvez imaginer la partie de son voyage qui m'a le plus impressionnée. Puisque je ne peux manifestement pas suivre son exemple sans abandonner mon mari, mon enfant et mes animaux, qui attendent justement tous que j'aille les nourrir, je vais interrompre mon travail et me diriger vers la cuisine. Peut-être ne pourrai-je pas célébrer la messe ou méditer aujourd'hui, mais je peux préparer un repas.

« Le foyer est un lieu sacré où nous pouvons communiquer avec les quatre éléments de l'univers : la terre, l'eau, l'air et le feu », souligne l'écrivaine et mystique de la cuisine Laura Esquivel dans son lumineux roman *Chocolat amer*. « Vous y mettez votre amour et vos émotions pour créer de la magie. En cuisinant, vous élevez votre niveau spirituel et trouvez votre équilibre dans un monde matérialiste. » Dans un monde qui est souvent détraqué, la cuisine est un lieu aussi sacré qu'un monastère.

Coupez en lamelles un piment rouge et un piment jaune, de petites aubergines et une courgette. Hachez des oignons rouges, du basilic frais, de l'origan et des tomates italiennes. Faites sauter le tout dans de l'huile d'olive de qualité et de l'ail haché jusqu'à ce que les légumes soient tendres. Prenez une petite gorgée de vin. Faites cuire des *penne* dans l'eau bouillante pendant six minutes. Râpez du fromage parmesan. Réchauffez du ricotta au romarin acheté à l'épicerie. Mélangez les pâtes et les légumes et saupoudrez de fromage. Invitez tout le monde à passer à table. Prenez un moment pour remercier. Portez un toast et rendez grâces pour la santé, l'amour, la bonne compagnie, la cuisine délicieuse et cet instant de bonheur. Une journée bien remplie, vécue dans l'abondance de la simplicité.

Selon Evelyn Underhill, une mystique et écrivaine anglaise du début du vingtième siècle, les femmes mystiques qui ont des responsabilités terre-à-terre deviennent souvent « visionnaires » et « prophétesses » parce qu'elles sont capables de combiner « la transcendance spirituelle et de grandes aptitudes pratiques ». Qu'elles soient poètes, saintes ou cuisinières, elles demeurent toute leur vie « les ferventes disciples de la réalité » tout en cherchant l'Esprit.

Comme ces propos sont doux à mon oreille ! Vous voulez fredonner avec moi ?

11 JUILLET

La cuisine, un art et un lieu de découvertes

La découverte d'un nouveau plat contribue davantage au bonheur de l'humanité que la découverte d'une étoile.

BRILLAT-SAVARIN

Rares sommes-nous à avoir connu le plaisir de monter un spectacle solo, mais nous pouvons toutes mettre un tablier. Ce soir, au lieu de ne voir dans la préparation du repas qu'une autre obligation, considérez-la plutôt comme une occasion de stimuler votre créativité. La cuisine est l'un des meilleurs moyens qu'a votre moi authentique de rappeler à votre moi conscient que vous êtes une artiste. À l'instar de la peinture qui marie la toile et les pigments, la cuisine est une alchimie, le grand œuvre en voie de réalisation.

Un couteau à éplucher peut être aussi créatif qu'un pinceau. Gratter, trancher, râper, mélanger, faire mijoter, faire frire, voilà des talents qui font passer votre moi conscient au moi artiste. Une fois que l'attention du moi conscient a été détournée, l'esprit créatif prend la relève, même si vous n'en avez pas conscience. Quand je ne sais pas quoi faire – que ce soit dans l'écriture ou dans la vie –, je pars explorer dans la cuisine. J'essaie, par exemple, de recréer un plat délicieux que j'ai goûté ailleurs. Le pire qui puisse arriver, c'est que l'expérience échoue et que nous finissions par manger des sandwichs pour souper. Le mieux, c'est que mon agréable remue-méninges et le repas qui en résulte nous procurent de nouvelles sensations gustatives et me rappellent qu'il ne faut rien tenir pour acquis – surtout dans les moments de doute, de frustration et de faim.

« Si vos regrets vous tenaillent, si vous n'arrivez pas à trouver l'inspiration dans la solitude, alors vous avez encore beaucoup à apprendre des écrivains, des poètes et des cuisiniers sur l'art de devenir l'artisan de votre propre vie », écrit Jacqueline Deval dans un roman terriblement appétissant intitulé *Reckless Appetite : A Culinary Romance*. « [...] Vous ne pouvez jamais recréer le passé, mais vous pouvez façonner votre avenir. Et vous êtes capable de faire un gâteau. »

Cette semaine, fabriquez un gâteau à partir de rien et faites-en une méditation. Représentez-vous le gâteau le plus savoureux que vous puissiez imaginer, le gâteau de vos rêves, le gâteau que vous avez toujours voulu manger, mais n'avez jamais eu le temps de faire. Le gâteau qui vous a toujours semblé trop difficile à faire. Prenez le temps de faire votre œuvre. Déclarez la cuisine zone interdite. L'artiste est à l'œuvre. Lentement, soigneusement et consciencieusement, rassemblez les matières premières : farine, œufs, lait, poudre à pâte, bicarbonate de soude, sel, épices et sucre.

Si quelque chose vous rend perplexe en ce moment, considérez cette situation comme un simple ingrédient dans la grande recette de la Vie. Chaque ingrédient apporte une contribution unique à l'ensemble ; et pourtant, chaque ingrédient change – le sel et le sucre deviennent un –, transformé par les quatre éléments de l'univers : le feu dans le four, l'eau du robinet, la terre dans le grain et l'air qui pénètre le tout. Sans oublier le feu qui embrase votre cœur, l'eau de votre sueur et de vos larmes, le caractère terre-à-terre de votre détermination et chacune de vos respirations au moment où vous luttez pour maîtriser l'art d'une vie authentique et en éclaircir le mystère.

Quand votre gâteau sortira du four, embaumant la cuisine de ses délicieux arômes, réfléchissez un instant à la différence entre créer un gâteau – ou sa vie – à partir de rien, et en faire un à l'aide d'une préparation. Les aliments tout préparés nous épargnent du temps dans la cuisine ; mais la cuisinière, telle une artiste, décèle toujours la différence entre le produit authentique et celui qui se fait passer pour tel.

12 JUILLET

Comment faire cuire un loup

On entend des gémissements sur le seuil,
des grattements sur le plancher.
Au travail ! Au travail ! Pour l'amour du ciel !
Le loup est à nos portes !

CHARLOTTE PERKINS GILMAN

Q ui a peur du gros méchant loup ? Nous toutes, car tôt ou tard,
il vient gémir et gratter à notre porte.

Avoir de l'argent en banque ne nous met pas nécessairement
à l'abri des crises. Récemment, une centaine d'hommes et de
femmes parmi les plus prospères d'Amérique du Nord, qui
avaient investi dans la Lloyd's of London, une compagnie d'assurances alors prestigieuse mais maintenant en faillite, ont perdu
tous leurs biens personnels lorsqu'ils ont dû acquitter à quelques
instants d'avis leurs billets à ordre les engageant à régler la dette
de la Lloyd's. Un de ces anciens millionnaires a déclaré que tout
ce qu'il possédait au monde après la réception du fax fatal, c'est
la chemise qu'il avait sur le dos et ses boutons de manchettes en
or. Bien que ces investisseurs aient porté leur cause devant la cour,
n'allez pas croire un seul instant que ces familles parmi les plus
riches des États-Unis, qui n'avaient jamais tellement eu l'occasion
de réfléchir au manque d'argent auparavant, étaient à l'abri de la
chair de poule et des claquements de dents.

Pour le commun des mortels, l'arrivée du loup s'avère
généralement moins spectaculaire, mais tout aussi traumatisante.
Nos histoires de loup ne font jamais parler d'elles dans les journaux : la perte soudaine d'un emploi qui met une hypothèque en
péril, une entreprise familiale qui doit fermer ses portes, un parent
âgé qui se voit contraint de se départir de sa maison pour payer des
soins de longue durée, les dépenses imprévues découlant de la
stérilité ou de l'adoption d'un enfant, une facture – à acquitter

immédiatement – qui prouve que la médecine vétérinaire est devenue très sophistiquée, le toit à réparer, les termites qui s'attaquent au sous-sol, l'automobile de huit ans qu'on arrive plus à ressusciter.

Quand le loup se pointe, « la toile de nos croyances se trouve parsemée de trous », rappelle M. F. K. Fisher, « il manque des pièces à notre tableau ». Mary Frances Kennedy Fisher, sans doute la plus grande auteure américaine de livres de cuisine, s'y connaissait en vaches maigres. En effet, un de ses premiers livres a été *How to Cook a Wolf*, qu'elle a publié en 1942, durant les pires pénuries alimentaires du temps de guerre.

M. F. K. Fisher écrivait à partir de son expérience personnelle. Durant une bonne partie de sa vie, elle a dû tenir les loups en échec. Malgré sa notoriété – elle a écrit des articles pour le *New Yorker* ainsi que plusieurs autres ouvrages au fil des années –, elle n'a jamais été bien rémunérée et a toujours dû trimer comme pigiste pour se créer un mode de vie au jour le jour lui permettant d'assurer sa subsistance de même que celle de ses deux filles et des trois maris qu'elle a eus au cours de sa vie. Je parle bien de « mode de vie » plutôt que d'»existence » car M. F. K. Fisher a toujours su bien vivre malgré ses maigres revenus. Jamais elle ne s'est contentée de vivoter, quelles que fussent les circonstances. La pauvreté se vit toujours dans l'âme avant de se faire sentir dans le porte-monnaie.

Il est difficile d'imaginer que M. F. K. Fisher ait manqué d'argent, car elle a toujours vécu dans l'abondance de la simplicité. Peut-être avait-elle une belle vie parce qu'elle accueillait celle-ci avec un cœur reconnaissant. Elle a voyagé, séjourné en France et en Italie, écrit plusieurs livres merveilleux, connu des amours passionnées, eu un vaste cercle d'amis et d'admirateurs, et a toujours su goûter les instants de grâce quotidiens que sont les bons repas bien arrosés. C'est dans l'exubérance que son moi authentique trouvait son expression.

À celles d'entre nous qui souhaitons suivre ses pas, M. F. K. Fisher recommande de nous débarrasser des désirs et de ne garder que nos faims sacrées, « de façon à vivre agréablement dans un monde rempli d'un nombre toujours croissant de surprises désagréables ».

Comment y arrivait-elle ? En ne prenant pas panique à l'approche du loup, en ne cédant pas à sa peur de le voir détruire sa

maison. Elle savait que les tournants du destin ne sont habituellement que du vent. Elle avait appris à se montrer plus maligne que
le loup, à l'attraper et à le faire cuire. À se concentrer sur les bonnes
choses à sa portée – un bon verre de vin, une bonne tomate, un bon
pain. Un beau coucher de soleil, une conversation animée, une
relation amoureuse. Elle savait que la belle vie ne dépend pas
d'extravagances. La belle vie ne prive pas, elle exulte. « Vous pouvez toujours vivre avec grâce et sagesse », aimait-elle rappeler, si
vous vous en remettez à « votre sens inné de ce qu'il faut faire avec
vos ressources pour empêcher le loup avide de s'approcher trop
près de vous. »

13 JUILLET

Un garde-manger bien rempli

Les rites de la cuisine, et de la vie, se simplifient ce mois-ci.
J'ai dressé une liste de repas satisfaisants axés sur un seul plat cuisiné.
J'ai accroché cette liste sur une armoire de la cuisine
comme aide-mémoire. Quand je manque d'ambition,
je n'ai pas à me demander ce que je vais faire pour le souper.

NELL B. NICHOLS
WOMAN'S HOME COMPANION, juillet 1925

Une de mes chantres de la vie domestique préférées est Nell
B. Nichols, qui a été chroniqueuse au *Woman's Home
Companion* au cours des années 20, 30 et 40. Avant Martha Stewart,
nous avions Nell Nichols. Il n'y avait rien qu'elle ne sût faire...
Mais le plus grand talent de Nell, c'était de ne jamais vous faire
sentir incompétente ; vous saviez que si vous suiviez attentivement
ses joyeuses instructions, vous pourriez vous aussi connaître le nirvana domestique.

Nell cuisinait, faisait des conserves, nettoyait, organisait tout avec enthousiasme, de l'armoire à balais au sous-sol. Elle ne craignait pas d'essayer de nouveaux gadgets, comme l'aspirateur électrique, qu'elle considéra comme un « allié précieux », mais elle tenait aussi aux anciennes traditions, comme à l'habitude de blanchir le linge en le faisant sécher au soleil. Lire ses chroniques, c'est comme se faire servir du gâteau aux cerises noires à la cuiller : c'est doux, réconfortant, totalement satisfaisant, mais un peu piquant. Après avoir passé une heure en sa compagnie, j'ai toujours le goût de me faire couper les cheveux courts, d'enfiler une petite robe de coton, de mettre un tablier à carreaux et d'écouter Scott Joplin à la radio en teignant des rideaux de mousseline pour « enjoliver les fenêtres du grenier ».

Au cours des décennies du règne de Nell Nichols dans la sphère domestique, « l'efficacité » était le mot à la mode dans les revues féminines. On y exhortait les femmes à considérer le soin du foyer non seulement comme un art, comme l'avaient fait leurs mères, mais comme une science appelée « économie domestique ». Un des sages conseils pour lesquels je témoignerai une reconnaissance éternelle à Nell, c'est son invitation faite aux femmes à « mieux planifier pour moins travailler dans la cuisine ».

Il y a deux tâches qui consomment beaucoup d'énergie chaque semaine : faire le marché et préparer les repas. J'ai mis au point des stratégies toutes simples pour remplir le garde-manger qui devraient vous redonner le sentiment de tenir le gouvernail dans la cuisine. La première consiste à faire une liste d'épicerie type. Cela ne vous demandera qu'une heure de travail et vous la rendra au centuple.

Divisez votre liste d'épicerie en différentes catégories, comme celles-ci : aliments frais, produits laitiers, viande, poisson, articles de première nécessité, papier et produits d'hygiène personnelle. Elles vous serviront d'aide-mémoire. J'ai fait ma liste à l'ordinateur et je l'imprime chaque vendredi pour vérifier ce dont j'ai besoin. Si vous tapez la vôtre à la machine, faites-vous en des photocopies pour toutes les semaines de l'année. Gardez-en une copie sur votre réfrigérateur et demandez à tous les membres de la famille d'y inscrire les articles qui viennent à manquer.

Chez nous, nous essayons d'aller à l'épicerie une seule fois par semaine et nous nous partageons la tâche. Mon mari fait ses emplettes dans un entrepôt d'alimentation. Je m'occupe des produits frais – au marché extérieur l'été et au début de l'automne, et à un magasin d'aliments naturels le reste de l'année. Je ne sais pas s'il en est de même pour vous, mais chaque fois que je mets les pieds dans un supermarché, même si ce n'est que pour acheter du lait et un pain, il y a 35 $ qui se volatilisent. Réduisez vos factures d'épicerie en vous y rendant le moins souvent possible. (Vous épargnerez du temps également.)

Avant de faire une liste d'épicerie efficace, je dois composer mes menus, y compris les lunchs pour l'école et la colonie de vacances ; ainsi, je sais ce que nous mangerons au cours de la semaine et la cuisine que je ferai. En rédigeant vos menus, y compris les plats d'accompagnement, vous n'oublierez aucun ingrédient essentiel au moment de faire le marché. J'ai composé une quinzaine de repas différents qui font le bonheur de tout le monde, selon la saison, et je varie l'ordre dans lequel nous les mangeons. Cela me permet de contrôler non seulement le budget de l'épicerie mais notre alimentation.

Une autre stratégie conçue dans l'esprit de l'abondance dans la simplicité consiste à vous asseoir en famille et à noter les mets préférés de chacun ; vous pourrez aussi en profiter pour demander des suggestions. N'oubliez pas les plats d'accompagnement, les légumes et les desserts. Ensuite, faites une chemise consacrée à vos menus principaux. Encore là, j'ai fait mon répertoire de menus à l'ordinateur, mais vous préférerez peut-être utiliser des fiches. Une base d'au moins douze repas vous permettra de varier vos menus. Rien de plus monotone que de toujours manger la même chose, mais il est si facile de s'encroûter dans une routine. Plusieurs d'entre nous n'avons tout simplement pas le temps de nous lancer dans des expériences culinaires les jours de semaine. Si vous voulez que vos bien-aimés « clients » vous restent fidèles, essayez d'introduire deux nouvelles recettes par mois. Profitez des fins de semaine, où vous avez plus de temps, pour vous amuser à explorer de nouvelles avenues.

« Encore un mot », disait Nell B. Nichols à nos grands-mères au cours de l'été 1924, « je vous en prie, au cours de ce mois merveilleux, *volez* du temps tous les jours, si vous ne pouvez pas en trouver autrement, pour vous étendre sur l'herbe ou dans un hamac, sous un arbre immense [...] et vous détendre. Quel tonique pour l'âme ! Quel repos pour vos nerfs à bout ! Notre mari, nos enfants, nos amis et la nation tout entière bénéficieront de notre détente. Ce dont nous avons le plus besoin de nos jours, c'est de maisons paisibles, et aucun foyer ne peut être calme si sa gardienne n'est pas en paix avec le monde. »

« Ne trouvez-vous pas comme moi, quand vous êtes allongée et regardez la voûte verdoyante au-dessus de vous, qu'un foyer, maintenant et tous les autres mois de l'année, doit être un havre de paix pour l'esprit autant qu'un lieu où nos besoins physiques sont satisfaits ? »

Oui, Nell, nous sommes d'accord avec toi. Merci de nous l'avoir rappelé.

14 JUILLET

La table de célébration

La table est un lieu de réunion, un terrain de rassemblement,
une source de soutien et de ravitaillement, de célébration,
de sécurité et de satisfaction.

LAURIE COLWIN

Que nous soyons célibataires ou mariées, avec ou sans enfant, il nous faut souper. Le repas du soir devrait être le clou de la journée. Si celle-ci a été paisible, agréable et profitable, c'est l'occasion de célébrer. Si elle a été difficile et décourageante, c'est le temps du réconfort et de la consolation, qui sont des grâces en elles-mêmes et des raisons de célébrer. D'une façon ou d'une autre, la table de célébration nous invite.

Il y a différents types de soupers comme il y a différentes catégories d'aliments : les repas pris à la sauvette, les repas à emporter, la popote maison et les festins. Nous mangeons toutes sur le pouce

383

à l'occasion, mais quand cela devient pratique courante, notre bout de pain et notre morceau de saucisson nous mèneront vite à la famine psychique et à la carence alimentaire. Les repas à emporter peuvent nous dépanner merveilleusement, mais coûtent cher et vous donneront à la longue l'impression d'être sur la route depuis trop longtemps. La popote maison, ce sont les repas que nous apprêtons les jours de semaine; avec une bonne planification, ils peuvent être faciles à préparer, vite faits et délicieux. La fin de semaine nous convie un soir à notre repas préféré et l'autre à un festin.

Il fut une époque où je ne commençais pas à penser au souper avant quatre heures de l'après-midi. Aujourd'hui, ce seul souvenir me fait frémir. Concevoir un repas, faire les courses et préparer celui-ci en une heure tient du masochisme pur et simple. Rassurez-vous; il existe un excellent livre pour vous aider à planifier vos repas et à faire votre marché pour la semaine. Il s'agit de *Monday to Friday Cookbook*, de Michele Urvater. Michele est une cuisinière professionnelle qui a écrit cet ouvrage d'abord pour elle-même; lorsqu'elle revenait à la maison après avoir cuisiné pour les autres toute la journée, elle voulait préparer des repas à la fois simples et savoureux pour les siens. Elle vous apprendra à remplir votre garde-manger de produits de première nécessité, à vous débrouiller quand il y a des conflits d'horaires et à contrer élégamment le syndrome du garde-manger vide.

« Il nous faut du temps pour décrocher, pour contempler. Tout comme la nuit, quand notre cerveau se détend et nous apporte des rêves, nous devons, à un moment de la journée, nous débrancher, nous rebrancher et regarder autour de nous », nous rappelle Laurie Colwin. « Nous devons éteindre la télévision et ignorer le téléphone, nous asseoir devant le foyer et laisser notre porte-documents au bureau, ne fût-ce qu'un soir. Nous devons assiéger la cuisine, en famille ou avec une amie, et préparer un plat facile et réconfortant à partir de rien. Ne fût-ce qu'une fois par semaine, nous devons nous attabler avec un ou plusieurs amis et partager un repas. Nous savons que sans nourriture, nous risquons la mort. Sans liens d'amitié, la vie ne vaut pas la peine d'être vécue. »

Approchez, la table de célébration vous invite.

15 JUILLET

Devine qui vient dîner ce soir ?

*J'ai appris tôt que mettre la table, c'est beaucoup plus qu'aligner
des couteaux et des fourchettes. C'est créer un cadre pour la nourriture
et la conversation, une ambiance qui dure longtemps
après qu'on aura oublié quels aliments on a servis et qui a dit quoi.*

PERI WOLFMAN

Lorsque nous préparons un repas, la dernière chose à laquelle bon nombre d'entre nous pensons, excepté quand nous attendons des invités, c'est la présentation de notre table. Pour nos invités, nous sortirons notre vaisselle du dimanche, nos verres à pied et notre plus belle nappe. Mais pour nous, nos choses ordinaires, quel que soit l'état dans lequel elles se trouvent, feront l'affaire. Bien sûr, cela fera l'affaire, si c'est tout ce que vous avez. Mais si vous avez le choix, pourquoi persister à préférer les assiettes fêlées à la magnifique vaisselle rangée dans le vaisselier ?

Le rituel de la table requiert les coupes de communion, le plateau spécial où rompre le pain, la flamme d'une chandelle, le cercle dessiné sur le sol. Le rituel protège et guérit; il exprime symboliquement à tous ceux qui viennent à notre table pour y trouver le repos et se ressourcer qu'ils sont bienvenus dans notre espace sacré. Vous croyez peut-être ne faire que préparer une place à la table, mais en suivant votre impulsion créatrice pour faire surgir quelque chose de beau, vous rencontrez le sacré dans l'ordinaire. Moïse a cherché Dieu dans le buisson ardent. Quant à nous, nous n'avons pas besoin de regarder plus loin que notre table, la table dont le psalmiste hébreu dit qu'elle a été dressée pour nous afin que notre coupe puisse déborder.

« Quand je retourne en arrière et pense à nos repas de famille, ce n'est pas tant le goût ou l'odeur des aliments que je me remémore que le décor de la scène, » confie Peri Wolfman, coauteure de *The Perfect Setting* avec son mari, Charles Gold, et propriétaire du magasin de vaisselle Wolfman Gold & Good à New York, « l'ambiance qui régnait à notre table, la patine du bois, les chandelles, les couleurs, l'impression d'harmonie et d'ordre. »

Aujourd'hui, notre style de réception est plus simple qu'à l'époque de nos grands-mères où les nappes empesées et l'argenterie étincelante étaient à l'honneur, mais le sens de l'harmonie que peut faire surgir une table invitante n'a pas changé. Le besoin non plus. Je dirais même que nous avons un plus grand besoin d'harmonie que de nourriture. Il n'est pas nécessaire de manger tous les jours sur une nappe damassée pour combler ce besoin ; une belle table en pin avec de jolis napperons de lin et de grandes serviettes de table, des assiettes de céramique, des coupes à eau géantes, des bougies votives et un petit bouquet de fleurs et de fruits estivaux créeront une ambiance d'abondance dans la simplicité qui fera d'un simple repas une agréable célébration.

En prenant quelques minutes de plus pour rendre votre table attrayante, vous invitez l'Esprit à participer à votre détente et à vos commémorations. En faisant de votre repas un rituel, vous faites un pas, petit mais important, vers l'amour de vous-même. Il est possible de créer une table invitante plus souvent que vous ne le croyez, surtout si vous profitez de cette activité pour exprimer votre créativité au milieu de la routine quotidienne et limitez vos efforts, comme le suggère Peri, à ce qui est « simple, faisable et abordable ».

Aujourd'hui, pourquoi ne pas profiter des belles choses qui vous entourent ? Pourquoi attendre que ce soient les autres qui reconnaissent et apprécient leur beauté ? À force de les utiliser, vous vous rendrez compte que les aspirations authentiques – qu'il s'agisse d'enjoliver sa table ou de découvrir sa vocation – sont des envies légitimes.

Il y a une personne spéciale qui vient dîner ce soir. Devinez qui. Ce sera tout un bond en avant dans la prise de conscience de l'abondance, si, en honorant votre table de sa présence, la femme authentique en vous y trouve les généreuses portions d'amour, de respect et d'hospitalité qu'elle mérite tant, servies dans votre plus belle assiette.

16 JUILLET

Un festin saisonnier : le plaisir de l'attente

Pourquoi un jour est-il plus grand que l'autre,
puisque, toute l'année, la lumière vient du soleil?
C'est qu'ils ont été distingués dans la pensée du Seigneur,
qui a diversifié les saisons et les fêtes.
Il a exalté et consacré les uns
et fait des autres des jours ordinaires.

L'Ecclésiastique 33, 7-9

L a cuisine saisonnière est le plus simple des plaisirs, mais l'un des plus méconnus. Elle donne harmonie et rythme à nos jours, démontrant avec une douce sagesse que la simplicité et l'abondance sont des âmes sœurs. Le plaisir de manger des produits de saison métamorphose les repas les plus ordinaires en moments bénis, nous rappelant les sages paroles du Livre des Proverbes nous disant que « le cœur joyeux est toujours en fête ».

Cuisiner selon la saison est également économique. Nous croyons souvent qu'utiliser les aliments les plus frais possible, à l'apogée de leur saveur, est un luxe ; pourtant, c'est là la meilleure façon de *bien* manger quand on dispose d'un budget modeste. En outre, si votre frugalité se fait aussi subtile et sophistiquée, comment la fille matérialiste en vous peut-elle crier famine quand vous lui offrez pour dîner des légumes sautés accompagnés de fromage de chèvre mariné, des *bruschettas* (pain italien grillé garni de tomate, de mozzarella et de basilic) et un gâteau aux pêches nappé d'un coulis de mûres pour dessert?

L'été est la saison où Mère Nature nous en met plein la vue, nous prouvant que l'Univers n'est pas avare. En ce moment, les jardins et les marchés débordent des délicieux fruits de la terre. Alors que l'été nous offre de généreuses leçons d'économie domestique, c'est le temps idéal de repenser votre façon de cuisiner tout au long de l'année.

Un des meilleurs livres de cuisine que je connaisse en matière de festins saisonniers est *Judith Huxley's Table for Eight*. Judith Huxley était une merveilleuse écrivaine, cuisinière et jardinière, et son amour pour ces trois arts authentiques saute aux yeux à chaque page de ce magnifique ouvrage. Il comprend cinquante-deux menus sensationnels – une promenade qui nous invite, chaque semaine de l'année, à célébrer les plaisirs de la table. Je m'inspire régulièrement de ce livre, habituellement le dimanche, quand je prépare nos agapes familiales.

« Aucune saison n'apporte autant de ravissement, écrit le poète anglais William Browne, que l'été, l'automne, l'hiver et le printemps. » Le plaisir de cuisiner les aliments de saison, qui s'inscrit parfaitement dans l'esprit de l'abondance dans la simplicité, vous convaincra que la vie peut être un perpétuel festin à la table de Mère Nature.

17 JUILLET

Des pains et des poissons : première partie

Nous n'avons ici que cinq pains et deux poissons.

MATTHIEU 14, 17

Connaissez-vous l'histoire de Jésus qui a nourri une foule de cinq mille croyants, chercheurs, sceptiques ou simples badauds qui étaient venus entendre ses enseignements ? Le soir étant venu, ses disciples voulurent renvoyer les gens chez eux, mais Jésus leur dit que cela n'avait aucun sens, que ces gens étaient exténués et affamés. « Mais nous n'avons ici que cinq pains et deux poissons, à peine de quoi nous nourrir nous-mêmes, rétorquèrent les disciples. Comment pourrons-nous nourrir tant de monde ? » « Apportez-moi ce que vous avez », répondit Jésus. Puis il leva les yeux au ciel, rendit grâce, bénit les pains et les poissons et les donna à ses disciples pour qu'ils les distribuent au peuple. Quand tous furent rassasiés, il restait encore douze paniers pleins.

J'aime cette histoire parce qu'elle illustre puissamment la prise de conscience de l'abondance et nous présente un exemple vivant de l'abondance dans la simplicité. Les évangiles de Matthieu et de Marc rapportent que Jésus a accompli *deux fois* ce genre de miracle. À la seconde occasion, il nourrit quatre mille personnes à partir de sept pains et de quelques poissons. Mais cette fois, les grands prêtres, se sentant de plus en plus menacés, voulurent lui causer des ennuis. Ils lui demandèrent de faire d'autres prodiges pour prouver sa divinité. Jésus ne réagit pas à leurs railleries et s'en alla, mettant ses disciples en garde contre « le levain des pharisiens et des sadducéens » (faisant sans doute référence à la vanité de la religion traditionnelle). Mais les apôtres interprétèrent cet avertissement *au pied de la lettre* et présumèrent que le pain de cette ville n'était pas sain. Ils décidèrent donc de n'y acheter aucun pain et de se rendre dans la prochaine ville pour s'y sustenter.

Plusieurs heures plus tard, ils durent traverser un lac en bateau; le voyage s'étirait beaucoup plus que prévu. Les disciples se mirent à se plaindre du fait qu'ils n'avaient pas emporté de pain. Affamés, ils demandèrent à Jésus: «Que faire? Qu'allons-nous manger?» Manifestement mécontent de ce qu'ils n'avaient pas compris son message, il les réprimanda en leur disant: «Gens de peu de foi, pourquoi faire en vous-mêmes cette réflexion que vous n'avez pas de pains? Vous ne comprenez pas encore? Vous ne vous rappelez pas les cinq pains pour cinq mille hommes [...] ni les sept pains pour quatre mille hommes, et le nombre de corbeilles que vous en avez retirées? Comment ne comprenez-vous pas que ma parole ne visait pas des pains? [...] Vous avez des yeux, mais ne voyez pas; vous avez des oreilles, mais n'entendez pas. »

Voilà qui est riche d'enseignements, car le morceau de choix qui se cache derrière ce récit de manque et d'abondance, c'est que les apôtres *ne comprenaient tout simplement pas*. Les miracles se succédaient devant leurs yeux, mais ils ne voyaient pas ce qui se passait. Ils étaient des êtres humains comme les autres, même si leurs travaux pratiques étaient dirigés par un Maître. Cela ne suffisait pas, car ils n'avaient pas vécu personnellement une transformation intérieure.

Il en est de même pour nous. Combien de fois nous arrive-t-il de ne pas comprendre ce qui se passe ? Qu'il s'agisse d'une lutte pour le pouvoir qui affecte une relation importante, de l'incapacité de freiner nos dépenses, d'un problème professionnel qui mine l'estime de soi, de la menace d'une dépendance chez nous-mêmes ou chez des proches, ou encore d'une forme inconsciente d'autosabotage qui nous précipite d'une crise à l'autre. Peu importe ce qui est en cause. De tels scénarios se produisent chez la plupart d'entre nous et *se perpétueront* tant que nous n'aurons pas pris conscience du mode de comportement sous-jacent. Peut-être devrions-nous commencer à y prêter attention : il n'est pas nécessaire de revivre toujours les mêmes expériences.

Notre incompréhension découle habituellement de notre incapacité d'interpréter l'expérience extérieure quand elle est retransmise dans notre interphone intérieur. Nous n'arrivons pas à traiter cette information intérieurement. Ce qui se produit dans notre vie extérieure se déroule dans une langue étrangère que nous ne saisissons pas. Alors, ou nous présumons que la manifestation extérieure est la réalité (ce qui n'est pas nécessairement le cas), ou nous devons répéter l'expérience en question jusqu'à ce qu'elle acquière un sens – comme lorsque nous apprenons une langue étrangère en nous y exposant de façon intensive. L'écrivaine Edna Saint Vincent Millay l'exprime ainsi : « Ce n'est pas vrai que la vie c'est un ennui après l'autre ; c'est plutôt un ennui qui ne cesse de se répéter. »

Mais la capacité de s'exprimer dans des langues inconnues est un don de l'Esprit. Le langage du cœur est le désir ; le langage de l'esprit est le raisonnement ; le langage des émotions est le sentiment. L'Esprit les parle tous. Aujourd'hui, je nous souhaite à toutes de comprendre enfin : de cesser de mettre l'accent sur ce que nous n'avons pas et de rendre grâce pour ce que nous avons. D'accepter, de remercier, de bénir et de partager. De ne plus stocker et retenir de peur de manquer. Car l'Esprit ne manque de rien.

Tant que vous avez quelques pains et quelques poissons et savez quoi en faire, vous avez tout ce qu'il vous faut.

18 JUILLET

Des pains et des poissons : deuxième partie

L'hospitalité est une forme de culte.

LE TALMUD

C omme d'autres plaisirs simples de la vie – la décoration, le jardinage, la cuisine –, plusieurs d'entre nous remettons toujours les réceptions à plus tard parce que nous en faisons toute une histoire. Nous préparons des repas plus compliqués et plus onéreux pour nos invités que pour nous ; nous consacrons plus d'argent et de temps à leur planification, aux emplettes et à leur préparation. Nous mettons le paquet pour créer l'ambiance parfaite : le branle-bas de combat commence par un grand ménage de la maison et se termine par une présentation de la table qui mériterait une photo. Le rythme familial est perturbé pendant des jours ; on va jusqu'à changer des meubles de place et à bouleverser la routine quotidienne. Je connais des femmes qui paniquent tellement quand elles reçoivent qu'elles jurent de ne plus jamais se laisser prendre dès que les invités ont quitté les lieux. Il n'est guère étonnant dans ces conditions que la seule pensée de recevoir nous accable et n'arrive pas à se matérialiser, jusqu'au jour où un événement spécial s'impose à nous et nous contraint de nous montrer à la hauteur de la situation.

J'ai été réconfortée d'apprendre que durant la Crise de 1929, les réceptions n'avaient pas complètement disparu. On les réduisait plutôt à des dimensions abordables. Au lieu de préparer des repas de plusieurs plats, on s'en tenait à un mets, qui devenait le thème de la rencontre : on offrait par exemple des apéritifs et des amuse-gueule, une soupe et des sandwichs, des crêpes ou du spaghetti, du dessert et du café. Les rencontres se déplaçaient de la salle à manger à la cuisine ; une nouvelle recette y était à l'honneur et sa préparation faisait partie de la fête. Les repas collectifs devinrent à la mode, chaque couple ou invité apportant un plat, ce qui en faisait de véritables festins.

Les repas communautaires sont une merveilleuse coutume qui mérite d'être ressuscitée. Les personnes invitées à une réception demandent souvent ce qu'elles peuvent apporter. Quand chaque convive y va de sa spécialité, la dépense de temps et d'argent s'en trouve réduite et le repas peut devenir une aventure gastronomique même si la réception est tout ce qu'il y a de plus sobre.

En France, le festin hebdomadaire pour la famille et les amis repose sur la *cuisine de femme*, qui a « du goût, de l'âme et un sens ». Mireille Johnston, qui est née à Nice, célèbre ce style de réception empreint d'abondance dans la simplicité dans *The French Family Feast*, un délicieux recueil de menus succulents mais simples qui conviendraient merveilleusement à un repas collectif.

Une des plus importantes leçons du miracle de la multiplication des pains, c'est le partage de l'abondance. Nous devons nous rappeler de partager nos plaisirs, surtout si nous voulons qu'ils se multiplient. Voici ce qu'écrit Mireille Johnston à ce sujet: « Les banquets du Moyen Âge se terminaient souvent par une cérémonie où les invités juraient sur un faisan doré qu'ils étaient prêts à partir pour les Croisades. Vos proches et vos amis s'assoiront à votre table enflammés et fermement convaincus que si l'avenir nébuleux repose entre les mains des dieux, le présent glorieux se trouve joyeusement dans leur assiette. Et ils repartiront rassurés de savoir que l'énergie et la grâce, les rires insouciants et les odeurs appétissantes, le pouvoir de ces plats simples et grandioses – tous ces miracles et d'autres encore peuvent se répéter à volonté. »

19 JUILLET

Se ménager du temps pour des activités personnelles gratifiantes

C'est le devoir de l'âme d'être fidèle à ses propres désirs.
Elle doit s'abandonner à sa passion maîtresse.

REBECCA WEST

Après avoir déposé sa plume, la romancière Marjorie Kinnan Rawlings mijotait des intrigues tout en faisant des tartes. Isak Dinesen faisait des bouquets de fleurs. Katharine Hepburn tricotait pour passer agréablement les longs moments sur le plateau. La reine Victoria a rempli des douzaines de carnets de jolis portraits à l'aquarelle de ses enfants, qui révèlent un autre aspect de cette femme qui prenait plaisir à manier le pinceau quand elle n'était pas occupée à diriger son empire.

« Nous sommes traditionnellement plutôt fières de nous-mêmes quand nous avons réussi à glisser des activités créatives entre les tâches domestiques et les obligations », fait observer l'écrivaine Toni Morrison, « mais je ne suis pas sûre que nous méritions un A+ pour cela. »

La maison nous réclame. Les enfants nous réclament. Le travail nous réclame. Quand donc le tableau ou le poème nous réclament-ils ?

Probablement chaque jour. Mais nous sommes trop occupées à écouter tous les autres plutôt que notre moi authentique. C'est peut-être parce que nous nous sommes persuadées que nous ne pouvons pas nous adonner à des activités personnelles gratifiantes si elles exigent plus de quinze minutes. Si nous n'entendons pas les soupirs de nos désirs profonds, c'est peut-être que nous ne voulons pas les entendre. Car si nous les entendions, nous serions forcées de les reconnaître, voire d'y répondre. Nous avons peur d'entendre les invitations pressantes de la femme en nous qui veut apprendre à dessiner, à danser, à cultiver des orchidées, à recouvrir un fauteuil, à cuisiner des mets *szechuan*. Nous serions obligées de suivre des cours ou d'acheter un livre, un carnet et des crayons, un collant, une plante, du tissu ou de la sauce *hoisin*. Pas de temps pour la passion ; il faut être pratique. Nos aspirations primordiales, absolues, devront attendre que nous ayons plus de temps : quand les enfants partiront pour l'école, que maman ira mieux, que les dossiers se régleront au bureau.

Et si vous trouviez une autre réponse ? Si vous disiez : « Mes passions profondes devront attendre que je sois prête à admettre que leur satisfaction est essentielle à mon bonheur » ? Si vous disiez : « Je n'ai pas encore appris à me mettre sur la liste de mes priorités » ? Remarquez que je n'ai pas suggéré que vous vous mettiez en tête ; je veux simplement que vous soyez sur la liste.

L'écrivaine victorienne Mary Ann Evans a su aborder sa passion de l'écriture avec un esprit pratique. Elle a pris un pseudonyme masculin, George Eliot, pour que ses romans *Middlemarch*, *Silas Marner* et *The Mill on the Floss* soient publiés à une époque où l'on ne tenait pas compte des aspirations profondes des femmes. Voici ce qu'elle dit à propos des grandes passions : « Il me semble que nous ne pouvons jamais abandonner nos envies et nos désirs quand nous vivons pleinement. Il y a des choses que nous trouvons belles et bonnes et nous *devons* les désirer ardemment. »

Trouver le temps et l'espace pour entretenir notre créativité peut être une de nos aspirations profondes. Peut-être croyons-nous que seuls la nourriture, l'alcool, le travail, le sexe, la consommation ou les pilules peuvent apaiser notre faim dévorante. Mais si nous consacrions une heure par jour à la peinture, à l'écriture ou à la poterie, peut-être nos souffrances – physiques et morales – disparaîtraient-elles.

Peut-être...

20 JUILLET

Le nord vrai

Il est bon d'avoir un but à son voyage ;
mais c'est le voyage qui importe, pas le but.

URSULA K. LE GUIN

A vant, je croyais que je ne trouverais le bonheur qu'en par-
venant à la destination à laquelle mon cœur aspire. Les explorateurs appellent cela le « nord vrai ». Pour moi, le nord vrai était
d'avoir assez de succès pour gagner l'argent qui me permettrait de
garder la maîtrise de mon destin créateur, pour me payer le luxe
de combler mes passions. Maintenant que j'ai parcouru beaucoup
plus de route sur ce chemin que je pouvais l'imaginer quand cette
aventure a commencé il y a vingt-cinq ans, je me rends compte que
j'ai toujours tenu le gouvernail de mon destin, même si je n'ai pas
toujours eu le premier mot à dire sur l'itinéraire. C'est simplement
que je n'avais pas assez de sagesse pour m'en rendre compte avant
maintenant.

Plus important encore, j'ai appris que l'attitude avec laquelle
nous faisons le voyage comptait autant, sinon davantage, que d'atteindre notre destination. Pour connaître le bonheur véritable,
nous devons être prêtes à courtiser les bonheurs à chaque étape du
voyage. Car en fin de compte, le voyage est tout ce que la plupart
d'entre nous connaîtrons, tous les jours que le bon Dieu amène.
Notre voyage, c'est notre vie de tous les jours.

Un jour, en 1923, l'artiste-peintre Georgia O'Keeffe en vint à
la même conclusion : « Je me suis dit à moi-même [...] Je ne peux
pas vivre où je veux. [...] Je ne peux pas aller où je veux. [...] Je ne
peux pas faire ce que je veux. Je ne peux même pas dire ce que
je veux. J'ai décidé que je serais très stupide de ne pas au moins
peindre ce que je veux. [...] Cela semblait être la seule chose que
je pouvais faire qui ne regardait personne d'autre que moi. »

Nous ne sommes peut-être pas toutes capables de peindre comme Georgia O'Keeffe, qui trouvait autant de splendeur dans les os et les sables du désert que dans les fleurs, mais nous pouvons certes apprendre peu à peu à suivre son exemple, à trouver le temps de nous adonner à d'agréables rêveries qui nous permettent de mieux connaître notre moi authentique et nous donnent une idée du nord vrai.

Car c'est dans les heures de gestation – ces moments que nous avons jadis pu qualifier de «oisif» – que nous sommes le plus riches de nos possibilités. Le poète anglais Rupert Brooke, qui a célébré le bonheur paisible avec tant d'éloquence, parlait de ces rares âmes privilégiées qui peuvent «emmagasiner des réserves de calme et de bonheur [...] et y puiser plus tard quand la source n'est plus là, mais que le besoin se fait pressant».

Cette aptitude – l'art de prendre soin avec ferveur de notre moi authentique – s'acquiert rarement de façon simple et naturelle. Mais avec l'entraînement, de la patience et de la persévérance, nous finirons par la maîtriser.

21 JUILLET

L'importance de la solitude

Si les femmes étaient convaincues que prendre une journée de congé ou une heure de solitude est une ambition raisonnable, elles trouveraient le moyen de la combler. Les choses étant ce qu'elles sont, elles ont tellement l'impression que cette demande est injustifiée qu'elles essaient rarement de la satisfaire.

ANNE MORROW LINDBERGH

Je suis persuadée que la fin du monde ne prendra pas la forme d'un affrontement entre deux armées, mais d'une goutte d'eau qui fera déborder le vase : le fax qui démolit en une seule phrase six mois de travail, le coup de téléphone qui vous donne le vertige, la demande apparemment innocente d'effectuer encore une tâche de plus. Pouvons-nous assister à une autre réunion ? Écrire une autre note avant de quitter le bureau ? Faire une autre fournée de biscuits ? Nous charger d'un autre transport d'enfants cette semaine ? Soudain, sans prévenir, les femmes se précipiteront en hurlant dans la nuit, quittant maris et enfants stupéfaits, qui se demanderont s'ils ont dit quelque chose qui ne convenait pas. Gardez toujours à l'esprit que Greta Garbo n'a jamais déclaré qu'elle voulait être toute seule. Elle a plutôt dit : « Je veux qu'on me laisse tranquille. » Il y a là une grande différence.

Je crois qu'il est essentiel pour les femmes occupées – nous toutes – de s'arrêter un moment, maintenant, pour repenser toute la question de la solitude. Nous sommes trop nombreuses à considérer la solitude comme un caprice ou un luxe plutôt qu'une nécessité. Pourquoi en serait-il ainsi ?

Se pourrait-il qu'en nous dupant nous-mêmes, ce soit notre vie intérieure que nous appauvrissions ? Après tout, si le manque ne se manifeste pas extérieurement, si nous pouvons le refouler, le maquiller encore une fois, pourquoi alors nous en préoccuper ? Pourquoi ?

« Certaines sources ne jaillissent que lorsque nous sommes seuls. L'artiste sait qu'il a besoin de solitude pour créer, l'écrivain pour élaborer sa pensée, le musicien pour composer, le saint pour prier. Les femmes, elles, ont besoin de solitude pour retrouver leur essence véritable », nous dit Anne Morrow Lindbergh. « Le problème n'est pas uniquement de se trouver un coin et des moments de solitude, quelque difficile et nécessaire cela soit-il. Le problème, c'est surtout d'apprendre à apaiser notre âme au milieu de nos activités. En fait, c'est d'apprendre à nourrir notre âme. »

22 JUILLET

Ne négligez pas les cadeaux enfouis en vous

Elle endurait. Elle survivait. Précairement peut-être,
mais il ne nous est pas demandé d'avoir une belle vie.

ANNE CAMERON

Eh oui, cela nous est demandé! Nous reviendrons peut-être
vivre une autre vie – et je suis ouverte à cette possibilité –,
mais tant que je n'en serai pas absolument sûre, je ne veux pas
gaspiller celle que je vis présentement. J'ai enduré. J'ai survécu.
Et j'ai vécu d'une façon précaire. Mais avoir une belle vie est bel
et bien ce qui nous importe.

Au fil des ans, en particulier depuis que j'essaie *peu à peu*
d'honorer la présence de l'Esprit dans ma vie en laissant émerger
les cadeaux enfouis en moi, j'ai beaucoup réfléchi à cette directive
intérieure, à ce désir de solitude. Car j'aime passer du temps avec
mon mari et ma fille ou avec des amies intimes, participer à des
séances de remue-méninges, et travailler en équipe à des projets
stimulants. Mais ce que j'ai découvert en composant mon concerto
intérieur, c'est que certaines notes ont besoin de silences. J'aspire
à ce que May Sarton appelait «des moments ouverts, où notre
seule obligation consiste à rentrer en nous-mêmes et à observer ce
qui s'y passe». Pour conserver mon harmonie intérieure, j'ai absolument besoin de me réserver au moins une heure de solitude par
jour et de défendre ce répit salutaire à mon âme contre tous les
envahisseurs et toutes les distractions.

Rechercher délibérément la solitude – des moments de qualité à l'écart de la famille et des amis – peut sembler égoïste. Il n'en
est rien. La solitude est aussi nécessaire au développement et à
l'épanouissement de notre âme que le sommeil et la nourriture le
sont à la survie de notre corps. «Quitter nos amis et nos proches
pour cultiver délibérément l'art de la solitude pendant une heure,
un jour ou un mois est une leçon difficile à apprendre aujourd'hui,

admet Anne Morrow Lindbergh. Mais une fois que nous y avons réussi, je trouve la solitude d'une étonnante richesse. La vie s'engouffre à nouveau dans l'espace vacant, plus riche, plus vibrante et plus pleine qu'avant. »

À mes yeux, Anne Morrow Lindbergh, qui a enduré une quantité inimaginable d'épreuves, a démontré par son courage et sa vie créative qu'il ne suffit pas d'endurer ou de survivre. Nous devons surmonter les difficultés, apprendre à jouer nos notes avec virtuosité. Nous devons jouer une octave plus haut, ou une plus bas : celle, en fait, qui nous permettra de trouver le délicat équilibre entre nos passions personnelles les plus profondes et notre engagement envers notre famille, nos amis, nos amoureux et notre travail. Pour ma part, j'ai découvert que c'est dans le silence que nous avons le plus de chances d'entendre les doux accords de l'harmonie.

23 JUILLET

Dérobez des moments de solitude

Elle n'avait pas l'habitude de goûter les joies de la solitude sinon en compagnie.

EDITH WHARTON

Dans ces conditions, il nous faut un plan. J'ai essayé à maintes et maintes reprises au cours de la dernière décennie de me réserver un moment de solitude tôt le matin et tard le soir, quand le reste de la maisonnée est endormi. Ces solutions se sont toutes deux avérées inapplicables parce qu'à ces moments, j'ai tellement sommeil que je ne peux pas fonctionner, encore moins réfléchir ou créer. J'ai le sentiment de ne pas être la seule à avoir besoin de ces heures de repos.

Durant l'année scolaire, je prends un moment de solitude dès que mon mari et ma fille Katie ont quitté la maison. Je me trouve très privilégiée de travailler à la maison et de pouvoir consacrer au recueillement cette heure que plusieurs passent à se rendre au travail. L'été et durant les congés scolaires, je dérobe une heure dès que l'occasion se présente, habituellement le soir, ou quand personne ne s'en rend compte. (C'est ce qu'on appelle être inventive et déterminée.)

Si vous travaillez à l'extérieur, vous pourrez peut-être profiter de l'heure du dîner pour vous échapper en solitaire quelques fois par semaine. Nul besoin de mettre qui que ce soit au courant de ces escapades. Y a-t-il une belle bibliothèque, un musée, une cathédrale ou un jardin public où vous pourriez vous réfugier à l'heure du dîner ? Pourquoi ne pas explorer les possibilités qui s'offrent à vous ?

Mais peut-être devez-vous, comme bon nombre de mes amies, faire des affaires à l'heure du dîner. Inscrivez alors une demi-heure à votre agenda, avant et après le travail, pour vous retirer et réfléchir. Une amie croyait que c'était impossible avant d'en tenter l'expérience ; maintenant, ce moment de recueillement est devenu pour elle sacré.

Si tout cela s'avère impossible, il faudra absolument vous ménager des moments de solitude à la maison, au moins deux soirs par semaine, même si votre agenda est très chargé. Inscrivez « À la maison » sur votre calendrier et soyez fidèle au rendez-vous.

Que faire si vous n'êtes pas seule à la maison ? Revendiquez une heure de solitude au cours de la soirée, quand les enfants sont au lit ou occupés à faire leurs devoirs, dussiez-vous vous réfugier dans votre baignoire. Soyez inventive, voire rusée s'il le faut. Pourquoi ne pas vous retirer dans votre chambre une heure plus tôt que votre compagnon pour lire et vous détendre ? Une de mes amies est cadre supérieure pour un réseau de télévision ; c'est là un métier prestigieux et stimulant, mais extrêmement stressant, qui lui demande de travailler tard le soir au cours de la semaine. Voici la solution qu'elle a trouvée pour s'assurer des moments de solitude : elle reste au lit toute la journée le samedi pour recharger ses batteries, et ne retrouve son mari qu'à l'heure du souper. Si vous devez combiner le soin des enfants et de la maison et un travail extérieur, réclamez deux heures pour vous-même le dimanche après-midi. Accordez-vous la permission de vivre cette retraite sacrée.

Si vous avez des enfants qui ne vont pas encore à l'école, profitez de l'heure de la sieste pour goûter les plaisirs de la solitude. Ce n'est pas le temps de faire du ménage, mais bien de vous ressourcer. Si vos enfants sont trop vieux pour faire la sieste (quoique selon moi, nous ne sommes jamais trop vieux pour cela), ne vous découragez pas. Modifiez votre stratégie. Proclamez l'heure qui suit le dîner «Moment de repos». Conduisez vos enfants à leur chambre, doucement mais fermement, et offrez-leur quelques jouets qu'ils ne pourront utiliser qu'à cette occasion. Dites-leur que vous les reverrez dans une heure et retirez-vous dans vos quartiers.

Si vous passez la moitié de votre vie à véhiculer vos enfants, mettez au point des stratégies qui vous aideront à faire face à la musique. Après le transport du matin, allez boire un bon cappuccino dans un café tranquille. L'après-midi, arrangez-vous pour arriver à l'école au moins une demi-heure d'avance avec un livre intéressant. Ayez toujours à la portée un carnet et un crayon pour noter les inspirations qui viendront sûrement quand vous vous serez engagée à prendre le temps de nourrir votre âme, dussiez-vous le faire dans votre voiture garée. Certaines de mes meilleures inspirations me sont venues au moment où j'attendais les enfants à la sortie de l'école. Ouvrez-vous à l'imprévu.

24 JUILLET

Un gros prix à payer

[Certaines] femmes très performantes sont bombardées de demandes, tant extérieures qu'intérieures, et ne savent pas les filtrer. Ces femmes se plaignent que la première chose qu'elles doivent sacrifier, ce sont leurs moments de solitude et leurs passions personnelles.

HARRIET B. BRAIKER

401

Celles parmi nous qui ne prennent pas régulièrement le temps de s'isoler pour se reposer et récupérer risquent de souffrir de ce que les psychologues appellent le « syndrome de manque d'intimité ». Parmi les symptômes de cette affection, on retrouve un ressentiment croissant, les sautes d'humeur, la fatigue chronique et la dépression. Cela vous dit quelque chose ? Cela vous semble lugubre ? Vous avez raison, c'est lugubre. Les victimes passent leur journée à se démener dans un vacuum d'exaspération et se couchent le soir trop épuisées émotivement pour bien dormir. La moindre chose – et pas seulement de la part des enfants – peut les faire exploser, fondre en larmes ou piquer une colère. Les relations personnelles et professionnelles ne tarderont pas à se détériorer. Pourquoi ? Parce qu'une personne qui ne prend jamais de répit n'est pas toujours facile à vivre. Ce cycle peut se perpétuer jusqu'à ce qu'une maladie fasse son apparition. Vous vous rappelez la grippe qui vous a enlevé vos moyens pendant cinq semaines l'an passé ? Le mal de dos qui vous a forcée à vous aliter deux semaines l'été dernier ? La sinusite dont vous n'arriviez pas à vous débarrasser le mois dernier ?

Pourquoi attendre de tomber malade pour prendre congé et s'accorder des moments de solitude ? C'est malheureusement ce que font beaucoup de femmes. C'est peut-être ce qui vous arrive actuellement, mais il n'est pas nécessaire que cette situation perdure. Si vous vous surprenez régulièrement à souhaiter vous retrouver au lit avec une bouillotte et des sédatifs, c'est que le syndrome de manque d'intimité exige de vous un prix élevé. Croyez-moi, il existe une meilleure voie.

Ouvrir une porte qui sépare deux mondes

Il y a des voix qui se font entendre dans la solitude,
mais elles s'affaiblissent et deviennent imperceptibles
quand nous entrons dans le monde.

RALPH WALDO EMERSON

Il est impossible de faire l'expérience de la solitude régulièrement pendant un certain temps sans que nos passions personnelles ni nos aspirations profondes remontent à la surface. Une fois que vous vous êtes engagée dans la recherche de votre style personnel, que vous avez décidé de suivre les sages conseils de votre cœur et commencé à en voir les fruits dans votre vie, vous constatez que la solitude ouvre la porte qui sépare deux mondes : notre vie actuelle et celle à laquelle nous aspirons au fond de notre cœur.

Nous pouvons toutes trouver des façons de nous régénérer quand nous réalisons à quel point nous avons besoin de solitude pour connaître l'harmonie intérieure. Dans une histoire intitulée « Pose-moi une devinette », Tillie Olsen parle d'une femme qui « n'échangerait sa solitude contre rien au monde. *Jamais plus elle ne vivrait au rythme des autres.* » Nous vivons probablement pour la plupart au rythme des autres plus souvent que nous le souhaiterions, mais une fois que nous avons appris à respecter et à aimer notre besoin de solitude, il se présente des occasions d'apprendre à alimenter notre imagination et à nourrir notre âme.

Allez-y doucement, mais résolument. Il est réconfortant de savoir que tous les moments de solitude, même les quinze minutes dérobées ici et là, finissent par imprégner votre vie de sérénité. Soyez patiente. Ne vous attendez pas à de grands résultats trop tôt, surtout s'il vous faut réorganiser votre horaire et considérer les attentes de vos proches concernant ce que vous êtes censée faire et quand vous êtes censée le faire. Soyez patiente.

Et les jours – peut-être aujourd'hui même – où vous n'avez pas une minute à vous, prenez à cœur le conseil du photographe Minor White qui a constaté que « même si le film dans l'appareil est peu sensible, l'Esprit se tient toujours tranquille assez longtemps pour le photographe qu'Il a choisi ».

26 JUILLET

Qu'aimeriez-vous faire si vous aviez le temps ?

Intéressez-vous à la vie qui vous entoure : aux gens, aux choses,
à la littérature, à la musique. Le monde est tellement riche,
vibrant de précieux trésors, de belles âmes et de personnes intéressantes.
Oubliez-vous.

HENRY MILLER

Au début, prendre régulièrement des moments de solitude pour rassembler vos pensées vous semblera un plaisir suffisant. Prendre du temps pour nourrir votre vision personnelle, exprimer votre créativité, vous adonner à une activité personnelle gratifiante : cela vous apparaîtra carrément impossible. Inimaginable, infaisable, inconcevable. Hors de question.

« D'accord, dans une autre vie », est la réponse habituelle, accompagnée de soupirs sonores et de roulements d'yeux, quand j'aborde le sujet dans mes ateliers. Puis viennent les regards songeurs. « Vous voulez dire avoir du plaisir ? » s'enquièrent les femmes.

« Oui, avoir du plaisir. »

« Toute seule ? »

« Oui, toute seule. Se faire plaisir. Qu'aimeriez-vous faire si vous aviez le temps ? »

« Vous dites bien "plaisir" ? »

Vous pouvez voir où cela nous mène. La plupart des femmes que je connais ont du mal à s'engager dans une conversation quand on parle de plaisir. Faites-nous parler des éruptions dues aux couches ou de la théorie de la relativité d'Einstein, nous nous défendrons assez bien. Mais du plaisir pour le plaisir ? La vérité, c'est que quelque part entre la famille et la carrière, nous avons oublié une partie essentielle de nous-mêmes au cours des vingt dernières années. Une fois que nous avons commencé à nous retirer pour renouer avec notre moi authentique, nous découvrons habituellement qu'il nous manque quelque chose.

Cela s'appelle l'enthousiasme. L'exubérance. La joie de vivre. L'amour de la vie. L'immense bien-être que nous éprouvons quand les morceaux de notre casse-tête se placent enfin. La joie profonde qui nous envahit quand quelque chose nous fait vraiment plaisir. Quelque chose bien à nous. Autrefois, on donnait à cette chose magique le nom de passe-temps.

Mais que faire ? Selon l'auteure Brenda Ueland, notre imagination a besoin pour s'épanouir « de longs et agréables moments de paresse, de flânerie, d'activités improvisées ». Peut-être nous faudra-t-il aussi faire une petite recherche personnelle pour découvrir les activités solitaires qui nous plaisent. Cela fait si longtemps que nous avons consciemment consacré du temps à la rêverie que bon nombre d'entre nous ne savons absolument pas quoi faire – à part une sieste – lorsque nous avons quelques heures où il n'y aura de compte à rendre qu'à nous-mêmes. Nous gaspillons les rares moments de loisir qui s'offrent à nous en battant en retraite.

Aujourd'hui, cédez à votre besoin de folâtrer. En flânant et en vaquant à mille et une petites choses, pensez aux rêveries enrichissantes qui vous procuraient du plaisir par le passé et que vous avez mises de côté. « La façon dont j'envisage mon travail ne diffère pas de celle dont j'aborde le point de croix ou la cuisine, écrit Diane Johnson. Voici le projet dans lequel je me lance. C'est un jeu. En ce sens, toute ma vie devient un jeu – qu'il s'agisse de coudre ou de faire du point de croix, de cueillir des fleurs, d'écrire ou de faire le marché. » Quand vous introduisez le jeu dans votre train-train quotidien en y insérant des activités personnelles, la vie prend une cadence harmonieuse.

27 JUILLET

Joies solitaires

Seule, seule. Oh ! On m'a mise en garde contre les vices solitaires.
A-t-on suffisamment fait l'éloge des joies solitaires ?
Y a-t-il beaucoup de monde qui connaisse leur existence ?

JESSAMYN WEST

Vous vous rappelez cette époque lointaine où nous savions toutes jouer ? Retournons à nos tendres années pour y trouver des pistes. Aimiez-vous jouer en solitaire quand vous aviez dix ans ? Quelles étaient vos activités parascolaires préférées à l'école secondaire, puis au collège ? Il n'y a rien dans notre vie passée qui ne serve plus, rien de ce qui nous rendait heureuses et nous comblait qui soit perdu. Un fil doré relie toutes les étapes de notre vie. Il nous faut simplement redécouvrir ce fil avant que notre joie de vivre s'estompe complètement.

Pourquoi ne pas faire une petite séance de remue-méninges pour déterrer vos douceurs enfouies ? Faites une liste de dix activités solitaires qui vous plaisent. N'y réfléchissez pas trop longtemps ; mais ne vous étonnez pas si cela vous prend quelques minutes pour trouver quelque chose.

Vous avez besoin d'aide ? D'accord. Quel était votre jeu préféré quand vous étiez enfant ? Votre sport préféré ? Votre film préféré ? Votre livre préféré ? Votre bande dessinée préférée ? Votre chanteur ou votre groupe préféré ? Quel a été votre plus beau moment durant votre enfance ? Durant votre adolescence ? À l'âge adulte ? Pouvez-vous en recréer le souvenir ?

Si vous pouviez acquérir instantanément trois nouvelles aptitudes, lesquelles choisiriez-vous ? Jouer du piano ? Faire du patin artistique ? De la photo d'art ? À l'insu de tous, quelles activités non conformistes aimeriez-vous essayer ? La danse du ventre ? La pantomime ? Diriger une montgolfière ? Quels exploits vous attirent, même si vous ne vous y essaieriez probablement jamais ? Un monologue humoristique ? L'escalade ? La plongée sous-marine ? Si on payait toutes vos dépenses, quel voyage auriez-vous le goût d'entreprendre ? Faire des fouilles archéologiques en Égypte ? Voyager sur l'Orient-Express ? Visiter des collections de grands couturiers à Paris ? Aimez-vous faire des choses de vos mains ? De la tapisserie, de la reliure, du jardinage ? Ou préférez-vous les arts visuels ? Encadrer des tableaux ? Faire du vitrail ? Fabriquer des abat-jour ?

Vous saisissez ? Il y a autour de nous un monde fabuleux à explorer. Nous n'avons qu'à vouloir tenter des expériences. Un passe-temps est une merveilleuse occasion de réveiller nos talents naturels. Cela exige un petit effort. D'abord, nous devons trouver ce que nous avons le goût de faire pour chasser le cafard. Ensuite, nous devons trouver le temps de le faire. « Nous ne pouvons vraiment nous attendre à rien d'autre qu'à l'inattendu », affirmait Alice James, sœur d'Henry et de William James. En cherchant et en trouvant une activité solitaire qui vous donnerait le goût de sauter du lit chaque matin pour vous y adonner, vous découvrirez la pertinence de ces propos.

28 JUILLET

S'entraîner au plaisir

Quel est votre passe-temps ? Chaque femme devrait avoir une activité favorite dans la vie, en dehors de la routine quotidienne composée de ses occupations habituelles. Quelle est la vôtre ?

THE MOTHER'S MAGAZINE, janvier 1915

« **I**l y a une vigueur, une force vitale, une énergie, un enthousiasme qui se traduit en actes grâce à vous, et comme vous êtes unique au monde, cette expression est unique », rappelle la danseuse moderne Martha Graham. « Et si vous y faites obstacle, elle n'aura aucun autre moyen de se manifester et se perdra. »

Où sont vos obstacles ? Un passe-temps est un moyen de libération merveilleux et créatif. Car personne ne s'attend à la perfection quand il s'agit d'un simple loisir. Les passe-temps nous permettent d'expérimenter, de faire de la peinture, des poèmes, de la poterie ou des pliés en amateurs. Quand une ballerine parle de pliés, elle parle de mouvements des genoux. Exécuter des pliés au début d'une répétition permet de se réchauffer les muscles des jambes avant la danse. Nous adonner à un violon d'Ingres nous permet de réchauffer nos talents et met en lumière nos inclinations naturelles. Cela permet d'essayer des vies imaginaires pour voir comment elles nous collent à la peau.

Maintenant qu'en folâtrant, vous vous êtes découvert des passe-temps agréables, choisissez-en un dès aujourd'hui. Si vous avez besoin de matériel – du fil ou de la peinture, par exemple –, faites-vous une liste. Accordez-vous une semaine pour rassembler ce dont vous avez besoin pour vous y mettre, puis fixez-vous une heure pour le faire. Vous vous engagerez ainsi à rendre votre vie plus agréable, et ce qui était jadis inconcevable deviendra bientôt indispensable.

29 JUILLET

La maison comme passe-temps

Seul un esprit extraordinairement doué peut résoudre un à un tous les problèmes qui se présentent quand on veut améliorer une maison.

ARNOLD BENNETT

M a maison est un de mes nouveaux passe-temps. J'ai commencé à la percevoir ainsi après avoir découvert une merveilleuse série d'essais écrits en 1924 par le romancier, essayiste et dramaturge anglais Arnold Bennett. Bien qu'il soit peu connu aujourd'hui, Arnold Bennett fut à l'époque aussi célèbre que H. G. Wells et George Bernard Shaw. Bennett s'est présenté comme monsieur Tout-le-monde, un névropathe de la classe moyenne qui a élevé sa névrose presque au génie en réfléchissant, avec esprit et sagesse, au sens de la vie, à ses énigmes et à ses plaisirs simples. Un de ses livres les plus appréciés a été *How to Live on Twenty-Four Hours a Day*, un art que nous devrions toutes aspirer à maîtriser.

Dans « La maison comme passe-temps », Bennett écrit : « La maison existe. La maison est acceptée. On peut y vivre et l'on y vit. Ce vase ne convient pas à la tablette de cheminée. Ce tapis jure avec le papier peint. [...] La porte de la chambre frappe le pied du lit quand elle s'ouvre. L'ameublement de la salle à manger a été une erreur. Le vestibule fait misérable. Les deux principaux tableaux du salon sont accrochés trop haut. Il y a cent choses qui sont un peu de travers et quelques-unes qui le sont terriblement. Mais qu'importe, le tout fonctionne tant bien que mal. La recherche de la perfection a échoué. La maison est devenue immuable. Voilà la maison ! Elle fera l'affaire. Elle devra faire l'affaire. »

Mais une occasion magnifique attend l'artiste authentique qui peint la toile de sa vie, dit Bennett. « Personne n'a le droit de s'ennuyer dans une maison à moitié aménagée, une maison qui n'est pas une expression fidèle du meilleur de soi-même, une maison qui manque de ce qu'elle pourrait avoir, une maison qui est sous certains aspects plus laide ou moins confortable qu'elle ne devrait l'être [...], une maison qui ne peut fonctionner sans gaspillage, une maison dont certains détails tapent sur les nerfs de ses habitants, menaçant ainsi l'harmonie de leur existence. Il faudrait faire quelque chose pour améliorer la situation. [...] Pourquoi ne pas faire de l'amélioration de la maison un passe-temps ? »

Une suggestion intéressante. La plupart d'entre nous n'envisageons pas l'aménagement de notre maison comme une activité agréable parce que nous l'abordons habituellement comme un exploit qui exige plus de ressources physiques, psychiques, créatives et financières que l'escalade du plus haut sommet du monde. Ce matin, par exemple, j'aimerais mieux descendre les chutes Niagara dans un tonneau qu'attaquer mon sous-sol. Mais j'aimerais bien m'aménager un atelier où j'aurais l'espace nécessaire pour m'essayer à la peinture sur tissus. Pour ce faire, je dois faire surgir un espace du chaos. Si j'aborde notre maison comme un passe-temps plutôt qu'une corvée, je trouverai peut-être le temps de teindre la porte d'entrée, de décaper une armoire, de vernir le plancher de bois, de m'aménager un coin.

« Même si votre maison est petite – la plupart le sont –, vous n'aurez jamais fini de l'améliorer, affirme Arnold Bennett. C'est un sujet vaste et sans bornes. » Vous savez, il a sans doute raison.

30 JUILLET

Des habitudes qui nous ravissent des moments précieux

J'ai perdu, hier, quelque part entre le lever et le coucher du soleil, deux précieuses heures serties l'une et l'autre de soixante minutes étincelantes. Aucune récompense n'est offerte, car elles sont perdues à tout jamais.

HORACE MANN

Rien n'est plus coriace qu'une mauvaise habitude. En général, nous savons quand nous faisons quelque chose qui n'est pas bon pour nous, car la petite voix intérieure ne relâche pas facilement sa vigilance. « Tu ne devrais pas faire cela », soufflera-t-elle au moment où nous nous apprêtons à allumer une cigarette, à nous verser un autre verre de vin ou à manger du spaghetti froid debout devant le réfrigérateur pour tromper notre nervosité. Le problème, c'est que jusqu'à présent, nous n'avons pas voulu l'écouter.

Avant de changer un comportement, il est utile de savoir pourquoi vous voulez vous débarrasser d'habitudes qui ne contribuent pas à votre bien-être. Si vous changez, qu'aurez-vous en retour ? Une vie plus saine, plus d'énergie et de vitalité, la joie et la sérénité qui accompagnent la sobriété émotive, un corps plus svelte ? Rentrer en soi-même éveille votre conscience en douceur. Vous vous mettez à vous traiter avec plus de bienveillance. En devenant plus intime avec votre moi authentique et en apercevant des lueurs de la femme que vous êtes au plus profond de vous-même, vous trouvez le courage de faire les premiers pas qui lui permettront d'évoluer et de se manifester à l'extérieur.

Bientôt, nous nous mettrons à entendre une voix qui, loin de nous réprimander, nous encourage et nous réconforte. Puis, un soir où nous aurons particulièrement soif, au lieu d'ouvrir une bouteille de vin en préparant le souper, nous dégusterons une bonne eau minérale rafraîchissante servie avec une tranche de citron, dans une belle coupe. Au lieu de grignoter chaque fois que nous passons à la cuisine, nous attendrons les repas pour manger, surtout si nous prenons le temps de préparer de bons petits plats qui satisferont autant notre œil que notre appétit. Au lieu d'allumer impulsivement une cigarette pour nous réconforter quand nous sommes stressées, nous prendrons notre tricot ou même des mots croisés.

Trop souvent, nous ne sommes pas conscientes des façons dont nous dilapidons de précieux moments que nous pourrions consacrer à exprimer notre créativité. Ce n'est pas le ministre de la Santé qui nous mettra en garde contre ces mauvaises habitudes, mais notre moi authentique. Car tant que nous nous accrochons à des mauvaises habitudes qui ne menacent peut-être pas notre vie mais ne l'améliorent certainement pas, nous nous privons d'une partie de notre potentiel.

31 JUILLET

Désirez, demandez, croyez, recevez

*Les moments difficiles m'ont aidé à mieux comprendre la richesse
et la beauté infinies de la vie sous toutes ses formes
et le fait que tant de choses à propos desquelles nous nous inquiétons
n'ont aucune espèce d'importance.*

ISAK DINESEN

Êtes-vous portée à vous inquiéter ? Nous le sommes toutes jusqu'à un certain point, mais certaines d'entre nous sont plus pessimistes que d'autres ; et quand nous nous faisons du souci, c'est toujours le pire scénario qui nous vient d'abord à l'esprit. L'inquiétude est une voleuse de temps. J'ai une amie qui a le don de convertir la détresse en désastre en cinq secondes ; cela lui a causé énormément d'ennuis. Maintenant qu'elle a pris conscience de cette tendance chez elle et peut s'arrêter en plein vol grâce à un rappel discret, elle connaît beaucoup plus d'harmonie intérieure, même dans les situations difficiles. Souvent, quand nous nous faisons du mauvais sang, nous croyons contribuer à résoudre le problème ; au moins nous y avons pensé. Nous avons plutôt enclenché une escalade qui risque de gâter toute notre journée, à nous et à notre entourage.

Si vous vous tourmentez à propos de quelque chose, au lieu de tomber dans la frénésie, arrêtez-vous. Maintenant, pensez à tout ce qui marche rondement. Pouvez-vous entamer une conversation avec l'Esprit ? Si vous ne vous sentez pas à l'aise de donner à votre communication avec une Puissance supérieure le nom de « prière », parlez plutôt d'un « entretien avec un bon ami ». « J'ai appris que le simple fait de prier pour une situation, quelle qu'elle soit, contribue d'une façon ou de l'autre à l'améliorer, et nous met en contact avec une mystérieuse source d'énergie et de joie », confie l'écrivaine Marjorie Holmes. « J'ai compris une des vérités les plus anciennes et les plus universelles : affirmer et revendiquer l'aide divine avant même qu'elle soit accordée, c'est la recevoir. » Laissez tomber vos soucis et demandez la grâce de passer au travers du reste de la journée. Nous avons accès à une abondance de grâces étonnantes si nous apprenons à demander. « Désirez, demandez, croyez, recevez », nous conseille la mystique Stella Terrill Mann. Mettez-vous à prier ou à converser dans cet ordre et vous comprendrez pourquoi elle le formule ainsi.

Après avoir prié pour ce qui vous inquiète, pouvez-vous partager votre problème avec quelqu'un ? Sinon, assoyez-vous en silence et notez ce qui vous tracasse. Écrivez le pire scénario. Quelles sont vos plus grandes peurs ? Si elles se concrétisaient, que feriez-vous ? Comment vous en tireriez-vous ? Quand vous aurez trouvé une meilleure solution que « Je ne sais pas », notez-la. Une des raisons pour lesquelles nous nous faisons du souci, c'est que nous nous sentons impuissantes en ce qui a trait à notre avenir. Quand nous pensons à ce que nous ferions si le pire se produisait, le sentiment d'impuissance diminue. « J'ai passé la plus grande partie de ma vie à m'inquiéter au sujet de choses qui ne se sont jamais produites », avouait Mark Twain à la fin de sa vie. Nous le faisons toutes.

L'inquiétude au sujet de l'avenir vous dérobe le moment présent. Essayez d'observer votre tendance à vous faire du souci. Et si l'inquiétude vous poursuit sans relâche, dites-vous, à l'exemple de Scarlett O'Hara : « Je ne vais pas y penser tout de suite. J'y penserai demain. Après tout, ça ira peut-être mieux demain ».

Petites douceurs du mois de juillet

❖ Faites de la recherche du bonheur une entreprise personnelle : arborez le drapeau national ; trouvez un défilé près de chez vous, puis partagez du pain et des poissons avec votre famille et vos amis lors d'un pique-nique communautaire à l'ancienne mode. Regardez les feux d'artifice ou faites exploser les vôtres. Déclarez votre indépendance personnelle : faites le choix d'entretenir des rêves plutôt que des attentes.

❖ Si vous allez à la plage ce mois-ci, essayez de savourer différents moments : à l'aube, allez ramasser des coquillages avant qu'il n'y ait foule ; en fin d'après-midi, allez faire voler votre cerf-volant après les autres, quand les vacanciers ont déserté la plage. Réservez une soirée pour aller marcher au clair de lune. Si vous êtes accompagnée, marchez main dans la main.

❖ Debout au bord de l'eau ou assise sur une serviette, contemplez l'horizon. Laissez-vous bercer par le rythme des vagues. Savourez cette trêve dans le temps. Si vous n'avez pas encore lu *Solitude face à la mer* d'Anne Morrow Lindbergh, c'est le moment idéal pour le faire. Lisez-le avec un crayon-feutre jaune et soulignez les passages qui parlent à votre âme. Inscrivez la date dans la marge.

❖ À la mer, procurez-vous un mètre de filet de pêche dans une boutique de coquillages ou un bazar. Suspendez-le à une fenêtre ou recouvrez-en une table pour créer un décor marin. Rapportez une bouteille de sable que vous étendrez sur un plateau ; en y disposant des coquillages, vous obtiendrez un joli milieu de table estival. (Si vous avez l'âme à la méditation, allez ramasser vos coquillages vous-même sur la grève. Mais les coquillages les plus décoratifs et les plus exotiques se trouvent habituellement dans les boutiques, à moins que vous ayez la chance d'en ramasser aux îles Fidji.)

❖ Quand avez-vous observé les étoiles pour la dernière fois ? Par une belle soirée claire, étendez-vous sur une grande couverture derrière la maison, avec une bonne bouteille de vin ou de cidre, du fromage, des craquelins et des fruits. Contemplez la voûte céleste et prenez conscience que vous avez un bon ami là-haut. L'observation des étoiles est un des plus anciens passe-temps des humains, et il y a une bonne raison à cela. Contempler les étoiles nous rappelle que l'univers est plus grand que nous pouvons l'imaginer, et que chaque jour est une occasion unique de suivre de nouvelles pistes. Si vous voyez une étoile filante, faites un vœu.

❖ Au cours d'un orage, assoyez-vous dans votre lit ou sur un balcon couvert, dans le noir, pour contempler et ressentir la beauté et la puissance de la nature déchaînée. Pensez à utiliser cette énergie dans votre vie en demandant que la Lumière soit.

❖ Que vous connaissiez la Bible ou non, une façon merveilleuse de la redécouvrir est d'emprunter le regard d'autres femmes. Il existe un beau recueil d'essais écrits par des femmes qui explorent leurs histoires bibliques préférées intitulé *Out of the Garden : Women Writers on the Bible,* publié sous la direction de Christina Buchmann et Celina Spiegel. Vingt-huit grandes écrivaines – dont Cynthia Ozick, Ursula K. Le Guin, Patricia Hampl, Fay Weldon et Louise Erdrich – y livrent leurs réflexions profondes, amusantes et provocantes sur des récits de l'Ancien Testament, ses personnages et sa poésie. Pour ajouter à la saveur de cette lecture, mordez à belles dents dans la pomme la plus grosse, la plus rouge et la plus juteuse que vous ayez pu trouver. «Contrairement au jardin de l'Eden, soulignent les éditrices, la Bible est une source à laquelle les femmes peuvent retourner et, comme toutes les grandes œuvres de la littérature, elle change à mesure que nous changeons. Nous avons été expulsées du paradis terrestre à cause de notre curiosité, et c'est notre curiosité qui nous y ramène. »

❖ Pendant que les pommes de terre cuisent ou en vous prélassant dans votre hamac, feuilletez des livres qui abordent des thèmes culinaires, comme le romantique et aigre-doux *Chocolat amer* de Laura Esquivel, ou *Reckless Appetite : A Culinary Romance,* de Jacqueline Deval. Il y a un festin perpétuel de mystères culinaires sur les tablettes des bibliothèques ou des librairies. *Catering to Nobody, Dying for Chocolate* et *Cereal Murders,* de Diane Mott Davidson – une délicieuse série mettant en vedette un traiteur qui s'est mué en détective –, sont particulièrement nourrissants.

❖ Organiser un souper autour d'un film peut paraître dépassé, mais pas si vous associez la cuisine avec le film. Savourez des *enchiladas* mexicaines accompagnées de sauce au chocolat *molé* tout en regardant le sensuel *Une saveur de passion* (version de *Chocolat amer* portée à l'écran); commandez des mets chinois pour accompagner le savoureux *Salé, sucré (Eat, Drink, Man, Woman)*; préparez des recettes tirées de la typiquement française *cuisine de femme,* en contrepoint au somptueux *Festin de Babette.* (Puisque *tous* les appétits sont explorés dans ces films, ils sont bel et bien à regarder quand les enfants sont au lit.)

❖ Pour vous inspirer dans votre méditation du gâteau, vous pourriez jeter un coup d'œil à *The Cake Bible*, de Rose Levy Beranbaum, qui présente plus de deux cents suggestions de méditations que vous n'oublierez jamais. Rappelez-vous que quoi que la vie nous amène, nous pouvons *toujours* faire un gâteau.

Août

Le bail de l'été était beaucoup trop court…

WILLIAM SHAKESPEARE

Les *aficionados* du mois d'août prennent grand plaisir à s'abandonner. Quand il fait 35 degrés à l'ombre, on ne peut qu'être réceptif et réfléchi. Laissons ces jours de joies langoureuses remplir notre réservoir d'énergie créatrice. Ce mois-ci, sur le chemin de l'abondance dans la simplicité, nous nous disposons à découvrir, reconnaître, apprécier, nous approprier et honorer nos trésors intérieurs, transformant ainsi non seulement notre vie, mais celle des êtres que nous chérissons.

1er AOÛT

Notre convergence harmonique

Mais si vous n'avez absolument rien à créer,
vous pourriez peut-être vous créer vous-même.

CARL JUNG

Vous rappelez-vous ce que vous avez fait les 16 et 17 août 1987 ? Moi pas. Si vous vous en souvenez, c'est peut-être que vous faisiez partie des quelque 144 000 personnes qui se sont rendues à un des lieux de pouvoir situés aux quatre coins de la planète, comme les grandes pyramides d'Égypte, le Machu Picchu, au Pérou, le mont Fuji, au Japon, le temple de Delphes, en Grèce, le mont Shasta, en Californie, Sedona, en Arizona, le massif des Black Hills, dans le Dakota du Sud, et Central Park, à New York, pour se donner la main, chanter et « vibrer en harmonie » à l'occasion de cet événement planétaire connu sous le nom de « convergence harmonique ».

Ce qui a fait de ce moment un événement aussi important, c'est un phénomène astronomique rarissime appelé « grand trin » (où les neuf planètes, situées dans leur signe de feu astrologique, sont placées à exactement 123° l'une de l'autre). La dernière occurrence de ce phénomène remontait à 23 412 années. Si on ajoute à cela une interprétation ésotérique des calendriers maya et aztèque et une légende hopi évoquant un rassemblement de maîtres éclairés ayant pour mission d'éveiller la conscience de l'humanité, il n'est guère étonnant que des milliers d'adeptes du nouvel âge y aient vu les circonstances idéales pour orienter la terre par la méditation, à l'aube du nouveau millénaire, vers un éveil spirituel pacifique plutôt qu'un cataclysme.

Cela semble avoir porté fruit. Chaque semaine, un nouveau livre visionnaire voit le jour, invitant à l'évolution spirituelle et proposant « le chemin le moins fréquenté » comme la voie express de l'inspiration. Mais tellement de voix nous offrent des pistes, des lueurs et des explications sur la façon d'atteindre l'harmonie par le grand trin de l'esprit, du corps et de l'âme. Comment découvrir votre vérité à vous ? Il existe tant de voies spirituelles ; laquelle devons-nous suivre ? « Quand nous nous engageons dans une vie spirituelle, ce qui compte est fort simple », affirme le maître bouddhiste américain Jack Kornfield dans un livre merveilleux intitulé *Périls et promesses de la vie spirituelle*. « Nous devons nous assurer que notre voie *est reliée à notre cœur*. [...] En nous demandant si notre chemin part du cœur, nous constatons que personne ne peut décider pour nous de la voie à suivre. Nous devons plutôt laisser le mystère et la beauté de cette question résonner en nous. Alors surgira une réponse du plus profond de notre être et nous comprendrons. Si nous savons faire silence et écouter attentivement, ne fût-ce qu'un instant, nous saurons si nous suivons une voie du cœur. »

Pour ma part, témoigner de mon moi authentique est la voie spirituelle la plus joyeuse et la plus épanouissante que j'aie empruntée. Elle est réellement une voie du cœur. Tout cela a commencé quand j'ai reconnu le caractère sacré de la créativité. Au cours de ce mois d'août, vous aurez peut-être le goût de convoquer une convergence harmonique personnelle en redécouvrant, retrouvant et célébrant votre créativité, le chemin sacré qui conduit à votre moi authentique. Il n'est jamais trop tard pour reconquérir vos talents uniques, pour ressusciter un rêve, pour vous créer une vie authentique. Peut-être le péché originel a-t-il été de *nier* notre unicité au lieu de la *célébrer*. Voilà matière à réflexion.

Chacune d'entre nous détient un cadeau extraordinaire : la chance d'exprimer le divin sur terre par notre vie quotidienne. En décidant d'honorer ce cadeau inestimable, nous participons à la re-création du monde. En suivant notre voie avec amour et en accueillant nos impulsions créatrices, nous vivons dans la vérité, même si nous croyons tout simplement semer une plate-bande de fleurs, préparer un repas, nourrir un enfant, écrire un livre, produire un spectacle télévisé, coudre un rideau, écrire un exposé, peindre un tableau, enseigner un art, composer une chanson ou conclure une affaire. Comme le rappelle le moine bouddhiste, poète et écrivain vietnamien Thich Nhat Hanh, « Notre vie est l'instrument avec lequel nous expérimentons la vérité ».

2 AOÛT

Apprendre en douceur

Quelle vie merveilleuse j'ai vécue!
Dommage que je ne l'aie pas réalisé avant.

COLETTE

Nous connaissons toutes les leçons que la vie nous assène à coups de souffrances, de luttes et de deuils. Mais rares sommes-nous à nous rendre compte que ce sont souvent les leçons les plus douces qui nous apprennent le plus.

Il y a sept ans, mon mari, ma fille et moi sommes allés à un congrès politique qui se tenait dans une station balnéaire. Pendant que mon mari assistait aux ateliers, Katie et moi nous amusions sur la plage. Un après-midi, on a offert une activité-surprise aux enfants : un tour à dos d'éléphant dans le stationnement de l'hôtel. Katie était folle de joie. Ce soir-là, pendant que nous la bordions, je lui ai dit : « La vie nous apporte toujours de belles surprises, si nous savons les recevoir. Un bon matin, tu te lèves sans savoir ce que cette journée va t'apporter, et on t'invite à faire un tour à dos d'éléphant ! »

À notre retour à la maison, quelques jours plus tard, un message m'attendait : on m'invitait à me joindre à un groupe de journalistes qui allaient passer une semaine en Irlande – toutes dépenses payées – pour couvrir les célébrations du millénaire de Dublin. Le départ était prévu dix jours plus tard. J'ai toutes sortes de qualités, mais la spontanéité n'en fait pas partie. Après que j'eus trouvé toutes les raisons du monde de décliner cette invitation à me rendre dans le pays que j'aime le plus au monde – mon passeport était échu, qui s'occuperait de Katie ?, j'avais des échéanciers à respecter, je rentrais tout juste de vacances –, mon mari m'a demandé doucement : « Alors, tu ne vas pas te promener à dos d'éléphant ? » Je lui ai souri ; je venais d'assimiler une importante leçon sur l'art de recevoir, et j'ai passé une des plus belles semaines de ma vie.

Quand nous décidons d'apprendre nos leçons en douceur, elles se présentent sous mille et une formes. Aujourd'hui, prêtez l'oreille aux sages propos des enfants, acceptez les marques d'affection d'une amie, tendez la main à des personnes dans le besoin, demandez conseil à une collègue, suivez votre intuition, riez de vos marottes et de vos faiblesses et acceptez-les avec bienveillance, observez la façon dont vos animaux domestiques trouvent la béatitude dans le moment présent, redécouvrez les étonnantes vertus thérapeutiques de la spontanéité, mettez l'accent sur les aspects positifs de votre situation présente, quelle qu'elle soit, attendez-vous chaque jour à ce qu'il y a de mieux et prenez conscience – dès maintenant – de la vie merveilleuse que vous menez.

Bien sûr, l'inattendu nous prend souvent au dépourvu. Mais si nous accueillons avec un cœur plein de gratitude les leçons qui se présentent à nous en douceur, de nouveaux maîtres se présenteront sur notre route. Les belles surprises peuvent nous apprendre autant que les épreuves.

3 AOÛT

Un filet pour attraper les jours

Un programme nous défend contre le chaos et le caprice.
C'est un filet pour attraper les jours. [...] Un programme est une
maquette de raison et d'ordre ; il est voulu, simulé et, ainsi, réalisé.

ANNIE DILLARD

Une de mes amies a une théorie selon laquelle ce n'est pas tant ce que nous avons *effectivement* à faire dans une semaine qui nous tue, mais le fait de *penser* à tout ce que nous avons à faire.

Alice a pris conscience de cela la semaine où elle a oublié d'assister à la réunion annuelle des mères bénévoles pour la troupe de guides dont sa fille fait partie. Étant une personne extrêmement organisée, elle avait présumé qu'elle s'en souviendrait. *Pas besoin de le noter*. Mais elle a oublié car, ce jour-là, son système de programmation a fait défaut, ce qui se produit quand toutes les mémoires disponibles dans le circuit cérébral sont surchargées. Le lendemain matin, quand un serrement au creux de l'estomac l'a réveillée, il était trop tard. Toutes les tâches faciles s'étaient envolées ; il n'en restait qu'une. C'est ainsi qu'Alice est devenue gérante des ventes de biscuits des guides pour cette année.

Voici une stratégie toute simple – même pour celles qui doivent être extrêmement organisées – qui vous aidera à harmoniser votre vie. Elle libérera vos mémoires vives, ce qui vous évitera d'avoir à compiler les recettes des ventes de biscuits à la cannelle par rapport à celles des chocolats à la menthe. À moins, bien sûr, que vous en ayez envie, auquel cas vous pourriez peut-être communiquer avec mon amie Alice. Prenez vingt minutes chaque dimanche pour vous asseoir avec votre calendrier, un carnet, un crayon et un marqueur jaune pour inscrire sur les six prochains jours votre liste de *choses à faire*; puis, faites une première estimation des trois prochaines semaines.

Pour lancer un filet qui attrapera vraiment vos journées, vous devez tenir compte de toutes les tâches que vous effectuez dans une semaine, tant professionnelles que personnelles. Cela ne s'adresse pas aux timorées, mais c'est crucial. Prenez votre courage à deux mains. Voici ce que nous faisons réellement chaque semaine.

Choses à faire

Travail :

(Réunions, prospection, mise en marché et publicité, travail de bureau, planification, facturation, lecture, recherche, rédaction, déplacements).

Courses :

(Aller à la banque, chez le nettoyeur, à la bibliothèque, à la station-service, au club vidéo, au bureau de poste).

Enfants :

(École, santé, leçons, sports, scouts ou guides, transport, clubs sportifs, dates des matchs, fêtes).

Rendez-vous :

(Santé, mise en forme, soins de beauté, véhicules, animaux).

Achats :

(Alimentation, vêtements, produits pharmaceutiques, articles ménagers, cadeaux).

Correspondance :

(Payer les factures, lettres, cartes et colis).

Téléphone/Télécopieur :

Maison :

(Ménage, lessive, décoration, améliorations, cuisine, réparations, divertissements, jardinage).

Famille :

Amis :

Église/communauté :

Personnel :

(Inspiration, introspection, repos, récupération, détente, soins de toilette, excursions créatives, activités éducatives, passe-temps gratifiants).

Après avoir accompli presque toutes les choses énumérées ci-dessus, il semble ne plus rester de temps pour la dernière catégorie, la plus importante : les activités personnelles. Pour résoudre ce dilemme, faites passer cette catégorie de la dernière à la première place et faites-en ainsi la priorité lors de votre planification. Commencez par inscrire au marqueur jaune une heure quotidienne pour vos activités personnelles sur le calendrier ; sur votre liste, écrivez vos initiales six fois comme aide-mémoire subliminal. La beauté subversive de cette méthode, c'est qu'une fois une activité inscrite sur une liste, qu'il s'agisse d'une course ou d'un passe-temps, vous n'avez plus à y penser parce que l'hémisphère gauche de votre cerveau – le siège de la logique – *adore les listes*. Quand vous faites une liste, il passe au pilotage automatique, classe et déplace des items jusqu'à ce qu'un programme qui puisse tout intégrer surgisse. Parfois, cela s'avère même facile. Si vous espérez qu'une chose se fasse, mettez-la sur votre liste.

Scrutez votre liste matin et soir. Quand vous avez terminé une tâche, biffez-la cérémonieusement au marqueur rouge. (Je préfère une plume de dessinateur rouge.) Cela procure un profond sentiment de satisfaction de voir la liste se remplir de rouge au cours de la semaine. Si vous avez l'impression de consacrer trop de jours à ne pas faire grand-chose, faites la liste de ce que vous avez fait pendant la semaine. Vous constaterez sans doute que vous faites beaucoup plus de choses que vous ne le réalisez, ou que vous ne vous en attribuez le mérite. Vous découvrirez probablement aussi que vous avez gaspillé des moments précieux parce que vous n'aviez pas de filet pour les attraper. Des moments pour croître, rêver, entretenir votre vision personnelle. Selon l'écrivaine Annie Dillard, «Nous passons notre vie, bien sûr, comme nous passons nos jours». Et nous savons toutes reconnaître une vérité quand nous l'entendons.

4 AOÛT

Préserver des heures d'écoute

Il y a des jours où n'importe quel appareil ménager,
y compris l'aspirateur, semble offrir plus de possibilités
de divertissement que le téléviseur.

HARRIET VAN HORNE

Regardez-vous trop la télévision? C'est une dépendance inoffensive en surface, car elle n'entraîne pas d'effets secondaires apparents.

Nous savons ce qui se produit quand nos enfants passent trop d'heures devant le petit écran. Ils deviennent passifs, désintéressés des autres activités et s'ennuient vite. Leur capacité de concentration diminue radicalement et ils expriment leur insatisfaction face à la vie à qui veut les entendre. Leurs mères présentent des symptômes analogues lorsqu'elles regardent trop la télévision. Si vous demeurez à la maison avec vos enfants, demandez-vous si vous avez vraiment besoin d'allumer le téléviseur pendant la journée. Si vous travaillez à l'extérieur et avez pris l'habitude de vous asseoir devant le petit écran après le souper, sans même penser à la possibilité de faire autre chose, n'est-il pas temps de le faire ? Alice Walker s'étonne de voir les gens « décider de s'asseoir devant le téléviseur et se laisser attaquer par des choses qui déprécient leur intelligence ». Quiconque passe plus de cinq heures par semaine devant la télévision devrait se montrer d'accord avec elle. J'ai été critique de télévision pendant plusieurs années ; j'étais renversée par les émissions que je devais endurer. Mais au moins, j'étais payée pour le faire !

Il y a cependant des choses divertissantes et instructives à la télé. Si vous ne voulez pas rater une émission en particulier, pourquoi ne pas l'enregistrer pour la regarder une autre fois ? Ce qui est important, c'est de faire des choix conscients. Au cours des dernières années, je me suis pratiquement sevrée de la télévision et je suis encore étonnée du temps que cela me donne pour m'adonner à des activités plus agréables et gratifiantes.

Cette semaine, prenez conscience du temps que vous passez devant le petit écran ; vous pourrez ainsi commencer à vous réserver des heures de grande écoute. Selon l'écrivaine Barbara Ehrenreich, l'attrait de la télévision, c'est de nous révéler ce dont nous avons le plus envie au plus profond de notre cœur : « une vie nouvelle, riche, active ». Peut-être commencerez-vous à vivre la vie à laquelle vous aspirez vraiment quand vous cesserez de laisser s'échapper, par le biais du petit écran, celle que vous menez actuellement.

5 AOÛT

L'oisiveté sacrée

Il n'est pas toujours nécessaire de travailler. [...]
Il existe une chose qui a pour nom l'oisiveté sacrée,
dont la pratique est terriblement négligée de nos jours.

GEORGE MACDONALD

C'était un magnifique matin d'été ; ensoleillé, mais pas trop chaud ni humide. Le genre de matin qui devrait vous faire remercier d'être en vie. Mais j'étais trop épuisée pour reconnaître le cadeau qui m'était offert. Je n'avais pas arrêté de me tourner et de me retourner toute la nuit ; je m'étais assoupie à quelques reprises, mais n'avais pas vraiment dormi. Avec un travail urgent à terminer, la fin de la colonie de vacances et un autre mois à faire avant la rentrée des classes, une visite à faire à ma mère malade, je comprenais mieux ce qu'avait voulu exprimer l'écrivaine anglaise Stevie Smith quand elle avouait qu'elle n'était pas en train « de dire bonjour de la main, mais de se noyer ».

En faisant sortir les chats, je me suis glissée dehors un petit moment. Une brise rafraîchissante faisait bruire les branches chargées de feuilles. Des motifs créés par le jeu de l'ombre et de la lumière formaient sur l'herbe une splendide mosaïque que je n'avais jamais remarquée auparavant. Le concerto de la nature, composé du chant des oiseaux, du craquètement des cigales et du bourdonnement des abeilles, résonnait dans le silence de l'aube. Cette paisible harmonie m'a enveloppée. Je ne voulais plus bouger. Je suis rentrée à contrecœur pour travailler un peu avant que Katie se lève.

Mais la vue des livres et des papiers que j'avais éparpillés sur le plancher la veille m'est apparue comme l'expression extérieure de mon chaos intérieur et m'a accablée. J'ai fondu en larmes.

Après avoir pleuré tout mon soûl, j'ai entendu la voix douce et rassurante de ce que j'ai appris à reconnaître comme étant celle de l'Esprit, qui me suggérait de retourner dehors. Étrangement, au lieu de protester, je me suis exécutée. J'ai étendu un vieil édredon de coton par terre, j'ai pris quelques coussins sur la causeuse du salon et les ai installés contre un gros chêne pour me faire une chaise longue sur le sol. Puis, j'ai sorti un plateau à thé et mes papiers, supposant que j'allais me mettre à travailler dehors. Mais une fois assise, tout ce que j'ai réussi à faire, c'est rester là en silence et respirer profondément. Je ne voulais pas méditer, avoir une conversation profonde avec qui que ce soit, penser, créer, être brillante ou servir d'instrument. Je me suis donc contentée de rester assise, de siroter du thé, de regarder le ciel à travers le feuillage au-dessus de ma tête et d'observer la danse gracieuse d'un papillon dans le jardin. Mon environnement était ordinaire, mais ce matin-là, il me semblait si beau, à la fois si familier et si différent.

En l'espace de quelques minutes mon humeur sombre s'est éclairée. Les chats n'ont pas tardé à venir me rejoindre, étonnés de ce détour inhabituel dans la routine quotidienne. Puis ce fut au tour de Katie d'apparaître ; encore toute endormie, elle avait apporté une couverture et un oreiller pour venir se blottir à mes côtés avec un livre. Elle m'a demandé ce que je faisais là. Je lui ai répondu, à défaut d'une meilleure explication, que je faisais une expérience : je me laissais inspirer par Mère Nature pour écrire une méditation. Je l'ai invitée à se joindre à moi. Voyant sa mère aussi calme et réceptive, elle a décidé de saisir l'occasion qui se présentait et m'a demandé de lui apporter ses boîtes de souvenirs. Vous savez combien de temps ce moment béni a duré ? Eh bien, il a duré huit heures délicieuses, langoureuses, où nous avons pris le temps de manger et de faire la sieste en plein air. Entre les rires, les souvenirs, les confidences, l'observation des animaux et les rêveries, je n'ai absolument rien fait d'autre que vivre et aimer.

À la fin de cette journée de béatitude, je me suis rendu compte qu'on venait de m'offrir un remontant : des moments d'oisiveté sacrée. Un jour d'inaction mélodieux pour faire contrepoids aux jours discordants de suractivité. Comme la grâce, ce cadeau était tombé du ciel ; il était tout à fait improductif mais absolument nécessaire, et je l'avais savouré avec un cœur rempli de gratitude.

6 AOÛT

Laisser Mère Nature prendre soin de nous

Le sens, les humeurs, tout l'éventail de nos expériences intérieures trouvent dans la nature les « correspondances » grâce auxquelles nous apprenons à connaître notre moi infini.

KATHLEEN RAINE

Mon amie Pat est une écrivaine naturaliste qui, paradoxalement, vit dans un quartier déshérité au cœur de la ville. Derrière sa maison victorienne de grès brun se trouve une ruelle contiguë à un quartier mal famé où prostituées, trafiquants de drogue, sans-abri et laissés-pour-compte cohabitent difficilement avec des nouveaux arrivants déterminés. Comme la plupart d'entre nous le ferions dans les mêmes circonstances, Pat avoue avoir du mal à éprouver de la compassion pour des gens qui urinent sur le seuil de sa maison, lancent des bouteilles d'alcool aux animaux domestiques, agressent et assassinent. Ses efforts réitérés pour nettoyer sa ruelle se sont avérés infructueux et décourageants. Mais cette année, Pat, qui a le don inné de transformer un terrain abandonné en une oasis, a aménagé un splendide jardin anglais près de l'escalier conduisant à la ruelle. Ce minuscule jardin – un triangle d'un mètre cinquante de côté – regorge de fleurs et de plantes magnifiques qui attirent des centaines de papillons d'une beauté exquise. Il attire également les gens de la rue qui viennent souvent y passer quelques moments paisibles à contempler le seul coin de nature qui leur soit accessible. La ruelle est maintenant tenue impeccable par ceux-là mêmes qui la saccageaient auparavant. C'est le chemin du jardin ; on n'y trouve même plus un papier de gomme à mâcher. Quand Pat regarde par la fenêtre et observe ces gens dont elle se sentait si éloignée auparavant, elle est heureuse d'avoir apporté un peu de beauté dans leur vie. C'est là un rappel discret, mais puissant, de la « biophilie » – l'invitation silencieuse de l'Esprit à prendre conscience de l'unité sacrée de toutes les formes de vie.

La biophilie est cette nouvelle théorie psychologique passionnante dont Edward O. Wilson, biologiste expert en environnement et lauréat du prix Pulitzer, s'est fait le champion. Selon cette théorie, « l'amour de ce qui est vivant » – plantes, animaux et grand air – s'inscrit dans le bagage génétique de l'être humain pour assurer son équilibre, son harmonie et sa survie. « L'attraction qu'exercent les milieux naturels n'est pas un simple phénomène culturel », soutient le docteur Wilson. « Il y a des preuves qu'il s'agit d'un besoin biologique profond. »

On retrouve certaines de ces preuves dans le mode de vie de nos ancêtres. Il y a plus de deux millions d'années, les humains primitifs vivaient en bandes de chasseurs et de cueilleurs ; seuls ceux qui ne faisaient qu'un avec la nature survivaient. Comme le souligne le docteur Wilson, « La vue d'un petit animal caché dans l'herbe pouvait faire la différence entre manger et être affamé ».

Si nous voulons nous épanouir aujourd'hui, il est aussi important de nous unir à la nature que ce l'était il y a des millions d'années. En fait, bon nombre de thérapeutes experts en « écopsychologie » croient qu'approfondir nos liens affectifs avec la nature est tout aussi essentiel à notre bien-être qu'entretenir des liens étroits avec notre famille et nos amis. Quand d'instinct nous fuyons la ville pour aller passer la fin de semaine à la campagne, cultivons notre jardin tôt le matin, décidons de faire un pique-nique dans un parc plutôt que d'aller manger au restaurant, installons une mangeoire d'oiseaux, allons au zoo ou adoptons un animal égaré, nous réagissons positivement à notre besoin physiologique et psychologique de nous rapprocher de la vie pour survivre. Nous n'en sommes pas toujours conscients, mais nous avons besoin de renforcer nos liens avec les autres formes de vie. Lorsque nous honorons cette impulsion sacrée en nous harmonisant avec la nature, nous nous harmonisons nous-mêmes.

Aujourd'hui, même si vous ne pouvez pas passer toute la journée en plein air, vous pouvez apaiser vos tensions en laissant Mère Nature prendre soin de vous. Enlevez vos chaussures. Sentez le sol sous vos pieds. Penchez-vous pour sentir le parfum d'une fleur. Étendez-vous sous un arbre et regardez le ciel à travers ses branches pendant quelques instants. Comment vous sentez-vous ?

Mère Nature est plus sage que nous.

7 AOÛT

Des créatures réconfortantes

Le parfait compagnon n'a jamais moins de quatre pattes.

COLETTE

L a leçon de vie la plus importante que j'ai apprise – sur le pouvoir de transformation de l'amour inconditionnel –, c'est un maître quadrupède qui me l'a inculquée. Jack était un chat sauvage qui avait fait irruption dans notre cour il y a neuf étés. Bien que visiblement affamé, il s'est contenté de m'observer pendant toute la première semaine, tout en surveillant la maison. Je lui laissais de la nourriture près de la porte de la cuisine, mais il s'est écoulé plus d'un mois avant qu'il ne se décide à manger en ma présence. Peu à peu, il m'a donné la permission de le caresser, m'exprimant sa reconnaissance par un vibrant ronronnement de satisfaction. Par un froid matin de fin d'automne, il a décidé de confirmer son adoption de façon définitive en rentrant dans la maison pour y vivre à mes côtés et devenir mon fidèle compagnon.

Notre idylle venait de commencer quand Jack a souffert d'une infection des yeux; je l'ai amené chez le vétérinaire, qui a découvert qu'il souffrait de leucémie. Le diagnostic était accablant. Mais mon vétérinaire, qui allie la médecine holistique avec la médecine classique, a prescrit, en plus des antibiotiques, des remèdes homéopathiques et des massages alliés à la méditation (des séances de caresses régulières pendant dix minutes pour favoriser la détente profonde), qui ont renforcé son système immunitaire et le mien.

Huit belles années de fidèle amitié se sont écoulées. Jack a acquis une réputation de « miraculé » parce qu'il a vécu plus longtemps après le diagnostic fatal que tous les autres chats traités à cette clinique. En fait, il semblait tellement en santé que le vétérinaire l'examinait de temps à autre pour voir s'il n'y avait pas eu une rémission spontanée.

Mais l'été dernier, Jack s'est mis à décliner rapidement; notre compagnonnage touchait à sa fin. Toutes les techniques vétérinaires de pointe furent utilisées en vain pour prolonger sa vie, ne fût-ce qu'un peu. Vint le moment du départ déchirant, qu'aucune prière ne put retarder. « Seul l'amour qu'il vous porte le tient en vie », m'a dit doucement le vétérinaire. « Par amour pour lui, vous devez maintenant le laisser partir. » J'ai donc enveloppé mon ami intime dans mon vieux peignoir et l'ai bercé dans mes bras. Quand je l'ai embrassé pour lui dire adieu, il a léché mes larmes et a ronronné jusqu'à son dernier souffle. Ce fut l'un des moments les plus sacrés qu'il m'ait été donné de vivre.

Jack est enterré dans notre cour, là où il avait l'habitude de jouer. Sur une petite plaque sont gravées des paroles du poète écossais Robert Burns, en souvenir de « l'orphelin ravagé qui a trouvé un tendre refuge dans nos cœurs affamés ». C'est un sentiment qui s'applique non seulement aux chats que nous avons aimés, perdus et pleurés, mais à ceux qui partagent encore notre vie : Pussy, Mikey et Griffin, un chat sauvage qui me permet maintenant de le caresser pendant qu'il mange à l'extérieur de la porte de la cuisine.

Des médecins et des psychologues soutiennent que le fait d'aimer nos animaux domestiques, de prendre soin d'eux et de passer du temps avec eux accroît notre bien-être. Quiconque a déjà été pris en affection par un chien ou adopté par un chat aurait du mal à décrire avec des mots le lien affectif qui s'est installé dans leur relation avec leur animal. Car les chiens nous aiment d'un amour inconditionnel et les chats pardonnent tout. Nos fautes et nos défauts ne les dérangent pas, tant que nous savons apprécier leur présence.

Si vous n'avez pas d'animaux à la maison, cela ne vous empêche pas d'entretenir des liens avec d'autres : allez faire un tour au zoo à différentes saisons, offrez à des amis de vous occuper de leur animal, allez promener le chien du voisin, déposez des grains de maïs et des noix pour attirer les écureuils dans votre cour ou lancez des morceaux de pain aux canards près de l'étang, aux pigeons dans le parc ou aux mouettes à la plage.

Si vous avez des animaux de compagnie, ne vous contentez pas de les nourrir et de les promener pour ensuite les oublier. Vous les avez invités à partager votre vie, alors ouvrez-leur votre cœur. Les animaux domestiques ont besoin d'être flattés, cajolés, caressés, gâtés, dorlotés ; ils ont également besoin de partenaires de jeu. Aimez-les passionnément et ils vous témoigneront le genre de dévotion que la plupart d'entre nous ne pouvons que rêver recevoir de la part des humains. Parlez-leur et vous trouverez des confidents fiables qui ne trahiront jamais vos secrets. Riez de leurs singeries – qui font inévitablement fondre nos tensions – et apprenez à vivre en les observant. Les chiens se lient facilement d'amitié, sont fidèles et d'humeur égale. Les chats sont spontanés et trouvent leur bonheur dans le moment présent. Ils sont de petits maîtres zen insondables qui griffent et perdent leurs poils, venus nous enseigner à ne rien faire dans un monde où il faut toujours tout faire. Comme la boule de fourrure enroulée sur ma table le démontre clairement, plus vous faites de siestes, plus vous faites d'éveils.

Aujourd'hui, remerciez pour la chance que vous avez de partager votre vie avec des créatures réconfortantes. Les animaux sont nos compagnons spirituels, la preuve vivante de l'existence d'une source intarissable d'amour et d'abondance dans la simplicité. Aucune de nous ne doit se sentir seule. Et s'il y a un cadeau, il doit sûrement y avoir un Donateur.

8 AOÛT

L'agréable attraction du passé

Ce n'est pas moi qui appartiens au passé, c'est le passé qui m'appartient.

MARY ANTIN

Comme beaucoup de femmes, j'adore courir les boutiques d'antiquités. C'est peut-être parce que j'y ai plus appris sur la vie – sur la façon de la vivre, de l'améliorer, de l'aimer – que partout ailleurs. Mais surtout, la puissante et agréable attraction du passé a réveillé chez moi une véritable passion pour l'histoire sociale. C'est au milieu des objets d'antan que j'ai découvert que l'histoire est en fait votre histoire et mon histoire. Et ces histoires sont salutaires à notre âme.

L'historien Harvey Green soulève un sujet fascinant dans *The Light of the Home : An Intimate View of the Lives of Women in Victorian America*. « Ce qui était utilisé jadis pour alimenter une famille, nourrir un enfant, nettoyer et astiquer une théière ou entretenir les charmes et les coutumes d'une autre époque exerce une fonction différente aujourd'hui, écrit-il. Ces objets du passé évoquent un mode de vie qui ressemble au nôtre mais nous est étranger. »

J'ai eu en effet l'impression d'être une étrangère qui pénétrait dans le monde d'une autre femme il y a douze étés quand, dans un magasin d'antiquités du Maine, j'ai acheté un plein coffre de revues de femmes et d'enfants de l'époque victorienne. Le don des heureuses découvertes est cette faculté fantastique de trouver des choses de valeur sans les avoir consciemment cherchées. Ces magazines, truffés d'agréables activités « pour les jours de pluie » et de suggestions de passe-temps « pour les soirées en famille » sont devenus mes passeports pour le passé. Je ne réalisais pas vraiment à ce moment-là que ma machine personnelle à voyager dans le temps me ramènerait dans le futur et modifierait merveilleusement la trajectoire de ma carrière et de ma vie. Je me suis mise à développer une fascination pour l'époque victorienne ; j'ai entrepris des recherches approfondies sur la vie domestique du XIXe siècle, ce qui m'a amenée à écrire une chronique dans un journal, à animer des ateliers et à publier deux livres sur le sujet.

Les plus belles aventures que les antiquités me font vivre se produisent quand je pars dans l'unique intention de fureter. Mon objectif de départ est rarement d'acheter ; je préfère me laisser surprendre. Cette ouverture à accueillir les trésors du passé me permet souvent de tirer de délicieuses leçons sur l'importance de se fier à ses instincts, d'expérimenter de nouveaux styles, d'écouter son cœur, d'honorer ses élans créateurs, de sauter dans l'inconnu et surtout de réaliser que la pénurie n'existe pas. En effet, comment pouvons-nous manquer de quoi que ce soit quand même l'objet le plus banal prend de la valeur grâce au passage du temps ? Si vous avez besoin d'activer votre propre conscience de l'abondance, allez passer une journée entière dans un marché aux puces d'antiquités. Même si vous n'avez pas de problèmes financiers, vous ne pouvez quand même pas acheter tout ce que vous voyez. Il y a une limite à ce dont nous avons besoin ou à ce que nous voulons vraiment. Nous sommes portées à l'oublier.

En 1900, Isabelle Eberhardt écrivait que penser à « ce qui était bon et beau » dans le passé, c'était *«assaisonner* le présent ». Souvenez-vous de cela la prochaine fois que vous éprouverez le besoin de vous trouver une excuse officielle pour entreprendre un agréable voyage dans le temps par un après-midi d'été.

9 AOÛT

Huitième jour de la Création : rendons honneur à nos talents

Explorez chaque jour la volonté de Dieu.

CARL JUNG

Le grand philosophe israélien Martin Buber racontait une histoire à propos d'un *tzaddick* hassidique, ou maître spirituel, nommé Rabbi Zusya, qui se demandait souvent, en méditant, s'il menait une vie authentique. « Si on me demande dans l'au-delà "Pourquoi n'as-tu pas été Moïse ?", je saurai quoi répondre, disait-il. Mais si on me demande "Pourquoi n'as-tu pas été Zusya ?", je n'aurai rien à dire. »

Dans quelle mesure pourrions-nous nous tirer d'affaire dans cette conversation révélatrice ? C'est la question qui nous intéresse, maintenant que le quatrième principe de l'abondance dans la simplicité, l'harmonie, commence à se frayer un chemin dans notre âme. Si nous voulons vivre harmonieusement, la reconnaissance de nos talents personnels s'impose. « Puisque nos talents nous intègrent au monde et nous font participer à la vie, leur découverte est l'une des tâches les plus importantes auxquelles chacune de nous doit faire face », écrit Elizabeth O'Connor dans *Eighth Day of Creation : Gifts and Creativity*. « Lorsque nous parlons d'être fidèles à nous-mêmes, c'est-à-dire d'être les personnes que nous sommes appelées à être, nous parlons de nos talents. Nous ne pouvons pas être nous-mêmes si nous ne sommes pas fidèles à nos talents. »

Cependant, il est difficile d'être fidèle à ses talents si on ne les connaît pas. Alors que depuis des siècles, des maîtres spirituels, des mystiques, des saints, des sages, des poètes et des philosophes témoignent de leur voie authentique, bon nombre d'entre nous faisons la sourde oreille. Pourquoi ? Selon moi, c'est parce qu'en avant-propos d'une leçon d'authenticité, il y a souvent les quatre mots les plus terrifiants que nous connaissions : *la volonté de Dieu*. La volonté de Dieu est souvent associée avec la souffrance ; comment nous étonner alors que plusieurs d'entre nous choisissions – consciemment ou non – de nous laisser glisser dans un abîme spirituel d'ignorance ? Faire confiance à Dieu ? Non merci, c'est fini pour moi. Je préfère me débrouiller seule.

Mais même dans le trou noir du doute, nous voulons croire en la présence d'une Force qui dépasse notre pouvoir et notre compréhension. Et elle est là. Cette Force se trouve avec votre moi authentique. Comme le dit Obi Wan Kenobi à Luke Skywalker dans *La Guerre des étoiles*, « La Force est un champ énergétique créé par tous les êtres vivants. Elle nous entoure, elle nous imprègne, elle relie les galaxies ». Cette Force lie vos rêves et vos désirs avec vos talents personnels pour qu'ils puissent se manifester extérieurement. « Suis ce que tu ressens, fie-toi à ce que tu ressens », conseille le chevalier Jedi. Car c'est en cette Force que nous vivons, évoluons et existons.

Cette Force, c'est l'Amour.

L'Amour ne désire, ne souhaite, ne veut rien de moins que votre bonheur, votre harmonie, votre accomplissement *inconditionnels*.

Engagez-vous à découvrir vos talents, à les reconnaître, à les apprécier, à les faire vôtres et leur rendre honneur.

Et que la Force soit avec vous.

10 AOÛT

Faisons jaillir nos talents

Ne pleurez pas ; ne vous indignez pas. Comprenez.

Spinoza

V ous avez envie de faire jaillir vos talents. De les explorer. De découvrir et de retrouver votre créativité. Mais par où commencer ? Commencez par ouvrir votre cœur et vous disposer à servir.

« L'artiste est un serviteur qui est prêt à donner la vie », écrit Madeleine L'Engle dans *Walking on Water : Reflections on Faith and Art*. « Selon moi, chaque œuvre d'art, qu'il s'agisse d'un chef-d'œuvre ou de quelque chose de très humble, se présente à l'artiste et lui dit : "Me voici. Incarne-moi. Mets-moi au monde". L'artiste répond "Mon âme rend gloire au Seigneur" et accepte d'enfanter cette œuvre, ou refuse de le faire. »

La décision de servir ou pas nous revient complètement. Le premier cadeau que Dieu nous a donné, c'est le libre arbitre, qui distingue les mortels des anges ; ces derniers, après avoir été témoins de la gloire, ont allègrement échangé leur libre arbitre contre la passion de servir. Étant au-dessus des anges, nous pouvons avoir le meilleur des deux mondes : le libre arbitre *et* la passion de servir. Peut-être réaliserons-nous un jour que ce n'est pas tant la volonté de Dieu que nous devons craindre que le fait de nous laisser prendre à nos propres supercheries et inventions. Nous pouvons toujours choisir de dire non aux *Hauts de Hurlevent*, à *La leçon de piano* ou même au personnage de Barney, le dinosaure.

« Je regrette. Trouve quelqu'un d'autre », répondrons-nous.

Et c'est ce que fera l'Esprit.

Ce n'est pas toujours dans ces termes que nous refuserons. Nous dirons, par exemple : « Je regrette, je n'arrive pas à passer à l'action en ce moment. Reviens plus tard ».

Alors le Créateur continuera sa tournée jusqu'à ce qu'un artiste bien disposé, au cœur ouvert, s'offre comme instrument de la création.

Ce scénario explique en grande partie pourquoi vous êtes navrée, décontenancée et furieuse quand, après avoir eu cette intention pendant plusieurs années, vous voyez quelqu'un d'autre prendre un brevet pour un porte-bébé qui ressemble à celui que vous avez conçu pour votre premier enfant, distribuer sa série de cartes de souhaits pour familles monoparentales alors que la vôtre est à demi terminée sur votre planche à dessin, s'approprier le nom de la boutique dont vous rêvez, vendre une chronique que vous rédigez dans votre tête depuis cinq ans sans avoir jamais essayé de la lancer sur le marché, ou remporter le prix *Pillsbury* en présentant une gourmandise au chocolat identique à celle que vous avez mise au point au fil des années avec force tests familiaux à l'appui.

Ce que j'entends par là, ce n'est pas que quelqu'un vous a littéralement volé votre livre, votre invention, votre nom ou votre recette. Je parle de ce qui se produit quand quelqu'un d'autre met au monde une idée qui ressemble tellement à la vôtre que vous en êtes estomaquée. Vous êtes terrassée, mais aussi sidérée. Comment expliquer une telle chose si ce n'est par le fait que quelqu'un a pu lire dans vos pensées ?

Eh bien, ce n'est pas de vos pensées que cette personne a tiré son inspiration, mais de l'Esprit divin. Rappelez-vous : avant d'exister sous sa forme matérielle, chaque chose prend d'abord forme dans l'Esprit. Le Créateur n'a pas de préférés ; chacune de nous a été mise au monde pour participer à la re-création du monde par ses talents.

Bien que plusieurs occasions stupéfiantes s'offrent à vous au cours de votre vie, l'Esprit ne vous soumet chaque œuvre qu'une seule fois pour vous inviter à participer à sa création, puis il poursuit sa route. L'objectif, c'est que cette œuvre soit mise au monde. Si vous ne le faites pas, quelqu'un d'autre le fera. Par conséquent, quand une idée de génie traverse votre esprit dans un halo de lumière, prêtez-lui attention. Une fois qu'elle a pris forme dans votre esprit, rappelez-vous que d'autres pourront saisir l'inspiration s'ils sont réceptifs. Voyez votre esprit comme une antenne parabolique. Des messages célestes vous sont transmis sans relâche. La fréquence vous est réservée en exclusivité pendant une fraction de seconde. Juste assez pour vous permettre d'élever votre cœur, d'accepter votre mission et de remercier.

Votre idée est-elle absolument fabuleuse ? Pouvez-vous la voir complètement terminée dans votre esprit ? Vous coupe-t-elle le souffle ? Comme le dit la romancière Gail Godwin, « Certaines choses [...] arrivent à un moment qu'elles choisissent elles-mêmes, selon leurs conditions et non les vôtres, pour être saisies ou abandonnées pour toujours ».

Alors, pour l'amour de Dieu et de vous-même, dites oui, tout simplement.

11 AOÛT

Le doute

Tout ce que vous pouvez faire ou rêvez de pouvoir faire, entreprenez-le ;
l'audace est faite de génie, de pouvoir et de magie.

GOETHE

Aujourd'hui, vous vous rendez compte à quel point vous êtes bénie des dieux. En catimini, vous couvez votre rêve naissant – l'œuvre confiée à vos bons soins – dans le sanctuaire de votre âme. Dans vos moments de tranquillité, vous vous exaltez à la pensée des possibilités extraordinaires qui s'ouvrent à vous. Comme la joie est l'émotion la plus difficile à supporter en solitaire, vous confiez votre rêve à votre compagnon de vie, votre meilleure amie, votre amant, votre sœur, votre mère ou vos enfants.

Leur indifférence vous frappe à bout portant. La litanie des « pour ton bien » déferle : vous êtes trop vieille pour entreprendre quelque chose de nouveau, trop fauchée, trop inexpérimentée. Vous n'avez pas les ressources, les talents, les contacts ; vous n'avez qu'une chance sur un million de réaliser ce rêve. Vraiment ? Examinez le dossier de vos avocats du diable. Combien de rêves ont-ils *eux-mêmes* réussi à mettre au monde ?

C'est bien ce que je pensais. Je vous en prie, ne confiez pas vos rêves sacrés au premier venu, surtout au cours du premier trimestre suivant leur conception, période que Sören Kierkegaard appelle la « conscience onirique » qui précède la création. Un rêveur frustré est un mauvais mentor. Ne demandez jamais conseil à quelqu'un si vous doutez de ce qu'il vous dira. Vous ne pouvez pas vous permettre d'entendre une fois de plus le même refrain négatif. Les doutes ont fait avorter plus de rêves que toutes les circonstances difficiles, les obstacles accablants et les détours périlleux que le sort a pu placer sur votre route. Saper votre authenticité en succombant aux doutes d'autrui est une forme sinistre, subtile et séduisante d'autodestruction. Rares sommes-nous à être à l'abri de l'opinion des autres. Il nous faut apprendre à examiner objectivement un conseil, à en évaluer la source, à peser une opinion. Si l'information qu'on vous donne est judicieuse et apporte un élément que vous n'aviez pas considéré, retenez-la. Si elle est décourageante, laissez tomber. Mettez fin à la conversation poliment, mais fermement. Mieux encore, à l'avenir, ne l'entamez même pas.

William Hutchinson Murray, le chef de l'expédition écossaise qui a escaladé l'Everest en 1951, incite la rêveuse en vous à faire un acte de foi : « Pour toute initiative (ou acte de création), il y a une vérité élémentaire dont l'ignorance tue d'innombrables idées et projets merveilleux : à partir du moment où l'on s'engage à fond, la providence le fait elle aussi. Toutes sortes de choses qui autrement ne se seraient jamais produites surviennent pour nous aider. Toute une série d'événements découlent de notre décision, entraînant en notre faveur une foule d'incidents, de rencontres, d'aides techniques imprévues que nul n'aurait pu imaginer croiser sur son chemin ».

12 AOÛT

La collaboration divine

Nous ne pouvons nous attribuer le mérite de nos talents.
C'est la façon dont nous les utilisons qui compte.

MADELEINE L'ENGLE

Ne vous inquiétez pas de savoir si vous avez les qualités requises. L'Esprit nous choisit toujours pour être au service d'une œuvre qui s'adapte *parfaitement* à nos dispositions personnelles, même si nous ne partageons pas cet avis. Une piètre opinion de nos capacités est une excuse facile lorsqu'un défi nous est lancé, mais le divin Créateur nous a déjà repérées. En fait, ne pas se sentir à la hauteur de la tâche qu'on nous propose semble être une condition spirituelle préalable.

De toute façon, la mesure d'un talent est discutable, car l'Œuvre sait *toujours* plus de choses que nous, un fait pour lequel nous devrions éprouver une reconnaissance éternelle. Accepter de servir, c'est tout simplement faire les appels, mélanger la peinture, prendre la plume, pincer les cordes, façonner le pot, puis se retirer.

Nous ne créons pas en vase clos. L'art est une collaboration divine, une alliance sacrée entre l'artiste et le Créateur. Les artistes inspirés, ceux et celles qui écrivent les livres dont vous n'arrivez pas à vous arracher, qui inventent les poèmes que vous devez absolument mémoriser, qui peignent les tableaux qui exercent sur vous un attrait irrésistible et qui composent la musique que vous ne vous lassez pas d'écouter, sont les premiers à l'admettre. Le grand compositeur italien Puccini avouait que son opéra *Madame Butterfly* lui avait été « dicté par Dieu » ; « je n'ai été qu'un instrument qui l'a transcrit sur le papier et communiqué au public ». Harriet Beecher Stowe jurait que c'était une « autre main » qui écrivait par elle quand elle travaillait à sa table de cuisine – tout en s'occupant de ses six enfants, en cuisinant et en faisant de la couture – car elle ne savait jamais ce qui allait survenir dans l'intrigue de *La Case de l'oncle Tom*. Georg Friedrich Haendel soutenait qu'il avait eu des hallucinations pendant vingt jours frénétiques quand il avait composé *Le Messie* : « J'avais l'impression de voir tout le ciel, et Dieu lui-même ». Plusieurs peintres, de Piet Mondrian à Robert Motherwell, se sont perçus comme des instruments. Motherwell savait que laisser son pinceau prendre la relève était le moyen le plus sûr de rendre sa vision sur la toile : « Il trébuchera sur ce qu'on ne pourrait pas faire seul ».

Une fois que vous vous serez mise à couver votre rêve divin – avec votre créativité, votre habileté, votre courage, votre discipline, votre dévotion, votre discernement, votre énergie, votre enthousiasme, vos émotions, votre intelligence, votre imagination, votre inventivité, votre passion, votre persévérance, votre patience, vos capacités, votre sueur, votre bon sens, votre ténacité, vos larmes et vos crises –, vous développerez votre talent. Mieux encore, vous serez ébahie de ce que peut accomplir l'alliance entre l'artiste et le Créateur.

Le monde a besoin de vos talents autant que vous avez besoin d'en faire profiter les autres. May Sarton affirme que « le talent retourné sur lui-même, incapable de s'offrir, devient un lourd fardeau et même parfois un poison. C'est comme si le flot de la vie était refoulé ».

Tant que vous gardez à l'esprit que vous ne créez pas seule, le Flot ne peut être interrompu.

13 AOÛT

Libérez votre créativité :
l'accord sur l'harmonique supérieure

Apprenez à désirer voir la main de Dieu et à l'accepter
comme un ami vous offrirait de vous aider dans ce que vous faites.

JULIA CAMERON

« Nous sommes nombreux à souhaiter être plus créatifs. Nous sommes nombreux à avoir l'intuition que nous sommes plus créatifs, mais incapables d'exploiter réellement cette créativité. Nos rêves nous échappent. Nos vies nous apparaissent, pour une raison ou pour une autre, insipides. Souvent nous avons de grandes idées, des rêves merveilleux, mais nous sommes incapables de les réaliser pour nous-mêmes », concède Julia Cameron dans son livre remarquable *Libérez votre créativité*. « Quelquefois, nous avons des désirs de création spécifiques que nous aimerions pouvoir concrétiser : apprendre à jouer du piano, peindre, suivre des cours d'art dramatique, écrire. Parfois notre objectif est plus flou. Nous désirons ardemment ce qui pourrait s'appeler "vivre de façon créative", c'est-à-dire avoir un sens accru de la créativité dans notre vie professionnelle et dans le partage avec nos enfants, notre conjoint, nos amis. »

Bon nombre d'entre nous avons érigé inconsciemment une barrière apparemment insurmontable pour nous mettre à l'abri de l'échec comme du succès. Nous croyons peut-être nous protéger en ignorant ou en niant nos élans créateurs, mais nous ne faisons en fait qu'enterrer vivant notre moi authentique. En apprenant peu à peu à faire fi des opinions et des jugements des autres (y compris de votre propre censeur intérieur) et à échanger votre conception limitative et nocive d'un Dieu avare et mesquin contre celle d'un Dieu qui vous aime et vous soutient – que vous pouvez voir, comme le suggère Julia Cameron, comme « l'ordre logique des choses » –, non seulement rencontrerez-vous votre artiste intérieure, mais vous respecterez votre art et le considérerez comme votre liturgie personnelle.

« Lorsque vous avez accepté qu'il est naturel de créer, vous êtes prêt à accepter une seconde idée : le Créateur va vous tendre tout ce qui est nécessaire pour votre projet », poursuit Julia Cameron. « Dès l'instant où vous désirerez accepter l'aide de ce collaborateur, vous assisterez à des manifestations de cette aide précieuse à chaque moment de votre vie. Soyez attentif : il existe une seconde voix, une harmonique supérieure, que l'on ajoute et qui augmente votre voix créatrice intérieure. »

L'Esprit vous parle tout au long de la journée. Cela peut prendre la forme d'une intuition, de la suggestion d'une amie, d'une idée qui vous prend d'essayer quelque chose de nouveau. Apprenez à votre cœur à écouter. Aujourd'hui, ajustez votre antenne spirituelle. Accordez-vous sur l'harmonique supérieure qui vous aidera à poursuivre votre pèlerinage artistique vers la réalisation de vous-même.

14 AOÛT

Le courage de créer

Pas de larmes chez l'écrivain, pas de larmes chez le lecteur.
Pas de surprise pour l'écrivain, pas de surprise pour le lecteur.

ROBERT FROST

S i nous craignons de déterrer notre moi authentique ou de rencontrer l'artiste en nous, c'est peut-être en partie parce que la création nous apparaît trop risquée. Nous associons le mot « artiste » avec un destin tragique qu'on s'inflige à soi-même : les petites gorgées solitaires d'Edna Saint Vincent Millay, les beuveries de Dorothy Parker, les somnifères de Judy Garland, l'héroïne de Billie Holiday, le dernier sommeil d'Anne Sexton dans une automobile remplie de monoxyde de carbone. Le nombre d'âmes souffrantes sacrifiées sur l'autel de l'art explique en grande partie pourquoi plusieurs femmes, particulièrement celles qui ont des enfants, hésitent à se considérer comme des artistes. Il est plus sûr de pratiquer son art en amateur. Personne ne s'attend vraiment à ce qu'un dilettante tienne ses promesses. Créer coûte trop cher, surtout si vous croyez que la seule technique de création est la crucifixion.

Pourquoi devrait-il en être ainsi ? Dans *The Courage to Create*, Rollo May explique que « depuis la nuit des temps, les créateurs authentiques se retrouvent immanquablement dans [...] une lutte ». Mais l'objectif de cette lutte est-il de créer ou de rester paralysées parce que nous nous demandons avec anxiété où cette vie va nous mener ? « Écrivez les phrases les plus vraies que vous connaissez », nous conseille Ernest Hemingway. Peignez les images les plus vraies que vous pouvez. Attendez toute la journée avec votre appareil photo immobilisé pour saisir un rayon de lumière qui ne dure que cinq secondes. Exprimez la rage et toute la gamme des émotions brutes dans vos dialogues. Rendez la puissance de la passion par la courbe de votre corps de danseuse affûté par la discipline et la privation. Libérez l'ange quand vous sculptez. Émouvez le ciel quand vous composez.

Mais pour être fidèle à son travail créateur, l'artiste doit entreprendre un voyage au centre de lui-même. Par-delà les sentinelles du cerveau et les barbelés du cœur, dans les tranchées du « quitte ou double ». Vous ne pouvez pas écrire une phrase vraie ni vivre authentiquement si vous ne vous faites pas confiance. Vous ne pouvez pas vous faire confiance sans courage.

C'est peut-être ce qui amène Annie Dillard à comparer l'état second requis pour créer au rite emporté du guerrier zoulou battant du tambour, ou au rituel de purification de la jeune vierge aztèque avant qu'elle soit sacrifiée aux dieux. « Mais si vous n'êtes ni un guerrier zoulou ni une jeune Aztèque, comment vous préparer, toute seule, à accéder à un état extraordinaire par un matin ordinaire ? » se demande-t-elle pour elle-même et pour nous toutes.

En faisant acte de présence. Jour après jour. Sans juger la façon dont vont les choses, pourvu qu'elles se fassent. Vous ne pouvez pas vous permettre de penser à la façon dont votre travail sera reçu une fois achevé. Cela n'est pas de votre ressort. Souvenez-vous, nous sommes en train d'apprendre à ne pas nous préoccuper des détails dans la manifestation de nos rêves. Notre travail consiste à nous mettre à l'œuvre. Pour être publiée, produite, exécutée ou achetée, une œuvre doit d'abord exister.

Et si la femme qui lutte contre Dieu, mais n'est plus là pour raconter l'histoire, était celle qui refuse de créer – une œuvre d'art, une vie authentique ? Et si la blessure fatale, celle dont nous ne guérissons jamais, était le regret ?

Aujourd'hui, c'est le temps du « quitte ou double ». Osez croire en votre créativité, où qu'elle vous mène. Soyez confiante : elle vous mènera exactement là où vous devez être. Le mot *courage* vient de *cœur*. Votre moi authentique sait où vous allez. Ne luttez pas contre l'Esprit, mais collaborez avec Lui.

15 AOÛT

Parfois, l'ignorance est bienheureuse

L'ignorance nous donne un large éventail de probabilités.

GEORGE ELIOT

Croyez-moi, vous ne voulez pas savoir. L'ignorance est une protection bénie. Tenez-vous vraiment à savoir que votre pièce à propos de cette femme qui a décidé de prendre son destin en main sera attaquée férocement quand elle sera produite, parce que l'épouse du critique de théâtre vient de le quitter ? Tenez-vous à savoir que huit mois après que la chronique que vous rédigez pour un journal aura été reprise par une agence, celle-ci sera vendue à des gens qui la laisseront tomber ? Tenez-vous à savoir que vous n'obtiendrez pas la bourse, que ce sera votre troisième roman qui sera publié en premier, que votre carrière de comédienne à la télévision se terminera abruptement à la salle de montage, ou que vous ne vendrez aucune de vos pièces de céramique au salon d'artisanat qui se tiendra la semaine prochaine ?

Je ne le crois pas. « Vous avez essayé ? Vous avez échoué ? Qu'importe, affirme Samuel Beckett. Essayez de nouveau. Échouez de nouveau. Essuyez un plus bel échec. » Écririez-vous cette pièce, lanceriez-vous cette chronique, demanderiez-vous la bourse, vous présenteriez-vous à l'audition, loueriez-vous le four à céramique, si vous saviez que l'échec précède toujours le succès ? L'échec est une partie cruciale du processus de création. Le véritable succès ne survient que lorsque nous avons appris à mieux maîtriser l'échec.

Il y a d'autres choses qu'il vaut mieux ignorer, comme la responsabilité que nous avons prise en acceptant notre mission d'artiste. « J'avoue en toute franchise que si j'avais su à l'avance que ce livre m'aurait coûté autant d'heures de travail, jamais je n'aurais eu le courage de l'entreprendre », confiait Isabella Beeton à propos de son *Book of Household Management*, qui a été publié en 1861 et est encore sur le marché.

Il y a une raison pour laquelle on a laissé Isabella Beeton dans l'ignorance, comme nous toutes lorsque nous créons. Si nous avions la moindre idée du travail acharné que nécessite la mise au monde de l'Œuvre, nous ne serions pas ici. Quand l'Esprit nous visite, c'est le tape-à-l'œil des possibilités merveilleuses qui nous séduit. L'ignorance fait partie des astuces de l'Intelligence divine. Sinon, pourquoi les apparitions divines s'accompagneraient-elles d'une lumière aveuglante ? C'est que nous ne sommes pas censées voir trop loin devant. Nous ne sommes pas censées savoir. N'oubliez pas qu'au paradis, le fruit défendu provenait de l'arbre de la connaissance.

Dans l'industrie militaire et l'industrie de pointe, on assigne un code d'accès à l'information : « Mot de passe requis ». Si vous pouvez bien faire votre travail sans connaître l'ensemble de l'opération, on vous laisse dans l'ignorance. Tout ce qu'il nous faut savoir, c'est que l'Esprit sait que nous ne savons pas. Si nous laissons le champ libre, on nous indiquera la prochaine étape, y compris la façon de ne pas nous faire avoir au moment où nous déployons avec grâce nos talents.

16 AOÛT

Vous ne pouvez pas prétendre à l'originalité, mais vous pouvez être authentique

Croire en votre propre pensée, croire que ce qui est vrai pour vous au plus intime de votre cœur l'est pour tous les hommes, c'est cela le génie.

RALPH WALDO EMERSON

Une des raisons pour lesquelles plusieurs d'entre nous avons du mal à mettre notre Œuvre au monde, c'est qu'inconsciemment, nous concurrençons au lieu de créer, ce qui court-circuite toujours l'inspiration. Une de mes amies, qui est une dramaturge de talent, se refuse le plaisir de voir d'autres pièces de théâtre que les classiques, de préférence de l'antiquité grecque. Il lui est trop pénible de regarder les œuvres contemporaines parce qu'elle ne peut s'empêcher de faire des comparaisons.

Pourquoi nous rendons-nous malades à rivaliser avec des étrangers ? Selon moi, ce n'est là qu'une autre forme sophistiquée et séditieuse d'autosabotage. Si nous ne sommes pas à la hauteur, pourquoi même essayer ? Il est navrant de constater à quel point l'habitude de la comparaison est profondément ancrée chez bon nombre d'entre nous. Je connais des femmes qui tremblent à l'idée de participer à une vente de pâtisseries de l'école parce qu'elles craignent que leurs carrés au chocolat ne se vendent pas aussi vite que ceux d'une autre mère ; quant à la hantise des costumes d'Halloween, elle représente, dans l'univers de la psychologie féminine, la frontière ultime.

Quand j'ai publié mon premier livre, qui mettait à jour les traditions familiales de l'époque victorienne, il existait peu d'ouvrages de vulgarisation sur cette époque. Mais on était sur le point de redécouvrir la fin du XIXe siècle ; deux ans plus tard, il y avait tant de livres sur ce sujet que le marché en était complètement saturé. Aujourd'hui, il serait extrêmement difficile de trouver un éditeur prêt à publier un ouvrage sur l'époque victorienne, même si vous étiez guidée par la reine Victoria elle-même. Cela ne signifie pas que si vous êtes en train d'en écrire un, vous devriez l'interrompre. La création est cyclique. Ainsi le passé devient prologue.

Parfois, vous êtes en avance sur votre époque. On raconte que Mozart atténuait son génie en déclarant qu'il composait pour les générations futures. Il y a des millions d'artistes en herbe ou à l'œuvre qui écrivent des livres, publient des poèmes, vendent des scénarios, réalisent des films, auditionnent pour obtenir des rôles, dessinent des vêtements, participent à des expositions d'art avec jury, démarrent une entreprise à la maison, recherchent un agent, prient pour avoir un coup de veine. *Ne paniquez pas*. Vous ne pouvez pas prétendre à l'originalité, mais vous pouvez être authentique.

« Dieu a beaucoup d'idées de films, d'idées de romans, de poèmes, de chansons, de peintures, de rôles de comédien, nous rappelle Julia Cameron. En écoutant le Créateur à l'intérieur de nous, nous sommes guidés dans la bonne voie. » Vous n'êtes pas la seule personne à lancer un catalogue de vente par correspondance cette année, mais cela ne vous empêche pas de savoir exactement le besoin auquel le vôtre répondra. Pourquoi croyez-vous qu'on *vous* a offert cette occasion d'évoluer spirituellement et de créer ?

Une fois que vous avez accepté la mission artistique que vous confie le grand Créateur, elle vous appartient. Personne ne peut vous la ravir, à moins, bien sûr, que vous la laissiez tomber. Personne ne peut répéter exactement votre œuvre car vous êtes unique au monde. On peut l'imiter, mais on ne peut pas la reproduire exactement. Votre travail est le fruit de votre sensibilité, de votre tempérament, de vos expériences, de vos émotions, de votre passion, de votre persévérance, de votre sens du détail, de vos particularités, de vos bizarreries.

Quand vous êtes authentique, votre art l'est aussi.

17 AOÛT

L'ampleur de la tâche

Vivre pleinement, à l'extérieur comme à l'intérieur,
ne pas ignorer la réalité extérieure pour le bien de notre vie intérieure,
ou l'inverse, voilà toute une tâche.

ETTY HILLESUM

J'ai connu une période difficile après la publication de mon premier livre parce que je ne pouvais pas croire que j'avais vraiment écrit un livre à succès. Surtout que j'y avais créé un personnage qui vivait sa propre vie. Quoique fictif, mon personnage, Mme Sharp, était la mère que nous souhaitons toutes avoir et, si nous avons des enfants, celle que nous essayons toutes d'être. On me faisait souvent remarquer que cette mère victorienne « parfaite » était mon alter ego, mais je le niais catégoriquement.

À mes yeux, Mme Sharp représentait tout ce que de toute évidence je n'étais pas : elle était sereine, d'un optimisme incurable et d'une nature élevée. Sa vie était harmonieuse parce qu'elle réussissait à maintenir le délicat équilibre qui consiste à vivre dans le monde tout en se tenant à l'écart. Elle vivait pleinement chaque jour, appréciant profondément le passé, possédant un sens riche du présent et anticipant joyeusement l'avenir. Sa maison était un havre d'hospitalité, reflétant son style personnel par sa beauté, son ordre, son confort et son bon goût. Elle était une confidente compatissante et une vraie amie, qui sympathisait, encourageait et inspirait. Comme plusieurs autres femmes allaient le faire après moi, j'adorais Mme Sharp.

Comment pouvais-je prétendre être l'alter ego de cette femme extraordinaire ? Le seul rapprochement que je pouvais faire entre elle et moi, c'était que j'étais sa secrétaire, quelqu'un qui écrivait sous sa dictée. Bon ou mauvais, ce livre était celui de Mme Sharp. Mais en me distançant de la création de ce livre, je suis devenue incapable de jouir de l'exploit que représentait sa mise au monde, même s'il était le fruit de cinq années de travail et de lutte. J'acceptais les compliments, les louanges et même la reconnaissance pour l'avoir écrit aussi gracieusement qu'un intermédiaire perplexe arrive à le faire. Ayant atteint un but que je poursuivais depuis longtemps, je me demandais pourquoi je me sentais si vide, insatisfaite et désorientée.

Quelques années plus tard, j'ai eu une conversation intime avec ma sœur. Tout au long de notre échange, j'ai passé mon temps à faire référence à Mme Sharp sans m'en rendre compte. « Arrête cela ! », me dit Maureen, doucement mais fermement. « Cesse de parler de Mme Sharp comme si elle était une autre personne. Tu es Mme Sharp, même si tu ne le crois pas. Elle est la femme que tu es au plus profond de toi. Il est temps de reconnaître ton talent, sinon tu le perdras. »

D'après Maureen, la source de mon insatisfaction était mon refus d'assumer la responsabilité de mon talent. Je ne me l'appropriais pas. Je ne le revendiquais pas. Je ne reconnaissais pas le fait que j'étais une artiste, même si je vivais dans une maison de banlieue plutôt que dans un loft new-yorkais. Le plus grand mérite que je m'attribuais, c'était d'être habile à manier les mots, à les mettre l'un à la suite de l'autre jusqu'à ce que j'obtienne des phrases, des paragraphes, des pages, des articles, des chroniques, des livres. J'avais forcé la main à ma véritable identité d'artiste avec l'outil contondant de l'incrédulité, puis enterré mon moi authentique en refusant de le reconnaître.

Mais *pourquoi* avais-je de la difficulté à m'approprier mon talent ? C'est là une question que je me pose depuis des années. Peut-être était-ce parce que si j'avais échoué, il m'aurait fallu reconnaître mes échecs autant que mes succès, et je ne voulais plus vivre de belles défaites. Je voulais vivre une vie créative et je croyais que je ne pouvais revendiquer ma créativité que si le monde reconnaissait que j'en étais pourvue. J'avais plusieurs leçons à apprendre avant de reconnaître que l'Esprit s'était servi de mes dispositions personnelles pour exprimer quelque chose qui n'aurait pas vu le jour si j'avais refusé de prendre ma plume. Ayant accepté et mené à terme la mission du Créateur, j'avais à la fois le droit et le devoir de m'approprier et de partager l'œuvre qui en résultait.

18 AOÛT

Reconnaître son talent

Chaque fois que j'écris un livre, chaque fois que j'ouvre ce calepin jaune, c'est tout un défi qui m'est lancé. J'ai écrit onze livres, mais chaque fois je me dis : « Ouais, ils vont maintenant s'en apercevoir. J'ai joué un tour à tout le monde et ils vont découvrir le pot aux roses. »

MAYA ANGELOU

L'autre jour, lors d'une réception, je suis tombée sur un vieil ami, un réalisateur de radio. « J'ai entendu dire que tu travailles à ton troisième bouquin », a-t-il lancé pour me faire parler. « Combien de temps encore vas-tu avoir la piqûre ? »

« C'est une vraie arnaque », lui ai-je répondu en riant. « Tant que je pourrai. »

Peut-être parce que j'ai souvent l'impression d'être un imposteur, l'authenticité a décidé que je serais l'hôtesse idéale. « Explore-moi, m'a-t-elle soufflé. Regarde derrière le rideau. Regarde sous la pierre. Vois qui s'y trouve. » Croyez-moi, quand je me suis engagée dans cette voie de l'abondance dans la simplicité, je ne me doutais vraiment pas que j'entreprenais un safari pour découvrir mon moi authentique. Pour vous donner une idée du peu que j'en savais au début, je croyais faire un livre sur l'art de ralentir la cadence.

Bon nombre d'artistes ont l'impression qu'on les « démasquera » tôt ou tard, et probablement tôt. Car lorsque nous créons, même si nous savons qu'une Force supérieure travaille avec nous et à travers nous, l'Œuvre vient au monde en portant notre nom. C'est là le conflit que vit l'artiste. Si nous ne créons pas, nous éteignons l'étincelle divine. Si nous créons, nous avons l'impression de montrer un faux visage au monde parce que nous savons que nous n'avons pas travaillé seules, même si personne d'autre ne le sait.

Mais le conflit et l'escroquerie prennent fin lorsque nous arrêtons de nier notre talent et acceptons de le reconnaître – humblement, avec reconnaissance et respect – et de le *partager* avec le monde. Tant que nous n'exploitons pas nos talents uniquement pour notre propre bien, nous sommes protégées. Dans une parabole du Nouveau Testament, un homme riche, partant pour l'étranger, appelle ses serviteurs pour leur confier son argent. À l'un il donne cinq talents, au deuxième, trois talents et au troisième, un talent. Le premier serviteur fait tout de suite fructifier ses talents et double l'investissement de son maître. Le deuxième serviteur fait de même. Quant au serviteur qui a reçu un talent, craignant cette responsabilité, il va enfouir son talent dans la terre.

À son retour, le maître convoque ses serviteurs pour régler ses comptes avec eux. Les deux serviteurs qui ont fait fructifier leurs talents sont félicités pour leurs efforts. Comme ils s'en sont tirés à merveille, leur maître les invite à partager sa joie.

Arrive le troisième serviteur, qui explique que comme son maître est âpre au gain, il a préféré ne pas prendre de risques et est allé enfouir son talent pour qu'il n'arrive rien de fâcheux. Le maître est tellement irrité de constater que ce serviteur n'a pas eu le bon sens de déposer son argent à la banque, où il aurait au moins porté intérêts, qu'il le lui enlève sur-le-champ et le donne au serviteur le plus prospère en lui disant : « Car à tout homme qui a, l'on donnera et il aura du surplus. » Le serviteur trop prudent est jeté dehors, dans les ténèbres, où il se met à pleurer, à gémir et à grincer des dents, avec raison. Cela nous fait terriblement souffrir de voir que le monde ne veut pas investir en nous. Mais c'est encore bien plus pénible, presque insupportable, de ne pas croire en nous-mêmes, de craindre d'investir en nous-mêmes.

C'est là une parabole sur le risque créateur. Nous sommes désolées pour le serviteur qui a enterré son talent parce que, comme le souligne Elizabeth O'Connor, « sa circonspection et ses précautions nous semblent très justifiables ». Le maître réagit comme une brute en jetant le pauvre bougre dans le noir, sans réconfort ni pitié, uniquement parce qu'il n'a pas voulu prendre de risques. Comme la plupart d'entre nous jouons serré, cette parabole a de quoi nous rendre très nerveuses.

C'est son objectif.

Bon nombre d'entre nous dilapidons de précieuses ressources naturelles – temps, énergie créatrice, émotions – en comparant nos talents à ceux des autres. Aujourd'hui, demandez à l'Esprit de vous aider à prendre conscience de vos talents, à les reconnaître et à vous les approprier. Voulez-vous connaître plus d'abondance ? Avez-vous enterré vos talents ? Comment pouvons-nous mener une vie plus riche, plus profonde et plus passionnée sans investir en nous-mêmes ? Plusieurs d'entre nous manquons d'audace depuis trop longtemps déjà, et nous nous demandons pourquoi nous sommes si malheureuses.

Éviter de prendre des risques est l'attitude la plus risquée que nous puissions adopter.

19 AOÛT

Changer la paille en or

Les histoires sont thérapeutiques. [...] Elles ont un tel pouvoir.
Elles ne nous demandent pas de faire ni d'être quoi que ce soit ; elles
nous demandent seulement d'écouter. On retrouve dans les histoires les
remèdes pour réparer ou récupérer n'importe quelle pulsion psychique.

CLARISSA PINKOLA ESTES

Après l'art de se débrouiller avec quelques pains et poissons, l'art de muer la paille en or est sans doute le talent le plus important qu'une femme puisse posséder. Il peut faire la différence entre une vie de pénurie et une vie d'abondance dans la simplicité. Dieu merci, nous avons toutes reçu ce talent. Mais comme tout autre talent, le don de l'alchimie doit être convoqué, gardé précieusement, reconnu, respecté et entretenu.

On raconte qu'un pauvre meunier enclin à la vantardise rencontra un jour un roi célèbre pour son amour de la richesse. Voulant l'impressionner, le meunier dit au roi que sa fille possédait un talent rare – la capacité de changer la paille en or. Sceptique mais intrigué, le roi ordonna à la jeune fille de venir habiter son château, où il lui montra une vaste pièce remplie de paille. Puis il lui ordonna de muer la paille en or avant l'aube, à défaut de quoi elle allait mourir.

Comme il s'agissait là d'une mission impossible, la jeune femme sombra dans l'angoisse et fondit en larmes. Qu'est-ce qui pourrait bien la sauver ? Soudain, un étrange petit homme fit son apparition. « Je peux changer la paille en or. Que me donneras-tu en retour ? » lui lança-t-il. Étonnée, la fille du meunier enleva un collier ayant appartenu à sa mère et le lui donna. Le petit homme se mit à l'œuvre sans tarder. La dernière chose dont la jeune femme se rappela avant de sombrer dans un profond sommeil fut le doux ronronnement du rouet. Le lendemain à l'aube, le roi trouva la fille du meunier encore endormie, entourée de centaines de rouleaux de fil d'or, sans un seul brin de paille.

Le roi fut transporté de joie devant ce qu'elle avait réussi. Malgré son désir de lui expliquer qu'elle n'avait pas accompli elle-même cet exploit inouï, la jeune femme n'arriva pas à confesser son incompétence. Si elle l'avait fait, que serait-il advenu d'elle ? Mais son silence ne fit qu'accroître son dilemme, car le roi cupide l'emmena dans une pièce encore plus grande remplie de paille et lui ordonna à nouveau de la changer en or pour avoir la vie sauve.

La deuxième nuit se déroula comme la première. Cette fois, la jeune femme offrit sa bague à l'étrange bonhomme en échange de ses pouvoirs magiques. La lendemain matin, le roi exulta à nouveau quand il trouva la pièce remplie de rouleaux d'or. De son côté, la fille du meunier persista à garder son secret. Mais quand le roi la conduisit dans une troisième pièce – une immense salle – remplie de paille, elle se rendit compte qu'elle avait commis une erreur terrible. Pourquoi n'avoir pas avoué sa collaboration secrète ? Mais il était déjà trop tard, car le roi lui fit la promesse d'en faire son épouse si elle transformait à nouveau la paille en or.

Cette fois, quand le mystérieux petit homme se présenta au cours de la nuit, il trouva la fille du meunier hors d'elle-même parce qu'il ne lui restait plus rien à lui offrir. « Peu importe, lui dit-il. Je vais t'aider encore une fois en échange de ton premier-né. »

« Comment puis-je faire une promesse aussi terrible », se demanda-t-elle. Puis elle se dit que puisque personne n'aurait entendu parler de son complice clandestin, elle n'aurait pas à respecter son entente. C'est ainsi qu'avec son consentement, le petit homme transmua la paille en or pour la troisième fois. Le lendemain, le roi épousa la fille du meunier qui, toute à son bonheur, ne tarda pas à oublier sa promesse.

Un an plus tard, la reine donna naissance à un beau garçon. Peu après, cependant, le magicien fit soudain irruption dans sa chambre pour lui demander son bébé. La reine le supplia de lui laisser son fils, lui offrant toutes les richesses du royaume, mais il refusa. Accablée de chagrin, elle se jeta à ses pieds en larmes. Prenant pitié de la reine, le collaborateur secret lui accorda trois jours pour trouver son nom, qu'il avait toujours tenu secret. « Si, au bout de ce temps, tu peux dire mon nom, tu pourras garder ton enfant. » Avec l'aide d'une servante loyale futée, la reine finit par découvrir que le petit magicien se nommait Rumpelstiltskin. Elle put ainsi garder son enfant, sa couronne et son bonheur.

« Les contes recèlent des leçons qui nous éclairent sur les réalités complexes de la vie », rappelle l'analyste jungienne et conteuse *cantadora* Clarissa Pinkola Estes, dans une puissante évocation de la psyché féminine intitulée *Femmes qui courent avec les loups*. Aujourd'hui, méditez sur la démarche psychique que nous décrit cette histoire. Quand vous réfléchissez à des rêves ou à des contes de fée, il importe de vous rappeler que tous les personnages représentent divers aspects de vous-même. Vous n'êtes pas seulement la fille du meunier, mais le meunier, le roi, la servante loyale, le bébé et Rumpelstiltskin. Plus important encore, vous êtes la paille et l'or.

20 AOÛT

La mine d'or du subconscient

Tout autour de vous se trouvent d'infinies richesses, attendant que vous ouvriez les yeux de votre esprit pour voir le trésor infini qui est en vous. Il y a en vous une mine d'or d'où vous pouvez extraire tout ce dont vous avez besoin pour vivre splendidement, joyeusement et abondamment.

JOSEPH MURPHY

Avez-vous saisi la véritable identité de Rumpelstiltskin? C'était le subconscient de la fille du meunier. Plus que ne peut le faire n'importe quel magicien, « vous pouvez introduire dans votre vie davantage de puissance, de richesse, de santé, de bonheur et de joie, en apprenant à contacter et à libérer le pouvoir caché de votre subconscient », nous dit Joseph Murphy dans un ouvrage classique traitant de grands principes métaphysiques intitulé *La Puissance de votre subconscient*. Aux deux hémisphères physiques de notre cerveau correspondent deux hémisphères psychiques. Le conscient abrite la raison, et le subconscient – ou esprit profond – est le siège de nos émotions et de notre créativité.

« Ce qu'il importe avant tout de se rappeler, c'est qu'une fois que le subconscient a accepté une idée, il commence à la mettre à exécution », explique le docteur Murphy. « Il procède par associations d'idées et utilise chaque parcelle d'information que vous avez accumulée au cours de votre vie pour atteindre son but. Il puise à la source infinie de pouvoir, d'énergie et de sagesse qui est en vous. Il mobilise toutes les lois naturelles pour parvenir à ses fins. Parfois, il apporte une solution immédiate à vos problèmes, mais d'autres fois, il peut prendre des jours, des semaines ou plus longtemps encore... *Ses voies sont insondables.* »

Dans l'histoire de Rumpelstiltskin, c'est l'ordre donné au subconscient qui amorce le cycle de la création. Pour que les rêves se manifestent sur le plan physique, il faut faire une déclaration telle que : « Ma fille peut changer la paille en or ».

Parfois, la tâche que nous acceptons d'entreprendre nous semble pratiquement impossible. Nous pensons ne pas avoir le temps, le talent, les ressources ou le soutien pour l'exécuter. Mais nous sommes intriguées par les possibilités, tout comme le roi se laisse séduire par l'idée de s'enrichir. Nos aspirations profondes nous enhardissent à obéir à l'ordre : change la paille en or, sinon tu en subiras les conséquences. Laissez mourir votre rêve et avec lui s'éteindra la vie authentique dont vous avez envie.

Alors nous essayons de filer notre paille, utilisant toutes les ressources de notre esprit conscient : notre raisonnement, notre expérience, notre astuce. Mais si nous nous en remettons uniquement à la raison pour réaliser nos rêves, nous n'obtenons rien d'autre que de la paille. Cependant, nous avons un collaborateur créatif qui sait métamorphoser la paille en or. C'est Rumpelstiltskin, notre subconscient. Au lieu d'un collier ou une bague, nous abandonnons notre orgueil et le contrôle de notre rêve. Au lieu de notre premier-né, nous abandonnons notre ego ; nous admettons ne pas pouvoir nous en tirer seules. Nous devons donner l'ordre à notre subconscient de s'en occuper, puis nous abandonner à un sommeil créateur qui permettra à celui-ci de travailler pour nous.

Quand vous êtes en train de créer et vous retrouvez à court d'inspiration, lâchez prise et remettez-vous-en à la Sagesse qui transcende votre raison. Quand vous ne savez trop quoi faire, demandez à votre subconscient de prendre la relève, de préférence le soir. Le lendemain matin, la réponse devrait venir. Sinon, continuez de poser vos questions avant de vous endormir : Comment pourrais-je m'y prendre ? Comment pourrais-je changer ma paille en or ? Demandez à votre subconscient de vous répondre le lendemain, à votre réveil. Le troisième matin – le trois est un chiffre sacré –, les réponses devraient commencer à se manifester.

Étonnamment, en exploitant le pouvoir inouï du subconscient, nous pouvons réussir tout ce que nous entreprenons, quels que soient les obstacles que nous ayons à surmonter. Visualisez mentalement votre rêve réalisé. Voyez les aspirations de votre cœur. Ressentez la joie de la réussite. Remerciez à l'avance. Ne demandez pas *comment* les choses arriveront ; contentez-vous de savoir qu'elles arriveront. Puis mettez-vous à l'ouvrage.

Aujourd'hui, préparez-vous à passer de la fille du pauvre meunier à la reine. Dans votre cœur, votre esprit et votre âme, ouvrez-vous à l'Intelligence infinie. Laissez le champ libre, nommez la source de votre Pouvoir et mettez-vous à changer la paille en or.

21 AOÛT

Le réconfort des vieux bouquins

Nous lisons des livres pour découvrir qui nous sommes. Ce que d'autres personnes, réelles ou imaginaires, font, pensent et ressentent est essentiel à notre compréhension de ce que nous sommes et pouvons devenir.

URSULA K. LE GUIN

457

Avez-vous lu un bon livre récemment? J'espère bien que oui. Mais en plus de la lecture, il existe plusieurs façons de goûter aux plaisirs des livres: être membre d'un club du livre, redécouvrir les livres que nous avons aimés dans notre enfance, chercher le livre irrésistible dans lequel nous nous perdrons. Malheureusement, nous ne pouvons pas faire apparaître instantanément les livres qui nous procureront le réconfort, la consolation, les rires et la compagnie dont nous avons toutes envie. Comme le choix de nos lectures est souvent crucial pour notre réconfort et notre équilibre, nous devons apprendre l'art de la sélection.

Bouquiner est une activité méditative. Chaque femme devrait avoir trois voies royales pour ses aventures littéraires: une librairie tenue par des bibliophiles, une bonne boutique de livres d'occasion et une bibliothèque de prêt bien organisée. Les livres sont aussi importants que l'air que nous respirons. D'après mon expérience personnelle, quand je suis au creux de la vague, c'est souvent un bouquin qui sauve la situation.

Nous sommes privilégiées: grâce à un regain d'intérêt pour les moyens d'expression artistique, les bonnes librairies sont moins rares que jadis, et les bibliothèques abondent. Mais vous devrez probablement faire un peu de recherche pour dénicher une vraie bonne boutique de livres usagés. Bouquiner dans un de ces magasins me fait parfois vivre une véritable expérience mystique. J'y entrevois l'éternité et le temps s'arrête: les heures deviennent des minutes, je flotte dans un autre monde. Les vieilles pages écornées, les tranches dorées, les couvertures de cuir repoussé et le papier marqué de rousseurs m'accueillent comme une vieille flamme. Ce ne sont pas des bras qui m'enlacent, mais l'arôme du cuir qui se mêle à une douce odeur de renfermé. Parfois, dans un étroit couloir poussiéreux, une lumière venue du ciel m'enveloppe: un rayon de soleil ou l'aile d'un ange me conduit exactement au livre dont j'ai besoin, sans en avoir conscience. Honnêtement, cela s'est produit tellement souvent qu'il ne s'agit plus d'une expérience paranormale, mais d'une approche tout à fait usuelle. Si vous voulez prendre davantage conscience de vos collaborateurs clandestins au moment où vous commencez à faire jaillir vos talents, une visite à une bonne boutique de livres usagés est une merveilleuse façon de le faire. Voici mon invocation préférée quand je vais bouquiner: « L'Aide divine est ma seule réalité et

Elle se manifeste abondamment pour moi dans le livre idéal au prix idéal. En cherchant, je trouve, et je remercie ».

Certains magasins de livres d'occasion sont des endroits délabrés où les livres sont empilés pêle-mêle. Cela vaut la peine d'y entrer, car vous ne savez jamais ce que vous y trouverez, et il faut toujours être prête à accueillir l'abondance. Mais dans les bonnes boutiques, il y a des pièces entières remplies de livres classés en diverses catégories bien identifiées, telles que : cuisine, artisanat, jardinage, arts, romans de femmes, classiques, histoire sociale, romans à énigmes et livres de croissance personnelle. Ils sont classés par ordre alphabétique d'après l'auteur et la série, et ont parfois conservé leur couverture originale. C'est là que je déniche mes trésors, de vieux ouvrages domestiques de la fin du XIXᵉ siècle aux années 50, fantômes de choses qui furent jadis belles et brillantes. C'est aussi là que je trouve de vieux magazines et brochures offerts en prime par des fabricants, lesquels constituent une mine d'inspiration et d'information.

Au dire de Virginia Woolf, « une belle sortie doit inclure une visite dans une boutique de livres d'occasion ». Mettez la découverte d'un de ces endroits sur la liste de vos priorités.

22 AOÛT

Une cure de poésie

La poésie nous accorde un répit qui nous donne un regain d'énergie pour poursuivre notre vieille lutte pour nous adapter à la réalité.

ROBERT HAVEN SCHAUFFLER

Parmi les petits bijoux que j'ai dénichés dans une boutique de livres usagés, il y a le numéro d'octobre 1925 du magazine *Good Housekeeping* dans lequel on propose un nouveau traitement pour la fatigue appelé « Cure de poésie ». On y lit que lorsque nous sommes épuisées, méditer sur un vers ou une strophe d'un poème peut nous procurer un sentiment de sérénité. Cette suggestion m'a amenée à pratiquer une forme de méditation merveilleuse, particulièrement les jours où je pense ne pas avoir vingt minutes pour m'asseoir ou faire une marche – situation qui se présente plus souvent que je voudrais l'admettre.

Bon nombre d'entre nous résistons au pouvoir de la poésie d'illuminer notre route parce que nous avons de mauvais souvenirs des classes de français où nous disséquions des poèmes. Certaines d'entre nous avons également un complexe d'infériorité en matière de poésie, l'envisageant comme un art hermétique que seuls les gens instruits, cultivés et érudits sont en mesure d'apprécier. Mais les poètes sont les premiers à se montrer en désaccord avec cette perception ; ils savent bien que la poésie est une forme d'expression concrète et personnelle.

Rita Dove, la plus jeune poète noire américaine lauréate, affirme que « la poésie vous met en communication avec vous-même, avec le moi qui ne sait pas parler ou négocier ». Quand nous laissons la poésie se glisser sous les fibres de notre esprit conscient, la communication avec notre moi authentique devient plus facile ; une émotion ou une expérience est rendue dans des mélodies aux mots évocateurs qui instaurent l'harmonie dans nos luttes journalières. Selon Rita Dove, la poésie peut redonner « un sens du mystère, un sens de l'émerveillement » à notre routine quotidienne. Un jour, je l'ai entendue lire à la radio un poème qu'elle avait écrit à propos de l'attente avant de monter à bord d'un avion pour rentrer chez soi. J'étais en train de cuisiner, mais je me suis tout de suite retrouvée en train d'attendre mon propre avion. Cela m'a rappelé de façon exquise que notre vie personnelle peut refléter l'expérience universelle. Nulle part cela ne s'exprime avec autant de passion que dans la poésie.

Pour amorcer votre exploration de cet art qui s'inscrit dans l'esprit de l'abondance dans la simplicité, prenez un livre de poésie à la bibliothèque cette semaine. Écouter les voix de femmes poètes – Rita Dove, Anne Sexton, Louise Bogan, Diane Wakoski, Emily Dickinson, Maya Angelou, Adrienne Rich, Audre Lorde, Muriel Rukeyser, Judith Viorst, Elizabeth Barrett Browning, Maxine Kumin, Diane Ackerman, Shirley Kaufman, May Sarton, Cherrie Moraga, Marianne Moore – vous aidera à trouver la vôtre. Lisez un poème chaque jour. Écrivez-en un vers sur une fiche et mémorisez-le. La poésie recèle de nombreux secrets qui ne demandent qu'à se révéler à celles qui cherchent patiemment la vérité. J'adore méditer sur un vers le soir avant de me laisser gagner par le sommeil.

Étudiez la possibilité d'écrire vos propres poèmes. N'allez pas me rétorquer que vous êtes trop vieille ou que personne n'est intéressé à ce que vous avez à dire. Peu de débuts littéraires ont été aussi étonnants que ceux d'Amy Clampitt, qui a publié son premier gros recueil de poésie, *The Kingfisher*, en 1983, à l'âge de 63 ans. Bien qu'elle eût écrit de la poésie toute sa vie, ce n'est que dans la cinquantaine qu'elle a trouvé sa véritable voix. Si une voix se fait entendre dans votre cœur depuis toujours, ne serait-il pas temps de la laisser s'exprimer?

Faites un poème à partir d'un dialogue avec votre moi authentique. Assistez à des lectures de poésie dans des librairies, des cafés, des bibliothèques, des campus. Soyez confiante; vous découvrirez, comme l'a fait l'écrivaine d'origine russe Anzia Yezierska, que « la chose vraie crée sa propre poésie ».

23 AOÛT

Une pharmacie musicale

Je pense que je ne désirerais rien d'autre si je pouvais toujours avoir de la musique à profusion. La musique insuffle de la force dans mes membres et des idées dans mon cerveau. Quand je suis remplie de musique, la vie se déroule sans effort.

GEORGE ELIOT

V ous savez déjà que la musique peut être une source exquise de plaisir et de divertissement. Mais saviez-vous aussi qu'elle peut être une forme puissante de prière, de méditation et de guérison ? La musicothérapie est une ancienne tradition. Depuis l'aube de l'humanité, les guérisseurs spirituels connus sous le nom de shamans utilisent des tambours, des cloches et des crécelles pour libérer le corps de la maladie, l'esprit de la dépression et l'âme du désespoir.

Comme la musique peut traverser les frontières de notre esprit conscient, le neurologue Oliver Sacks, auteur de *L'Éveil*, croit qu'elle peut devenir une clef pour libérer le sens du moi. Même les personnes atteintes de la maladie d'Alzheimer qui ont perdu tout point de repère réagissent souvent à la musique quand tout le reste a échoué.

Trouver la musique qui nous rejoint en profondeur peut nous aider à puiser à notre source intérieure au moment où nous apprenons à nourrir notre créativité. La musique fait relâcher l'emprise de notre esprit conscient durant le processus de création. J'écoute de la musique classique quand je fais des recherches et de la musique de film planante quand j'écris. Anaïs Nin était d'avis que lorsque nous créons, la musique est « un stimulant de premier ordre, beaucoup plus puissant que le vin ». La romancière Amy Tan écoute la même musique chaque jour quand elle écrit, car cela l'aide à retrouver le fil de son récit là où elle l'a laissé. Cette technique fonctionne également pour d'autres projets de création – peinture, sculpture, poterie et autres formes d'artisanat – qui sont entrepris et interrompus pendant un certain laps de temps. Si vous avez besoin de vous concentrer, la musique de Mozart peut clarifier vos idées – ce qui explique qu'elle soit recommandée pour accompagner des séances d'études intensives en vue d'examens ou de remue-méninges. Mozart étant un génie, il n'est guère étonnant que ses arrangements musicaux influent de façon positive sur nos fonctions cérébrales.

Les nocturnes pour piano – compositions romantiques, vibrantes et méditatives pour piano seul – sont une véritable pharmacie musicale. Aucune de nous ne devrait se passer d'une cassette ou d'un disque compact de musique apaisante à écouter dans les moments de tension. J'ai même recouru à des nocturnes pour piano pour calmer nos chats quand ils étaient confinés à l'intérieur en raison d'une blessure, d'une maladie ou de la température maussade. Au lieu de griller une cigarette ou de prendre un verre la prochaine fois que vous aurez les nerfs en boule, essayez plutôt

Camille Saint-Saëns, Robert Schumann, Erik Satie ou les nocturnes contemporains de Stephen Sondheim dans *La Petite Musique de nuit*. Quand vos hormones vous désorganisent les humeurs, essayez Haydn. Les préludes et fugues de Bach sont un baume dans les moments de déprime. Gabriel Fauré est l'un de mes favoris quand je suis à plat, et les magnifiques nocturnes de Frédéric Chopin ravissent notre âme même lorsque nous avons le cœur brisé.

Dans un autre registre, dix minutes de boogie-woogie peuvent avoir raison du pire des cafards, car le rythme réduit l'anxiété. Si je dois travailler le soir, je trouve le jazz *cool* énergisant, mais pour cuisiner, je préfère écouter des chants vibrants de passion – de la musique irlandaise traditionnelle ou de l'opéra. Le rock détente ou des airs de comédie musicale me donnent de l'entrain quand je fais le ménage, alors que j'aime bien écouter de la musique *country* quand je conduis les enfants à leurs activités. Pour les moments où le silence ne comble pas vos besoins, sachez qu'il existe une musique pour tous les états d'âme. Reconnaître vos changements d'humeur et honorer leur réalité en accompagnant l'expérience de musique est salutaire à l'âme.

Montez-vous peu à peu une collection personnelle de pièces musicales qui vous aideront à vous apaiser, à rassembler vos pensées, à canaliser votre énergie créatrice et à faire jaillir vos talents.

24 AOÛT

Témoins de la beauté

L'œuvre d'art que je ne fais pas, personne d'autre ne la fera.

SIMONE WEIL

Q uand nous pensons à des femmes artistes célèbres, trois peintres nous viennent habituellement à l'esprit : Mary Cassatt,
Georgia O'Keeffe et Grandma Moses. Mais il y a beaucoup
d'autres femmes artistes qui méritent la même renommée et dont
les peintures, les sculptures, les photographies, les dessins et les
illustrations attendent encore d'être explorés et savourés.

L'américaine Lilla Cabot Perry, peintre impressionniste, est
l'un de mes coups de cœur. Elle s'était liée d'amitié avec le grand
impressionniste français Claude Monet, dont elle a introduit
l'œuvre en Amérique du Nord. Monet appréciait tellement le travail de Lilla qu'il avait accroché l'une de ses toiles à un mur de sa
chambre à Giverny pour que ce soit la première chose qu'il contemple au lever.

À l'instar de Mary Cassatt, dont les jours étaient consacrés « à
l'entretien de la maison, à la peinture et à la friture des huîtres »,
Lilla Cabot Perry était une « mère au travail », un siècle avant que
cette ridicule expression redondante fasse partie du vocabulaire
courant. À une époque où les femmes devaient opter pour le foyer
et la famille plutôt que la carrière, nombre d'entre elles ont trouvé
une façon bien à elles de faire de leur vie quotidienne une œuvre
d'art. Leur détermination est pour nous une source d'inspiration.

Lilla avait trente ans lorsqu'elle a peint son premier tableau –
un portrait de sa fillette Margaret. Elle voyait dans la peinture une
forme d'expression dont elle avait un besoin pressant après
qu'elle eut abandonné la poésie parce qu'elle était « trop captivante pour une mère de trois jeunes enfants ». La peinture, elle,
lui permettait de concilier la maternité et l'art, car ses œuvres
célébraient ce qu'elle connaissait et aimait le plus : ses enfants. Peu
à peu, la peinture est devenue partie intégrante de la routine quotidienne, au même titre que les repas et le repos ; elle avait en effet
trouvé le moyen d'encourager ses jeunes modèles à rester tranquilles en les payant cinq cents de l'heure pour poser. Plus tard,
Lilla confiait que sa passion pour l'expression personnelle lui faisait penser à « un poêle dans lequel on aurait mis trop de charbon
et dont on devait ouvrir un des clapets pour l'empêcher de sur-
chauffer. Peu importe que cette ouverture s'appelle poésie ou
peinture : le couvercle doit être enlevé ».

Quel clapet avez-vous ouvert pour vous empêcher d'exploser
de frustration ? Comme le souligne Lilla, la forme que cela prend

importe peu. Ce qui importe, c'est de ne pas refouler votre passion créatrice au point de vous immoler. Aujourd'hui, explorez les différentes voies d'expression personnelle qui s'ouvrent à vous par l'instrument de vos yeux.

Avez-vous déjà pris des cours d'aquarelle, de peinture à l'huile ou de dessin pour le simple plaisir ? Si le chevalet ne vous attire pas, peut-être aimeriez-vous vous pencher sur une table à dessin : textile, graphisme, cartes de souhait, illustration de livres. Sans oublier la gravure, le collage, la sculpture et la photographie.

Imogen Cunningham, une autre mère artiste, a été l'une des photographes du vingtième siècle les plus célébrées, avec ses 50 000 clichés pris sur une période de plus de sept décennies ; elle avait « une main dans le plat à vaisselle et l'autre dans la chambre noire » et ne sortait jamais sans son appareil photo. Rechercher l'authenticité et élever des enfants ne sont pas incompatibles, à moins que nous tenions à ne faire que l'un ou l'autre.

Même si la photographie ne vous dit rien ou que vous êtes convaincue que vous ne savez même pas tracer une ligne droite, n'écartez pas les arts visuels avant d'avoir exploré la possibilité de laisser vos yeux et vos mains collaborer avec votre cœur.

L'artiste peintre Gwendolen John affirmait : « Mon art est ma religion ; c'est toute ma vie. » Les arts visuels ne sont peut-être pas votre religion, mais ils peuvent assurément approfondir votre conscience du divin.

25 AOÛT

Les plaisirs de la scène

Il me semble que je souhaite jouer un rôle dans la pièce du temps.
[...] Ce qui est profond, comme l'amour est profond, je l'aurai
profondément. Ce qui est bon, comme l'amour est bon, je l'aurai bien.
Puis si le temps et l'espace ont un but, j'y adhérerai.

JENNET JOURDEMAYNE
(CHRISTOPHER FRY)

De toute évidence, je n'étais pas destinée à devenir une grande comédienne. C'est le premier chemin que j'ai emprunté, mais ce n'était pas ma vraie voie. Même si j'adorais le théâtre – l'art, le métier, le mode de vie –, j'en suis venue à ne plus pouvoir supporter la douleur du rejet quand je n'obtenais pas un rôle, ce qui se produisait la plupart du temps. La distribution n'a absolument rien à voir avec votre talent d'actrice et tout à voir avec votre apparence. Si votre aspect physique ne correspond pas à l'idée que s'est faite le metteur en scène ou le réalisateur d'un personnage, il se peut que vous ne puissiez même pas passer une audition.

Holly Hunter a talonné la réalisatrice australienne Jane Campion pendant un an alors que cette dernière parcourait le monde pour trouver une actrice susceptible de jouer Ada, son héroïne écossaise muette du XIXe siècle dans *La Leçon de piano*. Au début, Campion ne croyait pas que Holly était celle qu'elle cherchait, sans doute parce qu'elle n'arrivait pas à chasser de son esprit l'image de la cocotte écervelée que Holly avait incarnée par le passé. Mais Holly possédait la connaissance de l'âme; elle savait que c'était pour jouer ce personnage qu'elle avait pris toutes ces leçons de piano dans son enfance et qu'elle était née pour jouer ce rôle. Les obstacles énormes qu'il lui a fallu surmonter pour obtenir ce rôle ont dû lui rendre encore plus douce l'obtention d'un oscar pour son interprétation magistrale. C'est du moins l'impression que j'ai eue lorsque je l'ai regardée recevoir son prix.

Le rejet, le doute de soi, l'insécurité matérielle et la critique du public font tous partie du quotidien d'une actrice. Nous sommes portées à l'oublier quand nous voyons toutes ces femmes resplendissantes qui se sont faites belles pour la cérémonie des oscars. Une autre actrice de *La Leçon de piano*, Anna Paquin, une jeune fille de onze ans, a elle aussi remporté un oscar pour l'interprétation de son rôle de fille entêtée d'Ada. Auparavant, la seule expérience théâtrale d'Anna avait été un rôle de mouffette dans un ballet de son école, ce qui ne l'a pas empêchée d'éclipser cinq mille autres fillettes lors d'une audition. C'est ce genre d'histoires dont les rêves sont faits, et qui peuvent changer le cours d'une vie. Pourquoi donc ai-je été surprise quand ma fille Katie – qui est très douée en arts visuels – m'a annoncé qu'elle ne retournerait pas à l'école d'arts qu'elle avait fréquentée au cours des trois étés précédents, mais s'apprêtait à s'inscrire à un atelier de théâtre pour enfants mis sur pied par une compagnie de théâtre professionnel. Dieu que la petite branche est courbée tôt !

À l'instant où nous avons pénétré dans le théâtre plongé dans le noir et que j'ai aperçu la scène nue et les projecteurs, tout m'est revenu : l'odeur du maquillage, les clameurs de la foule, le trac, les frissons, la magie, le mystère, l'émerveillement. Un théâtre désert vibre d'une énergie créatrice palpable. L'excitation se lisait sur le visage de Katie, ses yeux brillaient ; elle exultait. Je me suis demandé si je l'avais déjà vue dans cet état ; je m'en serais certes souvenue, non ? Avec nostalgie, j'ai quitté l'entrée des artistes qui venait de s'ouvrir pour elle.

Tout l'été, nous avons travaillé son rôle ensemble : l'incarnation du personnage, les répliques, les répétitions et les costumes ont resurgi dans ma vie quotidienne. Cela a été pour moi comme un recyclage. J'ai fait part à Katie de mes trucs de mémorisation et de maquillage, de l'importance de la démarche et des pauses ainsi que des histoires de mon passé glorieux sur les planches. Quand elle devenait angoissée et piquait une crise de nerfs, je la rassurais en lui disant que le stress joue un rôle important dans le processus de création et j'essayais de lui apprendre à composer avec, au lieu de le combattre. Attachée aux traditions, je tenais à ce que ses débuts soient inoubliables, remplis d'heureux souvenirs et présages. Tante Dona lui a envoyé un télégramme d'Hollywood (qui n'a pas manqué de créer un émoi dans les coulisses), son papa lui a offert une magnifique gerbe de fleurs et je lui ai dit le mot de Cambronne pour lui souhaiter bonne chance.

Les débuts de Katie sur la scène ont été extraordinaires; son intensité, son énergie et sa passion m'ont complètement prise au dépourvu. J'étais tellement étonnée et fière que j'avais l'impression que j'allais éclater. Quand, le lendemain, encore toute excitée, j'ai fait un compte rendu détaillé de l'événement à Dona, elle m'a répondu en riant: «Comment pouvait-il en être autrement? C'est *ta* fille!» Puis ma vieille amie m'a fait le cadeau d'un retour en arrière. Elle a évoqué le souvenir d'une autre jeune comédienne passionnée portant une veste de laine rouge, des *gauchos* assortis et des bottes d'équitation noires, qui s'est présentée en toute confiance à une audition pour la pièce de Christopher Fry *La Dame ne brûlera pas* comme si elle savait quelque chose que le metteur en scène ignorait. «Ses yeux brillaient et elle démontrait plus de sens du théâtre à se diriger simplement vers la scène que la plupart des gens en manifestent sur la scène. À ce moment-là, j'ai compris que j'avais trouvé ma Jennet Jourdemayne.» Jennet, l'héroïne enjouée de Fry, a été mon premier grand rôle.

Quelque brillantes que nous soyons dans ce domaine, nous ne pouvons pas toutes entreprendre une carrière dans les arts de la scène. Mais il est toujours possible de recourir à ces talents pour rehausser notre vie. Il n'est pas nécessaire d'être membre du syndicat national des artistes pour explorer le monde du théâtre, de la danse ou de l'opéra, pour en faire un passe-temps agréable qui illuminera votre route vers l'authenticité. Comme nous le rappelle le poète anglais Francis Bacon, dans le théâtre de la vie, il n'y a que Dieu et les anges qui soient admis comme spectateurs.

26 AOÛT

Les leçons du septième art

Les bons films éveillent votre attention,
vous font croire encore aux possibilités.

PAULINE KAEL

Aujourd'hui, au lieu de méditer, regardons un film. Esquivez-vous au milieu de la journée, assoyez-vous confortablement dans le noir avec du pop-corn pour réfléchir au sens de la vie. Que nous options pour un film vidéo à regarder à la maison ou un film présenté à prix réduit au cinéma, la vérité se laisse agréablement saisir, une image à la fois. « Étudier les films pour leur message mystique nous renforce. Cela approfondit notre compréhension et ouvre notre conscience », fait remarquer Marsha Sinetar dans un livre fascinant intitulé *Reel Power: Spiritual Growth Through Film*. « De nos jours, la vie est tellement centrée sur les problèmes, la récupération et sur les douloureux conflits auxquels donnent lieu nos *tentatives* de satisfaire aux exigences implacables de la vie du vingt et unième siècle. Malheureusement, nous nous focalisons sur les problèmes ; ce faisant, nous oublions de nous voir nous-mêmes et de voir nos dilemmes sous un jour héroïque et rempli de promesses, nous nous limitons. Les films élèvent notre vision et élargissent notre imagination. Le cinéma, comme la poésie, est l'un des agents les plus subtils de notre cœur. Il nous rappelle ce que nous savons, nous aide à nous déployer et à changer, sert de catalyseur sensoriel pour précipiter un changement de cap. » Le pouvoir du septième art, c'est « l'aptitude à découvrir, et à utiliser, tout ce qui est spirituellement valable dans un film ».

Un film est un conte de fée mis sur pellicule pour des gens qui ne s'assoient plus autour d'un feu de camp pour écouter les sages propos des aînés. Je recours aux films pour refaire le plein de créativité – je choisis habituellement des films vidéo, que nous regardons la fin de semaine. J'adore les films d'époque, avec leurs décors et leurs costumes somptueux, pour le plaisir de l'œil ; j'opterai pour une comédie pour faire fondre les tensions, ou pour un film à énigmes en noir et blanc, ou un classique romantique des années 30 et 40 pour l'évasion. Je collectionne les films sur les anges, la réincarnation, l'au-delà et les amours éternelles. J'évite les films d'horreur et les films qui misent sur la violence absurde ; vous devriez faire de même, car une image imprimée dans notre conscience y est pour toujours. Selon moi, nous avons toutes besoin du sentiment d'élévation que nous procurent les films qui inspirent, encouragent, affirment et célèbrent l'âme humaine.

Se laisser guider pour trouver un film qui corresponde à notre état d'esprit peut s'avérer très régénérateur et satisfaisant. Cette semaine, allez fureter dans un gros club vidéo. Prenez votre temps. Parcourez toutes les catégories de film et notez les titres qui vous attirent. Ainsi, quand il vous sera impossible d'obtenir un film récent, vous pourrez vous référer à cette liste pour voir un bon film au moins une fois par semaine. À l'occasion, il est aussi très agréable – et c'est un luxe abordable – de goûter à la magie du grand écran.

« Les films nous reflètent et nous invitent à dépasser l'évident. Leurs thèmes et leurs images puissantes nous aident à nous voir sous notre pire et notre meilleur jour, ou à inventer de nouveaux scénarios à propos de ce que nous espérons devenir, soutient Marsha Sinetar. Tout ce qui est placé sur notre route peut nous aider. [...] Certains films – comme certaines personnes merveilleuses, certaines œuvres d'art ou musicales fabuleuses ou certaines prières – sont une grâce qui nous est expressément accordée pour notre édification. »

27 AOÛT

Méditer avec ses mains

Nos mains au travail, notre cœur à Dieu.

AXIOME SHAKER

Nombre de femmes, en particulier celles qui ont des enfants, n'arrivent tout simplement pas à trouver vingt minutes d'affilée par jour pour méditer. En outre, celles d'entre nous qui réussissent à se réserver ces précieuses minutes pour s'asseoir en silence voient souvent leur esprit se mettre à vagabonder. À vrai dire, les méthodes de méditation traditionnelles exigent du temps, un entraînement et de la discipline avant de livrer leurs fruits salutaires ; après quelques tentatives où il ne s'est rien passé, plusieurs d'entre nous nous décourageons et abandonnons. Puisqu'il en est ainsi, je me suis mise à chercher d'autres moyens de méditer, même au milieu du chaos. Une des meilleures techniques consiste à méditer avec nos mains. Quand les autres nous voient occupées à des travaux manuels, ils nous laisseront souvent quelques instants de répit avant de faire leur prochaine demande. Ce qu'ils ne savent pas (et que nous ne leur révélerons jamais), c'est que lorsque nos mains sont occupées, notre esprit, lui, peut se reposer.

Les travaux d'artisanat font partie de la vie quotidienne des femmes depuis des siècles. Les ouvrages manuels sous toutes leurs formes étaient à l'honneur chez les femmes de l'époque victorienne. Ces arts intimes et complexes ont été une forme d'expression exquise pour d'innombrables artistes dans l'âme qu'entravaient les attentes d'une société rigide. Ce n'est que depuis une trentaine d'années que ce qui fut jadis estimé est déprécié, les travaux manuels ayant cessé d'être l'expression de toutes les femmes pour devenir l'apanage d'un petit nombre.

Je connais fort bien votre argument : la femme d'aujourd'hui n'a plus de temps pour s'adonner aux travaux manuels comme le faisaient nos aïeules ; les femmes de l'époque victorienne avaient plus de temps libre parce qu'elles ne travaillaient pas à l'extérieur. Autant que je sache, les femmes de cette époque n'avaient que vingt-quatre heures par jour à passer, savourer, réserver ou gaspiller. En outre, bien qu'elles ne fussent pas contraintes d'aller travailler à l'extérieur, elles battaient les tapis, lavaient les couches de coton à la main, faisaient sécher leur linge sur une corde. Elles cuisinaient sans électricité ni réfrigérateur, souvent à partir d'ingrédients bruts, soignaient leurs malades sans les médicaments modernes et s'occupaient de familles plus nombreuses que la plupart des nôtres. Nous avons l'impression que la vie est plus rapide qu'au XIXe siècle, mais le nombre d'heures dans une journée est toujours le même. En fait, les femmes de l'époque victorienne avaient probablement moins de temps que nous ; elles vivaient moins longtemps que nous et, sans électricité, elles ne pouvaient effacer comme nous la distinction entre le jour et la nuit. Honnêtement, les femmes ont *toujours* eu trop de choses à faire. C'est simplement que les femmes victoriennes s'en tiraient souvent mieux que nous ; elles avaient conscience du pouvoir régénérateur du rythme, de la routine, du repos, de la détente et du rituel. Elles préservaient leur énergie en entrecoupant le soin de la maison et des enfants, d'activités qui les aidaient à se centrer, leur procuraient le plaisir de créer et apaisaient leurs tensions.

Quelles que soient vos inclinations personnelles, il existe une telle diversité de travaux manuels, que toute femme qui se donne la peine d'explorer peut en trouver un qui lui plaise. Considérez le tissage, la vannerie, l'enfilage de perles, les travaux d'aiguille (broderie, tapisserie, frivolité, point de croix, dentelle, smocks), la couture, le tricot, le crochet, la courtepointe, le travail du cuir, la confection de tapis, la poterie, le vitrail, les travaux avec du ruban, les ouvrages faits de papier (découpage, collage, marbrure, origami), la reliure, l'encadrement et la menuiserie. Une de mes amies s'est initiée à la menuiserie il y a plusieurs années parce qu'elle voulait se fabriquer des bibliothèques. Au début, elle s'est servie de meubles shakers vendus en pièces détachées. Aujourd'hui, elle manie le tour comme s'il s'agissait d'une aiguille à coudre et vend de magnifiques œuvres d'art.

Commencez en douceur. Vous n'avez même pas à vous inscrire à un cours si vous pensez ne pas avoir le temps. Il est possible de se procurer de beaux kits à prix abordables dans des boutiques d'artisanat ou par correspondance. Ce qui importe, c'est d'essayer une nouvelle chose chaque saison jusqu'à ce que vous trouviez quelque chose que vous aimez.

Quelle que soit la forme d'artisanat que vous décidiez de pratiquer, assurez-vous de garder vos projets à la vue. Si vous rangez un travail de petit point inachevé dans une armoire, il va y rester. Trouvez-vous un joli panier pour y mettre tout votre matériel; ainsi, la prochaine fois que vous aurez quelques minutes pour vous livrer à votre passe-temps, vous ne les perdrez pas à chercher vos choses.

La romancière autrichienne Marie von Ebner-Eschenback écrivait en 1905: «Rien n'est aussi souvent irrémédiablement perdu qu'une occasion quotidienne.» Pour plusieurs d'entre nous, l'occasion quotidienne ratée est cette activité qui nous procure du plaisir. La prochaine fois que la toile de votre vie se déploiera devant vos yeux, occupez vos mains pour que votre esprit puisse voir sereinement où piquer le prochain point.

28 AOÛT

Notre maison comme œuvre d'art

Le foyer est le cœur de la vie. [...] Le foyer est le lieu où nous sommes à l'aise, auquel nous appartenons, où nous pouvons créer un environnement qui reflète nos goûts et nos plaisirs. [...] Aménager un foyer est une forme de créativité accessible à tous.

TERENCE CONRAN

Si vous trouvez que vous n'avez pas l'œil pour exceller dans les arts visuels, la personnalité pour pratiquer les arts du spectacle ou la patience pour vous adonner à des travaux manuels, vous pouvez toujours explorer les joies et délices que procure la transformation de votre maison en œuvre d'art.

Quand la décoration d'une maison devient un passe-temps, plusieurs compétences artistiques entrent en jeu. Le travail manuel devient un art quand nous vernissons un meuble, peignons un mur d'une teinte de notre cru, retapons des trouvailles du marché aux puces, refaisons l'installation électrique d'une vieille lampe, recouvrons un fauteuil, fabriquons une housse, posons des carreaux, peignons un poème sur le mur de la cuisine, garnissons un coussin ou aménageons une plate-bande de fleurs.

L'artiste Judyth van Amringe sait s'entourer de pièces audacieuses et uniques – lampes, chaises, coussins, tables – auxquelles elle donne le nom d'« art maison ». En apprenant à décorer votre maison de façon personnelle, vous réveillez l'artiste en vous. « Débarrassez-vous de vos idées préconçues sur ce qu'il faut faire et ne pas faire », écrit-elle dans *Home Art: Creating Romance and Magic with Everyday Objects*; « faites exactement le contraire de ce que vos vieux modes de pensée vous suggèrent et vous vous retrouverez dans un tout nouveau paysage. » L'art maison commence par le recyclage. « Nous sommes tous au courant de l'épouvantable gaspillage qui se pratique autour de nous. Mon credo est de réutiliser le plus de choses possible – qu'elles m'appartiennent ou proviennent de mes voisins, d'une vente-débarras, d'un marché aux puces ou de la rue; si vous fabriquez quelque chose de beau à partir d'un objet mis au rebut, vous récupérez son énergie et réduisez un peu la masse de déchets. Voici le défi: récupérer un objet, le retaper, le faire vôtre, lui donner votre style, votre touche personnelle. »

Le style de Judyth est d'une audace peu commune; une causeuse rose dans le salon ne conviendrait pas à tout le monde. Mais l'idée de nous entourer de choses très personnelles et d'objets originaux que nous adorons est d'une grande sagesse et vaut certes que nous nous y arrêtions. Avec un peu d'huile de coude, d'ingéniosité et de temps, des miracles peuvent s'opérer sous nos yeux.

Aujourd'hui, permettez-vous d'être aventureuse avec un objet: inventez un nouvel abat-jour, créez des rideaux fantaisistes ou un plateau à thé original, dorez un cadre acheté dans une vente-débarras et faites-en un miroir. Je *sais* que vous avez un projet de décoration auquel vous aimeriez vous attaquer depuis longtemps. Je le sais, parce que j'en ai moi-même plusieurs. Débarrassez-vous de vos idées préconçues, écoutez votre cœur, honorez vos élans créateurs, faites confiance à votre œil. Bâtir son nid est une excellente façon de déployer ses ailes d'artiste.

29 AOÛT

Artistes du quotidien

L'amour inspire et motive l'artiste. L'amour peut être sublime, cru, obsessionnel, passionné, terrible ou emballant ; quelle que soit sa qualité, c'est une puissante motivation de l'artiste.

ERIC MAISEL

L'autre jour, une amie et moi nous entretenions de la difficulté que la plupart d'entre nous éprouvons à reconnaître que nous sommes des artistes et que la vie est notre toile. Elle m'a avoué qu'elle avait du mal à faire un gâteau et qu'elle ne se considérait pas comme une personne particulièrement créative. Je ne suis pas du tout d'accord avec elle. Je crois de tout mon cœur que l'aptitude à faire jaillir l'art de la vie quotidienne est un don que possèdent toutes les femmes. Que nous choisissions d'entretenir cette disposition naturelle est une tout autre question. Il faut reconnaître qu'il est pratiquement impossible d'assimiler cette notion quand nous sommes épuisées, dépassées, exténuées. Mais il vaut certes la peine d'y réfléchir en savourant les derniers jours de l'été.

Dessiner, peindre, sculpter, tricoter, chanter, danser ou jouer la comédie ne sont peut-être pas votre tasse de thé, mais la fabrication d'un gâteau *peut* être une œuvre d'art au même titre que la chorégraphie d'un ballet, si vous l'abordez avec la même dévotion. De même que convaincre avec une patience infinie un jeune enfant fatigué et affamé de faire ce que vous lui demandez. Ou recevoir de bonne grâce des visiteurs inattendus avec les moyens du bord et improviser pour l'occasion un repas mémorable agrémenté de chandelles, de vin, de rires et d'une conversation animée. Ou encore aider une amie qui traverse une crise, réconforter un parent vieillissant ou organiser une fête pour l'anniversaire d'un enfant. Tout ce que vous vous proposez de faire aujourd'hui *peut* devenir une œuvre d'art, si vous ouvrez votre cœur et acceptez d'être l'instrument du Créateur. Les femmes sont les artistes du quotidien. Le monde ne reconnaît pas ni n'admire cette forme d'art; nous devons donc nous en charger. Nous sommes les gardiennes d'une vérité sacrée. Nous devons chérir cette sagesse et la transmettre à ceux que nous aimons.

Comme artiste, j'ai appris qu'il y a trois niveaux dans la création: le travail, le métier et l'élévation. Saint François d'Assise explique ainsi le processus de création: la personne qui travaille uniquement avec ses mains est une ouvrière; celle qui travaille avec ses mains et sa tête est une artisane; celle qui travaille avec ses mains, sa tête et son cœur est une artiste.

Le travail, c'est se relever les manches et se mettre à l'ouvrage. Le métier, c'est la façon de faire votre travail. Y mettez-vous votre esprit, votre corps et votre âme? Prenez-vous votre temps ou travaillez-vous à la hâte? Vous concentrez-vous sur ce que vous faites ou pensez-vous à mille autres choses en même temps? Vous contentez-vous de lancer la farine, les œufs, le beurre, le sucre et le sel dans un bol, de mélanger cette masse grumeleuse d'un petit mouvement du poignet, de fourrer le tout dans le four et d'espérer qu'il en sorte quelque chose de mangeable? Ou préférez-vous plutôt tamiser la farine trois fois, battre les œufs, travailler le beurre en crème avec le sucre avant de réunir tous les ingrédients? Passez-vous quinze minutes à mélanger le tout? Pensez-vous à chauffer le four à l'avance et à enduire votre plat de beurre et de farine? Chantonnez-vous pendant ces opérations? Prenez-vous plaisir à faire tout cela et à imaginer le résultat? Si oui, l'amour est là. L'amour est l'énergie spirituelle qui engendre l'élévation, ce moment transcendant où le travail devient art.

Il faut toute la vie pour créer l'œuvre d'art pour laquelle nous sommes venues au monde: une vie authentique. Mais cela ne prendra que cinq minutes pour vous centrer avant d'entreprendre chacune de vos tâches aujourd'hui. Cinq minutes pour reconnaître au plus intime de vous-même que vous êtes une artiste du quotidien. Cinq minutes pour remercier pour vos capacités. Cinq minutes pour offrir votre amour, vos énergies créatrices et vos immenses talents à la personne, à l'idée ou au projet qui sollicitent votre attention.

Dites à voix haute : Je suis une artiste du quotidien bourrée de talents. Mon art est une bénédiction pour moi et les miens.

30 AOÛT

Pourquoi remettre à demain ?

La procrastination est une voleuse de temps.

Edward Young

J'ai une amie qui est en train de mettre sur pied un nouveau mouvement de femmes appelé « Pourquoi remettre à demain » dont nous sommes toutes invitées à devenir membres fondatrices. La mission de cette organisation est d'éliminer à tout jamais (lui enfoncer un pieu dans le cœur) la procrastination, qui nous prive constamment de plaisirs à notre portée.

Une autre de mes amies est marchande de bijoux anciens, ce qui l'oblige à faire de fréquents voyages d'affaires en Angleterre. Elle est également épouse d'un politicien et mère de deux enfants. Tout cela ne l'a pas empêchée de s'inscrire à des cours d'italien et de yoga et de vouloir s'initier à l'aquarelle. Il faut prendre du temps pour soi, insiste-t-elle ; je suis d'accord avec elle. Si nous ne le faisons pas maintenant, quand le ferons-nous ? Elle m'invite à faire partie de son club de livres du XIXᵉ siècle. Le groupe se réunira un dimanche après-midi par mois autour d'un thé ou d'un verre de sherry. Chaque membre apporte un petit quelque chose à manger pour qu'il n'y ait pas que notre esprit qui se nourrisse. Je trouve que c'est un merveilleux projet. J'y repenserai quand j'aurai terminé l'écriture de ce livre sur l'art de se créer une vie authentique.

« La vie, comme on l'appelle, est pour la plupart d'entre nous une longue remise à plus tard », écrivait avec nostalgie Henry Miller en 1947. Quel plaisir êtes-vous en train d'ajourner ? Moi, je viens de remettre à plus tard mon adhésion à un club de livres merveilleux. Je crois que je vais rappeler mon amie affairée. Je sens encore l'élan en moi, faible mais bien présent.

31 AOÛT

Cela aussi, c'est Dieu

Nous devons accepter d'avoir des moments « non créatifs ». Plus nous les accepterons honnêtement, plus vite ils passeront. Nous devons avoir le courage de commander halte, de nous sentir vides et découragées.

ETTY HILLESUM

Que vous soyez poète, mère ou danseuse, vous vous réveillez un beau matin, préparez le café puis vous disposez à recevoir l'inspiration pour poursuivre la création d'une vie authentique ; mais vous constatez que le puits s'est tari. Il peut vous sembler étonnant que nous terminions ce mois de méditations sur un creux de vague, mais accepter les jours stériles comme faisant partie du cycle créatif est essentiel pour préserver notre sérénité. Les jours de sécheresse créative font partie de la vie. Tous les artistes les connaissent, bien que nous soyons rares à le reconnaître, sauf en confidence. Comme vous cultivez maintenant l'art de l'authenticité, vous les connaîtrez vous aussi. Les jours non créatifs s'inscrivent dans l'alternance yin/yang de la démarche artistique.

Un jour que je me trouvais en pleine sécheresse créative, j'ai rencontré mon agente dans un café de New York et lui ai avoué tout bas, comme si je lui avais confessé une faute grave ou le diagnostic d'une maladie incurable, que je n'arrivais plus à rêver depuis des mois. Je n'arrivais pas à imaginer, à visualiser, ni même à faire un vœu. Pour l'Irlandaise que je suis, l'incapacité de rêver est le pendant émotif d'un profond déséquilibre spirituel. Je lui ai demandé conseil, car Chris a le don de prendre les choses par ruse. Nous arrivions d'une réunion dans une agence de publicité où elle avait conclu une entente pour mes services de consultation en créativité; j'étais d'autant plus étonnée qu'à ce moment-là, j'étais persuadée que tout ce que je faisais ne valait absolument rien.

« Que faire ? » lui ai-je demandé.

« Rien », m'a-t-elle répondu. Rien de rien. Attends que cela passe. Accepte cette période de jachère le plus gracieusement possible et prépare-toi à faire un bond en avant sur le plan de la créativité ou de la conscience.

Comme il est difficile de faire halte, surtout quand nous voulons progresser dans notre carrière, nos relations, notre santé, notre créativité ! Mais quand vous êtes trop à sec pour prier, quand vous n'arrivez même plus à pleurer ou que vous êtes trop épuisée pour vous en faire, il est temps de vous arrêter et de lâcher prise. Après tout, nos heures ne sont pas toutes monnayables.

Cela ne veut pas dire que vous pouvez tout laisser tomber. Vous devez toujours exécuter les mouvements, vous mettre à l'ouvrage : à votre page, à votre table à dessin, à votre cuisinière, à votre machine à coudre, à votre ordinateur. Continuez à préparer votre toile, à ameublir votre terre. Faites semblant que vous êtes là pour prendre la relève jusqu'à l'arrivée de votre moi authentique. Entre-temps, abstenez-vous de prendre toute décision susceptible d'avoir un impact sur votre vie créative jusqu'à ce que vous receviez le mode d'emploi. Tout ce que vous avez à faire, c'est faire le plein. Lors de vos excursions créatives, cherchez la source souterraine. Restez en contact avec votre moi authentique par le truchement du dialogue quotidien. Ressortez les vieux projets que vos tergiversations ont fait sombrer dans l'oubli. Jetez-y un second regard. Quand je suis profondément découragée, je me retire dans mon album de trouvailles pour y chercher des indices visuels susceptibles de m'indiquer le prochain virage à prendre.

Souvent, le déraillement de plusieurs rêves peut entraîner une sécheresse; mais toute sécheresse s'accompagne de lumière.

Nous nous laissons aveugler par les tempêtes de sable. Le découragement résulte souvent d'un manque de soins : nous mangeons mal, nous manquons de sommeil, nous travaillons trop et trop dur pour espérer être payées de retour de si tôt. Si vous êtes à sec, accordez-vous un répit. Dona Cooper, une des femmes les plus créatives et productives que je connaisse, me rappelle souvent, en particulier quand mes projets ne se réalisent pas à la vitesse de l'éclair, que « cela aussi, c'est Dieu ».

C'est vrai. Quatre mois après que j'eus cessé de m'acharner, mon projet de livre sur l'abondance dans la simplicité a pris forme. Le plus grand défi pour une artiste du quotidien, c'est d'apprendre à commander halte à l'occasion. Aujourd'hui, si vous avez l'impression de tourner à vide, ne désespérez pas. Commencez plutôt à vous enthousiasmer et à préserver vos forces. On vous prépare à faire un bond en avant dans l'authenticité.

Dans la nature, les sécheresses prennent fin aussi mystérieusement qu'elles commencent. Cela aussi, c'est Dieu.

Petites douceurs d'août

❖ Redécouvrez les livres que vous aimiez dans votre enfance. Allez faire un tour dans une bonne librairie (la plus ancienne possible) et parcourez le rayon des livres jeunesse (avec ou sans vos marmots). Assoyez-vous et prenez le temps de vous rappeler les moments de pur délice que vous passiez, plongée dans de bons livres. Quels étaient-ils ? *La Petite maison dans la prairie, Anne et la maison aux pignons verts, Black beauty, Les Quatre filles du docteur March ?*

Selon Gloria Steinem, il n'est jamais trop tard pour avoir une enfance heureuse, et je partage son avis. L'enfance que j'aurais choisie est décrite dans la merveilleuse série « Betsy-Tacy », de Maud Hart Lovelace, comprenant dix livres couvrant la période de 1892, alors que Betsy et Tacy ont cinq ans, jusqu'au mariage de Betsy après la Première Guerre mondiale. Ce que j'aime le plus à propos des anciens livres pour enfants (maintenant que je suis assez vieille pour en apprécier

les nuances subtiles), ce sont les détails domestiques char-
mants de ces univers intimes – la cuisine, la décoration, les
divertissements et les passe-temps qui remplissaient la vie des
gens de ces époques.

❖ Songez à vous joindre à un club du livre ou à en mettre un sur
pied. Partager le plaisir d'un bon livre est aussi satisfaisant que
le lire. Rencontrez des gens sympathiques une fois par mois
pour explorer les rebondissements de l'intrigue et l'évolution
des personnages d'un bon livre tout en savourant un goûter.
Choisissez un thème : les romans de femmes, les livres de
l'époque victorienne, les livres à énigmes, les classiques. Le
livre ressource *500 Great Books by Women* d'Erica Bauermeister,
Jesse Larsen et Holly Smith vous éblouira par les choix qu'il
vous propose. J'ignore pourquoi, mais la plupart d'entre nous
manquons de conversations intellectuellement stimulantes où
échanger nos idées. Pour nourrir notre âme, il nous faut nourrir notre esprit. Un club du livre est un merveilleux antidote
si vous passez trop de temps devant le petit écran. Le libraire
du coin pourra peut-être vous aider à trouver un de ces clubs.

❖ Consultez les pages jaunes pour trouver un bon magasin de
livres usagés dans votre quartier.

❖ « La musique du ciel se fait entendre en toutes choses », nous
rappelle Hildegarde de Bingen, mystique du XIIᵉ siècle.
Faites l'expérience du paradis sur terre en écoutant de la
musique sacrée apaisante. Parmi mes œuvres musicales sacrées
préférées, il y a *Chant*, des moines bénédictins de Santo
Domingo De Silos (Angel Records), *Rosa Mystica*, de Therese
Schroeder-Sheker, *Vox De Nube*, du chanteur gaélique Noirin
Ni Riain et des moines irlandais de l'abbaye de Glenstal
(Sounds True Catalog), *A Feather on the Breath of God : Gothic
Voices with Emma Kirkby* (Harmonia Mundi) et *Vision : The Music
of Hildegard von Bingen* (Angel Records). Goûtez aux profondes
vertus thérapeutiques des nocturnes pour piano en écoutant
Piano Reflections, de Kelly Yost (Channel Productions).

❖ Les artistes ont besoin de se soutenir mutuellement dans leur
démarche sacrée. Je ne saurais trop vanter les mérites du livre
chaleureux et irrésistible de Julia Cameron *Libérez votre créativité*. C'est le livre que je recommande avant tout autre dans
mes ateliers. Son cours de douze semaines sur la découverte

du moi créatif est une série de travaux pratiques animés par une guide douée et généreuse. Julia offre également un merveilleux cours enregistré sur cassette audio offert dans le Sounds True Catalog (735 Walnut Street, Boulder, Colorado 80302, 1-800-333-9185).

❖ Je vous mets au défi de parcourir le catalogue Flax Art & Design (P. O. Box 7216, San Francisco, California 94120, 1-800-547-7778) sans trouver un projet d'arts visuels ou d'artisanat à votre goût. Qu'avez-vous à perdre, à part votre fausse hypothèse selon laquelle vous ne seriez pas créative ?

❖ La lecture de revues spécialisées est une façon fascinante de découvrir une nouvelle activité créative. Jetez un coup d'œil à *American Artist, Dance, Theatre Crafts, Opera News* ou *American Craft* et vous y découvrirez des univers fascinants.

❖ Payez-vous le luxe d'une boîte de crayons de couleur Prismacolor, celle qui contient *toutes* les couleurs, ou un bel ensemble de stylos-feutres de couleur. Fabriquez une affiche sur laquelle vous inscrirez « Pourquoi remettre à demain ? » et accrochez-la à un endroit où vous pourrez la voir tous les jours.

Septembre

Septembre, le mois des récoltes. [...]
L'été est fini et l'automne frappe à nos portes.

CYNTHIA WICKHAM

L a musique de septembre est une symphonie en deux mouvements, la joyeuse sérénade de l'été cédant le pas à une mélodie plus profonde. Depuis huit mois, nous avons labouré et semé les tendres graines de la gratitude, de la simplicité, de l'ordre et de l'harmonie dans notre vie. Voici maintenant venu l'heureux temps des récoltes ; le cinquième principe de l'abondance dans la simplicité – la beauté – nous invite à partager ses cadeaux. Commençons à récolter l'abondante moisson de l'Amour.

1er SEPTEMBRE

Changer de couleur

De l'automne à l'hiver, de l'hiver au printemps,
du printemps à l'été, de l'été à l'automne.
Ainsi passe l'année en perpétuel changement, ainsi changeons-nous ;
nous allons si vite que nous ne nous apercevons même pas
que nous bougeons.

DINAH MULOCK CRAIK

Depuis les temps anciens, septembre est considéré comme le commencement de la nouvelle année, un temps de réflexion et de résolutions. Les Juifs y célèbrent le Yom Kippur, jour d'expiation publique et privée où l'on se retire du monde pendant vingt-quatre heures pour se réconcilier avec Dieu et les autres, afin que la vie puisse recommencer avec passion et détermination.

Les changements qui s'opèrent dans la nature sont subtils, mais inéluctables. Les saisons se succèdent doucement, même si les mois passent si rapidement que nous ne nous apercevons pas que nous avançons. Mais quand les feuilles se mettent à changer de couleur, il est temps de nous changer nous-mêmes pour que notre vie puisse se renouveler. « Ce dont nous avons besoin à l'automne, c'est d'un stimulant émotif ou spirituel », écrivait en 1949 Katharine Elizabeth Fite dans *Good Housekeeping*, invitant les femmes à instaurer une nouvelle tradition : prendre des résolutions personnelles positives au mois de septembre. « Pourquoi, selon vous, sommes-nous si nombreuses à gaspiller notre automne ? Pourquoi ne fournissons-nous pas l'effort qui ferait prendre un nouveau tournant à notre vie ? » Les résolutions négatives de janvier « sont prises quand nous sommes épuisées spirituellement, physiquement et financièrement, et que nous n'avons qu'un seul désir : nous reposer ».

À mes yeux, les résolutions du premier janvier relèvent de la volonté alors que celles de septembre expriment nos véritables aspirations. Que voulez-vous ajouter ou enlever pour pouvoir aimer la vie que vous menez ? Cela peut tout simplement être de voir vos amis plus souvent, de prendre le temps de vivre des aventures avec vos enfants pendant qu'ils apprécient encore votre compagnie, de mettre un peu de romantisme dans votre train-train quotidien, de vous réserver une heure de solitude par jour ou de faire plus de marches dans le soleil éblouissant.

Ce qui est formidable avec les résolutions de septembre, c'est que personne d'autre ne sait que nous les prenons. Les résolutions de l'automne n'ont pas besoin de tambours, de confettis ou de champagne. Elles ne demandent qu'une ouverture à des changements positifs. Je peux bien m'y essayer. Et vous ?

2 SEPTEMBRE

Travailler à comprendre

Quelque part, il existe une vieille hostilité entre notre vie quotidienne et le travail. Aidez-moi à la comprendre en l'exprimant.

RAINER MARIA RILKE

Nombre d'entre nous croyons que si Adam et Ève n'avaient pas tout gâché, nous n'aurions pas besoin de travailler pour gagner notre vie et nous nous la coulerions douce au paradis. Malheureusement, c'est là une interprétation fantaisiste de la Bible. En effet, si vous lisez plus attentivement l'histoire d'Adam et Ève, vous constaterez que l'intention de Dieu a toujours été que les êtres humains travaillent et que le travail soit un plaisir. Regardez les nobles occupations d'Adam : nommer toutes les créatures après les avoir étudiées et cultiver un beau jardin. Au commencement, le travail se voulait un cadeau.

Mais vint l'automne et le travail d'Adam devint le labeur d'Ève. Voyez la routine quotidienne des filles d'Ève. Il y a les tâches intérieures : prendre soin des enfants, s'occuper de la maison, préparer les repas, véhiculer les écoliers, administrer les finances, faire le jardin, s'occuper des animaux. Puis il y a les tâches extérieures : le travail, les activités de l'école et de l'église, les groupes de jeunes, l'engagement bénévole dans la communauté et les œuvres de bienfaisance. Cinquante-huit millions d'Américaines travaillent à l'extérieur ; presque la moitié d'entre elles ont des enfants de moins de dix-huit ans. Soixante-dix pour cent des mères d'enfants de trois ans ou moins ne peuvent en prendre soin pendant le jour parce qu'elles doivent s'occuper de leurs « affaires ». Dans la vraie vie, nous devons souvent aller travailler à l'extérieur pour pouvoir nous permettre de nous occuper des vraies choses à la maison.

Si vous avez un emploi à l'extérieur, vous êtes rémunérée pour vos services. Mais la plus grande partie du travail effectué par les femmes est bénévole et largement méconnu. Comme nous passons une bonne partie de notre vie à travailler d'une façon ou d'une autre, cela mérite notre considération. Et je ne parle pas uniquement des tracas liés aux transports, à la garderie, aux enfants malades, aux jours de tempête, aux rencontres avec les professeurs et aux échéances à respecter. Jongler avec des engagements conflictuels, tout comme avec des épées et des torches en feu, est aussi un sujet de méditation. De même en est-il du caractère sacré du travail. Chacune de nous a été créée pour exprimer le divin en mettant à profit ses talents personnels. Partager nos dons avec le monde est notre œuvre maîtresse, quels que soient la description de nos tâches ou le contenu de notre curriculum vitae.

Je ne crois pas que beaucoup de femmes, de nos jours, puissent dire en toute honnêteté que leur travail – privé et public – s'harmonise avec leur vie personnelle, qu'elles aient des enfants ou non. Selon Matthew Fox, philosophe radical et ancien prêtre catholique, « bien vivre, c'est bien travailler ». Je suis tout à fait d'accord avec lui. Mais comment les femmes de notre temps y parviendront-elles ? J'aimerais bien trouver une solution rapide et facile à un dilemme aussi complexe et chargé émotivement. Car nous ne pouvons ni bien travailler ni bien vivre en ne vivant pas de façon authentique. À l'exemple de Rilke, nous devons reconnaître à voix haute la vieille inimitié qui existe entre la vie quoti-

dienne et le travail. Elle existe. Elle nous met en pièces quotidiennement. Nous devons nous aider mutuellement à la comprendre car nous n'y parviendrons jamais seules. Nous pouvons
commencer par nous tenir la main, nous mettre à l'écoute de nos
préoccupations respectives, nous rassurer mutuellement, aujour-
d'hui, nous dire que tout se passera bien.

Ensemble, nous finirons bien par comprendre.

3 SEPTEMBRE

Brouillés ou au miroir ?

*Au travail, vous pensez à vos enfants que vous avez laissés à la mai-
son. À la maison, vous pensez au travail que vous n'avez pas terminé.
Vous vivez un conflit perpétuel. Vous êtes partagée entre les deux.*

GOLDA MEIR

P lus de femmes que vous ne le croyez entretiennent un fantasme qui n'a absolument rien d'érotique, mais qui, à sa façon,
a trait à un interdit. Je l'ai appelé « brouillés ou au miroir ? »

Par une journée tout à fait normale faite de demandes inces-
santes, d'enfants négligés et de dossiers non réglés, vous avez l'impression que c'en est assez. Vous éprouvez une folle envie de
disparaître sans laisser de traces. Méthodiquement, vous retirez
tout votre argent de la banque (les cartes de crédit peuvent être
retracées), faites votre petite valise, vous rendez au terminus et
entreprenez une nouvelle vie comme serveuse dans un restaurant,
quelque part dans l'Ouest. Certaines femmes incluent leurs
enfants dans ce fantasme, surtout s'ils sont en bas âge ; d'autres —
généralement celles dont les enfants sont adolescents — les laisseront plutôt à la maison.

Bien sûr, vous ne mettrez pas votre fantasme à exécution, mais l'élaboration d'une stratégie de fuite est un mécanisme psychique qui permet de décompresser. Finies les factures en souffrance et les querelles à propos des repas, du ménage, des ordures à sortir, des comptes ou de la garde des enfants. Finis les conflits entre les enfants et la carrière, les soins exténuants à prodiguer à un parent âgé, les multiples responsabilités que vous avez à assumer quoti-diennement. Quand le vase risque de déborder, une vie où la seule exigence est de demander à un client s'il préfère ses œufs brouil-lés ou au miroir exerce un certain attrait.

Récemment, une femme de trente-neuf ans, mère de cinq enfants âgés de huit à seize ans, a disparu sans laisser de traces, pas tellement loin de chez nous. Plus tôt ce jour-là, elle avait accom-pagné un groupe d'enfants de l'école primaire pour une sortie éducative. De retour à l'école, elle a amené sa fille prendre un autobus avec son équipe de basket-ball et lui a dit que, comme il faisait très beau, elle retournerait à la maison à pied. Mais elle n'est pas rentrée. À l'heure du souper, les siens, fous d'inquiétude, signalèrent sa disparition à la police et des recherches intensives furent entreprises, de même que des réunions de prières. Évidem-ment, tout le monde craignait le pire car rien n'avait laissé présager une telle disparition. Cette femme avait tout : un diplôme d'un collège réputé, de beaux enfants, une maison magnifique, l'ai-sance matérielle et un mari diplomate avec qui elle s'entendait à merveille. Trois jours plus tard, cette femme qui avait tout, mais à qui il manquait manifestement quelque chose d'important, a été retracée saine et sauve (Dieu merci), quelque peu gênée de sa con-duite et abasourdie par la commotion qu'elle avait déclenchée.

Voici ce qui est arrivé. Sur le chemin du retour, elle a cherché un coin retiré pour réfléchir. Sous l'impulsion du moment, elle s'est rendue à sa retraite préférée, la magnifique cathédrale nationale de Washington, à quelques kilomètres de là. Dans le silence, elle pou-vait s'entendre réfléchir. Au bout de quelques heures, elle n'ar-rivait pas à se résoudre de quitter ce lieu paisible pour retrouver le chaos qui l'engloutissait à la maison ; alors elle a dormi pendant deux jours dans une petite chapelle. Au moment où j'écris ces lignes, elle n'est toujours pas revenue à la maison et personne ne sait si elle le fera, ni quand. Ce que nous savons, c'est que pour une raison ou une autre, cette femme était déchirée. Sa structure n'ar-rivait plus à tenir le coup. Après tout, sa vie n'était pas aussi parfaite qu'elle le semblait. Peu de vies le sont, même si, en surface, elles ont un beau lustre. Je voudrais seulement pouvoir lui dire : « Disparais si tu veux, mais appelle chez toi pour dire aux tiens que tu te portes bien ».

J'ai été très soulagée d'apprendre à la radio que cette femme n'avait pas été enlevée mais avait volontairement pris la fuite, et j'en ai fait part à mon mari. Il m'a répondu que selon lui, cette femme était de toute évidence mentalement instable. Déséquilibrée. Il n'y avait pas d'autres façons d'expliquer son comportement étrange. J'étais d'accord avec lui pour dire que sa vie était trop lourde à porter sans aide, mais comme j'avais une méditation à écrire (sur l'art d'affronter le stress), j'ai décidé de ne pas contester son interprétation. Il m'aurait fallu faire un long détour pour lui faire comprendre que dans sa situation, et que nous ne connaissions pas, sa disparition était peut-être une réaction extrêmement saine. Sans doute désespérée. Certainement déchirante. Mais pas nécessairement insensée.

Quand notre fantasme de la serveuse refait surface, c'est que nous sommes physiquement, émotivement, psychologiquement et spirituellement épuisées par la bataille qui se livre à l'intérieur et à l'extérieur, et qui nous tire dans cent directions différentes. Nous sommes gravement blessées par la vieille inimitié entre la vie quotidienne et le travail. Un palliatif ne suffit plus à résoudre le problème.

En fait, le fantasme de la fugue peut être très thérapeutique car il est un signal d'alarme nous indiquant que notre vie n'est plus vivable. Nous devons apporter des changements, faire des choix, entamer des conversations et les *terminer*. Si le fantasme persiste au point de vous donner le goût de passer vraiment à l'acte, mieux vaut demander de l'aide qu'acheter un billet d'autobus simple.

« Si vous saviez le nombre de fois que je me dis : Au diable tout cela, au diable tout le monde. J'ai fait ma part, aux autres de faire la leur. Ça suffit, ça suffit, ça suffit », avouait candidement Golda Meir, la seule femme Premier ministre d'Israël à ce jour.

Vous n'aurez pas besoin de prendre la fuite si vous apprenez à dire simplement : « Ça suffit, ça suffit, ça suffit ». Et à agir en conséquence.

4 SEPTEMBRE

Répondre à l'appel

Votre travail consiste à découvrir votre travail,
puis à y mettre tout votre cœur.

BOUDDHA

Quand j'allais à l'école secondaire, au cours des années 60, le mot « vocation » – du latin *vocare* signifiant « appeler » – était synonyme de vie religieuse. Comme la plupart des jeunes filles de seize ans, je désirais alors être ravie par un homme séduisant, me marier, avoir des enfants et filer le parfait bonheur le reste de mes jours. Devenir l'épouse du Christ ne me disait pas grand-chose, peut-être à cause de cet horrible crucifix qui surveillait la classe. (Ses yeux bougeaient, je vous le jure.)

Toutefois, je dois admettre que je trouvais terriblement romantique l'idée qu'une femme quitte le monde parce qu'elle avait été choisie par Dieu. En outre, je trouvais un certain panache au costume noir et blanc des religieuses. Mais cela ne fait pas une vocation.

Vingt ans plus tard, j'étais mariée, je vivais heureuse dans une banlieue du Maryland et j'avais une fille merveilleuse que j'adorais. Un jour, cependant, en quête d'un répit, je suis allée faire une retraite dans un couvent épiscopal. Dès mon arrivée, je me suis sentie sous l'effet d'un charme ; quand j'ai traversé le corridor silencieux pour me rendre à la chapelle, j'ai eu l'impression d'être arrivée chez moi. J'en fus très ébranlée.

Après une fin de semaine de silence, de prière et de travail auprès de ces femmes cloîtrées qui avaient répondu de façon aussi spectaculaire à l'appel de Dieu, je me suis sentie obligée de concilier l'inconciliable. Je suis allée trouver un confesseur, une charmante religieuse qui avait à peu près mon âge ; je lui ai confié, dans la lumière dorée du soleil d'automne qui illuminait le jardin du couvent, que je croyais avoir reçu l'appel de Dieu, mais que j'avais refusé d'y répondre. Ce que je regrettais, ce n'était pas de ne pas avoir emprunté une certaine voie, mais de ne pas avoir eu le courage d'opter pour le chemin le moins fréquenté. Il était maintenant trop tard. En réponse, la religieuse m'a confié qu'il lui arrivait parfois de se demander si elle aurait mieux servi Dieu en restant dans le monde pour devenir épouse et mère. « Mais quand nous gardons notre cœur ouvert, la Providence nous trace la route à suivre », m'a-t-elle dit d'un ton rassurant. Puis elle m'a demandé : « Pourquoi croyez-vous ne pas avoir répondu à l'appel de Dieu ? Dieu a besoin de mères. Dieu a besoin d'écrivains. Il doit y avoir une tâche spéciale que vous seule pouvez accomplir dans le monde pour Dieu ». Elle m'a ensuite fait part de l'exhortation suivante de sainte Thérèse d'Avila à l'intention de ceux qui cherchent leur voie : « Le Christ n'a pas de corps ici-bas sinon le tien ; tes mains sont les seules mains dont il peut se servir pour faire son travail, tes pieds sont les seuls pieds qui peuvent lui permettre de parcourir le monde, tes yeux sont les seuls yeux grâce auxquels sa compassion peut illuminer ce monde tourmenté. Le Christ n'a pas de corps ici-bas sinon le tien ». Le cœur rempli d'espoir, je suis rentrée chez moi retrouver mon mari, mon enfant et mon travail.

Dix ans plus tard, je garde toujours à l'esprit que je vis une vocation que je n'ai pas recherchée. Le soir tombe et la maison est plongée dans le silence. Ed et Katie sont partis au cinéma pour me laisser travailler en paix. De beaux hymnes médiévaux de prière, de louange et d'action de grâce s'élèvent vers le ciel par le truchement de mon lecteur de disques. Comme l'écriture de ce livre touche à sa fin, ma maison est devenue mon cloître, ma passion, ma vocation et mon travail, ma prière. Je suis même vêtue de noir. Dieu se trouve dans les petites nuances.

Aujourd'hui, prenez conscience que l'Esprit n'a pas de mains, de tête et de cœur comme vous. Aucune autre femme sur la terre ne peut faire ce que vous avez pour mission de faire, ne peut donner au monde ce que vous êtes venue donner par vos talents. L'appel est parfois si faible que vous pouvez à peine saisir le message, mais si vous écoutez, *vous l'entendrez*.

5 SEPTEMBRE

Boulot, carrière ou vocation ?

Ce que demande la cruche, c'est de l'eau à porter,
et une personne, un travail Vrai.

MARGE PIERCY

Il y a une grande différence entre un boulot, une carrière et une vocation. Un boulot, c'est ce que nous faisons pour faire vivre notre corps, notre âme et notre famille. Mais comme Studs Terkel l'a fait remarquer avec à-propos dans un conte intitulé *Working*, le sens quotidien est aussi important que le pain quotidien, et la reconnaissance, aussi nécessaire que l'argent. Car lorsque nous travaillons, nous cherchons « un genre de vie plutôt qu'une lente agonie qui s'étire du lundi au vendredi ».

Parmi les personnes interviewées par Studs Terkel se trouve Nora Watson, qui travaillait alors comme journaliste pour un magazine d'information sur les soins de santé. « Selon moi, la plupart d'entre nous cherchons une vocation et non un boulot, disait-elle. La plupart d'entre nous, comme l'ouvrier qui travaille sur une chaîne de montage, avons un boulot trop petit pour nos aspirations. Les boulots ne sont pas assez grands pour les gens. » Mais nous avons besoin d'un boulot, nous avons besoin de « gagner notre vie », ce qui devient de plus en plus difficile dans le climat d'incertitude économique actuel.

Une carrière peut être une vocation, mais pas nécessairement. Habituellement, la carrière vient quand nous nous en tenons à un travail – comptabilité, publicité, soins infirmiers, édition – parce que nous le faisons bien et que nous sommes payées pour le faire. Parfois, une carrière fait penser à un mariage de longue date où l'on a troqué la passion contre le confort, la sécurité et la prévisibilité. Bien sûr, il n'y a aucun mal à cela ; pour bon nombre de femmes, c'est tout à fait le choix à faire, même si certaines se questionneront sur le prix à payer pour la sécurité. Il est certain que chaque jour où nous n'essayons pas de vivre authentiquement, nous avons un prix à payer, avec des intérêts composés.

Plusieurs d'entre nous finissons par passer du boulot à la carrière ; mais souvent, nous hésitons à suivre notre véritable vocation, surtout à l'âge mûr, parce que nous nous trouvons écartelées entre les obligations financières reliées au soin des enfants et nos devoirs envers nos parents vieillissants, entre un itinéraire éprouvé et l'inconnu, entre une paie régulière et l'incertitude, entre la sécurité financière et un choix créatif. Mais c'est une erreur de penser que si beaucoup sont appelées à se réaliser, peu sont élues. Ce que l'Esprit a fait pour d'autres femmes, Il peut le faire pour vous – quand vous serez prête. À vrai dire, nous sommes toutes invitées ; le problème, c'est que la plupart d'entre nous oublions de répondre à l'invitation.

Selon la romancière Mary Morris, « Faire ce que vous voulez faire et atteindre vos objectifs, ce n'est pas nécessairement trouver un buisson ardent ou une mine d'or. Il n'y a habituellement pas d'illuminations, pas de revirement soudain de fortune. Nous nous accomplissons par à-coups. [...] La réalisation prend plusieurs visages et peut nous arriver n'importe quand. [...] Mais il n'y a que *nous* qui pouvons nous assurer de voir nos aspirations comblées. Si nous nous sentons à sec, l'eau ne peut pas venir de l'extérieur. Elle doit venir de l'intérieur, de nos sources souterraines ».

6 SEPTEMBRE

Travailler avec son cœur

Le travail est l'amour rendu visible.

KHALIL GIBRAN

493

R ares sommes-nous à considérer notre travail comme notre forme personnelle de culte. Le travail est de ce monde. Le culte, lui, consiste à se retirer du monde pour honorer l'Esprit. Mais peut-il y avoir plus belle façon d'honorer le Créateur qu'en participant à la création du monde par nos talents ? C'est ce que nous sommes appelées à faire quotidiennement par notre travail. Cependant, quand nous sommes tracassées, sous-estimées, dépassées, épuisées, surmenées, il est très difficile de saisir même une faible lueur du sacré.

Pour Marianne Williamson, le lieu de travail est en fait « une église déguisée, un lieu de guérison où les gens [peuvent] être élevés au-dessus d'un monde en proie à la démence et à la peur ». Un jour, alors qu'elle travaillait comme barmaid – plusieurs années avant qu'elle réponde à sa vocation de guide spirituelle et d'écrivaine –, elle a pris conscience que les gens qu'elle servait croyaient ne venir au bar que pour prendre un verre. Mais en réalité, le bar était une église déguisée où elle pouvait pourvoir aux besoins des gens par sa chaleur, sa conversation et sa compassion. « Peu importe ce que nous faisons, écrit-elle dans son merveilleux livre *Un retour à l'Amour*, nous pouvons en faire un saint ministère. Peu importe la forme de notre travail ou de notre activité, le contenu est identique pour tous : nous sommes ici pour desservir les cœurs humains. Chaque fois que nous parlons à quelqu'un, voyons quelqu'un ou même pensons à quelqu'un, nous avons l'occasion d'apporter plus d'amour à l'univers. Depuis la serveuse jusqu'au directeur d'un studio de cinéma, depuis le préposé à l'ascenseur jusqu'au président d'une nation, il n'existe personne dont le travail soit anodin au regard de Dieu. »

Il est plus facile de considérer notre travail comme notre ministère si nous arrivons à voir le sacré dans notre façon de passer au moins huit heures de la journée. La clé de cette prise de conscience est peut-être de trouver le travail que nous *aimerions* faire, quelle que soit notre situation actuelle. Mais en attendant, nous devons apprendre à aimer le travail que nous faisons présentement.

Aujourd'hui, vous pouvez commencer à transformer votre lieu de travail et votre façon de travailler en prenant conscience de toutes les raisons que vous avez de remercier. Si vous avez un emploi, même si vous ne l'aimez pas, dites-vous qu'il est un filet de sécurité qui vous permet de faire un saut dans l'inconnu pour découvrir votre moi authentique. Si vous n'avez pas d'emploi, il n'y a plus rien qui vous empêche de suivre votre voie. Demandez à l'Esprit d'être votre conseiller d'orientation. Comme l'écrit le poète mystique Khalil Gibran, «Quand vous travaillez, vous accomplissez une part du rêve le plus cher de la terre qui vous a été assignée lorsque ce rêve est né. »

En travaillant avec votre cœur, vous accomplissez votre part du rêve le plus cher de la terre.

7 SEPTEMBRE

Apprendre à réaliser ses rêves

Ah ! la vie secrète de l'homme et de la femme ;
nous rêvons à tout ce que nous pourrions gagner à être quelqu'un
d'autre, ou même nous-mêmes, et nous avons le sentiment
que notre condition n'a pas été exploitée au maximum.

ZELDA FITZGERALD

Je ne suis sûrement pas la seule femme au monde qui fond en larmes chaque fois que Jiminy Cricket, dans le film *Pinocchio*, aperçoit la première étoile de la nuit par la fenêtre du bon vieux Geppetto et se met à chanter: «Quand vous faites un vœu... ». Si je pleure, comme vous le faites peut-être, c'est sans doute parce que nous faisons nous aussi des vœux et espérons de tout notre cœur qu'ils vont se réaliser. Mais de nos jours, il faut beaucoup plus qu'un coup de baguette magique pour changer une marionnette de bois en un vrai petit garçon ou pour réaliser un rêve précieux. Et si nous avions une bonne fée, sage, compatissante et intelligente, pour qui aucun rêve n'est frivole ou ne peut être arraché au sort par notre audace mystique ?

Barbara Sher est cette bonne fée. Elle ne manque pas de cran et s'y connaît fort bien en «changement de vie», comme elle appelle la poursuite de nos rêves authentiques. De mère divorcée vivant de l'aide sociale, elle est devenue psychothérapeute et conseillère d'orientation. Qui pourrait imaginer un changement de vie plus spectaculaire ? Comme thérapeute, elle s'est rendu compte que plusieurs de ses clientes dépressives avaient moins besoin d'une longue thérapie que d'une raison de se lever le matin. Ayant elle-même transformé sa vie, Barbara en a déduit qu'elle s'y connaissait autant que quiconque dans le domaine de la réalisation des rêves ; elle s'est alors mise à animer des ateliers sur l'art de s'orienter dans la vie. Le succès de ces ateliers l'a amenée à rédiger son premier livre (en collaboration avec Annie Gottlieb), intitulé *Qui veut peut*. Vous y trouverez des conseils pratiques sur la façon de transformer des rêves vagues en véritables aventures qui vous permettront « de mener une vie que vous aimez et de vous réveiller le matin enthousiasmée par la journée qui commence et heureuse de faire ce que vous faites, même si vous êtes parfois un peu nerveuse et craintive ».

J'étais pigiste et rêvais d'écrire et de publier des livres quand je me suis inscrite à un atelier de Barbara Sher, au début des années 80. Une des premières choses qu'enseigne Barbara, c'est que « pour créer la vie que vous désirez, vous n'avez pas besoin de mantras, d'autohypnose, d'un programme de formation du caractère ou d'un nouveau dentifrice. Ce qu'il vous faut, ce sont des techniques de résolution de problèmes et de planification, l'acquisition de matériel, de compétences, d'information et de contacts. [...] Il vous faut des stratégies de simple bon sens qui vous permettront de faire face à vos sentiments et à vos marottes très humaines qui ne risquent pas de disparaître de sitôt, comme la peur, la dépression et la paresse. [...] Vous avez besoin d'apprendre à surmonter les soubresauts émotifs temporaires que vos changements de vie peuvent entraîner chez vos proches, tout en trouvant le soutien émotif supplémentaire dont vous avez besoin pour prendre des risques ».

Le monde a besoin de rêveurs et de gens qui agissent. Mais il a surtout besoin de rêveurs qui passent à l'action. Ne vous contentez pas de confier vos espoirs et vos vœux aux étoiles. Aujourd'hui, commencez à vous initier à l'art de les réaliser.

8 SEPTEMBRE

Quand on ne sait pas ce qu'on veut faire

La vie est une aventure audacieuse ou rien du tout.
Faire face au changement et se comporter comme un esprit libre
en présence du destin est une force invincible.

HELEN KELLER

Certaines entendent l'appel du cœur lorsqu'elles sont encore très jeunes, mais la plupart d'entre nous ne l'entendons pas, trop occupées à écouter ce que nous disent les autres, en particulier nos parents. C'est ainsi que nous nous engageons dans notre vie professionnelle, essayant plusieurs vies jusqu'à ce que nous en trouvions une que nous pouvons assumer même si elle ne nous sied pas parfaitement.

Peut-être êtes-vous en conflit avec l'idée de poursuivre le voyage que vous avez entrepris il y a vingt-cinq ans, mais qui ne vous convient plus. Vous savez que vous n'allez pas dans la direction de votre choix, mais au moins, vos gestes quotidiens vous sont familiers. Et ce qui est familier est sécurisant. Dans le monde incertain d'aujourd'hui, le sentiment de sécurité semble être synonyme de santé mentale.

Peut-être êtes-vous compétente dans un domaine mais n'y trouvez plus de plaisir. Une autre occupation vous attire en secret. Cependant, l'enjeu vous semble trop important. Peut-être êtes-vous consternée et même embarrassée de vous rendre compte que vous ne connaissez pas la tâche pour laquelle vous êtes née.

Ne pas savoir ce qu'on veut faire peut être très déroutant. Vous voulez avancer mais ne bougez pas, écrasée par les choix à faire ou les risques à prendre. Barbara Sher ne s'en étonnera pas. Depuis la publication de *Qui veut peut*, il y a plus de vingt ans, elle a entendu de nombreuses personnes affirmer souhaiter une vie passionnante, mais se trouver coincées et incapables d'utiliser la stratégie proposée dans son livre parce qu'elles n'avaient pas la moindre idée de ce qui les tentait. Intriguée, elle s'est mise à organiser des rencontres avec des personnes qui vivaient ces difficultés. À les écouter raconter leur histoire, elle a trouvé un dénominateur commun : toutes ces personnes livraient inconsciemment une bataille pour s'orienter dans la vie. Mais malgré cette absence de direction, leur vie leur fournissait une foule d'indices qu'elles ne savaient malheureusement pas déceler.

Voici quelques-unes des raisons avancées pour ne pas entreprendre une vie passionnante :

❖ « Il faudrait que je quitte mon emploi pour faire ce que je veux vraiment faire ; je ne peux faire cela car je crèverais de faim. »

❖ « Chaque fois que j'essaie de m'organiser pour faire ce que je désire, je manque mon coup et je ne sais pas pourquoi. »

❖ « Il y a tellement de choses que j'aimerais faire ; je n'arriverai jamais à en choisir une. »

❖ « Comment quitter une situation avantageuse ? Et comment vais-je gagner ma vie si je le fais ? »

❖ « J'entretiens un rêve, mais je ne devrais pas ; il est banal et sans valeur. »

❖ « Je n'ai pas la moindre idée de ce que je dois faire maintenant. »

❖ « J'ai essayé tellement de choses et rien ne me réussit. »

❖ « Ce n'est pas ma faute si je ne fais pas ce que je veux ; le monde ne m'accorde aucun répit. »

❖ « J'essaie de faire quelque chose, mais mon cœur n'y est pas vraiment, et je ne sais pas pourquoi. »

Après avoir aidé ces personnes à se rendre compte qu'elles savaient bel et bien ce qu'elles voulaient faire dans la vie, Barbara Sher a su qu'elle devait écrire un autre livre : *I Could Do Anything If I Only Knew What It Was* (écrit en collaboration avec Barbara Smith). Que nous le réalisions ou non, il y a une bonne raison qui sous-tend tout ce que nous faisons ou ne faisons pas, chaque choix que nous faisons ou évitons de faire. Nous ne pouvons pas avancer si nous ne savons pas ce qui nous retient. Connaître la vérité nous libère. Si l'un de ces témoignages empreints de frustration, de colère, de découragement ou de timidité vous est familier, vous trouverez sagesse et réconfort dans les suggestions que nous donne Barbara Sher pour découvrir le rêve qui sommeille au plus profond de nous.

Le prix à payer pour l'authenticité nous semble très élevé, mais qui parmi nous peut se permettre de continuer à gaspiller les ressources de son moi profond.

9 SEPTEMBRE

Le courage de répondre à l'appel

Chaque expérience où vous vous arrêtez vraiment pour regarder la peur bien en face augmente votre force, votre courage et votre confiance. [...] Vous devez faire la chose que vous n'êtes pas capable de faire.

ELEANOR ROOSEVELT

« Mon âme n'est pas celle d'une poltronne. Je vais sans peur dans ce monde plongé dans la tourmente », écrivait Emily Brontë juste avant sa mort, en 1848. Elle n'avait que trente ans. Vers la fin de sa vie, à cet âge où plusieurs d'entre nous commencent la leur, elle a pris conscience de l'existence courageuse et authentique qu'elle avait menée.

Bien sûr, elle avait connu des moments sombres, mais c'est alors qu'elle avait compris la présence d'une Force supérieure qui ne l'abandonnerait jamais. Cet Amour avait un tel pouvoir de transformation qu'elle écrivait à sa sœur Charlotte : « Il change, soutient, dissout, crée et élève » tout en guidant. Cet amour inébranlable lui insuffla courage et confiance au moment où son grand roman *Les Hauts de Hurlevent* s'est vu refusé par plusieurs éditeurs.

Ne vous y trompez pas ; quand vous vous engagerez sur le chemin de l'authenticité, l'Amour vous changera et transformera votre vie d'innombrables façons. Au début, vos proches et vos amis ne remarqueront peut-être pas les changements qui s'opèrent parce qu'ils sont trop subtils. Mais vous, vous les remarquerez, et vous verrez des miracles s'opérer. L'Amour vous soutiendra quand la route de votre passion prendra des tournants imprévus. L'Amour fera disparaître vos peurs en créant des occasions que vous n'auriez pas pu imaginer avant de vous lancer à la recherche de votre moi authentique. Et quand le doute, le désespoir et le déni menacent de démanteler vos rêves, l'Amour se lancera à votre défense. La prochaine fois que vous vous sentirez craintive et fragile, restez tranquille. Ainsi, vous sentirez peut-être le bout de l'aile d'un ange vous caressant l'épaule.

Vous n'avez pas l'âme d'une poltronne, même si aujourd'hui vous l'ignorez. Je le sais, car vous ne m'auriez pas suivie aussi loin sur le chemin de l'abondance dans la simplicité si vous étiez timorée. À contrecœur (ou plutôt en ruant dans les brancards), je me suis rendu compte que le sentiment de peur est la façon dont l'Esprit nous fait signe de lui demander sa grâce et sa Force. Alors, respirez profondément, centrez-vous et poursuivez votre route. Une des leçons les plus difficiles à apprendre dans la vie, c'est d'accepter que toutes les peurs proviennent de l'intérieur, quelque puissants que soient les coups que la vie nous assène. Plus nous nous approchons du moment de livrer notre rêve au monde, plus la bataille à livrer pour l'engendrer est féroce. Pourquoi ? Parce que nous allons changer inexorablement et notre vie ne sera plus jamais la même. Bien sûr que nous avons peur ; il est tout à fait normal d'avoir peur. Mais combien de rêves exquis et glorieux envoyés pour guérir le monde sont pleurés par le Ciel parce que celles qui les entretenaient, épuisées et découragées, n'ont compté que sur leurs propres forces et ont dû abandonner ?

Aujourd'hui, si vous avez peur, réconfortez-vous en vous rappelant que le courage est la peur qui a récité ses prières. « J'ai eu dans ma vie des rêves qui m'ont toujours accompagnée et ont changé mes idées », confiait Emily Brontë. « Ils m'ont traversée, comme le vin traverse l'eau, et ont modifié la couleur de mon esprit. » Les rêves sont des cadeaux de l'Esprit destinés à nous transformer. Soyez confiante ; la Puissance qui vous a donné votre rêve peut vous aider à le réaliser.

10 SEPTEMBRE

Y aller à son rythme

Une chose triste de ce monde, c'est que les actes qui exigent
le plus de vous sont habituellement
ceux dont les autres n'entendront jamais parler.

ANNE TYLER

La romancière Anne Tyler nous raconte une merveilleuse histoire à propos de la fidélité à notre mission. Un jour qu'elle était allée chercher ses enfants à l'école, elle rencontra une autre mère qui lui demanda : « Vous êtes-vous trouvé du travail, ou vous ne faites encore qu'écrire ? » Le fait que vous fassiez quelque chose ne signifie pas nécessairement que le reste du monde va trouver cela formidable ni même digne d'intérêt. Plus vite vous réaliserez que les autres n'applaudiront pas nécessairement à vos efforts pour suivre votre vocation ni ne les apprécieront, plus vous serez heureuse. Bien des gens – y compris votre conjoint et vos enfants – se demanderont peut-être longtemps à voix haute si vous allez un jour revenir à la raison.

Non, vous ne reviendrez pas à la raison. Répondez à leur scepticisme par un grand sourire et retournez exploiter votre hectare de diamants. Ils finiront bien par repasser, comme partisans ou comme spectateurs ébahis. Entre-temps, accordez le moins d'attention possible aux prophètes de malheur, au doute et à la dérision. Si vous gaspillez votre énergie psychique à convertir les païens, vous n'en aurez plus pour faire le travail qui vous attend. Rappelez-vous que nul n'est prophète en son pays.

En outre, si vous essayez de réaliser votre rêve tout en prenant soin de votre famille et en gardant votre emploi, vous devez y aller à votre rythme. Vous connaissez vos obligations bien mieux que quiconque. Nous devons toutes composer avec elles. Se réaliser dans son travail est un marathon, non pas un sprint. Les coureurs de fond se préparent aux marathons par plusieurs petites courses, augmentant la distance et la vitesse à mesure qu'ils se renforcent. Pour entendre l'appel et y répondre, vous devez vous accorder le temps qu'il faut. Car personne d'autre ne le fera. Si vous élevez des enfants ou travaillez à temps plein, vous devriez vous donner trois ans pour trouver le travail dont vous rêvez, publier ce livre, monter votre spectacle solo, gagner cette bourse, expédier votre catalogue de vente par correspondance. Il m'a fallu trois ans et trente refus pour mettre sur pied une chronique par l'intermédiaire d'un syndicat de distribution. Ce qui compte, ce n'est pas la vitesse à laquelle vous réalisez votre rêve, mais la constance dont vous faites preuve dans sa poursuite.

Dans un recueil de nouvelles intitulé *The Writer on Her Work*, Anne Tyler traite de la difficulté de concilier la création et la vie de famille. Elle parle de l'écriture, mais le même principe s'applique à n'importe quelle passion. Un jour du mois de mars, alors qu'elle peignait le vestibule, un personnage a surgi dans son esprit. Elle savait que si elle « s'assoyait et structurait ce personnage sur papier, il en sortirait un roman. Mais le congé printanier des enfants allait commencer le lendemain ; [elle] devrait donc attendre ». Elle ne put s'y mettre qu'au mois de juillet. Malgré les inévitables retards que la vie quotidienne nous impose, il y a beaucoup à gagner à lutter pour suivre notre vocation pendant que les enfants grandissent. « Il me semble que le fait d'avoir des enfants m'a enrichie et approfondie, confie Anne Tyler. Ils ont peut-être ralenti mon écriture pendant un certain temps, mais quand je m'assoyais pour écrire, j'avais plus de choses à dire. »

11 SEPTEMBRE

Un psaume à la vie

*Levons-nous et mettons-nous à l'œuvre
avec courage, quoi qu'il advienne.
Poursuivant sans relâche,
apprenons à travailler et à attendre.*

HENRY WADSWORTH LONGFELLOW

Voilà qui résume en quatre lignes l'essence du courage – le secret pour atteindre vos objectifs dans la vie. Vieux de plus d'un siècle, ces sages conseils sont aussi pertinents aujourd'hui qu'au moment où ils ont été rédigés. Ce psaume à la vie est l'une de mes méditations poétiques préférées, en particulier quand je perds courage parce que les résultats de mes efforts tardent à se manifester. Je suis convaincue que si vous méditez ces recommandations de Longfellow, vous y trouverez un remontant émotionnel et spirituel.

« *Levons-nous et mettons-nous à l'œuvre* ». Il ne suffit pas de rêver. Nos rêves doivent être soutenus par nos efforts. La clé de la réussite est aussi simple et aussi profonde que cela. Gardons toujours à l'esprit que le succès est le fruit de nos labeurs et de nos luttes. Nous devons poser des gestes *chaque jour* pour réaliser nos rêves, n'eussions-nous que quinze minutes sur vingt-quatre heures à y consacrer. Avez-vous un coup de téléphone à passer ? Une lettre à envoyer ? Une page à écrire ? Une liste d'adresses sur laquelle vous pouvez vous inscrire ? Cinq pages d'un livre à lire ? Une organisation œuvrant dans le champ d'action auquel vous aspirez où vous pourriez vous faire connaître comme bénévole ? Vous serez étonnée de ce que peuvent donner quinze minutes de concentration sur une question.

« *Avec courage, quoi qu'il advienne* ». Ouvrir notre cœur à l'éventualité d'un échec est plus facile à dire qu'à faire. C'est pourquoi il nous faut laisser tomber nos attentes, ne pas nous préoccuper de la façon précise dont les choses se produiront et de l'accueil que le monde réservera à l'Esprit. Laissons le divin s'occuper de la touche finale. La mise au monde d'un rêve est une œuvre de collaboration.

« *Poursuivant sans relâche* ». Tant que vous continuez de poser des gestes concrets pour atteindre vos objectifs, vous avancez, même si vous avez l'impression de piétiner. Pour ma part, j'ai constaté qu'au moment même où j'ai le goût de tout laisser tomber, je ne suis qu'à un pas d'une percée. Faites preuve de patience et les circonstances changeront. Faites confiance à vous-même, à votre rêve et à l'Esprit.

« *Apprenons à travailler et à attendre* ». C'est là l'aspect le plus ardu des recommandations de Longfellow. La plupart du temps, notre rêve prend beaucoup plus de temps à prendre forme que nous l'imaginions au moment où nous l'avons conçu. C'est que notre notion du temps diffère de celle de l'Esprit. Soyez bienveillante envers vous-même pendant la gestation et rendez celle-ci la plus agréable possible. Rappelez-vous que plus votre rêve mettra de temps à se manifester, plus vous serez à l'aise de reconnaître votre talent.

12 SEPTEMBRE

Ces femmes extraordinaires et les autres

Nos aspirations sont nos possibilités.

SAMUEL JOHNSON

« À vingt-cinq ans, nous serons *pas mal* incroyables », déclare Rita, l'une des sept finissantes du collège *Mount Holyoke* qui jouent dans la pièce de Wendy Wasserstein *Uncommon Women and Others*. Ces jeunes femmes sont sur le point de quitter leur existence privilégiée et protégée pour se lancer dans le vrai monde et y rechercher la gloire et la prospérité. Elles découvriront que même pour des femmes hors de l'ordinaire, s'accomplir est l'œuvre de toute une vie. À la fin de la pièce, qui se situe six ans plus tard, la vie de ces femmes a connu des rebondissements inattendus, mais Rita entretient encore de grands espoirs: «À cinquante-cinq ans, dit-elle, nous pouvons être *pas mal* étonnantes».

La première lecture professionnelle de cette pièce a eu lieu au cours de l'été de 1977 au *Eugene O'Neill Theater Center*, une école d'été idyllique et huppée pour jeunes dramaturges et critiques de théâtre prometteurs, située à Waterford, dans l'État du Connecticut. Chaque année, dix nouvelles pièces sont choisies parmi les milliers qui sont soumises dans l'espoir de recevoir un traitement de qualité d'acteurs, de metteurs en scène et d'écrivains qui travaillent avec les jeunes dramaturges. Après deux semaines de préparation, des représentations de prestige sont données dans la magnifique grange de bois blanche; y assistent des représentants de théâtres régionaux des quatre coins du pays et en dehors de Broadway. Tous ceux qui visitent cette ferme somptueuse surplombant le détroit de Long Island sont à l'affût du succès de la prochaine saison. Bien sûr, ils sont censés se concentrer sur les espoirs, mais c'est toujours la prochaine valeur sûre qui a le retentissement de la célébrité et de la quasi-célébrité dans la file de la cafétéria du *O'Neill Center*.

Bien qu'elle ne reçût pas le plus d'attention au cours de la session, *Uncommon Women and Others* s'est avérée le joyau de la couronne du *O'Neill* cet été-là, lançant dans une brillante carrière son auteure et certaines des comédiennes qui ont joué dans la production new-yorkaise: Glenn Close, Swoozie Kurtz et Jill Eikenberry. En 1988, le talent de Wendy Wasserstein a été confirmé quand elle a remporté le *Tony Award* et le prix *Pulitzer* pour sa pièce *The Heidi Chronicles*.

À l'instar des personnages égocentriques de *Uncommon*, la plupart des auteurs dramatiques, acteurs, metteurs en scène et critiques du *O'Neill Center* étaient imbus d'eux-mêmes, enflés de leur réputation ou de leur potentiel. Cependant, je me souviens de Wendy Wasserstein comme d'une jeune femme plutôt timide, drôle et portée à se dénigrer, qui se tenait à l'écart du beau monde. Elle était davantage préoccupée par le travail à faire, qui consistait à préparer sa pièce pour une production professionnelle, qu'à faire des contacts. C'est précisément parce qu'elle a mis toute son énergie à faire jaillir ses talents que sa pièce a connu un tel succès et que les gens de théâtre se sont mis à faire la queue pour entrer en contact avec elle.

Un des constats les plus merveilleux que vous ferez sur le chemin de l'authenticité, c'est que vos aspirations *sont* vos possibilités. «Chaque année, je décide de croire que des possibilités s'ouvriront, confiait Wendy Wasserstein. Chaque année, je décide d'être un peu moins celle que je connais et de laisser un peu de place à celle que je pourrais être. Chaque année, j'essaie de me souvenir de ne pas être laissée derrière par mes amis et mes proches qui se sont arrangés pour changer beaucoup plus que moi.» Cette passion de l'authenticité est ce qui fait de Wendy Wasserstein une femme extraordinaire, et elle peut faire la même chose pour vous.

13 SEPTEMBRE

Réflexions sur le succès

Par un triste paradoxe de la vie, il arrive souvent que nous obtenions le succès ou parvenions à l'indépendance financière quand la raison pour laquelle nous les avons recherchés a disparu.

ELLEN GLASGOW

Si peu de femmes *croient* avoir réussi, c'est qu'elles n'ont en général pas le *sentiment* d'avoir réussi. Dans notre for intérieur, nous avons l'impression d'être des ratées, des contrefaçons, des fraudeuses. Même si nous savons que nous avons du succès, nous l'admettons rarement. Le monde n'aime pas les fanfarons. Et nous voulons que le monde, jusqu'à la dernière âme, nous aime. Nous souffrons d'un puissant amalgame de conditionnement public et privé depuis notre jeune âge.

Selon le Robert, le succès est « le fait, pour quelqu'un, d'obtenir ce qu'il a cherché, de parvenir à un résultat souhaité ». Quand nous réussissons, nous prospérons, nous nous épanouissons, nous fleurissons. Quand nous échouons, nous aimerions nous retrouver à des kilomètres sous terre, jusqu'à ce que la honte s'estompe. Nous avons une vision dualiste du succès et de l'échec. C'est noir ou blanc. C'est bon ou mauvais. C'est la veine ou la déveine. En fait, ce n'est rien de tout cela. L'échec et la réussite sont le yin et le yang de l'accomplissement, les deux forces de l'Univers sur lesquelles nous n'exerçons aucun contrôle. Nous oublions sans cesse que tout ce que nous pouvons contrôler, c'est notre *réaction* à l'échec et au succès.

Durant l'époque victorienne, le succès, le pouvoir et la richesse étaient vus comme des manifestations physiques de l'approbation divine. Ils le sont toujours. William James considérait la poursuite du succès comme « notre fléau national » et affirmait que « le culte exclusif de cette garce de déesse » peut avoir raison de vous si vous ne prenez garde. Peu de gens l'ont cru à l'époque. Un siècle plus tard, même si nous voyons les corps tomber tout autour de nous, nous ne le croyons toujours pas. Nous ne devons *jamais* oublier que ce que le monde donne, il peut le reprendre, et le fait souvent.

Peu d'entre nous avons appris qu'il existe deux sortes de succès: le mondain et le véritable. Cependant, pour mener une vie heureuse et satisfaisante, nous devons connaître la différence entre ce qui est Réel et ce qui ne l'est pas, car le succès fait partie du programme d'études requis à l'université de la Vie. Il n'y a absolument rien de mal à viser le succès dans le monde et l'autonomie financière; c'est ce que je fais en écrivant cette méditation. Mais l'abondance dans la simplicité m'a appris, comme elle vous l'apprendra, que le véritable succès consiste à être guidée par sa propre lumière, plutôt que vivre sous l'éclat aveuglant des flashs.

Et cela, on ne peut pas nous l'enlever.

14 SEPTEMBRE

Reconnaître ses exploits

Au cours de ma carrière, c'était la première montagne que je gravissais,
et la vue de là-haut était étonnante, enivrante, stupéfiante.

LEONTYNE PRICE

Une des raisons pour lesquelles nous avons rarement le sentiment de réussir, c'est que nous ne reconnaissons jamais nos
mérites. S'il nous arrive de déraper un moment et de savourer
notre victoire, nous ne tarderons pas à éprouver le besoin de mini-
miser son importance, en particulier devant nos proches et nos
amis. Sans nous en rendre compte, nous nierons pratiquement
l'avoir remportée. Cependant, beaucoup de gens qui réussissent
prennent grand plaisir à leurs réalisations ; ils couvrent les murs de
leur bureau et de leur maison de leurs photographies et d'articles
de journaux, et exposent leurs trophées sur la tablette de la cheminée ou dans une vitrine construite à cette fin. Ils ont réussi et
non seulement le monde les applaudit, mais ils se félicitent eux-
mêmes.

Vous rappelez-vous la chanson que nous chantions dans notre
enfance lors des longs voyages en auto ? « L'ours a grimpé la montagne, l'ours a grimpé la montagne, l'ours a grimpé la montagne,
et qu'a-t-il vu ? Il a vu une autre montagne, il a vu une autre montagne, il a vu une autre montagne, et qu'a-t-il fait ? Il a grimpé cette
autre montagne, il a grimpé cette autre montagne... » Et ainsi de
suite, jusqu'à ce que nos parents aient le goût soit de tirer l'ours,
soit de nous étrangler, ou les deux !

Nombreuses sommes-nous à être victimes du syndrome de
l'ours grimpeur. Nous escaladons une montagne après l'autre, surmontons tous les obstacles, faisons sauter le plafond de verre. Mais
savourons-nous notre promotion ? Célébrons-nous quand nous
obtenons le diplôme dont nous rêvions depuis longtemps, con-
cluons une entente, tenons nos promesses ? Non ! Nous

dédaignons nos triomphes personnels comme s'ils n'étaient que des coups de veine; puis nous nous demandons pourquoi nous éprouvons autant d'insatisfaction.

Quand nous tentons de retracer la source de ce comportement néfaste, plusieurs d'entre nous retrouvons la petite fille qui attend patiemment l'approbation parentale qui ne vient jamais, quoi qu'elle fasse. Des décennies plus tard, comme nous avons été conditionnées à penser que *rien* de ce que nous faisons n'est assez bon, nous perpétuons ce cycle destructeur en refusant de nous approuver nous-mêmes.

Il m'est arrivé, sur une période de cinq ans, d'écrire et de narrer une série de douze textes pour la radio, de lancer une chronique, d'écrire et de faire publier deux livres et de donner plusieurs conférences et ateliers. En surface, j'avais l'air de réussir. Mais avec le recul, je reconnais maintenant que cette soif de réussir relevait du syndrome de l'ours grimpeur. J'avais également succombé à l'illusion destructrice qui consiste à croire que le prochain projet serait *celui* qui me vaudrait la reconnaissance à laquelle j'aspirais depuis mon enfance. La percée se ferait enfin, l'anneau de cuivre serait enfin à ma portée, mon bateau arriverait enfin à bon port. Comme je n'avais reçu ni reconnaissance ni approbation de la part de mes parents, et ne me les avais certes pas accordées à moi-même, elles ne pouvaient venir que du monde extérieur. Le monde remarquerait sûrement, et de façon fracassante, mon prochain projet.

J'ai pris conscience de cela un jour où je remaniais mon curriculum vitae pour me lancer dans un nouveau projet. En faisant la liste de mes réalisations, je me suis demandé: «Qui est cette femme? Est-ce que je la connais? Ai-je plusieurs personnalités?» Car si un détective s'était présenté chez moi pour suivre sa trace, il n'aurait pas trouvé la moindre preuve tangible de ses réalisations. Alors je me suis mise à chercher des indices, à sortir, des boîtes enfouies au sous-sol, des preuves que j'avais gravi plusieurs montagnes. J'ai extirpé mes souvenirs préférés – les couvertures de mes livres, l'annonce de ma chronique – et je les ai fait encadrer. Quand je les ai accrochés dans le salon, je les ai regardés comme l'aurait fait un étranger. Sensationnel! C'était étonnant, enivrant, stupéfiant! Puis je me suis mise à me féliciter à voix haute pour le travail accompli. Maintenant, je saisis mes moments de réalisation en donnant une preuve concrète des projets que j'ai réalisés. Cela a grandement contribué à me donner le sentiment de réussir. J'expose aussi des souvenirs des faits marquants de la carrière politique de mon époux, et Katie a maintenant son propre coin dans la galerie familiale.

Même s'il vous proclame la Reine du jour, le monde ne peut vous accorder la reconnaissance qui vous comblera. Vous seule pouvez le faire. Alors, quand vous avez mené un projet à terme, qu'il soit d'ordre personnel ou professionnel, mettez une bouteille de champagne au frais et portez-vous un toast à vous-même. Pouvons-nous vraiment nous permettre d'attendre la reconnaissance du monde ? « Je suis condamnée à une éternité de travail compulsif », confiait Bette Davis dans ses mémoires intitulées *The Lonely Life*. « L'atteinte du but visé ne nous satisfait pas. Le succès fait surgir un nouveau but à poursuivre. La pomme d'or qu'on mange contient des graines. Cela n'a pas de fin. »

15 SEPTEMBRE

Le succès authentique

Nous devons tous payer avec la monnaie courante de la vie le miel que nous savourons.

RACHEL BLUMSTEIN

Chaque personne a du succès véritable une définition qui lui convient. Par un après-midi d'automne il y a de cela plusieurs années, lors d'une promenade dans un cimetière abandonné, j'ai découvert une merveilleuse définition du vrai succès sur la pierre tombale d'une femme décédée en 1820 : « La seule peine qu'elle ait jamais causée, y lisait-on, est celle qu'elle nous a faite en nous quittant ».

Le succès authentique, c'est avoir le temps de se livrer à des activités personnelles épanouissantes, de faire les choses que nous avons le goût de faire pour exprimer notre amour à nos proches, de nous occuper de notre maison, de cultiver notre jardin, de nourrir notre âme. Le succès authentique, c'est ne jamais avoir à dire « l'année prochaine, peut-être » à vous-même ou à vos proches. C'est savoir que si ce jour était le dernier de votre vie, vous pourriez partir sans regret. Le succès authentique, c'est vous sentir centrée et sereine, et non éparpillée, quand vous travaillez. C'est savoir que vous avez fait du mieux que vous avez pu, quelles qu'aient été les difficultés que vous ayez eu à affronter. C'est savoir au plus intime de vous que c'est là tout ce que vous pouvez faire et que cela suffit toujours.

Le succès authentique, c'est accepter vos limites, vous réconcilier avec votre passé et vivre vos passions pour que votre avenir se déroule conformément au plan divin. C'est découvrir et exploiter vos talents, et les offrir au monde pour apaiser son cœur meurtri. C'est aider les autres et croire que si vous pouvez le faire pour une seule personne chaque jour, par un sourire, un rire partagé, une caresse, une parole bienveillante ou un coup de main, vous êtes une femme bénie.

Le succès authentique, ce n'est pas seulement avoir de l'argent en banque, mais un cœur heureux et la paix de l'esprit. C'est gagner ce que vous croyez mériter pour votre travail et savoir que vous le méritez. Le succès authentique, c'est acquitter vos factures sans difficulté, combler tous vos besoins et ceux de vos proches, satisfaire certains de vos désirs, et qu'il vous en reste suffisamment pour épargner et partager. Le succès authentique, ce n'est pas accumuler mais lâcher prise, car vous avez tout ce dont vous avez vraiment besoin. Le succès authentique, c'est vous accepter telle que vous êtes, apprécier ce que vous avez fait, célébrer vos réalisations et rendre honneur au chemin parcouru. Le succès authentique, c'est arriver au point où *être* est aussi important que *faire*. C'est poursuivre vos rêves sans relâche. C'est prendre conscience que même si un rêve met du temps à se réaliser sur le plan matériel, aucune journée n'est jamais perdue. C'est valoriser le travail intérieur comme le travail extérieur, le vôtre comme celui des autres. C'est faire du travail un métier et du métier un art, en aimant chaque tâche que vous entreprenez.

Le succès authentique, c'est savoir que votre vie *telle qu'elle est aujourd'hui* baigne dans l'abondance de la simplicité. C'est être si reconnaissante pour les nombreuses faveurs dont vous et les vôtres êtes comblés que vous avez envie de partager votre lot avec les autres.

Le succès authentique, c'est vivre chaque jour avec un cœur débordant de gratitude.

16 SEPTEMBRE

La peur du succès

Le conflit entre ce que nous sommes et ce que les autres attendent de nous nous touche tous. Parfois, au lieu de chercher à devenir ce que nous pourrions être, nous optons pour le rôle confortable du raté, préférant être les victimes des circonstances, des personnes qui n'ont pas eu de chance dans la vie.

MERLE SHAIN

Bon nombre de femmes craignent davantage le succès que l'échec. Nous savons comment nous comporter avec l'échec ; il nous est familier. Le succès, lui, nous oblige à quitter notre zone de confort, notre douillet périmètre de prévisibilité. Que nous aimions cela ou non, que nous l'admettions ou non, le succès d'une femme joue un rôle secondaire dans ses relations avec les autres. Nous craignons le succès parce que nous en craignons les conséquences (presque inévitables) non seulement sur notre vie mais sur celle des êtres que nous chérissons.

Même les récompenses financières du succès ne nous appartiennent pas entièrement, à moins que nous soyons célibataires, sans enfants ni parents qui comptent sur nous. Sinon, même s'ils portent notre nom, les chèques que nous recevons serviront à payer les factures d'épicerie, les frais de scolarité, les manteaux d'hiver, les réparations de l'automobile, les appareils orthopédiques, les colonies de vacances, les vacances, les travaux sur la maison, les suppléments de sécurité sociale. Des millions de femmes sont également responsables des hypothèques ou du loyer, des services, de la nourriture, des assurances santé et de bien d'autres choses encore. Pourquoi alors nous étonner que les petites douceurs personnelles deviennent des inventions de l'imagination féminine ?

Quant à vos relations intimes, si vous êtes célibataire et atteignez un certain niveau de succès (pour ne pas mentionner un certain âge), vous trouverez difficile de rencontrer un homme qui ne se laissera pas intimider par vos succès ou vos revenus. Si vous êtes mariée, vous vous inquiéterez de l'impact de votre succès sur votre relation avec votre époux. C'est l'un des paradoxes de la vie : plus une femme réussit dans le monde, plus la terre vacille sous ses pieds à la maison. C'est que le succès remet en question la validité de l'entente tacite qui est conclue quand nous disons « Oui ». (Malheureusement, quand nous prononçons le fameux mot, plusieurs de nos notions sur les plans émotif et financier sont fondées sur ce que nous sommes à ce moment-là et non sur ce que nous allons devenir.)

La femme qui a des enfants voit son ascension contrariée par une force de gravitation encore plus puissante que l'inconfort du partenaire. Rien ne pèse plus lourd que le sentiment de culpabilité d'une mère. Les hommes (à quelques exceptions près) orientent rarement leur travail en fonction des besoins des enfants ; les femmes le font presque toujours. Quand on lui a demandé pourquoi elle écrivait des phrases plus longues dans ses romans plus récents, la romancière Fay Weldon a répondu que c'était parce que ses enfants étant plus vieux, elle était moins souvent interrompue.

C'est donc avec raison que nous craignons le succès. Les enjeux sont énormes. Le succès entraîne des changements, et le changement est inconfortable. Mais en tentant de relever un défi à la fois, nous redéfinissons le succès pour nous-mêmes et les êtres que nous aimons. En devenant plus à l'aise avec nos réalisations, nous apprenons que le succès n'a pas besoin de tirer, de serrer ou de nous irriter : il s'agit de choisir la bonne taille.

17 SEPTEMBRE

Pourquoi choisir quand on peut tout avoir ?

La vie elle-même est la fête par excellence.

JULIA CHILD

Le succès authentique et le succès mondain ne s'excluent pas l'un l'autre. Bien sûr, il est plus facile de les obtenir un à la fois, mais une fois que nous avons compris ce qui les distingue, il n'est pas utopique de les poursuivre tous les deux. Nous n'avons pas besoin de choisir entre les deux, mais nous devons savoir lequel nous aidera à prendre soin de notre âme et de celle des êtres que nous chérissons, et en faire notre priorité.

La Bible nous dit que nous ne pouvons pas servir deux maîtres à la fois – Dieu et l'argent. Mais si nous pouvions tout avoir ? Les Écritures ne parlent pas de cette possibilité. Pourtant, il est tout à fait possible d'avoir du gâteau dans notre assiette et dans le garde-manger, pourvu que nous fassions deux gâteaux à la fois. Toute cuisinière sait qu'on n'obtient pas de très bons résultats en doublant la quantité de la pâte. Mais retourner à la cuisine pour faire un deuxième gâteau après avoir glacé le premier et lavé la vaisselle exige une énorme énergie psychique et physique. C'est pourquoi il nous faut multiplier nos rêves par deux quand nous les concevons ; cela nous permettra d'axer notre vie sur le succès authentique tout en y ajoutant tous les succès terrestres pour lesquels nous sommes prêtes à payer le prix. Certaines d'entre nous aimons les sucreries plus que d'autres.

« Le succès n'est important que dans la mesure où il vous permet de faire plus de choses que vous aimez », affirme Sarah Caldwell. J'adore faire des gâteaux. Et vous ?

18 SEPTEMBRE

Le cadeau de l'échec

Les échecs sont au menu de la vie et je ne suis pas la fille
à laisser passer un plat.

ROSALIND RUSSELL

Aux yeux du monde, Clare Booth Luce fut l'une des femmes du XXe siècle à connaître le plus grand succès. Elle a été dramaturge et auteure, élue députée à deux reprises et ambassadrice des États-Unis en Italie. Elle était également mère et épouse d'un magnat de l'édition, Henry Luce, cofondateur des magazines *Life* et *Time*. Pourtant, cette femme extraordinaire a avoué que si elle devait écrire sa biographie, celle-ci aurait pour titre *L'autobiographie d'un échec*.

Si Clare Booth Luce avait cette opinion d'elle-même et de sa brillante carrière, quel espoir y a-t-il pour nous?

Dieu merci, tant que nous demeurons sur le chemin de l'authenticité, tous les espoirs sont permis. Clare Booth Luce avait l'impression d'avoir échoué parce qu'elle considérait qu'elle n'avait pas vécu de façon authentique, n'ayant pas suivi sa véritable vocation. « Je dirais que, paradoxalement, mon pire échec a été une longue série de succès relatifs, dont aucun dans le domaine du théâtre. Autrement dit, mon échec a été de ne pas retourner à ma vraie vocation, qui était l'écriture. Je ne me rappelle pas avoir jamais voulu, depuis mon enfance, faire ou être autre chose qu'une écrivaine. »

Premièrement, Clare n'a *jamais* voulu se porter candidate au Congrès ; c'était là l'idée de son mari. Henry Luce était un homme puissant, qui savait exercer le pouvoir à son avantage. La carrière dramatique de Clare Booth était florissante (elle avait déjà écrit cinq pièces) quand elle a épousé Luce en 1935, et sa pièce *The Women* a connu un succès fracassant à Broadway l'année suivante. Mais pour son mari, le théâtre n'était qu'un passe-temps, tout au plus « un travail de nuit ». Par conséquent, quand Clare Booth a ajouté le nom de Luce au sien, elle a dû, à contrecœur, sublimer sa passion. Après deux mandats au Congrès, elle a tenté de se retirer de la vie politique pour se remettre à l'écriture. C'est alors qu'arrivèrent, coup sur coup, une série de pertes bouleversantes : la mort de sa mère, celle de son frère et de sa fille unique, victime d'un accident. La vie s'est alors arrêtée pour Clare ; il s'est écoulé un long moment avant qu'elle soit en mesure d'y reprendre un rôle actif. Au bout d'un certain temps, elle s'est mise à se dire : « Peut-être n'es-tu pas une écrivaine. Peut-être ne seras-tu plus jamais une écrivaine ». Bien qu'elle ait fini par écrire des articles et des livres, elle n'est jamais revenue à ses anciennes amours : le théâtre. Elle a pleuré la voie qu'elle avait abandonnée pour le reste de ses jours.

La perte de Clare Booth Luce était une perte cachée, nous disent Carole Hyatt et Linda Gottlieb dans *Perdant gagnant ! réussissez vos échecs*, un livre inspirant et pratique sur l'art de surmonter l'échec. « Ceux qui vivent des échecs cachés souffrent moins d'un sens aigu de perte que d'un sentiment chronique de déception. Mais ils n'en souffrent pas moins, désirant ardemment un changement, souvent aussi terrifiés et honteux qu'une personne qui a été congédiée. Combien de gens qui ont perdu leur emploi sans le mériter ont quand même l'impression d'avoir subi un échec ? Combien parmi nous nous sentons coincées dans un travail que nous n'aimons pas, avons terriblement peur de risquer un changement et nous méprisons parce que nous ne donnons pas notre pleine mesure ? Il arrive souvent qu'au moment même où le monde nous applaudit, nous savons, dans notre for intérieur, que nous n'avons pas réalisé nos propres espoirs. »

Nous avons toutes terriblement peur de l'échec. Mais que nous prenions ou non des risques, nous ne pouvons pas éviter l'échec – public ou caché – toute notre vie. « La véritable force vient du fait que nous savons que nous pouvons survivre », affirment Carole Hyatt et Linda Gottlieb. L'échec nous fait dépasser nos capacités conscientes et nous permet de faire surgir notre moi authentique. C'est là le généreux cadeau de l'échec. Dans la vie, la pire chose qui puisse arriver, ce n'est pas d'échouer. C'est de n'avoir jamais essayé. « Si nous regardons les choses sous cet angle, les gens intelligents ne peuvent jamais échouer. »

19 SEPTEMBRE

Les affinités

Ah ! C'est merveilleux d'avoir des ambitions. [...] Le plus beau
de l'affaire, c'est que cela n'en finit plus. Dès que vous avez réalisé
une ambition, vous en voyez une autre scintiller encore plus haut.
Cela rend la vie des plus intéressantes.

ANNE SHIRLEY (L. M. MONTGOMERY)

L'ambition est l'âme sœur du succès. L'action est la marieuse qui les réunit pour faire jaillir l'étincelle qui pourra enflammer le monde.

Nous avons une haute opinion du succès. C'est un type bien – honorable, désirable, le parfait gentleman. L'ambition, de son côté, est davantage considérée comme une coureuse qu'une dame, une mégère qu'un ange. Si sa passion et son pouvoir ne sont pas canalisés de façon créative et constructive, elle peut surexciter la personne qui l'a invitée. Comme l'électricité, l'ambition peut servir ou détruire. Ce dont elle a réellement besoin, c'est d'un agent de publicité, car nous n'entendons parler d'elle que quand on la tient responsable de la ruine de quelqu'un.

Pourtant, l'ambition ne devient dangereuse que lorsque, aveuglées par ses charmes, nous succombons à l'avidité. Quand l'âme est affaiblie, l'ego se laisse facilement séduire. L'avidité est un souteneur très efficace s'adressant à notre côté obscur.

Il n'est guère étonnant que plusieurs femmes fuient l'authenticité. Il est trop dangereux d'admettre, même en nous-mêmes, que nous nourrissons non seulement des aspirations, mais des ambitions.

Et si l'ambition était un don de l'Esprit ? Si elle faisait partie du paquet qui nous a été généreusement donné lorsque nous avons reçu nos talents ? Si le sexe peut être sacré ou profane, si le pouvoir peut bénir ou détruire, pourquoi en serait-il autrement de l'ambition ? Et si nous étions *censées* avoir de l'ambition ? Si notre refus de canaliser nos ambitions pour notre plus grand bien, celui de nos proches et du monde entier, était la véritable corruption du pouvoir ? Pensez à tout ce qui pourrait être accompli si les femmes chérissaient leurs ambitions et les exposaient au grand jour comme il se doit. Pensez aux métamorphoses que pourrait connaître notre vie si nous respections l'ambition et étions reconnaissantes de ce cadeau merveilleux.

Une chose est certaine. Nous ne pouvons pas réussir sans ambition. L'action – l'ambition en mouvement – est ce qui conduit à la réussite. « Toute audace véritable commence à l'intérieur », rappelle Eudora Welty. Aujourd'hui, la chose la plus audacieuse que vous puissiez faire, c'est de tenir une séance de remue-méninges en privé. Invitez l'ambition à venir s'asseoir avec votre moi authentique. Faites-lui part de ce que vous aimeriez réussir. Écoutez ses suggestions. Puis regardez-la de plus près. Ces cornes que vous croyez voir sont peut-être en fait une auréole légèrement décentrée.

20 SEPTEMBRE

L'ennemi intérieur

J'ai rencontré l'ennemi ; c'est moi.

POGO (WALT KELLY)

Il est difficile d'accepter qu'on puisse être son pire ennemi. En fait, cette prise de conscience est si douloureuse que nous nous donnons beaucoup de mal pour prouver le contraire. C'est toujours le destin, les circonstances ou la malchance qui gâchent nos plus beaux plans.

Si vous ne rencontrez qu'une succession de déboires en poursuivant vos rêves, il est normal que vous vous mettiez à vous apitoyer sur votre sort. Mais si vous ne cessez de penser que les cartes sont biseautées ou que les dés sont pipés, demandez aujourd'hui le courage de vérifier qui distribue les cartes dans votre jeu. Ne vous rappelle-t-elle pas quelqu'un ? Elle le devrait, car elle est la jumelle perverse de votre moi authentique : votre ego.

L'ego a tout à perdre quand votre moi authentique devient assez fort pour agir consciemment dans votre intérêt, pour inspirer vos choix, vos décisions, vos ambitions et vos actions pour votre plus grand bien. Vos subterfuges habituels – le déni, la sublimation et la répression – sont reconnus pour ce qu'ils sont : des formes subtiles d'automutilation. En devenant vous-même, vous vous découvrez des possibilités insoupçonnées qui vous aident à vous guérir vous-même, ainsi que votre famille et votre monde. Votre moi authentique est le pire cauchemar de votre ego et ce dernier fera tout ce qu'il peut pour éliminer de votre vie l'influence de sa rivale. Pour ce faire, il sortira l'artillerie lourde : la peur et l'intimidation.

La peur a fait dérailler plus de rêves que nous pouvons l'imaginer. Les malaises physiques – le cœur qui bat la chamade, la tête qui va éclater, l'estomac nerveux – sont les premières attaques que nous subissons quand nous nous aventurons hors de notre périmètre de sécurité. C'est là un instinct primitif naturel, un vestige du syndrome « héros ou zéro ». Mais même si cela peut nous sembler très pénible, passer un coup de fil, défendre notre point de vue lors d'une réunion d'affaire, ou déposer notre portfolio chez un employeur éventuel, ne peut être comparé à un combat avec un mammouth velu. Nul besoin de nous sauver à toutes jambes. Ce que nous avons à faire, c'est reconnaître les manifestations physiques de la peur. La prochaine fois que la seule idée de quitter votre zone de confort vous rendra malade, rassurez votre moi conscient en lui disant que le sentiment de peur ne fait que passer et se dissipera si vous poursuivez votre marche. Plusieurs comédiennes sont si paniquées avant d'entrer en scène qu'elles en ont la nausée ; mais elles apprennent à transformer la peur en énergie créatrice. Elles surmontent leur trac devant les applaudissements.

L'intimidation a une approche différente de celle de la peur brute. Elle prend mille et une formes et peut adopter différents visages pour vous contrôler. Dès que vous sortez courageusement des limites de votre zone de sécurité, elle risque de jouer au dompteur de lions et de brandir son fouet et sa chaise. « Retourne à ta place ! s'écriera-t-elle. Pour qui te prends-tu ? Tu vas te rendre ridicule ! Tu vas mettre ton mariage en péril ! Tu négliges tes enfants ! Retourne à ta cage immédiatement ! »

Quand ces tactiques alarmistes ne fonctionnent plus, l'intimidation adoptera une autre approche, comme la voix de la raison. « Regarde, je ne veux pas t'alarmer, mais... tu sais que tu t'en mets pas mal sur les épaules. Si j'étais à ta place... »

Le pire, avec l'intimidation, c'est qu'elle connaît tous vos points faibles et sait en profiter. Si elle n'arrive pas à ses fins en recourant aux stratégies alarmistes, elle détruira vos rêves en douceur. Elle est votre meilleure amie : elle vous aidera à creuser votre propre tombe en vous fournissant la pelle. Elle est la seule à savoir à quel point vous êtes épuisée ; elle vous incitera donc à aller faire une sieste au lieu d'envoyer des lettres de prospection. Elle sait que vous n'avez pas beaucoup de temps pour vous détendre ; alors elle vous dira qu'il n'y a aucun mal à regarder un feuilleton plutôt que de travailler à votre curriculum vitae avant que les enfants reviennent de l'école. « Détends-toi, vous conseillera-t-elle. Tu as le temps... Si tu ne le fais pas aujourd'hui, tu pourras toujours t'y mettre demain... »

Si aucune de ces approches ne fonctionne maintenant que vous êtes plus vieille, plus sage et plus expérimentée, elle entreprendra une campagne diffamatoire insidieuse, empruntant une voix qui ressemble beaucoup à celle de votre intuition. Comment faire la différence ? Si la suggestion qui vous est faite ne vous procure pas un sentiment de paix, *ce n'est pas la voix de votre moi authentique*. C'est celle de l'ego déguisé. Dites-lui de se taire. Puis écoutez une belle musique qui vous élèvera et vous inspirera tout en couvrant sa voix.

Aujourd'hui, commencez à observer votre mode de comportement. Toutes les femmes – même les mégastars dont la vie semble si brillante – sont ambivalentes à l'égard du succès. Une importante qualité que nous retrouvons chez les femmes que nous admirons, c'est qu'elles ont pris conscience de leurs modes d'autosabotage et appris à laisser leur meilleure amie – leur moi authentique – se montrer plus maligne que l'ennemie intérieure. Vous pouvez faire de même.

21 SEPTEMBRE

Un sentier en spirale

Ma joie, ma peine, mon espoir, mon amour,
évoluaient tous à l'intérieur de ce cercle !

EDMUND WALLER

On me demande souvent si, après toutes ces années de cheminement dans la voie de l'abondance dans la simplicité, je vis maintenant d'une façon authentique. Certains moments, certaines heures, certains jours sont entièrement conformes à cette voie, complètement authentiques. La plupart du temps, je peux affirmer que mes conversations avec mes proches, mes amis, mes collègues et même les connaissances et les étrangers, sont des rencontres authentiques. Ainsi que mes choix, même ceux qui sont difficiles, mes joies, mes peines, mes espoirs et mes amours. Mais je ne peux encore dire que chaque minute de ma vie est authentique. Selon moi, vivre authentiquement est le travail de toute une vie. C'est l'*effort* pour devenir authentique qui fait de vous un être authentique, et non le résultat. Quand vous croyez y être arrivée, vous vous rendez compte qu'après avoir parcouru tout ce chemin, vous devez vous préparer à recommencer.

Notre plus grande surprise au cours du voyage intérieur qui mène à l'authenticité, qu'il soit vécu comme une approche philosophique ou une voie spirituelle, c'est de découvrir que la route à parcourir forme une spirale. Nous montons, mais en vrille. À chaque cercle que nous effectuons, la vue devient un peu plus vaste. Selon le psychologue Carl Jung, notre expérience spirituelle du Moi, que j'appelle le moi authentique, ne peut se faire que par une démarche « circambulatoire ».

Les Anciens révéraient le pouvoir du cercle. Dans la tradition africaine, comme dans les films de Disney, notre séjour sur terre est appelé « le cercle de la vie ». Black Elk, le chef des Sioux Oglala, enseignait que « le pouvoir de l'univers se manifeste toujours en cercle ». Les pèlerins bouddhistes et hindous encerclent la base du mont Kailas, au Tibet, pour rendre leur culte. Les musulmans encerclent la Ka'ba à La Mecque. Depuis des milliers d'années, la création des mandalas – ces dessins géométriques circulaires – fait partie des traditions spirituelles tant orientales qu'occidentales. Des chercheurs spirituels créent leurs propres mandalas pour invoquer le sacré par le truchement du visuel. On retrouve des cercles dans les lieux sacrés partout dans le monde. Il y a un labyrinthe circulaire à la base de la cathédrale de Chartres, en France. Les sculptures préhistoriques géantes de Stonehenge, en Angleterre, sont disposées en forme de cercle. L'hostie de la communion qui est offerte lors d'une messe catholique est un pain rond. Si nous cherchons, nous trouverons des cercles partout. Platon soutenait que l'âme est un cercle. Si c'est vrai, et si le moi authentique est l'âme rendue visible, comment notre éveil à l'authenticité pourrait-il se faire en ligne droite et non en cercle ?

On me rappelle que la route vers l'authenticité forme une spirale quand je me retrouve coincée dans un ensemble de circonstances dont il me semble impossible de m'échapper. Quand cela se produit, je me demande : « Quelle leçon dois-je maintenant assimiler pour pouvoir continuer d'avancer ? » Habituellement, je découvre que j'ai cessé d'utiliser les principes de l'abondance dans la simplicité pour guider ma route vers la plénitude. J'ai été trop occupée pour écrire mon journal de gratitude ; je me suis mise à trébucher parce que je n'ai pas su dire non ; je suis de mauvaise humeur parce que ma maison est un fouillis et que je ne trouve plus rien ; je suis épuisée parce que j'ai oublié qu'il me faut des moments de solitude et de méditation pour me centrer. J'en ai souvent fait l'expérience. Je *sais* que si ma vie quotidienne n'est pas empreinte d'harmonie, je ne participe pas au processus.

Alors je dois repartir, recommencer à zéro. Remercier activement plutôt que passivement, intégrer consciemment la simplicité et l'ordre à mon train-train quotidien, honorer l'*être* plutôt que le faire. Il ne suffit pas de connaître l'abondance dans la simplicité ou d'écrire à son sujet ; il faut la *vivre* pour prendre conscience de sa beauté et de sa joie. Quand je recommence à me laisser guider par ma propre lumière, je découvre habituellement que je suis capable de poursuivre ma route. Même si je ne peux pas changer les circonstances extérieures, l'abondance dans la simplicité me permet de modifier ma façon d'y réagir.

« La vie que nous voulons n'est pas seulement celle que nous avons choisie et menée », nous dit le poète Wendell Berry, « c'est celle que nous devons être en train de choisir et de mener ».

22 SEPTEMBRE

L'art d'assimiler les leçons de la vie

J'aimerais apprendre, ou me rappeler, comment vivre.

ANNIE DILLARD

Les révélations viennent maintenant très rapidement et de toutes parts parce que vous êtes prête à faire des liens. Dans l'Ancien Testament, Dieu se sert d'ânes, de rochers et de buissons ardents pour livrer ses messages ; ne mettez donc pas en question la validité de ce que vous entendez ou la façon dont vous l'entendez *si la vérité résonne au-dedans de vous*. Cela peut se produire quand vous êtes en train de lire une histoire, de regarder un film ou de bavarder avec un commis d'épicerie sympathique. Ne vous coupez pas de vos sources d'inspiration.

Un des bonds en avant sur le chemin de l'abondance dans la simplicité se fait lorsque vous prenez soudain conscience que vous avez passé votre vie à marcher à reculons plutôt qu'à avancer. Vous avez peut-être cru que le cheminement spirituel était une question de soumission, de sacrifice et de souffrances, et que seul le monde pouvait procurer la liberté, le contentement et la bonne fortune. Puis, un bon matin – peut-être ce matin même – vous faites le lien et réalisez que vous devez désapprendre pratiquement tout ce que vous avez tenu pour acquis – toutes vos références.

Ne paniquez pas. Ce n'est pas aussi difficile que cela vous semble. L'autre voie a-t-elle fonctionné ? Les cadeaux du monde vous ont-ils procuré le véritable bonheur ? Est-ce que l'emploi parfait, la relation, la maison, l'argent ou toute autre chose sur laquelle vous avez misé pour trouver le bonheur vous ont comblée plus qu'une semaine ? Alors, faites confiance à vos expériences et à vos impulsions ; elles sont là pour quelque chose. Les leçons de la vie sont parfois difficiles à assimiler, mais une fois que vous vous mettez à répondre à partir de vos connaissances personnelles plutôt que de notions apprises par cœur, la tâche devient plus aisée que vous avez pu l'imaginer. Qui plus est, la vie devient un plaisir.

Voici ce qui se produit, selon moi. Juste avant de venir au monde pour entreprendre notre vie, nous recevons une photo de ce qui nous attend – notre plan divin – pour nous donner le goût de nous lancer dans cette grande aventure. Quand la photo sort de l'appareil céleste, nous sommes si pressées de nous y mettre que nous nous emparons du négatif plutôt que de la photo. Nous nous retrouvons donc avec le tableau d'une vie fabuleuse, mais dont la perspective est inversée. Ce qui est blanc nous apparaît noir. Ce qui est noir nous semble blanc. Nous avons le tableau d'ensemble, mais à l'envers. Nous pleurons donc quand nous devrions rire, nous éprouvons de l'envie quand nous devrions nous laisser inspirer, nous vivons dans la privation plutôt que dans l'abondance, nous adoptons la manière rude plutôt que la voie facile, nous tirons vers nous plutôt que d'aller vers l'autre. Le pire, c'est que nous fermons notre cœur pour ne pas souffrir, alors que c'est en l'ouvrant que nous trouverons la joie.

Combien de fois avons-nous attendu que l'Esprit agisse *pour* nous alors qu'en fait, Il entend travailler *avec* nous. Aujourd'hui, prenez le négatif de votre plan divin et demandez à l'Amour de le développer pour pouvoir entreprendre la vie pour laquelle vous avez été créée.

Il est temps d'avancer.

23 SEPTEMBRE

À Toi sont le Royaume,
la Puissance et la Gloire

Quand je scrute l'avenir, il est si brillant qu'il me brûle les yeux.

OPRAH WINFREY

I l y a plusieurs années, j'ai lu un portrait d'Oprah Winfrey dans le *New York Times*. Elle y expliquait qu'à son avis, la notion selon laquelle Dieu ne nous donne jamais plus que ce que nous pouvons supporter ne s'applique pas seulement à l'endurance stoïque de la douleur et de la souffrance. Dieu nous donne aussi de bonnes choses – la richesse, le succès, le pouvoir. Si vous croyez ne pas avoir la force de supporter la Gloire, rassurez-vous ; elle sera retenue jusqu'à ce que vous soyez en mesure de la recevoir et que vous en fassiez la demande.

Aujourd'hui, méditez sur cette possibilité. Pour ma part, j'y réfléchis depuis plusieurs années et ne fais que commencer à bien la saisir.

Nous savons que la Puissance est à la portée de chacune d'entre nous, à chaque moment de chaque journée, mais il nous faut demander que le courant spirituel soit allumé. Ensuite, nous devons être prêtes à supporter la Gloire. Nous nous y préparerons en prenant peu à peu possession de nos talents, en relevant des défis créateurs, un à la fois. Avec chaque réalisation personnelle que nous reconnaissons et célébrons, notre confiance en nous grandit et nous commençons à croire en nos aptitudes. En outre, nous nous rendons compte qu'on ne nous demande pas de le faire seules. Voilà pour la Puissance et la Gloire. Maintenant, qu'en est-il du Royaume ?

Les personnes qui s'engagent dans une quête spirituelle sont exhortées à rechercher le Royaume des cieux avant toute chose. Se pourrait-il que le Royaume des cieux soit une vie authentique ? Je le crois. Car une fois que vous avez trouvé votre véritable voie et que vous la suivez, toutes les autres pièces du casse-tête se mettent en place : l'argent, le travail, les relations.

Joseph Campbell nous dit de « suivre notre bonheur » si nous voulons que notre vie soit riche, profonde et porteuse de sens. Suivez votre bonheur et les portes s'ouvriront. Suivez votre bonheur et vous vous retrouverez sur le chemin qui a été spécialement tracé pour vous au début des temps.

Se pourrait-il que votre bonheur et une vie authentique soient une seule et même chose ? Se pourrait-il que tout ce qui vous plonge dans l'extase, vous procure la joie, vous fait planer, assouvit votre soif, comble vos aspirations, allume votre passion, vous ouvre aux autres et vous donne la paix – bref, votre bonheur – soit aussi le Royaume des cieux ?

« *Que ton règne vienne, que ta volonté soit faite sur la terre comme au ciel...* »

« Reliez-vous, tout simplement », nous exhorte E. M. Forster. « Reliez simplement l'ordinaire et la passion, et les deux seront exaltés, et l'amour humain sera à son apogée. Cessez de vivre par bribes... Reliez-vous et [...] l'isolement qu'est la vie [...] prendra fin. »

« Reliez-vous. » Alors seulement le Royaume, la Puissance et la Gloire seront vôtres. Aujourd'hui et pour toujours. Amen.

24 SEPTEMBRE

Faites ce que vous aimez ; l'argent suivra – paraît-il

Fais ce que tu aimes et l'argent suivra.

MARSHA SINETAR

J'aime l'optimisme de cette citation et je crois qu'elle est vraie. Si ce n'est déjà fait, Marsha Sinetar saura probablement vous convaincre vous aussi. D'après moi, vous trouverez que son livre, *Do What You Love and the Money Will Follow*, est un guide pratique et inspirant sur l'art de rendre sa passion payante.

Sinetar n'est pas la première personne à prodiguer des conseils de cette nature. Un nombre incalculable de sages, de poètes et de philosophes l'ont fait, chacun à sa manière. Une des principales étapes que Bouddha nous propose pour atteindre l'illumination, par exemple, c'est de découvrir la juste façon de gagner sa vie. À l'autre extrémité du spectre, John D. Rockefeller croyait que la capacité de faire de l'argent était un don de Dieu, ce qui revient à dire : « Fais ce que tu aimes et l'argent suivra ».

Mais nous demandons encore : Est-ce vraiment ainsi que cela fonctionne ?

Oui. Mais pas de la façon dont nous l'entendons habituellement.

Premièrement, l'argent ne vient généralement pas d'un seul coup, surtout au commencement.

Deuxièmement, l'argent viendra de sources inattendues, mais il viendra. Voici pourquoi. Quand vous vous mettez à suivre votre vraie voie, vous utilisez enfin les dons que l'Esprit vous a accordés pour que vous les exploitiez. Vous recherchez activement le Royaume des cieux ici-bas. Vous respectez votre clause du contrat. L'engagement de l'Esprit, c'est de s'assurer que vous avez tout ce qu'il vous faut pour être heureuse. Y compris de l'argent. L'Esprit sait que la monnaie en vigueur ici-bas est l'argent et non des coquillages ou des brebis. Mais la monnaie du ciel, c'est le merveilleux. Faire ce que vous aimez n'est pas affaire d'argent, mais d'émerveillement. Aussitôt que vous aurez compris que vous êtes censée demander des merveilles plutôt que de l'argent, vous commencerez à connaître l'abondance. Croyez-moi, faire ce que vous aimez finira par vous mener au guichet automatique. Mais vous aurez peut-être quelques détours à faire avant d'y arriver.

Cela nous amène à la troisième et dernière mise en garde : *Nous ne devons pas spécifier à l'Esprit la façon dont l'argent doit nous parvenir, le moment où il arrivera ni un montant précis.* Il ne s'agit pas d'une rançon. Cela fait longtemps que l'Esprit nous expédie des biens. Il n'a pas besoin de nos conseils, quoique d'après mon expérience, des suggestions et des rappels amicaux occasionnels à propos des factures précises à payer ne semblent pas hors de propos.

Essentiellement, ce qui se produit quand vous commencez à faire ce que vous aimez, c'est que vous vous retrouvez avec un nouvel employeur : l'Esprit. L'Esprit nous paie toujours selon notre travail. C'est probablement la première fois que plusieurs d'entre nous nous verrons rémunérées équitablement. Mais la paie n'arrive pas chaque vendredi ni même une fois par mois. Je ne veux pas vous effrayer, mais parfois, elle peut même prendre des années à venir. Mais elle viendra. Et la première fois que vous serez payée pour faire ce que vous aimez sera un des moments les plus émouvants de votre vie.

Cela vaut l'attente. C'est glorieux. C'est le bonheur. C'est le paradis sur terre. Comme le rappelle la romancière anglaise Enid Bagnold, « Il y a peut-être quelque chose de merveilleux dans l'argent, mais, mon Dieu, il y a de l'argent dans le merveilleux. »

25 SEPTEMBRE

Si une femme l'a déjà fait, alors vous le pouvez vous aussi – Sinon, pourquoi ne serait-ce pas vous ?

J'ai toujours cru que le succès d'une femme ne peut que favoriser celui d'une autre femme.

GLORIA VANDERBILT

S'il y a quelque chose que vous voulez accomplir dans votre vie, et qu'une autre femme l'a fait avant vous, pourquoi ne pourriez-vous pas y arriver vous aussi ? Si personne n'a jamais fait ce dont vous rêvez, pourquoi ne pas devenir la première à le faire ? Il faut une pionnière. Qui sont les femmes que vous admirez le plus ? Pourquoi ? Trouvez tous les renseignements que vous pouvez à leur sujet car elles ont des secrets à partager avec vous.

En 1908, Napoleon Hill était étudiant et écrivain pigiste en herbe. Il réussit à obtenir une entrevue avec Andrew Carnegie, qui était alors l'homme le plus riche du monde. Hill voulait faire de Carnegie un portrait qui révélerait les secrets qui lui avaient permis d'amasser sa fortune colossale. Carnegie fut si impressionné par le jeune homme que l'entrevue qui devait durer trois heures s'étala sur trois jours.

Lors de cette rencontre, le millionnaire demanda à Hill s'il accepterait de consacrer les vingt prochaines années à l'un de ses dadas : interviewer d'autres entrepreneurs qui avaient réussi et distiller les clés de leur succès dans une formule que la femme et l'homme moyens pourraient utiliser pour réaliser leurs propres rêves. Carnegie n'offrit aucune récompense financière à Hill, mais il lui promit de l'introduire auprès d'hommes célèbres tels que Thomas Edison, Henry Ford, Harvey Firestone et Luther Burbank. Hill sauta sur cette belle occasion.

Il en résulta une carrière d'écrivain qui connut un immense succès et conduisit Hill à écrire, en 1937, sa propre philosophie de la réussite dans un livre intitulé *Réfléchissez et devenez riche*. Livré au beau milieu de la Crise, le message optimiste de Hill – « Tout ce que l'esprit peut concevoir et croire [...], il peut le réaliser » – captiva l'imagination des Américains. Ce livre eut un énorme retentissement et se vendit à plus de dix millions d'exemplaires, inaugurant le genre du livre de croissance personnelle.

Un des secrets que perça Hill, c'est que plusieurs rêveurs qui ont réussi aiment se livrer à des rêveries en compagnie de leurs modèles. Il suggère donc de créer un conciliabule imaginaire avec un groupe de « conseillers invisibles », composé des gens que vous admirez le plus. Le soir, avant de vous endormir, fermez les yeux et animez des séances sur les stratégies du succès pendant lesquelles vous demanderez conseil à vos héroïnes. Bien que ces échanges soient « purement imaginaires », Hill soutient qu'ils nous rendent plus « réceptifs aux idées, aux pensées et aux connaissances » qui nous parviennent par notre sixième sens, l'intuition.

Si vos modèles sont encore vivantes et dans le feu de l'action, imaginez-les en train de vous préparer le terrain. Suivez leurs traces. Recherchez tout ce que vous pouvez sur leur cheminement. Font-elles des apparitions publiques ? Donnent-elles des conférences ou des ateliers auxquels vous pourriez participer ? Devenez membre d'associations d'affaires pour femmes, faites des contacts lors de conférences, demandez conseil et n'oubliez pas d'examiner le sol de temps à autre. Quelqu'un vous a tracé la route.

26 SEPTEMBRE

Le Tao du succès

Rien au monde ne peut remplacer la persistance.
Ni le talent ; rien n'est plus commun qu'un homme de talent
qui ne réussit pas.
Ni le génie ; le génie méconnu est presque devenu proverbial.
Ni l'instruction à elle seule ; le monde est rempli d'épaves instruites.
Seules la persistance et la détermination sont toutes-puissantes.

CALVIN COOLIDGE

C'est là le Tao – la Voie – du succès. Comme toute vérité, il est à la fois très simple et très difficile. Le Tao du succès n'est pas très difficile à comprendre, mais beaucoup plus à mettre en pratique, car il est fait de patience et de persistance.

La patience est l'art de l'attente. Comme tous les grands arts, il est long à maîtriser, ce qui ne devrait pas nous étonner, puisque la patience est la connaissance du temps : comment utiliser le temps à son avantage, comment être au bon endroit au bon moment, comment choisir le moment idéal, comment se mordre la langue pour ne pas en dire trop. Être patiente, c'est découvrir le mystérieux déroulement des cycles qui bercent l'univers et assurent que tout ce qui s'est produit une fois va se reproduire.

Faire preuve de persévérance, c'est se montrer résolue ; être persistante, c'est se montrer entêtée. La persistance a plus de cran que la persévérance. La persévérance est la transpiration de la réussite ; la persistance en est la sudation. La persistance, c'est frapper à la porte du ciel tellement souvent et si fort au nom de vos rêves qu'on finira par vous accorder ce que vous voulez pour avoir la paix. Prenez par exemple une fillette de onze ans qui veut se faire percer les oreilles bien avant d'avoir seize ans, l'âge que sa mère vieux jeu estime convenable. La première requête, même si elle est faite dans une explosion d'émotions, n'a pas de succès. Ni la deuxième, la troisième, ni même la quatrième. Mais la voix de cette enfant qui vous supplie le matin, l'après-midi, le soir, semaine après semaine, mois après mois, est comme la goutte d'eau qui use le rocher de votre raison. Cette enfant entêtée, mais patiente, finit par avoir raison de vous. C'est ainsi que vous vous retrouvez au centre commercial le jour de ses douze ans, hochant la tête en payant les minuscules boucles en or qui orneront ses lobes d'oreilles.

C'est sans doute sur cette puissante combinaison de la patience et de la persistance, qui donne l'endurance, que méditait l'auteure libanaise Hoda al-Namai quand elle a écrit ces vers :

Je ne me suis pas retirée dans le désespoir.
Je ne suis pas devenue folle à recueillir le miel.
Je ne suis pas devenue folle.
Je ne suis pas devenue folle.
Je ne suis pas devenue folle.

Si vous êtes déterminée à recueillir le miel de la vie, à enfoncer votre main dans la ruche maintes et maintes fois, à vous faire piquer tellement de fois que vous deviendrez insensible à la douleur, à persévérer et à persister jusqu'à ce que ceux qui vous connaissent et vous aiment ne soient plus capables de vous considérer comme *une femme tout à fait normale*, tout de même on ne vous qualifiera pas de folle.

On vous qualifiera plutôt de femme authentique.

27 SEPTEMBRE

Seul le cœur sait

Seul le cœur sait trouver ce qui est précieux.

DOSTOÏEVSKI

Quand Anna Quindlen, chroniqueuse au *New York Times* et lauréate du prix Pulitzer, a quitté l'élite journalistique pour consacrer tout son temps, son cœur et son énergie créatrice à écrire des romans et à élever ses trois enfants, ses collègues ont été atterrés et ses lectrices sidérées. La moitié de ses lectrices – des femmes qui avaient décidé de mettre la famille avant la carrière – ont applaudi à sa décision. L'autre moitié – des femmes qui essayaient désespérément de bien élever leurs enfants tout en travaillant à temps plein – se sont senties trahies. Anna Quindlen n'était pas seulement la super-maman ; elle était l'archétype de la femme qui veut tout avoir. Sa décision a relancé le vieux débat entre la mère qui poursuit une carrière et celle qui travaille à la maison. Si elle n'arrivait plus à supporter cette haute voltige, quel espoir y avait-il pour les autres femmes ?

Mais Anna Quindlen ne choisissait pas entre la carrière et la famille. Elle choisissait plutôt entre le succès mondain et le succès authentique. Elle rêvait d'écrire des romans plutôt que des chroniques dans un journal. Elle voulait être là quand ses enfants rentraient de l'école. Elle voulait être guidée par sa propre lumière. Elle voulait écouter son cœur. Et elle avait les moyens financiers de le faire.

Seul notre cœur sait ce qui va bien dans notre vie. Notre cœur est notre boussole. Si nous le consultons, il peut nous dire si nous allons dans la bonne direction. Mais il nous dira également si nous avons pris la mauvaise route et s'il est temps de faire demi-tour. Pour plusieurs d'entre nous, ce sont là des renseignements que nous ne voulons pas connaître. Car savoir peut obliger à choisir et choisir oblige souvent à changer.

Je suis certaine qu'il y a dix millions de femmes qui aimeraient bien faire le même choix qu'Anna Quindlen, mais n'en ont pas les moyens. Mais si vous ne pouvez pas le faire aujourd'hui ou demain, cela ne veut pas dire que vous ne le pourrez jamais. Il y a des rêves reportés qui se réalisent chaque jour. Remettre à plus tard ne signifie pas renier.

Le cœur ne vous fera pas payer pour les consultations, les conversations, les séances de remue-méninges, ni pour porter un rêve de sa conception à sa mise au monde, quel que soit le temps qu'il faille y mettre. « Les rêves passent dans la réalité de l'action, nous dit Anaïs Nin. De l'action surgit à nouveau le rêve ; et cette interdépendance engendre la plus noble des vies. »

28 SEPTEMBRE

Un temps pour tout faire

Il y a le moment pour tout,
et un temps pour tout faire sous le ciel.

L'ECCLÉSIASTE 3, 1

Oui, mais pas tout en même temps. Vous ne pouvez pas élever des enfants heureux, qui soient émotivement équilibrés et se sentent en sécurité, avoir une vie conjugale formidable et travailler soixante heures par semaine.

Vous aimeriez cela, je le sais. Moi aussi. Mais nous ne le pouvons pas. C'est physiquement, émotivement, psychologiquement et spirituellement impossible. Nous l'avons essayé et nous avons échoué.

Nous ne pouvons pas enfreindre les lois du ciel et de la terre tout simplement parce que cela ferait notre affaire, parce que cela correspondrait à nos plans. Nous l'avons essayé et nous avons échoué.

Quand nous ne pouvons pas tout faire en même temps, nous sommes condamnées à n'en faire qu'une partie. Pour trouver quelle est cette partie, nous devons nous demander : « Qu'est-ce que je souhaite vraiment en ce moment ? De quoi ai-je vraiment besoin ? Comment y arriver ? Quel en est le prix ? »

C'est peut-être pour vous le temps de soigner un enfant malade. Cela ne signifie pas que le temps de veiller à la bonne marche de votre entreprise ne viendra pas. C'est peut-être le temps de vivre sans jamais vraiment défaire vos bagages. Cela ne signifie pas que le temps de rénover la maison de campagne de vos rêves ne viendra jamais. Si aujourd'hui vous négociez des contrats, cela ne veut pas dire que vous ne ferez pas un jour des goûters pour votre enfant qui part pour l'école. Les temps de la vie ne sont pas censés être frénétiques, mais tout simplement bien remplis.

« Vous pouvez probablement tout avoir », fait remarquer Anna Quindlen. « Mais pas tout en même temps. Et [...] il se peut que vous ayez à faire des compromis quand vos enfants sont petits. Mais ils ne seront pas petits longtemps [...] cela passera en un clin d'œil. Vous n'aurez alors que 40, 50 ou 60 ans, et il vous restera 15 ou 25 ans devant vous. » Un quart de siècle pour faire ce que vous voulez, de la façon dont vous le voulez.

Bénie est la femme qui connaît ses limites.

29 SEPTEMBRE

Prendre soin de soi au travail

En prenant bien soin de nous, nous pouvons prendre bien mieux soin des autres. Plus nous sommes attentives et sensibles à nos propres besoins, plus nous pouvons nous montrer aimantes et généreuses envers autrui.

EDA LESHAN

L es petites gâteries que vous vous offrez au travail sont le mortier qui cimente votre journée, particulièrement si vous passez de huit à dix heures à l'extérieur. Apportez votre tasse préférée et un assortiment de boissons que vous pourrez réchauffer au micro-ondes (café, thé, chocolat chaud et jus). Réservez dix minutes pour vous asseoir à votre bureau avec votre boisson préférée, la porte close, avant d'entreprendre officiellement votre journée. Cela vous aidera à vous centrer en passant en revue ce que vous avez à faire. Puis dix autres minutes de tranquillité à la fin de la journée, à mettre de l'ordre dans vos papiers et à jeter un coup d'œil au programme du lendemain, pour clore votre journée de travail en beauté avant de passer à autre chose. Dix minutes matin et soir. Tout occupées que nous soyons, nous pouvons toutes prendre vingt minutes par jour pour préserver nos précieuses ressources de temps, d'énergie créatrice et d'émotion.

Aménagez-vous un lieu de travail beau et agréable. Pourquoi ne pas vous faire un nid confortable plutôt que de supporter un environnement froid. Apportez une jolie lampe de bureau, des paniers et des boîtes de bois pour y ranger vos papiers et vos projets, une plante qui fleurit l'hiver et un petit bouquet de fleurs coupées le printemps, l'été et l'automne. Trouvez-vous un talisman – un objet qui revêt une signification spéciale – qui vous rappelle que vous marchez dans la bonne direction. Faites provision de beaux stylos et plumes que vous déposerez dans de jolis pots, de même que de calepins ou de cartes qui correspondent à vos états d'âme et réjouissent l'œil. Pour ma part, j'adore utiliser des cartes de dix centimètres par quinze, à mi-chemin entre la carte professionnelle et le bloc-notes. Tous ces petits détails peuvent transformer votre lieu de travail de façon sensible. Procurez-vous un joli coussin pour mettre sur votre chaise. Ajoutez des touches de couleur là où c'est possible – avec des trombones et des chemises colorées, par exemple. Accrochez un tableau d'affichage près de votre bureau pour y mettre des coupures, des cartes, des dessins humoristiques, des phrases inspirantes et des pense-bêtes. Si vous avez un bureau privé et pouvez y suspendre des tableaux, attendez de trouver quelque chose dont vous ne vous lasserez pas.

Ensuite, aménagez un tiroir de petites douceurs où vous mettrez tout ce qui vous a toujours manqué au travail: une petite trousse à couture, des épingles de sûreté, des tampons, une paire de bas et des lunettes de rechange, des analgésiques, des panse-ments et un petit tube d'onguent antiseptique, des mouchoirs de papier. Mettez-y aussi des bonbons à la menthe, une tablette de chocolat et quelques cartes de souhaits pour envoyer de petits mots d'amitié à des amis qui sont au loin.

Vous vous rappelez votre boîte à jouets à la maison ? Faites-en une petite au bureau pour les moments où vous n'avez plus envie, ou n'êtes plus capable, de jouer à l'adulte, habituellement en fin d'après-midi : des casse-tête à trois dimensions, des cartes de tarot, un yoyo, un jeu de mikados (ou jonchets), des « boules de santé » chinoises *(Bao-Ding)*, de la pâte à modeler, un kaléidoscope miniature ou une petite balle rebondissante représentant la planète Jupiter. Vous saisissez ?

Gardez une jolie trousse de toilette dans votre bureau pour y mettre de quoi vous rafraîchir à l'heure du midi ou avant une sor-tie en soirée si vous n'avez pas le temps de retourner à la maison : produits pour l'hygiène dentaire, désodorisant, crème pour les mains, limes à ongles, gouttes pour les yeux, peigne, brosse à cheveux et un petit flacon de votre eau de Cologne préférée.

Si vous travaillez dans un milieu évolué ou que vous avez un bureau privé, la musique, en particulier des sélections de pièces classiques, peut favoriser grandement la productivité. L'aroma-thérapie peut faire des merveilles dans un lieu de travail ; procurez-vous un diffuseur de parfum dans lequel vous mettrez une demi-tasse d'eau et environ cinq gouttes d'huiles essentielles chauffées par une bougie. Les vapeurs d'eau humidifieront l'air ambiant (ce qui est très important dans un bureau chauffé) et les arômes vous apaiseront ou vous revigoreront, selon vos besoins. Recourir à l'aromathérapie dans votre bureau ne comporte qu'un inconvénient : vous risquez de provoquer des attroupements autour de votre bureau.

Faites des étirements deux fois par jour, en particulier si vous travaillez à l'ordinateur pendant de longues périodes. Lisez le Dr Seuss à voix haute, spécialement *Oh the Places You'll Go*.

Vous vous rappelez le feng shui – cet art de la disposition ? Ne vous en moquez pas ! Le fait de disposer votre bureau de façon à permettre à votre *chi*, ou énergie vitale, de circuler librement peut-il vous faire du tort ? Non. Est-ce que cela peut vous aider ? Oui.

Ce n'est pas sans raison que cet art est pratiqué depuis trois millénaires.

Une fois par semaine ou à peu près, apportez une petite gâterie à grignoter au travail (pas nécessairement quelque chose d'engraissant) dans un joli contenant, que vous pourrez partager avec vos collègues.

Prendre soin de vous au travail n'est pas chose impossible. Cela vous inspirera et vous aidera à donner votre pleine mesure. Quand vous entreprenez une nouvelle tâche, demandez-vous si vous pouvez faire quelque chose pour rendre votre travail plus agréable. Si oui, passez à l'action.

Les vertus thérapeutiques des petites douceurs dans un lieu de travail sont probablement la dernière chose dont les employeurs savent tirer profit. C'est dommage. Travailler avec plaisir est beaucoup plus productif que travailler à la dure.

30 SEPTEMBRE

Les voyages d'affaires

Y a-t-il quelque chose de plus horrible que de se préparer à partir en voyage ? Une fois que vous êtes partie, ça va, mais les derniers préparatifs sont tremblement de terre et convulsions ; vous avez l'impression d'être un escargot qu'on arrache à son rocher.

ANNE MORROW LINDBERGH

Vers ce moment de l'année, la terre se met à trembler sous les pieds de deux de mes bonnes amies qui travaillent dans l'édition et doivent participer à la grande foire internationale du livre qui se tient chaque automne en Allemagne. Il y a aussi des femmes qui participent à l'Iditarod, une course de traîneaux à chiens de quelque 1920 kilomètres à travers la toundra glacée de l'Alaska ; d'autres vendent des livres à Francfort. Ces deux compétitions exténuantes peuvent se comparer, en ce qui a trait à l'endurance psychique et physique que les participantes doivent fournir si elles veulent s'en sortir saines et sauves.

Peur et répugnance ne sont pas des termes trop forts pour décrire la réaction viscérale de plusieurs d'entre nous à l'approche d'un voyage d'affaires. En fait, l'appréhension à faire le voyage est souvent plus horrible que le voyage lui-même, même s'il s'agit de passer sept jours complets à sourire tout en essayant de conclure des marchés dans une quarantaine de langues étrangères. Mais quelle que soit la tâche qui vous attend lors d'un voyage d'affaires, si vous vous servez de votre intuition pour le planifier comme vous le feriez pour votre enfant qui s'apprête à partir pour son premier voyage de camping – en vous préparant aux imprévus et en vous assurant le confort maximum –, non seulement vous vous en tirerez, mais vous risquez même d'apprécier le changement de décor.

Voici quelques stratégies qui vous faciliteront la tâche dans ces moments trépidants et vous aideront à faire un voyage à la fois agréable et productif.

Vous avez déjà reçu ce conseil, mais il peut être bon de rappeler qu'il ne faut pas s'encombrer de bagages inutiles. Laissez de l'espace dans votre valise pour votre oreiller préféré. Cela peut déterminer si vous dormirez aux anges ou passerez la nuit à vous tourner et à vous retourner dans un lit étranger. Vous ne gagnerez rien à avoir la mine défaite et à vous sentir épuisée dès le début du voyage.

Le sac que vous apportez dans l'avion devrait être assez gros pour contenir une tenue de travail ainsi que vos cosmétiques, vos articles de toilette et vos dossiers essentiels dans une pochette, si vous n'apportez pas de mallette. Si vos bagages se perdent ou tardent à vous parvenir, vous pourrez vous débrouiller, du moins pour le premier jour.

Quelles que soient la saison et votre destination, emportez au moins quelques vêtements chauds que vous pourrez mettre l'un par-dessus l'autre : des tricots de couleurs assorties, un pull habillé et des chaussettes. C'est au cours d'un voyage en Irlande, un mois d'août où il y a eu des pluies torrentielles, que j'ai le plus grelotté dans ma vie ; j'ai vu neiger à Paris au mois de mai ; vous pouvez claquer des dents à San Francisco en plein mois de juin. Apportez un parapluie, des gants, une écharpe et un chapeau. Prévoyez un imperméable muni d'une doublure amovible.

Munissez-vous d'un petit sac de douceurs pour le voyage. Le mien contient un petit magnétophone, des écouteurs et mes cassettes préférées; des petits paquets de noix, de craquelins et de fromage; mes tisanes favorites en sachets, quelques bouteilles d'eau minérale en plastique et des petites bouteilles de vin; des sachets ou de petites bougies parfumées (les chambres d'hôtel peuvent être mal aérées et il n'est pas toujours possible d'ouvrir les fenêtres); et des sels de bain spéciaux.

Bon nombre d'hôtels ont un gymnase et une piscine; n'oubliez pas vos espadrilles, vos vêtements d'entraînement et un maillot de bain pour pouvoir décompresser après votre journée de travail.

Si vous participez à une conférence ou à un congrès qui dure toute la journée et ne prévoyez pas revenir à l'hôtel avant la nuit, glissez une trousse de sauvetage dans votre serviette ou votre sac à dos: des pilules pour le mal de tête, une petite bouteille d'eau ou de jus et des choses à grignoter si vous sautez le dîner, ainsi qu'une brosse à dents de voyage, un petit tube de dentifrice, un rince-bouche et un bout de fil dentaire.

Rappelez-vous de vous détendre le plus souvent possible. Si vous passez la journée en réunion, essayez de prendre des mini-pauses; vous avez autant besoin de prendre l'air que de boire une tasse de café ou d'aller aux toilettes pour dames. Quand votre journée est remplie à ras bord de rendez-vous, vous avez absolument besoin de votre soirée pour récupérer.

Prévoyez des moments de répit dans votre horaire, *surtout* si vous croyez ne pas pouvoir vous le permettre. Réveillez-vous une heure plus tôt que nécessaire le matin. Prenez le temps de rassembler vos idées en restant couchée et payez-vous le luxe d'un petit-déjeuner au lit. Ce sera peut-être la seule heure paisible de votre journée. Si vous avez prévu un petit-déjeuner d'affaires, prenez au moins votre premier café dans l'intimité. Si vous avez des engagements dans la soirée, essayez de retourner à votre chambre d'hôtel pour refaire vos forces avant de vous y rendre. Étendez-vous vingt minutes, prenez une douche, refaites votre maquillage et changez de toilette pour le dîner. Cela vous donnera un regain d'énergie et d'enthousiasme. Essayez d'arriver à votre hôtel la veille de vos réunions d'affaires pour avoir le temps de vous installer; faites vos bagages la veille de votre retour à la maison pour éviter un départ précipité.

Si vous éprouvez un petit malaise – une dent qui fait mal ou un élancement quand vous allez aux toilettes, prenez soin de vous faire examiner avant de partir. Il n'y a rien de plus pénible que d'avoir à se faire dévitaliser une dent d'urgence ou à soigner une infection urinaire qui s'est déclarée en cours de route.

Apportez-vous toujours différents types de lectures : sérieuses, légères, controversées et inspirantes. Vous ne pouvez pas prévoir l'humeur que vous aurez à l'aller, au retour et pendant le voyage. Je me fais une provision de romans à lire en voyage; c'est aussi une belle occasion de nous payer des revues que nous n'avons pas coutume de lire à la maison.

Prévoyez au moins un sac pliant pour vos souvenirs de voyage. Pour ma part, je suis toujours à l'affût des petits cadeaux spéciaux à acheter lors de mes voyages.

Que vous alliez dans une ville pour la première fois ou que vous retourniez dans une de vos villes préférées, réservez-vous quelques heures pour une excursion créative : pour faire des emplettes, visiter un musée, faire une marche dans un parc ou un jardin public, prendre un petit quelque chose dans un café sympathique. Surtout, profitez le plus possible de votre voyage – de la solitude de votre chambre d'hôtel, du service qu'on vous y offre, des journaux et des paysages nouveaux, de ne pas avoir à vous préoccuper de la préparation des repas ou du transport des enfants. Remerciez pour la chance que vous avez de rencontrer de nouvelles personnes, de voir de nouveaux lieux, d'élargir vos horizons. Prenez conscience de l'importance de votre travail et de votre contribution à la vie simple et abondante des autres, ainsi qu'à la vôtre. « C'est grâce au voyage que j'ai pris conscience du monde extérieur, confie Eudora Welty. C'est le voyage qui m'a permis de trouver ma façon introspective d'y prendre part. »

Petites douceurs de septembre

❖ Terminez l'été en beauté. Faites de votre dernier repas en plein air une grande fête. Servez-y vos recettes estivales préférées et mettez-y du panache. Attardez-vous dans le crépuscule et contemplez le coucher de soleil. Faites de tendres adieux à la belle saison.

❖ La fin de semaine de la fête du travail, prenez un quart d'heure pour noter toutes les choses que vous aviez l'intention de faire cet été mais n'avez pas réussi à faire. Glissez votre liste dans une enveloppe. Quand vous recevrez votre calendrier de l'an prochain, agrafez cette enveloppe au premier jour de juin et ouvrez-la alors. Essayez de réserver du temps sur votre calendrier pour faire de vos plaisirs reportés une priorité dès que l'été sera de retour.

❖ Faites vos propres provisions d'articles scolaires. Ils sont en solde ce mois-ci. Procurez-vous des calepins, des cahiers, des ciseaux, du ruban adhésif et des crayons. Faites imprimer votre nom sur vos crayons. C'est un plaisir qui ne coûte pas cher. Offrez-vous une excursion créative pour trouver la plume qui vous convient parfaitement. Allez fureter dans un magasin de matériel pour artistes. Essayez tous les types de stylos offerts jusqu'à ce que vous en trouviez un qui réponde à vos aspirations. Une fois que vous avez trouvé votre marque, faites-en provision dans un magasin où l'on vend du matériel de bureau au rabais.

❖ Faites des pommes d'amour.

❖ Savourez du bon jus de pomme frais et du nectar de poire.

❖ Essayez différentes sortes de maïs soufflé.

❖ Rangez votre maillot de bain et sortez vos lainages. Avez-vous un chandail que vous adorez porter ? Sinon, pourquoi ne pas vous en trouver un ?

❖ Célébrez l'équinoxe d'automne par un festin de plats maison, particulièrement si vous vivez seule et prenez rarement le temps de vous préparer un repas décent. Achetez un bouquet de chrysanthèmes pour orner votre table. Rapprochez-vous de la cheminée et allumez des bougies, versez le vin ou le cidre et savourez les plaisirs simples de la bonne bouffe maison. Connaissez-vous la *fidget pie*, ce plat anglais traditionnel servi à la fête des récoltes? Il se compose de pommes de terre, d'oignons, de pommes et de morceaux de jambon cuit dans un bouillon de légumes assaisonné d'un peu de cassonade, de sel et de poivre. Versez le tout dans un fond de tarte, couvrez d'une croûte et faites cuire comme une tarte ordinaire.

❖ Commencez à rassembler vos gâteries pour le bureau.

❖ Le 29 septembre, célébrez la Saint-Michel, fête de l'archange saint Michel. Cette fête des récoltes remonte au sixième siècle. La légende veut que ce jour-là, le diable ait été chassé du paradis par saint Michel et qu'il ait atterri dans un buisson de mûriers sauvages. D'où la tradition qui consiste à servir ce jour-là des desserts aux mûres à l'heure du thé – tartes, tartelettes ou confiture servie sur des scones.

❖ Commencez à faire votre liste d'emplettes de Noël pour éviter de vous mettre dans tous vos états en décembre.

❖ Si vous avez des enfants, c'est le temps de leur demander ce qu'ils veulent comme costume d'Halloween. Ne vous faites pas de mauvais sang. On ne répartit pas les enfants en deux groupes à l'école: ceux qui ont des costumes achetés au magasin et ceux qui portent des costumes fabriqués par leur mère. Commandez vos costumes à partir d'un catalogue dès ce mois-ci, ou rassemblez votre matériel. Bientôt toutes les belles choses se seront envolées et il n'y a rien de plus décevant pour un enfant (et de plus frustrant pour vous) que de constater qu'il est impossible de trouver exactement ce que vous cherchez. Si vous fabriquez vous-même les costumes, gardez toujours à l'esprit leur destinataire. Certaines d'entre nous sommes portées à nous emballer et finissons par faire des costumes pour impressionner les autres mères plutôt que pour faire plaisir à nos enfants.

❖ Faites une marche au clair de la lune chasseresse.

❖ Procurez-vous des fleurs séchées au marché pour fabriquer vos propres bouquets. Les bouquets déjà préparés peuvent être superbes, mais ils sont coûteux. Composer vos bouquets par un beau dimanche après-midi de septembre vous revigorera et vous apaisera; au cours de l'hiver, ceux-ci vous rappelleront que la beauté, c'est l'abondance dans la simplicité, si vous savez garder l'œil ouvert.

OCTOBRE

Les champs sont moissonnés et nus,
l'hiver siffle dans le parc.
Octobre se pare de couleurs d'or flamboyantes
comme une femme qui a peur de vieillir.

ANNE MARY LAWLER

C'est le temps de l'été indien, un changement de saison qui est plus un souvenir sensoriel qu'une date au calendrier. Les chaleurs nous ont quittés. Peu à peu, nos paysages familiers revêtent des tons chatoyants de pierres précieuses qui nous éblouissent par leur beauté. Succombez aux charmes d'octobre. « Séduis-nous comme toi seule peux le faire », implore le poète Robert Frost en s'adressant à cette saison d'abondance. « Au point du jour, dépouille-toi de tes atours. »

1er OCTOBRE

Réagir avant de tomber d'épuisement

Ma chandelle brûle par les deux bouts ;
elle ne durera pas toute la nuit.

EDNA SAINT VINCENT MILLAY

R évolutionner le monde comporte des risques. Malheureusement, nous ne nous en apercevons habituellement pas tant
que nous ne tombons pas d'épuisement.

Le *burnout* résulte d'un déséquilibre : trop de travail ou de
responsabilités, trop peu de temps pour faire ce qu'il y a à faire,
pendant trop longtemps. Nous avons couru dans le peloton de tête,
mais nous avons épuisé nos réserves. Nous pensons souvent que
le *burnout* ne guette que les autres femmes – celles qui travaillent
trop et les perfectionnistes. Mais les femmes qui s'en font trop sont
aussi menacées – celles qui s'en font pour leurs enfants, leur travail, leurs relations, leurs parents, leurs frères et sœurs, leurs amis,
leur communauté, les problèmes de l'heure. Bref, toutes les
femmes que je connais. Nous accorderions peut-être plus d'attention au *burnout* s'il était aussi spectaculaire qu'une crise cardiaque. Mais une flamme qui couve peut s'avérer aussi fatale qu'un
feu qui flamboie.

Parfois, le *burnout* prendra la forme d'une grande fatigue au
terme d'un projet qui a exigé plusieurs mois de travail acharné et
éprouvant. S'offrir une bonne semaine de repos, puis reprendre le
travail à une cadence plus lente, suffit habituellement à se remettre en forme. Mais le *burnout* du premier degré – celui qui éteint
l'âme – résulte de plusieurs années de vie déséquilibrée ; il se produit quand ce qui devait être une situation temporaire est devenu
un mode de vie.

Le *burnout* commence souvent par un malaise physique – de
la grippe qui n'en finit plus au syndrome de fatigue chronique –
généralement accompagné d'un état dépressif. Parfois, il est

difficile de distinguer le *burnout* d'une période de sécheresse créative, surtout si vous êtes douée pour le déni comme le sont la plupart des femmes.

Le *burnout* est à vos portes quand vous vous couchez épuisée chaque soir et vous réveillez fatiguée chaque matin; quand mois après mois, votre sommeil n'est pas réparateur, quelle que soit sa durée. Il est là quand tout devient une montagne : se peigner, aller dîner au restaurant, aller passer la fin de semaine chez des amis ou même partir en vacances. Il est là quand vous ne voyez pas le jour où vous aurez à nouveau le goût de faire l'amour, quelles que soient les circonstances. Il est là quand vous êtes constamment de mauvaise humeur, quand vous fondez en larmes ou piquez des crises de rage au moindre prétexte. Il est là quand l'idée de donner ou recevoir un coup de fil vous terrifie. Quand vous vous sentez piégée et sans espoir, incapable de rêver, d'avoir du plaisir, d'éprouver de la satisfaction. Il est là quand ni les grands, ni les petits plaisirs n'arrivent à vous émouvoir, quand plus rien ne vous satisfait parce que vous n'avez aucune idée de ce qui ne va pas ou de la façon d'y remédier. Parce que tout va mal. Parce qu'il y a vraiment quelque chose de détraqué : vous-même. Vous êtes en plein *burnout* quand vous avez l'impression qu'il n'y a personne au monde qui puisse vous venir en aide.

Et vous avez raison.

Quand vous souffrez d'un *burnout*, vous êtes la seule personne au monde à pouvoir vous aider parce que vous êtes la seule personne apte à faire les changements qui s'imposent : faire halte, ralentir le pas, emprunter un détour. Quand vous n'avez plus d'énergie, vous ne pouvez que vous en remettre à la Source d'énergie qui seule peut vous régénérer. Dans la poursuite de notre âme, l'Esprit ne garde personne en captivité.

2 OCTOBRE

L'ultime séduction

L'ultime séduction, c'est notre travail.

PABLO PICASSO

Tel un amant fantôme, le travail nous charme, nous cajole, nous réconforte et nous caresse. Notre travail – surtout s'il constitue notre plus grande passion – peut exercer sur nous une telle séduction que nous serons incapables de résister à ses charmes. Même s'il n'est pas l'amour de notre vie, le travail peut nous entraîner; un simple béguin peut tout aussi bien réussir à nous distraire de tout ce qui nous déçoit, nous est désagréable ou nous dérange dans d'autres sphères de notre vie. Quand vous êtes dépassée par la vie, un fax qui demande une réponse immédiate peut s'avérer un bon ami.

Deux dépendances accompagnent souvent l'ultime séduction : l'*overdose* de travail et le perfectionnisme. Ce qui rend ces deux comportements casse-cou si dangereux, c'est qu'ils sont sanctionnés et supportés par une société encore prisonnière de la morale puritaine du travail. Les puritains désapprouvaient tout plaisir, convaincus qu'ils ne pouvaient s'attirer les faveurs de Dieu que par des efforts exténuants, une discipline de fer et un travail éreintant. Pourtant, l'Esprit ne peut se servir de nous pour guérir le monde si nous ne pouvons pas nous guérir nous-mêmes.

Je suis un bourreau de travail, comme bon nombre de mes amies. Même la *kryptonite* ne saurait nous faire arrêter. Pendant longtemps, nous l'avons nié avec véhémence. Maintenant, nous sommes capables d'admettre entre nous que nous avons « tendance » à trop travailler, comme un alcoolique admettra qu'il aime bien prendre un verre à l'occasion. Cette tendance vous amènera à travailler de longues heures au cours de la semaine, à vous apporter du travail à la maison pour la fin de semaine ou les vacances, à sauter sur l'ordinateur dès que les enfants sont au lit, à vous mettre le nez dans votre travail, d'une façon ou d'une autre, sept jours par semaine, à parler de l'examen d'un contrat comme d'une simple lecture à faire, à annuler des rendez-vous avec des amis ou des proches pour terminer un petit boulot, à remettre les plaisirs à plus tard tant que vous n'avez pas bouclé un dossier, à traîner un téléphone cellulaire sur vous, à installer un télécopieur au chalet, à entreprendre un autre projet avant d'avoir terminé le premier, à laisser le travail interrompre de précieux moments d'intimité ou des activités familiales, à faire un voyage aller-retour de dix-huit heures à Los Angeles, à insérer vos seules «vacances» dans un voyage d'affaires.

Tendance, vous dites?

Si vous vous surprenez souvent à marmonner sous cape que «c'est complètement dingue», il est temps d'examiner minutieusement votre mode de vie. La succès authentique ne vient pas enveloppé dans un linceul.

Allez-y en douceur. Usez d'astuces. Ne prenez pas les bouchées trop grosses. Le même bon sens qui vous a mise dans cette mauvaise posture peut vous aider à vous en sortir. Apportez du travail à la maison, mais n'ouvrez pas votre serviette. Branchez le répondeur durant les repas et la soirée. Prenez un jour de congé toutes les deux semaines. Une femme que je connais a pris la décision de prendre congé un dimanche par mois, qu'elle en ait besoin ou non. En son for intérieur, elle est convaincue que c'est là son exploit le plus étonnant.

Si nous sommes devenues des droguées de travail, c'est que nous avons perdu confiance dans la disposition de l'Esprit à nous aider à réussir. Nous avons séparé le mondain du spirituel. Demander la grâce ne nous semble pas aussi pratique que travailler vingt-quatre heures par jour.

Quand l'Esprit vous a-t-il accompagné au travail pour la dernière fois?

Quand l'avez-vous invité à vous accompagner pour la dernière fois?

3 OCTOBRE

Mademoiselle Perfection

Le perfectionnisme est la voix de l'oppresseur, l'ennemi du peuple.
Il vous tyrannisera et vous rendra folle toute votre vie.

ANNE LAMOTT

La route qui mène à l'enfer est pavée par des perfectionnistes qui alignent des grains de sable. Oh zut ! J'en ai oublié un...

Comme la dépendance au travail, le perfectionnisme est un symptôme du manque d'estime de soi. Quand nous étions enfants, rien de ce que nous faisions n'était assez bien ; alors, nous en avons fait de plus en plus jusqu'à ce que nous ne sachions plus rien faire d'autre. Comme cela ne suffisait toujours pas, nous avons pensé qu'en faisant notre travail à la perfection, nous toucherions le but. Alors, des voix autres que la nôtre se sont soudainement mises à faire notre éloge. Cela semblait venir tout droit du ciel. Aucun champagne, aucun chocolat n'allait à la cheville de l'extase dans laquelle nous plongeaient ces compliments. Comme nous sommes des créatures sensibles et que la réaction obtenue en échange de la perfection était délicieuse – n'eût-t-elle duré que dix secondes –, nous avons voulu répéter l'expérience. C'est ainsi que nous nous sommes engagées à tout faire à la perfection, enclenchant un cycle d'autodestruction souvent aussi confortable qu'une camisole de force. Malgré cela, la poursuite de la perfection demeure la drogue que choisissent des millions de femmes.

Je pourrais vous dire d'arrêter de lire les revues et de regarder les films qui présentent la perfection comme un objectif réaliste, mais vous n'obéirez pas. Je vous invite plutôt à entonner, la prochaine fois que vous verrez une femme extraordinaire sur la couverture d'un magazine, un intérieur à vous rendre malade ou un repas qu'un grand chef mettrait une semaine à préparer : « Tu n'es pas réel. Tu n'es pas réel. *Tu n'es pas réel.* Je te refuse le pouvoir de me rendre misérable ». (Cette formule d'exorcisme sera encore plus efficace si vous la chantez tout haut en attendant de passer à la caisse, à l'épicerie.) La femme, l'intérieur et le menu qu'on vous dépeint pour vous inspirer (mais qui, en fait, ne réussissent qu'à vous inspirer un sentiment d'impuissance) sont des illusions créées par des professionnels qui sont grassement payés pour trafiquer la réalité.

Un jour, une amie m'a donné un cadeau d'une valeur inestimable. Elle m'a convaincue que ma santé mentale est beaucoup plus importante que les petits détails que j'adore. Les détails subtils sont l'essence de la perfection. Ils déclenchent des Ah! mais quand on passe sa vie à les rechercher, il ne reste pas beaucoup de temps pour apprécier le tableau d'ensemble. Maintenant, comme perfectionniste en voie de guérison, j'essaie de m'en remettre à l'Esprit pour les petits détails, car Il s'en tire pas mal mieux que moi.

Aujourd'hui, j'aimerais vous offrir à mon tour ce cadeau : *Votre santé mentale est beaucoup plus importante que les petits détails.*

Procurez-vous un sablier. Placez-le dans un endroit à la vue — dans la cuisine ou sur votre table de travail. Retournez-le une fois par jour. Observez la vitesse à laquelle les grains de sable coulent. Ce sont là les minutes de votre vie. Vivez-les. Servez-vous-en pour paver la route. Chaque jour, vous y êtes conviée.

Quand le Créateur eut terminé son œuvre, Il dit que tout cela était « bon », non pas « parfait ». Voilà de quoi nous faire réfléchir.

4 OCTOBRE

Travailler chez soi

Il y a des choses qui s'apprennent mieux dans le calme et d'autres dans la tempête.

WILLA CATHER

E t il y a des choses que vous apprenez plus facilement à la maison, comme votre vraie façon de travailler. Le travail à domicile est en voie de devenir une solution intéressante pour les femmes qui tiennent à rendre leur quotidien plus harmonieux. Plusieurs quittent de grandes sociétés qui réduisent leur personnel pour lancer leur propre entreprise à la maison ; trois entreprises à propriétaire unique sur quatre ont une femme à leur tête. D'autres s'organisent pour travailler chez elles grâce à l'ordinateur pour être plus présentes à leur famille, particulièrement dans ces circonstances destinées à mettre le cœur des mères à l'épreuve : les maladies des enfants, les jours de tempête et les congés scolaires. D'autres encore découvrent qu'elles travaillent plus efficacement à domicile, du moins quelques jours par semaine. Moins souvent interrompues et travaillant dans une atmosphère plus sereine, elles y ont plus de facilité à se concentrer.

Travailler à la maison peut être merveilleux, mais cela ne correspond pas exactement à l'image que vous pouvez en avoir, surtout si votre port d'attache professionnel se trouve encore ailleurs. Oui, c'est formidable de pouvoir travailler en pyjama ou en survêtement, c'est pratique de faire la lessive tout en envoyant un fax, commode de pouvoir mettre au feu une sauce à spaghetti qui mijotera tout l'après-midi pendant que vous participez à des conférences par téléphone. Mais si vous ne faites pas attention, il est *très facile* d'oublier la distinction entre les deux sphères – la maison et le travail – et d'en arriver à un horrible amalgame du travail et des travaux ménagers. Mêler les deux mondes, c'est vous mettre à l'ouvrage au sortir du lit pour vous retrouver seize heures plus tard à cogner des clous sur votre ordinateur. Mêler travail et travaux ménagers vous précipitera dans un cycle infernal et inhumain rendu possible grâce aux merveilles de la technologie.

Le débarquement de Dieppe, ça vous dit quelque chose ?

Je travaille chez moi depuis presque vingt ans et je ne peux plus imaginer une autre façon de faire. Mais comme tous vos autres choix de vie, celui-ci doit vous convenir. Une de mes bonnes amies rêvait depuis plusieurs années de travailler à la maison ; après quelques mois seulement de ce régime, elle a recommencé à se rendre au bureau la majeure partie du temps pour travailler, parce que la solitude l'engourdissait.

Il faut aussi être extrêmement concentrée pour travailler chez soi, parce que *vous devez travailler*. Dès que tout le monde a quitté la maison le matin, vous devez tout quitter pour vous diriger vers votre table de travail et oublier toutes les tâches ménagères tant que vous n'aurez pas terminé ce que vous avez à faire. Cela ne vient pas tout seul ; il faut une discipline rigoureuse pour ne pas se mettre à « ramasser » la maison avant de se mettre au travail. Je vous recommande de mettre des œillères quand vous circulez dans la maison au cours de la journée.

Quand vous aurez réalisé à quel point il peut être commode et même agréable de travailler à domicile, vous risquez de vous mettre à prendre les bouchées trop grosses. C'est que votre semaine de travail ne s'étale plus sur cinq jours de huit ou dix heures ; votre bureau est *toujours* ouvert. Comme vous n'avez pas à voyager, vous vous mettez au boulot une heure plus tôt et terminez plus tard que si vous travailliez à l'extérieur. Comme votre bureau est juste là, au bout du couloir, quoi de plus facile que d'aller y faire un tour pour « mettre la dernière touche » à un dossier quand les enfants sont au lit. La fin de semaine deviendra le temps idéal pour vous mettre à jour ou prendre de l'avance. Vous finirez par ne plus faire la différence entre le jour et la nuit, la semaine et la fin de semaine ; votre travail deviendra un gouffre sans fond. Peu à peu, vous vous mettez à travailler comme ces immigrants qui travaillaient tels des esclaves et étaient payés à la pièce pour le travail effectué dans leur petit logement. Même si vous gagnez plus d'argent que jadis, vous devez apprendre à fixer vos limites si vous n'avez plus de vie décente en travaillant à la maison.

Le travail à domicile peut s'avérer un pas vers l'autodétermination, si nous savons respecter le sens de l'équilibre que nous recherchions quand nous avons quitté le bureau. « Quand une personne réussit très bien dans sa profession, elle perd ses sens », nous avertit Virginia Woolf, qui travaillait elle-même à la maison. « Elle perd la vue. Elle n'a plus le temps de regarder des tableaux. Elle perd l'ouïe. Elle n'a plus le temps d'écouter de la musique. Elle perd la parole. Elle n'a plus le temps d'entretenir une conversation. Elle perd son sens des proportions, c'est-à-dire le sens des rapports entre les choses. Elle perd son humanité. »

Méditez sur ces sages propos.

5 OCTOBRE

Le temps des négociations

La chose la plus importante pour nous, c'est qu'il y ait une bonne relation spirituelle entre les employés et l'administration.

TATSUHIKO ANDOH

U n bon matin, votre moi conscient si prévisible vous fait une surprise. Le réveille-matin sonne. Vous l'arrêtez et replongez sous vos couvertures. Vous restez au lit. Vous ne manifestez aucune intention de vous habiller. Vous faites la grève. Vos revendications ont été ignorées depuis des années, toute votre vie peut-être. Vos conditions de travail sont devenues intolérables.

Annie Dillard nous raconte la suite des événements : « Votre travailleuse – seule et unique, précieuse, choyée et surchargée – ne se présente pas au travail. Rien ne la fera changer d'avis, même pas vous, sa patronne. Elle est là depuis assez longtemps pour savoir quand l'air est vicié ; elle sent la secousse sous ses bottes de travail. "Balivernes, direz-vous. C'est tout à fait sécuritaire." Mais la travailleuse n'ira pas. Elle n'ira même pas voir le chantier. Elle est prise d'un malaise au cœur. Elle préfère crever de faim ».

Peut-être vos plombs n'ont pas sauté, ou vous n'avez pas pris la fuite, ne vous êtes pas retrouvée à l'hôpital ou n'avez pas été victime d'une dépression nerveuse. Pas encore. Peut-être votre famille est-elle encore intacte. Du moins tout le monde y était hier soir au souper. Peut-être vos amis vous parlent-ils encore. Qui sait ? Cela fait six mois qu'ils ne vous ont pas vue.

Vous avez beaucoup de chance, mais ne l'étirez pas trop. Votre vie a eu le charme d'un camp de travaux forcés en Sibérie. La tension que vous ressentez est celle d'une grève sur le point d'éclater. L'administration – votre ego – peut se débrouiller jusqu'à la signature d'une nouvelle convention. Aucune loi du travail ne protège contre l'auto-exploitation. Dans les circonstances, le piquet de grève ne risque pas d'être traversé.

Le temps est venu de négocier. Préparez-vous une bonne tisane calmante et imaginez la journée de travail de vos rêves. Si vous aviez le choix de votre mode et de votre cadre de travail, quels seraient-ils ? Quelles seraient vos heures de travail idéales ? Quel serait votre lieu de travail idéal ? Que voyez-vous ? Maintenant, comparez le rêve et la réalité. Existe-t-il un terrain d'entente ? Y a-t-il un nouvel élément que vous pourriez introduire dans votre cadre de travail actuel ? Rares sont les femmes qui peuvent faire leurs adieux et recommencer à zéro. Mais nous pouvons toutes prendre ce que nous avons comme point de départ. C'est ainsi que nous améliorerons notre sort. La perfection n'est pas de ce monde. Mais le perfectionnement l'est.

Aujourd'hui, mettez les négociations entre vos aspirations et votre situation actuelle à l'ordre du jour. « Un travailleur sera prêt à vivre des choses difficiles s'il croit aux objectifs à long terme », rappelle l'économiste Richard Belous. La création d'un mode de travail authentique est un objectif à long terme qui vaut l'attente.

6 OCTOBRE

Changer de vitesse

Les choses ne changent pas ; c'est nous qui changeons.

HENRY DAVID THOREAU

L'intention de Henry David Thoreau n'était pas de devenir le saint patron de la simplicité. En fait, il aurait voulu travailler au service de voirie de la ville de Concord, au Massachusetts, pour compléter les maigres revenus de son travail d'écrivain. Depuis plusieurs années, il était le gardien de facto des routes carrossables en périphérie de la ville et ses concitoyens pouvaient témoigner de la qualité de son travail. Néanmoins, les autorités de la ville refusèrent de lui payer un salaire pour ses services. Alors, emballant ses plumes, ses bouteilles d'encre et ses feuilles de papier, l'aspirant employé municipal emprunta une hache et prit la direction de Walden Pond pour y mener une expérience de vie.

Un siècle et demi plus tard, cette expérience de Thoreau, réinterprétée pour l'époque actuelle, a été reprise par la journaliste d'affaires Amy Saltzman, qui lui a donné le nom de « rétrogradation », ou changement de vitesse. Cette expression réfère à l'émergence d'une nouvelle espèce de pionniers du travail qui sont déterminés à ne plus laisser le travail les engloutir. À l'exemple de Thoreau, ces gens choisissent de ne plus suivre le régime démentiel de leurs collègues. En fixant des limites à leur vie professionnelle, ils ralentissent le pas pour consacrer plus de temps et d'énergie créatrice à leur famille, à la communauté et à leurs besoins personnels. La journaliste a documenté les diverses façons dont ces éclaireurs ont trouvé le succès authentique dans un livre stimulant intitulé *Downshifting: Reinventing Success on a Slower Track*.

Amy Saltzman a commencé à suivre l'évolution de cette tendance vers la fin des années 80, alors qu'elle travaillait à New York comme rédactrice en chef du magazine *Success*. À cette époque, elle se débattait pour maintenir un certain contrôle sur sa vie personnelle tout en relevant « les défis intellectuels et créatifs que posait l'implantation d'une jeune publication dans un domaine où la compétition était féroce. [...] Je me sentais de moins en moins à l'aise avec le message d'un magazine qui donnait du succès une définition étroite et égoïste ».

Une rencontre fortuite avec une amie qui faisait partie de l'équipe de rédaction d'une autre revue renforça les appréhensions d'Amy Saltzman concernant la folle cadence de la vie professionnelle. En lui lançant un « Je dois y aller. Je t'appelle. On pourrait dîner ensemble » avant de se diriger précipitamment vers Madison Avenue, son amie prit tout de même le temps de lui demander de ses nouvelles. Elle lui répondit: « Tout va bien, mon travail est intéressant mais je ne le laisse pas prendre le contrôle de ma vie ; je fais du travail bénévole quelques soirs par semaine, je lis beaucoup et travaille à une nouvelle que je ne publierai probablement jamais, mais à laquelle je prends quand même grand plaisir ».

Cette attitude désinvolte déconcerta son amie, se rappelle Amy Saltzman, car « elle était incapable de saisir l'idée que je n'étais pas débordée de travail et que je m'en réjouissais ». Mais la journaliste avait pris délibérément « la décision de prendre la vie un peu plus mollo ». Elle avait décidé de ne pas essayer d'obtenir une promotion, sachant que celle-ci lui boufferait trop de soirées et de fins de semaine. « De plus, bien que cette position eût de quoi impressionner, je n'étais pas sûre qu'elle me convenait à ce moment-là de ma vie. Cependant, cette décision n'avait pas été prise à la légère, et elle continuait à me tenailler. J'ai compris pourquoi quand j'ai rencontré cette amie. Si nous n'avancions pas sans cesse et ne visions pas un objectif toujours plus élevé et plus impressionnant, si nous n'avions pas toujours l'air affairées et dans le feu de l'action, nous passions pour des personnes ennuyeuses ou même des perdantes. »

Mais quelle qu'ait été la perception que les autres avaient de sa vie, la décision qu'avait prise Amy Saltzman de ralentir la cadence faisait en sorte qu'elle avait « l'impression de mener une vie plus remplie, plus intéressante et plus valable que jamais ». En ralentissant le pas, elle a découvert que « la vie professionnelle effrénée nous contraint à adopter un ensemble de normes et de règles qui nous empêchent de mener une vie véritablement réussie et heureuse ».

En nous lançant à la recherche du mode de travail qui nous convient vraiment, nous pouvons faire la même découverte.

7 OCTOBRE

Apprendre à établir nos frontières

Avant de construire un mur, je chercherais à savoir
ce que je mettrais à l'intérieur et ce que je laisserais à l'extérieur.

ROBERT FROST

555

V os limites sont le fil de fer barbelé de votre vie quotidienne alors que vos frontières sont une clôture de perches. Quand vous transgressez vos limites, personnelles ou professionnelles, vous risquez de vous piquer en sautant par-dessus à toute vitesse. Les frontières, elles, délimitent le Sacré avec grâce et simplicité. Si vous acceptez de faire quelques contorsions, il y aura toujours assez de place pour passer entre les perches.

Nous voulons que notre vie soit sans limites; il nous faut donc apprendre à poser des bornes qui protègent, entretiennent et soutiennent tout ce que nous chérissons. Pour la plupart d'entre nous, établir nos frontières est très pénible; nous nous en abstenons donc jusqu'à ce que notre seuil de tolérance soit dépassé. Pour délimiter nos frontières, nous devons apprendre à dire *«Jusque-là et pas plus loin»*. Cela demande de parler haut et fort, d'exprimer nos besoins, d'indiquer clairement nos préférences. Ces moments sont tendus et peuvent facilement donner lieu à de véritables confrontations, avec leur lot de larmes, de malentendus et de propos blessants. C'est pourquoi tant de femmes préfèrent se taire; leur rage réprimée leur enlève pratiquement l'usage de la parole et les rend incapables d'exprimer leurs besoins, quels qu'ils soient.

Même muettes, nous pouvons toujours tracer une ligne sur le sable. Une de mes amies, qui a beaucoup de talent et plusieurs livres à son crédit, a été mariée pendant de nombreuses années à un homme intelligent et charmant, mais très critique. Comme son mari est plus instruit qu'elle, cette amie lui demandait toujours de lire ses textes et de les commenter. Malheureusement, en voulant aider son épouse, celui-ci se montrait souvent très sévère et ne se rendait pas compte de la nature blessante de ses remarques. Parfois, il laissait même traîner le manuscrit avant d'y jeter un coup d'œil, assez longtemps pour donner une impression, sinon de dédain, certainement d'irrespect. À chaque fois, mon amie mettait plusieurs jours à se remettre à écrire. Elle a finalement décidé de ne plus soumettre son travail à son mari, établissant ainsi une frontière tacite pour protéger ses rêves. Après la publication d'un roman qui a connu un grand succès, celui-ci fut étonné de tous les éloges qu'elle reçut et embarrassé de ne pas comprendre ce qui enchantait tellement les lecteurs dans ce livre. Un soir, m'a-t-elle raconté, elle l'a trouvé en train de lire son best-seller. « C'est bien. C'est très bien! » lui a-t-il dit, étonné. « Mais pourquoi donc ne m'as-tu pas demandé de le lire avant? »

« Parce que tu n'avais aucune idée de ce dont j'étais capable »,
lui a-t-elle répondu non sans délectation, trouvant enfin sa voix
véritable.

Apprendre à dire non est une bonne façon de commencer à
établir ses frontières. « " Non" peut être un mot tout aussi
merveilleux que "oui" », affirment les auteurs John Robbins et Ann
Mortifee. « Chaque fois qu'on nie son besoin de dire non, le
respect de soi diminue », écrivent-ils dans *In Search of Balance :
Discovering Harmony in a Changing World*. « Dire non à certains
moments n'est pas seulement notre droit, c'est notre responsabilité la plus profonde. Car c'est nous faire un cadeau à nous-mêmes
que de dire non à ces vieilles habitudes qui dissipent notre énergie,
non à ce qui nous prive de la joie intérieure, non à ce qui nous dis-
trait de notre but. C'est aussi un cadeau à faire aux autres que de
dire non quand leurs attentes sonnent faux, car ce faisant, nous les
libérons en leur donnant l'occasion de découvrir plus pleinement
leur vraie voie. Dire non peut être libérateur quand cela exprime
notre engagement à faire valoir ce que nous croyons être un besoin
authentique. »

8 OCTOBRE

La passion de la beauté

La beauté est une extase ; elle est aussi simple que la faim.

W. Somerset Maugham

Un pas minuscule en avant. Trois pas de géant en arrière.
J'expérimentais les quatre premiers principes de l'abondance
dans la simplicité depuis presque un an et croyais avoir surmonté
le syndrome du « achète-moi ». Je prenais plaisir à faire du lèche-
vitrine et ne me sentais pas diminuée parce que je ne pouvais pas

557

acheter un objet qui m'avait tapé dans l'œil. Puis un beau jour, je suis tombée sur un livre de décoration au coût de 45 $, bourré de photos de choses que j'adore : de luxuriants bouquets de fleurs, des agencements de cadres d'argent, du chintz rose. Chaque page me plongeait dans un décor de rêve. Frustrée, j'ai remis le livre sur la tablette, furieuse de ne pas pouvoir me payer ce livre et le mode de vie que je pensais souhaiter. J'avais peut-être tout ce dont j'avais besoin, mais je n'avais certes pas tout ce que je désirais.

Après plusieurs heures de bouillonnement intérieur, je me suis arrêtée. Il devait se passer quelque chose en moi ; il y avait une raison à cette réaction émotive. Je me suis mise à méditer sur ce qui m'avait mise dans cet état. Était-ce que j'avais respecté trop strictement mon budget ? Étais-je déprimée parce que je n'avais pas les moyens de me procurer de petits objets décoratifs que je pouvais acheter auparavant sans même réfléchir ? Ou la cause était-elle plus profonde ? Plus j'y réfléchissais, plus je me rendais compte que je n'avais pas accordé assez d'attention à ma passion de la beauté. Mon sentiment de manque venait de ce que je ne savais pas apprécier, savourer ou célébrer la beauté qui était déjà là dans ma vie – d'où cette crise de protestation de mon âme. Quand une chose nous interpelle à un niveau assez profond pour déclencher nos émotions, c'est qu'elle veut attirer notre attention. C'était la voix de la beauté qui m'appelait, non pas celle des objets. Une fois que j'eus pris conscience de cela, je suis tout de suite partie acheter des fleurs au marché. Je n'ai pas acheté seulement un bouquet ; je m'en suis payé deux. Quand j'ai installé mes magnifiques bouquets dans le salon, ma soif de beauté fut tout de suite étanchée, à peu de frais, et mes envies se sont immédiatement apaisées.

Ne vous sentez pas obligée de nier ou d'ignorer vos sentiments quand vous convoitez un bel objet sans avoir les moyens de vous le payer. Ce désir vous fournit des indices qui vous aideront à combler vos aspirations profondes. Explorez ce qui vous fait admirer un objet en particulier ; servez-vous de vos impressions pour mettre votre imagination en mouvement. La beauté nous entoure. Elle est partout, si nous savons la trouver, si nous sommes disposées à lui laisser plus de place dans notre vie. « Nous sommes assises dans un torrent d'or », écrivait en 1938 la romancière australienne Christia Stead, « mais n'avons entre les mains qu'une fourche pour y puiser ».

9 OCTOBRE

Surmonter le stress

Dans ce monde dénué de coins paisibles, nous ne pouvons
pas facilement nous échapper [...] du vacarme,
de la terrible tourmente, du brouhaha.

SALMAN RUSHDIE

Y a-t-il une femme au monde qui ne souffre pas de stress? Si elle existe, allez la trouver et demandez-lui son secret. Je suis prête à parier qu'elle vous donnera les conseils suivants:

Cultive la gratitude.

Réserve-toi une heure de solitude par jour.

Commence et termine ta journée par la prière, la méditation, la réflexion.

Cultive la simplicité.

Garde ta maison en ordre.

Ne te mets pas trop de choses au programme.

Fais-toi des échéances réalistes.

Ne fais jamais une promesse que tu ne pourras pas tenir.

Accorde-toi une demi-heure de plus pour tout ce que tu entreprends.

Crée-toi un environnement paisible à la maison et au travail.

Mets-toi au lit à neuf heures deux fois par semaine.

Aie toujours une lecture intéressante à ta portée.

Respire – profondément et souvent.

Bouge – marche, danse, cours, trouve un sport que tu aimes.

Bois de l'eau de source. En grande quantité.

Ne mange que quand tu as faim.

Si ce n'est pas délicieux, ne le mange pas.

Attache-toi à *être* plutôt qu'à *faire*.

Consacre une journée par semaine à te reposer et à te renouveler.

Ris plus souvent.

Abandonne-toi aux plaisirs des sens.

Opte toujours pour le confort.

Si tu n'aimes pas quelque chose, passe-t'en.

Laisse Mère Nature prendre soin de toi.

Ne réponds pas au téléphone pendant le souper.

Cesse d'essayer de plaire à tout le monde.

Fais-toi plaisir.

Évite les personnes négatives.

Ne gaspille pas les précieuses ressources de temps, d'énergie créatrice et d'émotions.

Cultive tes amitiés.

N'aie pas peur de ta passion.

Aborde les problèmes comme des défis à relever.

Honore tes aspirations.

Fixe-toi des objectifs réalistes.

Laisse tomber tes attentes.

Savoure la beauté.

Établis tes frontières.

Pour chaque « oui », permets-toi un « non ».

Ne t'inquiète pas ; sois heureuse.

Rappelle-toi que le bonheur est un sentiment *vivant*.

Échange la sécurité contre la sérénité.

Prends soin de ton âme.

Chéris tes rêves.

Exprime ton amour chaque jour.

Cherche ton moi authentique jusqu'à ce que tu le trouves.

10 OCTOBRE

Perdre son assurance

Nulle qualité n'est plus attrayante que l'assurance –
ce profond sentiment d'être à l'aise avec vous-même et le monde.

GOOD HOUSEKEEPING, septembre 1947

Une des journées les plus misérables de ma vie m'a fait grâce d'un cadeau inestimable : la prise de conscience que chaque jour, nous gagnons ou perdons de l'assurance, avant même de quitter la maison.

Dans les premières années de ma carrière d'écrivaine, je fus convoquée à une importante rencontre à New York avec une femme à côté de laquelle, me chuchotait-on, Médée aurait eu l'air gentille. Je résolus de me préparer à ce rendez-vous en me montrant tout aussi imposante. Comme au fond de moi, j'étais morte de peur, j'essayai de compenser mon véritable état d'âme par une façade impressionnante. Prise de frénésie, j'achetai un ensemble coûteux qui annonçait une femme cossue, ce qui ne me ressemblait certainement pas. Je décidai également de changer radicalement ma coiffure et mon maquillage.

Comme je me sentais dépaysée dans ce nouvel accoutrement sophistiqué, je suis restée debout beaucoup trop tard la veille de mon départ, m'affairant à mille et une choses au lieu de me détendre, de faire tranquillement mes bagages et de prendre la bonne nuit de sommeil dont j'avais grandement besoin. J'étais morte de fatigue quand je me suis enfin mise au lit, laissant mes articles de toilette et de maquillage éparpillés sur ma commode.

Pour arriver à l'heure à mon rendez-vous, je devais me lever à 4 h 30. Je n'avais pas prévu qu'il me faudrait m'habiller pratiquement dans l'obscurité pour ne pas réveiller Ed et Katie. Ce fut pénible et frustrant de trouver tout ce dont j'avais besoin dans ces conditions. Je finis par partir précipitamment dans un état de panique complète pour attraper mon train.

Avant même que la rencontre commence, j'étais en nage. Je venais de sentir la manche gauche de mon chemisier se déchirer sous ma veste. Comme je n'avais jamais porté cet ensemble, je n'avais pas pu me rendre compte que mes bras y étaient à l'étroit et que ma jupe remontait dangereusement quand je m'assoyais. Le vernis à ongles rouge foncé qui faisait si élégant au salon de beauté la veille commençait à s'écailler; comme je n'avais rien pour retoucher mes ongles, j'essayais de me cacher les mains. Les nombreuses tasses de café que j'avais avalées sur le train, combinées avec mes nerfs en boule, m'avaient desséché la bouche, mais je n'avais pas pensé à m'apporter quelque chose pour me rafraîchir l'haleine ou à demander un verre d'eau avant mon rendez-vous.

J'étais tellement absorbée par mon image pendant cette rencontre que j'avais du mal à me concentrer et je n'avais pas assez confiance en moi pour donner mon opinion, bien que je ne fusse pas du tout d'accord avec certaines décisions qui se prenaient concernant mon projet de publication. Deux pénibles heures plus tard, cette infernale rencontre était enfin terminée. Dès que les portes de l'ascenseur se refermèrent, je me jurai que jamais plus je ne quitterais une rencontre d'affaires en nage, comme Scarlett O'Hara a juré le poing en l'air qu'elle n'aurait plus jamais faim.

Évidemment, je me rends compte que je suis probablement la seule femme au monde qui se soit infligé une telle humiliation à elle-même. Mais dans la vie de chacune de nous surviennent des rencontres importantes, des apparitions en public et des occasions spéciales. Voici quelques antidotes pratiques contre la déconvenue en public.

Ne vous habillez jamais pour impressionner les autres; habillez-vous pour exprimer votre style personnel. La seule façon de se sentir vraiment à l'aise avec soi-même est de savoir qui on est. Lors d'un événement important, n'étrennez jamais une nouvelle toilette. Si vous devez passer votre temps à ajuster vos vêtements – à descendre une jupe trop courte ou à relever une bretelle – vous ne pourrez pas vous détendre, vous concentrer et bien fonctionner. Si vous achetez un vêtement pour une occasion spéciale, faites-en l'essai auparavant. Ne changez *jamais* radicalement de coiffure et de maquillage juste avant de rencontrer des gens pour la première fois. Si vous voulez changer votre look, faites-le graduellement et après y avoir réfléchi; ainsi, vous serez à l'aise avec le résultat final.

Si votre coiffeuse est encombrée et votre garde-robe sens dessus dessous, vous serez nécessairement moins confiante et sereine quand vous essayerez de vous faire belle. Pour trouver l'ordre à l'intérieur, commencez par faire de l'ordre à l'extérieur.

Si vos cheveux ne sont pas propres, si votre haleine n'est pas fraîche ou que votre maquillage est défraîchi, si vos ongles sont ébréchés ou que votre désodorisant ne remplit plus sa fonction, vous éviterez volontairement les contacts chaleureux et ne ferez pas bonne impression. L'assurance et la toilette personnelle sont des âmes sœurs. Les femmes réputées pour leur style et leur aplomb sont très soignées.

Nous négligeons souvent l'assurance quand nous pensons à réunir les éléments d'un style personnel. Et pourquoi est-elle si importante ? Quand nous ne nous concentrons pas de manière obsessive sur nous-mêmes ou nos défauts, notre sourire devient plus chaleureux, notre rire plus spontané et notre capacité de réflexion accrue. L'aplomb extérieur reflète l'aplomb intérieur. Des moments de paisible contemplation à nourrir notre confiance en nous devrait faire partie du rituel quotidien des soins de beauté. L'assurance ne demande que du temps et de l'attention à soi. Quand nous sommes à l'aise avec nous-mêmes, nous sommes à l'aise dans le monde.

11 OCTOBRE

Il y a toujours quelque chose qui cloche

Il y a toujours quelque chose…

Roseanne Roseannadanna (Gilda Radner)

E n effet. Parfois, cela vous contrarie terriblement. D'autres fois, cela vous brise l'âme. Mais il y a toujours quelque chose qui cloche. Ainsi va la vie.

Après avoir quitté *Saturday Night Live*, où elle avait créé d'inoubliables personnages féminins comiques – Roseanne Roseannadanna, Emily Litella –, Gilda Radner décida de se créer une vie à elle. Pendant dix ans, elle avait travaillé d'arrache-pied, connu le succès et vécu à toute allure. Son amour pour Gene Wilder contribua à lui faire connaître les plaisirs d'une vie moins trépidante. Après leur mariage, en 1984, elle voulut réaliser son rêve de devenir écrivaine. Observatrice perspicace et habile à reconnaître les sujets dignes d'intérêt, elle entreprit la rédaction d'un livre intitulé *Portrait of the Artist as a Housewife*, un recueil d'histoires, de poèmes et de portraits célébrant la vie domestique et le comique de situation qu'on ne manque pas d'y découvrir. Le livre promettait d'être hilarant.

Mais la vie en décida autrement: Gilda apprit qu'elle était atteinte d'un cancer des ovaires. Il va sans dire qu'il en résulta un livre plus caustique: *It's Always something*, une autobiographie touchante, provocante et irrévérencieuse. Comme toutes les femmes qui luttent contre une maladie qui peut s'avérer fatale, Gilda pleura « la perte de ma joie de vivre, de mon bonheur et du plaisir que je prenais à la vie ». La veille du diagnostic, la vie s'étendait devant elle, rayonnante de ses possibilités infinies. Après l'annonce du cancer, la vie se réduisit à des sursis de vingt-quatre heures à la fois.

Dans une nouvelle émouvante publiée dans *Minding the Body: Women Writers on Body and Soul*, Judith Hooper nous rappelle avec raison: « Nous entretenons l'idée que la vie réelle, c'est aménager une nouvelle pièce au sous-sol, mais ce n'est pas cela, la réalité. Le cancer, c'est la vraie vie. Quand vous acceptez le cancer, c'est comme si de nouveaux systèmes se déclenchaient automatiquement dans votre organisme – comme les masques à oxygène et les gilets de sauvetage qui tombent automatiquement sur vos genoux dans un 747 en situation d'urgence. Quand les heures que vous vivez ici-bas vous ont été prêtées, chaque nouveau jour est un ami bien-aimé qui n'est là que pour un bref moment ».

C'est alors que nous commençons à *vivre*.

Pourquoi faut-il une tumeur au sein pour que cela se produise? Le savez-vous? Moi pas. Ce que je sais, c'est que je connais une femme merveilleuse qui fut très engagée pendant plusieurs années à l'école que fréquentaient ses enfants, en grande partie parce qu'elle ne trouvait personne pour prendre la relève. Les heures qu'elle consacrait à l'association des parents d'élèves et de professeurs équivalaient à un deuxième emploi à temps plein, non rémunéré. Quand elle a appris qu'elle était atteinte d'un cancer du sein, elle a confié à des amies intimes que, chose bizarre, elle se sentait soulagée. Avoir le cancer signifiait pour elle qu'elle pouvait commencer à dire non, à établir ses bornes et à se décharger enfin du fardeau du comité d'école sans se sentir coupable. Elle pouvait maintenant racheter sa vie. Après tout, personne ne s'attend à ce qu'une femme qui se bat contre un cancer du sein ne fasse autre chose que prendre soin d'elle-même. Elle avait raison.

J'ai été bouleversée par cette histoire; la leçon était presque trop puissante. Oui, il y a toujours quelque chose… *Mais ce n'est pas nécessaire qu'il y ait toujours quelque chose qui vous arrive à vous.* Je prie pour que nous n'ayons jamais de tumeur, mais je demande aussi avec autant de ferveur que nous ne gaspillions jamais un autre jour pour quelque raison que ce soit.

Et si vous avez une tumeur, je prie pour que cela vous fasse grandir et pour que vous viviez encore longtemps dans la joie, la paix et la grâce, nous faisant profiter pendant de nombreuses années de votre sagesse.

Dieu sait à quel point nous en avons besoin.

12 OCTOBRE

Un récit en deux temps

C'était le meilleur des temps, c'était le pire des temps.

CHARLES DICKENS

E n ce temps-là.
Avec le temps.
En temps utile.
Le plus clair du temps.
Par les temps qui courent.
Temps d'arrêt !

Depuis le début des temps, nous essayons de comprendre la nature du temps. Pourquoi ? Pour le contrôler. Mais le temps est un mystère, un cadeau extravagant qu'il faut expérimenter, non pas comprendre. Certainement pas contrôler. Pourquoi croyez-vous que nous sommes affolées la moitié du temps ?

La plupart d'entre nous avons du mal à apprécier le mystère du temps, car nous en avons si peu. Bien que nous disposions toutes de journées de vingt-quatre heures, cela ne semble pas nous mener très loin. Si cela nous apporte quelque chose, c'est la peur, car nous passons notre temps à manquer de temps. Peu importe l'heure que nous adoptions – l'heure de Greenwich, l'heure avancée, normale, de l'Atlantique, des Rocheuses, du Centre ou du Pacifique. Ce qui compte, c'est que nous n'en avons jamais assez. Voilà pourquoi toutes les femmes que je connais se sentent toujours usées par le temps.

Depuis des siècles, les êtres qui ont du temps devant eux – saints, poètes, mystiques, maîtres, sages et philosophes – ont médité sur l'énigme du temps et en ont découvert la dualité. Comme l'explique le sculpteur et poète Henry Van Dyke, « Le temps est trop lent pour ceux qui attendent/trop rapide pour ceux qui ont peur/trop long pour ceux qui pleurent/trop court pour ceux qui ont du plaisir ». Lenteur et rapidité sont les deux dimensions du temps, le yin et le yang de l'existence.

Pour trouver un semblant de sérénité dans notre quotidien, nous devons comprendre les deux aspects du temps, auxquels les Grecs anciens avaient donné le nom de *Chronos* et de *Kairos*.

Chronos, c'est l'horloge, les échéances, la montre, le calendrier, l'agenda, la planification, l'horaire, le bip. Chronos, c'est le mauvais côté du temps. Chronos nous suit pas à pas. Chronos est un pastiche de grandeur. Chronos court le marathon du soldat en talons hauts. Avec Chronos, nous ne pensons qu'à nous-mêmes. Chronos est le temps du monde.

Kairos est la transcendance, l'infini, la vénération, la joie, la passion, l'amour, le sacré. Kairos a des relations intimes avec le réel. Kairos est le beau côté du temps. Kairos lâche prise. Avec Kairos, nous nous évadons de la prison du moi. Kairos est une valse de Schubert que vous dansez dans la Vienne du dix-neuvième siècle avec l'âme sœur. Kairos est le temps de l'Esprit.

Nous existons dans Chronos. Nous nous languissons de Kairos. C'est là *notre* dualité. Chronos nous demande de courir pour ne pas le gaspiller. Kairos demande que nous prenions le temps de le savourer. Chronos nous demande de *faire*. Kairos nous permet d'*être*.

Nous pensons ne pas connaître Kairos, mais nous en avons fait l'expérience : quand nous faisons l'amour, quand nous méditons ou prions, quand nous nous abandonnons à la musique ou aux rêveries de la littérature, quand nous plantons des bulbes ou arrachons des mauvaises herbes, quand nous regardons un enfant dormir, quand nous lisons les bandes dessinées du dimanche en compagnie de notre bien-aimé, quand nous contemplons un coucher de soleil, quand nous vivons nos passions. Kairos nous fait connaître la joie, voir la beauté, nous rappeler ce que c'est qu'être en vie, reprendre contact avec le divin.

Comment échanger Chronos contre Kairos ?

En ralentissant.

En nous concentrant sur une chose à la fois.

En faisant tout comme si c'était la seule chose importante du moment.

En faisant semblant que nous avons du temps plein nos poches, pour que notre subconscient assimile cette notion et en fasse un fait réel.

En nous réservant du temps.

En prenant le temps.

Cela ne prend qu'un instant pour passer de Chronos à Kairos, mais il faut prendre cet instant. Tout ce que Kairos nous demande, c'est de nous arrêter de courir assez longtemps pour entendre la musique des sphères célestes.

Aujourd'hui, entrez dans la danse.

Vous voilà dans les bras de Kairos.

13 OCTOBRE

Absolutely Fabulous

J'ai une petite ombre qui me suit partout.
Je n'arrive pas à voir ce à quoi elle peut bien servir.

ROBERT LOUIS STEVENSON

P endant plusieurs années, j'ai eu de la difficulté à identifier, imaginer et personnaliser ce que Carl Jung appelle l'«ombre», cette partie sombre du moi qui se cache au fond de chacun de nous. Selon Jung, notre ombre est l'amalgame de toutes nos émotions honteuses, de nos vilaines impulsions et des aspects négatifs de notre personnalité que nous essayons d'enfouir pour montrer au monde un visage acceptable. Pour mieux saisir ce dont je parle, pensez au fou furieux des romans médiévaux qu'on enferme dans une tour, ou aux Dr Jekyll et Mr. Hyde de Robert Louis Stevenson.

Malheureusement, ce qui nous fait du mal, c'est l'ignorance, surtout quand nous sublimons notre ombre. Dans *Guilt Is the Teacher, Love Is the Lesson*, Joan Borysenko décrit la fermentation de notre «double fantomatique»: «Il fait grimper la pression, devient de plus en plus sauvage à l'intérieur de nous, influence nos comportements à notre insu» jusqu'à ce qu'il s'exprime «de façon soudaine et explosive dans un accident, un comportement impulsif, une maladie, un manque de jugement. [...] Autrement dit, une ombre inexplorée nous laisse coincés sans que nous comprenions pourquoi, assaillis par d'étranges impulsions et incapables de changer».

À vrai dire, même si je comprenais le concept jungien d'ombre, je n'avais pas vraiment envie d'apprendre à connaître la mienne. C'est encore une des leçons de la vie qui m'a ouvert les yeux. Ce que j'ai découvert m'a choquée, mais pas épouvantée. Cela m'a plutôt fait rire.

Vous connaissez la comédie britannique *Absolutely Fabulous*? C'est le *Fawlty Towers* du monde de la mode. Elle met en scène deux femmes de mœurs légères dans la quarantaine – Edina et Patsy – dont la seule valeur sociale est leur loyauté l'une envers l'autre. Edina – « Edie » pour les intimes – est une agente de publicité de mode, boulotte et étourdie, dont la plus grande ambition est d'avoir l'air « complètement branchée ». Elle a deux ex-maris, une fille d'une patience à toute épreuve, sensible et désapprobatrice, et une mère qui n'arrive pas à comprendre où elle a fait erreur. Il n'est aucune mode nouvel âge que n'adopte Edie – y compris la psalmodie, l'irrigation du côlon et les huttes d'isolement – dans de vaines tentatives pour trouver l'illumination. Patsy, elle, est une rédactrice de mode anorexique, alcoolique et nymphomane, affublée d'une imposante coiffure blonde haute comme la tour de Donald Trump à New York, en hommage à son icône Ivana. On ne voit Edie que dans des toilettes extravagantes ; on ne voit jamais Patsy sans une cigarette suspendue à ses lèvres rouges ou un verre de champagne à la main. Pour Edie et Patsy, tout le monde est « mon chéri », « mon amour » ou « mon chéri d'amour » ; tout ce qui est agréable est « absolument fabuleux », y compris l'opinion qu'elles ont l'une de l'autre.

Elles sont viles, vaines, vides, insipides. Superficielles et égocentriques. Bêtes comme ce n'est pas possible. Drôles. Elles ne sont certes pas des modèles, mais elles ont bel et bien l'étoffe de nos ombres.

La première fois que j'ai regardé Edie et Patsy bambocher dans les rues de Londres, je suis tombée de mon fauteuil ; je pleurais, je m'esclaffais, je hurlais, je me tenais les côtes. Edie était ma jumelle perverse, mon ombre. Je l'ai tout de suite reconnue. Edie donne un nouveau sens à la prise de conscience que « cela aurait tout aussi bien pu être moi ». Mais je l'aime en dépit de tous ses défauts, ou peut-être à cause d'eux.

Je soupçonne qu'il y a plusieurs femmes qui s'identifient avec certains aspects d'Edie et de Patsy. Ou de Thelma et de Louise. Toutes ces femmes ont perdu le contrôle ; alors prenez garde. Mais nous ne pouvons pas nous permettre de suivre leur exemple ; il y a des personnes qui ont besoin de nous, du travail à accomplir. Mais si nous pouvions laisser tomber toutes nos responsabilités et nos inhibitions pour une demi-journée, peut-être ressemblerions-nous à l'une de ces poupées. C'est peut-être amusant, mais ce n'est pas joli. Néanmoins, chaque fois que je suis tendue comme une corde de violon, je prends un verre de vin pour me détendre et regarde un de mes vidéos d'*Absolutely Fabulous*. Chaque fois, je reprends mes activités le sourire aux lèvres et, chose étrange, me sens renouvelée. Edie est heureuse de retourner dans sa cachette, après avoir pu accaparer toute mon attention; moi, je suis contente de retourner à l'écriture, au transport des enfants et au pain de viande accompagné de purée de pommes de terre que je servirai pour souper.

Notre ombre n'est redoutable que si nous la réprimons, si nous lui refusons la reconnaissance qu'elle réclame. Dans *Femmes qui courent avec les loups*, Clarissa Pinkola Estes nous suggère d'«entr'ouvrir la porte de notre dimension obscure pour laisser sortir divers éléments, quelques-uns à la fois, nouer des liens avec eux, leur trouver une utilité, [...]» pour pouvoir «réduire [les risques] de nous faire surprendre par des attaques sournoises et des explosions inattendues de notre ombre», comme «une chandelle romaine déchaînée».

Recourant à l'alcool, au tabac, à la drogue, au magasinage et au sexe pour tromper sa souffrance, Edie plonge aveuglément dans les courants de croissance personnelle parce qu'elle a peur de suivre la sagesse de son cœur. Elle est obsédée par son apparence pour éviter de reconnaître ses préoccupations plus profondes; elle est l'esclave de la mode parce qu'elle ne fait pas confiance à ses instincts. Mais comme nous le dit Clarissa Pinkola Estes, l'ombre «peut contenir les aspects divins, délicieux, merveilleux et puissants d'un être» comme «la femme qui peut parler d'elle sans se dénigrer, qui peut se regarder en face sans reculer, qui travaille à perfectionner son art».

Le métier d'Edie, comme le nôtre, consiste à découvrir son moi authentique. Mais dans notre quête, mes chéries, nous ne devons pas ignorer ce que Clarissa Pinkola Estes appelle «ces aspects rejetés, dévalorisés et inacceptables de l'âme et du moi», même si nous ne sommes pas à l'aise avec eux. Surtout – mes chéries – si nous voulons une vie riche, profonde, absolument fabuleuse.

Grosses bises.

14 OCTOBRE

Le résultat ultime de toutes nos ambitions

Le résultat ultime de toutes nos ambitions,
c'est d'être heureux à la maison.

Samuel Johnson

Cette phrase empreinte de sagesse mérite d'être méditée chaque jour de notre vie; c'est probablement elle qui a valu à Johnson une place au nombre des Immortels pour son dernier repos, à l'abbaye de Westminster.

Pourquoi travaillez-vous si dur? Pour être heureuse à la maison. Mais vous n'êtes jamais à la maison – ni en esprit, ni physiquement, ni spirituellement – parce que vous passez votre temps à travailler. Alors, pourquoi travaillez-vous si dur? Pour être heureuse à la maison.

Non, ce n'est pas là un *koan* zen. La vie *est* bel et bien un paradoxe, mais nous ne sommes pas obligées de la rendre plus difficile qu'elle l'est. Nous sommes sur le chemin de l'abondance dans la simplicité depuis dix mois, mais si vous êtes sur le point de comprendre cela, vous êtes très en avance sur la plupart d'entre nous.

Retenez bien cette pensée: *Le résultat ultime de toutes nos ambitions, c'est d'être heureux à la maison.* Gravez-la dans votre conscience. Tracez bien votre route pour que, même quand vous roulerez sur le pilote automatique, vous repreniez naturellement le chemin du retour. Écrivez-la sur la paume de votre main; jetez-y un coup d'œil trois fois par jour. Répétez-vous-la tout bas avant d'assister à un bilan financier qui commence une demi-heure avant le moment d'aller chercher les enfants à l'école, avant d'accepter de vous occuper de clients étrangers le jour de votre anniversaire, avant de répondre à des fax le dimanche ou de laisser des messages sur des boîtes vocales à minuit.

C'est quoi, le résultat ultime de toutes vos ambitions?

Vous le savez très bien.

Gravez-le dans votre cœur. Brodez-le sur un coussin. Dites-le à voix haute quand vous vous levez le matin et quand vous vous mettez au lit le soir. Faites-en votre mantra – une phrase personnelle qui aide à mettre l'image au point. Cela vous aidera à vous rappeler que la plus grande aventure de notre vie, c'est de trouver le chemin du retour à la maison.

15 OCTOBRE

La qualité de notre journée

L'art ultime, c'est d'améliorer la qualité de notre journée.

HENRY DAVID THOREAU

Nous savons maintenant qu'il y a plusieurs aspects de notre vie où notre opinion n'est pas sollicitée ni requise. Parfois, malgré nos plus beaux efforts et notre pensée positive, la santé, la fortune ou la paix nous échappent. Mais il y a une chose sur laquelle nous avons le contrôle absolu, c'est la qualité de nos jours. Même quand nous sommes accablées de chagrin, tourmentées par la douleur, malades d'inquiétude, profondément déprimées, coincées par les circonstances, la façon dont nous accueillons, assumons et parachevons chaque jour relève de nous.

Nous détestons entendre cela.

Bien sûr, quand nous sommes malades, inquiètes, chagrinées, déprimées ou dans tous nos états, la qualité de notre journée ne nous intéresse pas tellement ; tout ce que nous voulons, c'est que notre détresse prenne fin. Mais souhaiter que ce jour soit loin derrière est aussi un choix créatif, même s'il n'est pas délibéré.

Les artistes du quotidien excellent à sacraliser l'ordinaire. Vous pouvez utiliser tout ce que vous avez à votre disposition – un repas, une conversation, l'humour, l'affection – pour créer confort et contentement, pour améliorer la qualité, sinon de toute notre journée, du moins de moments critiques de celle-ci. Depuis un bon moment déjà, je mène une expérience ultra-secrète sur la vie, comme nous le suggère Thoreau. Je voulais mesurer l'influence que je peux réellement avoir sur la qualité de mes journées. Alors, les premières paroles que je prononce le matin en me levant sont : « Merci pour le cadeau de ce jour merveilleux ».

Voici mes premières constatations. Je sais qu'elles ne vous plairont pas. Elles ne faisaient pas mon affaire à moi non plus.

❖ La qualité de chaque jour est directement proportionnelle à l'énergie créatrice que nous y investissons. Pas d'investissement, pas de rendement.

❖ Même les jours moches recèlent des merveilles. Parfois, tout ce dont nous avons besoin, c'est prendre le temps d'ajuster notre attitude et voir l'après-midi d'une autre façon, pour finalement passer une soirée agréable.

❖ La température n'est pas un facteur déterminant. La chaude influence de l'enthousiasme peut s'exercer autant sur les jours gris, froids ou pluvieux passés dans un bureau que sur les jours ensoleillés que nous passons dans un hamac à siroter de la sangria.

❖ Une journée que nous prévoyons belle avant même qu'elle ne commence a plus de chances de l'être qu'une journée que nous accueillons avec des grognements.

❖ Les résultats de cette expérience laissent entendre qu'il importe peu qu'un jour soit bon ou mauvais. Ce qui compte, c'est ce que nous en faisons.

Tout cela, nous le savions.

16 OCTOBRE

Cérémonials pour jours ordinaires

*L'innocence et la beauté peuvent-elles naître ailleurs
que dans les coutumes et les cérémonies ?*

W. B. YEATS

Les cérémonies et les coutumes engendrent la beauté et nous redonnent le sens de l'émerveillement. La majorité d'entre nous sommes beaucoup trop blasées. Nous avons tout vu. Plus rien ne nous surprend.

C'est précisément cela, le problème. Nous *pensons* que nous avons tout vu. Ce que nous ne voyons pas encore, c'est l'abondance qui nous entoure, la beauté qui pare chaque jour dans toute son extravagance.

La meilleure façon de retrouver le sens du sacré, c'est de se créer des rituels personnels. J'ai un petit livre merveilleux intitulé *Ceremonials of Common Days*, écrit en 1923 par Abbie Graham. Je l'ai trouvé se languissant sur une tablette empoussiérée d'une librairie d'occasion et j'en ai fait l'acquisition pour un dollar. Maintenant, mon oracle imprimé à la main, avec sa couverture noire ornée de motifs floraux jaune et vert, trône sur ma table de travail. Les caractères dorés sur le dos du livre me rappellent que nous ne pouvons avoir une perception juste des choses que lorsque nous ralentissons le pas. Il n'y a rien d'insignifiant aux yeux de notre moi authentique. Il n'y a rien qui ne soit digne d'être remarqué.

Il y a plusieurs jours fériés (ce dernier mot vient de « fête » en latin) qui tombent justement à des moments de l'année où nous avons besoin de nous égayer. Nous réagissons comme si nous allions recevoir de la belle visite, en sortant notre vaisselle des grands jours, notre plus belle nappe, nos verres de cristal, nos fleurs et nos chandelles.

Mais les jours ordinaires, c'est-à-dire la plus grande partie de notre vie, nous les tenons pour acquis, comme les personnes que nous aimons. Pourtant, chaque jour de l'année, il y a une multitude d'occasions qui demandent d'être consacrées.

Parmi ces instants banals que nous pouvons sacraliser, il y a le moment où nous prenons notre première tasse de café le matin, où nous nous composons un visage pour apparaître en public, mangeons à notre bureau, faisons du lèche-vitrine, achetons un objet longtemps convoité, où nous franchissons le seuil de la maison en rentrant du travail, sautons dans nos vêtements confortables, entendons les pas du bien-aimé qui rentre à la maison, nous assoyons pour prendre un repas bien ordinaire, où nous recevons notre paye, partons en voyage d'affaires, où nous partageons un sourire, une confidence, ou les deux, où nous nous plongeons dans les rêveries d'un après-midi de pluie, nous blottissons dans un fauteuil pour regarder un film à la maison, faisons la grasse matinée et déjeunons au lit, où nous commençons un bon livre, nous réjouissons d'avoir perdu deux kilos, où nous fondons en larmes, où nous nous mettons au lit. Les cérémonials pour les jours ordinaires ne manquent pas ; c'est notre imagination fatiguée qui a besoin d'inspiration.

« Pour créer un jour, il a fallu un soir et un matin, du moins pour le premier jour. Mais cela, c'était au commencement du monde, au moment où il n'y avait que la lumière et l'obscurité, le jour et la nuit, et Dieu », nous rappelle Abbie Graham. « Le monde s'est complexifié depuis l'époque de la création. Pour faire un jour, maintenant, il faut des sonneries et des sifflets, des horloges et des bureaux, des comités et des réunions, de l'argent et des journaux quotidiens, des gens affamés, des gens trop fatigués, des rendez-vous d'affaires et des appels téléphoniques, du bruit, des cris et beaucoup de précipitation. Il faut maintenant tout cela et bien plus encore, en plus d'un soir et d'un matin. »

« Peut-être ces ingrédients sont-ils nécessaires à la fabrication d'une journée. Mais quand j'observe les cérémonials du soir et du matin, ils ne semblent pas être la raison pour laquelle la lumière a été séparée des ténèbres et que le jour et la nuit ont été créés. Quelle que soit ma philosophie, je dois moi aussi travailler pour pouvoir payer ma part de sonneries et de sifflets, de trains, de rendez-vous d'affaires et du privilège de se précipiter. »

« Mais quand je contemplerai les étoiles, la nuit, et que j'ouvrirai ma fenêtre en direction de l'est, le matin, j'observerai les cérémonials de la paix du cœur, de la simplicité, de la tranquillité d'esprit, afin de pouvoir garder mon âme et celle des autres libres, non pas enchevêtrées dans la mécanique de la journée. »

17 OCTOBRE

L'habitude d'être

Tant de mondes, tant à faire
tellement peu de fait, tellement à être.

Alfred Lord Tennyson

Au cours de sa vie (1925-1964), ni les appareils photos ni les critiques ne se sont montrés très tendres envers Flannery O'Connor. Elle était aussi peu photogénique qu'encline à s'excuser. Les froides lentilles ne pouvaient pas saisir l'intelligence, la passion, l'imagination, l'exubérance, l'esprit et la grâce que ses proches lui connaissaient et appréciaient. Car pendant une bonne partie de la vie adulte de Flannery O'Connor, les appareils ne photographièrent qu'un corps et un visage ravagés par la maladie. Ses critiques n'appréciaient pas son sens très aiguisé du grotesque – une spécialité du Sud – mélange de satire, d'humour noir et de pathos, ni son obsession de la religion. C'était une cartographe de l'âme humaine, et ses mots virulents savaient exprimer les aspirations des inadaptés. Les personnages de ses romans et de ses nouvelles étaient mélancoliques et imparfaits, cherchant la rédemption, d'une façon consciente ou non.

La rédemption était un thème majeur de son œuvre de même que le fil conducteur de sa vie. « Certains d'entre nous devons payer pour la foi à chacun de nos pas et découvrir tragiquement ce que serait la vie sans elle, écrivait-elle, et si en fin de compte il serait possible de vivre sans elle. » Le milieu rural où elle a vécu, en Géorgie, conjugué au lupus dont elle fut atteinte à l'âge de vingt-cinq ans (maladie qui avait emporté son père quand elle était enfant), contribua à son profond sentiment d'isolement ; incapable de prendre soin d'elle-même, elle a vécu avec sa mère jusqu'à sa mort, à l'âge de trente-neuf ans.

Ce dont les proches de Flannery O'Connor se souviennent le mieux à son sujet, c'est sa détermination à vénérer et à savourer le cadeau de chaque jour. Son amie intime (et éditrice de ses lettres), Sally Fitzgerald, appelle cela « l'habitude d'être », une profonde joie de vivre qui imprégnait son quotidien. Cette passion de la vie, souligne Sally Fitzgerald, « prenait racines dans son talent et les possibilités de son travail qui, croyait-elle avec raison, compensait pleinement toutes les carences qu'elle devait accepter, et qui donnait à sa vie une perspective que la plupart d'entre nous ne pouvons même imaginer posséder un jour ». Ses matinées étaient sacrées, entièrement consacrées à l'écriture ; mais le reste de ses journées était consacré à être elle-même, Flannery O'Connor.

L'habitude d'être – le plaisir de vivre le moment présent – est un concept merveilleux qui pourrait enrichir à l'infini notre vie. Nous sommes toutes des créatures d'habitudes, mais en général, nous privilégions l'*habitude de faire*: se lever le matin, faire le petit-déjeuner, aider les enfants à partir pour l'école et se préparer à aller travailler. Puis il y a notre *habitude de ruminer*: penser à l'avenir, revenir sans cesse sur le passé, s'attarder à de vieilles blessures, entretenir des conversations imaginaires, faire des comparaisons, opérer d'interminables calculs au sujet de l'argent, nous laisser ronger par les regrets, nourrir des doutes sur la valeur de décisions passées, penser sans cesse aux problèmes que nous vivons au travail, anticiper le pire. L'habitude de ruminer s'enracine dans le passé ou le futur et peut enlever au moment présent toute son harmonie, sa beauté et sa joie.

Et si, comme gardiennes de notre bonheur, nous décidions de cultiver l'*habitude d'être* – la conscience de l'abondance de la vie telle qu'elle se présente ? Acquérir l'habitude d'être, c'est apprécier les bonnes choses qui nous entourent, quelle que soit notre situation actuelle. Si vous saviez qu'il y a toujours un plaisir simple à savourer chaque petite heure, si vous vous assuriez que c'est bien vrai, comment, à votre avis, accueilleriez-vous chaque jour?

Flannery O'Connor prodiguait volontiers des conseils aux écrivaines qui rencontraient des difficultés. À l'une, elle écrivait : « Ne serait-il pas préférable pour vous de découvrir un sens dans ce que vous écrivez plutôt que d'en imposer un ? Rien de ce que vous écrivez ne sera dépourvu de sens, car le sens se trouve en vous ». Je crois que cette passion de la découverte d'un sens s'applique aussi à l'art du quotidien. Une fois que vous vous mettrez à cultiver l'habitude d'être, rien, dans votre quotidien, ne sera dépourvu de sens, car vous découvrirez que le sens se trouve en vous.

18 OCTOBRE

Les leçons de l'épreuve

L'épreuve comme muse. L'épreuve comme personnage.
L'épreuve comme vie.

Anna Quindlen

C'était un lundi fou comme tous les autres pour Nancy, Cheryl, Valerie, Kathleen, Gilda, Elizabeth et Patricia. Un autre voyage d'affaires, un autre saut sur le trapèze en vol. Elles avaient embrassé leurs enfants à leur départ pour l'école, confié leurs bébés à la gardienne, rappelé à leur mari la pratique de foot, le plat préparé dans le congélateur et la lessive à aller chercher. Leur journée fut frénétique ou agréable, réussie ou décevante. Cela importe-t-il vraiment ? Au retour, elles auraient peut-être la chance de se payer une petite douceur dans la boutique de cadeaux avant de prendre le vol 4148 d'*American Eagle* à destination de l'aéroport O'Hare de Chicago. À la maison, leurs proches les attendaient, impatients de raconter leur journée ; entre-temps, il y avait les taxis à attraper, les correspondances à ne pas manquer.

Au lieu de cela, ce furent les bulletins d'information, les appels téléphoniques, l'incrédulité, l'abattement, le choc, la douleur, le chagrin, les cœurs brisés, les rêves envolés. Nancy (48 ans), Cheryl (44 ans), Valerie (44 ans), Kathleen (47 ans), Gilda (43 ans), Elizabeth (37 ans) et Patricia (42 ans) ne sont jamais rentrées à la maison. À l'atterrissage, l'inconcevable s'est produit. Toutes ces femmes ont péri dans ce violent crash avec soixante et un autres passagers. Durant leurs derniers moments, se sont-elles rendu compte qu'elles ne s'en tireraient pas ? Quelles ont été leurs dernières pensées ?

Elles n'ont certainement pas pensé au marché qu'elles avaient conclu ou raté, ni aux tracas de leur journée. Leurs dernières pensées ont certainement porté sur les *vraies* choses. Les visages des êtres aimés ont peut-être écarté leur peur. Peut-être n'ont-elles pas eu le temps d'éprouver de regrets. Je l'espère. Je prie pour cela.

Tant que nous serons en vie, nous ne pourrons pas échapper aux pertes. Les pertes font partie de la vie. « Avez-vous déjà pensé, quand une catastrophe se produit, qu'un instant avant, les choses étaient différentes ? Si vous pouviez retourner à *alors* et éviter *maintenant*, n'importe quoi, mais pas *maintenant* », demande la romancière anglaise Mary Stewart. « Vous vous acharnez à recréer cet *alors*, mais vous savez que c'est impossible. Alors vous essayez de réduire ce moment au silence, de ne pas le laisser bouger et se révéler. »

La vie vous met peut-être à rude épreuve aujourd'hui. Peut-être ne voulez-vous pas que le prochain moment se montre le visage et vous révèle les mystérieux détours de la vie. Mais au moins vous l'avez. Vous avez la vie. Vous pouvez encore choisir la façon dont vous voulez vivre cette précieuse journée.

N'essayez pas de vous en débarrasser. Ne la gaspillez pas. Pour l'amour de tout ce qui est sacré, rachetez une heure. Embrassez-la. Aimez-la. Surtout, remerciez de l'avoir. Que votre action de grâce couvre le vacarme de la déception – des occasions ratées, des erreurs commises –, la clameur de tout ce qui n'est pas encore arrivé.

Et si ce jour est à ce point horrible que vous trouvez qu'il ne mérite pas d'être reconnu ; si vous ne trouvez pas un seul moment à apprécier, un seul petit plaisir à savourer, une seule amie à appeler, une seule personne à aimer, une seule chose à partager, un seul sourire à offrir ; si la vie vous est à ce point difficile que vous n'avez pas le courage de la vivre pleinement, alors ne vivez pas cette journée pour vous-même.

Vivez-la pour Nancy, Cheryl, Valerie, Kathleen, Gilda, Elizabeth et Patricia.

19 OCTOBRE

Les compliments

Aujourd'hui, nous sommes tous si fauchés que les seules choses agréables que nous pouvons nous payer, ce sont les compliments.

OSCAR WILDE

Toutes les femmes ont besoin d'être plus souvent complimentées. Nous devons aussi faire davantage de compliments à notre famille, à nos amis, aux étrangers. Nous devons en entendre plus souvent, dussions-nous nous en faire à nous-mêmes. Mais surtout, nous devons apprendre à y prendre plaisir.

En notre for intérieur, la plupart d'entre nous pensons mériter plus de compliments que nous n'en recevons. Mais une des raisons pour lesquelles nous n'en recevons pas autant que nous le souhaiterions, c'est peut-être que chaque fois qu'un compliment nous est adressé, nous le renvoyons à l'expéditeur.

« Oh, cette vieille affaire-là ? »

« Je l'ai eu en solde. »

« Je l'ai acheté au marché aux puces. »

« Tu le penses vraiment ? »

« Ce n'est rien. »

N'oublions pas que si nous renvoyons les cadeaux ou ne sommes pas disposées à les recevoir, l'Univers risque de perdre le goût de s'occuper de nous. Et qui l'en blâmerait ? Personne n'aime la compagnie d'un ingrat ; et c'est exactement ce que nous sommes quand nous levons le nez sur les choses merveilleuses qui nous sont adressées.

Il est intéressant de constater que la première définition de *compliment* dans le dictionnaire est « marque d'estime ». Peut-être avons-nous du mal à accepter les compliments parce qu'au fond de nous, nous ne croyons pas les mériter. Quand on ne veut pas recevoir de louanges, c'est que l'estime de soi est chancelante.

Aujourd'hui, soyez réceptive. Partez de l'hypothèse que vous êtes belle, éblouissante, absolument fabuleuse. Demandez à l'Esprit de vous révéler à quel point vous êtes vraiment merveilleuse et brillante. Chaque fois que quelqu'un vous fait un compliment, acceptez-le comme si un ange du ciel venait de vous chuchoter l'appréciation de l'Esprit. Souriez et dites : « Merci. Je suis ravie que vous l'ayez remarqué ». Complimentez abondamment les autres. Nous sommes toutes si fragiles, surtout quand nous avons l'air braves. Un compliment sincère peut pénétrer sous le masque le plus sophistiqué et apaiser une âme troublée. La femme qui semble avoir le moins besoin de compliments est sans doute celle qui en a le plus besoin.

Prenez l'habitude de faire au moins un compliment par jour à une autre personne ainsi qu'à vous-même. Vous vous sentirez bien si vous le faites et cela ne tardera pas à devenir une de vos habitudes d'être. Les mots peuvent blesser, mais ils peuvent aussi guérir.

20 OCTOBRE

Les plaintes

Que vous ayez dormi ou non, que vous ayez un mal de tête,
une sciatique, la lèpre ou un coup de foudre, je vous supplie,
par tous les anges du ciel, de rester paisible et de ne pas ternir ce matin.

RALPH WALDO EMERSON

Nous nous y connaissons en récriminations. Nous sommes pour la plupart passées maîtres dans l'art de la plainte sous toutes ses formes : rogne, grommellement, gémissement, plainte, râle, lamentations. Mère Teresa était sans doute la seule femme au monde à ne pas faire d'histoires comme nous.

Une des raisons pour lesquelles nous apprécions tant nos amis intimes, c'est qu'ils nous laissent gémir, sachant fort bien que nous leur rendrons la pareille. Mais si nous les aimons vraiment, ne pensez-vous pas qu'il est temps de les épargner ? Certaines d'entre nous passons la moitié de notre vie à rouspéter. Le temps est venu de nous ressaisir. Quand nous tempêtons et râlons, nous ne sommes pas de très agréable compagnie ; ce n'est pas parce que vous ne pouvez pas voir les yeux à l'autre bout du fil qu'ils ne sont pas en train de rouler ou de se fermer. Essayez de nouveaux exutoires pour canaliser votre colère : gémissez dans les pages de votre dialogue, hurlez sous la douche, défoulez-vous en marchant, criez dans votre voiture quand vous êtes prise dans la circulation. L'Esprit est assez grand pour le supporter. D'ailleurs, Il a déjà entendu tout cela. Il n'y a rien de nouveau sous le soleil.

Je ne suis pas en train de vous suggérer de réprimer vos sentiments négatifs. Mais souvent, les choses insignifiantes qui nous font sortir de nos gonds ne valent même pas l'énergie qu'elles nous font perdre. Nos paroles sont puissantes, si puissantes qu'elles peuvent changer notre réalité – la qualité de nos jours et de nos nuits. Nous ne nous sentirons pas mieux – et pas davantage notre entourage – à nous entendre gémir. En fait, c'est souvent le contraire qui se produit. Apprendre à hausser les épaules est le commencement de la sagesse.

Apprenez plutôt à vous plaindre d'une façon créative. Barbara Sher croit « en l'efficacité des plaintes comme certains croient en l'efficacité de la prière ». Elle va jusqu'à recommander les « séances de lamentations ». Dans *Qui veut peut*, elle vous suggère, la prochaine fois que vous aurez l'impression d'être sur le bord d'exploser, d'annoncer que vous avez besoin d'une séance de lamentations. Dites à votre entourage que vous êtes en colère, nerveuse, que vous en avez assez et que vous n'êtes pas capable d'en supporter davantage. Dites-leur qu'au cours des cinq prochaines minutes, vous allez laisser libre cours à vos frustrations. Dites-leur de ne pas y prêter attention et de ne pas se croire personnellement visés. Puis piquez une bonne crise. Vous ne tarderez probablement pas à vous sentir beaucoup mieux sans avoir à faire d'excuses ou à essuyer des larmes. Vous risquez même de finir par éclater de rire.

Aujourd'hui, si vous devez vous lamenter, faites-le au moins d'une façon créative.

21 OCTOBRE

Les comparaisons

Aidez-moi à me rappeler que chaque vie doit suivre son cours et que ce qui arrive aux autres n'a absolument rien à voir avec ce qui m'arrive.

MARJORIE HOLMES

Les comparaisons sont irrésistibles, mais sournoises, odieuses et très souvent notre instrument d'autotorture de prédilection.

Aujourd'hui, méditons sur le fait de ne plus convoiter le mari de notre voisine, sa taille, sa maison, sa garde-robe, son revenu ou sa carrière. Sans mentionner ses réalisations, ses exploits, ses récompenses, la reconnaissance et la renommée dont elle jouit. En général, il n'y a qu'*une* femme dont les nombreux succès provoquent chez nous un sentiment d'insécurité et de frustration. Nous nous moquons éperdument de ce que la plupart du monde possède plus de choses que nous; ce qui nous met en furie, c'est qu'*elle* ait quelque chose que nous n'avons pas. Souvent, nous ne connaissons même pas la personne qui nous met dans cet état, bien que sa vie soit étalée sur la place publique. En secret, nous traquons les journaux et les revues qui fournissent des preuves de *sa* bonne fortune. Ce peut aussi bien être une de vos meilleures amies (mes plus profondes sympathies), ce qui est horrible, car vous devez subir en direct les comptes rendus de tout ce que vous manquez. Qui que soit cette femme, elle est le diable en personne, car vous insistez pour comparer votre vie, votre réussite, votre compte bancaire et votre valeur personnelle aux siens.

De toute évidence, je ne pourrais pas vous dire toutes ces choses sur la convoitise, la jalousie, l'envie et la tendance à se rendre la vie misérable en se comparant aux autres, si je n'avais pas une vague expérience de ce péché contre l'authenticité. (D'accord, j'avoue, une expérience intime.) Me croirez-vous si je vous dis que mon poème préféré (et probablement celui de tous les autres écrivains au monde) est l'ode drôle et malveillante de Clive James intitulée « Le livre de mon ennemi ne s'est pas vendu »?

Ce n'est pas bien. Ce n'est pas très évolué. Nous sommes de grandes filles raisonnables maintenant, non?

Eh bien, même si ce n'est pas le cas, les comparaisons nous font beaucoup de tort. Elles sapent notre confiance, interrompent le flux de notre énergie créatrice, court-circuitent notre accès au Pouvoir, minent l'estime de soi, drainent la force vitale de notre moelle. La convoitise détruit ce qui est sacré en nous. Au lieu de vous comparer à une autre femme, pourquoi ne pas saisir un fouet pour vous rouer de coups? Il est plus facile de guérir de mauvais traitements physiques que des blessures psychologiques que nous nous sommes infligées à nous-mêmes.

La prochaine fois que vous serez tentée de comparer votre vie à celle d'une autre personne, arrêtez-vous un moment. Répétez-vous, à maintes reprises, qu'*il n'y a pas de compétition sur le plan spirituel*. Les faveurs que votre rivale a reçues, vous pouvez les recevoir vous aussi, aussitôt que vous serez *vraiment* prête à accueillir avec un cœur ouvert toute la bonne fortune qui vous est destinée.

Et quand cela se produira-t-il ? Dès que vous serez capable de bénir la femme que vous maudissez en secret ; dès que vous pourrez remercier pour son bonheur et ses succès autant que pour les vôtres, parce qu'ils démontrent l'abondance de la vie.

22 OCTOBRE

Les compromis

Les compromis, s'ils ne sont pas le piquant de la vie, sont sa solidité.

PHYLLIS MCGINLEY

Que vous soyez célibataire ou mariée, mère ou non, il n'est pas possible de passer une journée sans accepter de faire au moins un compromis. Il y a les petits compromis, comme ceux qui portent sur l'horaire du transport des enfants et les tâches ménagères, et il y a les compromis plus importants, comme ceux qui concernent nos conditions de travail ou la cohabitation avec des adolescents. Les compromis tolérables sont ceux que nous faisons en toute connaissance de cause, sachant d'avance exactement ce que nous laissons tomber. L'autre type de compromis, ceux que plusieurs d'entre nous faisons tous les jours, sont à la fois puissants et silencieux. Ils sont puissants parce que nous sommes obligées de vivre avec eux et ils sont silencieux parce qu'ils sont inconscients ou tacites.

Le compromis est l'art du minimum acceptable. Nous pouvons plier jusqu'à un certain point ; après, nous cassons. Savoir exactement jusqu'où nous pouvons aller est la première clause d'une entente saine, mais cela n'est pas aussi facile qu'il semble à première vue.

Plus notre vie se complexifie, plus notre minimum acceptable doit se simplifier. Voici quelques questions de base. Que *devez-vous* obtenir de cette situation ? De quoi avez-vous absolument *besoin*? Si vous en avez besoin, vous devez l'obtenir. Cela n'est pas négociable. Si vous n'en aviez pas besoin pour survivre, cela – quelle que soit la chose dont il s'agit – ne serait pas un besoin. Ce serait un désir. Malheureusement, les désirs sont la monnaie du compromis. Je veux, tu veux, nous voulons tous ; c'est pourquoi nous négocions. Gardez toujours à l'esprit que votre désir peut être le besoin légitime de l'autre. Les meilleurs compromis, comme ceux qui vous assurent un style de travail acceptable, comblent tous vos besoins tout en satisfaisant quelques-uns de vos désirs.

Si vous redoutez une chose, ne l'acceptez pas. Si vous finissez par y consentir malgré votre crainte, vous mépriserez le marché conclu ainsi que la femme qui l'a accepté, c'est-à-dire vous-même.

Soyez affable. Essayez de comprendre le point de vue de l'autre. Faites preuve de souplesse. Soyez aussi généreuse que possible sans tomber dans le ridicule. Demandez que tout se fasse pour le plus grand bien de toutes les personnes en cause. Fiez-vous à vos instincts. Prêtez attention aux signes physiques, particulièrement à vos tripes ; elles ne sont pas seulement là pour faciliter votre digestion, mais pour vous aider à discerner ce qui est le mieux pour vous.

Et surtout, suivez ce conseil de Janis Joplin : « Ne vous compromettez pas, car vous êtes tout ce que vous avez ».

23 OCTOBRE

L'argent et le sens de la vie

*Le problème de l'argent nous suit pas à pas toute notre vie,
exerçant une pression qui, à sa façon, est aussi puissante
et insistante que tous les autres problèmes de l'existence humaine.
Il hante également notre quête spirituelle.*

JACOB NEEDLEMAN

Respirez profondément. Détendez-vous. Ayez l'esprit ouvert. Au cours de la prochaine semaine, nous allons réfléchir à l'argent. À l'amour de l'argent. Au manque d'argent. À la façon dont nous l'accumulons, le dépensons, l'économisons, le dilapidons, le convoitons, le vénérons, nous inquiétons à son sujet, travaillons pour en obtenir. Comme le succès, l'argent est une question explosive pour la majorité des femmes. Notre rapport avec l'argent est sans doute la relation la plus compliquée que nous entretenions – et celle qui exerce le plus grand contrôle sur notre vie parce que nous lui accordons ce pouvoir.

« Notre vie est infernale, non pas parce que nous accordons trop d'importance à l'argent, mais parce que nous ne lui en accordons pas assez », affirme Jacob Needleman, auteur d'un livre de réflexion très éclairant qui a pour titre *Money and the Meaning of Life.* Si nous accordions plus d'importance à l'argent, nous chercherions à comprendre son impact et l'influence qu'il exerce sur chaque aspect de notre vie.

En octobre 1967, Jacob Needleman, un digne professeur de philosophie et de religion comparée, furetait dans une boutique de souvenirs spirituels de San Francisco. Un magnifique châle de prière juif lui tapa dans l'œil et il décida de l'acheter. Mais le gérant du magasin s'obstina à refuser qu'il paie avec un chèque personnel. Notre professeur piqua une crise, ce qui ne lui était pas du tout habituel. Cela ne fit pas fléchir le gérant, mais amena Needleman à réfléchir sur le rôle de l'argent dans notre vie.

« Pensez à la relation que vous entretenez avec la nature, les idées, le plaisir, écrit-il. Pensez à votre sentiment d'identité et de respect de vous-même ; pensez au lieu que vous habitez et aux objets dont vous vous entourez ; pensez à tous vos désirs d'aider autrui ou de servir une grande cause ; à vos destinations, à votre façon de voyager, aux personnes avec qui vous vous associez. Ou pensez simplement à ce que vous avez fait hier ou à ce que vous ferez demain, ou dans une heure. Le facteur argent y est toujours ; il enveloppe ou habite tout. Pensez à ce que vous désirez ou à ce dont vous rêvez pour maintenant, l'année prochaine ou le reste de vos jours. Pour tout cela, il faudra certainement de l'argent. »

Il n'aurait fallu que 35 $ en poche au professeur Needleman pour se procurer le châle qu'il désirait. Comme il ne les avait pas, l'objet convoité demeure un souvenir encore bien vivant plus d'un quart de siècle plus tard. « C'était une merveille – fin, avec une frange délicatement nouée, en pure soie blanche chatoyante. » Une merveille qui allait lui échapper. Mais « de tels événements apparemment banals comme nous en vivons tous quotidiennement nous permettent de voir ce qui se cache derrière notre attitude à l'égard de l'argent ».

Nous nous rendons rarement compte de l'hypocrisie de notre attitude à l'égard de l'argent. Nous en voulons, mais nous ne voulons pas que cela paraisse. Dans le même souffle, nous le redoutons et le désirons. Selon le professeur Needleman, l'argent est en cette fin de siècle une force à laquelle nous sommes confrontés comme la sexualité l'a été pour les générations qui nous ont précédés. Que cela nous plaise ou non, il est impossible de nier que l'argent est la matière première avec laquelle nous bâtissons notre vie.

Une de nos difficultés, c'est que nous confondons trop souvent aspirations spirituelles et désirs matériels. Par exemple, vous aspirez à la sérénité. Vous présumez que la sérénité se résume à quatre chiffres dans votre solde bancaire. Et comme la capacité de payer ses factures sans difficulté – une définition pratique de la sérénité – vient souvent avec un meilleur revenu, les quatre chiffres exigent une plus grande dépense de temps, d'énergie créatrice et d'émotion. La redistribution de votre force vitale implique que vous consacriez au travail des secteurs de votre vie dont vous pouvez apparemment disposer – vie familiale, activités personnelles, croissance spirituelle, repos et détente. Plus de travail, plus de revenus, plus de stress. Plus de stress, moins de sérénité, quel que soit votre revenu. En investissant dans la quantité plutôt que dans la qualité, nous privons notre âme de la richesse de la Vraie Vie.

Pour trouver un équilibre entre les deux sphères qui tirent dans des directions opposées – la sphère matérielle et la sphère spirituelle –, Jacob Needleman nous recommande de réfléchir au conseil pratique contenu dans cette exhortation de Jésus : « Rendez à César ce qui est à César et à Dieu ce qui est à Dieu ».

« Tout le problème de la vie, dans la société contemporaine, peut se résumer au défi que pose la compréhension de cette recommandation », souligne Needleman. « Ce n'est pas si simple ; en fait, c'est extrêmement difficile. Cela nous demande de faire la part, en nous, du domaine transcendant et du domaine matériel, puis de donner à chacun ce qui lui est dû, pas plus, pas moins. C'est cela, être humain. C'est de cela et de rien d'autre que provient le sens de la vie. »

24 OCTOBRE

Se faire du souci à propos de l'argent

L'inquiétude devrait nous mener à l'action, non pas à la dépression.

KAREN HORNEY

Les soucis que nous nous faisons à propos de l'argent ne paient pas nos factures. Si c'était le cas, nous aurions au moins une bonne raison de nous en faire. En fait, l'inquiétude rebute la prospérité plutôt qu'elle ne l'attire, ce qui n'est pas tout à fait ce que nous visions. Se faire de la bile au sujet de l'argent envoie des signaux toxiques : peur, manque, privation. Quand il ne cesse de recevoir des messages négatifs, votre subconscient reproduit dans votre quotidien ce que vous lui avez donné comme instruction – peur, manque ou privation.

Ne paniquez pas. Dieu merci, toutes les petites pensées que vous entretenez ne se matérialisent pas instantanément. Elles peuvent prendre plusieurs années avant de le faire ; il n'en reste pas moins que ce que nous pensons, nous en faisons l'expérience.

Voici un bon exemple. Plusieurs croient que ce qui a permis à Amy Dacyczyn, l'auteure du best-seller *The Tightwad Gazette* (et d'un bulletin du même nom) d'amasser son premier million, de payer son hypothèque et d'engager des conseillers financiers, c'est son sens de l'économie.

Ce n'est là qu'une des explications. L'explication métaphysique, c'est qu'Amy aime l'argent. Pendant plus de dix ans avant de lancer son bulletin, qui l'a ensuite amenée à publier son livre, Amy s'est adonnée quotidiennement à sa passion. Cet amour de l'argent se caractérisait par une frugalité à toute épreuve et un sens strict de l'économie. Il en est toujours ainsi. Voilà une femme qui ne dépense pas un sou sans qu'on le lui arrache des mains. L'amour est la plus puissante des émotions positives. L'amour attire. L'attrait d'Amy pour l'argent habitait toutes ses pensées. Alors, elle a récolté ce qu'elle a semé. L'argent a fini par se présenter à sa porte sous forme de redevances et d'abonnements.

Penser constamment à l'argent n'est pas ma façon de voir la vie. Quelles sont les autres manières de s'y prendre pour éviter les soucis financiers ?

D'abord, calculez si vous avez assez d'argent pour satisfaire *aujourd'hui* tous vos besoins. Si oui, abandonnez tout de suite votre crainte d'en manquer. Vous avez probablement tout l'argent qu'il vous faut pour combler vos besoins actuels et plus encore. Tant que vous avez plus d'argent qu'il vous faut, quelle que soit l'importance de ce surplus, vous vivez dans l'abondance. La prochaine fois que vous vous surprendrez à penser à ce que vous n'avez pas, ressaisissez-vous ; changez de refrain et mettez-vous plutôt à voir et à apprécier tout ce que vous avez. Quand cela deviendra une habitude, vous constaterez que vous vous débrouillez toujours avec le montant d'argent que vous avez, quel qu'il soit, au lieu de vous faire de la bile à ce sujet.

L'inquiétude se conjugue au futur. Elle est une projection d'un scénario possible, pas nécessairement probable. En aurai-je assez ? D'où l'argent me viendra-t-il ? Combien de temps cela durera-t-il ?

Mon antidote favori contre les soucis financiers est une suggestion de Sanaya Roman et de Duane Packer, auteures de *Devenez la source de votre abondance*. Au lieu de vous inquiéter, pensez plutôt à ce que vous pourriez faire pour créer de l'argent. « Demandez-vous : "Comment puis-je *faire* de l'argent aujourd'hui ?" Il y a une énorme différence dans l'énergie que vous envoyez dans l'univers en mettant l'accent sur la création d'argent plutôt que sur son manque ; la première attire l'argent, l'autre pas. »

Remplacer chaque « Qu'est-ce que je vais faire ? » par « Qu'est-ce que je peux faire ? » stimulera votre créativité et vous redonnera la sérénité dans votre quête de la prospérité.

« Les soucis perpétuels à propos de l'argent entravent votre créativité et vous empêchent d'avoir des idées claires », nous rappellent Roman et Packer. « Quand vous avez très peu d'argent, vous assimilez beaucoup de leçons qui vous faciliteront la tâche quand l'argent se mettra à affluer. Avant d'en arriver là, il vous faudra peut-être vous contenter d'une vie simple et frugale en matière d'argent, de dépenses, d'exigences et de besoins. Considérez-vous comme un rosier que vous taillez l'hiver pour qu'il revienne en force au printemps. »

25 OCTOBRE

Régler ses factures

Encore une pile de factures.
Je les redoute toujours un peu.
Leur présence nous est familière :
d'abord dans la boîte aux lettres, puis dans le tiroir de factures,
et maintenant sur le bureau. Services rendus.
Ma vie dépend de services rendus.

GUNILLA NORRIS

J'ai payé des factures à des époques où je pouvais signer des chèques sans souci et je l'ai fait à des moments où cela me donnait des palpitations. Croyez-moi, la solvabilité a bien meilleur goût. C'est une des raisons pour lesquelles bon nombre d'entre nous remettons le paiement de nos factures à la prochaine paye ou au prochain mois, déclenchant ainsi un cycle de misère. Le règlement des factures devient alors un épineux problème, engendrant des émotions toxiques qui nous enferment dans le manque.

Bien sûr, nous ne voulons escroquer personne. Tout ce que nous tentons de faire, c'est de joindre les deux bouts, ce qui semble devenir de plus en plus difficile d'une semaine à l'autre. Quand nous n'arrivons pas à le faire, nous paniquons. Avoir quelques dollars en poche nous semble plus sensé que les mettre dans une enveloppe à destination de je ne sais quelle institution anonyme. Mais cette façon de penser ne fait qu'aggraver notre situation financière.

Si l'argent ne fait pas tourner le monde, les « services rendus » le font certainement. Nous pouvons payer ces services avec plus de sérénité, même quand nous tirons le diable par la queue, si nous nous rappelons que toute transaction financière est en fin de compte un échange d'énergie. Quelqu'un nous fournit de l'énergie sous forme de chaleur, de lumière, de nourriture, d'essence, de vêtements, de logement, de capacité de parler à des gens éloignés ou de regarder des films dans le confort de notre fauteuil. Nous faisons de même en payant ces services : l'énergie prend alors la forme de l'argent. Si nous payons par chèque ou transaction informatique, il n'y a même pas d'échange d'argent. Seulement un échange d'énergie. Si l'énergie de l'univers est infinie, nous pouvons puiser à cette source à condition de ne pas entraver la circulation des biens par nos attitudes négatives. Nous pouvons nous assurer une circulation d'argent constante dans notre quotidien en donnant avec amour et en payant notre dû avec gratitude.

Durant mes années de vaches grasses où je n'avais aucune raison de m'inquiéter au sujet de l'argent, j'ai inventé un petit rituel pour payer mes factures. Au début et au milieu de chaque mois, je prenais une demi-heure pour faire mes comptes en toute quiétude et conscience. Je mettais de l'ordre sur mon bureau, n'y laissant que mes factures, mon carnet de chèques, ma calculatrice, des enveloppes et des timbres à la vue. Pendant que je m'acquittais de cette tâche, je faisais jouer une musique apaisante, sirotais un bon thé et prêtais une attention bienveillante à ce que je faisais. C'est ainsi que j'ai fini par prendre plaisir à cette activité.

Pendant mes années de vaches maigres, j'ai continué à recourir à mon rituel pour garder une attitude positive. Si j'éprouvais de l'angoisse, je me remémorais l'époque où je payais mes factures sans problème et les agréables sentiments de l'abondance : bien-être, paix, sécurité, liberté. Comme notre subconscient ne peut faire la différence entre la réalité et l'imaginaire, je commençais à me détendre. Même si en réalité je vivais des années plus difficiles, j'en suis peu à peu venue à trouver le contentement dans les moments où j'arrivais tout juste à joindre les deux bouts.

Cela ne veut pas dire que je n'ai plus de moments de panique quand je reçois une facture particulièrement salée. Mais j'ai appris à me plonger dans une réalité virtuelle quand je règle mes factures, et tout le monde peut faire de même.

« Gardez-moi de l'arrogance du privilège, du sentiment de pénurie et de la pauvreté d'esprit qui m'empêche de reconnaître ce qui m'est donné quotidiennement » écrit Gunilla Norris dans un magnifique livre de méditations intitulé *Being Home*. « Aidez-moi à rester honnête en sachant où je dépense et où se situent mes valeurs. »

« Aidez-moi à ne pas rater cette leçon mensuelle », demande Norris à l'Esprit, comme nous devrions toutes le faire. « Apprenez-moi à dépenser de façon judicieuse et avec un cœur rempli de gratitude. »

26 OCTOBRE

Nos habitudes de dépense

Je ne sais trop ce que c'est qu'être millionnaire,
mais je parie que je m'y ferais.

DOROTHY PARKER

Il n'y a aucun doute que nous ferions de chouettes millionnaires. Nous savons que l'argent ne fait pas le bonheur, mais nous savons aussi apprécier les bonnes choses. Le problème, pour bon nombre d'entre nous, c'est que nous nous comportons trop souvent comme si nous étions déjà millionnaires. « Faire comme si » est certes un outil psychologique très puissant qui peut nous aider à effectuer des changements positifs. Nous agissons comme si nous étions confiantes et nous le devenons. Nous agissons comme si nous étions sobres et respectables, et nous le demeurons. Nous agissons comme si nous étions sereines et nous vivons plus de moments de calme. « Faire comme si » peut améliorer énormément la qualité de notre vie, à une exception près : la dépense. Vous ne pouvez pas faire comme si vous étiez riches comme Crésus si vous ne l'êtes pas. Vous ne pouvez pas passer votre temps à dépenser sans penser au lendemain si vous ne pouvez pas honorer vos chèques ou payer vos factures, ou si vous arrivez à peine à joindre les deux bouts. Quand il s'agit de payer pour son plaisir, le lendemain vous rejoint *toujours* dans une enveloppe blanche à la fin du mois.

J'ai grandi dans une famille de dépensiers. Mon mari, lui, a grandi dans une famille de gens économes. Quand nous nous sommes mariés, nous représentions le yin et le yang de la gestion du portefeuille... Seize ans plus tard, l'une a évolué vers cet état d'harmonie qu'Aristote appelle « le juste milieu » et Bouddha, « la voie du milieu ». L'autre est toujours aussi économe.

Adopter la voie du milieu en matière d'argent – c'est-à-dire la voie de l'abondance dans la simplicité –, c'est vraiment prendre le meilleur des deux approches : l'extravagance et l'ascétisme. L'extravagance apporte la satisfaction et un sentiment d'abondance. L'ascétisme, lui, s'accompagne de simplicité et d'un sentiment de sécurité. L'abondance dans la simplicité offre tout cela.

Un des plus beaux cadeaux que mon mari m'ait jamais offert, c'est de m'apprendre à réfléchir avant de dépenser. C'est ce que font les gens économes. Ils ne font pas de leurs achats un sport, pas plus qu'ils n'en font un divertissement. Les gens économes laissent passer bien des soldes sans se laisser tenter. S'ils ont une dépense à faire, ils se demanderont : « Est-ce que je veux vraiment cette chose ? En ai-je vraiment besoin ? Est-ce que je peux m'en passer ? Où pourrais-je me la procurer à moitié prix ? » À l'instar des gens naturellement minces qui ne mangent pas quand ils n'ont pas faim, les personnes économes ne dépensent pas quand cela n'est pas nécessaire. Loin d'elles l'idée de gaspiller de l'argent. Les gens économes mettent de l'argent de côté pour les jours difficiles ; c'est pourquoi ils ne paniqueront pas lorsque ceux-ci se présenteront.

Un excellent moyen de vous ouvrir les yeux est de calculer l'argent que vous avez gagné au cours de votre vie. Pensez à chaque emploi que vous avez exercé et évaluez grossièrement vos revenus. Si vous êtes demeurée à la maison et que votre mari a été le principal soutien de la famille, faites la somme de ses salaires. Vous serez étonnée de tout l'argent qui vous a filé entre les doigts. Il est possible que vous ayez vu plusieurs millions de dollars apparaître et disparaître.

Cela ne surprendra pas Joe Dominguez et Vicki Robin, auteurs de *Your Money or Your Life*, un guide pratique pour parvenir à l'indépendance financière en transformant notre relation avec l'argent. « L'argent est une chose contre laquelle nous choisissons d'échanger notre énergie vitale. Notre énergie vitale est le temps qui nous a été alloué ici-bas, les précieuses heures de vie qui ont été mises à notre disposition. [...] Elle est limitée et irrécupérable. [...] La façon dont nous décidons de l'utiliser exprime le sens et le but de notre passage sur la terre. »

Il est renversant de constater à quel point cette définition éclairée de l'argent peut modifier notre façon de faire des achats. Par exemple, elle nous amènera à nous demander si le chemisier de 90 $ qui nous tente vaut vraiment six heures de notre vie.

Cette semaine, prenez note de *toutes* vos dépenses, petites ou grosses, habituelles ou uniques, effectuées pour des services rendus ou pour des achats, avec de l'argent comptant, des chèques ou des cartes de crédit. Apportez un petit calepin ou des fiches – une par jour – partout où vous allez pour noter vos dépenses et voir où va votre argent. À la fin de la semaine, prenez une feuille de papier et faites la liste de vos dépenses en les classant par catégories : choses essentielles, confort, envies, gâteries, extravagances, folies. Combien d'énergie vitale avez-vous dépensé ? Cela en valait-il la peine ? Quelles dépenses vous font soupirer ? D'aise ou de regret ?

Maintenant, examinez les choix qui vous mettent dans l'embarras. De quoi auriez-vous pu vous passer sans éprouver un sentiment de privation ? Calculez le montant d'argent que cela représente et multipliez-le par cinquante-deux. Je suis prête à parier que cela donne une somme rondelette que vous auriez pu épargner pour réaliser un rêve authentique ou mettre de côté pour les imprévus. Et ces choses ne vous auraient probablement même pas manqué.

Voici d'autres suggestions pour atteindre le juste milieu dans vos habitudes de consommation : laissez vos cartes de crédit et votre carnet de chèques à la maison et payez toujours comptant ; assurez-vous la collaboration d'une amie qui veut elle aussi arriver à contrôler ses dépenses et aidez-vous mutuellement à prendre conscience de vos habitudes de consommation ; ne cachez pas vos achats. Quand vous rentrerez à la maison avec vos emplettes bien à la vue au lieu de les laisser dans le coffre de la voiture jusqu'à la nuit, vous saurez que vous êtes entrée dans la zone de modération.

Aujourd'hui, disposez-vous à examiner en douceur vos dépenses d'énergie vitale. Ne vous culpabilisez pas pour les mauvais choix que vous avez pu faire. Essayez plutôt d'en faire de meilleurs dorénavant. La plupart de nos problèmes dans la gestion de l'argent proviennent de modes de comportement inexplorés plutôt que de pulsions incontrôlables.

27 OCTOBRE

Apaiser nos désirs

Il doit bien y avoir autre chose dans la vie que de tout avoir.

MAURICE SENDAK

Effectivement, mais la matérialiste en vous ne veut rien entendre. Vers ce temps-ci de l'année, la consommatrice diabolique apparaît et elle a faim. Faites attention, car elle peut saper tous les progrès que vous avez faits dans ce domaine. Chaque jour, le facteur nous apporte de magnifiques catalogues de vente par correspondance, les soldes présaison battent leur plein et vous avez commencé à songer aux cadeaux de Noël. La fille attachée aux biens matériels en vous veut sa part. Même si vous avez commencé à goûter aux joies de la simplicité, le monde vous en met plein la vue ces jours-ci et il est difficile de ne pas vous laisser éblouir par tout ce déploiement. Tant de choix à faire, tant de désirs, tant de belles choses qui vous invitent à les acheter !

Au cours des dernières semaines de l'année, les efforts déployés pour vous priver ou vous montrer raisonnable demeurent vains. Mais il y a une façon intelligente d'apaiser vos désirs. Il s'agit de ne pas les nier. Succombez-y. Savourez-les. Faites des extravagances. Abandonnez-vous. Laissez-vous aller.

Ne vous inquiétez pas. Je n'ai pas perdu la raison ; je l'ai plutôt trouvée. Vous pouvez faire comme moi et cela ne vous coûtera pas un rond. Voici comment. Ramassez les catalogues qui vous arrivent régulièrement, mais ne les parcourez pas à toute vitesse. Attendez de pouvoir y mettre le temps. Encerclez en rouge *tout* ce qui frappe l'imagination de la matérialiste en vous. Ne vous laissez pas arrêter par les prix. Sur le plan spirituel, vous avez tout l'argent dont vous avez besoin. Faites de folles dépenses sur papier. Imaginez que vous portez cette élégante veste de cachemire, que vous êtes assise dans ce fauteuil extraordinaire, que vous avez au cou ce splendide collier en or, que vous recevez vos amis avec cette magnifique vaisselle. Dites-vous mentalement que toutes ces choses vous appartiennent. Dites-vous « Je peux avoir tout cela ». Faites votre liste d'achats sur un bout de papier, insérez-la dans un catalogue et rangez tous vos catalogues dans un panier réservé à cet usage. Ensuite, oubliez vos achats personnels et concentrez-vous sur les cadeaux que vous voulez faire aux autres. Si la petite fille intérieure se met à gémir, rassurez-la en lui disant que vous vous êtes déjà occupée d'elle. Après les vacances des Fêtes, ressortez vos catalogues et parcourez-les à nouveau. Voyez si vous avez toujours les mêmes envies. Peut-être avez-vous reçu un cadeau qui a comblé vos aspirations. Peut-être l'objet de votre convoitise est-il maintenant soldé. Mais ne vous étonnez pas si votre désir s'est estompé. Pourquoi ? Parce que vous avez satisfait la fille matérialiste en vous. Vous avez prêté attention à ses désirs. Vous ne les avez pas ignorés, vous ne l'avez pas envoyée promener, vous ne l'avez pas privée. Vous lui avez dit qu'elle pouvait avoir tout ce qu'elle voulait. Mais tout ce qu'elle veut vraiment, c'est que vous lui en donniez la permission.

Le but de cet exercice consiste à élargir votre conscience de l'abondance en laissant tomber les limitations mentales qui vous freinent. « Quand vous ne cessez de dire : "Je n'ai pas les moyens d'acheter ceci ou cela", votre subconscient vous prend au mot et fait en sorte que vous ne puissiez pas acquérir ce que vous désirez », explique Joseph Murphy dans *La Puissance de votre subconscient*. « Tant que vous persisterez à dire : "Je n'ai pas les moyens de me payer cette automobile, ce voyage en Europe, cette maison [...]", vous pouvez êtes assuré que votre subconscient obéira à vos ordres et vous passerez votre vie à passer à côté de toutes ces choses. »

Nous apaisons nos désirs quand nous les reconnaissons. Nous pouvons le faire sur le plan physique ou sur le plan métaphysique. Les bonnes choses ne sont peut-être pas toutes gratuites, mais les meilleures aubaines, c'est votre consommateur personnel – votre subconscient – qui les découvrira. Honorez vos désirs en les passant au crible pour que ceux qui restent soient authentiques.

28 OCTOBRE

La sérénité financière

Si vous en ajoutez un petit peu à ce que vous avez déjà,
vous en aurez un petit peu plus.

P. G. WODEHOUSE

Nous recherchons fanatiquement la sécurité financière alors que ce que nous souhaitons vraiment, c'est la sérénité financière. Trouver la sécurité financière, c'est ne plus jamais avoir à s'inquiéter à propos de l'argent parce que vous avez répondu à tous

vos besoins. Dans le climat économique incertain d'aujourd'hui –
où la seule chose dont nous pouvons être sûres, c'est qu'il n'y a rien
de sûr –, combien de temps mettrons-nous à y parvenir, selon
vous ?

La sérénité financière, elle, consiste à ne plus avoir à vous faire
de souci au sujet de l'argent parce que vous avez découvert la vraie
Source. Vous avez alors accès à un entrepôt de marchandises invisible et inépuisable. Nul besoin d'attendre un instant de plus pour
trouver la sérénité financière. Nous pouvons la connaître dès
aujourd'hui, quelle que soit notre situation économique.

Nous trouvons la sérénité financière dès que nous admettons
que l'argent est un état d'esprit et l'abondance, une conviction. En
choisissant l'abondance, nous trouvons la vraie richesse, la richesse
de la vie quotidienne. Bien sûr, l'argent en fait partie, mais il y a
aussi l'amour, la paix intérieure, l'harmonie, la beauté, la joie, la
santé parfaite, l'expression authentique, la découverte du bonheur,
la poursuite de nos passions et l'accomplissement de notre destinée divine.

Il y a cependant des actions que nous pouvons entreprendre
pour accroître notre avoir. La première, c'est de dépenser moins
que ce que nous gagnons de façon à pouvoir épargner et partager
davantage. Bon nombre d'entre nous aimerions théoriquement
posséder un compte d'épargne, mais psychologiquement, nous
résistons à cette idée. Pourquoi ? Parce que nous associons épargne
avec privation plutôt qu'avec satisfaction. Car pour épargner, nous
devons nous passer de quelque chose. Ce que nous oublions, c'est
qu'avoir un compte d'épargne nous permettra éventuellement de
trouver la véritable satisfaction plutôt que sa piètre imitation que
représente la gratification immédiate.

Pour arriver à épargner de façon régulière, nous devons y voir
un choix positif, une option qui affirme notre état d'abondance.
J'appelle cela mon compte de sérénité. En épargnant, vous commencez à vous débarrasser de vos modes de pensée limitatifs.
Combien épargner ? Commencez par ce que vous pouvez, mais
fixez-vous comme objectif dix pour cent de l'argent que vous gagnez et déposez-le avant que cet argent ne serve à autre chose.

Épargner, c'est « affirmer que vous avez plus que ce dont vous
avez besoin », rappellent Sanaya Roman et Duane Packer dans
Devenez la source de votre abondance. « Quand vous avez l'impression

d'être dans l'abondance, vous vous mettez à attirer la prospérité. [...] Pensez au montant d'argent que vous aimeriez accumuler dans votre compte d'épargne ; imaginez-le de la façon la plus précise et la plus vivante possible. Imaginez le solde que vous aimeriez voir dans votre carnet bancaire. Représentez-vous en train de déposer de l'argent dans votre compte. Ressentez le plaisir que vous éprouverez quand vous jetterez un coup d'œil à votre solde. Représentez-vous vos économies comme un compte qui vous amènera la prospérité, comme de l'argent qui vous apprendra à gérer un flux de prospérité de plus en plus grand. »

29 OCTOBRE

Affirmer l'abondance

Quiconque croit collaborer à l'œuvre de Dieu sur la terre ne peut s'empêcher de croire aussi que Dieu lui viendra en aide à son tour.

CHARLES FILLMORE

Un autre pas à franchir pour accéder à la sérénité financière, c'est de s'adjoindre un « partenaire silencieux » directement intéressé dans votre prospérité. Comment ? En payant votre dîme, c'est-à-dire en réservant une partie de votre richesse aux œuvres de l'Esprit. Quand vous payez votre dîme, vous reconnaissez et honorez la Source véritable de vos biens. La dîme est une ancienne tradition spirituelle et une loi universelle de prospérité qu'ont respectée les plus grandes civilisations – Égyptiens, Babyloniens, Chinois, Grecs et Romains – pour s'assurer la prospérité.

Si vous n'avez pas été élevée dans une tradition spirituelle qui pratique la dîme, comme le judaïsme et le catholicisme, peut-être cette pratique ne vous est-elle pas familière et vous demandez-vous ce qu'elle suppose.

Comprendre la façon dont fonctionne la dîme sur le plan métaphysique aide les sceptiques à s'ouvrir davantage à ses effets positifs. Quelle que soit notre voie, il y a une loi spirituelle selon laquelle celui qui donne gagne. Comme nous l'avons déjà souligné, l'argent est une forme d'énergie. Or, l'énergie ne s'accroît pas si elle est mise en réserve. Elle doit circuler pour libérer son pouvoir. Donner une partie de l'argent que nous recevons ouvre les vannes de l'abondance et lui permet de circuler librement, conformément à la volonté de l'Esprit.

Sur le plan pratique, payer notre dîme permet d'exprimer concrètement notre gratitude. Remettre une partie des biens matériels que nous avons reçus est une preuve de confiance tangible. De plus, cela change notre attitude à l'égard de l'argent. Nous nous mettons alors à attendre ce qu'il y a de mieux. Nous avons respecté notre partie du contrat. Maintenant que nous avons donné, nous pouvons nous préparer à recevoir.

Que vous y croyiez ou non, vous attirerez davantage l'argent en payant vos redevances. Il s'agit de mettre de côté un dixième de tout l'argent que vous recevez – revenus, cadeaux ou intérêts sur vos épargnes ou vos investissements – et d'en faire don régulièrement à une église, à un temple, à une mosquée ou à toute autre organisation spirituelle qui vous inspire, vous élève et favorise votre développement personnel. Si vous n'en connaissez pas, vous pouvez faire vos dons à un organisme sans but lucratif qui travaille à une œuvre de l'Esprit, s'occupant de ceux qui ne peuvent s'occuper d'eux-mêmes – malades, indigents et sans abri. C'est ma façon à moi de payer ma dîme. Mais chacune doit suivre son cœur dans ce domaine.

Mon expérience de la dîme depuis que je me suis engagée sur le chemin de l'abondance dans la simplicité est inégale, mais étonnante. Quand je donne, je trouve plus facilement la sérénité financière que quand je ne donne pas. Quand je donne, je me mets à épargner plus facilement; de nouvelles occasions de gagner de l'argent, souvent non recherchées, se présentent. Les vannes du ciel s'ouvrent et m'inondent de leurs faveurs, quoique je ne sois pas encore rendue au point où je ne pourrais en accepter davantage.

Quand je ne paie pas ma dîme, je ne suis pas terrassée, mais je me mets à me faire du mauvais sang à propos de l'argent. Mes dépôts se font plus rares et des dépenses imprévues se présentent ; bref, je me retrouve *toujours* à devoir débourser un plus gros montant que ce qu'aurait représenté ma dîme. Alors je sais qu'il est temps de faire un chèque. Je demeure à l'affût de ce qui va se produire. Très vite, la marée se met à remonter. Coïncidence ?

Certains vous diront que si vous n'avez pas beaucoup d'argent à donner, vous pouvez tout aussi bien donner de votre temps ou de vos biens. D'après mon expérience, quand je donne du temps, je reçois du temps ; quand je donne des biens, je reçois des cadeaux. Si je veux attirer plus d'argent dans ma vie, je donne de l'argent.

Quand nous éprouvons de sérieux ennuis d'argent, nous croyons ne pas pouvoir nous permettre de payer la dîme. Mais quand nos besoins sont grands, pouvons-nous nous permettre de *ne pas* payer notre dîme ? Ou bien nous nous disons que si un jour nous en venons à ne plus avoir de problèmes d'argent, nous donnerons généreusement. Je n'en doute pas. Mais je vous dirai que ce n'est que lorsque nous apprendrons à lâcher prise et à nous détendre à ce sujet que l'argent cessera de nous poser un problème. En affirmant notre abondance tout de suite, en donnant généreusement, nous démontrons ostensiblement notre prospérité à l'incrédule en nous. Laissons notre moi authentique la convaincre et observons ce qui se produira.

30 OCTOBRE

Attirer la prospérité

Bourse maigre est plus facile à guérir qu'à subir.

GEORGE S. CLASON

L e peuple de Babylone a été le plus riche de l'Antiquité. Sa fortune a fait sa renommée, car tous, gens ordinaires ou roi, jouissaient d'un niveau de prospérité aujourd'hui difficile à concevoir. Les pauvres y étaient rares, car tout le monde avait accès à la connaissance des lois de la prospérité.

Ces lois inventées par les Babyloniens étaient fort simples, même pour ceux qui n'étaient pas doués en la matière, et demeurent tout aussi valables qu'il y a huit millénaires. Le secret de la richesse, c'est d'épargner et de partager régulièrement, de contrôler ses dépenses, de ne pas contracter de dettes, d'accroître son pécule par des investissements prudents, de mettre le gros de ses avoirs à l'abri de pertes, d'être propriétaire, de s'assurer un revenu pour ses vieux jours et d'accroître sa capacité de gagner de l'argent en faisant preuve de persévérance.

Vers la fin des années 20 et au cours de la Crise des années 30, plusieurs banques et compagnies d'assurances distribuaient des brochures expliquant ces anciennes lois de l'économie et de la prospérité au moyen des paraboles écrites par George S. Clason. En 1955, un recueil de ces paraboles fut publié sous le titre *The Richest Man in Babylon* et devint un classique qui en inspira plusieurs.

Le premier des secrets babyloniens pour devenir riche était: «Fais-toi une bourse pour grossir ton pécule». Pour ce faire, on prenait une partie de ses revenus – au moins le dixième – et on en revendiquait la propriété. Cet argent était gardé dans une bourse qu'on portait généralement à la taille. Le but de cette bourse n'était pas seulement d'épargner de l'argent mais d'en attirer davantage, ce qui donnait un sentiment de sérénité financière à son propriétaire. Quand la bourse devenait trop lourde à porter, une partie de l'argent pouvait être mise dans un plus gros coffre d'épargnes pouvant servir à des prêts, à des échanges, à l'acquisition de propriétés ou à des investissements. Mais il restait toujours une partie de l'argent dans la bourse pour en attirer davantage. Les riches de Babylone gardaient toujours une bourse bien garnie à proximité comme preuve matérielle de leur prospérité.

Si vous êtes encline à vous inquiéter à propos de l'argent, c'est là un stratagème extraordinaire pour vous donner un sentiment de sérénité financière. Il ne s'agit pas d'un compte d'épargne; cet argent s'ajoute à celui que vous déposez dans un compte d'épargne. Vous le gardez à portée de la main de façon à *voir* votre prospérité, à pouvoir la palper ou la compter à volonté. Cet argent ne doit servir à rien d'autre; c'est pourquoi vous devez tenir son existence secrète. Il n'est pas question de vous en servir pour payer la pizza.

Ma façon à moi de me faire une telle bourse pour attirer la prospérité est de cacher un billet de 100 $ en plus du montant d'argent que je prévois dépenser quand je sors. Ainsi, quoi qu'il advienne, j'aurai toujours 100 $ pour dépenser à mon gré ou pour répondre à un besoin urgent. Mais il faut que ce soit un billet de 100 $. Vous dépenserez facilement 100 $ en petites coupures, mais vous hésiterez à utiliser un billet de 100 $. (Du moins, c'est mon cas.) Ainsi, vous vous sentirez toujours riche sans dépenser. C'est un moyen sensationnel de vous reconditionner et d'apprendre que l'abondance doit se manifester dans votre esprit avant de le faire dans votre vie.

31 OCTOBRE

Place au mystère et à la magie

Pratiquer la magie, c'est tisser les forces invisibles et leur donner une forme; c'est nous élancer tellement haut dans le ciel qu'on ne nous voit plus; c'est explorer le mystérieux royaume onirique de la réalité cachée.

STARHAWK

Voici enfin arrivée l'ensorcelante Halloween. Certaines d'entre nous accompagnerons nos petits lutins dans leur tournée; nous les entourerons de notre amour et de nos soins, et les protégerons dans l'obscurité. D'autres accueilleront les joyeux lurons sur le pas de leur porte et les amadoueront avec des bonbons, choisissant de les gâter plutôt que de se faire jouer des tours. Sage décision.

L'Halloween nous vient de la fête celtique préchrétienne de la Samhaim, qui était célébrée le 31 octobre, la dernière nuit de l'automne, avant le froid et les rigueurs de l'hiver. Les Druides croyaient que cette nuit-là – considérée comme le jour de l'an celtique –, le monde surnaturel se rapprochait du monde naturel, ce qui rendait les humains plus sensibles au pouvoir et à l'influence de l'invisible. On pouvait alors jeter plus facilement des sorts, la divination (la prédiction de l'avenir) était plus révélatrice et les rêves revêtaient une signification particulière.

Comme Celte, j'y crois toujours. Comme humaine, je crois que l'Halloween est une belle occasion de nous rappeler que la magie nous habite, que le mystère imprègne toutes nos activités quotidiennes. Nous faisons apparaître le soulier introuvable, nous transformons des restes en un festin, nous faisons surgir d'abondantes récoltes d'une terre stérile, nous faisons disparaître la peur, soignons des blessures, étirons notre maigre pécule pour nous rendre jusqu'à la fin du mois. Nous portons, berçons, nourrissons et entretenons la vie. Nous faisons tout cela et bien plus encore. Mais la plupart d'entre nous ne sommes pas conscientes de notre extraordinaire capacité de bonté. Nous ne sommes pas éveillées à notre divinité. Nous avons oublié que nous descendons d'Elle, d'une ancienne lignée sacrée.

N'est-ce pas de la magie ce que vous faites quand vous créez un mode de vie authentique pour vous et votre famille ? Ne tissez-vous pas des forces invisibles grâce à votre créativité, à votre art et à votre passion quand vous mettez au monde ce qui n'existait que sur le plan spirituel ? Si vous pouvez faire tout cela sans en être consciente, combien plus encore pourriez-vous accomplir si vous étiez pleinement consciente de vos pouvoirs ?

Ô fille d'Elle, un grand pouvoir vous a été conféré. C'est le pouvoir de l'amour. Ce soir, à la lumière d'une chandelle ou de la pleine lune, engagez-vous à utiliser votre pouvoir avec sagesse, pour le plus grand bien de tous. *Vous ne soupçonnez pas le nombre de vies que vous touchez au cours de votre existence.* Il y a des âmes en quête de plénitude qui pourraient être guéries par vos pouvoirs magiques. Puisez directement à la Source. Reconnaissez et remerciez pour votre origine et vos dons. « Je suis convaincue qu'il y a

de la magie dans tout », faisait observer Frances Hodgson Burnett ;
« cependant, nous ne sommes pas assez sensées pour entrer en
contact avec elle et lui demander d'agir pour nous ».

Maintenant nous le sommes.

Petites douceurs d'octobre

❖ Planifiez une visite à la ferme ou au marché pour vous acheter
des citrouilles. Choisissez-en une belle grosse pour faire une
lanterne ; procurez-vous aussi un assortiment de petites
citrouilles sur lesquelles vous pourrez sculpter différents
motifs, tels que des damiers, des cœurs, une lune et des
étoiles. Pour les marches ou l'entrée, les citrouilles moyennes
conviendront parfaitement alors que les petites feront de jolis
bougeoirs pour la table.

❖ Pour orner votre table, créez une décoration automnale composée de différents produits de saison : gerbes de blé,
citrouilles, courges, maïs, vigne, bouquets de fleurs séchées et
feuilles d'automne.

❖ La conservation des feuilles d'automne était l'un des passe-
temps favoris des femmes de l'époque victorienne. Coupez de
belles branches au moment où les feuilles revêtent leurs
magnifiques couleurs – cramoisi, orange et or – et avant
qu'elles ne commencent à tomber, comme lorsque vous
voulez conserver des fleurs. Fendez les bouts de vos branches
d'environ 8 cm ; faites-les tremper dans de l'eau chaude pendant plusieurs heures. Enlevez les feuilles qui commencent à
s'enrouler. Préparez une solution de glycérine (vendue en
pharmacie) et d'eau – une partie de glycérine pour deux parties d'eau. Amenez cette solution à ébullition, faites-la mijoter
doucement pendant dix minutes et laissez-la reposer jusqu'à
refroidissement complet. Coupez les bouts de vos branches en
biseau et martelez-les légèrement ; déposez-les dans la solution
et laissez-les tremper, au frais et à l'obscurité, jusqu'à ce
qu'elles aient complètement absorbé la solution (soit de 7 à
10 jours). Quand vous apercevez des petites perles de

glycérine sur les feuilles, il est temps de retirer les branches ; essuyez les feuilles avec un papier essuie-tout humide et laissez sécher complètement. Vos feuilles resteront belles et éclatantes pendant plusieurs saisons.

❖ Les citrouilles peuvent également devenir de jolis vases pour les bouquets d'automne. Évidez-les comme si vous fabriquiez une lanterne et déposez-y une éponge dans laquelle vous piquerez des fleurs aux tons chatoyants, des feuilles traitées et des vignes. Ces bouquets dureront plusieurs semaines. Vérifiez régulièrement s'il faut y ajouter de l'eau.

❖ Le soir de l'Halloween, il est de coutume de dire la bonne aventure. Une délicieuse façon de le faire est de servir un « gâteau du destin » ; il s'agit d'un pain d'épice dans lequel vous insérerez de petits talismans en argent spécialement conçus à cette fin avant de le faire cuire. Quand vous découperez le gâteau, les charmes qui s'y trouveront diront la bonne aventure : la cloche symbolise un mariage, le dé bénit son propriétaire ; la fourchette permet de réaliser un vœu ; une pièce de monnaie annonce la prospérité, le fer à cheval est signe de chance, et le bouton représente le bonheur domestique. Vous pouvez commander un assortiment de ces charmes (que vous pourrez réutiliser pour le pudding de Noël) en vous servant du catalogue de vente par correspondance *Seasons* (1-800-776-9677).

❖ À l'Halloween, déguisez-vous ou dénichez au moins un beau masque que vous porterez pour recevoir les enfants qui se présenteront à votre porte.

❖ C'est le temps de planter vos bulbes de crocus, de jonquilles et de tulipes en prévision du printemps prochain.

❖ Allez faire une randonnée dans la campagne par un beau dimanche pour admirer les atours flamboyants de Dame Nature. Apportez un pique-nique et flânez le plus longtemps possible.

❖ Fabriquez une délicieuse potion automnale à partir de cidre ou de vin chauffé et épicé. Une douceur que vous apprécierez particulièrement après avoir ramassé les feuilles ! C'est chez William-Sonoma (1-800-541-2233) que j'ai trouvé les meilleures épices pour préparer cette boisson.

NOVEMBRE

Tout gèle de nouveau.
Dans les pins, le vent
siffle une prière.

RIEI, poète japonais du XVIIIᴱ siècle

Novembre nous est revenu à pas feutrés, nous prenant par surprise. Soudain, comme le poète anglais Thomas Hood le faisait observer d'un ton maussade il y a deux siècles, il n'y a « plus
d'ombre, plus d'éclat, plus de papillons, plus d'abeilles, plus de
fruits, plus de fleurs, plus de feuilles, plus d'oiseaux ». Dehors, les
rayons gris argenté révèlent un paysage familier sans apparat.
Derrière les portes closes, les feux de cheminée éclairent le Réel.
Telle une femme qui a trouvé sa véritable nature, novembre brille
de sa beauté intérieure.

1er NOVEMBRE

Accueillir le crépuscule

La saison pour venir, la saison pour partir,
la saison pour chanter ou pour cesser de chanter,
nous ne le savons jamais.

ALEXANDER POPE

Il était une fois une reine puissante qui se mettait facilement en rogne. Un automne, comme l'année était sur son déclin, elle sombra dans une profonde mélancolie. Elle ne pouvait plus ni manger ni dormir et pleurait souvent sans raison apparente, ce qui la mettait en fureur et provoquait chez elle des crises de colère qui faisaient trembler son entourage.

Chaque jour, la reine convoquait un nouveau conseiller, membre de son estimé cercle de sages pour qu'il lui explique la cause de son étrange malaise. Tous repartaient comme ils étaient venus : le médecin de la cour, l'astronome, le devin, l'alchimiste, l'herboriste, le philosophe. Parce qu'ils n'arrivaient pas à expliquer le mystérieux maléfice dont la reine était victime, tous étaient traités de charlatans et renvoyés, s'estimant chanceux de ne voir abrégée que leur illustre carrière.

« Il doit sûrement y avoir quelqu'un parmi vous qui connaît la source de mes souffrances », s'écriait la reine éplorée. Mais ses gémissements pathétiques se butaient à un silence embarrassé, tous redoutant sa fureur. Finalement, pris de compassion pour la pauvre reine, le jardinier royal s'approcha doucement de son trône.

« Venez au jardin, Majesté ; sortez des murs de la prison que vous vous êtes construite et je résoudrai votre énigme. » La reine était tellement désespérée qu'elle fit ce qu'il lui demanda. Se rendant au jardin pour la première fois depuis plusieurs semaines, elle remarqua que les couleurs vives de l'été avaient disparu et que le jardin avait l'air dénudé. Mais elle vit également qu'il n'était pas complètement dépourvu de beauté, ayant revêtu les magnifiques

610

tons de cramoisi et d'or de l'automne. L'air était frais et vivifiant et le ciel, d'un bleu pur. « Parle, ordonna la reine au jardinier, mais pèse bien tes mots, car je veux la vérité. »

« Majesté, lui répondit-il, ce n'est pas votre corps ni votre esprit qui souffre. C'est votre âme qui a besoin de soins. Car toute-puissante que vous soyez, vous êtes humaine et souffrez d'un mal dont nous sommes tous atteints. Nos âmes passent de l'allégresse au chagrin selon nos saisons affectives, tout comme la nature passe par les cycles de la vie, de la mort et de la renaissance selon la saison. Ces jours-ci nous sont donnés pour exprimer notre gratitude pour les récoltes du cœur, quelque modestes soient-elles, et pour nous préparer à la fin de l'année. En ce moment, le jour diminue et la nuit prend de plus en plus de place. Mais la vraie Lumière ne s'éteint jamais, ni dans la nature, ni dans notre âme. Accueillez le crépuscule, reine bien-aimée, et ne craignez pas l'obscurité. Comme la nuit succède au jour, la Lumière reviendra et vous connaîtrez à nouveau des heures heureuses. De cela je suis sûr. »

La reine réfléchit aux sages propos du jardinier et lui demanda comment trouver le secret de la paix intérieure au fil des saisons de son cœur. Le jardinier la conduisit alors à un cadran solaire de cuivre où était écrit :

« Cela aussi passera. »

2 NOVEMBRE

Prendre soin de son âme

Représentons-nous le soin de l'âme comme une application de la poétique à la vie quotidienne.

THOMAS MOORE

L'âme a été créée le sixième jour. Après les chérubins et les séraphins. Après les dominations, les vertus, les puissances, les principautés, les archanges et les anges. Après que Dieu eut séparé la Lumière et les ténèbres, le jour et la nuit. Après qu'Il eut créé l'espace et le temps, l'air, le feu, l'eau et la terre. Après que le soleil, la lune et les étoiles eurent été suspendus au firmament. Après que l'univers se fut mis à tourner, que son pouvoir et son énergie eurent été libérés. Après que la musique des sphères eut commencé la symphonie céleste. Après que les animaux se furent mis à courir dans les champs, et les oiseaux à voler. Après que le jardin eut atteint sa maturité.

Après que *tout* cela eut été créé et que le Créateur eut vu que *cela était bon*, après seulement vint le moment de la Bien-aimée. Car celle-ci, qui allait être connue pour l'éternité sous le nom d'Âme – fut mise au monde par le souffle divin, alors que l'Esprit riait et pleurait tout à la fois. L'âme fut conçue dans la joie et dans la douleur. Créée avec une poignée de poussière. Dieu allait vivre, se mouvoir et prendre chair dans une créature de glaise.

Allez-y comprendre quelque chose. C'est précisément ce qu'hommes et femmes tentent de faire depuis l'aube des temps. Mais la raison, l'intellect, l'imagination, la passion, la poésie, la prière, l'art, le sexe, la chanson, le saxophone, rien ne peut éclaircir ou révéler pleinement la mystérieuse nature de notre âme. Et encore moins la comprendre.

De toute évidence, après vingt-cinq mille ans d'efforts, il y a peu de chances que nous soyons faites pour comprendre l'essence de l'âme. Mais nous pouvons arriver à la connaître. Car nous n'avons été créées pour *rien d'autre* qu'aimer, entretenir, nourrir, soutenir, protéger, élever, inspirer, réjouir, charmer et réconforter la présence aimée en chacune de nous. Le psychothérapeute et écrivain Thomas Moore appelle cette profonde attention à nos besoins véritables « le soin de l'âme ».

C'est aujourd'hui la fête des Morts, jour consacré depuis le Moyen Âge au souvenir de nos chers disparus qui ont cessé de rire et de pleurer avec nous. C'est aussi une occasion merveilleuse de réfléchir au soin que nous prenons de notre âme, à l'accueil que nous réservons à cette invitée dans notre quotidien et à la qualité de son séjour chez nous. Pour nous aider à aborder « la profondeur qui est le domaine de l'âme », Moore nous invite à devenir « les artistes et les théologiens de notre propre vie ».

C'est dans « les menus détails de la vie quotidienne » que nous exprimons à notre âme qu'elle est la bienvenue. « C'est en nous occupant des choses qui nous entourent et en devenant sensibles à l'importance du foyer, de la routine quotidienne et peut-être même des vêtements que nous portons, que nous prenons soin de notre âme », nous dit Moore dans un superbe livre de méditations intitulé *Le Soin de l'âme. Un guide pour cultiver au jour le jour la profondeur et le sens du sacré.*

Aujourd'hui, demandez à votre invitée ce que vous pouvez faire pour rendre son séjour plus agréable. Demandez-lui souvent : « De quoi as-tu besoin en ce moment ? Qu'est-ce qui pourrait te procurer la paix, le bonheur, la joie ? » Ce peut être de ralentir, d'aller faire une marche, d'embrasser un enfant, de flatter un chat, de feuilleter une revue, d'appeler votre sœur, d'envoyer une carte amusante à une amie, de faire une sieste, de commander des mets chinois, de regarder un bon film, de piquer une crise de larmes, de trouver un restaurant où l'on sert encore du bon vieux soda aux cerises, de lire un roman à énigmes, de rentrer tôt à la maison, de rêver, de fantasmer, de prier. Quel que soit son besoin, elle vous l'exprimera. Vous n'avez qu'à le lui demander.

« "Reste" est un mot agréable dans le vocabulaire d'une amie », nous rappelle Louisa May Alcott. Reste, ma bien-aimée. Reste. Dites-le-lui maintenant. Dites-le-lui souvent. Viens vivre avec moi et sois ma bien-aimée.

Reste.

3 NOVEMBRE

Devenir vrai

Une fois vrai, on ne peut plus redevenir faux.
On est vrai pour toujours.

MARGERY WILLIAMS

L e lapin assis bien à la vue dans le bas de Noël du petit garçon, une branche de houx entre les pattes, était splendide. Il était dodu à souhait et avait une douce fourrure blanche tachetée de brun, une belle moustache bien droite et des oreilles doublées de satin rose. Le garçon en fut ravi et joua avec le lapin pendant deux bonnes heures, jusqu'à ce que ses parents lui fassent remarquer que d'autres cadeaux merveilleux l'attendaient sous le sapin. « Et dans son excitation devant tous ses autres cadeaux, l'enfant oublia le lapin de velours. »

Pendant longtemps, le lapin ne fut qu'un jouet parmi d'autres dans l'armoire. Mais cela ne lui faisait rien, car il lui était ainsi permis d'entretenir de longues discussions philosophiques avec le cheval Gringalet qui était très vieux, très sage et très au fait de la magie des chambres d'enfant. Un des sujets de conversation favoris du lapin était le fait de devenir « vrai ». Voilà le cœur du *Lapin de velours*, un conte mystique de Margery Williams sur le pouvoir transformateur de l'amour, écrit en 1927.

Le cheval Gringalet expliquait patiemment au lapin : « Tu n'es pas vrai de naissance. C'est quelque chose qui t'arrive. Quand un enfant t'aime longtemps, longtemps, pas seulement pour jouer avec toi, mais qu'il t'aime *vraiment*, alors tu deviens vrai ».

Ce n'est pas du jour au lendemain qu'un jouet ou une personne deviennent vrais. « En général, quand tu deviens vrai, presque tout ton poil a disparu, tes yeux se sont affaiblis, tes articulations se relâchent et tu es très usé. Mais cela n'a aucune importance car une fois que tu es devenu vrai, tu ne peux plus être laid, sauf aux yeux de ceux qui ne comprennent pas. »

Pour devenir vrai, un jouet doit être aimé d'un enfant. Pour devenir vraies, nous devons aimer la vie dans toute sa complexité et son incertitude. À l'instar du lapin de velours, nous désirons devenir vraies, savoir ce que c'est qu'être authentiques. Parfois, cela fait mal. La perspective de perdre nos moustaches et de voir notre queue se découdre nous effraie. Dans un monde qui juge selon les apparences, il est gênant de ne plus avoir de rose sur le museau. Le lapin de velours n'est pas seul à souhaiter devenir vrai sans qu'il y ait d'effets secondaires désagréables ou inconfortables.

Une des façons de devenir vraie sans trop d'inconfort, c'est de le faire graduellement. En apprenant à reconnaître, à accepter et à apprécier ce qui vous distingue de tous les autres jouets de l'armoire, vous lancez le processus. En apprenant à faire confiance à la sagesse de votre cœur et à faire des choix fondés sur ce que vous savez être votre plus grand bien, vous progressez dans cette voie. En apprenant à aimer chaque petit moment, vous arrivez à destination. Vos yeux de porcelaine ont peut-être perdu leur éclat, mais ces fenêtres de l'âme ne voient plus que le beau. Vous devenez vraie non seulement pour ceux qui vous connaissent et vous aiment, mais pour tout le monde. Vous devenez authentique.

4 NOVEMBRE

Le retour de la Déesse

Écris sur ce sujet, Déesse, et sur celui-ci.

ALEXANDER POPE

Elle est de retour ! La déesse nous revient avec un tout nouveau livre pour étancher notre soif. Quelle sorte de livre ? Peu importe ! Les déesses de l'art de vivre, des loisirs, de la décoration, de la forme physique, de la mode, de la beauté et des relations font leur apparition à cette époque de l'année, entretenant le cycle du culte et des mots. Jadis, les déesses accomplissaient des miracles. Aujourd'hui, elles écrivent des livres sur la façon de faire nos propres miracles.

Seize heures, par un froid après-midi de novembre, et il fait déjà nuit. Des adeptes des quatre coins de la région de Washington ont quitté travail, domicile ou famille pour attendre l'apparition, l'autographe et le ravissement à l'occasion de cette séance de signature. Encore une heure à attendre et il y a déjà quelques centaines d'inconditionnelles qui font la file. Des femmes de toutes provenances : des banlieusardes avec leurs jeunes enfants, des cadres avec leur serviette et leur cellulaire. Celles qui sont en tête de la file ont passé la journée ici. Ma fille et moi ne sommes arrivées que depuis une demi-heure dans le but de mener une étude du phénomène de la déesse contemporaine, mais il y a déjà plus d'une vingtaine de femmes bien mises derrière nous.

De temps à autre, un employé de la librairie vient nous rappeler que la déesse signera *seulement* son dernier livre et *seulement* deux exemplaires par cliente. Cela contrarie particulièrement une femme qui vient tout juste d'en acheter dix pour offrir à des parentes et à des amies comme cadeaux de Noël ; quand elle a payé la facture de 250 $, personne ne l'a avisée que huit de ses livres ne pourraient pas être signés. Plusieurs se lamentent à propos du culot, du vedettariat, des grosses fortunes, des empires financiers et des déesses qui oublient celles qui les ont fait passer de divas à divinités. Mais nous ne sommes pas dépourvues de moyens. Plusieurs d'entre nous n'avons qu'un seul livre à faire signer ; il n'y a qu'à répartir les livres en surplus et le tour est joué !

À la place du pain et des poissons, il y aura des canapés. Katie revient régulièrement nous communiquer les dernières nouvelles concernant l'heure d'arrivée de la déesse. Elle est affamée ; il ne m'est pas venu à l'esprit d'apporter des provisions. Je saisis au vol deux tartelettes aux canneberges de la grosseur d'un timbre-poste et les enveloppe dans une serviette pour les offrir à Katie lors de son prochain rapport.

Une heure plus tard, craignant de ne pas arriver à la tête de la file avant que l'éminence ne doive quitter les lieux, je m'aventure à jeter un coup d'œil de l'autre côté de la barricade. Je n'ai pas attendu tout ce temps pour ne pas au moins voir la déesse en chair et en os...

Mais ce que j'aperçois dépasse tout ce que j'avais pu imaginer. Derrière elle, un autel a été érigé : une somptueuse table de pin blanc recouverte d'une nappe de lin tissée à la main et sur laquelle on a disposé des montagnes de fruits, de légumes et de pains, des ustensiles de cuivre et des bougies. La déesse trône devant son autel, assise sur une chaise recouverte de tapisserie, derrière un secrétaire en merisier de l'époque de la reine Anne, sur lequel on a placé un magnifique bouquet de fleurs qu'on ne trouve en ce moment que chez les fleuristes branchés. À côté, des offrandes de disciples forment un sanctuaire ; des bouquets de fleurs et une grosse pile de présents, dont plusieurs ont été emballés dans du papier fait main imprimé au pochoir.

J'en ai assez vu. La déesse est aussi belle que sur les photos ; l'autel est incroyable, sauf que je l'ai vu de mes propres yeux. Toute la scène me donne le frisson. J'ai envie de quitter les lieux, mais Katie est horrifiée à l'idée de partir sans faire signer notre livre. Je décide donc de rester.

Cela fait, il est maintenant beaucoup trop tard pour entreprendre la préparation du souper ; nous nous payons donc un hamburger et des frites au restaurant. De retour à la maison, en fouillant dans mon sac pour trouver mes clés, je tombe sur les tartelettes aux canneberges en piteux état. La maison est plongée dans l'obscurité, froide et déserte. Pas de feu, pas de bougies, pas d'animation, pas d'agréables arômes pour nous accueillir. « Une maison n'est pas un foyer si elle ne contient pas de nourriture et de feu pour l'esprit comme pour le corps », écrivait en 1845 Margaret Fuller dans *Woman in the Nineteenth Century*. La croûte est délicieuse, mais la tartelette ne me rassasie pas comme je l'avais imaginé.

5 NOVEMBRE

La Déesse en nous

Viens, Vesta, vivre dans cette belle maison.
Apporte ta chaleur et ton amitié.
Apporte ton intelligence,
ton énergie et ta passion
pour accompagner ton beau travail.
Brûle jour et nuit dans mon cœur.
Tu es toujours la bienvenue.
Je me souviens de toi.

Hymne homérique

Depuis le début de la civilisation, les femmes se tournent vers des déesses pour leur intercession et leur inspiration. Chez les femmes de la Rome antique, c'est Vesta qui était la plus en faveur. Déesse du foyer, comme son homologue grecque Hestia, Vesta nous exhorte à être paisibles, à nous asseoir, à contempler, à écouter, à préparer de délicieux repas, à embellir le quotidien, à nous servir de nos six sens, à créer un havre de sécurité et de sérénité à l'abri du monde pour protéger tout ce que nous chérissons. Vesta nous demande de concentrer nos énergies créatrices sur la vraie vie.

Dans un livre inédit sur la spiritualité des femmes de l'Antiquité, Frances Bernstein note que le mot latin pour désigner le foyer est *focus*. La focalisation est l'art sacré de Vesta. Les femmes d'aujourd'hui ont un urgent besoin de se focaliser, elles qui consacrent une bonne partie de leur temps à répondre aux innombrables demandes de la famille et du travail. Plus nous courons vite, plus nous sommes en conflit. Courir ne nous mène nulle part ; nous perdons notre concentration et notre lucidité, et vivons dans un perpétuel état de confusion. Souvent, au cours d'une journée, nous dirons que nous avons l'impression d'être « détraquées », « complètement éclatées » ou « dingues ». Toutes ces expressions décrivent bien la perte de contact avec notre centre. Quand nous sommes décentrées, c'est que nous ne sommes plus en contact avec le formidable pouvoir de guérison de Vesta en nous. Nous nous sommes aventurées très loin du foyer sacré et ne retrouvons plus notre chemin vers la chaleur et la lumière.

Pour retrouver notre centre, nous devons retrouver le sens du foyer; c'est ce que nous tentons de faire quand nous nous créons des déesses domestiques. Nous glorifions des femmes dont la carrière publique est bâtie sur nos aspirations intimes. Il est beaucoup plus facile de vivre par procuration à travers leurs livres, leurs films, leurs revues, leurs bulletins, leurs spectacles télévisés ou leurs publicités, que de développer nos propres dons. Il est beaucoup plus facile de nous créer des déesses que d'honorer la Déesse en nous.

Comprenez-moi bien. J'aime les déesses. Elles sont intelligentes, pleines de bon sens et bourrées de talents merveilleux. Elles ont une foule de bonnes choses à nous offrir; j'ai sans aucun doute contribué moi aussi à les enrichir. Moi aussi je suis à la recherche d'une nouvelle recette de risotto à faible teneur en calories. Mais il y a une marge entre l'admiratrice enthousiaste et l'adepte fanatique. Vous n'avez pas besoin de faire partie d'une secte pour vous faire laver le cerveau.

Quand l'admiration se mue en adoration, nous créons inconsciemment des images qui réduisent notre vie au lieu de l'enrichir. Nous nions notre moi authentique. Nous désavouons notre passion. Nous nous vidons de notre pouvoir en le donnant à des femmes qui en ont de toute évidence déjà assez. Est-ce à cela que nous faisons allusion quand nous disons que «le riche s'enrichit et le pauvre s'appauvrit»? Le manque de confiance en nous et d'énergie créatrice contribue beaucoup plus à nous garder dans un état de pénurie qu'un porte-monnaie peu garni.

En rendant un culte à de fausses déesses, nous laissons d'autres femmes être les créatrices plutôt que d'honorer la créatrice en nous. Si vous cherchez vraiment une déesse authentique, vous savez où la trouver.

6 NOVEMBRE

Se montrer à la hauteur de la situation

Être vraiment grande dans les petites choses, se montrer réellement
noble et héroïque dans les détails insignifiants de la vie quotidienne,
c'est là une vertu si rare qu'elle mérite la canonisation.

HARRIET BEECHER STOWE

D ans la vraie vie, la sérénité dépend de notre aptitude à bien
nous en tirer, à nous montrer à la hauteur de la situation.

Considérez les scénarios suivants. Vous avez une crevaison en
vous rendant à un important rendez-vous d'affaires. Vous avez
fermé la porte de la maison en laissant vos clés à l'intérieur. Vous
apprenez qu'un camarade de classe de votre mari vient dîner dans
deux heures. Les tuyaux gèlent. Le chien avale une boucle d'oreille.
La maladie ou une tempête de neige retient un membre de la
famille à la maison. On vous demande d'envoyer de l'argent, de
transporter les enfants en remplacement d'un autre parent, de faire
partie d'un jury. Vous êtes appelée à l'extérieur de la ville ;
quelques minutes plus tard, on vous demande de vous occuper du
bazar de l'école.

La vie quotidienne est la collision – jour après jour – entre l'improbable et l'impossible. Longfellow pensait que les situations qui
font appel à notre pouvoir d'adaptation sont des « bénédictions du
ciel » sous un déguisement sombre, destinées non pas à mettre
notre âme à l'épreuve, mais à la faire grandir. Tout comme la pâte
doit lever dans un bol avant de devenir du pain, nous grandissons
plus que nous l'aurions cru possible quand nous nous montrons à
la hauteur des circonstances et accomplissons des miracles avec
grâce et bonne humeur. Quand vous vous tirez bien d'une situation, vous voyez au-delà de sa circonférence, sans laisser cet événement fortuit voiler la Réalité qui se situe au cœur de votre
quotidien.

La plupart des femmes ont une extraordinaire aptitude à se montrer à la hauteur des circonstances. Mais nous ne nous en rendons pas vraiment compte parce que c'est devenu chez nous une seconde nature. Nous ne nous en attribuons pas le mérite parce que nous tenons ce talent pour acquis. Mais si c'était des femmes débrouillardes qui dirigeaient tout, Nirvana ne servirait pas seulement à nommer un groupe *grunge*.

Plus nous nous montrons à la hauteur des situations, plus nous apprenons à le faire. Chaque fois que nous nous en tirons bien dans une situation que la vie nous présente, quelle qu'elle soit, nous faisons un dépôt de confiance, de créativité et de courage dans notre compte de confiance en nous. Alors, félicitez-vous chaque soir pour avoir affronté l'imprévu avec grâce. Mission accomplie.

Aujourd'hui, quand vous devrez vous montrer à la hauteur d'une situation, faites-le avec élégance. Faites-le avec un sourire entendu. Confondez l'ennemi. Étonnez-vous. Faites semblant que c'est facile, et cela le deviendra.

7 NOVEMBRE

L'hôtel Shepheard...

Elle avait été acculée à la prudence durant sa jeunesse.
C'est en vieillissant qu'elle s'est initiée au romantisme –
suite naturelle d'un début contre nature.

JANE AUSTEN

Noël. Dublin. 1878. J'héberge dans une chambre au-dessous du *Neary's Pub* un beau patriote irlandais recherché par la police britannique. Je ne pense pas aux risques encourus.

Mais ce n'est là qu'une de mes nombreuses vies. Un soir de 1915, je me retrouve sur la terrasse du *Muthaiga Club*, le Moulin rouge de l'Afrique. Ou bien je suis à l'affût des *guacanos* au beau milieu des Andes, je poursuis des taureaux avec Hemingway à Pampelune, je descends le Nil en bateau, je fais du *trekking* dans le Karakoram, je traverse la Néva gelée, à vive allure, dans un traîneau conduit par mon dévoué valet de chambre cosaque, je descends les escaliers de l'opéra de Paris au bras du suave Guy de Maupassant (ou n'est-ce pas plutôt du fougueux Toscanini ?).

Ni l'un ni l'autre. Je suis avec J. Peterman, le dernier des hommes romantiques. Peterman me trouve mystérieuse, puissante, irrésistible, intelligente, vive, impertinente, drôle, sexy. Et belle, il va sans dire. Le genre de femme pour laquelle un homme se parjurerait ou détournerait des millions. (Il n'a pas besoin de le faire, remarquez, c'est l'offre qui compte.) Le genre de femme que les autres femmes se rappellent et envient toute leur vie. Ce qui n'a rien d'étonnant, quand je suis avec lui, je deviens cette femme. Mon moi authentique. Sentimentale. D'un romantisme incurable. Émotive. Impulsive. Passionnée.

À l'instar de Peterman, je pleure un mode de vie révolu, surtout que celui-ci est en grande partie disparu avant ma naissance, à une époque où le romantisme faisait partie du quotidien. Avec l'aide de Peterman, je peux faire revivre à volonté l'époque des paquebots, du crêpe de Chine, des valises à compartiments secrets et des *roadsters* Morris Minor. Cet homme parcourt le monde à la recherche des derniers vestiges du véritable romantisme. Quand il en trouve un petit fragment, il le reproduit et m'en informe par le truchement de ses catalogues de vente par correspondance connus sous le nom de *Owner's Manual*. Pas de photos de luxe, pas de vente sous pression. Juste des dessins de ce que nous faisions la dernière fois que je portais ou utilisais ces objets, accompagnés d'aquarelles évocatrices pour me rafraîchir la mémoire. J'attends Peterman dans mon courrier comme certaines femmes attendent Fabio au centre commercial.

Mes rendez-vous avec Peterman se déroulent toujours la nuit, dans mon lit. C'est là que mon âme sœur et moi évoquons nos souvenirs, revenons sur des routes que nous n'avons pas empruntées, nous rappelons les risques que nous n'avons pas pris, jusqu'à ce que nous n'ayons plus le moindre regret, uniquement de tendres souvenirs. J'ai su que J. Peterman était mon âme sœur quand il m'a confié ses regrets de ne pas avoir passé une nuit à l'hôtel Shepheard, au Caire. Cet hôtel a été rasé par les flammes, en 1952, avant qu'il n'ait les moyens d'y séjourner. «Ce soir-là, c'est devenu mon mot de passe pour tout ce que je n'ai pas obtenu, tout ce que je n'ai pas fait.» Moi qui croyais être la seule personne au monde à regretter d'avoir raté la nuit de rêve à l'hôtel Shepheard, au Caire...

Peterman sait qui je suis, même si moi je l'oublie. Il sait que j'ai été créée dans un élan de passion, pour vivre passionnément. Vous aussi. Sondez la psyché féminine et vous y trouverez une élégie du remords romantique – ce qui n'a pas été obtenu, ce qui n'a pas été fait. Des fragments mélancoliques d'amours non partagées qui se succèdent du berceau à la tombe. Des regrets qui n'ont pas tant été provoqués par des amants qui ont choisi de vivre sans nous, que par le souvenir des choses que nous avons jadis aimées, mais dont nous avons appris à nous passer. Ce pourrait être votre roman inachevé, les Beaux-Arts à Paris que vous n'avez jamais faits, la mante de velours noir que vous aviez enfin dénichée dans une friperie mais que vous avez laissé passer, vous disant que vous n'auriez pas tellement d'occasions de la porter (et pourtant...). L'amour que vous n'avez pas pu rendre, l'amour qui vous a fait peur, l'amour que vous avez eu peur d'exprimer. Le geste tendre que vous n'avez pas osé poser. La passion de vivre à laquelle nous nous sommes dérobées parce que la vie de tous les jours nous contraint à la prudence.

Quand vous reconnaissez vos élans romantiques, quelque peu vraisemblables et pratiques soient-ils, vous renforcez votre lien intime avec votre moi authentique ainsi que vos liens avec ceux qui vous aiment sans condition. Ces liens, que vous entretenez avec tout ce qui alimente vos passions, nourrissent votre âme, vous tiennent en vie.

Aujourd'hui, présentez-vous à l'hôtel Shepheard. Que devez-vous faire avant de mourir? Où devez-vous aller? Quels mondes devez-vous conquérir? Commencez à explorer, aujourd'hui même, les mille et une façons de faire honneur à votre besoin de romantisme, ne fût-ce qu'en commandant un catalogue qui vous fera rêver.

Bogart et Bergman auront toujours Paris. Peterman et moi aurons toujours le Caire. Mon peignoir est là pour le prouver.

8 NOVEMBRE

La prière du quotidien

Il y a plus de choses qui se font par la prière que le monde ne le croit.

Alfred Lord Tennyson

Au commencement était le Verbe
et le Verbe était avec Dieu
et le Verbe était Dieu.
Et moi, puis-je conjuguer à mon tour ?

Certaines femmes savent qu'elles prient. D'autres pensent qu'elles ne prient pas parce qu'elles ne s'agenouillent pas matin et soir. Mais elles se lèvent la nuit pour soigner leur enfant malade, visitent un parent âgé à l'heure du dîner, étayent les rêves de leurs proches par leur travail, pleurent ou se réjouissent avec un ami, prennent soin des corps et des âmes. Tout cela aussi, c'est une prière.

Que nous en ayons conscience ou non, à chaque respiration, à chaque battement de cœur, nous prions. Notre prière prend la forme de nos désirs, de nos aspirations, de notre faim, de notre soif, de nos soupirs, de nos remords, de nos regrets. Elle prend la forme de la déception, du découragement, du désespoir, de l'incrédulité. De la colère, de la rage, de la jalousie, de l'envie. Du plaisir, du contentement, du bonheur, de l'exultation, de la joie. De la gratitude, de la reconnaissance, de l'appréciation, de l'acceptation, du soulagement. Nous prions quand nous réconfortons, encourageons, consolons. Nous prions quand nous rions. Nous prions quand nous pleurons. Quand nous travaillons et quand nous jouons. Quand nous faisons l'amour et quand nous préparons un repas. Quand nous créons et quand nous admirons la création. D'une façon ou d'une autre, nous prions. Le quotidien *est* une prière. La façon dont nous le menons, le célébrons, le consacrons. C'est simplement que certaines prières sont meilleures que d'autres. La prière consciente est la meilleure.

Fondamentalement, la prière est une conversation, une communion, une relation, un lien intime. La prière est le dialecte du divin. Elle est en fait ce qu'il y a de plus authentique comme conversation, car quand vous priez, vous n'avez pas besoin de vous retenir. Vous pouvez dire tout ce que vous avez à dire, de la façon dont vous le voulez, quand vous le voulez. Vous ne serez pas jugée. Vous ne risquez pas de perdre l'amour de l'autre ; au contraire, en priant, vous en deviendrez plus consciente. Vous n'avez pas besoin de peser vos mots de peur qu'il n'y ait un malentendu, car vous serez toujours comprise. Même si vous ne savez pas ce que vous voulez ou ce dont vous avez besoin, l'Esprit, lui, connaît l'objet de votre prière, de votre demande, de votre supplication, de vos lamentations ou de vos louanges avant même que vous n'ouvriez la bouche.

Alors, pourquoi élever la voix pour prier ?

Parce qu'il n'est pas bon qu'une femme garde le silence. Nous devons déballer ce que nous avons sur le cœur. Nous devons exprimer tout haut ce qui nous tourmente, pour pouvoir passer à autre chose. Nous ne pouvons le faire quand nous sommes coincées, et nous le sommes souvent, par une sorte d'autocensure alors que nous gardons le silence. « La vie de chaque personne est vécue comme une série de conversations », nous dit Deborah Tannen. Nous prions parce que nous avons besoin de parler à quelqu'un qui nous écoute vraiment.

9 NOVEMBRE

Le sacrement du moment présent

Il n'y a rien qui soit à ce point profane que nous ne puissions le consacrer ; c'est là un des messages les plus profonds de l'Incarnation.

MADELEINE L'ENGLE

625

S i la vie quotidienne est notre prière, les moments que nous offrons pour nous bâtir une vie authentique sont nos sacrements. La *Livre de la prière commune* définit le sacrement comme « un signe extérieur et visible d'une grâce intérieure et spirituelle ». C'est par notre façon, extérieure et visible, de vivre notre train-train quotidien – par le temps, l'énergie, l'émotion, l'attitude et l'attention que nous consacrons à nos tâches – que nous élevons le profane au transcendant. Les moments d'illumination ne sont pas réservés aux saints, aux mystiques et aux poètes.

Il y a sept sacrements dans la tradition chrétienne : le baptême, la pénitence, l'eucharistie, la confirmation, le mariage, l'ordre et l'extrême-onction. Mais il ne faut pas limiter les sacrements au contexte religieux car, comme le souligne Matthew Fox, « le Sacré est partout ».

Quand nous accueillons le jour qui commence, nous le baptisons avec notre gratitude et notre enthousiasme ; quand nous nous réconcilions avec une autre personne ou avec nous-mêmes et réparons nos torts, nous pratiquons le sacrement de pénitence. La confirmation donne la sagesse. Le mariage est le sacrement de la relation. L'eucharistie nourrit. L'ordre est le sacrement de l'autorité et l'extrême-onction est le sacrement de l'accomplissement. Tout ce que nous faisons est important : la façon dont nous tressons des cheveux, préparons un goûter, saluons nos enfants à leur départ pour l'école, les accueillons à leur retour, faisons une suggestion, modifions un contrat, répondons à un appel téléphonique, servons les pâtes, versons le vin, écoutons une amie, soulageons quelqu'un d'un fardeau ou lui rendons visite au foyer, partageons un secret, vérifions s'il y a un monstre sous le lit.

« Ce qu'il y a de merveilleux chez les saints, c'est que c'était des *humains* », fait remarquer Phyllis McGinley dans *Saint-Watching*. « Ils se mettaient en colère, avaient faim, adressaient des reproches à Dieu, étaient parfois égoïstes, grincheux ou impatients, commettaient des erreurs et les regrettaient. De bévue en bévue, ils sont quand même parvenus au ciel. »

10 NOVEMBRE

Le vide

J'ai passé tellement d'heures à me convaincre que j'ai raison ;
aurais-je quelque raison de craindre que j'ai tort ?

JANE AUSTEN

Il m'est difficile de parler de la foi sans parler du doute. J'aimerais écrire une méditation sur le réconfort de la foi absolue, sur la foi d'Abraham qui marche dans le désert avec son merveilleux fils, Isaac, pour aller offrir un sacrifice à Dieu. Ils ont le feu, ils ont le bois. « Mais où est l'agneau ? » demande Isaac à son père. « Dieu y pourvoira », répond Abraham au fils que Dieu lui a donné après soixante-dix ans de prière. Naturellement, comme cette histoire porte sur la foi aveugle, Dieu y pourvoit en effet. Une fois l'autel érigé, le bois disposé, l'enfant attaché et le couteau sorti de sa gaine, un ange intervient. Dieu y voit. La foi a brisé un cœur pour le rendre aussi vaste que l'univers. Mais il m'est impossible d'écrire sur le réconfort d'une foi sans faille comme celle d'Abraham parce que personne ne m'a jamais vue marcher dans le désert avec du feu, du bois, mon enfant, et sans agneau.

Abraham n'a pas connu le trou noir du doute. Est-il absolument certain qu'aucun tremblement n'a effleuré son cœur, même au moment où il a brandi son couteau ? Un jour, une de mes proches m'entretenait au téléphone d'une conversation qu'elle avait eue avec une amie commune sur Dieu, la foi et le doute. Elle me mentionnait en passant que toutes deux souhaiteraient avoir ma foi. Je ne me rappelle pas le reste de cette conversation. Ce dont je me souviens, c'est de mon envie de raccrocher, ébranlée d'apprendre que quelqu'un considérait ma foi vacillante digne d'être imitée.

Annie Dillard raconte que le prophète Ézéchiel se méfiait de ceux qui n'avaient pas pataugé dans le vide du désert du cœur avant de trouver le chemin du retour. « Le vide est important, souligne-t-elle. Le vide est la maison de l'esprit, l'altitude et la latitude éblouissantes de dénuement et d'ordre, à un point tel que l'esprit peut se découvrir pour la première fois, comme un aveugle qui recouvre la vue. » J'espère de tout cœur qu'elle a raison.

Peut-être le doute rend-il la foi possible, particulièrement quand la douleur est insoutenable. S'il n'y avait pas de doute, pourquoi aurions-nous besoin de la foi ? Peut-être faut-il reconnaître le doute, l'accepter, l'accueillir et le surmonter avant que notre foi soit assez forte, pas juste pour en parler, mais pour nous soutenir.

C'est parfait de retenir ta respiration quand tu sautes. Mais il ne faut pas regarder en bas.

« Avoir la foi, ce n'est pas *être sûr*. C'est *ne pas être sûr*, mais parier son dernier sou », écrit Mary Jean Irion dans *Yes, World*. « La foi n'est pas de faire le moulin à prières durant le jour. Elle consiste à poser vos questions les plus intimes la nuit, puis à vous lever et à vous mettre à l'ouvrage. »

11 NOVEMBRE

L'étonnante grâce

La grâce comble les vides, mais elle ne peut s'introduire que là où il y a un espace vide pour la recevoir, et c'est elle-même qui crée ce vide.

SIMONE WEIL

La grâce est une intervention directe du divin qui, pour notre plus grand bien, contourne les lois naturelles – temps, espace, cause et effet, y compris l'octroi d'une place pour stationner. Les théologiens nous disent que la grâce est une manifestation gratuite de l'amour de Dieu, une preuve que nous ne sommes pas seules. Comme la plupart d'entre nous acceptons l'hypothèse selon laquelle la vie est une bataille à livrer en solitaire, il n'est guère étonnant que nous soyons ébahies quand, descendant du ciel, la Force nous habite soudain. La grâce est la Force – un champ d'énergie spirituelle qui nous protège et nous assiste. La grâce est le vol d'essai de l'Esprit; elle nous fait traverser sans heurts le moment, la rencontre, la journée. Nous expérimentons alors la vraie Vie.

Nous accédons à la grâce comme à n'importe quel autre outil spirituel; en la demandant d'une manière explicite et régulière. Le matin, vous vous brossez les dents, vous faites le café ou le thé. Une fois bien réveillée, demandez dans un esprit de gratitude et avec confiance votre portion de grâce pour la journée. Les enfants déjeunent, s'habillent sans faire d'histoire et partent à l'heure. Le chauffeur d'autobus vous attend. La journée se déroule agréablement et sans incidents. Quelqu'un vous demande si vous avez perdu du poids. Vous vous rendez compte que vous souriez à quatre heures de l'après-midi. Vous vous dites qu'il doit bien y avoir une raison à cela. Le lendemain, vous redemandez la grâce. Peu à peu, cela devient chez vous aussi naturel et essentiel que respirer.

12 NOVEMBRE

Moments célestes

Ce ne sont là que des indications et des suppositions,
des indications suivies de suppositions; le reste
est prière, observance, discipline, pensée et action.

T. S. Eliot

Carl Jung appelle ce phénomène «synchronicité»: deux événements apparemment non reliés qu'on n'arrive pas à expliquer par la loi de cause à effet, mais qui sont rattachés en raison de la signification particulière qu'ils revêtent pour quelqu'un.

Nous appelons cela une coïncidence. Un heureux hasard. La chance. Le destin. Nous lui trouvons toutes sortes de noms, sans jamais utiliser le bon: la grâce. Dieu. Quand des événements fortuits se produisent «juste au bon moment et nous envoient exactement les personnes qui impriment soudainement une nouvelle direction à notre vie», écrit James Redfield dans *La Prophétie des Andes*, il nous faut «voir intuitivement un sens plus profond à ces mystérieux événements».

Mais la plupart du temps, nous sommes trop occupées pour y prêter attention. Trop occupées à la vie quotidienne pour accorder à la Vie plus qu'un salut au passage. Alors, nous ratons un moment céleste en disant avec un haussement d'épaules «N'est-ce pas intéressant?» plutôt que «Qu'est-ce que cela peut bien vouloir dire?» Puis, au lieu d'attendre la réponse de l'Esprit, nous repartons dans mille et une directions.

Les artistes s'en remettent aux nobles harmonies de la synchronicité. Et comme ils l'attendent, ils la reçoivent. Aujourd'hui, entreprenez une expérience très éclairante. Pendant une semaine, assumez que *rien* de ce qui vous arrive dans une journée n'est le fruit du hasard. Déployez un plus grand filet. Prêtez une attention particulière à vos rêves. Suivez vos impulsions. Reconnaissez vos pressentiments. Considérez votre intuition pour ce qu'elle est: un outil spirituel. Voyez quels films vous avez le goût de regarder. Écoutez attentivement les paroles des chansons. Si quelqu'un vous suggère quelque chose de nouveau, essayez-le. Si une conférence ou un atelier pique votre curiosité, allez-y. Remarquez les livres qui vous attirent. Adressez la parole à l'inconnu qui est assis à côté de vous ou à cet autre qui attire votre regard. Soyez réceptive et demeurez à l'affût. Voyez combien de moments célestes, vous pouvez vivre dans une journée. Plus vous vous ouvrirez au rôle de la synchronicité dans votre vie, plus vous attirerez l'assistance divine.

13 NOVEMBRE

La réponse à nos prières

Dieu répond parfois prestement et soudainement à notre prière,
nous lançant au visage la chose que nous avons demandée,
un défi avec un cadeau dedans.

ELIZABETH BARRETT BROWNING

O scar Wilde pensait qu'il n'y a que deux tragédies dans la vie : ne pas obtenir ce que nous demandons dans nos prières et l'obtenir.

« Les prières exaucées font peur », admet Julia Cameron dans *Libérez votre créativité*. « Elles impliquent la responsabilité. Vous l'avez demandé. Et maintenant que vous l'avez obtenu, qu'allez-vous faire ? Pour quelle autre raison y aurait-il cet avertissement : "Fais attention à ce que tu demandes dans tes prières, tu pourrais l'obtenir" ? Les prières exaucées nous rendent responsables de nos actes. Ce n'est pas confortable. »

Très souvent, si nous ne sommes pas à l'aise, c'est que nous ne demandons pas la bonne chose dans nos prières et le savons au fond de nous. Nous prions pour que l'âme sœur se présente à nous, au lieu de demander la grâce de devenir la femme vers laquelle notre âme sœur sera attirée ; nous demandons de réussir dans le monde alors que ce à quoi nous aspirons vraiment, c'est de nous réaliser à un niveau plus profond ; nous demandons d'avoir plus d'argent alors que ce qu'il nous faut, c'est changer notre rapport avec l'argent. Nous demandons d'obtenir tel dénouement dans une situation donnée alors que nous devrions demander la paix intérieure, quel que soit ce dénouement.

En fait, Dieu répond toujours à nos prières. Le problème, c'est que nous n'aimons pas considérer un « non » comme une réponse raisonnable à notre demande très raisonnable. Comme le souligne Madeleine L'Engle dans *The Irrational Season*, parlant sûrement en

631

notre nom à toutes : «Nous n'aimons pas les non ; parfois, nous aimons encore moins les non de Dieu que tous les autres ».

Les non de l'Esprit relèvent davantage du mystère divin que les oui…; ils sont plus intéressants à méditer, quand nous en avons fini avec les larmes, la colère et les jurons. Les non de Dieu n'ont pas de sens pour notre esprit conscient et rationnel, surtout que nous sommes persuadées que nous savons ce qui est le mieux. Mais le savons-nous vraiment ?

Nous voulons un oui, mais nous avons parfois besoin d'un non. Pensez aux catastrophes qui pourraient se produire si nous accédions à toutes les demandes d'un enfant. L'idée à elle seule nous fait frémir. N'oublions pas que nous sommes les enfants du divin. Nous n'avons aucune idée du tableau d'ensemble, pas plus que nous ne pouvons mesurer l'importance de nos demandes par rapport à celles des autres. L'Esprit entend notre prière pour avoir une belle journée ensoleillée à l'occasion d'un pique-nique familial autant que les supplications du fermier qui a besoin de pluie pour ses cultures.

Vous seriez étonnée du soulagement qui nous envahit quand nous cessons de croire que nous avons *toutes* les réponses.

Quand il vous semble que vos prières prennent du temps à être exaucées ou sont carrément ignorées, demandez à l'Esprit si vous faites les bonnes demandes. S'il vous répond par la négative, demandez-lui de vous inspirer la bonne prière. Très souvent, quand Il nous dit non, c'est pour nous donner plus de temps, d'espace, de sagesse et d'expérience pour nous préparer au moment glorieux où, parce que vous êtes enfin prête, bien disposée et apte à le recevoir, l'Esprit vous répondra soudainement par un oui retentissant.

14 NOVEMBRE

Les miracles

Il n'y a que deux façons de vivre sa vie. L'une, c'est de faire comme si rien n'était un miracle ; l'autre, comme si tout l'était.

ALBERT EINSTEIN

Nous voyons un miracle – une guérison soudaine, par exemple – comme un événement. En fait, le véritable miracle n'est pas l'événement lui-même, mais notre perception de celui-ci. Demandez-vous ce qui est le *vrai* miracle : le chèque qui arrive enfin, l'échéance qui est reportée, le procès qui a un heureux dénouement, l'exception qui se produit ? Ou bien le fait que vous affrontiez des circonstances intenables avec sérénité, étonnant tout le monde – vous y compris – par votre sang-froid et votre courage ?

Marianne Williamson définit le miracle comme « un déchirement du voile, un changement de perception, un retour à l'amour ». Ce qui rend le miracle possible, c'est le continuum de l'amour : l'amour de l'Esprit pour nous, l'amour que nous avons les uns pour les autres, notre amour pour l'Esprit. Dans *Un retour à l'Amour*, Marianne Williamson nous dit qu'il fut un temps où tout était miracle, parce que nous vivions dans l'Amour. Puis, nous sommes revenues sur terre : « On nous a inculqué des idées de compétition, de combat, de maladie, de ressources limitées, de restriction, de culpabilité, de mal, de mort, de manque et de deuil. On a commencé à penser ces choses, et donc on a commencé à les connaître ». L'Amour a été remplacé par la peur.

Quand nous vivons dans la peur – qui fait partie de la vie quotidienne de plusieurs d'entre nous –, les miracles deviennent l'exception, non pas le vécu quotidien. Mais les choses peuvent changer. Ce qu'il nous faut, c'est retrouver le chemin du retour à la maison, à notre moi authentique.

Il y a plusieurs voies qui mènent à la réalisation. Celle qu'a choisie Marianne Williamson en 1977 s'appelle *Un Cours sur les miracles*. Il s'agit, explique-t-elle, d'«un programme d'auto-apprentissage de psychothérapie spirituelle », fondé sur des vérités universelles transcrites par un psychologue juif sous la dictée d'entités spirituelles, au milieu des années 60. Grâce à une méditation et à des exercices quotidiens, l'élève apprend à laisser tomber toutes les idées préconçues de son ego – ce que nous voulons, ce dont nous avons besoin et ce que nous croyons nécessaire pour trouver le bonheur – pour les remplacer par l'application pratique de l'Amour dans notre vie quotidienne. «Que la douleur psychique soit due aux relations interpersonnelles, aux problèmes de santé, de carrière ou à autre chose,» pouvons-nous lire dans *Un retour à l'Amour*, «l'amour est une force puissante. Il est le traitement, la Réponse. »

Comme le mentionne l'introduction du *Cours sur les miracles*, le point crucial de ce volume de plus de 1200 pages est très simple :

Rien de réel ne peut être menacé.

Rien d'irréel n'existe.

En cela réside la paix de Dieu.

Quand nous prenons conscience de cela, nous vivons le miracle de la Vraie vie. «En demandant des miracles, nous rappelle Marianne Williamson, nous avons un objectif pratique : un retour à la paix intérieure. Nous ne demandons pas que change rien d'extérieur à nous, mais quelque chose en nous. »

15 NOVEMBRE

Nos gardiens célestes

Nous avons tous des anges pour nous guider. [...] Ils prennent soin de nous. De leur chaude main invisible, ils nous guérissent, nous touchent, nous réconfortent. [...] Comment obtenir leur aide ? En la demandant. En remerciant.

SOPHY BURNHAM

Vous rappelez-vous le réconfort et la joie que vous procurait la présence de votre amie imaginaire quand vous étiez enfant ? Le fait que les autres n'arrivaient pas à voir cette fidèle amie ne l'empêchait pas d'exister. Votre alliée spirituelle est toujours là ; elle prend soin de vous, vous protège, vous guide, vous inspire et vous aime – même s'il y a belle lurette que vous avez fait des pâtés de sable ensemble dans la cour.

Les anges sont la preuve de l'amour que Dieu nous porte ; ils nous rappellent constamment que nous ne sommes pas seules. Nous avons pratiquement toutes déjà senti une force invisible nous tirer d'un danger. À ce moment-là, nous avons vraiment senti que le ciel veillait sur nous. Et nous avions raison. Plus des deux tiers d'entre nous croyons à l'existence des anges, mais nous ne sommes pas toutes prêtes à établir un contact intime avec un être céleste.

Cela fait plusieurs années que j'entretiens un rapport étroit avec mon ange gardien, que j'appelle Annie. Quand je me suis engagée dans ma quête spirituelle, j'ai demandé et obtenu de vivre une amitié mystique ; celle-ci me procure beaucoup de joie, de réconfort, de sécurité et de paix. Le plus beau cadeau d'Annie a été de m'aider à relaxer. Elle me rappelle souvent que la vie n'est pas un mélodrame joué en solo, bien que j'aie tendance à réécrire sans cesse le même scénario. Malgré mon grand désir, je n'ai jamais vu Annie. Les anges n'apparaissent pas sur demande ; ce ne sont pas des génies qui surgissent d'une lanterne magique. Cela ne nous empêche pas de faire appel à ces fidèles compagnons pour nous guider, nous aider et nous inspirer.

« Nos anges nous connaissent plus intimement que nos parents et notre conjoint. Ils adorent s'occuper de notre bien-être et de notre santé physique », affirme Eileen Elias Freeman. « Ils savent ce que nous faisons, ce que nous demandons dans nos prières, ce que nous voyons et disons. Ils veillent sur la vie et la mort de chacune de nos cellules ; ils nous aiment, car ils sont envoyés de Dieu, qui est Amour. »

Parmi le nombre incalculable de livres sur les anges, ceux de Eileen Elias Freeman intitulés *Touched by Angels* et *Angelic Healing* sont mes préférés. L'auteure y soutient d'une façon convaincante que nous pouvons entrer en contact avec ces aides célestes fidèles seulement lorsque nous prenons conscience que la relation particulière que nous recherchons est une relation avec l'Esprit. Nous pouvons aimer le message et le messager, mais nous ne devons jamais oublier Celui qui les envoie.

Comme pour tout cadeau spirituel, il nous faut demander à nos anges de nous venir en aide. Nous devons demander à l'Esprit d'approfondir nos liens avec nos gardiens célestes et le remercier de maintenir la ligne de communication céleste ouverte en tout temps.

16 NOVEMBRE

Se laisser porter par le grand Kahuna

Dès que vous vous demandez si vous êtes heureux, vous cessez de l'être.

J. S. MILL

Laissez-vous porter par le courant. Attrapez la vague du grand Kahuna. J'adorerais cela ! Pas vous ? Mais de nos jours la vie prévoit rarement un arrêt à Surf City, à moins que vous ne résidiez à Malibu.

Chaque fois que nous nous abandonnons au courant, nous vivons un merveilleux décollage : nous sommes alertes, légères comme l'air, authentiques, à l'aise et en pleine possession de nos moyens. Manger, boire, faire l'amour, dormir perdent de leur importance. Pourquoi ? Parce que nous roulons au super. C'est l'Amour qui nous anime. Nous déployons tous nos talents et crions à pleins poumons un céleste « Bravo ! ». Nous nous adonnons à notre passion. Nul besoin de mantras et de pensées positives pour nous motiver ; le bonheur nous propulse à la vitesse de la lumière vers l'accomplissement de nos aspirations. Tous les obstacles se dissolvent. Les émotions destructrices, l'anxiété et la dépression disparaissent. Nous demeurons dans le monde, mais n'y appartenons plus. Nous éprouvons alors un plaisir que ne peut procurer aucune zone érogène ou cachée, une paix qui dépasse notre entendement. Exultation. Joie. Transcendance. Transformation. Ce que vous recherchez quand vous demandez à votre médecin de vous prescrire du Prozac. L'idée que vous vous faisiez du plaisir sexuel quand vous aviez seize ans.

La mauvaise nouvelle, c'est que nous ne nous laissons pas souvent porter par la vague. La bonne, c'est que l'euphorie peut être déclenchée en tout temps ; elle risque même de devenir l'un des champs de recherche psychologique les plus prometteurs au cours de la prochaine décennie. Depuis une vingtaine d'années, Mihaly Csikszentmihalyi, pionnier dans ce domaine, s'adonne à l'étude scientifique de la joie ; il examine minutieusement les états modifiés accompagnant l'« expérience optimale », ces moments où nous nous sentons intimement reliées à la Vie, à laquelle il a donné le nom d'« afflux ». Selon ce chercheur, l'exultation peut faire partie du quotidien, et je le crois. La lecture de son livre étonnant, *Flow : The Psychology of Optimal Experience* vous en convaincra peut-être vous aussi.

Qui plus est, cet état d'euphorie s'atteint le plus souvent par des plaisirs simples et même le travail, quand nous abordons nos tâches avec attention et la bonne attitude. Quand nous sommes pleinement conscients – quand nous focalisons notre énergie psychique sur ce que nous accomplissons –, nous en faisons l'expérience. Quand nous apprenons à faire taire le chaos et à concentrer nos énergies créatrices à l'intérieur de nous, notre attention nous permet de transcender nos capacités habituelles.

Que nous soyons en train de travailler, de jouer ou de créer, le rituel joue un rôle important ; il contribue à préparer notre esprit, notre corps et notre âme à puiser à la source. La façon spéciale dont vous aménagez votre bureau avant d'entreprendre votre journée, le choix de votre plume ou de la musique quand vous vous plongez dans votre album de trouvailles, tout cela invite l'Afflux. Les gestes quotidiens – lire, jardiner, cuisiner, s'adonner à une activité artistique ou artisanale – revêtent une nouvelle signification quand nous les honorons et les considérons comme des vagues qui nous propulsent dans le flux de la vie. Explorer l'héritage familial, commémorer les moments ou les personnes qui occupent une place spéciale dans notre vie, en réunissant et en exposant nos talismans, peut inviter l'Afflux en reliant le passé au présent.

Varier le train-train quotidien peut également déclencher l'expérience extatique et mettre le grand Kahuna à notre portée, car la nouveauté augmente la fréquence des vagues. Penser à de nouvelles façons de faire l'amour peut rallumer le feu éteint par la routine. Mémoriser des citations, des poèmes, des chansons et des faits qui nous ont touchées, et en agrémenter notre conversation, sont une autre façon d'invoquer le flux de la vie. De même, maîtriser un jeu, un sport ou une nouvelle aptitude. Nous pouvons aussi le faire en nous livrant à la solitude ou à la rêverie, en nous laissant aller à notre imagination, car celle-ci permet à notre âme de communiquer avec notre esprit conscient.

« Comment nous nous sentons dans notre peau, notre joie de vivre, dépend en fin de compte directement de la façon dont notre esprit filtre et interprète nos expériences quotidiennes, nous rappelle Mihaly Csikszentmihalyi. Notre bonheur dépend de notre harmonie intérieure, non pas du contrôle que nous pouvons exercer sur les grandes forces de l'univers. »

17 NOVEMBRE

Notre bulletin météo

Il est terriblement amusant de voir la diversité de climats psychologiques que nous pouvons connaître dans une journée.

ANNE MORROW LINDBERGH

Aujourd'hui, passages nuageux. Humeur maussade. Vous n'avez pas bien dormi la nuit dernière ; vous avez dû vous lever deux fois pour les enfants. Vous n'avez pas arrêté de vous tourner et de vous retourner toute la nuit. Peut-être vos menstruations qui s'en viennent, ou les factures à payer. Indice élevé d'humidité. Nuageux avec éclaircies. Moins lourd, mais pas très ensoleillé. Un peu de soleil, vraisemblablement à l'heure du dîner, si vous êtes en bonne compagnie, mais pas si vous mangez sur le pouce au travail. En après-midi, prévision d'orage en raison d'une échéance qui approche, des frustrations du patron, des nouvelles statistiques de vente. Ce soir, refroidissement. Vous n'êtes pas arrivée à vous entendre avec votre mari à propos des vacances qui s'en viennent à grands pas. Possibilité de gel la nuit prochaine, ce qui laisse présager un autre jour difficile pour demain.

Bon nombre de femmes sont aux prises avec diverses dépendances : alcool, drogues, cigarette, nourriture, sexe, consommation ou sommeil. La plupart de ces formes d'abus sont abordées dans des livres, des revues et des émissions spéciales. Mais il existe une autre dépendance qui affecte plusieurs d'entre nous et dont nous entendons peu parler : la tendance à vivre des hauts et des bas émotifs.

Il y a eu une période dans ma vie où je pouvais pleurer ou rager pendant des heures – et le faisais souvent. Je m'adonnais à mes émotions comme d'autres s'adonnent à l'alcool, je me tapais des crises de larmes et de rage jusqu'à ce que je tombe d'épuisement, devenue incapable d'être une compagne aimante ou une écrivaine productive. Les excès émotifs ne sont pas uniquement affaire de tempérament ; ils peuvent briser des relations, des carrières, des rêves. Le seul moyen que j'ai trouvé de m'en libérer, c'est de reconnaître ma dépendance au drame personnel et de m'en remettre à une Source plus puissante que mon instinct d'auto-destruction. J'ai prié quotidiennement pour trouver la sobriété émotive. Un jour à la fois. J'ai suivi une thérapie. Je m'en suis sortie. Mais je sais que sur le plan émotif, je serai toujours vulnérable.

Parfois, les débordements émotifs sont provoqués par des troubles physiques – syndrome prémenstruel, maniacodépression ou dépression clinique, stress, épuisement. Ces perturbations émotives qui bouleversent et sabotent notre quotidien n'ont rien d'amusant.

Il est essentiel de prendre conscience de nos modèles climatiques émotifs si nous voulons demeurer des membres de l'espèce humaine en santé, actifs et appréciés. Chaque femme a son modèle et chaque modèle diffère des autres. Si vous ne connaissez pas le vôtre, commencez à y prêter attention. Quand vous sentez venir une crise de colère ou de larmes, prenez du recul. Respirez

639

profondément. Centrez-vous. Comptez jusqu'à cent avant de lancer un ultimatum. Quand vous aurez retrouvé votre calme, revoyez les circonstances qui ont entouré votre explosion émotive. Vous êtes frustrée. Pourquoi? Combien d'heures avez-vous dormi la nuit dernière? Qu'avez-vous mangé pour dîner? Combien de verres de vin avez-vous bus? Quand avez-vous eu votre dernière menstruation? Avez-vous fait de l'exercice dernièrement?

Vous êtes enragée. Pourquoi? Vous êtes abattue de chagrin. Pourquoi? Vous éprouvez du ressentiment. Pourquoi? Occupez-vous-en. Parlez-en à une amie. Épanchez-vous dans votre album de trouvailles. Écrivez une lettre que vous n'enverrez pas. Mettez votre curriculum vitæ à jour. Faites le ménage d'une armoire ou de votre classeur au bureau. Maintenant que vous avez retrouvé votre calme, quelle action pourriez-vous poser pour rendre la situation au moins tolérable? Il doit bien y avoir quelque chose à faire. Passez à l'action.

Malheureusement, les personnes enclines aux excès émotifs ne mettent pas l'accent sur les émotions *positives*: gratitude, pardon, empathie, admiration, émerveillement. Pourtant, c'est la joie qui nous aide à retrouver notre authenticité et notre équilibre.

Cultivez la joie. Aiguisez votre sens de l'humour; c'est la meilleure arme que vous puissiez posséder. Souriez, particulièrement si vous n'en avez pas envie. L'exercice des muscles de la bouche augmente la quantité d'enzymes positives dans le cerveau.

« À vrai dire, il est plus facile de réorganiser notre environnement, de rénover notre intérieur, d'apprendre un nouveau jeu ou de devenir membre d'un nouveau club que de modifier notre comportement émotif », fait observer Ellen Goodman. « Il est plus facile de changer un comportement que nos sentiments par rapport à ce comportement. »

Mais nul comportement ne peut être modifié s'il n'est pas d'abord reconnu. Et il n'y a aucune dépendance qui résiste à l'Amour.

18 NOVEMBRE

Le cadeau de l'amitié

Chaque ami représente un monde en nous, un monde qui n'aurait peut-être jamais existé sans lui et que cette rencontre a rendu possible.

ANAÏS NIN

L es anges ne sont pas seuls à nous rappeler constamment le dévouement du divin pour notre bien-être émotif, physique et psychologique. Nos amis le font également. Les anges nous comblent de leurs grâces et opèrent des miracles ; nos amis aussi. Les anges sont les messagers du ciel ; nos amis aussi. Dieu nous parle par le truchement de tous ces échanges intimes, de ces conversations, de ces confessions. Sans doute parce que, s'il y a quelqu'un au monde que nous sommes prêtes à écouter, c'est bien un ami qui nous aime sans condition et qui tient à notre bonheur.

Nos amis sont les pierres précieuses de notre couronne de bien-être. Nous devons prendre un soin particulier de ceux que nous portons dans notre cœur. Il y a plusieurs façons de le faire. Les rituels de l'amitié revêtent une signification particulière. Invitez-vous mutuellement à dîner pour votre anniversaire. Partagez vos livres préférés. Lisez-en un en même temps, puis rencontrez-vous chaque mois pour prendre un thé ou un café et en discuter ensemble. Soyez à l'affût des articles de journaux ou de revues, des recettes et des dessins humoristiques que vous pouvez leur faire parvenir. Une carte de souhait ou un mot de remerciement fait toujours plaisir. Un petit mot d'encouragement à une amie qui traverse une période difficile sera fort apprécié, même plus qu'un coup de téléphone. Partagez vos résolutions ou vos rêves avec une amie la veille du jour de l'An. Allez faire une marche ensemble. Organisez des sorties annuelles et faites-en une tradition : l'été, vous pouvez aller fureter dans les boutiques d'antiquités, les marchés aux puces et les bazars ; l'hiver, pourquoi ne pas faire vos emplettes de Noël ensemble ? Une fois par année, faites un échange de vêtements et d'accessoires. Quand une amie est malade, faites-lui parvenir un panier de prompt rétablissement rempli de petites douceurs : une lecture irrésistible, des pastilles pour la toux, des mouchoirs, un assortiment de tisanes, de la soupe maison, une plante en floraison. Offrez des fleurs à vos amies : un bouquet acheté sur l'impulsion du moment d'un marchand ambulant, que vous lui offrirez lors d'un dîner de « filles » au restaurant ou pour égayer des jours sombres. Quand une amie perd un être cher, au lieu d'envoyer des fleurs au salon funéraire (d'autres s'en occuperont), attendez quelques jours et envoyez-lui un beau bouquet ou une plante à la maison. Cela la réconfortera plus que vous ne le croyez. Quand une amie traverse une épreuve, inscrivez-la sur une liste de prière. Parfois, nos prières sont le plus beau cadeau que nous puissions offrir à une amie. Entreprenez ou poursuivez une collection pour une amie, à laquelle vous pourrez ajouter un article à chaque anniversaire ou durant les vacances. Quand vous faites un cadeau à une amie, choisissez toujours quelque chose qu'elle n'oserait pas se payer, une petite douceur. Cuisinez pour vos amies. Faites une recette en double et envoyez un plat à une amie qui vit une période éprouvante – une maladie ou un grand stress, par exemple.

Surtout, exprimez votre amour à vos amis. Dites-leur souvent à quel point vous appréciez le cadeau de leur amitié. Malheureusement, nous perdons parfois des êtres chers : nos enfants quittent la maison, nos parents meurent, la distance nous sépare de certains de nos frères et sœurs. Mais nos amis sont les fils qui assurent la cohésion de notre vie. Aimez vos amis, non seulement en pensée, mais en action. « Les amis vous aident à être davantage vous-même, rappelle Merle Shain, davantage la personne que vous êtes appelée à être. »

19 NOVEMBRE

La bonté des étrangers

Qui que vous soyez – j'ai toujours compté sur la bonté des étrangers.

BLANCHE DUBOIS (TENNESSEE WILLIAMS)

D ans la Bible, les anges qui intervenaient dans la vie des humains étaient souvent des étrangers qui apparaissaient soudainement dans le décor, apportaient leur assistance puis disparaissaient aussi mystérieusement qu'ils étaient arrivés. Selon tous les témoignages publiés à ce sujet, la façon de procéder des anges n'a pas changé depuis cinq mille ans.

À partir d'aujourd'hui, prenez davantage conscience de vos rencontres avec des inconnus. Repérez-les. Souriez-leur. Regardez-les dans les yeux. Adressez-leur la parole. Vous ne savez jamais ; même s'il ne s'agit pas de la visite d'un ange, peut-être est-ce un moment céleste qui se prépare. Il y a plusieurs années, j'ai travaillé comme hôtesse lors d'une semaine de conférences sur l'époque victorienne, qui se tenait chez Macy's, à New York. Un jour, j'ai emprunté un ascenseur pour marchandises. N'ayant pas l'impression de faire quelque chose d'extraordinaire, j'ai retenu la porte de l'ascenseur pour deux employés qui y entraient les bras chargés ; je leur ai demandé à quel étage ils allaient et j'ai bavardé avec eux. « Vous n'êtes sûrement pas de New York », a lancé l'un d'eux. Je lui ai répondu qu'il avait raison, et ils ont éclaté de rire. « J'en étais sûr, a-t-il enchaîné. Il n'y a pas un New-Yorkais qui se montrerait aussi cordial et serviable. » Plus tard ce jour-là, en quittant les lieux, j'étais en train de me débattre avec deux boîtes d'accessoires et un sac de costumes quand je suis tombée sur une de mes nouvelles connaissances. Non seulement m'a-t-il offert de porter mes boîtes, mais il m'a accompagnée jusque dans la rue, m'a hélé un taxi et m'a aidée à y monter, avec un sourire.

Ne refusez jamais l'aide d'un étranger, à moins d'être seule dans un endroit obscur et désert, ce qu'il vaut mieux éviter de toute façon. La vie est dure pour nombre de femmes. Mais je me suis rendu compte que nous nous la rendions plus difficile qu'elle ne l'est. Une des raisons pour lesquelles notre vie n'est pas facile, c'est que nous ne demandons pas d'aide – de nos proches, de nos amis, de nos collègues, d'étrangers. Nous sommes gênées d'appeler au secours comme si cela signifiait que nous sommes complètement dépourvues, ou nous faisait passer pour des parasites.

Abandonnez votre idée quelque peu égocentrique qu'il est déjà trop de demander un petit coup de pouce. Car nous ne devenons un fardeau que lorsque nous sommes submergées par notre propre orgueil et devons compter sur les autres pour supporter notre charge en plus de la leur.

Soyez bonne avec les étrangers. Laissez-les vous rendre la pareille. Voyez-y un échange de réconfort et de compassion. Rappelez-vous, comme saint Paul le fait remarquer, que « certains ont reçu des anges sans s'en rendre compte ». Et certaines d'entre nous avons rencontré des anges sans le savoir et les avons envoyés promener avant de recevoir leurs faveurs.

20 NOVEMBRE

Bénis soient les liens qui nous attachent

Appelez cela un clan, un réseau, une tribu ou une famille. Quel que soit le nom que vous lui donniez, qui que vous soyez, vous en avez besoin.

JANE HOWARD

C'est l'époque de l'année où nous commençons à penser à la famille, parfois affectueusement, parfois avec appréhension. Bien que la configuration de la famille ait radicalement changé depuis l'ère victorienne, nous avons toujours besoin d'entretenir des liens étroits avec ceux qui nous considèrent comme faisant partie des leurs.

Il arrive souvent que la vie desserre les liens familiaux. Certaines familles sont séparées par la distance, d'autres par des querelles ou des obligations. Bon nombre d'entre nous devons non seulement nous occuper de nos enfants et de notre conjoint, mais également de nos parents âgés. Les soins constants à accorder à ces derniers et l'obligation croissante de nous occuper de leurs affaires créent souvent des tensions et du ressentiment de part et d'autre.

Avec une bonne planification, toutefois, il est possible de garder le contact avec les êtres qui nous sont chers. Il semble absurde de devoir prévoir du temps pour l'amour, qu'il s'agisse de nous réserver une fin de semaine d'amoureux, de convenir d'une date officielle pour aller manger au restaurant avec notre sœur ou de prévoir une longue conversation téléphonique avec notre frère ou notre cousine préférée. Mais là est le secret.

J'ai une bonne amie qui a le don d'entretenir des liens avec toute sa famille et un large cercle d'amis. Son truc consiste à acheter régulièrement une pile de cartes pour toutes les occasions. Au début de chaque mois, aussi systématiquement qu'elle règle ses factures, elle consulte son calendrier pour y voir les dates d'anniversaire et les fêtes qui s'annoncent. Souvent, nous avons l'affectueuse impulsion d'envoyer une carte de prompt rétablissement, de condoléances ou de félicitations pour l'arrivée d'un nouveau bébé. Mais comme il nous faut faire une sortie spéciale pour nous en procurer une, ce geste d'amitié se perd, non par indifférence, mais à cause du dérangement.

Faites preuve de créativité dans l'expression de votre affection. Si vous avez un livre de méditations préféré, offrez-en un à votre mère et à votre sœur. Dites-leur que vous penserez à elles quand vous lirez le vôtre. Prenez l'habitude de découper des articles susceptibles d'intéresser ou d'amuser des proches. Je garde toujours une paire de ciseaux à portée de la main quand je lis, et je range mes coupures dans un panier prévu à cette fin. Quelques fois par mois, habituellement quand je paie mes factures, je les envoie à des proches. Vous n'avez qu'à ajouter un mot comme « J'ai pensé que cela pourrait t'intéresser » et le tour est joué. Cela ne prendra que cinq minutes, de la découpure à la pose du timbre sur l'enveloppe, mais vous serez étonnée du plaisir que cela procurera.

Si vous vivez loin de votre famille, inscrivez des appels téléphoniques réguliers dans votre agenda. Nos parents âgés seront réconfortés par un coup de fil hebdomadaire sur lequel ils peuvent compter et qu'ils prendront plaisir à anticiper.

Nous pensons habituellement aux enfants de notre famille élargie pour Noël, mais nous rappeler leur anniversaire demande un petit effort supplémentaire. Un oubli de notre part peut les peiner plus que vous ne pouvez le croire. Faites un petit effort. Dire que vous n'avez pas eu le temps ou que vous avez eu l'intention de le faire ne réglera rien. Personne n'a le temps. Tout le monde a de bonnes intentions. Avec un peu d'organisation, nous pouvons *toutes* être attentives à nos proches.

Partagez les histoires de votre famille. Enregistrez-les pour pouvoir les conserver. Pensez surtout à demander à vos parents et à vos grands-parents de noter leurs souvenirs. Quand il sera parti, la voix de votre père vous émouvra aux larmes, mais vous réconfortera. Revoyez vos vieilles photos de famille et envoyez-en des photocopies à chaque membre de la famille. Faites une vidéocassette sur la vie de la famille. Essayez de vous réunir chaque année.

Quand une de mes amies a perdu sa mère, il est resté un petit montant d'argent à répartir entre les enfants. Ces derniers tenaient à garder le contact, mais ils savaient que cela demanderait un effort particulier parce qu'ils vivaient tous à une bonne distance les uns des autres. Ils ont donc décidé de créer un fonds destiné à payer les frais d'une rencontre annuelle. Selon mon amie, ce sont les premières rencontres qui ont été cruciales ; après, la tradition était établie. Aujourd'hui, cette amie se sent plus proche de ses frères et sœurs qu'elle ne l'a jamais été.

« S'enraciner est peut-être le besoin le plus important et le moins reconnu de l'âme humaine », écrivait Simone Weil. Voilà une belle pensée à méditer à l'approche des Fêtes.

21 NOVEMBRE

Faire l'école buissonnière

On a dû vous recommander de ne pas laisser s'échapper
les heures précieuses. Oui, mais certaines de ces heures sont précieuses
justement parce que nous les laissons s'échapper.

J. M. BARRIE

Aujourd'hui, nous allons méditer avec notre calendrier. Comment se présente votre semaine? Quel jour pourriez-vous y rayer sans que votre univers s'arrête parce que vous cessez temporairement de le faire tourner? Bien. Maintenant, inscrivez-y «jour de la santé mentale».

Vous vous souvenez ces jours de congé de «maladie» que vous preniez à l'école secondaire pour décrocher, ne fût-ce qu'une journée? Il est temps de faire revivre cette tradition. Ne vous sentez pas coupable de vous déclarer malade; c'est là une mesure préventive. Il y a des jours où je souhaiterais être médecin. Je surprendrais toutes mes patientes en leur prescrivant une fois par année un jour d'école buissonnière. Je tenterais de les convaincre que ce congé est absolument nécessaire à leur santé physique et mentale. Puis je leur rédigerais une ordonnance les dispensant du quotidien. Selon moi, la principale raison pour laquelle il est si difficile d'être adultes, c'est qu'il n'y a personne pour nous écrire une note nous exemptant du travail, de la vie de couple, des soins à donner à maman et du transport des enfants. Ne vous inquiétez pas, je me charge de vous l'écrire, cette note. Allez-vous me rendre la pareille?

Faire l'école buissonnière n'est pas la même chose que prendre un congé de maladie. Quand vous vous absentez du travail parce que vous en avez plein le dos, vous n'avez pas assez d'énergie pour en profiter pleinement. Quand je parle de faire l'école buissonnière, je parle de s'amuser et de ne mettre que son moi authentique dans le coup (ou une bonne amie qui veut bien être votre complice). Envoyez votre mari travailler, appelez au bureau pour remettre vos rendez-vous à demain, allez reconduire les enfants à la garderie. Si vous travaillez à la maison, appelez une gardienne ou organisez-vous avec une autre mère pour faire l'école buissonnière chacune votre tour.

Les huit prochaines heures vous appartiennent. Faites-en ce que vous voulez : tout ce qui compte, c'est de vous faire plaisir. Payez-vous un *body wrap*, rendez-vous au salon de beauté pour un nouveau maquillage, un soin du visage ou des pieds. Faites-vous faire un massage aux huiles aromatiques. Faites semblant que vous êtes une touriste et profitez des attractions de votre ville. Offrez-vous une sortie au cinéma. Allez manger dans un nouveau restaurant. Restez à la maison pour regarder des feuilletons, des causeries télévisées, des comédies classiques ou des films. Louez *La Folle Journée*, de Ferris Bueller. Ne répondez pas au téléphone. Ne faites que ce que vous avez envie de faire, oubliant ce qui doit être fait. Lisez un bon roman d'un trait avec une boîte de chocolats sur les genoux. En allant chercher les enfants, rapportez un de vos mets préférés d'un restaurant. À la fin de cette journée, tout ce que vous aurez fait, c'est prendre soin de votre âme.

Jouissez de votre oisiveté. « Il est impossible de prendre vraiment plaisir à ne rien faire si on n'a pas beaucoup de pain sur la planche », faisait remarquer l'écrivain britannique Jerome K. Jerome. « Il n'y a aucun plaisir à ne rien faire quand vous n'avez rien à faire. [...] L'oisiveté, tel un baiser, doit être dérobée pour être agréable. »

22 NOVEMBRE

Méditation pour méchantes filles

Il est si facile d'être méchante sans le savoir, n'est-ce pas ?

ANNE SHIRLEY (L. M. MONTGOMERY)

Une amie avec qui je bavardais au téléphone m'a lestement avoué avoir fait quelque chose de tout à fait scandaleux, mais tordant. «Comme tu es méchante!» lui ai-je dit avec admiration (surtout que quatre-vingt-dix-neuf pour cent du temps, cette femme est presque trop bonne pour être heureuse). Après que nous eûmes ri un bon coup, puis repris notre souffle, mon amie émit l'idée que les méchantes filles ont parfois quelque chose à nous apprendre.

Comment reconnaître une méchante fille? Les méchantes filles ne boivent que du champagne et des cocktails – jamais de bière, de vin, de sherry, d'eau minérale, de café au lait ou de thé Darjeeling. (Pensez plutôt Martini dry, Stinger, Black Russian). Les méchantes filles ont un faible pour le *spandex*, les haltères, les talons hauts, les bas en filet, la soie, le suède, le cuir, le satin blanc coupé dans le biais, ou le satin noir fendu jusque-là. Les méchantes filles ont les cheveux blonds, noir comme jais ou roux flamboyant, les lèvres et les ongles rouges. Style Mae West, Rita Hayworth ou Ava Gardner. (Mais les pires ont les cheveux châtain clair.) Les méchantes filles portent des pantalons capri, des mules, des *twin-sets* de cachemire ou de mohair, des foulards de soie pour couvrir leurs bigoudis, des lunettes de soleil noires quand elles vont à l'épicerie, pour passer au smoking noir et au boa de renard argenté en soirée.

Les méchantes filles sont en contact avec leur garce intérieure et courent avec leur doberman au collier de cuir noir clouté. Elles vont à Las Vegas avec la carte de crédit Or de leur ex-mari. Elles sont d'une fidélité à toute épreuve envers leurs amies. On raconte qu'elles sont sans merci à l'égard de ceux qui brisent le cœur de leurs copines. Les méchantes filles ont leur réseau d'amies mé-diums et leur astrologue. Elles savent qu'un multicoque n'est pas une maladie sexuellement transmissible. Elles écoutent Billie Holiday. Elles connaissent l'importance de s'épiler les jambes à la cire régulièrement. Elles exercent des muscles dont les autres ne connaissent même pas l'existence. Elles s'aspergent de parfums haut de gamme et ne quittent jamais la maison sans porter de magnifiques boucles d'oreilles. Elles lisent Nietzsche. Elles achè-tent le *National Enquirer*. Elles savent prononcer Goethe et réciter *Les Fleurs du mal* par cœur. Les méchantes filles utilisent un fume-cigarette; les vraies de vraies vont dans les salons-fumoirs spé-cialisés en cigares.

Les méchantes filles aiment se déguiser : elles ont tour à tour l'allure de la mère parfaite, de la reine du carnaval et d'une bibliothécaire. Elles se passionnent quand tous les autres gardent leur calme. Elles préfèrent l'or à l'argent. Elles dévoilent leur poitrine, jamais leur âme. Les méchantes filles s'envoient en l'air dans des draps Ralph Lauren. Elles ne se marient jamais par amour, ce qui explique qu'elles changent souvent de nom. Les vraies méchantes filles ont des comptes en banque numérotés. Les méchantes filles savent que ce ne sont pas les cartes que vous avez en main qui importent mais la façon dont vous les jouez. Elles gagnent au black-jack. Elles participent à des tournois de backgammon à Monaco durant leurs vacances. Elles fréquentent les salles de billard mais jouent selon les vraies règles. Elles ont un *bookmaker*, un comptable et un avocat sous contrat. Les méchantes filles envoient de gros chèques pour les bonnes causes et ne demandent jamais de déduction d'impôt. Elles ne se contentent pas de vouloir s'amuser ; elles s'arrangent pour le faire. Les méchantes filles pratiquent à fond l'hédonisme.

La plupart d'entre nous ne nous permettons d'être de vilaines filles que dans nos rêves. Mais il y a quelque chose dans le style de vie de la méchante fille qui mérite réflexion. Elles achètent, mangent et portent ce qui leur plaît, dorment quand ça leur plaît. Elles n'ont pas de thérapeute parce qu'elles n'en ont pas besoin. Elles préféreront se payer une femme de ménage et une masseuse.

Les méchantes filles réalisent que la vie n'est pas une répétition générale et qu'elle est ce que nous en faisons.

Vous pouvez être méchante. Vous pouvez être sage. Mais pour l'amour du ciel, soyez authentique.

23 NOVEMBRE

La vraie Action de grâce

Une maison ouverte, un cœur ouvert,
ici la récolte est abondante.

JUDY HAND

La dinde est au four, embaumant l'air du joyeux parfum de l'anticipation, et mon cœur jubile. Les tartes refroidissent sur la claie, remplies des fruits de la terre, et mon cœur déborde. Conversations, camaraderie et convivialité transforment les pièces de notre maison chérie, et mon cœur est en paix.

Bientôt, des êtres bien-aimés – parents et amis – se réuniront autour de notre table pour partager notre abondance et élever leur cœur au ciel pour rendre grâce. Devant cette table bien garnie, mon cœur reconnaissant prend conscience de l'héritage de l'amour et des traditions symbolisées par la nappe fraîchement lavée, le cristal étincelant et la vaisselle éclatante. L'argenterie brille, les chandelles nous illuminent et les fleurs nous charment par leur beauté.

Tout cela est bon. Tout cela est très bon. Célébrons ce moment sacré d'abondance dans la simplicité. Savourons ce sentiment de plénitude. Réjouissons-nous et rendons hommage à Celui qui nous comble de tous ces bienfaits. Selon le romancier anglais Thomas Hardy, les jours de l'automne qui tire à sa fin créent une saison intérieure où nous pouvons vivre « à une altitude spirituelle qui s'approche de l'extase » plus que tout autre temps de l'année. Laissons-nous transporter par cette harmonie extatique de l'âme.

Venez, mes sœurs reconnaissantes, venez. Rendons grâce pour toute cette abondance. Entonnons les chants de récoltes. Levons nos verres et nos cœurs débordants de joie. Nous avons tellement de raisons de remercier et de nous réjouir. Tellement de choses à partager. Tellement qu'en cette saison d'abondance, nous pouvons accueillir la saison du dépouillement. Nous avons tout ce dont nous avons besoin.

Esprit bien-aimé, Tu nous a comblées de tant de grâces. Permets-nous de te demander une seule autre faveur : un cœur rempli de gratitude, un cœur qui n'oubliera jamais tout ce que Tu as fait pour nous.

24 NOVEMBRE

Le cadeau de la santé

La première richesse, c'est la santé.

RALPH WALDO EMERSON

À cette époque de l'année, notre attention se tourne souvent vers ce qui nous manque plutôt que ce que nous avons, et il y a une bonne raison à cela. La grosse saison des achats est arrivée. Dès le lendemain de l'Action de grâce démarre la course effrénée des préparatifs de Noël. À peine avons-nous célébré la saison de l'abondance qu'avec l'arrivée officielle du temps des emplettes de Noël, nous plongeons dans quatre semaines frénétiques de recherche, de trouvailles, d'achats et de commandes – tout cela pour les autres. C'est ainsi que nous nous retrouvons en saison de manque.

Avant de mettre le cap sur le centre commercial, cela fera grand bien à notre âme de prendre conscience de toutes nos richesses, non seulement pour les énumérer, mais pour mettre pleins feux sur elles. L'argent nous permettra d'acheter une foule de choses au cours des prochaines semaines, mais pas les cadeaux qui comptent le plus : une bonne santé, une vie conjugale où règnent l'amour et le soutien mutuel, des enfants en santé, l'expression de notre créativité et la paix intérieure. Nous l'oublions, non pas parce que nous sommes ingrates, mais parce que nous nous laissons distraire par le tape-à-l'œil ambiant. C'est le temps de nous le rappeler. Que feriez-vous si je vous donnais le choix suivant : je vous garantis tous les privilèges énumérés ci-dessus, mais pas de BMW dans votre entrée ; ou bien je vous garantis la BMW et une maison cossue, mais au risque de perdre les autres bienfaits de la vie ?

Aujourd'hui, nous méditerons sur le cadeau de la santé. La santé ne s'achète pas, quelle que soit notre fortune. Nous pouvons nous payer le meilleur traitement au monde, mais nous ne pouvons pas acheter la santé. C'est un cadeau inestimable de l'Esprit que la plupart d'entre nous tenons pour acquis jusqu'à ce que nous tombions malades. « Une des expériences les plus sublimes que nous puissions vivre, c'est de nous réveiller en bonne santé après avoir été malades », nous rappelle le rabbin Harold Kushner dans *Who Needs God*. « Même s'il ne s'agit que d'être soulagé d'un mal de tête ou de dent, la santé que nous tenons pour acquise la majorité du temps est soudain perçue comme une faveur incroyable. » Aujourd'hui, prenez conscience que même si vous n'avez que la santé, vous êtes une femme riche. Si vous avez un esprit sain, un cœur sain et des réserves de vigueur et d'énergie créatrice auxquelles vous pouvez puiser, le monde est littéralement à vos pieds. Avec la santé, vous avez *tout*.

La santé ne se limite cependant pas à l'absence de maladie. Une bonne santé est faite de vitalité, de vigueur, d'énergie, d'équilibre émotif, de lucidité et d'endurance physique. *Voilà* les cadeaux à demander, et non seulement que vos achats à crédit soient approuvés et que vous n'ayez pas à filer à l'anglaise après vous être couverte de honte.

Prenez vos vitamines. Remerciez l'Esprit pour la santé dont vous jouissez et demandez qu'elle s'améliore encore. S'il n'y avait qu'une leçon spirituelle que j'aimerais inscrire dans votre conscience, c'est d'apprendre à demander. Demandez et vous recevrez. Si vous n'obtenez pas ce que vous avez demandé, vous aurez au moins essayé. Soyez *explicite* dans vos demandes. Aujourd'hui, pourquoi ne pas demander l'énergie créatrice et physique dont vous avez besoin, non seulement pour survivre aux Fêtes qui s'en viennent, mais pour y prendre plaisir ?

25 NOVEMBRE

Quand la maladie frappe

La maladie est le médecin qui nous en impose le plus ; à la bonté, au savoir, nous ne faisons que des promesses ; à la douleur, nous obéissons.

MARCEL PROUST

« Vous vous sentez à l'article de la mort ; à vous voir et à vous entendre, on dirait que vous l'êtes vraiment », me lance mon médecin en examinant les résultats de mes analyses de sang et de mes radiographies. « Ce n'est heureusement pas le cas. Vous avez eu une rechute de grippe, une sinusite et maintenant une pleurésie. Vous allez prendre des antibiotiques et garder le lit jusqu'à ce que vous soyez assez en forme pour vaquer à vos occupations, c'est-à-dire d'ici sept à dix jours. » Quand j'ai protesté faiblement que cela faisait déjà trois semaines que je souffrais de cette grippe et que j'avais pris beaucoup de retard dans mon travail, elle a hoché la tête avec sympathie et a ajouté : « Alors, retournez à la maison, prenez vos médicaments, mettez-vous en pyjama et écrivez une méditation sur l'importance de prendre soin de soi quand on est malade. Mais je ne serai pas du tout contente si notre prochaine rencontre a lieu à l'hôpital. »

J'ai fait ce qu'elle m'a dit. Ou à peu près. Je vous adresse ce texte directement de mon lit.

La plupart des femmes ne prennent pas le lit quand elles sont malades parce qu'elles ne le peuvent pas. Elles doivent continuer de s'occuper des enfants, de faire leur travail, de préparer les repas ; la vie continue, quoi. Alors vous vous traînez comme un foyer d'infection ambulant jusqu'à ce que vous tombiez d'épuisement. Un bon matin, vous ne pouvez plus faire un pas, et avec raison. Vous êtes bel et bien malade. Vous vous accordez donc un répit d'un jour ou deux tout au plus. Votre conjoint ou vos enfants viennent vous demander avec sollicitude si vous avez besoin de quoi que ce soit, puis repartent sur la pointe des pieds pour vous laisser vous reposer. Ils viennent régulièrement s'enquérir de votre état de santé, car la vue d'une mère clouée au lit pendant plus de deux heures équivaut à une secousse de 6,5 sur l'échelle de Richter. «Ça va mieux?» vous demandent-ils d'un ton enjoué. Quand cette question vous a été posée assez de fois, vous répondez que oui, vous allez mieux, même si c'est loin d'être la vérité. Vous vous levez, vous habillez et vous préparez à retourner dans l'arène. Il faut bien que le spectacle continue.

Mais il arrive que nous soyons incapables de nous relever. Il arrive que nous soyons si épuisées que nous n'arrivons pas à venir à bout de notre grippe, qu'un mauvais rhume dégénère en bronchite, que nous nous fracturions un os, que nous souffrions d'une hernie discale. Il arrive que l'impensable se produise: une tumeur au sein, un taux de globules blancs trop élevé, un coup sur la tête, une douleur à la poitrine qui nous contraint à nous soumettre. Alors on ne nous demande pas poliment si nous avons le goût de prendre un petit répit. On nous ordonne de tout laisser tomber.

Comme l'a compris Flannery O'Connor, une écrivaine d'une grande profondeur spirituelle, «dans un sens, une maladie est un lieu qui nous en apprend davantage qu'un long voyage en Europe; c'est un endroit où vous êtes seule, où personne ne peut vous suivre». La prochaine fois que vous serez malade, arrêtez de vous sentir coupable. Abandonnez aussi l'idée fausse et dangereuse que *vous contrôlez tout*. Plutôt que de vous exposer à une bonne chute, accordez-vous la permission de décrocher aussi longtemps qu'il est nécessaire, pour: 1) vous rétablir: et 2) explorer en douceur ce détour étrange, mais temporaire. Ouvrez-vous aux découvertes, comme le ferait une touriste curieuse.

Si je n'avais pas été gravement blessée à la tête il y a dix ans, je ne pense pas que j'aurais lancé ma propre entreprise, rédigé une chronique diffusée dans plusieurs journaux, et publié trois livres. Le congé sabbatique de presque deux ans qui m'a été imposé m'a donné l'occasion de m'engager dans une nouvelle voie après ma guérison. Chaque maladie, du simple rhume au cancer, a une leçon de vie à nous apprendre, si nous voulons bien l'accueillir. Cette leçon peut être simple ou profonde. Commencer à prendre mieux soin de nous pour demeurer en santé. Mettre plus d'harmonie dans notre quotidien. Faire l'équilibre entre notre besoin de repos et de détente et nos responsabilités. Apprécier les nuances subtiles des jours sombres comme des jours ensoleillés. Demander non seulement de guérir, mais de nous réaliser. Rechercher non seulement le traitement efficace, mais la cause probable de notre mal.

Flannery O'Connor a cherché les aspects positifs de sa maladie – le lupus – jusqu'à ce qu'elle y voit « une des grâces de Dieu ». Peut-être ne serons-nous jamais aussi évoluées sur le plan spirituel. Mais la prochaine fois que vous n'irez pas bien, traitez-vous avec bienveillance et compassion, je vous en prie. Vous vous en porterez beaucoup mieux.

26 NOVEMBRE

Dans la tourmente

Il y a de l'espoir pour nous tous. De toute façon, si vous n'en mourez pas, vous y survivez, chaque jour que le bon Dieu amène.

MARY BECKETT

Certaines nuits, des vagues de lassitude nous battent le cerveau, nous brisent le cœur et nous ballottent le corps, menaçant d'éroder tous nos moyens de défense comme les dunes de sable sur la plage. Les eaux sont froides, noires et profondes. Les diversions qui ont fonctionné par le passé – alcool, drogues, nourriture, sexe, magasinage, travail – cachent maintenant un courant marin dangereux. Rien ne semble retenir les flots. Il nous faut quelqu'un pour nous lancer une bouée, pour nous empêcher de nous noyer dans une vague de désenchantement.

Quand viennent ces nuits où je m'échoue toute seule sur la plage de ma foi chancelante, je trouve refuge dans cette prière de Dame Julienne de Norwich, mystique anglaise du XIIIe siècle, qui m'aide à me centrer et me réconforte :

Tout ira bien.

Et tout ira bien.
Toutes choses iront bien.

Cet acte de foi tout simple est particulièrement réconfortant ; il me console de mon immense tristesse devant l'inexplicable, le non-exprimé, le non-résolu, l'injuste et l'indéniable qui envahit mon âme quand je ferme les yeux. Je récite tranquillement cette prière maintes et maintes fois, tout bas, comme un mantra, sans essayer de saisir le sens des mots parce que j'en suis incapable. Certains mystères dépassent notre entendement. Certains mystères ne seront jamais élucidés.

Alors, au lieu d'essayer de tout comprendre ce qui se passe, je laisse simplement l'Esprit apaiser mon esprit las et mon cœur tourmenté jusqu'à ce que le sommeil vienne. Parfois, nous ne comprenons pas. Parfois, *il n'y a rien à comprendre*. C'est ainsi, tout simplement. Si nous arrivons à tenir le coup assez longtemps pour qu'un autre jour succède à cette nuit, tout ira bien, même si ce qui arrive ne correspond pas à nos attentes. Même si ce n'est pas ce que nous avions espéré et ce à quoi notre cœur aspirait.

Tout ira bien.
Et tout ira bien.
Toutes choses iront bien.

27 NOVEMBRE

Ce que veulent les femmes

La grande question [...] à laquelle je ne suis pas arrivé à répondre malgré mes trente ans de recherche sur l'âme féminine, c'est :
« Que veut la femme ? »

SIGMUND FREUD

657

U ne sieste, docteur Freud, une sieste.

Tout de suite. Aujourd'hui. D'accord, si ce n'est pas possible aujourd'hui, du moins dimanche après-midi. Voici ma plate-forme : huit heures de travail, huit heures de repos et huit heures pour faire ce qui nous plaît. Et si vous passez une de ces heures d'agrément à faire la sieste dans votre lit, sous un confortable édredon, la porte et les rideaux fermés, je dirai que vous êtes une femme douée de discernement.

Il ne faut pas confondre sieste et sommeil. Nous dormons pour refaire nos forces physiques. Nous faisons la sieste pour refaire nos forces spirituelles. Quand nous faisons la sieste, nous nous reposons les yeux pendant que notre imagination s'en donne à cœur joie. Nous nous préparons pour le prochain round. Nous trions, passons au crible, séparons le profond du profane, le possible de l'improbable. Nous répétons notre discours pour la remise de notre prix Nobel, nous nous préparons à recevoir le prix Goncourt. Il faut être allongée pour cela. Avec un peu de chance, nous partirons à la dérive, mais nous n'irons pas bien loin. Juste assez pour sauver notre créativité du chaos.

Où faire la sieste ? Dans votre chambre. Sur le divan du salon quand vous rendez visite à vos parents, qui ont demandé aux petits-enfants d'aller jouer dehors pour laisser leur pauvre mère tranquille (comme on vous demandait de le faire quand vous étiez petite). Dans un hamac ou sur une chaise longue. Sous un parasol à la plage ou dans une bergère devant le feu de cheminée.

Combien de temps faire la sieste ? Au moins une heure.

Comment vous y prendre si vous avez de jeunes enfants à la maison ? Faites la sieste en même temps qu'eux. Mais s'ils ne font pas la sieste, me demanderez-vous ? Ils la feront dorénavant.

Comment faire la sieste au travail ? C'est malheureusement impossible, à moins que vous fermiez votre porte et fassiez un petit somme la tête appuyée sur votre bureau. Habituellement, cela n'arrive que lorsque vous avez les yeux qui sortent des orbites. Ce qui rend la sieste du dimanche après-midi d'autant plus essentielle. Si vous voulez être heureuse le reste de vos jours, la sieste n'est pas facultative.

Comment inaugurer cette tradition ? À trois heures le dimanche après-midi, après avoir pelé les pommes de terre et mis le rôti au feu, disparaissez en douce. Rassurez votre monde en promettant que vous allez revenir. Dites à qui tient à savoir où vous allez que vous avez du rangement à faire. Seule. S'il faut absolument que vous ayez l'air de faire quelque chose de productif, apportez les journaux comme si vous aviez l'intention de les lire. Mieux vaut qu'ils ne sachent pas tout. Maintenant, glissez-vous sous vos couvertures. Félicitations. Vous avez réussi.

«Nul jour n'est si mauvais qu'une sieste ne puisse en venir à bout», affirme Carrie Snow. Nul jour n'est si bon qu'un merveilleux répit ne puisse l'améliorer.

28 NOVEMBRE

La rêverie

La rêverie n'est pas le vide de l'esprit.
Elle est plutôt le cadeau d'une heure qui connaît l'abondance de l'âme.

GASTON BACHELARD

Vous rappelait-on à votre devoir durant vos jeunes années en vous enjoignant clairement de sortir de la lune, d'arrêter de rêvasser ? Malheureusement, on me le martelait souvent. J'ai mis trente ans à me défaire de ce réflexe acquis d'être pratique. Imaginez ce que nous aurions pu accomplir si on nous avait encouragées à considérer nos rêveries comme des cadeaux spirituels.

La rêverie est le sol fécond où notre imagination fleurit et se fraye un chemin vers la Lumière. La rêverie nourrit la créativité et favorise la visualisation et même la vision. Bien des gens confondent rêveries et fantasmes, mais ces derniers ont une connotation d'invraisemblance et souvent de danger. Les fantasmes sont tout à fait sains ; nous en avons toutes, en particulier des fantasmes érotiques, et ils sont très thérapeutiques. Les fantasmes permettent à notre ombre de donner libre cours à ses tendances inacceptables, dans la sécurité de notre hologramme intérieur. On a un jour demandé à l'épouse du célèbre évangéliste Billie Graham, à qui elle était mariée depuis un demi-siècle, si elle avait déjà songé à le quitter. Elle a répondu que non, mais qu'elle avait souvent pensé à l'assassiner.

Nous devons suspendre volontairement notre perception consciente de la réalité tout en gardant les yeux ouverts si nous voulons connaître les délices de la rêverie. Poètes, artistes, écrivains, musiciens et scientifiques savent que la Muse leur rend visite au cours d'une rêverie, même si celle-ci n'a absolument rien à voir avec le projet en cours. La rêverie se vit à travers un rideau de gaze, de l'autre côté de la conscience. Elle est toujours agréable, mais elle prend du temps. Il me faut au moins quinze minutes de rêve éveillé actif pour accéder à la zone de la rêverie. Vous saurez que vous en avez fait l'expérience quand vous aurez l'impression de réintégrer votre corps après avoir quitté cet état second.

La visualisation est la réalité virtuelle de la rêverie: une représentation délibérée et positive de ce que vous aimeriez voir se produire. Quand nous faisons une visualisation, nous faisons une mise en scène aussi réaliste et détaillée que possible, y faisant entrer nos sens en jeu jusqu'à ce que la représentation devienne si plausible qu'elle déclenche une réaction émotive: joie, extase, plaisir, soulagement, gratitude. Comme notre subconscient ne fait pas la différence entre la réalité et la réalité virtuelle, visualiser quelque chose pendant un certain temps nous permet habituelle-ment de l'obtenir. Le subconscient est le serviteur de l'âme; il met en action le comportement et les circonstances nécessaires à la manifestation du résultat souhaité. La croyance est le pouls du sub-conscient; si vous croyez *vraiment* à une chose, elle finira par se manifester dans votre vie.

La vision, elle, est une révélation divine qui nous parvient par le truchement d'images surnaturelles. Elle est généralement du domaine des saints, des mystiques et des chamans parce que ces êtres évolués sont assez forts spirituellement pour les accueillir. Nous ne pouvons pas vraiment déclencher une vision, mais nous pouvons l'évoquer par la rêverie. Si vous n'arrivez pas à avoir de visions, considérez cela comme une bénédiction car une vision change complètement, radicalement et souvent violemment le cours d'une vie. Vous ne retournerez pas ou ne resterez pas au même endroit après avoir eu une vision. Vous serez propulsée et effectuerez un bond en avant. Habituellement, les personnes en mesure d'appeler une vision s'y préparent en recourant à plusieurs jours d'isolement. Les Amérindiens et d'autres peuples autochtones comme les Aborigènes vivent la quête de vision comme un rite de passage. Bien qu'il s'agisse là d'une tradition très ancienne, ce n'est pas une expérience facilement réalisable dans le contexte de la femme d'aujourd'hui. Il existe une foule de livres merveilleux qui nous proposent les sages enseignements de différents chemins spirituels, mais la plupart semblent avoir été écrits par des gens qui n'ont pas d'enfants, qui peuvent se rendre à volonté dans un ashram, un couvent, un monastère, un lieu de pouvoir ou un autre de ces endroits sacrés où le ciel et la terre se rencontrent. Mais je crois sincèrement que les femmes d'aujourd'hui peuvent et doivent trouver cette intersection sacrée dans leur quotidien. Nous avons reçu de nombreux outils spirituels merveilleux: prière, méditation, solitude, gratitude, simplicité, ordre, harmonie, beauté, joie et rêverie. « Un rêve est un texte sacré », écrit Umberto Eco dans *Le Nom de la rose*. Si nous cherchons une révélation divine, nous la trouverons, même si elle se produit dans l'autobus ou devant une pile de linge à plier.

29 NOVEMBRE

Escapades nocturnes

Les rêves sont les illustrations [...] du livre
que votre âme écrit à votre sujet.

MARSHA NORMAN

La nuit dernière, j'ai rêvé que j'étais dans un marché aux puces à la recherche du Saint-Graal, qu'on disait caché dans un boisseau de sucriers d'or, d'argent et de cuivre. Je venais tout juste de l'apercevoir quand un vase de porcelaine rose que je tenais à mon insu s'est fracassé sur le plancher de béton; j'ai dû alors sortir à la hâte au milieu d'un violent orage pour aller chercher les enfants à la plage et les mettre à l'abri. Je suis sûre qu'il y a dans ce rêve un message pour moi, mais je n'ai pas encore eu le temps de le décrypter. Mais je l'ai au moins noté pour pouvoir m'y attarder quand j'en aurai la chance.

Depuis que je me suis engagée sur la voie de l'authenticité, je fais plus d'escapades nocturnes en technicolor que jamais. Nous faisons des rêves toutes les nuits, bien que nous ne nous en rappelions pas toujours. En poursuivant votre quête d'authenticité, ne vous étonnez pas si vous vous souvenez davantage de vos rêves. Ce n'est pas là pure coïncidence. Quand nous communiquons notre disposition à recevoir des révélations par nos rêveries, notre moi authentique nous répond par un message visuel qui prend la forme d'un rêve.

Nos rêves sont des histoires sacrées qui nous révèlent d'où nous venons et pourquoi, où nous allons et le chemin le plus facile pour y parvenir. Nos rêves sont notre pierre de Rosette. Chaque nuit, de nouveaux hiéroglyphes s'y inscrivent, mais pas en égyptien. Nos inscriptions divines sont des visages, des situations, des objets, des recherches, des dilemmes familiers. Il nous faut seulement prendre le temps de les traduire. Nos rêves sont là aussi pour nous aider à résoudre des problèmes. Quand nous hésitons à propos d'une décision à prendre ou de la direction à emprunter dans notre création, nous pouvons demander l'aide divine par le truchement des rêves. Scientifiques, inventeurs, écrivains et compositeurs se livrent à des séances de remue-méninges avec leur moi authentique, au cours de leurs escapades nocturnes. Beethoven et Brahms se levaient au beau milieu de la nuit pour écrire des partitions. Thoreau gardait toujours un crayon et du papier sous son oreiller. Samuel Taylor Coleridge a reçu le texte entier de son poème « Kubla Khan » lors d'un rêve, et c'est également en rêvant que Robert Louis Stevenson a trouvé la façon de développer l'intrigue de son *Dr Jekyll et Mr. Hyde*.

Les rêves les plus instructifs sont habituellement ceux qui nous viennent quand nous dormons bien et que nous ne nous sommes pas mises au lit épuisées ou intoxiquées. Si vous ne pouvez pas saisir un crayon dès votre réveil parce que vous avez des enfants, restez couchée quelques instants avant de vous lever et revoyez votre rêve à maintes reprises pour pouvoir vous souvenir de l'essentiel. Si vous trouvez le temps de l'écrire au cours de la matinée, vous constaterez avec surprise que votre crayon révélera des détails que vous ne vous rappeliez même pas. Après quelques heures de conscience, cependant, même les rêves les plus impressionnants ont tendance à retourner d'où ils sont venus.

Selon Jung, les êtres et les objets qui apparaissent dans nos rêves sont tous des aspects de nous-mêmes. Si c'est vrai, je vois dans mon rêve de la nuit dernière une indication claire de la part de l'Esprit: l'abondance dans la simplicité – la recherche de mon moi authentique – est la voie sur laquelle je dois continuer de cheminer pour me réaliser pleinement. Mais je ne crois pas que le message ne s'adressait qu'à moi.

Le Saint-Graal représente notre authenticité. Il est caché dans ce qui nous est familier – maison, famille, travail, plaisirs. Mais ce qui semble ordinaire en surface – les sucriers – est en fait un trésor; ceux-ci, en effet, sont faits de métaux précieux. Le vase qui tombe par terre et s'y brise, c'est la personne que nous étions avant de nous éveiller à notre divinité. Quand notre moi authentique commence à émerger dans notre quotidien, des orages éclatent; c'est l'ego qui tente de nous effrayer pour nous faire retomber dans le déni. Nous sommes aussi les petits enfants blottis sur la plage qui ont peur d'avancer. Comme eux, nous nous sentons seules et impuissantes. Mais nous apercevons notre moi authentique – cette femme forte, belle et courageuse – qui se précipite à notre secours. Elle nous prend affectueusement dans ses bras et nous rassure. Elle est venue pour nous conduire en lieu sûr. Pour nous ramener à nous-mêmes. Pour nous ramener chez nous.

30 NOVEMBRE

Perdre le contrôle

*Nous sommes profondément endormies aux commandes
quand nous croyons que nous avons le contrôle.*

ANNIE DILLARD

« La vie est une illusion », confessa la célèbre agente double de la Première Guerre mondiale Mata-Hari au moment où, en 1917, elle aperçut un peloton d'exécution français. Vous savez ce qu'on dit à propos des confessions des condamnés : que vous y croyiez ou non, c'est la vérité. Mata-Hari a certainement vécu l'ultime illusion. Elle était tout pour tous les hommes, du moins jusqu'au jour où elle s'est trahie en pensant avoir le parfait contrôle. D'abord, elle a usé de son charme pour entraîner les officiers français à lui livrer des secrets militaires qu'elle a ensuite transmis aux Allemands. Puis elle a réussi à obtenir des Allemands des renseignements convoités par les Français. Mais le problème avec l'illusion, comme la célèbre femme fatale allait le découvrir à ses dépens, c'est que vous ne pouvez pas l'entretenir indéfiniment. Elle finit par s'évanouir en fumée et vous risquez de ne plus être là quand la fumée aura disparu.

L'illusion est l'agent double du conscient. Notre ego n'aime pas penser que quiconque – particulièrement notre moi authentique – puisse s'en tirer mieux que lui. Alors il s'organise pour faire croire à notre conscient des choses qui nous aident à affronter le quotidien – que cette fois, il va bel et bien cesser de boire, que les enfants ne font que traverser une période difficile, que la discussion porte sur l'argent et non sur le pouvoir, que ce qui ne peut pas fonctionner va fonctionner, *si seulement vous faites un autre petit effort.* Peut-être tout cela est-il vrai. Mais si ce n'est pas le cas, vous vous exposez à vous trahir. Quand ce subterfuge réussit, l'illusion maîtresse – la Mata-Hari du conscient – vient porter le coup fatal, vous convainquant que la vie peut être manipulée.

La vie ne peut pas être manipulée, mais nous, nous pouvons l'être. Quelques semaines s'écoulent sans incidents, à la maison et au travail, et voilà que nous succombons à l'illusion, voilà que nous croyons pouvoir contrôler nos relations ou le cours des événements. Nous alignons tout à la perfection pour nous trouver, par la seule force de la volonté, au bon endroit au bon moment. Cependant, quand nous prenons l'habitude de penser que nous pouvons contrôler le comportement d'autrui ou le résultat de nos actions, nous devenons aussi vulnérables qu'un héroïnomane qui pense que la dose qu'il s'injecte est la dernière. Sous l'effet de notre détermination, nous sommes convaincues de pouvoir contrôler la journée, le contrat, l'échéancier, le divorce, la maladie, si nous arrivons à tenir le gouvernail. Lorsque nous n'y arrivons pas, nous perdons dangereusement le contrôle des commandes et descendons en piqué. Comme le rappelle Melody Beattie dans *Savoir lâcher prise*: « Tout ce que nous essayons de contrôler garde le contrôle sur nous et sur notre vie ».

Même si nous survivons au crash, nous sommes souvent plus affectées par la perte de nos illusions que par les décombres. La bonne nouvelle, c'est que nous pouvons ramasser les pots cassés et tirer le meilleur parti d'une mauvaise situation, mais à la condition de prendre conscience que nous nous sommes inconsciemment trahies.

Vous ne pouvez pas perdre ce que vous n'avez jamais eu. Vous n'avez jamais eu le contrôle et ne l'aurez jamais. Laissez tomber cette illusion si vous voulez réduire vos pertes et aller de l'avant. Accepter l'inévitable – quelque difficile et douloureux cela soit-il aujourd'hui – est le premier pas vers un échange véritable. « Nous laissons aller une vie que nous avons tenté de contrôler, poursuit Melody Beattie, et nous recevons quelque chose de mieux en retour – une vie que nous pouvons assumer. »

Petites douceurs de novembre

❖ Commandez les catalogues de vente par correspondance de chez J. Peterman. Croyez-moi, ils seront heureux de votre appel (dites-leur que c'est moi qui vous envoie). Demandez leur plus récent *Owner's Manual* qui présente d'antiques reproductions romantiques d'appareils et d'accessoires classiques et exotiques, ainsi que le *Booty, Spoils & Plunder*, qui présente une collection de meubles, d'accessoires décoratifs et de tout ce qui tape dans l'œil de Peterman au cours de ses voyages. Si vous commandez ces catalogues, vous passerez tellement d'heures délicieuses à rêver, à voyager en imagination et à vous plonger dans vos souvenirs que vous m'en serez éternellement reconnaissante. Je vous livre un secret (qui ne fera pas l'affaire de Peterman): cela vaut vraiment la peine d'attendre leur solde « anti-récession » du mois de janvier. (Écrire à J. Peterman Company, au 2444 Palumbo Drive, Lexington, Kentucky 40509; tél.: 1-800-231-7341. Si vous appelez de Sydney, Londres ou Prague, composez le 606-268-2006. Télécopieur: 800-346-3081.)

❖ Si vous avez hésité jusqu'à présent à nouer une relation avec votre ange gardien, laissez tomber vos réticences. Vous n'avez rien à perdre sinon votre scepticisme, et tout à gagner. J'aime les livres de Terry Lynn Taylor *Les Messagers de lumière*, *L'Alchimie de la prière*, *Guardians of Hope* et surtout *Creating with the Angels*. *L'Angel Watch Foundation*, d'Eileen Elias Freeman, fait le point sur l'information à propos des anges et de leur action dans le monde actuel, et traite de la question dans la revue bimensuelle *AngelWatch*. (Pour plus d'information, envoyer une enveloppe affranchie à l'adresse suivante: P. O. Box 1397, Mountainside, New Jersey 07092.)

❖ Selon une légende amérindienne, il y a de bons et de mauvais rêves qui rôdent autour de nous pendant notre sommeil, prêts à s'emparer de notre esprit pour la nuit. Pour nous assurer des nuits paisibles, il existe des « attrapeurs de rêves »: il s'agit de toiles multicolores avec un trou au milieu pour laisser passer les rêves joyeux. Les mauvais rêves, eux, se prennent dans le filet et disparaîtront dès les premières lueurs. Nous pouvons nous procurer des attrapeurs de rêves fabriqués par des Amérindiens (de même que des ensembles pour les fabriquer soi-même) dans les grandes boutiques d'artisanat, les boutiques de cadeaux exotiques, ou par catalogue. Vous pouvez aussi en faire un avec un cerceau de broderie sur lequel vous faites une toile avec du fil à broder de différentes couleurs. (Assurez-vous de laisser un trou au milieu.) Ajoutez-y des perles de couleurs (le vert est la couleur de l'abondance ; le rose et le rouge sont les couleurs de l'amour ; le bleu est la couleur de la guérison et de la protection ; le violet est la couleur du pouvoir intérieur) et des plumes. Suspendez-le au-dessus de votre lit.

❖ Écrivez une grâce personnelle et offrez-la le jour de l'Action de grâce (qui, aux États-Unis, tombe le quatrième jeudi de novembre). Ce simple geste est très régénérateur car il vous fait penser à tout ce dont vous êtes comblée. Pour vous inspirer, vous pouvez feuilleter *One Hundred Graces*, publié sous la direction de Marcia et Jack Kelly.

❖ Offrez un panier de nourriture à un organisme de bienfaisance la veille de l'Action de grâce. Si possible, mettez-y les ingrédients qui composeront votre repas de famille, à commencer par la dinde. Quelle que soit votre contribution, elle sera bienvenue. Si vous avez des enfants, demandez-leur de vous aider à remplir votre panier et à aller le porter. C'est là un excellent moyen de nous rappeler à quel point nous sommes privilégiées et devons remercier pour tout ce que nous avons.

❖ Regardez le défilé de l'Action de grâce de chez Macy's.

❖ Ne vous précipitez pas dans les magasins dès le lendemain de l'Action de grâce pour faire vos emplettes de Noël. Faites plutôt une bonne soupe maison avec du bouillon de dinde, rédigez la liste d'ingrédients que vous devrez acheter pour le pudding de Noël, faites une couronne de l'Avent et commencez à écouter de la musique du temps des Fêtes.

❖ Amusez-vous à choisir *votre* calendrier de l'Avent.

DÉCEMBRE

J'ouvre ma porte. Une invitée magnifique venue de loin
fait une entrée majestueuse. Elle a des cadeaux plein les bras :
le cadeau d'heures et de moments lumineux,
le cadeau des matins et des soirs, le cadeau du printemps et de l'été,
le cadeau de l'automne et de l'hiver. Elle a dû fouiller les cieux
pour trouver ces faveurs extraordinaires.

ABBIE GRAHAM

Les cadeaux de décembre – coutumes, cérémonies, célébrations, consécrations – nous arrivent emballés non pas dans du papier et du ruban, mais dans de tendres souvenirs. C'est le mois des miracles. La lampe à huile qui brûle pendant huit jours, le fils royal né dans une étable, l'inexplicable retour de la Lumière pendant la plus longue nuit de l'année. Là où il y a de l'amour, il y a toujours des miracles. Là où il y a des miracles, il y a une grande joie. Le cœur débordant de gratitude, nous tissons le fil doré du sixième principe de l'abondance dans la simplicité – la joie – dans la toile de notre vie. Nous accueillons enfin le miracle de l'authenticité. Nous modifions pour toujours la perception que nous avons de nous-mêmes, de notre train-train quotidien, de nos rêves, de notre destinée. Les jours que nous tenions jadis pour ordinaires, nous les considérons maintenant sacrés.

1er DÉCEMBRE

Bénies des dieux

Il y a beaucoup trop d'enchantement par ici ;
il faut faire quelque chose pour y mettre fin.

Dorothy Parker

D es vies de rêve. Les magazines de luxe nous en gavent, et celles-ci nous dérobent une partie de notre énergie vitale. C'est complètement dingue. Vous savez qui était réputé pour être béni des dieux ? Macbeth. Il y a là de quoi faire réfléchir. Lady Macbeth était-elle de cet avis ?

En fait, nous sommes toutes bénies des dieux. Le problème, c'est que nous ne nous en rendons pas compte, surtout après avoir lu des articles sur la vie fabuleuse d'autres femmes. Une version contemporaine de l'histoire de Madame Tout-le-monde nous aidera peut-être à comprendre.

Madame Tout-le-monde en avait bavé cette année-là. À peu près tous les ennuis qu'on peut avoir, elle les avait eus. Du moins, c'est ce qu'il lui semblait. L'argent se faisait rare parce que Madame Tout-le-monde était payée à la commission. Elle avait beau travailler d'arrache-pied, la paie était irrégulière à cause de la récession. Les problèmes financiers se répercutaient sur la vie du couple, surtout après que les taux d'emprunt hypothécaire eurent monté en flèche. Son mari exerçait deux emplois de front. Plusieurs de leurs conversations (quand ils s'adressaient la parole) portaient sur la nécessité pour elle de se trouver un emploi plus fiable. Madame Tout-le-monde aimait son travail et y excellait; elle avait seulement besoin d'un peu plus de temps pour en tirer un revenu satisfaisant. Mais le temps commençait à manquer.

Cette année-là, les différents maux de Madame Tout-le-monde avaient été attribués à un état chronique. Son médecin lui avait recommandé de ralentir le pas; il fallait éliminer le stress et la fatigue qui provoquaient ses crises. Un de ses enfants qui traversait une période difficile avait demandé une attention particulière, ce qui avait engendré du ressentiment chez les autres. Le printemps dernier, son père était mort subitement. Peu après, sa mère avait été victime de plusieurs infarctus et d'une thrombose qui avait laissé des séquelles permanentes. Incapable de se débrouiller toute seule, elle avait dû être placée dans un foyer. Sa belle-mère s'en était mieux tirée après la mort de son mari. Elle était venue s'installer «temporairement» chez eux au cours de l'été et y était toujours. Sa fille adolescente se plaignait souvent de devoir céder sa chambre à sa grand-mère. Quand elle voyait sa belle-mère partager leurs repas, Madame Tout-le-monde se sentait coupable et amère de ne pas pouvoir offrir la même chose à sa propre mère. Rendue au bout de son rouleau, Madame Tout-le-monde implora Celui ou Celle qui était à l'écoute de lui accorder un répit.

«Tu as raison, tu viens de passer un mauvais quart d'heure», lui répondit avec bienveillance son ange gardien. «Courage. Tout le monde a des périodes difficiles à vivre. Le Patron dit qu'il y a un solde du temps des Fêtes en cours. Viens donc voir! Tu pourras te choisir une autre vie, ou bien l'ensemble Force – Sagesse – Grâce. La force de relever tes défis. La sagesse de vivre une vie authentique. La grâce de remercier non seulement pour ce que tu as, mais pour ce que tu as évité.»

«Je veux une vie de rêve», rétorqua Madame Tout-le-monde.

«Une vie de rêve? Voyons ce que nous avons.»

Madame Tout-le-monde se retrouva aussitôt assise devant un ordinateur céleste; les vies de rêve de plusieurs femmes des quatre coins de la planète se mirent à défiler à l'écran. Ces visages lui étaient familiers, mais différents de ceux qu'elle avait vus en public. Ils n'avaient rien de très glorieux. On dit à Madame Tout-le-monde qu'elle pouvait échanger sa vie contre celle de n'importe laquelle de ces femmes. On lui en présenta une. «Que penses-tu de celle-ci?» lui demanda l'ange conseiller en changement de vie.

«Cette femme a une vie confortable – elle a une gouvernante en permanence – mais très mouvementée. Elle a dû abandonner une brillante carrière d'avocate pour s'occuper de ses jumelles atteintes de fibrose kystique. »

Madame Tout-le-monde demanda à voir d'autres vies.

On lui présenta une belle femme, battue par son mari super-star... Une autre dont l'enfant avait été frappé par un automobiliste en état d'ébriété et était toujours dans le coma... Cette femme stérile qui était enfin tombée enceinte, mais venait d'apprendre qu'elle avait le cancer du sein... Cette femme dont le mari très en vue avait la réputation d'être un coureur de jupons... Cette autre dont le mari venait d'être condamné à la prison pour transactions financières frauduleuses.

Madame Tout-le-monde était ébranlée. « J'ai demandé une vie de rêve, se plaignit-elle. Vous ne m'avez montré que des femmes bien mises, mais en proie au chagrin, à l'humiliation, à la douleur et au désespoir. »

«Pourtant, chacune de ces femmes a été présentée comme menant une vie de rêve dans ces magazines dont tu raffoles. Le temps est écoulé. Que choisis-tu? »

« Est-il trop tard pour choisir la Force, la Grâce et la Sagesse ? », demanda Madame Tout-le-monde d'une voix hésitante.

« Tu as fait le bon choix. Quelqu'un t'a dit récemment que tu mènes une vie de rêve ? »

2 DÉCEMBRE

Baisers passionnés

Un baiser peut être une virgule, un point d'interrogation
ou un point d'exclamation.

MISTINGUETT

Toutes les femmes connaissent les nuances subtiles du baiser : le baiser pris à la sauvette, le baiser d'adieu, le vrai baiser, le baiser qui nous amène à aller verrouiller la porte.

Ah! Ces baisers voluptueux qui nous mènent droit au lit, nous en avons un souvenir vague, nostalgique. Cela fait des lustres que nous en avons reçus. En fait, il ne s'est pas donné un seul baiser dans cette maison depuis belle lurette. Cela fait un bon mois que tous ses habitants sont dans un état permanent de contagion – infection de la gorge due à un streptocoque, grippe, bronchite – dont les meilleurs antibiotiques connus de la médecine moderne ne sont pas venus à bout. Ces jours-ci, je ne veux pas recevoir de baiser de qui que ce soit dans cette maison et nul doute que personne ne veut que je lui en donne un.

Heureusement, les précieuses ressources naturelles qui ne sont pas consacrées aux ébats amoureux peuvent l'être à notre créativité. L'économie protège du besoin. Vous avez le choix : la passion excite l'énergie sexuelle ou l'énergie créatrice. Toutes les artistes honnêtes vous diront que quand elles travaillent à fond à un projet – écrire un livre, réaliser un film, diriger une pièce de théâtre, préparer une exposition ou un concert, chorégraphier un nouveau mouvement –, leur libido connaît une baisse. Entre vous et moi, nous nous en moquons éperdument. Nous pouvons faire l'amour passionnément ou créer passionnément, mais rarement les deux en même temps.

Ce processus naturel de sublimation fonctionne aussi dans l'autre sens. Vous connaissez actuellement une pénurie de rapports intimes ? Ne perdez pas votre temps à faire la tête. N'insistez pas sur ce qui vous manque, mais sur ce qui s'offre à vous. La chance frappe à votre porte. Accueillez-la à bras ouverts. C'est le moment idéal pour travailler sérieusement à ce scénario, pour vous inscrire à ce cours de photographie et pour y *assister*, pour terminer vos études, pour vous présenter à l'hôtel Shepheard, pour vous éprendre de votre moi authentique. *Il n'y a pas de femme plus séduisante que celle qui se réalise pleinement.* Vous ne serez plus longtemps seule, à moins que vous n'y teniez.

Je ne vois qu'une seule raison de ne pas pouvoir jouir de toutes les bonnes choses et de baisers passionnés en même temps : les réalités de la vie. Toute femme connaît des moments de solitude : par choix, par hasard, en raison des circonstances. Courage.

Parfois, nous n'avons pas trouvé les lèvres que nous désirons embrasser. Parfois, les lèvres que nous aimerions embrasser ne sont pas disponibles. Parfois, celui que nous aimerions embrasser est brûlant de fièvre et tousse à fendre l'âme, en bas dans la chambre au fond du couloir.

3 DÉCEMBRE

Je ne fais pas l'amour, je suis mariée

Personnellement, je ne connais rien au sexe car j'ai toujours été mariée.

ZSA ZSA GABOR

Vous vous rappelez quand nous parlions de « coucher ensemble » au lieu de « faire l'amour » ? Quelle expression prophétique ! En voilà une que Nostradamus a ratée.

Maintenant que nous avons parlé de transposer la sexualité sur le plan de la création, méditons un instant sur la nécessité de la sublimer pour assurer notre survie. Non pas la survie de l'espèce, mais celle de la femme qui manque de sommeil. Ce que désirent les femmes que je connais, c'est dormir douze heures sans se faire déranger. Les seules femmes mariées qui font l'amour aussi souvent que le prétendent les magazines et le recommandent les sexologues sont des personnages de feuilletons.

Les exigences de la vie quotidienne, de la famille et du travail amènent souvent les femmes à découvrir qu'il existe beaucoup d'autres façons de faire l'amour que la position du missionnaire : baisser la lumière, lui offrir quelque chose à boire et le rejoindre au salon pour écouter avec lui son émission d'information préférée, lui demander où en sont ses équipes favorites et écouter sa réponse, coucher sur le divan du salon pour pouvoir dormir quand il a une vilaine toux, l'envoyer seul au salon de l'automobile, ne jamais s'endormir le soir sans lui dire « Je t'aime », l'appeler chaque jour pour prendre de ses nouvelles, s'initier ensemble au massage, souligner l'anniversaire de sa mère, porter des socquettes au lit, se faire mutuellement des compliments, se toucher, se créer un langage intime, faire le plein, lui acheter une revue qu'il ou elle aime, aller changer ses livres à la bibliothèque, faire des mots croisés ensemble, nous préparer nos plats préférés quelques fois par semaine, lire, parler, rire et pleurer ensemble au lit.

« À cause de l'épuisement et du manque d'intimité, les moments de pure passion se font plus rares qu'à l'époque de nos fréquentations », écrit Linda Aaker pour rassurer les chastes parmi nous. « Le sexe, c'est aussi croiser le regard de l'autre au-dessus de la tête ébouriffée de notre enfant. [...] C'est aussi parfois dormir aux anges aux côtés de l'être aimé ou boire un bon café ensemble. »

4 DÉCEMBRE

Le perfectionnement de la pensée quotidienne

Toute la science n'est que le perfectionnement de la pensée quotidienne.

ALBERT EINSTEIN

Il y a une différence sensible entre penser savoir et savoir vraiment. Tout comme il y a une différence importante entre un changement superficiel et un changement qui s'opère au niveau cellulaire. Déplacer vos meubles pour changer l'aspect de votre salon est une chose ; réarranger votre ADN – votre destinée, votre nature et vos aspirations – en entreprenant la quête de votre authenticité en est une autre. Une fois que vous vous y êtes engagée, une toute nouvelle vie s'ouvre devant vous.

Quand j'ai entrepris la rédaction de ce livre, je savais que si j'intégrais la gratitude, la simplicité, l'ordre, l'harmonie, la beauté et la joie à ma vie quotidienne, mon sentiment de manque céderait peu à peu la place à un sentiment d'abondance. Cela me suffisait amplement. Ce que j'ignorais et à quoi je ne m'attendais pas, c'est la puissance du processus de l'abondance dans la simplicité quand il s'allie à une réflexion enthousiaste et constante sur une période de deux ans. Il est pratiquement impossible d'écrire un livre sur la voie spirituelle et créative de l'authenticité sans en être profondément transformée.

Sur le papier, l'équation mathématique d'Einstein $E = mc^2$ paraît plutôt inoffensive, n'est-ce pas? Pourtant, elle a conduit à l'invention de la bombe atomique.

Sur le papier, l'équation gratitude/simplicité/ordre/harmonie/beauté/joie = authenticité, semble inoffensive elle aussi. Mais j'ai constaté qu'elle mène à une totale transformation personnelle et spirituelle – à une métamorphose métaphysique si profonde de notre ADN que notre ego ne sait plus où donner de la tête. À un moment donné, nous sommes sûres de nous-mêmes, l'instant d'après, nous ne le sommes plus du tout. Cela peut s'avérer très déroutant pour notre moi conscient.

Parmi toutes les définitions de l'ego que j'ai trouvées, c'est celle de Joseph Campbell que je préfère: «Ce que vous pensez désirer, ce que vous voulez croire, ce que vous pensez pouvoir vous permettre, ce que vous décidez d'aimer, ce à quoi vous vous croyez astreint». Il y a en vous une enfant difficile avec laquelle vous devez compter, et elle tient à sa merci votre destinée, votre nature et vos aspirations, tellement qu'il lui faudra rien de moins qu'une détonation divine pour qu'elle lâche prise.

Ne vous en faites pas. Vous devriez être actuellement sur le point d'atteindre la masse critique, le point où s'enclenche d'elle-même une réaction en chaîne.

En physique, la fusion nucléaire résulte de la combinaison de deux éléments distincts, comme l'hydrogène et l'hélium. Sous l'action conjointe d'une pression et d'une température très élevées, une énergie aussi puissante que le soleil se dégage soudainement jusqu'à ce que l'hydrogène et l'hélium se transforment complètement et produisent une toute nouvelle force. C'est ainsi que se forment les nouvelles étoiles.

Un phénomène analogue se produit quand vous vous lancez à la recherche de votre moi authentique. Vous combinez les six principes de l'abondance dans la simplicité, soit des changements extérieurs de mode de vie, avec votre propre travail intérieur ou ce qu'Einstein appelle «le perfectionnement de la pensée quotidienne». Vous laissez ensuite s'exercer sur vos six principes les pressions de la vie quotidienne et la chaleur de vos passions et laissez mijoter pendant au moins un an ou deux. Le résultat? Un beau jour, le processus de transformation s'amplifie à un point tel qu'il ne peut plus être contenu à l'intérieur. Il se dégage alors un immense élan d'énergie créatrice qui engendre une toute nouvelle entité: votre moi authentique, manifestation visible de votre âme.

Quand cela se produit, «ce que vous pensez désirer, ce que vous voulez croire, ce que vous pensez pouvoir vous permettre, ce que vous décidez d'aimer, ce à quoi vous vous croyez astreinte» vous sembleront venir d'une autre femme. Et vous aurez raison.

Après avoir exploré avec enthousiasme et détermination les origines de l'univers, Einstein en vint à savoir qu'«il doit se cacher quelque chose, profondément enfoui derrière les choses». En recherchant la plénitude avec enthousiasme et détermination, vous *saurez* cela vous aussi.

5 DÉCEMBRE

Soupirez, mesdames, soupirez

La plupart des soupirs que nous entendons ont subi une sélection.

STANISLAW JERZY LEC

J'ai une habitude qui horripile mon mari, mais qui m'aide à garder ma santé mentale.

Je soupire.

677

Évidemment, je soupire souvent sans m'en rendre compte. J'ai toutefois remarqué que chaque fois qu'on attire mon attention sur cette habitude et qu'on me prie d'y mettre fin, j'ai une très bonne raison de respirer profondément.

Nous soupirons pour ne pas crier. Il y a maintes occasions au cours d'une journée où crier est incontestablement la réaction appropriée. Cependant, de ce côté-ci de la clôture électrisée, les cris ne sont pas très bien vus.

Alors, nous soupirons.

D'abord, nous inspirons, rapidement et brusquement, inhalant la réalité, reconnaissant la situation présente : tracas ou déception, confrontation ou défi, attente interminable ou manque de coopération.

Nous retenons notre souffle le temps d'un battement de cœur.

Puis, nous expirons, lentement et profondément, exhalant et laissant tomber notre réaction initiale – consternation, impatience, frustration, ennui, déception, regret. Nous la laissons s'échapper, nous la laissons aller.

Le soupir est un geste d'acceptation tranquille ; nous surmontons la difficulté et passons à autre chose.

Les femmes qui vivent en couple, avec ou sans enfants, soupirent plus souvent que leurs consœurs qui vivent seules, parce qu'elles doivent tenir compte d'un plus grand nombre de préférences, de besoins, de désirs, de volontés et de demandes pour maintenir une ambiance détendue. Elles doivent plus souvent plier pour éviter de se rompre.

Alors, si vous éprouvez le besoin de soupirer aujourd'hui, je vous en prie, respirez lentement et profondément. Respirez d'une manière expressive. Les soupirs sont l'air chaud qui vous permet d'être à la hauteur de la situation. L'air chaud qui se trouve emprisonné finit par exploser, et la vapeur peut brûler. Mais quand la vapeur peut s'échapper à volonté par une soupape de sûreté, elle peut se transformer en énergie créatrice. Alors, soupirez sans la moindre hésitation. Soupirez sans vous sentir coupable. Soupirez sans gêne. Soupirez en y prenant plaisir.

Soupirez, mesdames, soupirez.

6 DÉCEMBRE

La fête des lumières

Être Juif est un destin.

VICKI BAUM

E n ces jours sombres de décembre, les Juifs célèbrent Hanukah, la « Fête des lumières », pour commémorer un miracle qui s'est produit en 165 av. J.-C., après que Judas Maccabée et ses partisans eurent réussi à reprendre Jérusalem des mains d'un empereur grec qui considérait Israël comme une province grecque.

Dans le but d'assimiler les nations conquises et d'en faire un tout homogène plus facile à contrôler, les conquérants grecs prohibèrent toutes les autres religions. C'est ainsi que les Juifs furent contraints d'abandonner leur foi et de rendre un culte aux dieux grecs. Par décret, le temple de Jérusalem fut converti en temple grec; interdiction fut faite aux Juifs d'étudier la Torah, de célébrer leurs fêtes et de maintenir leurs coutumes. Refusant d'obéir au décret, plusieurs d'entre eux moururent pour leurs croyances. Après trois ans de guérilla, les Maccabées remportèrent la victoire et le temple fut rendu au culte israélite. Pour célébrer la reconsécration de leur temple (« Hanukah » signifie consécration), les Maccabées entreprirent un rite de purification de huit jours, mais on s'aperçut qu'il restait à peine assez d'huile sacrée pour maintenir le *menorah* – chandelier à neuf branches dont huit représentent les huit jours de cette fête – allumé pendant une journée. Par miracle, la lampe du temple brûla pendant huit jours sans s'éteindre. Depuis lors, les Juifs célèbrent Hanukah en souvenir de leurs luttes pour la liberté de religion, et du rétablissement miraculeux symbolisé par l'abondance de l'huile.

Bien des gens qui célèbrent Noël croient que Hanukah est une fête strictement israélite. Mais comme le souligne Harold Kushner dans un livre éclairant et inspirant intitulé *To Life : A Celebration of Jewish Being and Thinking*, sans Hanukah, nous ne célébrerions pas

Noël. Si les Maccabées ne s'étaient pas révoltés contre les Grecs, la foi juive aurait été assimilée par la culture grecque et nous n'en aurions plus jamais entendu parler. « Il n'y aurait pas eu de communauté juive pour donner naissance à Jésus, un siècle et demi plus tard. Personne ne se serait souvenu des promesses messianiques qu'il est venu remplir. Sans Hanukah, Noël n'existerait pas. »

L'arbre généalogique de bien des familles réserve des surprises. Même celles parmi nous qui sommes de foi chrétienne découvrirons, si nous examinons bien nos racines, que par notre foi, nous appartenons à la maison de David. Jésus a pratiqué toute sa vie le culte israélite. Enfant, il a célébré Hanukah ; la Cène était un rite de la Pâque juive. Tous les apôtres et la plupart des premiers disciples de Jésus étaient des Juifs. Les foules qui se rassemblaient pour l'écouter prêcher l'appelaient *Rabbi*, terme hébreu signifiant maître. Peut-être nos ressemblances et notre héritage commun sont-ils plus nombreux que nos différences, après tout.

Pour ma part, j'en suis venue à considérer Hanukah comme la fête de l'authenticité. Les Maccabées ont refusé d'abandonner ce qui faisait d'eux des êtres authentiques – leur foi –, au prix même de leur vie. Pour eux, vivre sans leur foi, c'était ne pas vivre. Je vois aussi dans le miracle de Hanukah la première manifestation attestée de l'abondance dans la simplicité. Il y a plus de deux mille ans, il ne restait de l'huile sacrée que pour une nuit, mais ces gens croyants, courageux et reconnaissants eurent *tout ce dont ils avaient besoin*.

De l'huile sacrée dans le temple. Des pains et des poissons sur la montagne. Les miracles sont le fait de l'Esprit, non d'une foi en particulier. Ils s'accomplissent pour tous ceux qui y croient. C'est là le cœur de Hanukah et l'âme de Noël. Plus nous apprenons à reconnaître la sagesse et la vérité des autres voies spirituelles, plus nous nous rapprochons de la Plénitude.

7 DÉCEMBRE

Les femmes sont-elles des êtres humains ?

*Nous ne sommes pas des êtres humains
qui tentons d'être des êtres spirituels.
Nous sommes des êtres spirituels qui tentons d'être des êtres humains.*

Jacquelyn Small

La question de savoir si les femmes sont des êtres humains fascinait l'écrivain anglais D. H. Lawrence, qui l'a souvent explorée dans son œuvre. « L'homme est prêt à accepter la femme comme son égale, écrit-il, comme un homme en jupe, comme un ange, un démon, une poupée, une machine, un instrument, une poitrine, un utérus, une paire de jambes, une servante, une encyclopédie, un idéal ou une obscénité ; la seule chose qu'il n'accepte pas chez elle, c'est qu'elle soit un être humain, un être humain véritable de sexe féminin. »

Si les hommes trouvent à ce point difficile d'accepter que nous soyons des êtres humains, c'est peut-être que nous n'en sommes pas et qu'au fond, tout le monde le sait. Cependant, il nous arrive souvent d'oublier notre nature divine en vaquant à nos tâches quotidiennes. Combien de fois nous excuserons-nous en disant : « Après tout, je ne suis qu'un être humain ».

Ce n'est pas vrai. Nous oublions que nous sommes des êtres spirituels qui n'apparaissons sous une forme humaine que pour un bref séjour sur cette planète. Je l'ai certes oublié ce matin quand j'ai appris que ma fille devait rester à la maison parce qu'elle était malade. *Encore*. Dans quelques minutes, je dois l'amener chez le médecin pour un dépistage de streptocoques, ce qui va désorganiser toute ma journée. Je suis frustrée et irritée, non contre Katie, mais contre les réalités de la vie, contre les échéances. Mais l'a-t-elle compris quand j'ai levé les yeux au ciel, à l'idée de voir un autre jour s'en aller à vau-l'eau. Je ne le crois pas.

Les êtres spirituels ne s'en font pas avec les banalités de la vie réelle. Ils savent aussi que la plupart du temps, ce sont justement des banalités qui nous mettent dans tous nos états. La seule chose qui ne soit pas insignifiante, c'est la raison première pour laquelle nous sommes sur la terre : trouver une portion du cœur que le monde a perdu, que nous seules pouvons racheter par notre amour et notre travail, puis la redonner, afin que nous puissions toutes trouver la plénitude.

Un être spirituel sait que son travail l'attendra jusqu'à son retour du cabinet du médecin. Un être spirituel sait que les échéances n'existent pas, qu'elles viennent de *Chronos*, qui est le temps du monde matériel. Le divin, lui, ne connaît que *Kairos*, l'éternité. Je respecterai mes échéances si je me rappelle de demander la grâce. Un être spirituel sait que la seule chose importante aujourd'hui, c'est de prendre soin de mon enfant malade et de la réconforter.

Ce même être spirituel aurait su tout cela ce matin s'il avait pris cinq minutes pour se centrer.

Les Écritures nous disent que l'homme a été créé un peu au-dessus des anges. Mais n'oubliez pas que la femme a été le point culminant de la création divine. Après avoir créé la femme, le sage Créateur se rendit compte qu'il n'était point nécessaire de poursuivre son œuvre : cet être allait sauver le monde.

On attend de grandes choses de nous.

Quant à moi, j'ai à mes côtés un cœur qui se sent perdu, et a besoin d'être racheté par un être spirituel s'efforçant de devenir humain.

8 DÉCEMBRE

Nouvelles réconfortantes

La tristesse est toujours là, telle une mauvaise herbe luxuriante et robuste, mais la joie, elle, demande que nous la cultivions.

BARBARA HOLLAND

C'est la semaine où nos épaules commencent à s'affaisser à la vue de notre liste de « choses à faire » pour Noël, qui s'allonge à vue d'œil. Il faut écrire et envoyer nos cartes de souhaits, acheter, emballer et expédier nos cadeaux, acheter le sapin et le décorer, faire des biscuits, organiser des réceptions, faire cuire la dinde. D'ici la semaine prochaine, à moins qu'une Force supérieure ne nous fasse entendre raison, nous allons tomber d'épuisement. Il n'est guère étonnant que le temps des Fêtes soit le point culminant de la saison de la grippe. L'auteur d'un livre récent sur l'art de simplifier sa vie suggère de prendre congé des Fêtes – comme si c'était là une solution à considérer. Est-ce le cas pour vous ?

Quand l'ambiance de Noël commence à se faire sentir, c'est que les femmes ont sorti leur baguette de fée des étoiles. Au cas où quelqu'un ne l'aurait pas remarqué, ce sont les femmes qui « font » Noël, qui font des miracles sur demande. Les femmes sont les *deus ex machina* de l'Esprit, réalisant les rêves du temps des Fêtes, cachées derrière la scène.

Les célébrations de Noël telles que nous les connaissons aujourd'hui, avec leur tourbillon de festivités, de décorations, de cadeaux somptueux, de réceptions et de traditions familiales ont été inventées par des femmes de la classe moyenne, tant en Angleterre qu'aux États-Unis, au milieu du XIXe siècle. Les femmes de l'époque victorienne, qui étaient des femmes d'intérieur à temps plein, se mettaient aux préparatifs de Noël dès le mois de juillet. De nos jours, cependant, les femmes ont une foule de choses à faire en plus de se préparer à Noël, ce qui explique pourquoi nous finissons par nous épuiser tous les mois de décembre.

Pour bon nombre de femmes, c'est la saison de la misère et de l'angoisse : larmes, crises, cris, hurlements, tourbillon d'activité, problèmes financiers, relations difficiles et leurres du temps des Fêtes.

Le vrai miracle de Noël ne serait-il pas de ralentir le pas assez longtemps pour nous rappeler la véritable raison de toutes ces célébrations, afin qu'elles deviennent authentiques et qu'elles aient un sens ?

Alors, réjouissez-vous. Laissez tomber fatigue, frustration et frénésie, car je vous apporte des nouvelles réconfortantes. Si c'est *vous* qui faites Noël chez vous, vous pouvez choisir de le faire *à votre manière*. Vous *pouvez* décider d'être heureuse, aimante, satisfaite, généreuse, paisible, comblée, spirituelle, joyeuse, calme, pleine d'entrain et proche des personnes qui vous sont chères pendant le temps des Fêtes cette année.

Ou bien vous pouvez choisir de vous effondrer.

Aujourd'hui, prenez conscience que vous ne pouvez pas tout faire. Pas tout en même temps. Pas dans les seize prochains jours. Pas du tout. Un point, c'est tout.

Maintenant, prenez conscience que l'une des raisons pour lesquelles les Noëls passés n'ont pas été à la hauteur de vos espérances, c'est que vous essayez de faire trop de choses, trop bien.

Jetez un coup d'œil sur votre liste.

N'y laissez que ce que vous aimez le mieux. Biffez deux autres items. Vous avez maintenant le temps de regarder par la fenêtre la neige tomber doucement, d'écouter avec délices le tintement des cloches et la joyeuse musique de Noël, de savourer les doux arômes d'un bon vin chaud épicé, de la dinde qui cuit et du pain d'épice, de déguster un bon chocolat chaud et un lait de poule maison, de lire un conte de Noël tous les soirs à la tombée du jour, de vous asseoir devant un beau feu crépitant dans l'âtre et de recréer des coutumes que vous aimez et qui réconfortent votre âme comme celle de vos proches. « Je souhaite que votre Noël ait [...] une petite touche d'éternité au milieu de la bousculade et de la précipitation », écrit la mystique Evelyn Underhill. « Cela nous semble toujours un tel mélange du monde présent et futur – mais c'est de cela qu'il s'agit, après tout ! »

9 DÉCEMBRE

Notre lettre de Noël

Voici la lettre que j'adresse au monde.

EMILY DICKINSON

Il y a une femme encore en liberté, une dangereuse magicienne. En un tour de main habile, elle transforme une pièce en un décor digne des magazines de luxe. En un tour de main créatrice, elle transforme les fruits de la terre en un festin quotidien. Elle a le pouce vert, son vinaigre aux herbes est thérapeutique, sa recette de pot-pourri est recherchée, elle fait elle-même les délicieux petits gâteaux qu'elle apporte aux fêtes d'enfants à l'école, ses costumes d'Halloween sont légendaires, elle porte encore la taille 8. Son mari, un éminent avocat, l'adore; ses cinq merveilleux enfants la portent aux nues. Elle a acheté, emballé et envoyé ses cadeaux de Noël en novembre. Elle s'apprête maintenant à fabriquer ses propres confettis du jour de l'An à partir de coquilles d'œufs teintes avec des colorants naturels. Je sais tout cela parce que je viens de recevoir sa lettre de Noël annuelle. Je vous préviens. La vôtre ne tardera pas à vous parvenir.

Il faut arrêter cette femme. Elle menace la paix de notre foyer. Elle bouleverse le sens commun.

Voici mon plan. Cette année, nous allons écrire une lettre de notre cru. Nous y parlerons de notre passionnant safari du moi et de l'Esprit, d'abondance dans la simplicité, des petits changements qui transforment grandement notre façon d'aborder nos tâches quotidiennes. Ensuite, nous écrirons une autre lettre, datée celle-là de l'an prochain, dans laquelle nous dirons comment nos rêves se sont réalisés. Nous y brosserons un portrait détaillé de la vie idéale et glorieuse que nous menons: nous décrirons en détail ce que nous faisons, comment nous le faisons, avec qui nous le faisons. Mais ces deux lettres, nous les écrirons dans notre album de trouvailles, car c'est à nous-mêmes qu'elles s'adressent. Ce n'est pas seulement la lettre que nous adressons au monde ; c'est notre message à l'Univers. Ce que nous faisons, en fait, c'est mettre nos souhaits du jour de l'An par écrit pour leur donner une forme concrète. C'est comme écrire nos objectifs, mais d'une façon beaucoup plus créative et amusante.

La lettre de Noël que vous adressez à l'Univers peut s'avérer le plus puissant des outils de motivation parce qu'elle met vos émotions en jeu, augmentant ainsi les battements d'énergie créatrice dont votre subconscient a besoin pour muer une rêverie en réalité.

Plusieurs d'entre nous grinçons des dents quand nous recevons des lettres de Noël. Mais ma plus vieille amie – nous avons été élevées sur la même rue – écrit des lettres de Noël merveilleuses que j'ai toujours hâte de recevoir. C'est que ses lettres parlent de la vraie vie ; elles me tiennent au courant des périodes difficiles comme des réussites et des joies de sa famille. Peut-être envoie-t-elle ces lettres à une centaine de personnes, mais elles sont tellement chaleureuses, spirituelles et vraies – comme Peg elle-même – que je les lis comme si j'étais leur seule destinataire. Alors, si un de vos plaisirs du temps des Fêtes est d'envoyer des cartes de souhaits, n'arrêtez pas de le faire, je vous en prie. Mais rappelez-vous que vos parents et vos amis ne mènent pas une vie exclusivement remplie de bons moments. Vous non plus d'ailleurs.

Quant à la flopée de lettres de Noël que j'ai reçues cette année, je trouve qu'elles remplissent une fonction très absorbante dans le fond de la cage de notre hamster.

10 DÉCEMBRE

Les présents des Rois mages

Sans cadeaux, Noël ne sera pas Noël.

MARCH (LOUISA MAY ALCOTT)

Jo a raison. Vous vous rappelez, dans *Les Quatre Filles du Dr March*, quand elle se plaignait de ne pas avoir les moyens d'acheter de cadeaux ? Noël, *c'est* la fête des cadeaux et l'a toujours été. Mais tout cet accent mis sur « je veux, je veux, je veux », « achète, achète, achète », « dépense, dépense, dépense » nous pèse. Nous exhortons nos enfants à se rappeler le sens véritable de Noël et nous avons nous-mêmes du mal à nous en souvenir, plongées que nous sommes dans le tourbillon des Fêtes.

Aujourd'hui, méditons sur le rôle véritable qu'ont joué les cadeaux du premier Noël. Ces présents étaient enveloppés de miracles, ce qui explique sans doute que nous ne les trouvions pas au centre commercial ni dans les catalogues de vente par correspondance. Le premier cadeau venait de l'Esprit : l'amour inconditionnel. Le deuxième est venu d'une jeune Juive du nom de Miriam, que ses proches appelaient Marie. Son cadeau à elle a été le désintéressement, l'abandon total de l'ego et de la volonté qui est la condition de la venue du Ciel sur la terre. Les cadeaux de son fiancé, Joseph, ont été la confiance et la foi. Il a cru que Marie ne portait pas l'enfant d'un autre homme ; il a cru à un plan divin qui les sortirait de leurs difficultés. L'Enfant, lui, a offert le pardon, la plénitude, une autre chance. Les cadeaux des anges ont été des messages de réconfort, de joie et de paix, l'assurance qu'il n'y avait rien à craindre et toutes les raisons de se réjouir. Le cadeau du berger a été la générosité : il a offert son agneau préféré à l'Enfant. La femme de l'aubergiste a offert la compassion et la charité : un lieu chaud, sec et sûr pour abriter la sainte Famille, sa meilleure couverture pour envelopper la jeune mère et son enfant, un repas pour Joseph, du foin frais pour l'âne.

Guidés par une étoile brillante, trois rois venus d'Orient ont parcouru à dos de chameau une longue et pénible route, à la recherche d'un nouveau-né de descendance royale, le Roi des Rois qui leur avait été annoncé. Ces Mages apportaient des cadeaux pour rendre hommage à l'illustre enfant. Cependant, à leur arrivée à Bethléem, ils n'ont pas trouvé Celui qu'ils cherchaient dans un palais mais dans une étable. Stupéfiés, les Mages ont sorti leur or, leur encens et leur myrrhe ; mais leurs véritables cadeaux étaient l'émerveillement, l'acceptation et le courage. Ils ont offert leur émerveillement en laissant tomber la logique, la raison et le sens commun. Acceptant l'impossible, ils ont mis leur scepticisme de côté assez longtemps pour déjouer le cruel roi Hérode, qui recherchait frénétiquement l'enfant qui allait changer le monde. Avec courage – au péril de leur vie –, les Rois mages ont aidé la sainte Famille à fuir en Égypte.

Oui, Noël est la fête des cadeaux. Il n'est que cela. Mais quels cadeaux ! Des cadeaux enveloppés dans l'amour. Des cadeaux qui étonnent et enchantent. Des cadeaux qui muent le profane en miraculeux. Des cadeaux qui nourrissent l'âme de la personne qui donne et de celle qui reçoit. Des cadeaux parfaits, des cadeaux authentiques. Des cadeaux de l'Esprit, d'une jeune femme apeurée, de son compagnon dérouté, de l'Enfant, des anges, du berger, de la femme de l'aubergiste, des Rois mages.

Amour inconditionnel, désintéressement, confiance, foi, pardon, plénitude, seconde chance, réconfort, joie, paix, propos rassurants, réjouissances, générosité, compassion, charité, émerveillement, acceptation, courage.

Offrir ces cadeaux. Ouvrir grand notre cœur pour les recevoir et dire merci.

Noël ne sera pas Noël sans cadeaux.

11 DÉCEMBRE

Quatorze jours d'ici Noël !

Offrir des cadeaux est un don ; savoir ce que l'autre désire, savoir quand et comment se le procurer, l'offrir affectueusement et de la bonne façon.

PAMELA GLENCONNER

Après avoir accepté que les cadeaux constituent l'essence de Noël, décider quoi offrir et comment se le procurer sans problème et à un prix raisonnable demande un certain temps de réflexion, surtout qu'il ne nous reste que quatorze jours pour faire nos emplettes des Fêtes.

Gardez à l'esprit que Noël arrivera le 25 décembre, que nous soyons prêtes ou non. Comment vont vos préparatifs ? À ce point frénétiques ? Dans ce cas, promettez à votre moi authentique que c'est *la dernière fois* que vous achetez, emballez et envoyez tous vos cadeaux en quatre semaines. Il a fallu neuf mois pour orchestrer le premier Noël, ce qui devrait constituer votre objectif pour l'avenir.

Vous jurez que l'an prochain, ce sera différent. Mais pour atteindre votre but, vous devrez vous y mettre dès la dernière semaine de décembre. C'est le moment où vous en avez par-dessus la tête des Fêtes, je le sais, mais c'est aussi le temps où vous pouvez vous procurer votre papier d'emballage, vos cartes et vos accessoires de Noël à rabais. Vous pourrez aussi profiter des soldes qui se tiennent régulièrement tout au long de l'année. En surveil-lant les aubaines et en gardant à l'esprit les goûts de vos parents et amis, vous pourrez acheter vos cadeaux de Noël des mois d'avance sans vous presser et aux meilleurs prix. Vous ne trouverez pas de cadeaux intéressants et bon marché dans les grands maga-sins si vous vous y prenez à la dernière minute. Les ventes de Noël représentent presque la moitié des revenus des commerçants. Alors, comment pouvez-vous espérer trouver de vraies aubaines en décembre ?

Faites toujours une liste des personnes à qui vous voulez offrir des cadeaux ; notez les passe-temps, les passions, les collections et la taille de chacun. N'essayez pas de vous rappeler tout cela ; libérez votre mémoire en prenant des notes. Évitez le plus possi-ble d'offrir des vêtements aux enfants ; ils grandissent tellement vite qu'il est pratiquement impossible de prévoir la bonne taille. Il n'est pas toujours possible de retourner les articles achetés au cours de l'année, particulièrement ceux qui sont en solde ou ven-dus en entrepôts. En outre, il n'est pas facile de savoir ce qui est dans le vent et ce qui ne l'est plus avec les jeunes ; après tout, les cadeaux ne sont pas censés rendre tout le monde malheureux.

Les achats par correspondance sont un cadeau du ciel, si vous savez vous en servir. Lorsque vous trouvez une idée de cadeau dans un catalogue, collez-vous une note sur la couverture. Essayez d'acheter au moins un cadeau par mois ; en échelonnant vos dépenses, vous aurez moins de stress en décembre prochain ; vous acquerrez ainsi une paix de l'esprit qui sera un cadeau apprécié de tous.

Fabriquer nous-mêmes nos cadeaux peut être agréable et parfois économique, mais seulement si nous avons le temps et l'énergie de bien le faire. Il *est* trop tard pour entreprendre la courtepointe de poupée de quatre cents morceaux que vous aimeriez offrir à votre fille, quelque mignonne soit-elle. Mettez de côté les patrons et les instructions que vous avez trouvés dans une revue ; profitez d'un solde pour acheter le tissu et attaquez-vous à ce projet avec amour et plaisir par une journée pluvieuse de mars. Noël en juillet est une tradition qui mérite d'être remise à l'honneur. Les femmes aux doigts agiles de l'époque victorienne fabriquaient elles-mêmes la plupart de leurs cadeaux et s'y mettaient dès le mois de juillet. Faites une petite réception le quinze juillet en l'honneur du révérend Clement Clarke Moore, l'auteur de *The Night Before Christmas* et commencez à planifier vos cadeaux faits main.

Si vous achetez ou faites vos cadeaux de Noël d'avance, il vous faudra un endroit pour les ranger. Réservez une armoire, une commode, un coffre ou un tiroir à cette fin. Votre cachette de cadeaux vous aidera à garder votre santé mentale ; faire provision de cadeaux peut devenir une petite douceur que vous pouvez vous payer tout au long de l'année. Vous ne pouvez imaginer la satisfaction que vous éprouverez quand vous ouvrirez votre cachette et en sortirez le cadeau parfait pour une occasion imprévue. Si jamais vous preniez plaisir à aller piocher dans votre réserve de cadeaux au cours de l'année, n'oubliez pas, cependant, de vous réapprovisionner.

Comme vous avez déjà du papier d'emballage en réserve, pourquoi attendre à la dernière minute pour emballer vos cadeaux à toute vapeur ? Vous pouvez le faire d'une façon créative et agréable. L'emballage fait partie du cadeau. Oubliez les choux qui se vendent dans leur gros emballage de plastique ; ils sont affreux et vous le savez. Vous savez aussi qu'un vrai beau chou se vend parfois plus cher que le cadeau même. Alors, tout au long de l'année, faites provision de joli ruban, de ficelle et de décorations que vous trouverez à prix ridicules si vous savez profiter des occasions. N'oubliez pas d'identifier vos cadeaux emballés en indiquant leur nature et leur destinataire. Nous torturer les méninges pour nous souvenir à la dernière minute du contenu de nos mystérieux paquets n'a rien de drôle. Mais quelle joie que d'anticiper le plaisir qu'éprouvera un être cher devant le présent que nous lui avons préparé avec amour !

12 DÉCEMBRE

Décrocher la lune

Il n'y a qu'une véritable privation [...],
c'est de ne pas pouvoir offrir nos cadeaux à ceux que nous aimons.

MAY SARTON

Je ne pense pas que plusieurs des êtres que nous aimons attendent en retenant leur souffle que nous allions leur décrocher la lune cette année. Mais je connais un cadeau qui ferait la joie de toutes les personnes qui apparaissent sur votre liste : vous-même. Malheureusement, ce cadeau des plus personnels coûte très cher ; il exige une dépense importante de vos précieuses ressources naturelles – temps, énergie créatrice, émotion – qui sont actuellement en baisse. Il serait beaucoup plus facile de régler le problème en offrant à chacun un télescope.

Ce n'est pas que nous ne voulons pas faire don de nous-mêmes durant le temps des Fêtes. En fait, c'est ce que nous tentons désespérément de faire. De toute évidence, nous ne nous en tirons pas très bien. C'est pourquoi plusieurs d'entre nous serons déprimées et découragées quand nous rangerons nos décorations de Noël. Comment Noël a-t-il pu nous filer entre les doigts encore cette année ?

Parce que nous avons mené trop de choses de front : obligations, promesses, choses à faire absolument, engagements conflictuels. « Bien sûr, sans problème » est la première indication d'un esprit chamboulé. Premièrement : dispensez-vous de toutes les réunions en soirée d'ici la fin du mois. N'acceptez que les événements sociaux dont vous avez *vraiment* envie. Votre absence peut être remarquée en tout autre temps de l'année, mais pas durant le temps des Fêtes. L'attention de tout le monde est aussi éparpillée que la vôtre. Vous ne manquerez à personne.

Passons maintenant aux cadeaux. Toutes ces jolies babioles qui vident votre compte bancaire ne sont que des symboles de ce que vous souhaitez vraiment offrir. Alors, cette année, pourquoi ne pas leur offrir les vraies choses ?

Le premier jour de Noël, j'ai donné aux êtres aimés :
le cadeau de mon entière attention.

Le deuxième jour de Noël, j'ai donné aux êtres aimés :
le cadeau de l'enthousiasme.

Le troisième jour de Noël, j'ai donné aux êtres aimés :
le cadeau de l'énergie créatrice.

Le quatrième jour de Noël, j'ai donné aux êtres aimés :
le cadeau des plaisirs simples de saison.

Le cinquième jour de Noël, j'ai donné aux êtres aimés :
le cadeau de la tendresse.

Le sixième jour de Noël, j'ai donné aux êtres aimés :
le cadeau de la bonne humeur.

Le septième jour de Noël, j'ai donné aux êtres aimés :
le cadeau de la beauté.

Le huitième jour de Noël, j'ai donné aux êtres aimés :
le cadeau de la communication.

Le neuvième jour de Noël, j'ai donné aux êtres aimés :
le cadeau de la surprise.

Le dixième jour de Noël, j'ai donné aux êtres aimés :
le cadeau de l'émerveillement.

Le onzième jour de Noël, j'ai donné aux êtres aimés :
le cadeau d'un environnement paisible.

Le douzième jour de Noël, j'ai donné aux êtres aimés :
le cadeau de la joie.

« Soyez prêts en tout temps à recevoir les cadeaux de Dieu, sans cesse renouvelés », nous conseille Maître Eckhart en cette saison des offrandes. Soyez prête en tout temps à donner à ceux et celles que vous chérissez les grâces de la simplicité de l'Esprit. Ils vous offriront en retour des cadeaux de Noël inoubliables : une mine réjouie et un cœur content. Et vous n'aurez pas le goût de les échanger.

13 DÉCEMBRE

Oui, Virginia, le père Noël existe

Personne ne peut concevoir ou imaginer
toutes les merveilles invisibles dans l'univers.

FRANCIS P. CHURCH

Francis P. Church n'avait nullement l'intention d'écrire un essai qui allait devenir un classique cet après-midi-là du mois de septembre 1897, quand il s'assit pour répondre à l'interrogation d'une fillette. Virginia O'Hanlon avait huit ans, exactement l'âge où le scepticisme commence à éroder la foi. Ses amis venaient de lui dire que le père Noël n'existait pas. Son père, qu'elle consulta pour connaître la vérité, s'était montré aussi muet que la plupart des parents quand les fameuses questions à propos des activités du pôle Nord leur sont soumises. Il lui avait répondu de s'en remettre aux experts en toutes matières : les rédacteurs du journal. C'est ainsi que Virginia avait pris son crayon et posé la sempiternelle question des enfants au journal local : « Papa m'a dit que si je le voyais dans le *Sun*, c'était vrai. S'il vous plaît, dites-moi la vérité : le père Noël existe-t-il ? »

Plus de cent Noëls ont passé depuis que la petite Virginia a voulu savoir toute la vérité, mais la réalité, elle, n'a pas changé. Les enfants de *tous âges* ont besoin de croire en un être formidable, bienveillant et généreux qui les récompense quand ils ont été bons. Noël permet à l'enfant qui sommeille en chacune de nous de renaître chaque année, et réveille un sentiment de joie et d'émerveillement que onze mois de doute, de dérision ou de découragement ne réussissent pas à éteindre. Tout ce qui nous est demandé, c'est de croire.

Croire à quoi ? Croire que le plus beau rêve que vous avez en ce moment, quel qu'il soit, peut se réaliser. Que l'Amour rend toutes choses possibles, particulièrement les miracles. Que c'est actuellement la saison des miracles. Qu'il y a un miracle qui vous est personnellement destiné. Que lorsque vous faites un vœu, la grâce entre en jeu pour combler les vides jusqu'à ce que vos rêves deviennent réalité. Que le père Noël existe et que vous avez été très très bonne cette année.

Avez-vous écrit votre lettre de Noël ? Oui, c'est bien à vous que je pose la question. Si vous ne l'avez pas fait, faites-le aujourd'hui, en grande pompe. Assoyez-vous avec une bonne tasse de chocolat chaud, votre plus beau papier et votre liste de vœux. Choisissez un cadeau que le monde peut vous offrir et demandez-le au père Noël. Puis, choisissez un cadeau que seul l'Esprit peut vous accorder. Mettez votre lettre dans une enveloppe et envoyez-la. Attendez. Soyez attentive à ce qui va se produire. Soyez heureuse.

Pendant le temps des Fêtes, affirmez souvent au cours de la journée (tout bas si vous préférez): « Je crois ! Je crois ! Je crois ! »

Pour ma part, je crois qu'il y a plus de cent ans, Frank Church a écrit la méditation d'aujourd'hui non seulement pour Virginia, mais aussi pour moi :

Virginia, tes petits amis ont tort. Ils ont été contaminés par le scepticisme de notre époque. Ils ne croient qu'à ce qu'ils voient. Ils pensent que ce que leur petit esprit ne peut saisir n'existe pas. Tous les esprits, Virginia, ceux des adultes comme ceux des enfants, sont petits.

Oui, Virginia, le père Noël existe. Il existe sans aucun doute, comme l'amour, la générosité et la dévotion, et tu sais qu'ils abondent et donnent à ta vie toute sa beauté et sa joie. Comme le monde serait ennuyeux sans père Noël ! Il serait aussi morne que s'il n'y avait pas de Virginia. Il n'y aurait plus de foi innocente, plus de poésie, plus de romantisme pour rendre notre existence tolérable. Nous ne trouverions plus notre plaisir que dans ce que nous captons par nos sens. La lumière éternelle dont les enfants inondent le monde s'éteindrait.

Ne pas croire au père Noël! Autant ne pas croire aux fées, tant qu'à faire! [...] Les choses les plus réelles dans l'univers sont celles que ni les enfants ni les adultes ne peuvent voir. As-tu déjà vu des fées danser sur la pelouse? Bien sûr que non. Mais cela ne veut pas dire qu'elles n'y sont pas.

Tu défais le hochet du bébé et tu vois ce qui fait le bruit à l'intérieur. Mais le voile qui nous cache le monde invisible, le plus fort des adultes [...] que la terre ait porté est incapable de le déchirer. Seuls la foi, l'imagination, la poésie, l'amour et le romantisme peuvent tirer ce rideau et nous permettre de voir [...] la beauté et la gloire qui se trouvent derrière. Est-ce que cela existe vraiment? Ah! Virginia, il n'y a rien ici-bas de plus réel et éternel.

Pas de père Noël! Dieu merci, il existe et existera toujours. Dans mille ans, Virginia, non, dans dix fois dix mille ans, il continuera à ravir le cœur des enfants.

Applaudissez très fort si vous y croyez.

14 DÉCEMBRE

Un legs d'amour

Toutes les familles heureuses se ressemblent,
mais les familles malheureuses le sont chacune à sa façon.

TOLSTOÏ

La plupart des gens croient que c'est pour les enfants qui ont cessé de croire au père Noël que Noël est le plus difficile. Pour ma part, je pense que Noël est surtout pénible pour les personnes qui viennent de vivre la perte d'un être cher, par le décès ou un divorce, particulièrement si c'est la première ou la deuxième fois seulement qu'ils doivent «affronter» le temps des Fêtes depuis que leur monde s'est effondré.

Les mères sans conjoint ont souvent du mal à vivre cette période de l'année et transmettent inconsciemment leur malaise à leurs enfants. Par exemple, elles retarderont les préparatifs de Noël jusqu'à la toute dernière minute, pour bâcler le tout sans enthousiasme. Une des raisons pour lesquelles les femmes célibataires et les mères isolées vivent difficilement le temps des Fêtes, c'est peut-être qu'en leur for intérieur, elles croient que les traditions de Noël sont réservées aux familles «standard». La première fois qu'une femme nouvellement séparée ouvre la boîte de décorations de Noël (si elle se décide à le faire), elle éprouve un tel sentiment de perte qu'elle peut décider de laisser tomber les rituels de Noël qu'elle adorait parce que la comparaison entre les Noëls du passé et les Noëls présents est trop douloureuse.

«À quoi bon?» se dit-elle.

Je lui répondrai que nous avons toutes besoin des messages réconfortants et thérapeutiques que les rituels nous apportent. «Une des dimensions les plus importantes des traditions familiales – des rituels que les familles perpétuent d'année en année –, c'est qu'elles possèdent des symboles, et les familles ont besoin de symboles», affirme le Dr Steven J. Wolin, professeur de psychiatrie au *George Washington University Medical School*. «Vous sortez vos vieux verres, poursuit-il, vous chantez les chants d'antan, vous récitez la même prière, vous portez tel vêtement, vous mettez la table de telle façon.» Ces moments inconscients de rites familiaux deviennent une couverture douillette dont les gens s'enveloppent durant les périodes de stress.

Les coutumes qui nous sont chères sont aussi importantes pour nous que pour nos enfants. Quand j'ai commencé à mettre à jour les traditions de l'époque victorienne pour les familles modernes, j'ai d'abord attribué le plaisir que j'éprouvais à les pratiquer à mon désir de faire vivre à ma fille de belles expériences dont elle se souviendrait plus tard. Mais au bout de quelques années, je me suis rendu compte que ces rituels me procuraient joie et réconfort à moi aussi. J'avais aussi hâte que Katie de m'adonner aux rituels saisonniers. Nous avons autant *besoin* que nos enfants de décorer le sapin de Noël, d'allumer le candélabre, de fabriquer nos Valentins, de peindre nos œufs de Pâques, de participer aux cérémonies pascales. Nous ne sommes jamais trop vieilles pour aimer vivre des moments de plénitude lumineux et sublimes.

Alors, faites resurgir les traditions de Noël que vous aimez. Inventez-en de nouvelles qui expriment votre authenticité, tout comme vous vous créez un nouveau mode de vie. « Les traditions sont des poteaux indicateurs profondément enfoncés dans notre subconscient, écrit Ellen Goodman. Les plus puissantes sont celles que nous ne pouvons même pas décrire, dont nous ne sommes même pas conscientes. »

15 DÉCEMBRE

Ces femmes qui lisent trop

Elle aime trop les livres ; cela lui a chambardé le cerveau.

LOUISA MAY ALCOTT

Virginia Woolf disait que quand une femme qui lit trop se présente aux portes du Paradis avec ses livres bien-aimés plein les bras, le Tout-puissant dit à saint Pierre : « Tu vois, celle-ci n'a pas besoin de récompense. Il n'y a rien ici qui puisse lui faire plaisir. Elle a tellement aimé lire. »

Dans la vraie vie, il y a des femmes qui lisent et des femmes qui ne lisent pas assez. Il n'y a pas de femmes qui lisent trop parce que c'est là un exploit irréalisable. Comment est-il possible de trop lire quand les jours ne durent que vingt-quatre heures ? Quand la vie ne dure en moyenne que quatre-vingts ans ?

Tous les moments de la journée et tous les endroits sont propices à la lecture. Toutes les excuses sont bonnes pour lire. La lecture est le dernier refuge des personnes potentiellement accros, et elle ne comporte pas d'effets secondaires nocifs. Selon Louisa May Alcott, la passion de la lecture «chambarde» notre cerveau. Bien sûr, une femme qui aime tellement les livres qu'elle se sent contrainte d'en écrire un ne peut avoir complètement tort. Il est bel et bien vrai que les livres nous transforment. Ils nous font découvrir et vivre nos passions. Ils nous aident à devenir nous-mêmes. Quand une phrase d'un livre fait vibrer en vous une corde sensible, c'est votre moi authentique qui vous parle. Écoutez ce qu'il a à vous dire. L'Esprit communique constamment avec nous. La plupart d'entre nous souhaitons vivre le paradis sur terre. Les femmes qui lisent le font. Ceux qui vous diront que vous ne pourrez pas emporter vos livres en terre avec vous n'ont de toute évidence jamais lu un bon livre. Car tout ce que vous lisez, aimez et vous rappelez fait dorénavant partie de votre conscience. Ce que vous avez aimé ne saurait périr.

«Lire, nous dit Italo Calvino, c'est [...] être prêt à saisir une voix qui se fait entendre au moment où vous vous y attendez le moins, une voix qui vient d'on ne sait où, d'un lieu situé au-delà du livre, au-delà de l'auteur, au-delà de la convention de l'écriture: du non-dit, de ce que l'univers n'a pas encore exprimé de lui-même et dont il n'a pas encore trouvé les mots pour le faire.»

16 DÉCEMBRE

Les jours marqués d'une étoile d'or

*Peut-être qu'un de ces jours, je pourrai me décerner une étoile d'or
pour avoir été ordinaire; peut-être qu'un de ces jours,
je me donnerai une étoile d'or pour avoir été extraordinaire,
pour avoir persisté. Peut-être aussi qu'un de ces jours,
je n'aurai plus besoin de recevoir d'étoile du tout.*

SUE BENDER

J'ai toujours besoin d'étoiles d'or – preuves rutilantes que j'ai accompli quelque chose qui exigeait un certain effort, surtout quand il s'agit de me traiter avec la tendresse qui nous semble beaucoup plus facile à donner aux autres qu'à nous-mêmes. Dans le bon vieux temps des tableaux noirs et des craies blanches, les étoiles venaient dans une petite boîte de carton. Vous n'aviez qu'à l'ouvrir pour découvrir cinq cents belles étoiles de papier métallique doré, encollées au verso. Quand vous laissiez vos doigts s'amuser dans cette petite pile de possibilités, vous entendiez le bruissement de l'estime de soi. Aujourd'hui, les étoiles se détachent d'une feuille autocollante. On ne goûte même plus la saveur du succès sur la langue, mais cela ne m'empêche pas de les aimer encore.

Une de mes bonnes amies a un souvenir différent des étoiles dorées. Sa mère tenait à jour un tableau étoilé pour chacun de ses huit enfants. Tous les dimanches, après le souper, elle faisait le bilan de la semaine dans la salle à manger en dévoilant les tableaux quadrillés qui indiquaient qui avait excellé – ou non – dans ses devoirs, ses tâches, l'hygiène et le comportement. L'attrait des étoiles d'or était censé être un bon outil de motivation. Cependant, mon amie Anne ne prenait pas plaisir à cette accumulation d'étoiles sous la contrainte, même si elle excellait en tout et était une enfant modèle. Pour elle, la pression d'une constante évaluation était très pénible, ouvrir la petite boîte d'étoiles équivalait à un écartèlement psychologique et émotif sur le chevalet du respect de soi.

Mais les jours d'étoiles d'or sont *très* différents quand nous nous les décernons à nous-mêmes. Quand vous vous accordez une étoile d'or et la collez sur une case vide du calendrier, elle scintille, cligne de l'œil et vous souffle à l'oreille « C'est très bien, ma fille ! » J'aime tout particulièrement me donner une étoile d'or quand je me lance dans un nouveau passe-temps qui nourrit mon âme, ou que j'en reprends un que j'avais laissé tomber : marcher, faire des mouvements créatifs, bien manger, faire mon journal de dialogues, méditer, ralentir le pas, équilibrer travail et jeu. L'esprit a beau vouloir, le corps traîne souvent la patte.

Les jours extraordinaires n'ont pas besoin d'étoiles d'or. Mais les jours ordinaires, eux, peuvent être illuminés par un petit compliment à cinq branches.

17 DÉCEMBRE

Deuxième acte

Pendant des années, j'ai voulu être plus vieille, et maintenant je le suis.

MARGARET ATWOOD

L'autre jour, j'ai allumé le téléviseur en attendant que l'eau bouille pour le thé et j'ai aperçu mon actrice préférée qui jouait dans un film récent. J'ai été sidérée de constater à quel point elle avait vieilli depuis la dernière fois que je l'avais vue. Si cette femme magnifique, qui se tenait en forme, avait son entraîneur personnel et faisait des cures de rajeunissement prenait visiblement de l'âge, de quoi pouvait bien avoir l'air une banlieusarde pas très en forme qui passait son temps à voiturer des enfants, une écrivaine stressée par l'échéance qui approchait à grands pas ?

« Quel âge me donnerait-on ? » ai-je demandé à ma fille quand je suis allée la chercher à l'école. « L'âge d'une mère », m'a lancé cette petite farceuse. « Est-ce que je fais mon âge ? » ai-je demandé à une bonne amie à l'heure du lunch. « Pas plus que moi », m'a-t-elle répondu pour me rassurer.

Je garde un souvenir très vif d'une expérience vécue quand j'avais seize ans. Un ami de mes parents que je considérais sur son déclin – il devait bien avoir autour de quarante-cinq ans – était venu nous présenter sa fiancée, une très belle femme. Mike était un beau parti, célibataire depuis plusieurs années. Susan était arrivée bonne deuxième au concours de *Miss America*. Tout cela faisait très romantique et je voulais connaître tous les détails savoureux de leur idylle. À un moment donné, avec l'insupportable insouciance et le culot d'une adolescente, j'ai demandé à Susan quel âge elle avait.

Le seul bruit que nous avons alors entendu dans le salon fut celui du froncement des sourcils de ma mère. Le sourire chaleureux de Susan a atténué l'embarras que je venais de causer.

« Trente-deux ans », m'a-t-elle répondu le plus simplement du monde.

La gorgée de soda que j'étais sur le point d'avaler a fusé dans l'air. *« Trente-deux ans ? Et tu te maries pour la première fois ? »* (Le fait que je sois encore là pour raconter cette histoire tient du miracle.) « Tu devrais avoir honte, ma fille » m'a lancé ma mère, horrifiée par mon comportement. « Il ne faut *jamais* demander l'âge d'une femme plus vieille que soi. Demande tout de suite pardon à Susan. »

« Je t'en prie », rétorqua Susan en éclatant de rire, au soulagement général. « Il n'y a pas d'offense. Tu trouves qu'une femme de trente-deux ans est trop vieille pour se marier ? »

Bien sûr que je le pensais. À moins d'épouser Mathusalem en personne. Sauf que Susan n'avait pas du tout l'air d'une femme d'âge mûr. Elle était la femme « âgée » la plus splendide que j'avais rencontrée de toute ma vie. Mais comment pouvait-on attendre d'être si vieille pour se marier, particulièrement quand on était une aussi belle femme ? Cela me dépassait. Je comprends mieux maintenant pourquoi elle avait retardé son mariage si longtemps. Mais je ne fus pas épargnée moi non plus par Cupidon. Et deux semaines après mon mariage, je fêtais mes trente-deux ans. Si je me rappelle bien, ce fut une très bonne année.

Aujourd'hui, comme bon nombre de mes amies, je découvre que le deuxième acte est beaucoup plus intéressant que le premier. Le premier acte ne fait que mettre les éléments en place – qui est l'héroïne, ses origines, les forces qui l'ont façonnée. C'est au cours du deuxième acte que la tension créatrice se bâtit vraiment à mesure que l'action se déroule. Le deuxième acte fourmille de tournants à l'approche du moment crucial des choix. C'est au deuxième acte que se révèle le cœur de l'intrigue. Que va-t-il maintenant se produire ? Comment notre héroïne s'en tirera-t-elle ? Comment évoluera-t-elle ?

Nous ne pouvons tout simplement pas passer au deuxième acte avant d'avoir plusieurs décennies à notre crédit. Il est à espérer que nous sommes alors devenues plus sages, expérimentées, confiantes en nous-mêmes, courageuses et circonspectes. Nos scénarios gagnent en profondeur et en souffle. « À l'âge mûr, nous sommes en mesure de tirer l'horrifiante conclusion que toutes nos peines et nos douleurs, tous nos amers regrets, pertes et désillusions sont notre propre création », confiait en 1931 la romancière Kathleen Norris.

Mais nous savons maintenant comment changer tout cela.

N'est-ce pas ?

Je suis prête pour le dénouement, Monsieur De Mille.

18 DÉCEMBRE

Un rituel d'anniversaire

C'est l'avènement de mon anniversaire,
c'est l'avènement de mon amour.

CHRISTINA GEORGINA ROSSETTI

Ce n'est pas mon anniversaire aujourd'hui, mais peut-être est-ce le vôtre. Dans ce cas, je vous souhaite une journée merveilleuse – une journée de vraies douceurs, de plaisirs simples, de contemplation, de bilan et de célébration.

C'est ainsi que nous devrions toutes célébrer notre anniversaire. Je n'apprécie plus tellement les grands rassemblements le jour de mon anniversaire, mais j'éprouve quand même le besoin de souligner cet événement d'une façon particulière. J'ai donc créé mon propre rituel pour commémorer l'année qui vient de s'écouler et pour demander des grâces pour celle qui commence. D'abord, je prends un bon bain relaxant pour me débarrasser symboliquement des souffrances de l'année que je viens de vivre, des peines, des regrets, des erreurs et des sentiments de culpabilité. Ensuite, je me retire dans ma chambre et j'allume une bougie pour chaque année. (C'est moins intimidant si vous utilisez de petites « bougies de thé », celles qui viennent dans leur contenant de métal; rassemblez-les toutes sur un plateau ou mettez-en un peu partout dans la chambre.) Je fais jouer ma musique favorite, fais brûler de l'encens et place un bouquet de mes fleurs préférées sur ma table de chevet. J'enfile une robe de nuit toute neuve et m'installe confortablement dans mon lit fraîchement fait. Puis je rends grâce pour ma vie. En regardant brûler les bougies, je médite sur le chemin parcouru à ce jour. Je regarde des photos anciennes et récentes, puis je relis des extraits de mon journal. Il y a tellement de moments merveilleux vécus au cours de la dernière année qui ont déjà échappé à ma mémoire; il est réconfortant de les faire brièvement resurgir. Ensuite, je demande un cadeau d'anniversaire que seule la Source de toutes les grâces peut m'accorder: concevoir un nouveau rêve ou en réaliser un toujours reporté, surmonter une vieille peur ou être libérée d'une vieille douleur, connaître une nouvelle liberté, découvrir une nouvelle force, trouver une nouvelle amie, atteindre un but poursuivi depuis longtemps, combler une nouvelle aspiration, relever un nouveau défi. Je sirote un verre de champagne, puis je déballe lentement un beau cadeau de mon moi authentique. Naturellement, c'est le cadeau parfait.

Malgré toute leur bonne volonté, nos proches ne peuvent pas célébrer notre anniversaire exactement comme nous ressentons le besoin de le faire. *Personne* ne sait vraiment ce que nous avons vécu au cours de l'année écoulée; personne d'autre que nous ne l'a vécu. En outre, chaque année est différente de la précédente. Votre trente-deuxième anniversaire n'a rien à voir avec votre quarante-huitième anniversaire. Votre mari, votre amoureux, vos enfants, vos amis et vos collègues de travail peuvent être au courant des événements que vous avez vécus récemment, mais seul votre moi authentique connaît le retentissement profond qu'ils ont eu dans votre vie. Peut-être avez-vous perdu un être aimé au cours des derniers mois. Le reste du monde croit que vous êtes déjà passée à autre chose alors qu'en fait, le choc de cette perte commence à peine à s'estomper et votre deuil s'amorce. Dans ce cas, le plus beau cadeau à vous offrir peut être une belle photo de l'être cher disparu remise en état et encadrée par un professionnel. Personne d'autre ne saura que vous avez besoin de cette pierre de touche émotive. Mais vous, vous le savez. Peut-être n'avez-vous pas besoin d'une fête de famille bruyante, mais de quelques heures de solitude pour commémorer, honorer le caractère sacré des profonds changements que vous avez vécus au cours de la dernière année. Un anniversaire est un nouveau départ, mais c'est aussi un moment de clôture qui s'avère essentiel si nous voulons vivre d'une manière authentique.

Chaque anniversaire – non seulement le passage à une nouvelle décennie – est un jalon important. Chaque âge a trois cent soixante-cinq leçons de vie à offrir. «D'une année à l'autre, nous ne vieillissons pas, nous nous renouvelons», dit Emily Dickinson à toutes celles parmi nous qui fêtons notre anniversaire. Il y a là certainement de quoi célébrer en grande pompe.

Alors, joyeux anniversaire !

J'ai le sentiment réconfortant que l'année qui vient sera la plus belle de votre vie. Dieu sait que vous le méritez.

19 DÉCEMBRE

Une femme d'un certain âge

Les hommes ne font pas la cour à une vieille avec un gros derrière.

CYBILL SHEPHERD

Vieillir, je veux bien. Vieillir avec grâce, je vais essayer. Devenir une «*crone*»? Pas question !

Les Anglais ont inventé le mot *crone* – qui se traduit littéralement par «vieille ratatinée» – pour désigner la femme vieillissante. Quel terme affreux pour décrire un chapitre aussi créatif de la vie d'une femme ! Mais aucune femme n'a à s'y identifier contre son gré. Vous pouvez être une femme sage sans être une vieille sorcière. Personnellement, je trouve que l'image de la «*crone*» diminue notre sentiment de bien-être au lieu de le favoriser. L'expression «femme d'un certain âge» me convient davantage ; elle décrit très succinctement bon nombre d'entre nous qui devenons plus certaines de nous-mêmes à mesure qu'émerge notre moi authentique. À choisir entre le petit rire sexy de Lena Horne et le truculent gloussement de sorcière de madame Mim, j'avoue que je suis beaucoup plus inspirée par la dame aux accents mélodiques que par la dame aux formules magiques.

Selon moi, il est vital que notre concept de la femme vieillissante soit modifié – d'«invisible», elle doit devenir «vibrante» –, car un profond changement social nous attend au tournant du millénaire. Attachez vos ceintures, les gars! Certains d'entre vous risquent de se faire secouer quand nous entrerons dans le siècle de la femme. Selon les pronostics, quarante-deux pour cent des Américaines auront cinquante ans et plus en l'an 2000.

Plusieurs d'entre nous avons déjà commencé à modifier notre attitude en ce qui a trait au deuxième acte de notre vie et à redéfinir le passage de l'âge mûr que Gail Sheehy appelle «la cinquantaine flamboyante». Après les cinq années de recherches qu'a nécessitées l'écriture de son livre, *Les Passages de la vie*, Gail Sheehy a constaté que la femme typique des années 90 est dans la cinquantaine. À regarder évoluer les femmes qu'elle côtoie – Barbra Streisand, Linda Ellerbee, Janet Reno, Judy Collins, Lauren Hutton, Jane Fonda, Martha Stewart, Donna Shalala, Judith Jamison, Barbara Boxer et Tina Turner –, nous pouvons conclure que la cinquantaine est pétillante. «À ce stade de leur vie, affirme Sheehy, les femmes débordent d'énergie et s'accomplissent comme jamais auparavant. [...] Les conflits qui sapaient une grande partie de leur force émotive se sont calmés. Les résultats [de l'étude de Sheehy] laissent clairement entendre que le facteur qui influe le plus sur le bien-être d'une femme, ce n'est pas son revenu ni son statut matrimonial mais son âge. Elle devient plus heureuse en vieillissant.»

Comme le rappelle Coco Chanel, «La nature vous donne le visage que vous avez à vingt ans. La vie façonne le visage que vous avez à trente ans. Mais il vous revient de gagner le visage que vous avez à cinquante ans». Pourvu que le visage que vous voyez dans le miroir soit authentique, vous pouvez vous donner le qualificatif de votre choix. Pour ma part, je me vois mieux à l'arrière-scène, en compagnie de choristes enflammées, qu'au milieu d'un groupe de consœurs *crones* (d'un âge certain) marmonnant leurs incantations.

20 DÉCEMBRE

Le jeu du contentement

Sois contente. Sois bonne. Sois brave.

ELEANOR HODGMAN PORTER

V ous plaisantez! Ce n'est pas le moment, quatre jours avant
Noël!

Oh oui, c'est le moment! *Surtout* quatre jours avant Noël. Ce
matin commence le grand test pour les femmes. Comme les Noëls
passés, c'est un test à choix multiple: qui va dormir où, qui va
cuisiner quoi, qui va se charger du matin de Noël, quels cadeaux
ne sont pas encore arrivés ou n'ont pas encore été expédiés, qui va
aller chercher les visiteurs à l'aéroport, quels sont ceux qui se
pointent cette année à notre auberge en pagaille. Ebenezer
Scrooge nous apparaît soudain comme le personnage le plus calom-
nié et incompris de la littérature.

Mais je connais un personnage qui a encore plus besoin d'être
réhabilité que Scrooge. Vous connaissez Pollyanna, la «fille toujours contente»? Ne riez pas. La détermination de Pollyanna à toujours trouver le bon côté des choses vous semble peut-être un peu
difficile à avaler quatre jours avant Noël. Mais selon moi, les
instructions de son «jeu du contentement» devraient faire partie
des cadeaux de Noël de toutes les femmes.

Moquez-vous si vous le voulez; il n'en reste pas moins que ce
jeu s'avère le parfait antidote quand un problème se déclare
soudain à l'approche des Fêtes. «Pollyanna ne prétendait pas que
tout va toujours pour le mieux dans le meilleur des mondes»,
insiste celle qui l'a créée, Eleanor Hodgman Porter. «Elle est
plutôt un exemple d'acceptation joyeuse et courageuse des faits.
Elle comprenait que les désagréments font partie de la vie, mais
elle était convaincue qu'en trouvant le bon côté de tout ce qui
arrive, nous pouvons nous faciliter la vie.»

Lors de la publication de *Pollyanna*, en 1913, nul n'a été plus ébranlé que Mme Porter elle-même par l'attrait que s'est tout de suite mise à exercer cette orpheline de onze ans grâce à son aptitude à trouver le bon côté des choses les plus difficiles. En dépit de l'absence de publicité, le bouche à oreille en a fait un best-seller qui s'est vendu à plus d'un million d'exemplaires. *Pollyanna* a été traduit en une douzaine de langues et a connu une telle popularité que le nom de son héroïne fait maintenant partie du vocabulaire anglais pour désigner un optimisme irrépressible.

Pollyanna Whittier est la fille d'un missionnaire pauvre qui prêche sans relâche le contentement à quiconque veut lui prêter l'oreille. Le révérend Whittier rappelle qu'il y a dans la Bible *huit cents* passages où Dieu incite les gens au contentement et à la réjouissance. De toute évidence, conclut-il, c'est l'attitude que Dieu souhaite que nous adoptions, du moins une partie du temps. À l'occasion d'un Noël, cette conviction est mise à rude épreuve lorsque le révérend et sa fille reçoivent le panier de Noël que leur fait parvenir chaque année un organisme de bienfaisance. Pollyanna a demandé une poupée de porcelaine pour Noël. Mais quand elle déballe son cadeau, le matin de Noël, elle constate que les bonnes dames ont fait erreur et lui ont envoyé plutôt une paire de béquilles. Naturellement, la fillette est consternée. Pour la réconforter, son père invente un jeu qui consiste à trouver une raison de se réjouir de recevoir des béquilles comme cadeau de Noël. Ils en trouveront une, naturellement : Pollyanna n'en a pas besoin ! C'est ainsi qu'a été inventé le jeu du contentement.

Après le décès de son père, Pollyanna doit aller vivre chez sa tante Polly Harrington, une célibataire riche mais esseulée. Tante Polly ne s'est jamais mariée et nul doute que son caractère sévère et grincheux y soit pour quelque chose.

Dès son arrivée dans la petite ville du Vermont, Pollyanna métamorphose la communauté par son cran et son entrain. Les malades guérissent ; les personnes seules trouvent amis et amoureux ; les couples en difficulté se réconcilient. Tout le monde, à l'exception de tante Polly, succombe à l'optimisme de la jeune fille. Mais tante Polly est une dure à cuire. Un jour, elle explose : « Vas-tu cesser d'utiliser ce sempiternel mot – content, content, content – du matin au soir. Tu vas me rendre folle ! » (Une réaction que nous pourrions partager à l'occasion !) Tante Polly finira cependant par céder au sortilège quand Pollyanna sera victime d'un grave accident et ne s'en sortira que grâce à son courage et à la bienveillance de la communauté.

Pollyanna est peut-être d'une sentimentalité désespérante, vieux jeu et dépassé, mais cette histoire des huit cents invitations bibliques à se dire « Réjouissons-nous, ce n'est pas si grave après tout ! » mérite réflexion. Peut-être est-ce là *la* bonne nouvelle que nous devrions méditer en décorant notre maison et en déroulant le tapis rouge.

21 DÉCEMBRE

S'ouvrir aux énergies saisonnières

Vis chaque saison quand elle passe ; respire son air,
bois ses breuvages, savoure ses fruits et soumets-toi à ses influences.
Fais-en ta seule boisson diététique, ta seule tisane médicinale.

HENRY DAVID THOREAU

Au-dehors, l'air est léger et tonifiant : vif, glacé, mordant. Nous ne flânons pas ; le rythme de nos pas s'accélère, reflétant notre précipitation intérieure à l'approche de Noël. Au-dedans, l'air est chaud, lourd et odorant, s'imprégnant des odeurs du bois qui brûle, du sapin, de la cannelle et du gingembre. Inspirez à fond le parfum de la béatitude.

En hiver, nous goûtons aux plaisirs de l'attente. Nous accueillons à bras ouverts nos amis qui auront bravé les froids pour venir partager le joyeux chaos des Fêtes. « J'ai rêvé toute l'année de ton lait de poule, me confie une invitée pendant que nous échangeons nos cadeaux : souhaits chaleureux et bonne humeur. Nous leur offrirons nos cordiales et pétillantes boissons – cidre épicé et bière brune – qui réchaufferont les mains et les cœurs. Notre table ploie sous d'abondantes victuailles : dinde, jambon, fromages, pain frais. Les enfants de tous âges se pressent autour des friandises et des fruits de la saison : cannes de Noël, bonbons à la cannelle, citrouille, gâteaux aux fruits et tartes aux pommes.

Savourez. Prenez vos aises. Mangez, buvez et profitez pleinement de cette saison de réjouissances.

« La spiritualité ancienne était centrée sur les changements prévisibles des énergies saisonnières. Les rituels gravitaient autour des semailles et des récoltes ainsi que des cycles de la lumière et de l'obscurité », rappelle Joan Borysenko, scientifique respectée, thérapeute avertie et mystique inébranlable, dans un bijou de recueil de méditations intitulé *Pocketful of Miracles : Prayers, Meditations, and Affirmations to Nurture Your Spirit Every Day of the Year*. « Les rythmes saisonniers sont intimement reliés aux rythmes corporels. [...] Notre vie intérieure et notre vie onirique s'intensifient dans la nuit hivernale. [...] Nous mettons la vieille année au lit, nous bouclons nos affaires et nous engrangeons nos récoltes spirituelles de sagesse et de pardon. »

Depuis des siècles, les thérapeutes orientaux – en particulier ceux qui pratiquent la médecine chinoise – tiennent compte de l'influence qu'exercent les saisons sur notre corps, notre esprit et notre âme. Cette relation symbiotique entre l'être humain et la nature a été pratiquement ignorée jusqu'à tout récemment par la médecine occidentale. Maintenant, les médecins reconnaissent que certaines personnes extrêmement sensibles à l'absence de lumière peuvent souffrir de dépression en hiver. La photothérapie restaurera leurs énergies subtiles et les aidera à retrouver leur équilibre.

S'initier à l'art de la médecine saisonnière peut apporter une nouvelle dimension à notre démarche spirituelle. Dans la nature, l'hiver est la saison du repos, du rétablissement et de la réflexion. Cette semaine n'est pas tellement propice à l'intériorité, mais dès que les Fêtes auront pris fin, vous pourrez réfléchir à la façon dont vous utilisez vos moments de répit. Si vous n'en avez guère, comme je l'imagine, songez aux changements à effectuer pour améliorer la situation au cours de la prochaine année.

Hildegarde de Bingen, mystique allemande du XIIe siècle, nous suggère une façon fort simple d'entreprendre l'exploration des riches énergies saisonnières :

Regarde le soleil.
Contemple la lune et les étoiles.
Admire la beauté de la végétation.
Maintenant, réfléchis.

22 DÉCEMBRE

Le retour de la Lumière

Il y a deux façons d'illuminer :
être la chandelle ou bien le miroir qui la reflète.

EDITH WHARTON

Dans l'Antiquité, quand les jours raccourcissaient et s'obscurcissaient, les gens devenaient angoissés et déprimés, craignant de voir le soleil mourir. Sans le soleil, qu'ils vénéraient comme un dieu, ils savaient qu'ils périraient. Pour inciter cette source de chaleur, de lumière et d'abondance à revenir, ils créèrent des rituels couronnés par la grande fête du solstice d'hiver, vers le 21 décembre, au cours de la plus longue nuit de l'année. Les femmes paraient alors leur maison de verdure et préparaient des festins communautaires pendant que les hommes allumaient d'immenses feux de joie. À la lumière de ces flammes qui représentaient l'énergie solaire, tous festoyaient, emportés par la musique et la danse.

Les célébrations du solstice d'hiver gagnent en popularité de nos jours. Pour ceux qui ne se sentent pas à l'aise avec les religions établies ni même avec l'exploration d'une voie spirituelle personnelle, célébrer les phénomènes naturels répond à un profond besoin de se relier à une Force qui transcende l'humain, quel que soit le nom qu'on lui donne. Au solstice, les femmes qui font revivre les anciennes traditions féminines célèbrent la naissance

710

de la Déesse Mère. Les personnes sensibles à l'environnement, comme plusieurs Amérindiens, y honorent leurs liens sacrés avec la Terre. Les femmes dont le mari pratique une autre religion, et qui n'arrivent pas à choisir entre Hanukah et Noël, peuvent voir dans le solstice d'hiver une fête universelle que toute la famille peut célébrer.

Une façon signifiante de célébrer le solstice d'hiver est de le vivre comme un moment privilégié de réflexion, de relâche, de rétablissement et de renouveau. Selon Zsuzsanna Budapest, une leader du mouvement de la Déesse, le solstice d'hiver est le moment idéal de nous rapprocher des personnes dont nous nous sommes éloignées. Dans *The Grandmother of Time : a Woman's Book of Celebrations, Spells and Sacred Objects for Every Month of the Year*, elle rappelle : « Une fois de temps en temps, nous voulons repartir à zéro, et pour cela, nous devons expier le passé. Je n'entends pas par là qu'il faille nous sentir coupables, bien au contraire. Quand vous envoyez vos cartes de souhaits à l'occasion du solstice d'hiver, adressez-en quelques-unes à des personnes avec qui vous n'êtes pas en bons termes ou avec qui vous vous êtes querellée. Dites-leur tout simplement : "Oublions nos différends. Mes meilleurs vœux t'accompagnent." Chaque fois que vous pardonnez, quelqu'un vous pardonnera ». Pour être sûre que votre carte ne sera pas mal interprétée, ce qui pourrait empirer les choses au lieu de les améliorer, Zsuzsanna Budapest recommande de frotter vos cartes avec de la lavande ou d'en mettre dans les enveloppes. Elles dégageront alors un arôme divin, le parfum de la réconciliation.

Peu importe que nous reflétions la Lumière par nos talents ou que notre vocation consiste à la répandre. Ce qui compte, c'est que ce soir, le monde est sombre, froid et morne et que votre flamme brille. Partagez votre amour et votre chaleur avec les autres. Vous verrez que la lumière reviendra.

23 DÉCEMBRE

La vie est belle

À mon avis, plutôt que de nous demander pourquoi
nous n'arrivons pas à faire des films qui ressemblent davantage
à la vie, nous devrions plutôt nous demander pourquoi
la vie ne pourrait pas ressembler davantage aux films.

ERNIE PYLE

Certaines traditions du temps des Fêtes sont sacrées. Chez nous, l'une d'elles est la projection annuelle des grands classiques de Noël. Au cours de la semaine où nous suspendons nos bas de Noël, enveloppons nos cadeaux et croquons plus de popcorn que nous en enfilons en guirlande, nous regardons *Noël Blanc*, *Miracle sur la 34ᵉ rue*, *Noël chez les Muppets*, *Holiday Inn*, *Christmas in Connecticut*, *The Bishop's Wife*, et, bien sûr, *La Vie est belle* (*It's a Wonderful Life*), l'émouvante fable cinématographique mettant en vedette James Stewart et Donna Reed. Après plus de cinquante ans, le puissant mélange d'idéalisme et d'ironie de ce film exerce toujours sa magie.

En 1946, Frank Capra ne se doutait nullement que sa fantaisie sentimentale allait devenir une tradition de Noël incontournable. « À sa manière, sirupeuse et aigre-douce, ce film est terriblement efficace », concédait le *New Yorker*. C'est la veille de Noël, la nuit des miracles, et George Bailey en a grandement besoin. Après avoir passé sa vie à sauver la vie des autres, il a le goût d'en finir avec la sienne. Il est fauché, déshonoré, désespéré ; il risque la prison à cause de dettes dont il n'est pas responsable. Plein de ressentiment et souhaitant ne jamais être né, il s'apprête à sauter d'un pont quand un ange vient à la rescousse et exauce temporairement son vœu en lui montrant ce que le monde aurait été sans sa contribution unique.

George a le sentiment de n'avoir jamais eu de veine. Mais en prenant du recul pour reconsidérer ses choix, il se rend compte qu'il a pris les bonnes décisions. Il est un homme riche : il a une épouse qui l'aime et le soutient, des enfants en bonne santé, un travail utile et plus d'amis que sa maison ne peut en abriter. Somme toute, c'est une très belle vie qu'il était sur le point d'abandonner.

Nous pouvons découvrir à quel point notre vie est extraordinaire – exactement comme elle se présente en ce moment même – en faisant comme George (la scène du pont mise à part !). Nous pouvons prendre du recul et regarder d'un autre œil notre vie et celle de nos proches. Un des bienfaits inattendus de l'écriture de ce livre, c'est qu'il m'a permis de retracer les moments ordinaires de ma vie et de les scruter pour y trouver un sens. Écrire une méditation à propos d'une rencontre, d'une erreur, d'un regret ou d'une conversation peut s'avérer très éclairant, encore plus que tenir un journal intime. Au cours des deux années que j'ai consacrées à la rédaction de *L'Abondance dans la simplicité*, j'ai eu quotidiennement un sujet à méditer : habituellement un titre, souvent une citation, mais toujours une page vierge. La plupart du temps, c'est une fois le texte déjà en partie écrit que je découvrais le véritable thème abordé. J'ai aussi découvert – et vous aussi pouvez le faire – avoir vécu jusqu'à présent une vie extraordinaire. Cette prise de conscience m'a profondément émue et a rempli mon cœur de gratitude. Il y a évidemment beaucoup de choses que je souhaiterais avoir évitées ou de crises que j'ai moi-même attirées, mais j'ai compris que chaque expérience est un maître bienveillant.

Je vous invite à envisager sérieusement la possibilité d'écrire votre propre recueil de pensées au cours de l'année qui vient. Commencez en douceur. N'écrivez qu'une méditation par semaine ou par mois. Si vous cherchez, vous trouverez vous aussi le sacré dans l'ordinaire. Absolument rien n'est trop banal pour devenir une source d'inspiration. En écrivant régulièrement vos propres méditations, vous serez étonnée de tout ce que vous vous rappellerez ou reconnaîtrez. Comme le souligne le poète anglais Cecil Day-Lewis, « Nous n'écrivons pas pour être compris, nous écrivons pour comprendre ». En écrivant vos réflexions, vous comprendrez que la vie est belle.

24 DÉCEMBRE

Tout ce que j'ai aimé

Quand je serai mort, écris :
Voici tout ce que j'ai aimé.
Que ces murs resplendissent de beauté,
incitant mon âme indolente à se mettre à la tâche.
Que la joie règne ici,
m'aidant à travailler dur, d'année en année. [...]
Chaque pensée et chaque geste
étaient destinés à garder cette maison intacte.

EDGAR A. GUEST

De toutes les nuits de l'année, c'est la veille de Noël que je préfère. En cet instant paisible, l'abondance dans la simplicité n'est pas une philosophie, mais une réalité bien concrète. Mon cœur déborde de *gratitude*; la recherche de la *simplicité* dans nos préparatifs de Noël m'a permis de garder ma santé mentale; l'*ordre* a contribué au bon fonctionnement général; un sentiment d'*harmonie* a émergé parce que je me suis enfin arrêtée assez longtemps pour trouver un équilibre entre le travail et la famille, du moins pour les vacances des Fêtes; la *beauté* m'entoure, grâce aux magnifiques décorations qui parent toute la maison et qu'illumine en ce moment la lueur des bougies et du feu dans la cheminée; enfin, la *joie*, l'invitée d'honneur de nos célébrations familiales, remplit la maison de rires et de bonheur.

Après le souper, une fois que tout le monde a déballé un cadeau – pas plus – et que toute la maisonnée s'est endormie, l'heure est venue d'accomplir mon rituel de Noël personnel: la préparation d'un plateau de la Nativité, une coutume anglaise qui remonte au Moyen Âge et qui ne manque jamais de mettre en lumière le sens profond de cette nuit toute spéciale.

La légende veut que la nuit de la Nativité, quiconque brave le froid et la neige pour déposer un os appétissant à l'intention d'un chien errant et affamé, un peu de foin pour un cheval transi, un manteau chaud pour un sans-abri, une guirlande de baies pour un prisonnier, de la mie de pain pour les oiseaux qui se sont tus et des sucreries pour les enfants esseulés qui regardent par la fenêtre, quiconque prépare un tel plateau d'abondance dans la simplicité « se verra offrir d'étonnants cadeaux qui rivaliseront avec les coloris du paon et les harmonies célestes ».

Sans faire de bruit, je vais chercher un grand plateau en osier dans l'armoire, je le couvre d'un tissu et y dépose un os juteux du rôti que nous avons mangé pour souper, un plat de nourriture pour chats, du foin d'une balle dont je me suis servi pour mes décorations d'automne, un manteau chaud mis de côté parce qu'il était devenu trop petit ou qu'il ne plaisait plus à son propriétaire, une ficelle sur laquelle j'ai enfilé des canneberges, un bol de mie de pain fraîche et de graines de tournesol ainsi qu'un plat de friandises.

Je sors de la maison sur la pointe des pieds et vais déposer mon plateau sur le mur de pierre près de la rue. Parfois, il y a de la neige, parfois il n'y en a pas ; mais il fait toujours froid. Je lève les yeux pour trouver une étoile brillante : est-ce l'étoile des Rois mages ? Elle l'est à mes yeux. J'ai froid. Impossible en cette nuit sainte de ne pas penser aux sans-abri en déposant mon plateau sur la neige ou sur le sol. Il y a quelque deux mille ans, une autre famille qui ne trouvait pas de toit pour s'abriter a dû s'en remettre à la charité d'une étrangère. Ses recherches sont demeurées vaines jusqu'au moment où une femme ordinaire, tourmentée et épuisée, s'est arrêtée assez longtemps pour sentir son cœur se déchirer. Le mien est tenaillé par le remords ; le fait d'être allée porter un panier de Noël et des cadeaux cet après-midi à un refuge atténue un peu ma douleur, mais je suis déçue et triste de ne pas avoir fait, de ne pas faire davantage. Je me reprendrai l'an prochain, je le promets. Parfois, je tiens ces promesses faites avec les meilleures intentions du monde, parfois je m'en laisse distraire par le quotidien. Je n'en fais pas assez ; l'Esprit comme moi le savons bien.

Je me suis mise à pratiquer cette tradition du plateau de la Nativité à cause du mysticisme quasi palpable qui entoure la légende qui l'inspire, mais aussi parce que je suis très intriguée par cette promesse de cadeaux étonnants censés rivaliser avec la musique céleste. Chaque année, quand je retourne chercher mon plateau, le matin de Noël, plusieurs de mes offrandes ont disparu.

Une année, même le manteau avait trouvé preneur. Pour ce que j'en sais, je suis le père Noël des écureuils. Mais cela me donne une belle occasion de m'arrêter et de me demander qui a vu ses rêves de Noël se réaliser.

Et ces cadeaux surprenants qui rivalisent avec le ciel ? Il y en a partout autour de moi. Le plus beau d'entre eux, c'est que je suis maintenant capable de les voir.

25 DÉCEMBRE

Noël

Si, à l'exemple d'Hérode, nous remplissons notre vie d'objets matériels, encore et encore ; si nous nous trouvons si peu importants que nous nous sentons obligés de toujours être dans le feu de l'action, quand aurons-nous le temps d'effectuer la longue et lente traversée du désert, comme les Mages ? Ou de nous asseoir pour observer les étoiles, comme les bergers ? Ou de méditer sur la venue de l'Enfant, comme Marie ? Pour chacun d'entre nous, il y a un désert à traverser. Une étoile à découvrir. À l'intérieur de chacun d'entre nous, il y a un être à mettre au monde.

Auteur inconnu

J'ai découvert ce texte, qui nous livre la quintessence de l'abondance dans la simplicité, juste avant d'entreprendre la rédaction de mon livre. J'étais en train de fureter dans une galerie, au Vermont, quand je me suis sentie attirée par une exposition d'œuvres du grand calligraphe et graphiste Michael Podesta. Elle était là dans toute sa beauté exquise, en lettres élégantes ! « C'est cela, m'a soufflé mon moi authentique. C'est l'abondance dans la simplicité. » Bien sûr que ce l'était, et je devais me procurer cette œuvre. Mais quand j'ai vu le prix, j'ai su que ce serait pour une autre fois. C'est bon, ai-je rassuré la fille d'Hérode en moi, tout

716

en notant la citation. Accepte le cadeau du texte pour aujourd'hui ; la gravure viendra en temps et lieu. J'ai pris le catalogue de l'artiste et j'ai continué à profiter de cette merveilleuse journée en compagnie de Katie, de ses cousins et de ma sœur. De retour chez ma mère, je lui ai fait mention de la gravure et de cette première citation que j'avais trouvée pour mon livre. « Elle convient parfaitement au jour de Noël, lui ai-je dit. En un paragraphe, elle résume tout le livre ! »

Quand je suis rentrée chez moi, la gravure de Michael Podesta m'attendait, cadeau que ma mère m'offrait pour me souhaiter bonne chance. Après avoir pleuré et ri et appelé ma mère pour la remercier, je l'ai accrochée au-dessus de ma table de méditation. Sa beauté me sert de point d'ancrage dans ma chambre à coucher, le lieu où je m'assois, travaille, rêve, dort, aime et prie ; son message intemporel est un havre de paix pour mon cœur agité, un refuge sûr pour mon âme. Lorsque j'ai appelé Michael pour connaître l'auteur de cette citation, il m'a répondu qu'il l'ignorait ; quelqu'un la lui avait fait parvenir anonymement, sans donner d'explications. Elle avait néanmoins touché son cœur et il avait su aussitôt qu'il devait lui consacrer une gravure.

Au poète inconnu, merci pour ce message empreint de sagesse et de vérité, merci pour ce cadeau très spécial.

« Ah ! Si seulement Noël durait toute l'année ! » se lamentait Charles Dickens. « Si seulement l'esprit de Noël nous animait tous les jours de l'année. »

Mais qu'est-ce que l'esprit de Noël ? Peut-être est-ce un mystère, comme la nature du Bien-aimé. Peut-être est-ce de savoir au plus profond de nous que les objets, quelque magnifiques soient-ils, ne sont que des objets ; que nous avons été créées non seulement pour faire, mais aussi parfois pour être, tout simplement. Peut-être l'esprit de Noël nous rappelle-t-il affectueusement que nous devons nous *réserver* du temps pour la longue et lente traversée du désert ; que nous devons *prendre* le temps de découvrir notre étoile ; que nous devons *respecter* le temps qu'il faut pour réfléchir à la naissance de la femme que l'Amour nous destine à être. On nous a souvent dit que notre vie est un don de Dieu et que ce que nous en faisons est le cadeau que nous lui offrons en retour. C'est aujourd'hui le moment idéal de nous le rappeler.

Alors voici mes vœux de Noël : Que par-delà les jouets, les guirlandes, les chants, les cartes et les joyeuses ripailles des Fêtes, il y ait du temps pour la méditation et la paix. Qu'on puisse dire de chacune de nous que nous savons vivre l'esprit de Noël.

Joyeux Noël ! Que Dieu bénisse chacune d'entre nous !

26 DÉCEMBRE

Deux vies

Nous devons consentir à nous défaire de la vie que nous avons planifiée pour pouvoir vivre celle qui nous est destinée.

JOSEPH CAMPBELL

Vous souvenez-vous de la scène du film *Le Meilleur (The Natural)* où Robert Redford gît dans un lit d'hôpital, malade, découragé et sur le point d'abandonner ? C'est le dernier match des finales de championnat et il ne peut y participer parce que la femme qu'il croyait aimer l'a empoisonné. Glenn Close, l'amour de son enfance, lui rend visite. Bob s'apitoie sur son propre sort. Le médecin lui a annoncé qu'il ne pourra plus jamais jouer au baseball. Mais le baseball, c'est sa vie ! Il a trente-neuf ans et vient tout juste d'accéder aux ligues majeures. « Je crois que nous avons deux vies, lui dit Glenn. Celle qui nous permet d'apprendre et celle que nous vivons après. »

Elle a raison, comme nous l'avons appris jusqu'à présent sur le chemin de l'abondance dans la simplicité. Et qu'avons-nous appris ? Qu'il n'y a que deux classes à l'université de la vie. Sur la porte de l'une d'elles, il y a une affiche qui dit : « Le ciel sur la terre ». Sur l'autre : « Séminaire sur la compréhension des mécanismes de fonctionnement du ciel ».

Le premier cours est axé sur les travaux pratiques. Nous y apprenons sur le tas, à vivre la vie de tous les jours. Un cours honnête.

L'autre est un cours théorique, qui nous apprend à manipuler la vraie vie, avec un peu de jargon métaphysique. Nous sommes dans l'hypothétique.

Chaque matin, nous avons la possibilité de choisir le cours que nous suivrons pendant les vingt-quatre prochaines heures. Dans chaque cours, il y aura des interrogations écrites impromptues. Certaines d'entre nous ne saurons pas d'avance le moment de l'examen final. D'autres auront plus de chance. Il est impossible de savoir à quel groupe nous appartenons.

« Sur notre petite planète, nous avons le choix entre seulement deux mondes inconnus », nous apprend Colette. « L'un d'eux nous tente – Ah ! Quel rêve ! Vivre dans ce monde ! –, l'autre nous étouffe dès la première respiration. »

27 DÉCEMBRE

Une femme riche

D'abord nous devons croire, puis nous croyons.

G. C. LICHTENBERG

Alors que la foi semble être en perte de vitesse dans le monde, permettez-moi d'insister sur un point : plusieurs rêves attendent encore dans les coulisses. Plusieurs aspirations sont à portée de la main ; il suffit de vous étirer encore un peu. Plusieurs faims demandent d'être entretenues. Plusieurs désirs doivent être reconnus pour pouvoir être comblés. Plusieurs étincelles ont besoin de votre souffle pour que la passion accomplisse son œuvre en vous. Mettez donc une autre bûche dans le feu.

Ce n'est pas le temps d'abandonner.

Ce n'est pas le temps de pleurer.

C'est le temps de regarder dans le blanc des yeux tous les incrédules que vous rencontrez, tous ceux qui n'ont pas encore saisi. Parce que vous, vous avez compris. Enfin. Vous savez maintenant que *la foi est la substance des choses souhaitées, l'évidence des choses invisibles.*

C'est le temps de proclamer « Je crois ! » Criez-le à en perdre la voix. Fini le marmonnement entre vos dents.

Vous savez ce qui arrive chaque fois qu'un enfant dit « Je ne crois pas aux fées » ? Une fée tombe morte.

Vous savez ce qui arrive chaque fois qu'une femme dit « Je n'y crois pas. Cela prend trop de temps ! » ? Cette femme tombe morte. À l'intérieur, là où c'est important. Il s'écoulera peut-être encore quarante ans avant qu'on vous enterre. Et vous savez ce qu'on dira en répandant vos cendres ? « Je pense que je ne l'ai jamais vue vraiment heureuse. » Et ils auront raison.

Ce n'est pas le temps de cesser de croire. Vous ne pouvez tout simplement pas vous payer le luxe du scepticisme. À quoi *devez-vous* croire à chaque respiration, jusqu'à ce que vous y croyiez vraiment ? À la fusion sacrée du style et de l'Esprit. Par le passé, un fossé séparait la spiritualité de la femme de son mode de vie. Vous savez maintenant que cela n'a aucun sens, n'en a jamais eu, n'en aura jamais.

Vous savez maintenant que l'union de l'authenticité et de l'Esprit engendre une femme riche.

Vous.

Alors, continuez à croire que vous avez assez de passion, d'intelligence, de talent, de créativité, de sagesse, de lucidité, de profondeur et de bon sens pour trouver ce noyau paisible de réconfort, de sérénité et de force qu'il vous faut pour vous créer et maintenir une vie authentique. Chaque jour est votre prière. Une vie authentique est la plus personnelle des pratiques spirituelles. Quand vous croyez, vous constatez que tout devient possible.

Applaudissez.

Encore. Assez fort pour qu'on vous entende !

C'est mieux ! Il faut réveiller les morts !

Voilà qui est bien.

28 DÉCEMBRE

Le courage de créer le monde que nous voulons

Vous pouvez avoir tout ce que vous voulez si vous le voulez assez intensément. Vous devez le vouloir avec une exubérance qui émane de vous et va se fusionner avec l'énergie qui a créé le monde.

SHEILA GRAHAM

La première fois que vous pensez à innover un peu – comme apporter un plat de crevettes à la créole chez vos amis plutôt que votre ragoût de pommes de terre et de pois qui est délicieux, mais prévisible –, vous ramassez un caillou. La première fois que vous passez à l'action et faites vraiment les choses différemment – que vous soyez ravie ou déçue des résultats –, vous lancez le caillou dans l'étang. En tombant, le caillou crée des vaguelettes à peine perceptibles. Personne ne l'a remarqué. Sauf la femme qui l'a lancé, qui a passé deux heures dans sa cuisine à concocter un petit délice, si elle est attentive.

Ainsi en est-il des actes de courage que vous posez quotidiennement. Peut-être sont-ils si ténus que vous êtes la seule à vous apercevoir qu'il se passe quelque chose. Mais un jour, tous ces gestes de bravoure, modestes mais ineffaçables, vont jaillir. Vous et votre monde aurez changé, dans un moment de vérité.

On devient authentique comme on devient courageux. En s'y mettant et non pas en y pensant. Rosa Parks n'a pas pensé à devenir le symbole de la campagne pour les droits civils quand elle a refusé de céder son siège et d'aller s'asseoir à l'arrière de l'autobus parce qu'elle était Noire. Mais sa foi authentique et exubérante en l'égalité a surmonté sa réserve pour aller se fusionner avec l'Énergie qui a créé le monde. Être *exubérant* signifie non seulement « exprimer une joie sans retenue » mais « manifester quelque chose en abondance ». Rosa Parks a manifesté un immense courage en posant son geste. À ce moment précis, comment douter que son âme ait éprouvé une joie « sans retenue », même si elle frémissait de tout son être ?

Cette semaine, les femmes noires américaines ont commencé à célébrer un festival pour honorer la foi, l'unité, l'héritage et les valeurs. La *Kwanzaa*, qui signifie en swahili « premiers fruits de la moisson », a été créée en 1966 par Maulana Karenga, une militante pour les droits civils. Cette fête est soulignée par un nombre grandissant de Noires américaines qui chérissent leur authenticité. À partir du 26 décembre, pendant les sept jours que dure cette fête, on allume une bougie tous les soirs pour honorer une valeur en particulier. Ces valeurs sont, dans l'ordre : l'unité, l'autodétermination, le travail coopératif et la responsabilité, l'économie coopérative, la résolution, la créativité et la foi. La célébration de la Kwanzaa est soumise à une seule règle : on doit fêter en grand.

Même si nous ne soulignons pas toutes la Kwanzaa, le fait de s'engager courageusement dans une vie authentique avec une joie sans retenue est certes un événement à célébrer en allumant une chandelle, en portant un toast, en faisant quelque chose de totalement inattendu qui nous remonte le moral. « Nous avons besoin de la joie et de l'inspiration que nous procure la rencontre d'autres personnes », soutient Josephine Saint Pierre Ruffin. « Nous avons besoin du courage et du renouveau que nous apporte la rencontre d'âmes avec lesquelles nous sommes en sympathie, d'êtres qui poursuivent les mêmes buts. »

29 DÉCEMBRE

Un succès inespéré

Mon expérience m'a au moins appris ceci : si une personne chemine avec confiance dans la direction de ses rêves et essaie de vivre la vie qu'elle a imaginée, elle trouvera un succès inespéré dans un délai raisonnable.

HENRY DAVID THOREAU

I l y a des jours – comme aujourd'hui – où je vois l'abondance dans la simplicité comme le Walden des femmes. Thoreau est allé vivre en solitaire dans les bois. Mais nous, nous sommes entourées d'enfants en vacances dont plusieurs se lamentent qu'il n'y ait « rien à faire ». Et quand nous leur montrons tout ce qu'il y a à faire, cela ne correspond pas exactement à ce qu'ils avaient à l'esprit.

Vous voulez faire un échange, Monsieur Thoreau ?

C'est aujourd'hui le jour où la déprime d'après Noël nous rend habituellement sa visite annuelle. Tout effort intense, surtout quand il dure plusieurs semaines, est naturellement suivi d'une baisse d'énergie et d'enthousiasme. « La vie en nous est comme l'eau d'une rivière », nous dit Thoreau. Elle monte, déborde même, puis redescend jusqu'à ce qu'elle trouve son vrai niveau.

L'année touche à sa fin. Que nous en soyons conscientes ou non, nous dressons notre bilan personnel et faisons le compte des profits et des pertes. Si nous sommes en déficit pour ce qui est d'atteindre nos objectifs, de laisser tomber nos attentes, de combler nos aspirations, d'accepter des situations impossibles à changer ou de reconnaître que nous aurions pu effectuer des changements mais avons choisi de ne pas le faire, le cafard nous guette. Si nous avons grevé notre budget, nous allons vraisemblablement devoir vivre quelques mois de vaches maigres. Cela n'a rien d'amusant.

Ce qui n'améliore pas la situation, vous n'êtes probablement pas en forme. Il ne serait guère étonnant que vous souffriez d'un vilain rhume ou d'une congestion tenace des voies respiratoires. Selon les experts de la médecine orientale, c'est pendant l'hiver que ces maux nous menacent le plus ; sur le plan métaphysique, le poumon est l'organe qui métabolise le chagrin. Si vous avez vécu une perte – nous en avons toutes fait l'expérience d'une façon ou d'une autre au cours de l'année –, vous êtes peut-être encore en deuil, incapable de lâcher prise. Il est très difficile d'abandonner une vieille peine ; elle est devenue une présence qui est familière mais n'a rien de bénéfique.

Quand cela se produit, nous devons nous traiter avec bienveillance. C'est le temps de faire confiance, non de porter des jugements. Les enfants retourneront bientôt à l'école. La visite s'en ira. Le travail sera achevé, les factures payées ; la paix reviendra. Vous reprendrez votre souffle et constaterez alors que vous n'avez plus

723

mal. Vous retrouverez votre énergie créatrice et votre enthousiasme. Votre confiance retrouvée, vous vous remettrez en route en direction de vos rêves.

« Quelque pénible que soit votre vie, accueillez-la et vivez-la, écrit Thoreau ; ne la fuyez pas, ne la maudissez pas. Elle n'est pas si terrible. [...] C'est quand vous êtes le plus riche que vous semblez le plus pauvre. Les critiqueurs vont trouver des choses à redire même au paradis. Aimez votre vie, si pauvre soit-elle. Dans la plus modeste des demeures, vous pouvez vivre des moments agréables, excitants, fabuleux. [...] Le soleil brille dans l'humble chaumière comme dans la résidence la plus somptueuse ; au printemps, la neige fond aussi vite devant sa porte. »

30 DÉCEMBRE

Ithaque

Au moment de partir à la recherche d'Ithaque,
prie que ton voyage soit long,
rempli d'aventures et de prises de conscience.
Ne crains pas les vieux monstres [...] ;
tu ne les rencontreras pas sur ta route,
si tu entretiens des pensées enthousiastes et élevées,
si de vraies passions animent ton esprit, ton corps et ton âme.
Tu ne rencontreras pas de monstres redoutables,
si tu ne les amènes pas avec toi,
si ton âme ne les fait pas surgir devant toi.

CONSTANTINE PETER CAVAFY

Aux funérailles de Jacqueline Kennedy Onassis, plusieurs d'entre nous avons entendu pour la première fois le poème intitulé « Ithaque », écrit en 1911 par le poète grec C. P. Cavafy. Ce magnifique chant d'encouragement à l'intention de ceux et celles qui entreprennent le long voyage de la découverte de soi est souvent interprété comme une élégie. Mais selon moi, il est encore plus puissant quand il est vu comme une affirmation de notre périple personnel.

Ithaque était la patrie bien-aimée d'Ulysse, le légendaire héros grec. Après avoir joué un rôle de premier plan dans la guerre de Troie, Ulysse a parcouru le monde pendant dix ans, vécu une foule d'aventures, relevé des défis et assimilé des leçons qui l'ont profondément transformé. Aujourd'hui, le terme « odyssée » – du mot grec « odusseus » signifiant Ulysse – désigne un long voyage souvent épuisant, passionnant et difficile, qui métamorphose la personne qui l'accomplit.

Notre odyssée intime est la recherche de l'authenticité. Ce que nous cherchons vraiment, en nous engageant quotidiennement sur la voie de l'abondance dans la simplicité comme filles, amies, amoureuses, épouses, mères et artistes du quotidien, c'est Ithaque, notre Réalité ultime.

Il existe plusieurs belles traductions du poème de Cavafy, mais elles me semblent toutes s'adresser aux hommes. Cela n'est guère étonnant puisqu'elles ont toutes été effectuées par des hommes. Comme « Ithaque » est devenu pour moi une pierre de touche affective et qu'il inspire plusieurs de mes méditations, j'ai eu envie d'en faire une traduction et adaptation personnelle à l'intention des femmes. La voici :

> Prie que ton voyage soit long,
> rempli de matins d'été
> où, avec un plaisir et une joie immenses,
> tu jettes l'ancre dans des ports inexplorés.
> Furète dans les marchés phéniciens
> pour acheter des trésors exquis –
> nacre et corail, ébène et ambre,
> parfums capiteux de toutes sortes –
> tout ce que tu désires.
> Visite plusieurs villes égyptiennes,
> heureuse de t'asseoir aux pieds des sages,
> curieuse et avide d'apprendre.

Garde toujours Ithaque à l'esprit.
L'atteindre est ta destinée.
Mais ne te précipite pas ; sois patiente.
Mieux vaut que le voyage dure plusieurs années,
plus longtemps même que tu peux l'imaginer.
Afin que, lorsque tu parviendras enfin
à l'île sacrée, tu sois une femme sage,
riche de tout ce que tu auras acquis en route.
Tu n'attendras plus alors de trouver fortune à Ithaque ;
tu n'auras plus besoin d'y trouver fortune.
Ithaque t'a offert le voyage intérieur,
la chance de découvrir la femme que tu as toujours été.
Jamais, sans son inspiration,
tu n'aurais entrepris ta quête de plénitude.
Même si tu la trouves pauvre, Ithaque ne te décevra pas.
Car tu seras devenue toi-même, remplie de sagesse,
de beauté et de grâce,
enrichie et éclairée par toutes tes expériences.
Tu comprendras enfin le sens de toutes les Ithaque de ta vie.

31 DÉCEMBRE

Priez le ciel que le voyage soit long

*La terre est ronde et ce qui semble la fin
peut aussi être le commencement.*

IVY BAKER PRIEST

La vie comme voyage. La vie comme safari. La vie comme
pèlerinage. La vie comme jardin. La vie comme art suprême.

Éclaireuses. Prospectrices. Pionnières. Détectives. Exploratrices. Archéologues. Pèlerines. Poètes. Passagères. Jardinières. Artistes du quotidien.

Femmes de cœur. Femmes riches. Femmes de style. Femmes qui avons vécu les questions. Femmes prêtes à accueillir les réponses. Femmes à qui les chapeaux vont à ravir, d'où notre tendance à en porter de toutes les sortes.

Chercheuses du sacré dans le profane. De la vraie vie. Du mystique dans la folie. Des mystères du terre-à-terre.

Chercheuses d'Amour. De passion. De plénitude.

D'authenticité.

Où allons-nous ?

Chez nous.

À Ithaque.

Mais avant d'y parvenir, nous avons de vastes mondes à explorer. Des mondes intérieurs. Des mondes extérieurs. La terre. Le ciel.

Le ciel sur la terre.

Parfois, la route est cahoteuse et les pentes abruptes. Parfois, la jungle est épaisse et obscure. Parfois, l'eau est profonde et les vagues redoutables.

Vous voyez maintenant pourquoi il nous faut différentes approches ?

Comment saurons-nous que nous sommes arrivées à destination ?

Nous le saurons.

C'est très simple. Les vraies choses sont simples.

Y sommes-nous ?

Pas tout à fait.

Comme c'est long !

C'est souvent ce qu'il nous semble. Chronologiquement, nous sommes rendues à la fin de l'année, mais le voyage ne fait que commencer. Ne vous inquiétez pas. Nous aurons tout le temps qu'il nous faut – *Kairos* veille – pour aller à la découverte de nous-mêmes.

C'est ici que nous devons nous quitter. Du moins pour un certain temps. J'ai des terres à explorer de mon côté. Vous aussi.

Mais vous ne serez pas seule. Quelqu'un qui vous porte un amour inconditionnel est à la barre. L'Amour divin vous soutient, vous entoure, vous enveloppe, vous protège. Allez en paix. Vous êtes fin prête ; bien outillée pour les aventures qui vous attendent. La Source divine – qui est votre seule Réalité – est intarissable. Mais vous devez demander. De l'aide, des provisions, des directives, la grâce. Vous devez demander que le courant soit branché. Vous devez demander d'attraper la vague. De prendre votre envol.

Demandez. Demandez. Demandez.

Demandez un répit dans les crises. Laissez tomber douleur, souffrances et peine. Laissez tomber vos attentes. Demandez d'être surprise par la joie.

Remerciez. Attendez. Observez ce qui se passe. Enthousiasmez-vous. Ouvrez grands les bras pour pouvoir recevoir tous les miracles qui vous sont destinés.

N'oubliez jamais que vous avez tout ce dont vous avez besoin.

L'abondance dans la simplicité est une voie pratique et créatrice, parsemée de petites douceurs prêtes à se révéler à tout moment. Mais n'oubliez pas que la route monte en spirale. Si vous vous sentez coincée, servez-vous d'un objectif grand angle pour voir le chemin parcouru. Lors des étapes du voyage où vous ne pouvez voir que l'horizon lointain, l'abondance dans la simplicité devient une joyeuse caravelle – un navire petit mais solide, capable de braver les tempêtes. Ses voiles triangulaires ont été conçues par l'Esprit pour tirer profit de tous les vents – de l'ombre comme de la lumière.

Faites voir. Avez-vous tout ce qu'il vous faut ? Sortez votre carte de trésors. N'oubliez pas votre album de trouvailles qui vous servira de journal de bord. Votre cœur sage et aimant vous servira de compas pour mesurer la latitude et la longitude de vos aspirations. Consultez-le chaque jour. Fiez-vous à lui pour rouler à une vitesse constante et dans la bonne direction. L'Amour ne vous laissera jamais tomber.

Croyez. Croyez en vous-même. Croyez en Celui ou Celle qui croit en vous. Tout est possible à celle qui croit.

Que votre courage soit récompensé.

Suivez les étoiles. Scrutez le ciel pour trouver la vôtre. Suivez-la. Surveillez les balises. Il y en a tout autour. L'éveil de l'âme prend la forme de la gratitude. Son essence est la simplicité. Sa sérénité découle de l'ordre et de l'harmonie. Sa passion est la beauté. Son but est la joie.

Priez le ciel que votre périple soit long. Savourez les pauses tout au long du parcours. Elles agrémentent merveilleusement la route, lui donnent un sens, la rendent mémorable. Trouvez et respectez votre propre rythme. Il existe encore tellement de ports où vous n'avez pas encore jeté l'ancre. Vous vous dirigez vers un lieu que vous n'avez encore jamais visité. Élevez vos pensées. Laissez vos passions enflammer votre esprit, votre corps et votre âme.

Mettez le cap sur l'Authenticité. Une légende veut qu'une fois que vous aurez atteint ses rivages, vous ne serez plus la même femme. En effet, si vous trouvez cette île sacrée, vous vous rappellerez ce que vous avez toujours su. Vous découvrirez la femme que vous avez toujours été. Vous ne verrez plus les choses comme elles sont, mais comme *vous* êtes. Quand la brume se lèvera, à la croisée du doute et de la foi, vous verrez que *le moi authentique est l'âme manifestée.*

Bon voyage !

Petites douceurs de décembre

❖ Décorez abondamment votre maison, quelle que soit la fête que vous célébriez. Les sapins, les belles plantes à fleurs, les bougies, les petites lumières et les décorations naturelles ne seront associés à une fête en particulier que si vous le voulez bien. Quand vous faites un effort spécial pour embellir votre demeure, vous préparez la scène pour les réjouissances, qui rassemblent ceux qui soulignent Hanukah, le solstice d'hiver, Noël ou la Kwanzaa.

❖ Goûtez à la magie des contes de Noël. Parcourez *Gift of the Magi*, d'O. Henry, avant de vous lancer dans vos emplettes de

Noël. Prenez quelques semaines pour lire *A Christmas Carol*. Mais ne vous arrêtez pas là ! Depuis un siècle, de nombreux écrivains nous ont fait cadeau de livres fabuleux imprégnés de l'esprit de Noël. Mon anthologie de Noël favorite est *A Christmas Treasury*, publiée sous la direction de Jack Newcombe.

❖ Profitez des soldes offerts tout au long de l'année pour vous procurer vos cadeaux de Noël. Le livre de David E. Monn et Marilyn J. Appleberg, intitulé *365 Ways to Prepare for Christmas*, vous aidera à mettre au point votre stratégie d'achats.

❖ La gastronomie fait partie de nos plus beaux cadeaux de Noël. Délectez-vous des ragoûts de pommes de terre, des bûches de Noël, des friandises, des laits de poule, de la bière épicée, des crevettes à la créole. Nul besoin de faire de la cuisson pour savourer les biscuits de Noël... Vous penserez aux calories après le jour de l'An. Vous ferez une croix sur le gâteau aux fruits quand vous aurez goûté au *Black Cake*. « Il y a le gâteau aux fruits, et il y a le *Black Cake*, qui est au premier ce que les sonates pour piano de Brahms sont à la Muzak », affirme Laurie Colwin, qui nous en donne la recette dans *Home Cooking*.

❖ Organisez un festival de films de Noël à la maison. En plus des classiques, il existe une foule d'excellents films abordant le thème de Noël, qui vous sont peut-être moins familiers. Vous en trouverez une liste dans *The Great American Christmas Almanac*, d'Irena Chalmers et ses collaborateurs.

❖ Frederic et Mary Ann Brussat, directeurs d'un service d'information culturelle, écrivent et publient un bulletin destiné à faire ressortir les dimensions spirituelles contenues dans les livres, les films, les vidéos, les cassettes audio, les émissions radiophoniques et télévisuelles. Ils sont également les auteurs de *100 Ways to Keep Your Soul Alive: Living Deeply and Fully Every Day*. Pour plus d'information sur leur bulletin, écrivez à l'adresse suivante : Cultural Information Service, P. O. Box 786, Madison Square Station, New York, New York 10159.

❖ Aidez un enfant qui ne fait pas partie de votre famille à réaliser un rêve.

❖ Partagez votre corne d'abondance avec un refuge pour femmes en difficulté ou pour sans-abri.

❖ Préparez votre plateau de la Nativité.

❖ Trouvez votre étoile et suivez-la. Si vous désirez vraiment une étoile bien à vous, c'est possible. Chaque jour, il y a de nouvelles étoiles qui sont découvertes. Le *International Star Registry* pourra donner à l'une d'elles votre nom, le nom d'un rêve ou celui d'un être cher. (Communiquez avec le *International Star Registry* au 34523 Wilson Road, Ingleside, Illinois 60041 ; tél. : 1-800-282-3333.)

❖ Les œuvres calligraphiques de Michael Podesta sont inspirantes et d'une grande beauté. Pour obtenir son catalogue, écrivez à Michael Podesta Graphic Design, 8847 Eclipse Drive, Suffolk, Virginia 23433 ; tél. : 804-238-3595.

❖ Relisez les vœux que vous avez formulés le premier janvier. Ne vous découragez pas si vous ne les avez pas réalisés. Ce qui importe, c'est d'y tendre. Faites une nouvelle liste en conservant les souhaits qui ont encore un sens pour vous. Confiez vos nouveaux rêves à une amie, qui vous servira de témoin.

❖ Pour pouvoir accueillir le nouvel an, il nous faut régler nos vieilles affaires – erreurs, regrets, défauts et déceptions. Voici comment procéder : écrivez sur des bouts de papier les choses que vous aimeriez oublier, puis mettez-les dans une petite boîte de carton. Ensuite, solennellement, enveloppez cette boîte dans un papier noir ou très foncé pour y sceller les peines et les malchances. En disant « Bon débarras ! », jetez la boîte dans la cheminée pour brûler le passé. Si vous n'avez pas de foyer, jetez vos mauvais souvenirs aux ordures, ne gardant que ce qui est bon pour vous.

❖ Mettez une boisson pétillante au frais. Portez un toast à l'année qui s'achève et faites-lui vos adieux. Portez-en un à la nouvelle année pour l'accueillir. Rendez grâce. Célébrez le chemin parcouru, tous vos apprentissages et la femme fabuleuse que vous êtes.

Bonne année !

BIBLIOGRAPHIE

Je suis constitué de tout ce que j'ai lu.

L a cueillette de pensées savoureuses et profondes constitue un de mes passe-temps favoris depuis une vingtaine d'années. Mes citations proviennent de sources nombreuses et diverses : livres, articles de revues ou de journaux, entrevues radiophoniques, émissions télévisées, pièces de théâtre et films. Mes recueils de citations favoris sont : *The Beacon Book of Quotations by Women* (compilation effectuée par Rosalie Maggio), Beacon Press, Boston, 1992 ; *Bartlett's Familiar Quotations*, 16ᵉ édition, sous la direction de Justin Kaplan, Little, Brown & Co., Boston, 1992 ; *The Columbia Dictionary of Quotations* (compilation faite par Robert Andrews), Columbia University Press, New York, 1993.

Ackerman, D., *A Natural History of the Senses*, Random House, New York, 1990. (Édition en français : *Le Livre des sens*, Grasset & Fasquelle, Paris, 1991.)

Anthony, E., *The Avenue of the Dead*, Coward, McCann & Geoghegan, New York, 1982.

Antin, M., *The Promised Land*, Houghton Mifflin, Boston, 1969.

Armstrong, K., *The History of God : The 4,000-year Quest of Judaism, Christianity and Islam*, Alfred A. Knopf, New York, 1993. (Édition en français : *Histoire de Dieu*, Le Seuil, Paris, 1997.)

Austen, J., *Mansfield Park*, Oxford University Press, New York, 1990. (Édition en français : *Mansfield Park*, 10/18, Paris, 1996.)

Baldwin, C., *Life's Companion : Journal Writing as a Spiritual Quest*, Bantam, New York, 1991.

Beattie, M., *The Language of Letting Go*, Hazelden/Harper & Row, New York, 1990. (Édition en français : *Savoir lâcher prise*, Sciences et Culture, Montréal, 1996.)

_____, *Gratitude : Affirming the Good Things in Life*, Hazelden/ Ballantine Books, New York, 1992.

Beeton, I., *The Book of Household Management*, Londres, 1861.

Bender, S., *Plain and Simple : A Woman's Journey to the Amish*, HarperSan Francisco/HarperCollins, New York, 1989.

Bennett, A., *How to Live on Twenty-Four Hours A Day*, Londres, 1910 ; Books for Libraries Press, Plainview, New York, 1975.

Berenbaum, R. L., *The Cake Bible*, William Morrow & Co., New York, 1988.

Berwick, A., *Holistic Aromatherapy : Balance the Body and Soul with Essential Oils*, Llewellyn, Saint Paul, Minnesota, 1994.

Black, P., *The Book of Potpourri*, Simon & Schuster, New York, 1989.

Bolen, J. S., *Goddesses in Everywoman*, Harper & Row, New York, 1985.

Borysenko, J., *Minding The Body, Mending the Mind*, Addison-Wesley, New York, 1987. (Édition en français : *Penser le corps, panser l'esprit*, Interéditions, Paris, 1988.)

_____, *Guilt Is the Teacher, Love Is the Lesson*, Warner Books, New York, 1990.

_____, *Fire in the Soul : A New Psychology of Spiritual Optimism*, Warner Books, New York, 1993.

_____, *Pocketful of Miracles : Prayers, Meditations, and Affirmations to Nurture Your Spirit Every Day of the Year*, Warner Books, New York, 1994.

Breathnach, S. B., *Mrs. Sharp's Traditions: Nostalgic Suggestions for Re-Creating the Family Celebrations and Seasonal Pastimes of the Victorian Home*, Simon & Schuster, New York, 1990. (Publié en édition de poche sous le titre *Victorian Family Celebrations*, Fireside/Simon & Schuster, New York, 1992.)

_____, *The Victorian Nursery Companion*, Simon & Schuster, New York, 1992.

Brontë, E., *Wuthering Heights: Complete Authoritative Text with Biographical and Historical Contexts*, Bedford Books, Boston, 1992. (Édition en français: *Les Hauts de Hurlevent*, Payot, Paris, 1992.)

Brussat, F. & Brussat, M. A. (éd.), *100 Ways to Keep Your Soul Alive*, HarperSanFrancisco, New York, 1994.

Buchman, C. & Speigel, C. (éd.), *Out of the Garden: Women Writers on the Bible*, Fawcett Columbine, New York, 1994.

Budapest, Z., *The Grandmother of Time: A Woman's Book of Celebrations, Spells and Sacred Objects for Every Month of the Year*, Harper & Row, New York, 1989.

Burnett, F. H., *The Secret Garden*, Frederick A. Stokes, New York, 1911. (Édition en français: *Le Jardin secret*, Flammarion, Paris, 1998.)

Burnham, S., *A Book of Angels*, Ballantine, New York, 1990. (Édition en français: *Le Livre des anges*, Marabout, Bruxelles, 1995.)

Caddy, E., *Opening Doors Within*, The Findhorn Press, Forres, Écosse, 1987.

Cameron, J., *The Artist's Way: A Spiritual Path to Higher Creativity*, Jeremy P. Tarcher/Perigee Books/Putnam Publishing Group, New York, 1992. (Édition en français: *Libérez votre créativité. Osez dire oui à la vie!*, Dangles, St-Jean-de-Braye, 1995.)

Cantwell, M., «The Mauv-ing of America», *New York Time Magazine*, 17 mars 1991.

Carter, M. R., *American Junk*, Viking Studio Books, New York, 1994.

Chalmers, I., *The Great American Christmas Almanac*, Viking Studio Books, New York, 1988.

Clampitt, A., *The Kingfisher*, Alfred A. Knopf, New York, 1983.

Clason, G. S., *The Richest Man in Babylon*, Hawthorn Books, New York, 1955; Bantam, New York, 1976.

Clurman, C., « Family vs. Career : A Woman on the Road to Power Takes a U-Turn », *USA- Weekend*, 2-4 décembre 1994.

Colwin, L., *Home Cooking : A Writer in the Kitchen*, Alfred A. Knopf, New York, 1988.

_____, *More Home Cooking : A Writer returns to the Kitchen*, HarperCollins, New York, 1993.

Conran, S., *Superwoman : For Every Woman Who Hates Housework*, Crown Publishers, New York, 1978.

Conwell, R. H., *Acres of Diamonds*, Harper & Brothers, New York et Londres, 1915. (Édition en français : *Des hectares de diamants*, Un monde différent, Montréal, 1994.)

Cooper, D., *Writing Great Screenplays for Film and TV*, Prentice Hall, New York, 1994.

Coupland, K., « Is There a Doctor for the House ? », *New Age Journal*, nov./déc. 1991.

Csikszentmihalyi, M., *Flow : The Psychology of Optimal Experience*, Harper & Row, New York, 1990.

Damrosch, B., *The Garden Primer*, Workman Publishing, New York, 1988.

Davidson, D. M., *Catering to Nobody*, St. Martin's Press, New York, 1990.

_____, *Dying for Chocolate*, Bantam, New York, 1992.

_____, *Cereal Murders*, Bantam, New York, 1993.

Davis, B., *The Lonely Life*, Putnam, New York, 1962.

Deval, J., *Reckless Appetite : A Culinary Romance*, Ecco Books, Hopewell, New Jersey, 1993.

de Wolfe, E., *The House in Good Taste*, The Century Company, New York, 1913.

Dickinson, E., *Emily Dickinson : Selected Letters*, T. H. Johnson (éd.), The Belknap Press of Harvard University Press, Cambridge, Massachusetts, 1985.

Dillard, A., *Pilgrim at Tinker Creek*, Harper & Row, New York, 1974. (Édition en français : *Pèlerinage à Tinker Creek*, Christian Bourgois, Paris, 1994.)

_____, *The Writing Life*, Harper & Row, New York, 1989. (Édition en français : *En vivant en écrivant*, Christian Bourgois, Paris, 1996.)

Dominguez, J. & Robin, V., *Your Money or Your Life*, Viking, New York, 1992.

du Maurier, D., *Rebecca*, Doubleday, Doran & Co., New York, 1938. (Édition en français: *Rebecca*, Albin Michel, Paris, 1993.)

Eco, U., *The Name of the Rose*, Harcourt Brace Jovanovich, San Diego, 1983. (Édition en français: *Le Nom de la rose*, Grasset & Fasquelle, Paris, 1990.)

Eliot, G., *The Mill on the Floss*, Scott Foresman & Co., New York et Chicago, 1920.

Eliot, T. S., *Collected Poems 1909-1962*, Harcourt Brace Jovanovich, New York, 1963. (Édition en français: *Poésie*, Le Seuil, Paris, 1976.)

Emerson, R. W., *The Best of Ralph Waldo Emerson*, Walter J. Black Inc., New York, 1941. (Édition en français: *Essais*, Michel Houdiard, Paris, 1996.)

_____, *Self-Reliance: The Wisdom of Ralph Waldo Emerson as Inspiration for Daily Living*, Bell Tower, New York, 1991.

Engelbreit, M., *Mary Engelbreit's Home Companion: The Mary Engelbreit Look and How to Get It*, Andrews & McMeel, Kansas City, 1994.

Esquivel, L., *Like Water for Chocolate*, Doubleday, New York, 1992. (Édition en français: *Chocolat amer*, Robert Laffont, Paris, 1991.)

Estes, C. P., *Women Who Run with the Wolves*, Ballantine Books, New York, 1992. (Édition en français: *Femmes qui courent avec les loups*, Grasset & Fasquelle, Paris, 1996.)

Ferguson, S., *Soul Food: Classic Cuisine from the Deep South*, Weidenfeld & Nicholson, Londres et New York, 1989.

Fernea, E. W., *Women and Family in the Middle East: New Voices of Change*, University of Texas Press, Austin, Texas, 1985.

Ferrucci, P., *Inevitable Grace*, Jeremy P. Tarcher/Putnam Books, New York, 1990.

Field, J., *A Life of Ones's Own*, Chatto & Windus, Londres, 1936; J. P. Tarcher, Los Angeles, 1981.

Fields, R., en coll. avec P. Taylor, R. Weyler et R. Ingrasci, *Chop Wood, Carry Water: A Guide to Finding Spiritual Fulfillment in Everyday Life*, Jeremy P. Tarcher/Perigee/Putnam, New York, 1984. (Édition en français: *Couper du bois, porter de l'eau*, Le Jour, Montréal, 1991.)

Fischer, M. F. K., *How to Cook a Wolf*, Duell, Sloan & Pearce, New York, 1942.

Fitzgerald, S. (éd.), *The Habit of Being: Letters of Flannery O'Connor*, Farrar, Straus & Giroux, New York, 1979. (Édition en français: *L'Habitude d'être*, Gallimard, Paris, s. d.)

Foster, P. (éd.), *Minding the Body: Women Writers on Body and Soul*, Doubleday, New York, 1994.

Fox, E., *Power Through Constructive Thinking*, HarperCollins, New York, 1989. (Édition en français: *Le Pouvoir par la pensée constructive*, Astra, Paris, s. d.)

Fox, M., *The Reinvention of Work: A New Vision of Livelihood for Our Time*, HarperCollins, New York, 1994.

Fraser, K., *The Fashionable Mind*, David R. Godine, Boston, 1985.

Freeman, E. E., *Touched by Angels*, Warner Books, New York, 1993.

_____, *Angelic Healing: Working with Your Angels to Heal Your Life*, Warner Books, New York, 1994.

Geddes-Brown, L., *The Floral Home*, Crown, New York, 1992. (Édition en français: *Les Fleurs dans la maison*, Le Temps apprivoisé, Montréal, 1997.)

Gibson, C., *A Botanical Touch*, Viking Studio Books, New York, 1993.

Glaspell, S., *The Visioning*, Frederick A. Stokes, New York, 1911.

Godden, R., *A House with Four Rooms*, William Morrow & Co. Inc., New York, 1989.

Goldberg, N., *Writing Down the Bones: Freeing the Writer Within*, Shambhala, Boston, 1986.

_____, *Wild Mind: Living the Writer's Life*, Bantam, New York, 1990.

Graham, A., *Ceremonials of Common Days*, The Womans Press, New York, 1923.

Green, H., *The Light of the Home: An Intimate View of the Lives of Women in Victorian America*, Pantheon Books, New York, 1983.

Guest, E. A., *Collected Verse of Edgar A. Guest*, Reilly & Lee Co., Chicago, 1934.

Hampton, M., *Mark Hampton on Decorating*, Condé Nast Books/Random House, New York, 1989.

Hancock, E., *The Girl Within*, Fawcett Columbine, New York, 1989.

_____, « Growing Up Female », *New Woman*, mai 1993.

Hanh, T. Nhat, *The Miracle of Mindfulness: A Manual on Meditation*, Beacon Press, Boston, 1987. (Édition en français: *Le Miracle de la pleine conscience: manuel pratique de méditation*, L'Espace bleu, Paris, 1994.)

Hepner, H., *The Best Things in Life*, B. C. Forbes & Sons, New York, 1953.

Hill, N., *Think and Grow Rich*, Fawcett Crest, New York, 1963. (Édition en français : *Réfléchissez et devenez riche*, Le Jour, Montréal, 1988.)

Hillier, M., *The Book of Container Gardening*, Simon & Schuster, New York, 1991.

Holland, B., *Endangered Pleasures*, Little, Brown & Co., Boston, 1995.

Holmes, M., *I've Got to Talk to Somebody, God*, Doubleday, New York, 1968.

Holt, G., *The Gourmet Garden*, Bullfinch Press Books/Little, Brown, Boston, 1990.

Huxley, J., *Table for Eight*, William Morrow & Co., New York, 1984.

Hyatt, C. et Gottlieb, L., *When Smart People Fail : Rebuilding Yourself for Success*, Penguin Books, New York, 1988. (Édition en français : *Perdant gagnant ! Réussissez vos échecs*, Éd. de l'Homme, Montréal, 1988.)

Irion, M. J., *Yes, World : A Mosaic of Meditation*, R. W. Baron, New York, 1970.

James, W., *The Principles of Psychology*, Henry Holt & Co., New York, 1980; Harvard University Press, Cambridge, Massachusetts, 1983.

Johnson, S., *Samuel Johnson/Oxford Authors*, Oxford University Press, Oxford/New York, 1984.

Johnston, M., *The French Family Feast*, Simon & Schuster, New York, 1988.

Kelly, M. et Kelly, J., *One Hundred Graces*, Bell Tower, New York, 1992.

Kornfield, J., *A Path with Heart : A Guide Through the Perils and Promises of Spiritual Life*, Bantam, New York, 1993. (Édition en français : *Périls et promesses de la vie spirituelle*, La Table ronde, Paris, 1998.)

Kosinski, J., *Being There*, Harcourt Brace Jovanovich, New York, 1971. (Édition en français : *Bienvenue, Mister Chance*, Flammarion, Paris, 1980.)

Kripke, P., « Create Your Own Decorator's Notebook », *Mary Emmerling's Country Magazine*, premier numéro, août 1993.

Kron, J., *Home-Psych : The Social Psychology of Home and Decoration*, Clarkson N. Potter, New York, 1983.

Kushner, H., *Who Needs God ?*, Summit Books, New York, 1989.

_____, *To Life ! A Celebration of Jewish Being and Thinking*, Warner Books, New York, 1993.

Lamott, A., *Bird by Bird : Some Instructions on Writing and Life*, Pantheon Books, New York et San Francisco, 1994.

Lawrence, B., *Practicing the Presence of God*, Harold Shaw, Wheaton, Illinois, 1991.

L'Engle, M., *Walking on Water : Reflections on Faith and Art*, Harold Shaw, Wheaton, Illinois, 1980.

_____, *A Circle of Quiet*, Farrar, Straus & Giroux, New York, 1972.

_____, *The Irrational Season*, The Seabury Press, New York, 1979.

Lewis, C. S., *Miracles*, Macmillan, New York, 1947.

Lindbergh, A. M., *Gift from the Sea*, Pantheon Books, New York, 1955. (Édition en français : *Solitude face à la mer*, Presses de la Cité, 1968.)

Magoun, F. A., *Living a Happy Life*, Harper & Brothers, New York, 1960.

Martin, T., *The Essence of Paradise : Fragrant Plants for Indoor Gardens*, Little, Brown, Boston, 1991.

May, R., *The Courage to Create*, W.W. Norton, New York, 1975.

McCall, A. B., *The Larger Vision*, Dodd, Mead & Co., New York, 1919.

McGinley, P., *Saint-Watching*, Viking, New York, 1969.

Merker, H., *Listening*, HarperCollins, New York, 1994.

Miller, R. S. (en coll. avec le *New Age Journal*), *As Above, So Below : Paths to Spiritual Renewal in Daily Life*, Jeremy P. Tarcher, Los Angeles, 1992.

Mitchell, S., *Tao Te Ching : A New English Version*, Harper & Row, New York, 1988.

Monn, D. E., *365 Ways to Prepare for Christmas*, HarperCollins, New York, 1993.

Moore, T., *Care of the Soul : A Guide for Cultivating Depth and Sacredness in Everyday Life*, HarperCollins, New York, 1992. (Édition en français : *Le Soin de l'âme. Un guide pour cultiver au jour le jour la profondeur et le sens du sacré*, Éd. du Rocher, Monaco, 1994/ Flammarion ltée, Montréal, 1994.)

_____, *Soul Mates : Honoring the Mysteries of Love and Relationship*, HarperCollins, New York, 1994. (Édition en français : *Les Âmes sœurs*, Le Jour, Montréal, 1995.)

Morris, M., « Hello, This Is Your Destiny », *New Woman*, février 1993.

Moss, C., *A Passion for Detail*, Doubleday, New York, 1991.

Murphy, J., *The Power of Your Subconscious Mind*, Bantam Books, New York, 1982. (Édition en français: *La Puissance de votre subconscient*, Le Jour, Montréal, 1987.)

Nearing, H., *Loving and Leaving the Good Life*, Chelsea Green, Post Mills, Vermont, 1992.

_____, *Simple Food for the Good Life: An Alternative Cook Book*, Delacorte Press/Eleanor Friede, New York, 1980.

Nearing, S., et Nearing, H., *The Good Life: How to Live Sanely and Simply in a Troubled World*, Schocken Books, New York, 1970.

_____, *Continuing the Good Life: Half a Century of Homesteading*, Schocken Books, New York, 1979.

Needleman, J., *Money and the Meaning of Life*, Doubleday/Currency Books, New York, 1991.

Nelson, G. M., *To Dance with God*, Paulist Press, New York/Mahwah, 1986.

Newcombe, J. (éd.), *A Christmas Treasury*, Viking, New York, 1982.

Norris, G., *Being Home*, Bell Tower, New York, 1991.

O'Connor, E., *Eighth Day of Creation: Gifts and Creativity*, Word Books, Waco, Texas, 1971.

Ohrbach, B. Milo, *The Scented Room*, Clarkson N. Potter, New York, 1986.

_____, *Simply Flowers*, Clarkson N. Potter, New York, 1992.

Olsen, T., *Silences*, Seymour Lawrence/Delacorte Press, New York, 1978.

_____, *Tell Me a Riddle*, Seymour Lawrence/Delacorte Press, New York, 1979.

Pascale, R. T., « Zen and the Art of Management », *Harvard Business Review*, mars/avril 1978.

Peck, M. S., *The Road Less Traveled*, Simon & Schuster, New York, 1978. (Édition en français: *Le Chemin le moins fréquenté: apprendre à vivre avec la vie*, Robert Laffont, Paris, 1987.)

_____, *Further Along the Road Less Traveled*, Simon & Schuster, New York, 1993. (Édition en français: *Plus loin sur le chemin le moins fréquenté*, Robert Laffont, Paris, 1995.)

Perenyi, E., *Green Thoughts: A Writer in the Garden*, Vintage Books, New York, 1983.

Phipps, D., *Affordable Splendor*, Random House, New York, 1981.

Ponder, C., *The Prosperity Secrets of the Ages*, DeVross & Co., Marina del Ray, Californie, 1954. (Édition en français : *Le Secret d'une prospérité illimitée*, Un monde différent, Montréal, 1997.)

_____, *Open Your Mind to Prosperity*, DeVross & Co., Marina del Ray, Californie, 1971. (Édition en français : *Ouvrez votre esprit pour recevoir la prospérité*, Un monde différent, Montréal, 1999.)

Porter, E. H., *Pollyanna*, The Page Company, Boston, 1913.

Post, E., *The Personality of a House*, Funk & Wagnalls, New York et Londres, 1948.

Priestly, J. B., *Delight*, Heinemann, Londres, 1949.

Radner, G., *It's Always Something*, Simon & Schuster, New York, 1989.

Raynolds, R., *In Praise of Gratitude : An Invitation to Trust Life*, Harper & Brothers, New York, 1961.

Redfield, J., *The Celestine Prophecy*, Warner Books, New York, 1993. (Édition en français : *La Prophétie des Andes*, Robert Laffont, Paris, 1995.)

Rilke, R. M., *Letters to a Young Poet*, W. W. Norton, New York, 1934. (Édition en français : *Lettres à un jeune poète*, Grasset, Paris, 1937.)

Ripperger, H., *A Home of Your Own and How to Run It*, Simon & Schuster, New York, 1940.

Robbins, J. et Mortifee, A., *In Search of Balance*, H J Kramer Inc., Tiburon, Californie, 1991.

Roesch, D. K., « Body Language », *Lear's*, février 1994.

Roman, S. et Packer, D., *Creating Money*, H J Kramer Inc., Tiburon, Californie, 1988. (Édition en français : *Devenez la source de votre abondance*, Vivez Soleil, Genève, 1995.)

Rossbach, S., *Feng Shui : The Chinese Art of Placement*, Dutton, New York, 1983. (Édition en français : *Feng shui, l'art de mieux vivre dans sa maison*, Souffles, Paris, 1988.)

_____, *Interior Design with Feng Shui*, Dutton, New York, 1987.

Sacks, Oliver, *Awakenings*, Summit Books, New York, 1987. (Édition en français : *L'Éveil*, Le Seuil, Paris, 1993.)

Saltzman, A., *Downshifting : Reinventing Success on a Slower Track*, HarperCollins, New York, 1991.

Sangster, M. E., *Ideal Home Life*, The University Society Inc., New York, 1910.

Sarton, M., *Plant Dreaming Deep*, W. W. Norton, New York, 1968.

_____, *Journal of a Solitude*, W. W. Norton, New York, 1973.

Scovel Shinn, F., *The Wisdom of Florence Scovel Shinn*. (Cet ouvrage comprend quatre livres: *The Game of Life and How to Play It*, *The Power of the Spoken Word*, *Your Word Is Your Wand* et *The Secret of Success*, Fireside/Simon & Schuster, New York, 1989. (Édition en français: *Le Jeu de la vie et comment le jouer*, Astra, Paris, 1941; *La Porte secrète menant à la réussite*, Astra, Paris, s. d.; *Votre parole est une baguette magique*, Astra, Paris, s. d.)

Seal, M., «Laura Esquivel's Healing Journey», *New Age Journal*, mai/juin 1994.

Seuss, D^r, *Oh, the Places You'll Go!*, Random House, New York, 1990.

Shain, M., *Hearts That We Broke Long Ago*, Bantam, New York, 1983.

_____, *Courage My Love: A Book to Light an Honest Path*, Bantam, New York, 1989.

Sheehy, G., *Pathfinders*, William Morrow, New York, 1981.

_____, *New Passages: Mapping Your Life Across Time*, Random House, New York, 1995.

_____, «The Flaming Fifties», *Vanity Fair*, octobre 1993.

Sher, B., en coll. avec Gottlieb, A., *Wishcraft: How to Get What You Really Want*, Viking Press, New York, 1979. (Édition en français: *Qui veut peut*, Le Jour, Montréal, 1992.)

Sher, B., en coll. avec Smith, B., *I Could Do Anything If I Only Knew What It Was*, Delacorte Press, New York, 1994.

Shi, D. E., *In Search of the Simple Life*, Peregrine Smith/Gibbs M. Smith Inc., Layton, Utah, 1986.

Siegel, A. B., *Dreams That Can Change Your Life*, J. P. Tarcher, Los Angeles, 1990.

Sinetar, M., *Do What You Love and the Money Will Follow*, Paulist Press, New York/Mahwah, 1987.

_____, *Reel Time:Spiritual Growth Through Film*, Triumph Books, Ligouri, Missouri, 1993.

Starhawk, *The Spiral Dance*, Harper & Row, New York, 1979.

Steindl-Rast, Frère David, *Gratefulness, the Heart of Prayer: An Approach to Life in Fullness*, Paulist Press, New York/Ramsey, New Jersey, 1984.

Steinem, G., *Revolution from Within: A Book of Self-Esteem*, Little, Brown & Co., Boston, 1992. (Édition en français: *Une révolution intérieure; essai sur l'amour-propre et la confiance en soi*, Interéditions, Paris, 1992.)

Stern, J. et M., *Square Meals*, Alfred A. Knopf Inc., New York, 1984.

Stern, J. (éd.), *The Writer on Her Work*, W. W. Norton, New York, 1980.

Stoddard, A., *Daring to Be Yourself*, Doubleday, New York, 1990.

_____, *Creating a Beautiful Home*, William Morrow, New York, 1992.

Taylor, T. L., *Messengers of Light: The Angels' Guide to Spiritual Growth*, H J Kramer Inc., Tiburon, Californie, 1990. (Édition en français: *Les Messagers de lumière*, Vivez Soleil, Genève, 1995.)

_____, *Guardians of Hope: The Angels' Guide to Personal Growth*, H J Kramer Inc., Tiburon, Californie, 1992.

_____, *Creating with the Angels*, H J Kramer Inc., Tiburon, Californie, 1993.

_____, *The Alchemy of Prayer*, H J Kramer Inc., Tiburon, Californie, 1996. (Édition en français: *L'Alchimie de la prière*, Éd. du Roseau, Montréal, 1997.)

Terkel, S., *Working: People Talk about What They Do All Day and How They Feel about What They Do*, Pantheon Books, New York, 1974.

Thoreau, H. D., *Walden and Other Writings of Henry David Thoreau*, Modern Library, New York, 1992. (Édition en français: *Walden, ou la vie dans les bois*, L'Âge d'homme, Lausanne, 1991.)

Thurman, J., *Isak Dinesen: The Life of a Storyteller*, St. Martin's Press, New York, 1982.

Tisserand, R. B., *The Art of Aromatherapy*, Inner Traditions International, New York, 1977.

Tolley E., *Herbs: Gardens, Decorations and Recipes*, C. Potter Pubs, Crown Pub Group, New York, 1985. (Édition en français: *Les Herbes: dans le jardin, la décoration, la cuisine*, Flammarion, Paris, 1987.)

Tudor, T. et Brown, R., *The Private World of Tasha Tudor*, Little, Brown & Co., Boston, 1992.

Uchida, Y., *A Jar of Dreams*, Antheneum, New York, 1981.

Underhill, E., *Mysticism*, World Publishing, New York, 1955. (Édition en français: *Mysticisme*, Éd. Rosicrucienne, Paris, 1994.)

van Amringe, J., *Home Art: Creating Romance and Magic with Everyday Objects*, Bulfinch Press/Little, Brown, Boston, 1994.

Wasserstein, W., *Uncommon Women and Others*, Dramatists' Play Service, New York, 1987.

_____, « The Me I'd Like to Be », *New Woman*, décembre 1994.

Watts, A. W., *The Way of Zen*, Random House, New York, 1965. (Édition en français: *L'Esprit du zen*, Dangles, St-Jean-de-Braye, 1995.)

White, K. S., *Onward and Upward in the Garden*, (éd. par E. B. White), Farrar, Straus & Giroux, New York, 1979.

Wickham, C., *House Plants through the Year*, William Collins Sons & Co. Ltd., Londres, 1985.

Williams, M., *The Velveteen Rabbit, or How Toys Become Real*, Doubleday, Garden City, New York, 1960. (Édition en français: *Le Lapin de velours*, Casterman, Paris, 1995.)

Williamson, M., *A Return to Love: Reflections on the Principles of a Course in Miracles*, HarperCollins, New York, 1992. (Édition en français: *Un retour à l'Amour. Réflexions sur les principes énoncés dans* Un Cours sur les miracles, Éd. du Roseau, Montréal, 1993.)

_____, *A Woman's Worth*, Random House, New York, 1993. (Édition en français: *La Gloire d'une femme*, Éd. du Roseau, Montréal, 1995.)

Witty, H., *Fancy Pantry*, Workman Publishing, New York, 1986.

Wolfe, T., *Look Homeward, Angel*, Charles Scribner, New York, 1957. (Édition en français: *L'Ange exilé; une histoire de la vie ensevelie*, L'Âge d'homme, Lausanne, 1982.)

Wolfman, P. et Gold, C., *The Perfect Setting*, Harry N. Abrams Inc., New York, 1985.

Woolf, V., *A Room of One's Own*, Harcourt Brace Jovanovich, New York, 1929. (Édition en français: *La Chambre à soi*, Éd. des Femmes, Paris, 1987.)

TABLE DES MATIÈRES

Remerciements 11
Préface 15

Janvier 21
Février 69
Mars 113
Avril 163
Mai 217
Juin 285
Juillet 353
Août 417
Septembre 483
Octobre 543
Novembre 609
Décembre 669

Bibliographie 735